Utilize este código QR para se cadastrar de forma mais rápida:

Ou, se preferir, entre em:
www.moderna.com.br/ac/livroportal
e siga as instruções para ter acesso aos conteúdos exclusivos do
Portal e Livro Digital

CÓDIGO DE ACESSO:
A 00230 ARPMATE5E 6 50853

Faça apenas um cadastro. Ele será válido para:

Da semente ao livro,
sustentabilidade por todo o caminho

Plantar florestas
A madeira que serve de matéria-prima para nosso papel vem de plantio renovável, ou seja, não é fruto de desmatamento. Essa prática gera milhares de empregos para agricultores e ajuda a recuperar áreas ambientais degradadas.

Fabricar papel e imprimir livros
Toda a cadeia produtiva do papel, desde a produção de celulose até a encadernação do livro, é certificada, cumprindo padrões internacionais de processamento sustentável e boas práticas ambientais.

Criar conteúdos
Os profissionais envolvidos na elaboração de nossas soluções educacionais buscam uma educação para a vida pautada por curadoria editorial, diversidade de olhares e responsabilidade socioambiental.

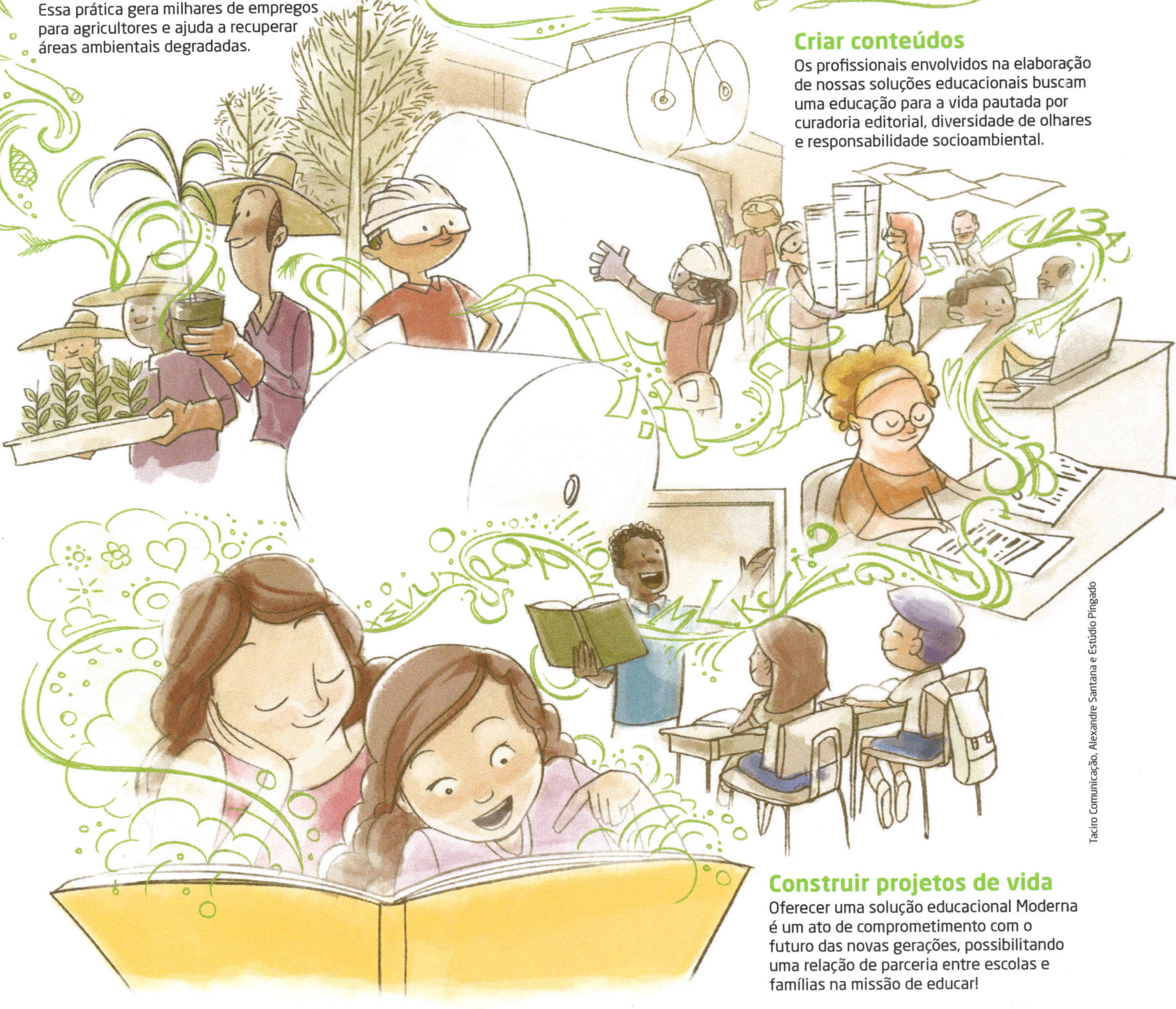

Construir projetos de vida
Oferecer uma solução educacional Moderna é um ato de comprometimento com o futuro das novas gerações, possibilitando uma relação de parceria entre escolas e famílias na missão de educar!

Tacito Comunicação, Alexandre Santana e Estúdio Pingado

Apoio:

Fotografe o Código QR e conheça melhor esse caminho.
Saiba mais em *moderna.com.br/sustentavel*

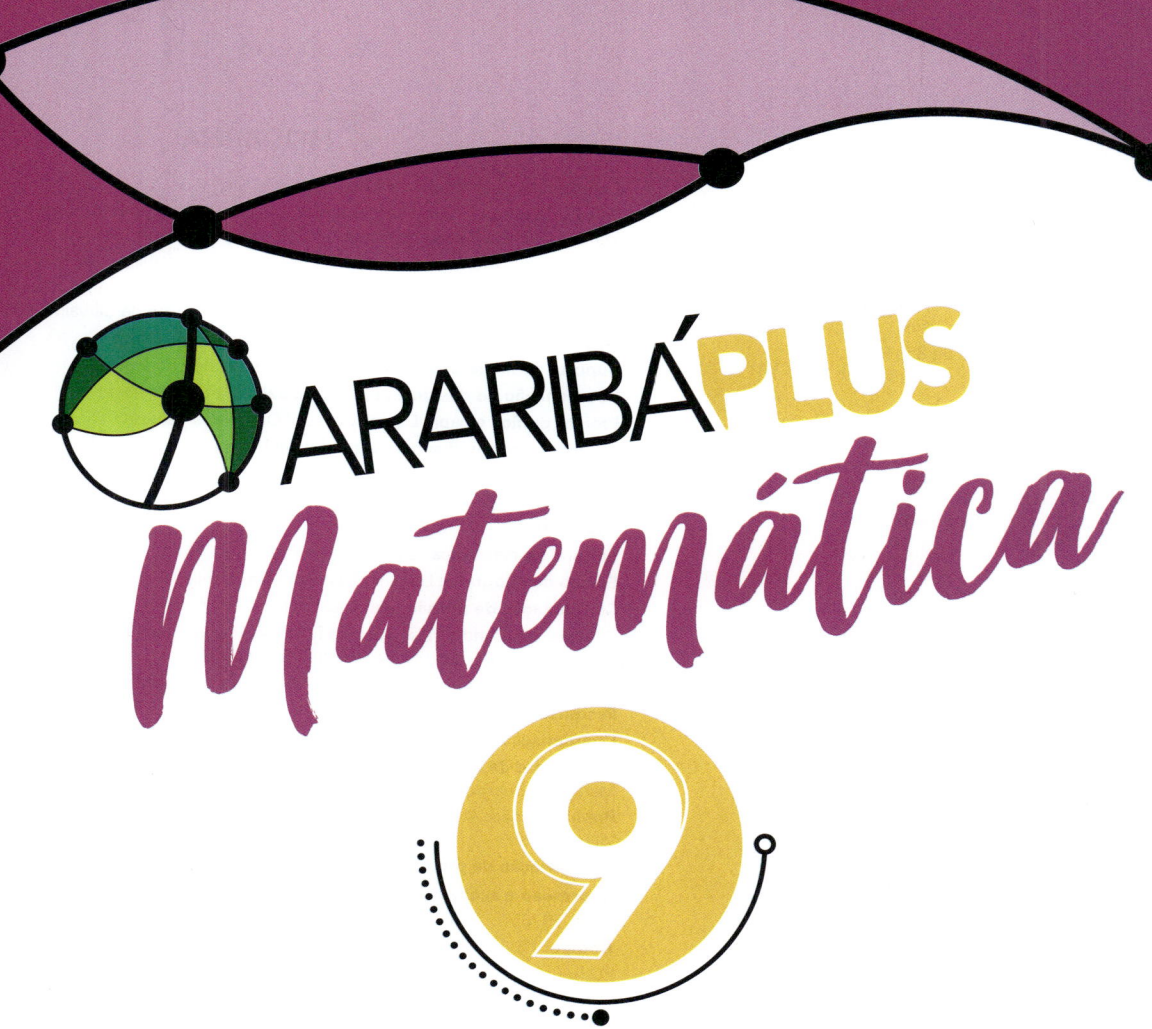

ARARIBÁ PLUS
Matemática 9

Organizadora: Editora Moderna
Obra coletiva concebida, desenvolvida e produzida pela Editora Moderna.

Editores responsáveis:
Mara Regina Garcia Gay
Willian Raphael Silva

5ª edição

© Editora Moderna, 2024

Elaboração dos originais:

Mara Regina Garcia Gay
Bacharel e licenciada em Matemática pela Pontifícia Universidade Católica de São Paulo.

Willian Raphael Silva
Licenciado em Matemática pela Universidade de São Paulo.

Daniela Santo Ambrosio
Licenciada em Matemática pela Universidade de São Paulo.

Everton José Luciano
Licenciado em Matemática pela Faculdade de Filosofia, Ciências e Letras do Centro Universitário Fundação Santo André.

Fabio Martins de Leonardo
Licenciado em Matemática pela Universidade de São Paulo.

Juliana Ikeda
Licenciada em Matemática pela Universidade de São Paulo.

Maria José Guimarães de Souza
Mestra em Ciências pelo Insititudo de Matemática e Estatística da Universidade de São Paulo.

Mateus Coqueiro Daniel de Souza
Mestre em Ciências pelo Instituto de Matemática e Estatística da Universidade de São Paulo.

Romenig da Silva Ribeiro
Mestre em Ciências pelo Instituto de Matemática e Estatística da Universidade de São Paulo.

Cintia Alessandra Valle Burkert Machado
Mestra em Educação, na área de Didática, pela Universidade de São Paulo.

Dario Martins de Oliveira
Licenciado em Matemática pela Universidade de São Paulo.

Juliane Matsubara Barroso
Bacharel e licenciada em Matemática pela Pontifícia Universidade Católica de São Paulo.

Luciana de Oliveira Gerzoschkowitz Moura
Mestra em Educação pela Universidade de São Paulo.

Maria Cecília da Silva Veridiano
Licenciada em Matemática pela Universidade de São Paulo. Editora.

Maria Solange da Silva
Doutoranda em Didática da Matemática pelo Instituto de Educação da Universidade de Lisboa. Mestra em Educação Matemática pela Universidade Santa Úrsula.

Rosangela de Souza Jorge Ando
Mestra em Educação Matemática pela Universidade Bandeirante de São Paulo.

Selene Coletti
Licenciada em Pedagogia pela Faculdade de Filosofia, Ciências e Letras "Prof. José Augusto Vieira" da Fundação Educacional de Machado.

Imagem de capa
Atleta usando um relógio inteligente para monitorar os dados da corrida e os batimentos cardíacos.

Coordenação editorial: Mara Regina Garcia Gay
Edição de texto: Everton José Luciano, Daniela Santo Ambrosio, Juliana Ikeda, Mateus Coqueiro Daniel de Souza
Assistência editorial: Marcos Gasparetto de Oliveira, Paulo Cesar Rodrigues, Jéssica Rocha Batista
Gerência de *design* e produção gráfica: Sandra Botelho de Carvalho Homma
Coordenação de produção: Everson de Paula, Patricia Costa
Suporte administrativo editorial: Maria de Lourdes Rodrigues
Coordenação de *design* e projetos visuais: Marta Cerqueira Leite
Projeto gráfico e capa: Daniel Messias, Otávio dos Santos
Pesquisa iconográfica para capa: Daniel Messias, Otávio dos Santos, Bruno Tonel
 Fotos: Alexey Boldin/Shutterstock, Lzf/Shutterstock
Coordenação de arte: Carolina de Oliveira
Edição de arte: Adriana Santana
Editoração eletrônica: Grapho Editoração
Edição de infografia: Luiz Iria, Priscilla Boffo, Giselle Hirata
Coordenação de revisão: Elaine C. del Nero, Maristela S. Carrasco
Revisão: Alessandra Félix, Leandra Trindade, Recriar Editorial, Rita de Cássia Gorgati, Salete Brentan, Yara Afonso
Coordenação de pesquisa iconográfica: Luciano Baneza Gabarron
Pesquisa iconográfica: Carol Bock
Coordenação de *bureau*: Rubens M. Rodrigues
Tratamento de imagens: Fernando Bertolo, Joel Aparecido, Luiz Carlos Costa, Marina M. Buzzinaro
Pré-impressão: Alexandre Petreca, Everton L. de Oliveira, Marcio H. Kamoto, Vitória Sousa
Coordenação de produção industrial: Wendell Monteiro
Impressão e acabamento: Gráfica Star7
Lote: 797657
Código: 12112738

Dados Internacionais de Catalogação na Publicação (CIP)
(Câmara Brasileira do Livro, SP, Brasil)

Araribá Plus : matemática / organizadora Editora Moderna ; obra coletiva concebida, desenvolvida e produzida pela Editora Moderna ; editores responsáveis Mara Regina Garcia Gay, Willian Raphael Silva. – 5. ed. – São Paulo : Moderna, 2018.

Obra em 4 v. para alunos do 6º ao 9º ano.
Bibliografia

1. Matemática (Ensino fundamental) I. Gay, Mara Regina Garcia. II. Silva, Willian Raphael.

18-16900   CDD-372.7

Índices para catálogo sistemático:

1. Matemática : Ensino fundamental   372.7

Maria Alice Ferreira – Bibliotecária – CRB – 8 / 7964

ISBN 978-85-16-11273-8 (LA)
ISBN 978-85-16-11274-5 (LP)

Reprodução proibida. Art. 184 do Código Penal e Lei 9.610 de 19 de fevereiro de 1998.
Todos os direitos reservados
EDITORA MODERNA LTDA.
Rua Padre Adelino, 758 – Belenzinho
São Paulo – SP – Brasil – CEP 03303-904
Vendas e Atendimento: Tel. (0_ _11) 2602-5510
Fax (0_ _11) 2790-1501
www.moderna.com.br
2024
Impresso no Brasil

1 3 5 7 9 10 8 6 4 2

APRESENTAÇÃO

A Matemática está presente em tudo o que nos rodeia: na regularidade das folhas de uma planta, nas asas de uma borboleta, nas pinturas de grandes mestres, no céu repleto de estrelas, no piscar de luzes de um semáforo, nas mensagens recebidas de um amigo por *e-mail* ou pelo celular, nos *tablets* e computadores, nos jogos e aplicativos, e em tudo o mais que se possa imaginar. Ela é fundamental na compreensão das coisas, desde as mais simples até as mais complexas, como a infinidade de tecnologias da atualidade.

Aprender com o **Araribá Plus Matemática** é estudar de forma agradável e dinâmica os conteúdos dessa disciplina e adquirir habilidades para aplicá-los em seu dia a dia. Você vai descobrir que estudar números, ângulos, figuras, medidas, equações e outros assuntos abordados pela Matemática amplia seu universo de conhecimento e sua visão de mundo.

Para ajudar nesse aprendizado, nesta nova edição do **Araribá Plus Matemática** incluímos várias novidades, como as seções: *Informática e Matemática*, *Compare estratégias*, *Organizar o conhecimento*, *Testes* e *Atitudes para a vida*. Esperamos que ao buscar o conhecimento você se torne um agente transformador da sociedade em que vive.

Um ótimo estudo!

ATITUDES PARA A VIDA

11 ATITUDES MUITO ÚTEIS PARA O SEU DIA A DIA!

As Atitudes para a vida *trabalham competências socioemocionais e nos ajudam a resolver situações e desafios em todas as áreas, inclusive no estudo de Matemática.*

1. Persistir
Se a primeira tentativa para encontrar a resposta não der certo, **não desista**, busque outra estratégia para resolver a questão.

2. Controlar a impulsividade
Pense antes de agir. Reflita sobre os caminhos que pode escolher para resolver uma situação.

3. Escutar os outros com atenção e empatia
Dar atenção e escutar os outros são ações importantes para se relacionar bem com as pessoas.

4. Pensar com flexibilidade
Considere diferentes possibilidades para chegar à solução. Use os recursos disponíveis e dê asas à imaginação!

5. Esforçar-se por exatidão e precisão
Confira os dados do seu trabalho. Informação incorreta ou apresentação desleixada podem prejudicar a sua credibilidade e comprometer todo o seu esforço.

7. Aplicar conhecimentos prévios a novas situações

Use o que você já sabe!
O que você já aprendeu pode ajudá-lo a entender o novo e a resolver até os maiores desafios.

8. Pensar e comunicar-se com clareza

Organize suas ideias e comunique-se com clareza.
Quanto mais claro você for, mais fácil será estruturar um plano de ação para realizar seus trabalhos.

6. Questionar e levantar problemas

Fazer as perguntas certas pode ser determinante para esclarecer suas dúvidas. Esteja alerta: indague, questione e levante problemas que possam ajudá-lo a compreender melhor o que está ao seu redor.

9. Imaginar, criar e inovar

Desenvolva a criatividade conhecendo outros pontos de vista, imaginando-se em outros papéis, melhorando continuamente suas criações.

10. Assumir riscos com responsabilidade

Explore suas capacidades!
Estudar é uma aventura; não tenha medo de ousar. Busque informação sobre os resultados possíveis e você se sentirá mais seguro para arriscar um palpite.

11. Pensar de maneira interdependente

Trabalhe em grupo, colabore. Unindo ideias e força com seus colegas, vocês podem criar e executar projetos que ninguém poderia fazer sozinho.

No Portal *Arariba Plus* e ao final do seu livro, você poderá saber mais sobre as *Atitudes para a vida*. Veja <www.moderna.com.br/araribaplus> em **Competências socioemocionais**.

CONHEÇA O SEU LIVRO

A ORGANIZAÇÃO DO LIVRO

Os conteúdos deste livro estão distribuídos em **12 unidades** organizadas em **4 partes**.

ABERTURA DE PARTE
Cada **abertura** de parte apresenta um elemento motivador, que pode ser a tela de um jogo, de um vídeo ou de outro recurso que há no **livro digital**.

Questões sobre o tema da abertura são propostas com a finalidade de identificar e mobilizar o que você já conhece sobre o que será estudado nas unidades dessa Parte.

APRESENTAÇÃO DOS CONTEÚDOS
O **conteúdo** é apresentado de forma clara e organizada.

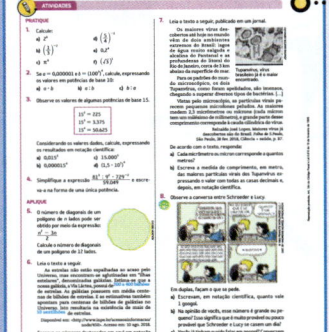

ATIVIDADES
Após a apresentação dos conteúdos, estão as **Atividades** agrupadas em dois blocos: **Pratique** e **Aplique**.

ATIVIDADES COMPLEMENTARES
São atividades apresentadas no final de cada unidade com o propósito de ajudá-lo a fixar os conteúdos estudados.

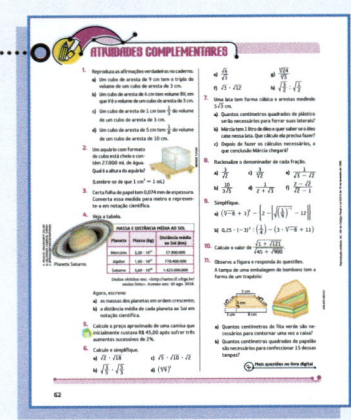

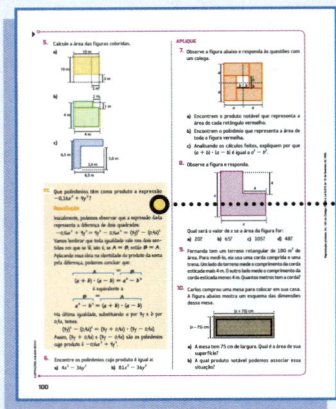

ATIVIDADES RESOLVIDAS
Nas seções **Atividades**, podem aparecer destacadas algumas **atividades resolvidas**, que mostram o passo a passo da resolução, além de comentários que enriquecem seu aprendizado.

COMPREENDER UM TEXTO
Esta seção tem o objetivo de desenvolver a competência leitora por meio da análise de diversos tipos de texto.

Questões especialmente desenvolvidas orientam a interpretação e a análise do texto e exploram o conteúdo matemático apresentado.

ESTATÍSTICA E PROBABILIDADE
Esta seção tem o objetivo de desenvolver a interpretação, a comparação e a análise de diversas formas de apresentação de dados. Aborda também temas relacionados ao cálculo de probabilidade.

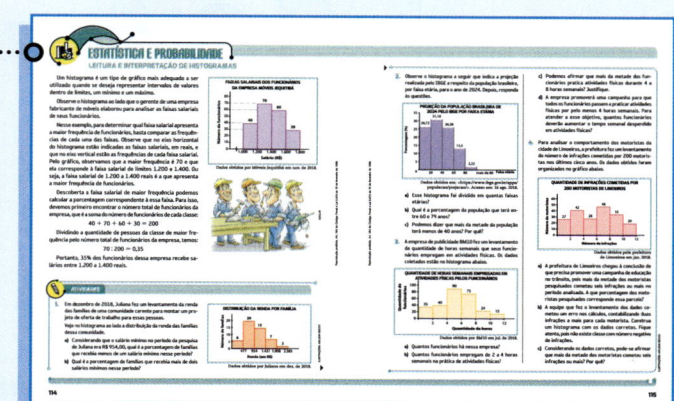

INFORMÁTICA E MATEMÁTICA
Esta seção trabalha conteúdos de matemática por meio de tecnologias digitais, como *softwares* de Geometria Dinâmica, planilhas eletrônicas etc.

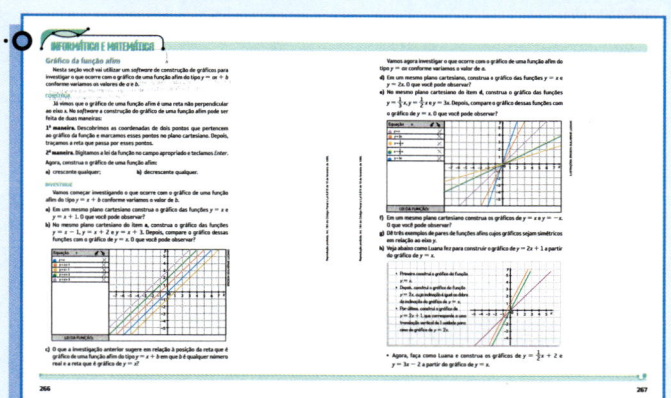

COMPARE ESTRATÉGIAS
Esta seção visa auxiliar a superar eventuais concepções equivocadas no que diz respeito a alguns conceitos ou procedimentos da Matemática.

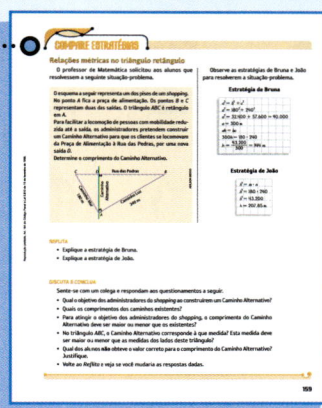

EDUCAÇÃO FINANCEIRA
Esta seção apresenta atividades que farão você refletir sobre atitudes responsáveis e conscientes no planejamento e no uso de recursos financeiros em seu dia a dia.

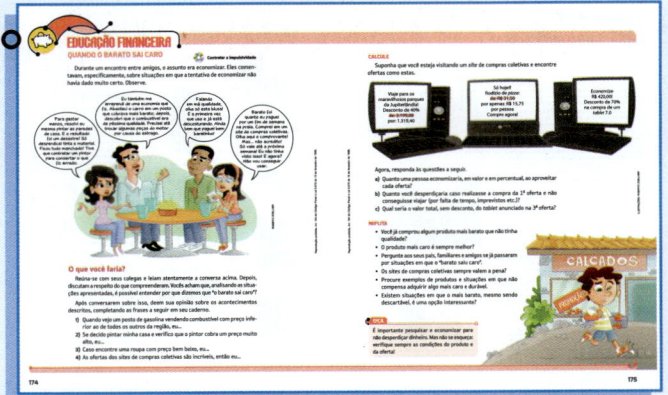

TESTES
Esta seção contém diversas questões do Enem, do Saresp e de diversos vestibulares.

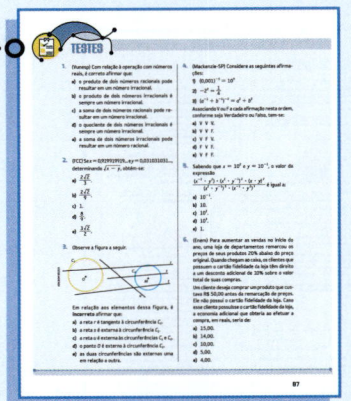

ORGANIZAR O CONHECIMENTO
Esta seção contém organizadores gráficos que ajudam a fixar alguns conteúdos estudados em cada Parte.

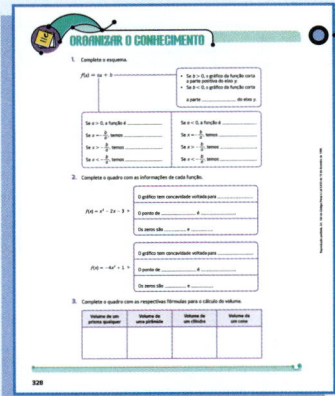

ATITUDES PARA A VIDA
Esta seção retoma as atitudes para a vida trabalhadas em cada Parte e promove uma reflexão sobre elas e como estão presentes no dia a dia.

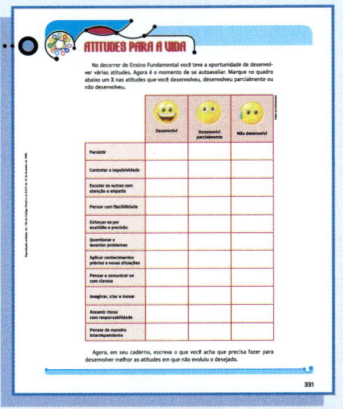

ATIVIDADES EXTRAS
Esta seção traz uma série de atividades com o objetivo principal de desenvolver as habilidades de cálculo mental.

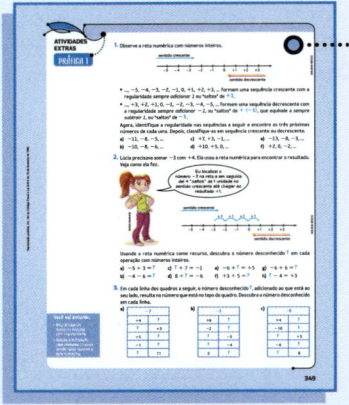

ÍCONES DA COLEÇÃO

 Educação financeira
 Cultura indígena e africana
 Formação cidadã
 Meio ambiente
 Saúde
 Atitudes para a vida

 Elaboração de problemas
 Desafio
 Pensamento computacional
 Cálculo mental
 Calculadora
 Atividade em dupla ou em grupo

 Glossário

Indica que existem jogos, vídeos, atividades ou outros recursos no **livro digital** ou no **portal** da coleção.

CONTEÚDO DOS MATERIAIS DIGITAIS

O *Projeto Araribá Plus* apresenta um Portal exclusivo, com ferramentas diferenciadas e motivadoras para o seu estudo. Tudo integrado com o livro para tornar a experiência de aprendizagem mais intensa e significativa.

- **Portal Araribá Plus – Matemática**
  - Conteúdos
    - OEDs
  - Competências socioemocionais – 11 Atitudes para a vida
    - Atividades
    - Caderno 11 Atitudes para a vida
  - Guia virtual de estudos
  - Livro digital
  - Obras complementares
  - Programas de leitura

Livro digital com tecnologia *HTML5* para garantir melhor usabilidade e ferramentas que possibilitam buscar termos, destacar trechos e fazer anotações para posterior consulta. O livro digital é enriquecido com objetos educacionais digitais (OEDs) integrados aos conteúdos. Você pode acessá-lo de diversas maneiras: no *smartphone*, no *tablet* (Android e iOS), no *desktop* e *on-line* no *site*:

http://mod.lk/livdig

CONTEÚDO DOS MATERIAIS DIGITAIS

ARARIBÁ PLUS APP

Aplicativo exclusivo para você com recursos educacionais na palma da mão!

Objetos educacionais digitais diretamente no seu *smartphone* para uso *on-line* e *off-line*.

Acesso rápido por meio do leitor de código *QR*.
http://mod.lk/app

Stryx, um guia virtual criado especialmente para você! Ele ajudará a entender temas importantes e achar videoaulas e outros conteúdos confiáveis, alinhados com o seu livro.

Eu sou o **Stryx** e serei seu guia virtual por trilhas de conhecimentos de um jeito muito legal de estudar!

LISTA DOS OEDS DO 9º ANO

PARTE	UNIDADE	TÍTULO DO OBJETO DIGITAL
1	1	π
	1	Uma conversa sobre os números reais
	2	Potências de 10
	2	*Calculus*
	2	Passo a passo
2	3	Quadrinhos e cinema
	4	As pirâmides de Gizé
	6	Teorema de Pitágoras
3	7	Paradoxos
	9	Noção de função
	9	Serviço de táxi
4	10	Função afim
	10	Gráfico da função afim
	11	Função quadrática
	11	Gráfico da função quadrática

http://mod.lk/app

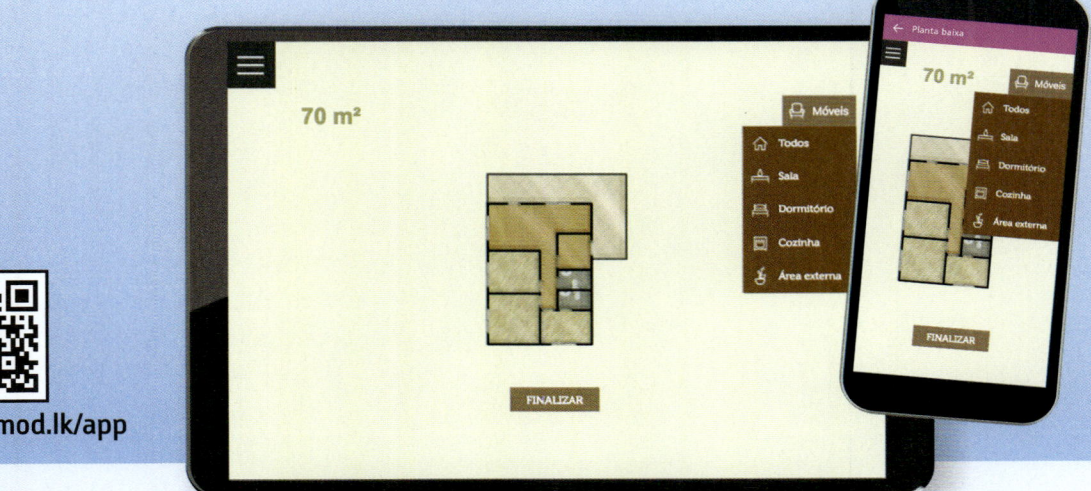

SUMÁRIO

PARTE 1 — 18

UNIDADE 1 NÚMEROS REAIS — 20

1. Números naturais, números inteiros e números racionais — 20
   Representação de números racionais na forma decimal, 21
2. Números irracionais — 24
3. Números reais — 28
   A reta numérica, 29
- Estatística e probabilidade – Construção de pictogramas — 33
- Atividades complementares — 35

UNIDADE 2 POTENCIAÇÃO E RADICIAÇÃO — 36

1. Recordando potências — 36
   Propriedades da potenciação para potências com expoentes inteiros, 38; Notação científica, 39
2. Raiz enésima de um número real — 41
   Raiz quadrada, 41; Raiz cúbica, 42; Raiz enésima, 42; Radicais, 44
3. Operações com radicais — 47
   Adição algébrica com radicais, 47; Multiplicação e divisão com radicais, 50; Potenciação e radiciação com radicais, 51
4. Racionalização de denominadores — 52
5. Potência com expoente fracionário — 54
6. Recordando porcentagem — 56
- Estatística e probabilidade – Leitura e interpretação de pictogramas — 59
- Atividades complementares — 62

UNIDADE 3 CIRCUNFERÊNCIA — 63

1. Circunferência e círculo — 63
2. Posições relativas — 65
   Posições de um ponto em relação a uma circunferência, 65; Posições de uma reta em relação a uma circunferência, 65; Propriedades das retas secantes e tangentes a uma circunferência, 66; Posições relativas entre duas circunferências, 69
3. Ângulos na circunferência — 71
   Arco de circunferência, 71; Ângulo central, 72; Ângulos inscritos, 73
- Informática e matemática – Ângulos em uma circunferência — 74
- Estatística e probabilidade – Construção de histogramas — 78
- Atividades complementares — 80
- Compreender um texto – Distâncias astronômicas — 82
- Educação financeira – Por que eu tenho de fazer isso? — 84
- Organizar o conhecimento — 86
- Testes — 87
- Atitudes para a vida — 89

SUMÁRIO

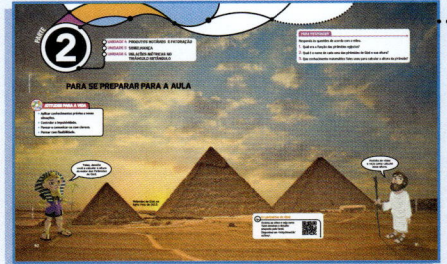

PARTE 2 — 90

UNIDADE 4 PRODUTOS NOTÁVEIS E FATORAÇÃO — 92

1. Produtos notáveis 92
   Quadrado da soma de dois termos, 93; Quadrado da diferença de dois termos, 96; Produto da soma pela diferença de dois termos, 98; Cubo da soma e cubo da diferença de dois termos, 101

2. Fatoração de expressões algébricas 103
   Fatoração, 103; Fator comum em evidência, 104; Agrupamento, 106; Diferença de dois quadrados, 108; Trinômio quadrado perfeito, 111; Soma ou diferença de dois cubos, 113

- **Estatística e probabilidade** – Leitura e interpretação de histogramas 114
- **Atividades complementares** 116

UNIDADE 5 SEMELHANÇA — 118

1. Ângulos 118
   Relações entre os ângulos formados por duas retas paralelas cortadas por uma transversal, 118

2. Razão e proporção entre segmentos 123
   Razão entre dois segmentos, 123; Proporção entre segmentos, 124

3. Figuras semelhantes 126
   Semelhança e proporção, 127

4. Polígonos semelhantes 128
   Propriedades de polígonos semelhantes, 131

5. Triângulos semelhantes 133
   Teorema fundamental da semelhança de triângulos, 134; Casos de semelhança, 135; Consequências da semelhança de triângulos, 138

- **Informática e matemática** – Teorema de Tales 140

6. Teorema de Tales 141
   Demonstração do Teorema de Tales, 141

- **Estatística e probabilidade** – Média aritmética, mediana, moda e amplitude 144
- **Atividades complementares** 148

UNIDADE 6 RELAÇÕES MÉTRICAS NO TRIÂNGULO RETÂNGULO — 151

1. O teorema de Pitágoras 151

- **Informática e matemática** – Verificação experimental – triângulos 152
   Demonstração do teorema de Pitágoras, 153

2. Outras relações métricas no triângulo retângulo 155
   Segunda relação métrica, 156; Terceira relação métrica, 157; Quarta relação métrica, 158

- **Compare estratégias** – Relações métricas no triângulo retângulo 159

3. Aplicações do teorema de Pitágoras 161
   Diagonal de um quadrado, 161; Altura de um triângulo equilátero, 161; Distância entre dois pontos no plano cartesiano, 165; Ponto médio de um segmento, 166

- **Estatística e probabilidade** – Leitura e interpretação de gráficos com múltiplas barras e múltiplas linhas 168
- **Atividades complementares** 170
- **Compreender um texto** – História da fotografia 172
- **Educação financeira** – Quando o barato sai caro 174
- **Organizar o conhecimento** 176
- **Testes** 177
- **Atitudes para a vida** 179

PARTE 3 — 180

UNIDADE 7 RELAÇÕES TRIGONOMÉTRICAS NO TRIÂNGULO RETÂNGULO — 182

1. **Razões trigonométricas no triângulo retângulo** — 182
   Seno de um ângulo agudo, 182; Cosseno de um ângulo agudo, 183; Tangente de um ângulo agudo, 184

- **Informática e matemática** – Razões trigonométricas no triângulo retângulo — 186

2. **Tabela de razões trigonométricas** — 187
   Razões trigonométricas dos ângulos notáveis, 189

3. **Relações trigonométricas no triângulo acutângulo** — 192
   Lei dos senos, 192; Lei dos cossenos, 193

- **Estatística e probabilidade** – Leitura e interpretação de gráficos que se complementam — 196

- **Atividades complementares** — 200

UNIDADE 8 EQUAÇÃO DO 2º GRAU — 202

1. **Equação do 2º grau com uma incógnita** — 202
   Equação completa e equação incompleta, 203; Raízes de uma equação do 2º grau, 203

2. **Resolução de uma equação do 2º grau incompleta** — 205
   Quando $ax^2 + c = 0$, 205; Quando $ax^2 = 0$, 205; Quando $ax^2 + bx = 0$, 206

3. **Resolução de uma equação do 2º grau completa** — 208
   Quando o primeiro membro é um trinômio quadrado perfeito, 208; Quando o primeiro membro não é um trinômio quadrado perfeito, 209

4. **Fórmula de resolução de equação do 2º grau** — 212

- **Compare estratégias** – Equações do 2º grau com uma incógnita — 213

5. **Análise das raízes de uma equação do 2º grau** — 216
   Relação entre os coeficientes e as raízes de uma equação do 2º grau, 217; Determinação de uma equação do 2º grau quando suas raízes são conhecidas, 219; Fatoração do trinômio do 2º grau, 219

6. **Resolvendo problemas que envolvem equações do 2º grau** — 221

7. **Equações redutíveis a uma equação do 2º grau** — 225
   Equações fracionárias, 225; Equações biquadradas, 228; Equações irracionais, 230

8. **Sistemas de equações do 2º grau** — 231

- **Estatística e probabilidade** – Gráficos e média aritmética — 234

- **Atividades complementares** — 236

UNIDADE 9 FUNÇÕES — 238

1. **Ideia de função** — 238
   Lei de formação da função, 239; Variáveis, 239

2. **A notação $f(x)$** — 241
   Valor de uma função, 241

3. **Representação gráfica de uma função** — 243
   Construção do gráfico de uma função, 245; Todo gráfico representa uma função?, 246

SUMÁRIO

- **Compare estratégias** – Representação gráfica de uma função 247
- **Estatística e probabilidade** – Análise de gráficos que induzem a erro 249
- **Atividades complementares** 251
- **Compreender um texto** – Pobre vaca assassinada 252
- **Educação financeira** – Que conversa é essa? 254
- **Organizar o conhecimento** 256
- **Testes** 257
- **Atitudes para a vida** 259

PARTE 4 260

UNIDADE 10 FUNÇÃO AFIM 262

1. **Função afim** 262
   Gráfico da função afim, 265

   - **Informática e matemática** – Gráfico da função afim 266
   - **Compare estratégias** – Gráfico de funções 268
   Zero da função afim, 270; Análise do gráfico de uma função afim, 271

2. **Função linear e proporcionalidade** 274

   - **Estatística e probabilidade** – Analisar os dados de gráficos fazendo inferências 278
   - **Atividades complementares** 280

UNIDADE 11 FUNÇÃO QUADRÁTICA 282

1. **Conceito inicial** 282

2. **Gráfico da função quadrática** 284
   A parábola e seu vértice, 284; Cálculo das coordenadas do vértice da parábola, 285; Construção do gráfico de uma função quadrática, 286

   - **Informática e matemática** – Gráfico da função quadrática 288
   Zeros de uma função quadrática, 289

3. **Estudo do gráfico de uma função quadrática** 291
   Concavidade da parábola, 291; Ponto de máximo ou ponto de mínimo, 292

4. **Análise do gráfico de uma função quadrática** 294
   Quando a parábola intercepta o eixo x em dois pontos, 294; Quando a parábola intercepta o eixo x em um único ponto, 295; Quando a parábola não intercepta o eixo x, 295

5. **Inequações do 2º grau** 297

   - **Estatística e probabilidade** – Probabilidade de eventos independentes e de eventos dependentes 298
   - **Atividades complementares** 300

UNIDADE 12 FIGURAS GEOMÉTRICAS NÃO PLANAS E VOLUMES 303

1. **Figuras geométricas não planas** 303
   Secções de figuras não planas, 304; Planificação, 304

2. Poliedros **305**

3. Projeção ortogonal **308**
  Projeção ortogonal de um ponto sobre um plano, 308; Projeção ortogonal de figuras sobre um plano, 308; Vistas ortogonais de figuras, 308; Desenhando objetos, 310; A perspectiva nas artes visuais, 312

4. Volume de um prisma **314**
  Volume de um paralelepípedo, 314; Volume de um prisma qualquer, 315

5. Volume de uma pirâmide **316**

6. Volume do cilindro **318**

7. Volume do cone **319**

- **Estatística e probabilidade –** Pesquisa amostral **321**
- **Atividades complementares** **322**
- **Compreender um texto –** Serviço de táxi: como usar **324**
- **Educação financeira –** Você gosta de ostentar? Cuidado! **326**
- **Organizar o conhecimento** **328**
- **Testes** **329**
- **Atitudes para a vida** **331**

Respostas **332**

Siglas **345**

Bibliografia **346**

Atividades extras **348**

Atitudes para a vida **361**

PARTE 1

- UNIDADE 1 NÚMEROS REAIS
- UNIDADE 2 POTENCIAÇÃO E RADICIAÇÃO
- UNIDADE 3 CIRCUNFERÊNCIA

A "MAGRELA"

Sua origem um tanto obscura parece não incomodar. Seu uso, tanto para lazer quanto em práticas esportivas e como meio de transporte, vem sendo cada vez mais difundido, pois não polui o ar, ajuda a diminuir o trânsito e ainda combate o sedentarismo, contribuindo para manter a boa forma física. De que estamos falando? Da bicicleta, é claro, ou "magrela". Diante desse cenário vem aumentando o número de ciclovias nas cidades brasileiras, para que os ciclistas tenham mais segurança ao trafegar. Viabiliza-se, dessa forma, o uso de um meio de transporte ecológico e econômico.

ATITUDES PARA A VIDA

- Pensar de maneira interdependente.
- Imaginar, criar e inovar.
- Assumir riscos com responsabilidade.

Cross é um modelo de bicicleta usado em competições esportivas, como bicicross.
Diâmetro externo do pneu: 52 cm
Comprimento aproximado do pneu: 163 cm

201 cm
O comprimento do pneu da bicicleta corresponde a uma volta completa.

Speed é um modelo de bicicleta mais leve, desenvolvido para velocidade e ideal para corridas.

Diâmetro externo do pneu: 64 cm

Comprimento aproximado do pneu: 201 cm

Bicicleta infantil.

Diâmetro externo do pneu: 36 cm

Comprimento aproximado do pneu: 113 cm

A *mountain bike* é ideal para percursos em terrenos com irregularidades e obstáculos.

Diâmetro externo do pneu: 64 cm

Comprimento aproximado do pneu: 201 cm

PARA RESPONDER

Responda às questões.

1. Você conhece outro tipo de bicicleta? Qual?
2. Você costuma andar de bicicleta? Onde?
3. Observe as bicicletas desta dupla de páginas. Podemos dizer que, quanto maior o diâmetro, maior é o comprimento do pneu?
4. Agora, para cada tipo de bicicleta, divida a medida do comprimento do pneu pela do diâmetro. Os resultados obtidos foram aproximadamente iguais?

Já vimos como fazer o processo inverso e transformar um decimal exato para a forma de fração usando frações decimais (frações cujo denominador é uma potência de 10). Veja alguns exemplos:

- $4{,}3 = \dfrac{43}{10}$
- $0{,}25 = \dfrac{25}{100} = \dfrac{1}{4}$
- $0{,}9437 = \dfrac{9.437}{10.000}$

Vamos recordar agora, por meio de um exemplo, como transformar uma dízima periódica para a forma de fração, ou seja, como encontrar a **fração geratriz** de uma dízima.

Vamos obter a fração geratriz da dízima periódica $0{,}27\overline{6}$.

1º) Chamamos essa dízima de x.

$$x = 0{,}27\overline{6} \quad (I)$$

2º) Multiplicamos ambos os membros da igualdade (I) por 100 para obter uma dízima periódica em que o período aparece logo após a vírgula.

$$100x = 27{,}\overline{6} \quad (II)$$

3º) Como o período dessa dízima é formado por um algarismo (6), multiplicamos ambos os membros da igualdade (II) por 10 para obter outra dízima com o mesmo período.

$$1.000x = 276{,}\overline{6} \quad (III)$$

(Note que, como $27{,}\overline{6} = 27{,}666...$, com o 6 se repetindo infinitamente, quando multiplicamos essa dízima por 10, obtemos a dízima $276{,}666... = 276{,}\overline{6}$).

4º) Subtraímos, membro a membro, (II) de (III) e, assim, eliminamos a parte que se repete nas dízimas.

$$1.000x = 276{,}\overline{6} \text{ (III)}$$
$$-\ \ 100x =\ \ 27{,}\overline{6} \text{ (II)}$$
$$\overline{}$$
$$900x = 249$$

$$x = \dfrac{249}{900} = \dfrac{83}{300}$$

Assim, $0{,}27\overline{6} = \dfrac{83}{300}$, ou seja, $\dfrac{83}{300}$ é a fração geratriz da dízima periódica $0{,}27\overline{6}$.

PARA VERIFICAR

Usando o algoritmo da divisão, transforme a fração $\dfrac{83}{300}$ para a forma decimal e verifique se essa fração realmente gera a dízima $0{,}27\overline{6}$.

OBSERVAÇÕES

- No 1º passo, a parte não periódica após a vírgula tem 2 algarismos, por isso, no 2º passo, multiplicamos ambos os membros da igualdade por 100. Se a parte não periódica tivesse 3, 4, 5, ... algarismos após a vírgula, multiplicaríamos, respectivamente, por 1.000, 10.000, 100.000, e assim por diante. E se o período estivesse logo após a vírgula, não seria necessário realizar essa multiplicação e usaríamos a igualdade (I) nos passos seguintes.
- No 3º passo, se o período tivesse 2, 3, 4, ... algarismos, multiplicaríamos, respectivamente, os membros da igualdade por 100, 1.000, 10.000, e assim por diante, para obter outra dízima de mesmo período.

ATIVIDADES

PRATIQUE

1. Identifique quais dos números a seguir pertencem ao conjunto dos números naturais ($\mathbb{N}$), quais pertencem ao conjunto dos números inteiros ($\mathbb{Z}$) e quais pertencem ao conjunto dos números racionais ($\mathbb{Q}$).

a) 0
b) -10
c) 3,258
d) $\dfrac{4}{3}$
e) $0,\overline{3}$
f) $\sqrt{25}$
g) $2\dfrac{12}{4}$
h) $1,34\overline{75}$

2. Considere x um número inteiro e complete o quadro.

x	Oposto de x	Sucessor de x	Antecessor de x
2			
	-15		
		158	
			-4
-21			
		-348	
		25.390	
$-n$			$-n-1$

3. Escreva os números racionais na forma decimal.

a) $\dfrac{2}{15}$
b) $\dfrac{4}{25}$
c) $\dfrac{33}{5}$
d) $\dfrac{30}{8}$
e) $\dfrac{50}{3}$
f) $\dfrac{90}{11}$

4. Encontre a fração geratriz de cada dízima periódica.

a) $0,\overline{2}$
b) $1,1\overline{6}$
c) $0,1\overline{25}$

Usando uma calculadora, divida o numerador pelo denominador de cada fração geratriz obtida para verificar se os resultados são as dízimas periódicas dos itens.

APLIQUE

5. As idades de três primos, Bernardo, Rafaela e Sérgio, são, respectivamente, três números consecutivos. Sabendo que a soma das idades é igual a 90, qual é a idade de cada um dos primos?

6. Escreva a que conjunto numérico pertence cada número do texto abaixo.

Júpiter fica a 778 milhões de quilômetros do Sol e leva 11 anos e 312 dias terrestres para dar uma volta em torno dele, a 13 km/s. A gravidade é 2,36 vezes a da Terra e a temperatura média é de -120 °C.

Dados obtidos em: <http://www.cprm.gov.br/publique/Redes-Institucionais/Rede-de-Bibliotecas-Rede-Ametista/Canal-Escola/Nossos-Vizinhos-do-Sistema-Solar-1275.html>. Acesso em: 9 ago. 2018.

O planeta Júpiter tem cerca de 320 vezes a massa do planeta Terra. Foto de 2018.

7. Leia o texto a seguir.

[...] O maior município brasileiro é Altamira no Pará e tem 159.533,328 km², com dimensão territorial maior que vários estados brasileiros.

O município mineiro de Santa Cruz de Minas, com área de 3,565 km² é o menor do país, seguido de Águas de São Pedro, em São Paulo, com área de 3,612 km². Suas áreas são menores que a da Ilha de Fernando de Noronha, distrito estadual de Pernambuco, que tem 17,017 km². [...]

Disponível em: <https://ww2.ibge.gov.br/home/geociencias/cartografia/default_territ_area.shtm>. Acesso em: 9 ago. 2018.

Vista de cima do centro da cidade na margem do canal de derivação da Usina Hidrelétrica de Belo Monte, Altamira (PA). Foto de 2017.

a) Escreva os números do texto em ordem crescente.
b) Qual é a diferença entre as áreas do maior e do menor município brasileiros?
c) A **densidade demográfica** de uma região é a razão entre o número de pessoas que nela vive e a área da região. Segundo o Instituto Brasileiro de Geografia e Estatística (IBGE), em 2017, a população estimada de Altamira era de 111.435 habitantes, e a de Santa Cruz de Minas era de 8.547 habitantes. Usando uma calculadora, calcule a densidade demográfica aproximada, em habitantes por quilômetro quadrado, desses dois municípios em 2017.
d) Converse com um colega e comparem as densidades demográficas obtidas no item anterior.

2 NÚMEROS IRRACIONAIS

Além dos números naturais, inteiros e racionais, existem os números irracionais.

Vimos que a representação decimal de um número racional é sempre um decimal exato ou uma dízima periódica.

Quando a representação decimal de um número é infinita e não periódica, o número não pode ser escrito na forma $\frac{a}{b}$, com a e b inteiros e $b \neq 0$ e, portanto, não é um número racional. Esses números são **números irracionais**.

Vejamos alguns exemplos de números irracionais.

RAIZ QUADRADA DE 2

O grupo de Caio fez um trabalho sobre a raiz quadrada de 2. Para encontrar um segmento medindo raiz quadrada de 2 cm, desenharam e recortaram dois quadrados idênticos com lados de medida 1 cm. Depois, dividiram esses quadrados cortando sobre uma das diagonais. Com os triângulos obtidos, montaram um novo quadrado. Observe:

O quadrado montado tem área igual a 2 cm². Portanto, a medida do lado desse quadrado, em centímetro, é um número que elevado ao quadrado resulta em 2. Em outras palavras, a medida do lado desse quadrado, em centímetro, que indicamos por x, é igual à **raiz quadrada** de 2, representada por $\sqrt{2}$.

PARA MEDIR

Usando uma régua graduada em centímetros e milímetros, meça o lado do novo quadrado montado por Caio e seus colegas. Que medida você obtém?

Converse com seus colegas sobre as seguintes questões: na medição, vocês obtiveram a medida exata ou aproximada do segmento? Como vocês podem verificar se a medida é exata? Por que vocês acham que isso aconteceu?

Veja como Caio e seus colegas calcularam a raiz quadrada de 2 fazendo aproximações.

Primeiro, eles testaram alguns valores, buscando um número não negativo que elevado ao quadrado fosse igual a 2.

$$1^2 = 1 \qquad 2^2 = 4$$

Então, perceberam que $\sqrt{2}$ está entre 1 e 2. Assim, continuaram testando valores entre 1 e 2, buscando um número que elevado ao quadrado resultasse em 2. Observe:

$1,1^2$	$1,2^2$	$1,3^2$	$1,4^2$	$1,5^2$
1,21	1,44	1,69	1,96	2,25

2 está entre $(1,4)^2$ e $(1,5)^2$. Logo:
$\sqrt{2}$ está entre 1,4 e 1,5

$1,41^2$	$1,42^2$
1,9881	2,0164

2 está entre $(1,41)^2$ e $(1,42)^2$. Logo:
$\sqrt{2}$ está entre 1,41 e 1,42

$1,411^2$	$1,412^2$	$1,413^2$	$1,414^2$	$1,415^2$
1,990921	1,993744	1,996569	1,999396	2,002225

2 está entre $(1,414)^2$ e $(1,415)^2$. Logo:
$\sqrt{2}$ está entre 1,414 e 1,415

$1,4141^2$	$1,4142^2$	$1,4143^2$
1,99967881	1,99996164	2,00024449

2 está entre $(1,4142)^2$ e $(1,4143)^2$. Logo:
$\sqrt{2}$ está entre 1,4142 e 1,4143

Continuando os cálculos, Caio e seus colegas não encontraram um número que elevado ao quadrado resultasse em exatamente 2, mas encontraram um resultado próximo de 2. Então, concluíram que $\sqrt{2}$ é aproximadamente 1,4142135.

Já foram feitos muitos cálculos para chegar ao valor exato de $\sqrt{2}$, mas nunca foi encontrado um decimal exato ou uma dízima periódica. Os matemáticos provaram que o número $\sqrt{2}$ não é racional, isto é, não pode ser escrito como um quociente de números inteiros e, por isso, não pode ser expresso como decimal exato ou dízima periódica.

NÚMERO PI (π)

Vanessa traçou uma circunferência usando um *software* de geometria dinâmica. A seguir mediu, com as ferramentas do *software*, o diâmetro e o comprimento aproximado da circunferência.

Assista ao vídeo e aprenda mais sobre a história do número pi. Disponível em <http://mod.lk/wrwjc>.

Depois, ela movimentou a circunferência de modo a alterar a medida de seu diâmetro. Veja, a seguir, três configurações que ela obteve, em que as medidas estão indicadas na mesma unidade.

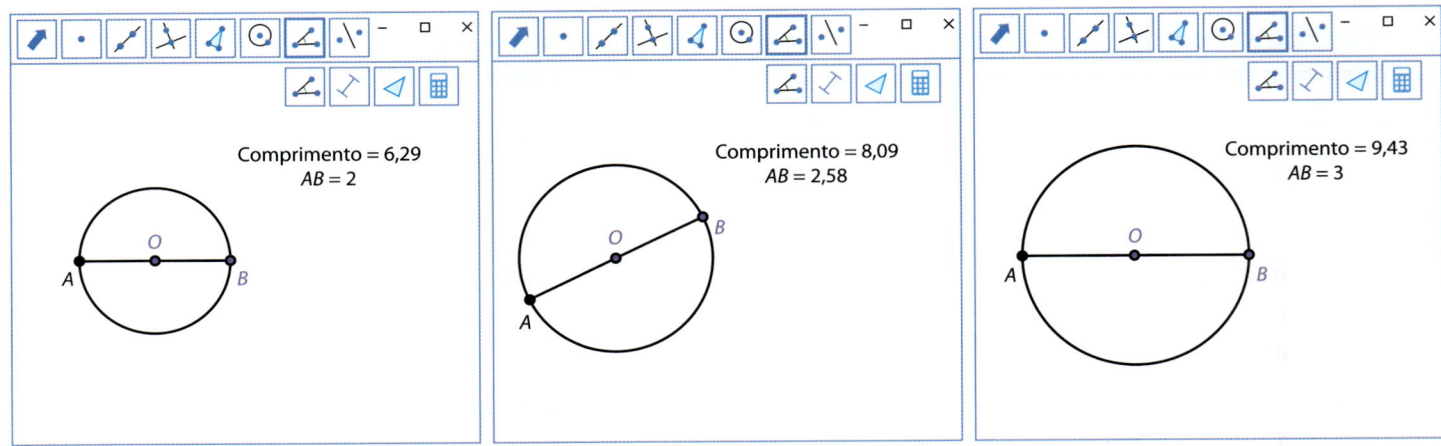

Para cada uma das configurações acima, ela calculou o quociente entre a medida aproximada do comprimento e a medida do diâmetro da circunferência. Observe os valores que ela obteve:

$C_1: \dfrac{6{,}29}{2} = 3{,}145 \qquad C_2: \dfrac{8{,}09}{2{,}58} \simeq 3{,}136 \qquad C_3: \dfrac{9{,}43}{3} \simeq 3{,}143$

Como é possível perceber, os valores obtidos nesses quocientes estão próximos de 3,14. Para qualquer circunferência, essa razão é de aproximadamente 3,14.

O número obtido ao dividir a medida do comprimento da circunferência pela medida do seu diâmetro, na mesma unidade, é o **número irracional pi** (representado pela letra grega π).

$$\pi = 3{,}14159265\ldots$$

Foi provado que o número π tem infinitas casas decimais e não tem parte periódica. Por isso, é um número irracional.

Usando o número π, podemos calcular a medida do comprimento C de uma circunferência de diâmetro medindo d e raio de medida r. Temos que $\dfrac{C}{d} = \pi$ e, portanto:

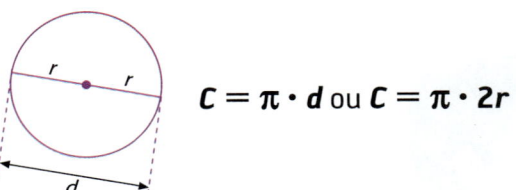

$$C = \pi \cdot d \text{ ou } C = \pi \cdot 2r$$

Vamos, por exemplo, calcular a medida do comprimento de uma circunferência cujo raio mede 7 cm, considerando $\pi = 3{,}14$.

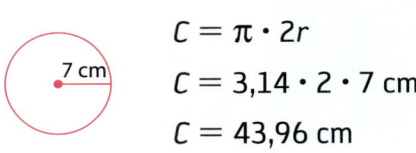

$C = \pi \cdot 2r$
$C = 3{,}14 \cdot 2 \cdot 7 \text{ cm}$
$C = 43{,}96 \text{ cm}$

> **OBSERVAÇÃO**
>
> Note que, escolhida a unidade de comprimento, há medidas que não podem ser expressas por números racionais. Como vimos, o comprimento de uma circunferência de diâmetro com medida racional e a medida da diagonal de um quadrado de lado com 1 unidade são algumas delas. Na Unidade 6, veremos outras medidas que não podem ser expressas por números racionais, como as medidas da altura de um triângulo equilátero e da diagonal de alguns retângulos.

> **OBSERVAÇÃO**
>
> Você já viu também, no 8º ano, como calcular a área A de um círculo de raio de medida r usando o número π:
> $$A = \pi \cdot r^2$$

> **PARA CALCULAR**
>
> A trena de roda é um instrumento de medição de distâncias. As trenas de roda profissionais possuem um contador (mecânico ou digital) que marca a medida da distância no decorrer da rolagem da roda no solo. Alguns modelos têm um diâmetro específico que a cada volta dada marca a distância de 1 metro. Qual é a medida aproximada do diâmetro da roda desses modelos de trena?

OUTROS EXEMPLOS DE NÚMEROS IRRACIONAIS

- $\sqrt{x}$, em que x é um número não negativo, racional ou irracional, e x não é quadrado perfeito:

  $\sqrt{\pi}$

  $\sqrt{3} = 1,732050807568877293...$

  $\sqrt{5} = 2,236067977499789696...$

  $\sqrt{7} = 2,645751311064590590...$

- $0,101001000100001000001...$

- $7,14114111411114...$

- O número ϕ (phi), também conhecido como número de ouro ou razão áurea, dado por: $\phi = \dfrac{1 + \sqrt{5}}{2} = 1,61803398874989...$

> **PARA PENSAR**
>
> Escreva no caderno três exemplos de números irracionais diferentes dos apresentados.

ATIVIDADES

PRATIQUE

1. Identifique quais dos números a seguir são irracionais.
   a) -2.900
   b) $\sqrt{121}$
   c) $\sqrt{10}$
   d) $\dfrac{10}{9}$
   e) $0,0\overline{12}$
   f) $0,02468101214...$, tal que a sequência de algarismos após a vírgula é dada pela sequência dos números naturais pares.
   g) $\sqrt{4}$

2. Considerando $\pi = 3,14$, responda às questões.
   a) Qual é o comprimento da circunferência cujo raio mede 2,3 cm?
   b) E da circunferência cujo diâmetro mede 7,5 m?
   c) Qual é a medida do diâmetro de uma circunferência cujo comprimento é 31,4 m?

3. Murilo realizou a operação $2 \div 29$ na calculadora de seu celular, que mostra 16 algarismos do resultado. Observe o resultado que ele obteve e a conclusão a que ele chegou.

> A representação decimal de $\dfrac{2}{29}$ é infinita e não há um período que se repete. Então, esse número é irracional.

- Converse com um colega e discutam se Murilo está correto.

APLIQUE

4. Observe como Sílvia coloriu uma malha quadriculada.

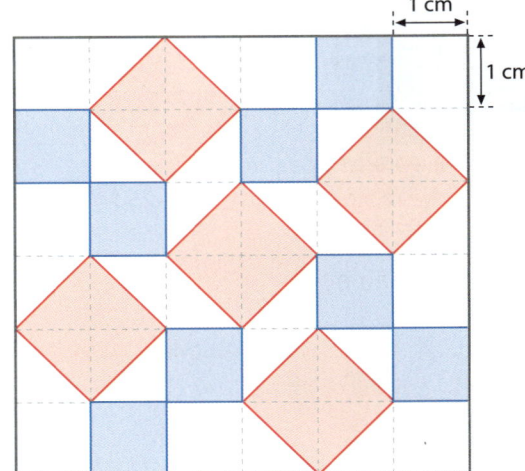

a) Escreva um número racional na forma fracionária que relaciona a parte colorida por Sílvia com toda a malha quadriculada.

b) Qual é a razão entre a área da parte colorida de azul e a área de toda a malha quadriculada?

c) Qual é a medida, em centímetro, do lado de cada quadrado pintado de vermelho?

d) Escreva na forma decimal os números encontrados nos itens **a**, **b** e **c**.

5. Um atleta participará de uma prova em que terá de nadar percorrendo a borda de uma piscina de formato circular de raio medindo 100 m. Para completar a prova, ele precisará dar 2 voltas na piscina. Determine quantos metros ele nadará. (Considere: $\pi = 3{,}14$.)

6. O raio da bicicleta de Lizandro mede 30 cm.

a) Qual é o comprimento de cada roda dessa bicicleta? (Adote $\pi = 3{,}14$.)

b) Quantas voltas cada roda dessa bicicleta dará a cada 1 km?

3 NÚMEROS REAIS

Se unirmos o conjunto dos números racionais (no qual estão contidos o conjunto dos números inteiros e o conjunto dos números naturais) com o conjunto dos números irracionais, obteremos outro conjunto, chamado **conjunto dos números reais**, que indicamos por $\mathbb{R}$.

Observe o esquema abaixo.

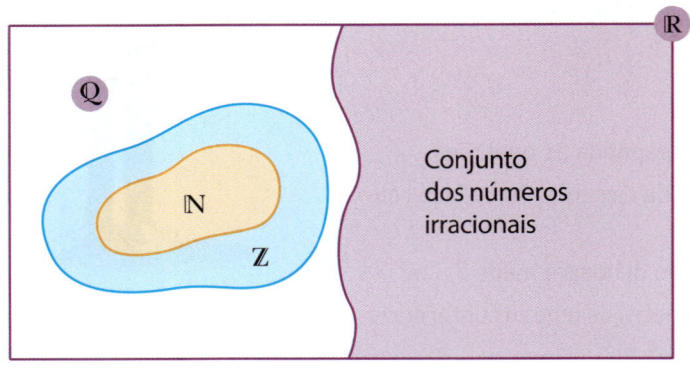

A RETA NUMÉRICA

Você já sabe que os números naturais, os inteiros negativos e os racionais não inteiros têm, cada um, um ponto correspondente na reta numérica. E os números irracionais? Eles têm pontos correspondentes na reta numérica? Para saber, acompanhe nos quadrinhos a seguir uma analogia entre os números reais e a reta numérica.

Mesmo após representar os infinitos números naturais e inteiros na reta, ainda há pontos sem o número correspondente. Por exemplo, entre 3 e 4 há o 3,6.
O mesmo ocorre após representar os infinitos números racionais. Por exemplo, entre 1,41421356 e 1,41421357 há $\sqrt{2}$.

Preenchemos a reta numérica do mesmo modo como fizemos com a cuba. Os números naturais são as bolas de gude, os inteiros negativos são as pedrinhas vermelhas, a areia representa os números racionais não inteiros e a água, os irracionais.

Todos esses números juntos formam o conjunto dos números reais. Com eles, a reta fica completa.

Todo número real tem um único ponto correspondente na reta numérica, e todo ponto da reta numérica corresponde a um único número real.

Estabelecida uma origem (correspondente ao número zero) e uma unidade (que determina a distância entre dois pontos correspondentes a dois números inteiros consecutivos), vamos ver como localizar ou estimar a localização de alguns pontos correspondentes a números reais na reta numérica.

Mesmo que a representação decimal do número $\sqrt{2}$ tenha infinitas casas decimais não periódicas, é possível traçar um segmento com medida $\sqrt{2}$ unidades e representar esse número na reta numérica. Vamos retomar o quadrado feito pelo grupo de Caio.

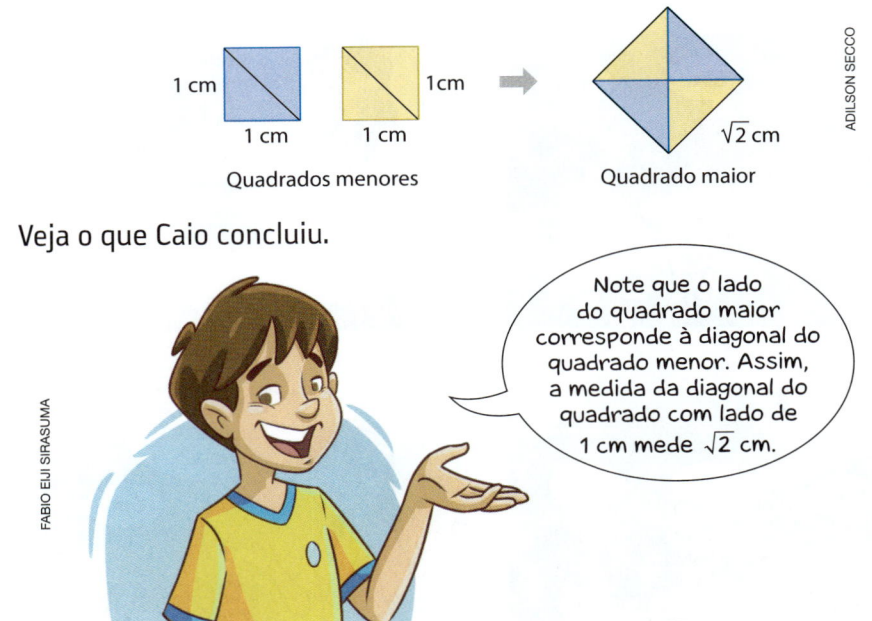

Veja o que Caio concluiu.

Note que o lado do quadrado maior corresponde à diagonal do quadrado menor. Assim, a medida da diagonal do quadrado com lado de 1 cm mede $\sqrt{2}$ cm.

Usando esse fato, acompanhe como Caio representou $\sqrt{2}$ e $-\sqrt{2}$ na reta numérica.

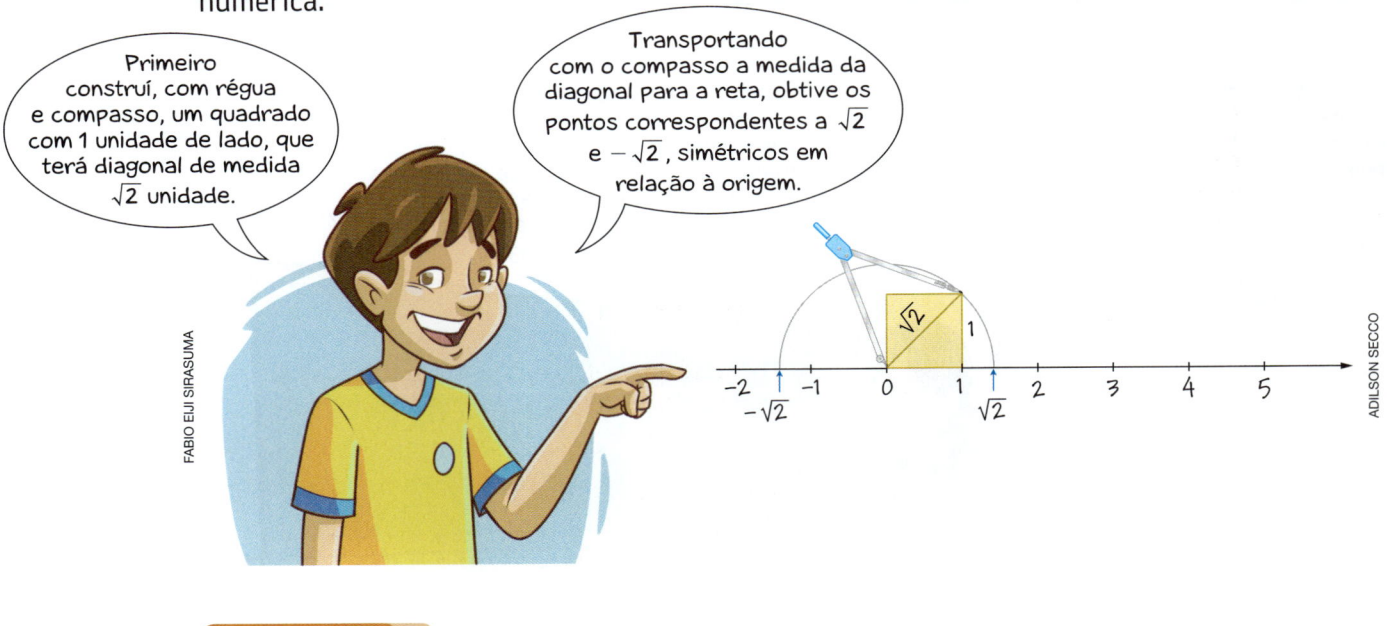

Primeiro construí, com régua e compasso, um quadrado com 1 unidade de lado, que terá diagonal de medida $\sqrt{2}$ unidade.

Transportando com o compasso a medida da diagonal para a reta, obtive os pontos correspondentes a $\sqrt{2}$ e $-\sqrt{2}$, simétricos em relação à origem.

PARA PENSAR

Como você faria para localizar o ponto correspondente ao número irracional $2\sqrt{2}$ na reta numérica acima?

Agora, veja como Alícia estimou a localização na reta numérica do ponto correspondente ao número irracional 1,23456789101112... e como Felipe localizou o ponto correspondente ao número $0,41\overline{6}$.

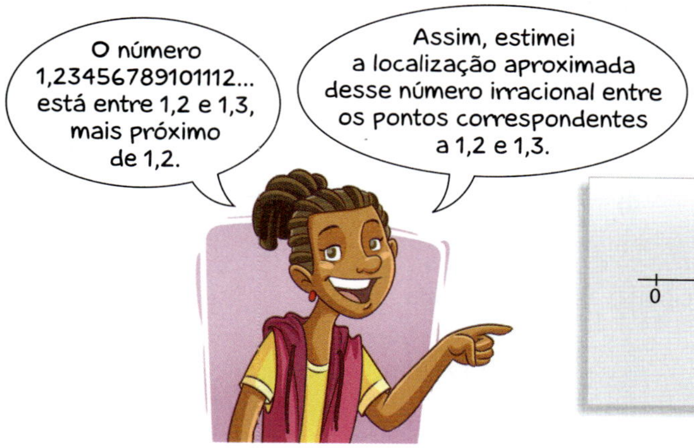

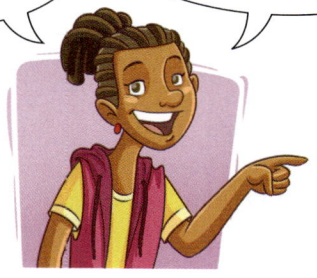

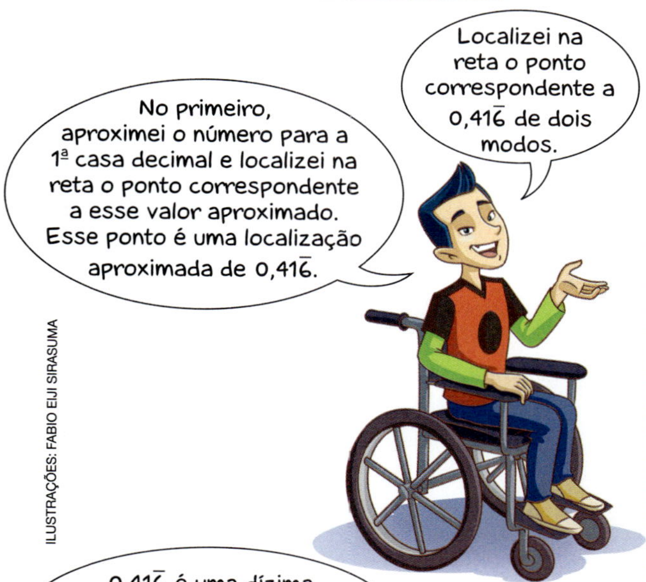

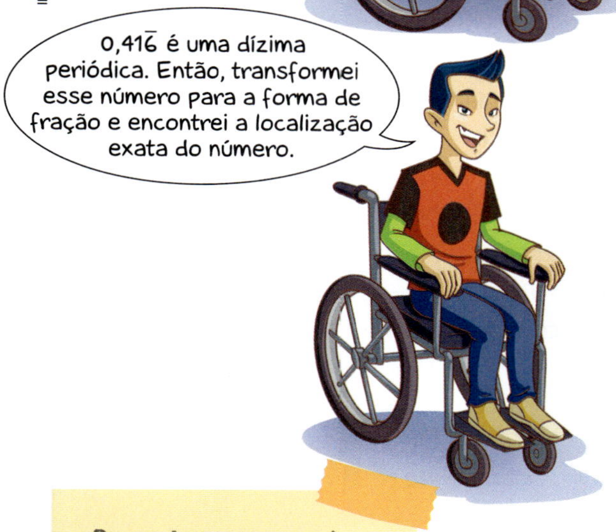

O número 1,23456789101112... está entre 1,2 e 1,3, mais próximo de 1,2.
Assim, estimei a localização aproximada desse número irracional entre os pontos correspondentes a 1,2 e 1,3.

0
1
1,2
1,3
2
1,23456789101112...

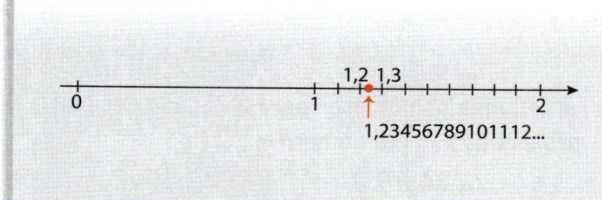

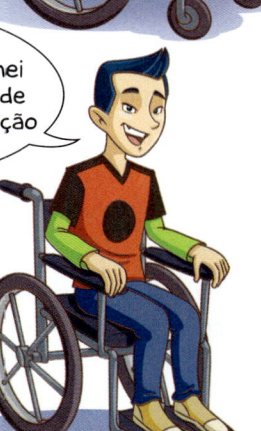

Localizei na reta o ponto correspondente a 0,416̅ de dois modos.
No primeiro, aproximei o número para a 1ª casa decimal e localizei na reta o ponto correspondente a esse valor aproximado. Esse ponto é uma localização aproximada de 0,416̅.

0,416̅ é uma dízima periódica. Então, transformei esse número para a forma de fração e encontrei a localização exata do número.

1º modo

$$0,41\overline{6} \simeq 0,4$$

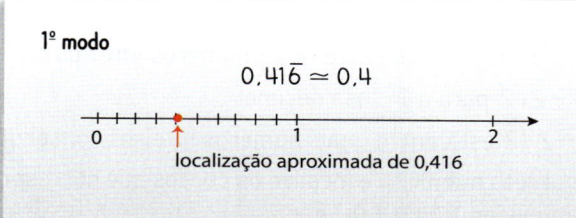

0
1
2
localização aproximada de 0,416

2º modo

(I) $x = 0,41\overline{6}$ $\times 100$

(II) $100x = 41,\overline{6}$ $\times 10$

(III) $1.000x = 416,\overline{6}$

Subtraindo (II) de (III), membro a membro:

$$900x = 375$$

$$x = \frac{375}{900} = \frac{5}{12}$$

Logo: $0,41\overline{6} = \frac{5}{12}$

0
1
2
5/12 = 0,416̅

ILUSTRAÇÕES: FABIO EIJI SIRASUMA

ILUSTRAÇÕES: ADILSON SECCO

Organize o que você aprendeu fazendo a atividade 1 da página 86.

Trilha de estudo

Vai estudar? Nosso assistente virtual no *app* pode ajudar! <http://mod.lk/trilhas>

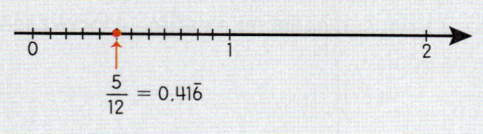

ATIVIDADES

PRATIQUE

1. Observe cada reta numérica, dividida em partes iguais, e identifique o número correspondente a cada quadradinho.

   a)

   b)

   c)

   d)

2. Em cada caso, arredonde os números para a 2ª casa decimal e associe-os à sua representação aproximada na reta numérica.

   A π **B** 3,54345793...   **C** $10\sqrt{2}$ **D** 7,4321798...

   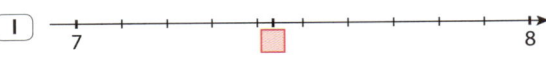
   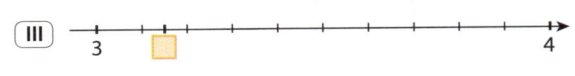

3. Faça o que se pede.

   a) Arredonde o número 1,732050... para a 1ª casa decimal.

   b) O número 1,732050... está entre quais números inteiros consecutivos?

   c) Arredonde $-2\sqrt{2}$ para a 1ª casa decimal.

   d) O número $-2\sqrt{2}$ está entre quais números inteiros consecutivos?

   e) Desenhe uma reta numérica e localize os pontos que correspondem aproximadamente aos números 1,732050... e $-2\sqrt{2}$.

4. Represente os números abaixo em uma mesma reta numérica.

   $\sqrt{2}$ $-\sqrt{2}$ $3\sqrt{2}$ $-3\sqrt{2}$

5. Arredonde os números abaixo para a 2ª casa decimal e represente-os de forma aproximada em uma mesma reta numérica.

   a) 0,6523987415236...

   b) 1,36547895213647...

   c) 2,5632655632141563...

6. Copie a reta numérica em seu caderno e estime a localização dos pontos correspondentes aos números abaixo.

   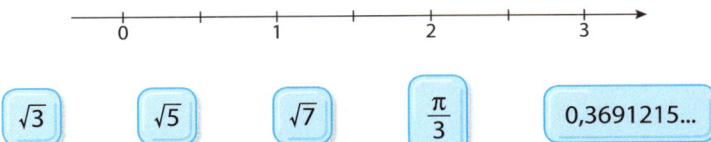

   $\sqrt{3}$ $\sqrt{5}$ $\sqrt{7}$ $\dfrac{\pi}{3}$ 0,3691215...

7. Elabore uma atividade envolvendo a localização de números reais na reta numérica. Passe a atividade para um colega resolver e faça a atividade criada por ele. A seguir, corrijam as respostas um do outro.

32

ESTATÍSTICA E PROBABILIDADE
CONSTRUÇÃO DE PICTOGRAMAS

Organização de uma tabela

A professora Marcela realiza todos os anos uma campanha de arrecadação de agasalhos na escola ABC, com o objetivo de doá-los a pessoas carentes no inverno. Veja, na tabela a seguir, a quantidade de peças arrecadadas nas campanhas de 2015 a 2018.

ARRECADAÇÃO DE AGASALHOS NA ESCOLA ABC	
Ano	Quantidade de peças
2015	240
2016	330
2017	540
2018	600

Dados obtidos pela professora Marcela de 2015 a 2018.

Para a campanha de 2019, Marcela resolveu montar um cartaz, com fotos de pessoas beneficiadas pela campanha em anos anteriores e um gráfico mostrando a arrecadação de 2015 a 2018. Veja o gráfico que ela construiu.

Dados obtidos pela professora Marcela de 2015 a 2018.

Escolhi o ícone 🧥 para representar cada 60 peças. Assim, para indicar que foram arrecadadas 240 peças em 2015, usei 4 ícones. No ano de 2016, usei um ícone pela metade para indicar 30 peças.

Esse tipo de gráfico chama-se **pictograma**. Para construir o pictograma, Marcela escolheu um ícone e a quantidade de peças que cada ícone representaria. Note que ela usou uma linha vertical para indicar os anos, deu um título ao gráfico, inseriu uma legenda para indicar o valor de cada ícone e indicou a fonte dos dados.

Marcela poderia ter construído o pictograma de modo que cada ícone representasse outro valor, como 30 peças, por exemplo. Nesse caso, o pictograma teria uma quantidade maior de ícones para cada ano. Ela poderia ainda ter representado os anos em uma linha horizontal e enfileirado os ícones correspondentes a cada ano verticalmente.

ATIVIDADES

1. Considerando a situação introdutória desta seção, construa um pictograma para representar a arrecadação de agasalhos na Escola ABC de 2015 a 2018. Considere um ícone para indicar cada 30 peças.

2. Ricardo tem uma sorveteria e fez o balanço das vendas dos picolés no último trimestre de 2018. Observe a tabela construída por ele.

PICOLÉS VENDIDOS NO ÚLTIMO TRIMESTRE DE 2018	
Mês	Quantidade
Outubro	245
Novembro	175
Dezembro	210

Dados obtidos por Ricardo em 31 dez. 2018.

- Construa um pictograma para representar esses dados, estabelecendo um ícone e adotando que cada ícone representará 35 picolés.

33

ESTATÍSTICA E PROBABILIDADE

3. Leila trabalha como cuidadora de cachorros. De quinta a domingo ela sai para passear com diferentes cachorros do bairro. Observe, na tabela a seguir, as quantidades de cachorros que ela levou para passear na 1ª semana de janeiro de 2019.

QUANTIDADE DE CACHORROS LEVADOS PARA PASSEAR NA 1ª SEMANA DE JANEIRO DE 2019	
Dia	Quantidade
Quinta-feira	12
Sexta-feira	18
Sábado	22
Domingo	20

Dados obtidos por Leila em jan. 2019.

a) Se Leila construir um pictograma em que o ícone corresponder a 2 cachorros, quantos ícones ela terá que desenhar para cada dia?

b) E se Leila usar um ícone para representar cada 4 cachorros, quantos ícones ela precisará desenhar para cada dia?

c) Da forma que achar melhor, construa um pictograma para representar os dados da tabela.

4. Observe, na tabela abaixo, a estimativa populacional de algumas capitais brasileiras, divulgada pelo IBGE em 2017. Depois, faça o que se pede.

ESTIMATIVA POPULACIONAL DE ALGUMAS CAPITAIS (2017)	
Município	População
São Paulo (SP)	12.106.920
Brasília (DF)	3.039.444
Salvador (BA)	2.953.986
Manaus (AM)	2.130.264
Curitiba (PR)	1.908.359

Dados obtidos em: <https://agenciadenoticias.ibge.gov.br/agencia-noticias/2013-agencia-de-noticias/releases/16131-ibge-divulga-as-estimativas-populacionais-dos-municipios-para-2017.html>. Acesso em: 9 ago. 2018.

a) Arredonde a estimativa populacional de cada município para a unidade de milhão mais próxima.

b) Usando os valores obtidos no item **a**, construa um pictograma para representar a estimativa populacional aproximada dessas capitais em 2017. Comece escolhendo um ícone e o valor que esse ícone representará.

5. Leia, a seguir, o trecho de uma reportagem sobre a febre amarela publicada na revista Pesquisa Fapesp.

As mortes de macacos [pelo vírus] indicam as áreas de maior risco de transmissão do vírus da febre amarela e orientam as campanhas de vacinação. [...] "Sem os macacos estamos desprotegidos para perceber a chegada e os deslocamentos do vírus", alerta o biólogo Júlio César Bicca Marques [...]. Os macacos não transmitem o vírus diretamente às pessoas.

Carlos Fioravanti. O alarme dos macacos. *Pesquisa Fapesp*, ano 19, n. 263, p. 18-23, jan. 2018.

A tabela abaixo apresenta dados obtidos na mesma reportagem.

MORTES NOTIFICADAS DE MACACOS EM SÃO PAULO (2017)	
Mês	Número de mortes
Agosto	10
Setembro	80
Outubro	106
Novembro	104
Dezembro	27

Dados obtidos em: Carlos Fioravanti. O alarme dos macacos. *Pesquisa Fapesp*, ano 19, n. 263, p. 18-23, jan. 2018.

- Construa um pictograma para os dados apresentados na tabela fazendo aproximações de modo que cada **metade** de ícone represente 5 mortes notificadas.

ATIVIDADES COMPLEMENTARES

1. Dê sua opinião.

   Um livro publicado há 7 anos informa que a idade do Sistema Solar é 4,5 bilhões de anos.

   Pode-se afirmar que, hoje, a idade do Sistema Solar é 4.500.000.007 de anos.

   - Nessa situação, o algarismo 7, no número 4.500.000.007, traz uma diferença significativa na informação publicada no livro? Por quê?

2. Cite uma situação em que o acréscimo de 7 anos altera consideravelmente a situação inicial. Escreva-a no caderno.

3. Escreva no caderno os números racionais na forma fracionária.

   a) 4,3   b) $0,\overline{3}$ c) 0,3   d) $1,1\overline{6}$

4. Cada face da moeda brasileira de R$ 0,10 é um círculo de 20 mm de diâmetro. Qual é o comprimento aproximado da circunferência determinada pelo contorno dessa moeda?

5. (Etec-SP) Nesta pista, um ciclista percorreu 5 voltas completas sobre a faixa de raio igual a 7 metros.

   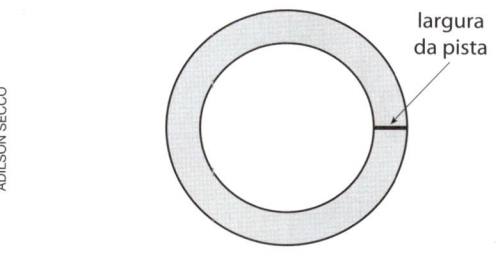

   largura da pista

   Dado: $\pi = 3,14$
   $C = 2 \cdot \pi \cdot r$, sendo C o comprimento da pista e r, o raio da faixa percorrida

   Portanto, o total percorrido pelo ciclista, em metros, foi:

   a) 43,96.   d) 175,84.
   b) 87,92.   e) 219,80.
   c) 131,88.

6. Uma pista de atletismo é formada por dois trechos retos de 20 metros e dois trechos com o formato de uma semicircunferência de diâmetro medindo 10 metros, conforme esquema a seguir.

   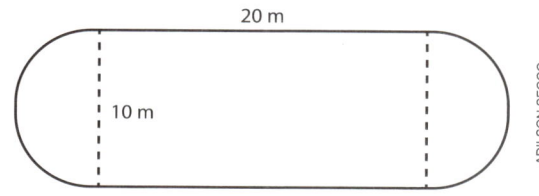

   - Quantos metros percorrerá um atleta ao completar 10 voltas nessa pista?

7. O campo oficial para a prática de beisebol tem a forma aproximada de um setor circular que corresponde a um quarto de um círculo com 115 m de raio, como mostra a figura.

   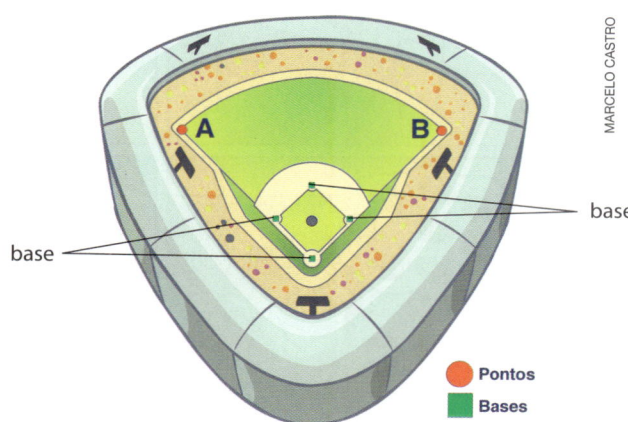

   a) Se um jogador fosse do ponto A ao ponto B, contornando o gramado, quantos metros ele percorreria?
   (Considere: $\pi = 3,14$.)

   b) Se o jogador contornasse o campo saindo de A, passando por B e por 3 bases e retornando a A, quantos metros percorreria?

    Mais questões no livro digital

UNIDADE 2
POTENCIAÇÃO E RADICIAÇÃO

1 RECORDANDO POTÊNCIAS

Você já estudou potências nos anos anteriores; nesta Unidade vamos retomar o estudo da potenciação com números reais, bem como estudar a radiciação, operações com números reais na forma de raiz, e recordar porcentagem.

Analise a situação a seguir.

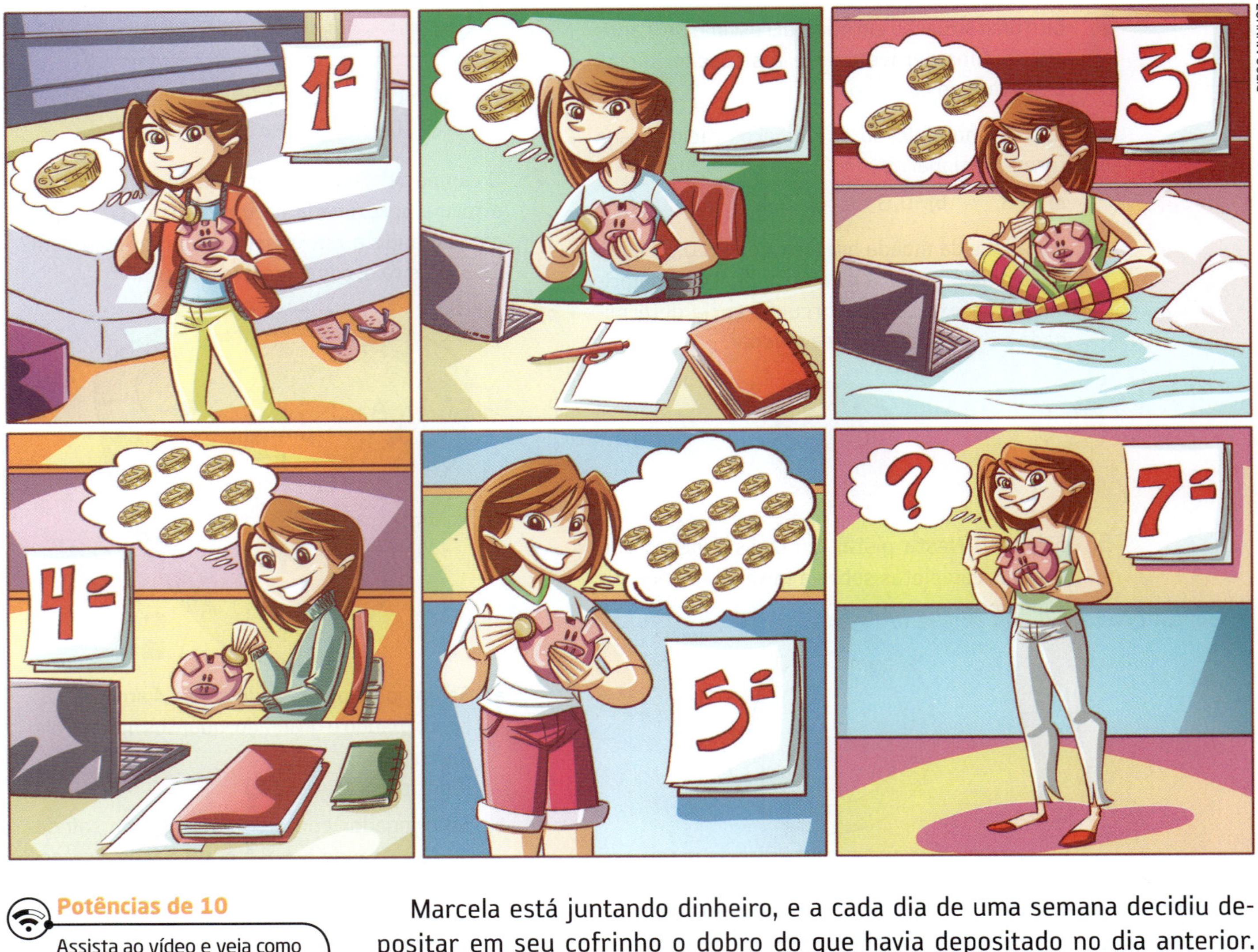

Potências de 10

Assista ao vídeo e veja como as potências podem ajudar a simplificar a escrita de números grandes.

Marcela está juntando dinheiro, e a cada dia de uma semana decidiu depositar em seu cofrinho o dobro do que havia depositado no dia anterior. No 1º dia, ela depositou 1 real. Quanto será poupado no 7º dia se ela cumprir com o planejado?

Podemos organizar os dados dessa situação em um quadro. Veja.

Dia	1º dia	2º dia	3º dia	4º dia	5º dia
Valor (em real)	1	2	4	8	16

(×2 entre cada termo consecutivo)

Note que os valores formam uma sequência em que cada termo a partir do 2º é o termo anterior multiplicado por 2. Podemos escrever cada um dos valores como uma potência de base 2.

Dia	1º dia	2º dia	3º dia	4º dia	5º dia
Valor (em real)	2^0	$2 = 2^1$	$2 \cdot 2 = 2^2$	$2 \cdot 2 \cdot 2 = 2^3$	$2 \cdot 2 \cdot 2 \cdot 2 = 2^4$

Analisando essa sequência, deduzimos que o valor poupado no 7º dia será 2^6 reais, ou seja, 64 reais.

$$\text{base} \rightarrow 2^{6 \leftarrow \text{expoente}} = 64$$

(potência = potência)

Observe que usamos o termo **potência** tanto para designar a expressão 2^6 como para o resultado 64.

Você já estudou em anos anteriores que:

- a potência de um número real a, com expoente n inteiro maior que 1, é:
$$a^n = \underbrace{a \cdot a \cdot a \cdot \ldots \cdot a}_{n \text{ fatores}}$$

- quando o expoente é igual a 1, a potência de qualquer número real a é igual à própria base:
$$a^1 = a$$

- quando o expoente é igual a zero, a potência de qualquer número real a não nulo é igual a 1:
$$a^0 = 1, \text{ com } a \neq 0$$

EXEMPLOS

a) $2^5 = \underbrace{2 \cdot 2 \cdot 2 \cdot 2 \cdot 2}_{5 \text{ vezes}} = 32$

b) $(-3)^4 = \underbrace{(-3) \cdot (-3) \cdot (-3) \cdot (-3)}_{4 \text{ vezes}} = 81$

c) $\pi^1 = \pi$

d) $\left(\sqrt{5}\right)^0 = 1$

Você também já estudou potências com expoente inteiro negativo. Para relembrar, considere a situação a seguir.

A Matrioska é um brinquedo artesanal tradicional da Rússia, que reúne uma série de bonecas de tamanhos variados que são colocadas umas dentro das outras.

Rodrigo é artesão e, para compor uma Matrioska, confeccionou uma sequência de cinco bonecas, de modo que a primeira boneca tem 2 dm de altura, e cada boneca seguinte tem metade da altura da boneca anterior.

Matrioska com 10 bonecas. Até 2018, segundo o *Guinness World Records*, o maior conjunto de bonecas Matrioska já construído tinha 51 peças.

Assim, as medidas das alturas das bonecas, em decímetro, formam uma sequência numérica em que cada termo é o termo anterior dividido por 2. Veja.

Boneca	1ª	2ª	3ª	4ª	5ª
Medida da altura (em decímetro)	2	1	$\frac{1}{2}$	$\frac{1}{4}$	$\frac{1}{8}$

÷2 ÷2 ÷2 ÷2

Podemos escrever esses números na forma de potências de base 2. Como cada termo é o termo anterior dividido por 2, os expoentes das potências de base 2 diminuirão 1 unidade a cada termo.

Boneca	1ª	2ª	3ª	4ª	5ª
Medida da altura (em decímetro)	2	1	$\frac{1}{2}$	$\frac{1}{4}$	$\frac{1}{8}$
Medida da altura na forma de potência (em decímetro)	2^1	2^0	2^{-1}	2^{-2}	2^{-3}

÷2 ÷2 ÷2 ÷2

Observe as potências com expoentes negativos que obtivemos no quadro acima.

- $2^{-1} = \frac{1}{2}$
- $2^{-3} = \frac{1}{8} = \frac{1}{2^3}$
- $2^{-2} = \frac{1}{4} = \frac{1}{2^2}$

PARA CALCULAR

Expresse, em centímetro, as medidas das alturas das cinco bonecas da Matrioska que Rodrigo confeccionou.

Um número real a, não nulo, elevado a um expoente inteiro negativo $-n$ é igual a $\frac{1}{a^n}$:

$$a^{-n} = \frac{1}{a^n} = \left(\frac{1}{a}\right)^n, \text{ com } a \neq 0$$

EXEMPLOS

a) $3^{-1} = \frac{1}{3}$

b) $5^{-2} = \frac{1}{5^2} = \left(\frac{1}{5}\right)^2 = \frac{1}{25}$

c) $\left(\frac{2}{3}\right)^{-3} = \left(\frac{3}{2}\right)^3 = \frac{27}{8}$

PROPRIEDADES DA POTENCIAÇÃO PARA POTÊNCIAS COM EXPOENTES INTEIROS

As propriedades a seguir já foram estudadas no ano anterior. Vamos revê-las, pois elas podem auxiliar nos cálculos com potências.

Considere que as bases a e b são números reais não nulos e os expoentes m e n são números inteiros.

- **PRODUTO DE POTÊNCIAS DE MESMA BASE**

Para calcular o produto de potências de mesma base, mantemos a base e adicionamos os expoentes.

$$a^m \cdot a^n = a^{m+n}$$

- **QUOCIENTE DE POTÊNCIAS DE MESMA BASE**

Para calcular o quociente de potências de mesma base, mantemos a base e subtraímos os expoentes.

$$a^m : a^n = a^{m-n}$$

- **POTÊNCIA DE UMA POTÊNCIA**

Para calcular a potência de uma potência, mantemos a base e multiplicamos os expoentes.

$$(a^m)^n = a^{m \cdot n}$$

- **POTÊNCIA DE UM PRODUTO**

A potência de um produto pode ser transformada em um produto de potências.

$$(a \cdot b)^m = a^m \cdot b^m$$

- **POTÊNCIA DE UM QUOCIENTE**

A potência de um quociente pode ser transformada em um quociente de potências.

$$(a : b)^m = a^m : b^m$$

EXEMPLOS

a) $(-3)^2 \cdot (-3)^5 = (-3)^{2+5} = (-3)^7$

b) $(\sqrt{2})^3 : (\sqrt{2})^4 = (\sqrt{2})^{3-4} = (\sqrt{2})^{-1}$

c) $(5 \cdot \pi)^3 = 5^3 \cdot \pi^3$

d) $(1,4 : 3)^{10} = 1,4^{10} : 3^{10}$

e) $\left[\left(\frac{2}{3}\right)^5\right]^7 = \left(\frac{2}{3}\right)^{5 \cdot 7} = \left(\frac{2}{3}\right)^{35} = \frac{2^{35}}{3^{35}}$

NOTAÇÃO CIENTÍFICA

Quando usamos números excessivamente grandes ou extremamente pequenos, podemos escrevê-los como um produto em que um dos fatores é uma potência de base 10. Isso ocorre muito na área científica. Veja os textos a seguir.

> Os relógios atômicos são tão estáveis que, em princípio, dois relógios de césio teriam que funcionar por 6.000 anos para que a diferença entre suas leituras fosse maior que 1 s. Mesmo assim, essa precisão não é nada em comparação com a dos relógios que estão sendo desenvolvidos atualmente, que pode chegar a uma parte em 10^{18}, ou seja, 1 s em 1×10^{18} s (cerca de 3×10^{10} anos).
>
> David Halliday; Robert Resnick; Jearl Walker. *Fundamentos de Física*. 8. ed. Trad. R. S. Biasi. Rio de Janeiro: LTC, 2008. v. 2. p. 7.

> A unidade de medida de massa *unidade* (unificada de massa atômica), cujo símbolo é u, equivale a $1,66057 \times 10^{-27}$ kg e corresponde à massa de $\frac{1}{12}$ da massa de um átomo de carbono 12.
>
> Dados obtidos em: <http://www.ipem.sp.gov.br/index.php?option=com_content&view=article&id=353:unidades-em-uso-com-o-si&catid=67:unidades-do-si&Itemid=279>. Acesso em: 10 ago. 2018.

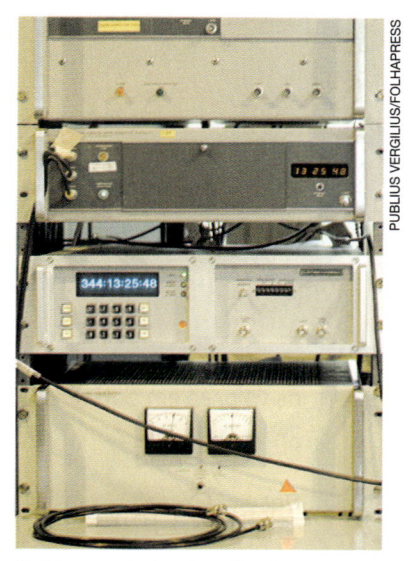

Relógio atômico localizado no Rio de Janeiro tem margem de erro de 1 s a cada 150 mil anos. Esse é um dos onze relógios atômicos mantidos pelo Observatório Nacional no Brasil. Desde 1850, o Observatório Nacional tem a responsabilidade de preservar, disseminar e dar manutenção da Hora Legal Brasileira. Foto de 2013.

Os números 1×10^{18}, 3×10^{10} e $1,66057 \times 10^{-27}$ estão representados em **notação científica**.

Essa notação facilita a leitura desses números. Por exemplo, é mais fácil escrever 1×10^{18} s do que 1.000.000.000.000.000.000 s, ou $1,66057 \times 10^{-27}$ kg do que escrever 0,00000000000000000000000000166057 kg.

Dizemos que um número está escrito em notação científica quando é expresso por um produto $a \cdot 10^k$, em que:

- a é um número escrito na forma decimal cuja parte inteira tem um único algarismo diferente de zero;
- k é um número inteiro.

PARA CALCULAR

Expresse a massa de um átomo de carbono 12 em unidade unificada de massa atômica e em quilograma.

Para escrever um número em notação científica, devemos analisar quantas casas a vírgula deve ser deslocada para encontrar o número a nas condições acima. Por exemplo, vamos escrever o número 125.060.000.000 em notação científica.

$$1\underbrace{,250\,60\,000\,000}_{11 \text{ casas}}$$

Deslocar a vírgula 11 casas para a esquerda significa dividir o número por 100.000.000.000. Então, para não alterar o número, devemos multiplicá-lo por 100.000.000.000 ou 10^{11}. Assim:

$$125.060.000.000 = 1,2506 \cdot 10^{11}$$

Da mesma forma, podemos transformar o número 0,000000021 para notação científica.

$$0\underbrace{,00\,000\,002}_{8 \text{ casas}}1$$

Deslocar a vírgula 8 casas para a direita significa multiplicar o número por 100.000.000. Então, para compensar, devemos dividi-lo por 100.000.000 ou 10^8:

$$0,000000021 = 2,1 : 10^8 = 2,1 \cdot \frac{1}{10^8} = 2,1 \cdot 10^{-8}$$

ATIVIDADES

PRATIQUE

1. Calcule:
   a) 2^6
   b) $\left(\dfrac{1}{3}\right)^{-2}$
   c) π^0
   d) $\left(\dfrac{5}{4}\right)^{-3}$
   e) $0,2^4$
   f) $\left(\sqrt{3}\right)^1$

2. Se $a = 0,000001$ e $b = (100^3)^4$, calcule, expressando os valores em potências de base 10:
   a) $a \cdot b$
   b) $a : b$
   c) $b : a$

3. Observe os valores de algumas potências de base 15.

   $15^2 = 225$
   $15^3 = 3.375$
   $15^4 = 50.625$

   Considerando os valores dados, calcule, expressando os resultados em notação científica:
   a) $0,015^2$
   b) $0,000015^4$
   c) 15.000^3
   d) $(1,5 \cdot 10^7)^4$

4. Simplifique a expressão $\dfrac{81^3 : 9^2 \cdot 729^{-2}}{59.049}$ e escreva-a na forma de uma única potência.

APLIQUE

5. O número de diagonais de um polígono de n lados pode ser obtido por meio da expressão:
   $\dfrac{n^2 - 3n}{2}$
   Calcule o número de diagonais de um polígono de 12 lados.

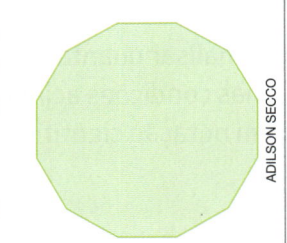

6. Leia o texto a seguir.

   As estrelas não estão espalhadas ao acaso pelo Universo, mas encontram-se aglutinadas em "ilhas estelares", denominadas galáxias. Estima-se que a nossa galáxia, a Via Láctea, possui de **200 a 400 bilhões** de estrelas. As galáxias possuem em média centenas de bilhões de estrelas. E as estimativas também apontam para centenas de bilhões de galáxias no Universo. Isto resultaria na existência de mais de **10 sextilhões** de estrelas.

   Disponível em: <http://www.inpe.br/acessoainformacao/node/450>. Acesso em: 10 ago. 2018.

   Escreva os números destacados em azul em notação científica.

7. Leia o texto a seguir, publicado em um jornal.

   Os maiores vírus descobertos até hoje no mundo vêm de dois ambientes extremos do Brasil: lagos de água muito salgada e alcalina do Pantanal e as profundezas do litoral do Rio de Janeiro, cerca de 3 km abaixo da superfície do mar.

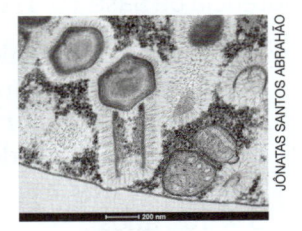

   Para os padrões do mundo microscópico, os dois Tupanvírus, como foram apelidados, são imensos, chegando a superar diversos tipos de bactérias. [...]

   Vistas pelo microscópio, as partículas virais parecem pequenos microfones peludos. As maiores medem 2,3 micrômetros ou mícrons (cada mícron tem um milésimo de milímetro), e grande parte desse comprimento corresponde à cauda cilíndrica do vírus.

   Reinaldo José Lopes. Maiores vírus já descobertos são do Brasil. *Folha de S.Paulo*, São Paulo, 28 fev. 2018, Ciência + saúde, p. B7.

   Tupanvírus, vírus brasileiro já é o maior encontrado.

   De acordo com o texto, responda:
   a) Cada micrômetro ou mícron corresponde a quantos metros?
   b) Escreva a medida do comprimento, em metro, das maiores partículas virais dos Tupanvírus expressando o valor com todas as casas decimais e, depois, em notação científica.

8. Observe a conversa entre Schroeder e Lucy.

   Em duplas, façam o que se pede.
   a) Escrevam, em notação científica, quanto vale 1 googol.
   b) Na opinião de vocês, esse número é grande ou pequeno? Isso significa que é muito provável ou pouco provável que Schroeder e Lucy se casem um dia?
   c) Vocês já tinham ouvido falar em googol? Conversem a respeito e pesquisem mais sobre esse número.

9. (Etec-SP) Os microprocessadores usam o sistema binário de numeração para tratamento de dados.

- No sistema binário, cada dígito (0 ou 1) denomina-se *bit* (*binary digit*).
- *Bit* é a unidade básica para armazenar dados na memória do computador.
- Cada sequência de 8 *bits*, chamada de *byte* (*binary term*), corresponde a um determinado caractere.
- Um *kilobyte* (kB) corresponde a 2^{10} *bytes*.
- Um *megabyte* (MB) corresponde a 2^{10} kB.
- Um *gigabyte* (GB) corresponde a 2^{10} MB.
- Um *terabyte* (TB) corresponde a 2^{10} GB.

Atualmente, existem microcomputadores que permitem guardar 160 GB de dados binários, isto é, são capazes de armazenar *n* caracteres. Nesse caso, o valor máximo de *n* é:

a) $160 \cdot 2^{20}$.   c) $160 \cdot 2^{40}$.   e) $160 \cdot 2^{60}$.
b) $160 \cdot 2^{30}$.   d) $160 \cdot 2^{50}$.

10. Considerando os dados apresentados na atividade anterior, faça o que se pede.

a) Certo HD externo tem capacidade de armazenamento de 3 TB. Calcule quantos caracteres, no máximo, esse HD é capaz de armazenar.

b) Elabore um problema envolvendo medidas de armazenamento de dados em um computador.

2 RAIZ ENÉSIMA DE UM NÚMERO REAL

RAIZ QUADRADA

Na Unidade 1, estudamos a **raiz quadrada** de 2.

Para determinar a raiz quadrada de um número real *a*, precisamos encontrar um número não negativo *b* que multiplicado por si mesmo resulte em *a*.

$\sqrt[2]{a} = b$, sendo *b* um número real não negativo tal que $b \cdot b = a$, ou $b^2 = a$.

(índice: 2; radicando: *a*)

Então, para determinar a $\sqrt{2}$, precisamos encontrar um número não negativo que multiplicado por si mesmo seja igual a 2. Como já vimos, esse número que tem infinitas casas decimais que não se repetem periodicamente é um número irracional.

$$\sqrt{2} = 1{,}4142135623730...$$

Para indicar $\sqrt{2}$, podemos escrever o número com algumas casas decimais seguidas de reticências $(\sqrt{2} = 1{,}414...)$ ou usar o símbolo de aproximação $(\sqrt{2} \simeq 1{,}414)$.

Podemos dizer, ainda, que a aproximação de $\sqrt{2}$ até a 2ª casa decimal ou até os centésimos é 1,41 por falta ou 1,42 por excesso. Isso significa que $\sqrt{2}$ está entre 1,41 e 1,42:

$$1{,}41 < \sqrt{2} < 1{,}42$$

aproximação por falta — aproximação por excesso

Nem toda raiz quadrada é um número irracional. Quando o número é racional e é um quadrado perfeito, sua raiz quadrada é um número racional.

Área: *a*; lado: ℓ

A raiz quadrada de um número real *a* maior que zero equivale, geometricamente, à medida ℓ do lado de um quadrado cuja área é *a*.

OBSERVAÇÃO

Podemos indicar uma raiz quadrada usando os símbolos: $\sqrt[2]{}$ ou $\sqrt{}$

EXEMPLOS

a) $\sqrt{25} = 5$, pois $5^2 = 25$ e $5 > 0$

b) $\sqrt{1{,}21} = \sqrt{\dfrac{121}{100}} = \dfrac{11}{10} = 1{,}1$, pois $1{,}1^2 = 1{,}21$ e $1{,}1 > 0$

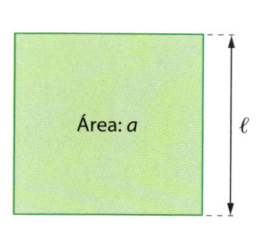

41

Para verificar se um número é quadrado perfeito, podemos fatorá-lo. Veja.

a) Vamos verificar se 441 é quadrado perfeito.

$$\begin{array}{r|l} 441 & 3 \\ 147 & 3 \\ 49 & 7 \\ 7 & 7 \\ 1 & 3^2 \cdot 7^2 \end{array}$$

Logo: $441 = (3 \cdot 7)^2$
$441 = 21^2$

Portanto, 441 é quadrado perfeito.

b) Vamos verificar se 2,25 é quadrado perfeito.

Temos que: $2,25 = \dfrac{225}{100}$

$$\begin{array}{r|l} 225 & 3 \\ 75 & 3 \\ 25 & 5 \\ 5 & 5 \\ 1 & 3^2 \cdot 5^2 \end{array}$$

Logo: $2,25 = \dfrac{225}{100} = \dfrac{(3 \cdot 5)^2}{10^2}$

$2,25 = \left(\dfrac{15}{10}\right)^2 = 1,5^2$

Portanto, 2,25 é quadrado perfeito.

A raiz quadrada de um número real pode ser um número racional, um número irracional ou um número que não é real.

As raízes quadradas de números reais negativos não são números reais. Essas raízes serão estudadas no Ensino Médio.

RAIZ CÚBICA

Vamos analisar um cubo de volume 64 cm³ e arestas de medida desconhecida.

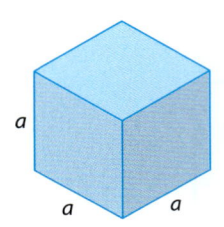

Para calcular a medida da aresta do cubo, em centímetro, temos de encontrar um número que, quando multiplicado três vezes por si mesmo, resulte em 64.

O número procurado é 4, pois $4 \cdot 4 \cdot 4 = 64$.

Assim, a **raiz cúbica** de 64 é 4, e indicamos: $\sqrt[3]{64} = 4$, pois $4^3 = 64$.

Para determinar a raiz cúbica de um número real a, precisamos encontrar um número b tal que $b^3 = a$.

Veja outros exemplos de raízes cúbicas:

a) $\sqrt[3]{27} = 3$, pois $3^3 = 27$

b) $\sqrt[3]{-64} = -4$, pois $(-4)^3 = -64$

c) $\sqrt[3]{1.000} = 10$, pois $10^3 = 1.000$

Há também raízes cúbicas que são números irracionais e podem ser aproximadas por falta ou por excesso. Por exemplo:

$$\sqrt[3]{3} = 1,442249570307408...$$

$$1,442 < \sqrt[3]{3} < 1,443$$

aproximação até os milésimos por falta

aproximação até os milésimos por excesso

Diferentemente do que ocorre no cálculo da raiz quadrada de um número real, a raiz cúbica de um número real é sempre um número real.

RAIZ ENÉSIMA

Podemos generalizar o índice e estudar raízes de índice n, ou seja, as **raízes enésimas**.

A raiz enésima de um número real a, que tem como índice um número natural $n \geqslant 2$, é assim representada:

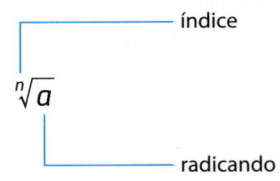

$$\sqrt[n]{a}$$

índice — radicando

O cálculo da raiz enésima pode ser analisado considerando-se dois casos: o **índice n par** e o **índice n ímpar**.

ÍNDICE PAR

A raiz enésima de um número real a ($a \geq 0$) é o número real b ($b \geq 0$) tal que $b^n = a$.

$$\sqrt[n]{a} = b \text{ se e somente se } b^n = a \text{ e } b \geq 0$$

EXEMPLOS

a) $\sqrt[2]{\dfrac{1}{36}} = \dfrac{1}{6}$, pois $\left(\dfrac{1}{6}\right)^2 = \dfrac{1}{36}$ e $\dfrac{1}{6} > 0$ c) $\sqrt[6]{729} = 3$, pois $3^6 = 729$ e $3 > 0$

b) $\sqrt[4]{256} = 4$, pois $4^4 = 256$ e $4 > 0$ d) $\sqrt[12]{1} = 1$, pois $1^{12} = 1$ e $1 > 0$

Se a for um número real menor que zero, a raiz enésima de a, com n par, não será um número real, pois não existe um número real que elevado a um número par resulte em um número negativo.

ÍNDICE ÍMPAR

A raiz enésima de um número real a é o número real b tal que $b^n = a$.

$$\sqrt[n]{a} = b \text{ se e somente se } b^n = a$$

EXEMPLOS

a) $\sqrt[3]{-216} = -6$, pois $(-6)^3 = -216$ c) $\sqrt[7]{128} = 2$, pois $2^7 = 128$

b) $\sqrt[5]{-32} = -2$, pois $(-2)^5 = -32$ d) $\sqrt[5]{0{,}00001} = 0{,}1$, pois $0{,}1^5 = 0{,}00001$

> Organize o que você aprendeu fazendo a atividade 2 da página 86.

ATIVIDADES

PRATIQUE

1. Determine.

a) $\sqrt{0}$
b) $\sqrt[3]{-1.000}$
c) $-\sqrt{121}$
d) $-\sqrt[3]{-64}$
e) $\sqrt[3]{729}$
f) $\sqrt[4]{81}$
g) $\sqrt[3]{\dfrac{1}{27}}$
h) $\sqrt[5]{\dfrac{1}{32}}$

2. Resolva usando uma calculadora.
Calcule a raiz aproximada até os centésimos, por falta e por excesso.

a) $\sqrt{5}$ b) $\sqrt{7}$ c) $\sqrt{10}$ d) $\sqrt{20}$

3. Calcule mentalmente e anote o resultado.
Cada um dos números abaixo localiza-se entre dois números naturais consecutivos. Quais são esses números em cada caso?

a) $\sqrt{75}$ b) $\sqrt{901}$

APLIQUE

4. Usando uma calculadora, determine as medidas dos lados de cada quadrado com aproximação por falta até a 1ª casa decimal.

a) Área: 350 m²

b) Área: 1.000 cm²

5. Calcule as medidas das arestas de cada cubo.

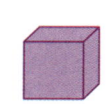

a) Volume: 729 cm³

b) Volume: 0,027 m³

43

RADICAIS

A raiz enésima $\sqrt[n]{a}$, em que a é um número real e n é um número natural, com $n \geq 2$, é chamada também de **radical**.

Por exemplo, são radicais: $\sqrt{11}$; $\sqrt[5]{3}$; $\sqrt[3]{-1,5}$; $\sqrt[4]{\frac{1}{16}}$

OBSERVAÇÃO

O símbolo que conhecemos hoje para indicar a raiz ($\sqrt{}$) também é chamado de **radical**. Ele foi introduzido em 1525 pelo matemático alemão Christoff Rudolff, provavelmente por sua semelhança com o "r" minúsculo da palavra *radix* ("raiz" em latim); antes disso, porém, já se usavam outros símbolos para representar a raiz de um número.

PROPRIEDADES DOS RADICAIS

As propriedades dos radicais podem ser usadas para simplificar os cálculos.

Após a apresentação das propriedades, você conhecerá algumas de suas aplicações.

• 1ª PROPRIEDADE

Observe um radical com índice ímpar.

$\sqrt[3]{125} = 5$, pois $5^3 = 125$

Como $125 = 5^3$, podemos escrever: $\sqrt[3]{125} = \sqrt[3]{5^3} = 5$

Agora, veja um radical com índice par.

$\sqrt[2]{121} = 11$, pois $11^2 = 121$ e $11 > 0$

Como $121 = 11^2$, podemos escrever: $\sqrt[2]{121} = \sqrt[2]{11^2} = 11$

De modo geral:

> Para todo número a real não negativo e n natural, com $n \geq 2$, temos:
> $$\sqrt[n]{a^n} = a$$

É como se o índice 3 fosse simplificado com o expoente 3 em $\sqrt[3]{5^3} = 5$; e o índice 2 com o expoente 2 em $\sqrt[2]{11^2} = 11$.

PARA ANALISAR

Calcule o valor de $\sqrt[2]{(-11)^2}$. Converse com um colega se, nesse caso, vale $\sqrt[2]{a^2} = a$? Escolham alguns valores negativos para a e verifiquem se a igualdade acima é válida para os valores escolhidos.

Cuidado: essa propriedade é válida somente para um número real a maior ou igual a zero! Observe, por exemplo, que $\sqrt[4]{(-2)^4}$ é diferente de -2.

$\sqrt[4]{(-2)^4} = \sqrt[4]{16} = 2$

EXEMPLOS

a) $\sqrt{4^2} = 4$

b) $\sqrt[6]{7^6} = 7$

c) $\sqrt[7]{1,2^7} = 1,2$

d) $\sqrt[5]{\pi^5} = \pi$

2ª PROPRIEDADE

Observe o que Jéssica percebeu.

Estou comparando dois radicais.

$2 = \sqrt[5]{2^5}$ e $2 = \sqrt[10]{2^{10}}$

Como os dois radicais são iguais a 2, posso escrever assim.

$\sqrt[5]{2^5} = \sqrt[10]{2^{10}}$

Veja que o radical $\sqrt[5]{2^5}$ pode ser obtido a partir de $\sqrt[10]{2^{10}}$. Para isso, basta dividir o índice e o expoente do radicando pelo divisor comum 2.

$$\sqrt[10]{2^{10}} = \sqrt[10:2]{2^{10:2}} = \sqrt[5]{2^5}$$

De modo geral, vale a seguinte propriedade:

Para todo número a real não negativo, m e n naturais, com $n \geq 2$, e p divisor comum de n e m com $p \neq n$, temos:
$$\sqrt[n]{a^m} = \sqrt[n:p]{a^{m:p}}$$

EXEMPLOS

a) $\sqrt[12]{2^{12}} = \sqrt[3]{2^3} = 2$

b) $\sqrt[9]{27^3} = \sqrt[3]{27^1} = 3$

c) $\sqrt[14]{3^{-7}} = \sqrt[14]{\left(\dfrac{1}{3}\right)^7} = \sqrt[2]{\dfrac{1}{3}}$

d) $\sqrt[30]{\left(\dfrac{1}{5}\right)^{25}} = \sqrt[6]{\left(\dfrac{1}{5}\right)^5}$

3ª PROPRIEDADE

De modo geral, vale a seguinte propriedade:

Para a e b números reais não negativos e n natural, com $n \geq 2$, temos:
$$\sqrt[n]{a \cdot b} = \sqrt[n]{a} \cdot \sqrt[n]{b}$$

EXEMPLOS

a) $\sqrt{4 \cdot 10} = \sqrt{4} \cdot \sqrt{10}$

b) $\sqrt[3]{\left(\dfrac{1}{10}\right) \cdot 3{,}43} = \sqrt[3]{\dfrac{1}{10}} \cdot \sqrt[3]{3{,}43}$

4ª PROPRIEDADE

De modo geral:

Para a e b números reais não negativos, com $b \neq 0$, e n natural, com $n \geq 2$, temos:
$$\sqrt[n]{\dfrac{a}{b}} = \dfrac{\sqrt[n]{a}}{\sqrt[n]{b}}$$

EXEMPLOS

a) $\sqrt{\dfrac{30}{7}} = \dfrac{\sqrt{30}}{\sqrt{7}}$

b) $\sqrt[3]{0{,}001} = \sqrt[3]{\dfrac{1}{1.000}} = \dfrac{\sqrt[3]{1}}{\sqrt[3]{1.000}} = \dfrac{1}{10}$

OBSERVAÇÃO

Todas as propriedades apresentadas são válidas apenas para radicandos reais não negativos. As propriedades só serão válidas para **radicandos negativos** se os índices dos radicais forem **ímpares**.

Veja alguns exemplos:

a) $\sqrt[3]{(-2)^3} = \sqrt[3]{-8} = -2$

b) $\sqrt[15]{(-1)^3} = \sqrt[15]{-1} = -1 = \sqrt[5]{-1}$

c) $\sqrt[5]{(-1) \cdot 243} = \sqrt[5]{-243} = -3 = $
$= \sqrt[5]{(-1)} \cdot \sqrt[5]{243}$

d) $\sqrt[3]{\dfrac{-8}{125}} = \dfrac{-2}{5} = \dfrac{\sqrt[3]{-8}}{\sqrt[3]{125}}$

APLICAÇÃO DAS PROPRIEDADES

• EXTRAÇÃO DE FATORES DO RADICANDO

Aplicando as propriedades, podemos simplificar alguns radicais. Acompanhe os exemplos.

a) $\sqrt[3]{1.728}$

1.728	2
864	2
432	2
216	2
108	2
54	2
27	3
9	3
3	3
1	$2^6 \cdot 3^3$

$\sqrt[3]{1.728} = \sqrt[3]{2^6 \cdot 3^3} = \sqrt[3]{2^6} \cdot \sqrt[3]{3^3} =$
$= \sqrt[3]{(2^2)^3} \cdot 3 = 2^2 \cdot 3 = 12$

Nesse caso, como o radicando era um número racional e foi possível extrair todos os fatores decompostos, a raiz é um **número racional**.

b) $\sqrt{245}$

245	5
49	7
7	7
1	$5 \cdot 7^2$

$\sqrt{245} = \sqrt{7^2 \cdot 5} = \sqrt{7^2} \cdot \sqrt{5} = 7 \cdot \sqrt{5}$

Nesse caso, como nem todos os fatores puderam ser extraídos da raiz, a raiz é um **número irracional**.

• INTRODUÇÃO DE FATORES EXTERNOS NO RADICANDO

Assim como é possível extrair alguns ou todos os fatores de uma raiz, podemos introduzir fatores externos no radicando. Observe.

a) $2 \cdot \sqrt[4]{5} = \sqrt[4]{2^4} \cdot \sqrt[4]{5} = \sqrt[4]{2^4 \cdot 5} =$
$= \sqrt[4]{16 \cdot 5} = \sqrt[4]{80}$

b) $3^2 \cdot \sqrt[3]{2} = \sqrt[3]{(3^2)^3} \cdot \sqrt[3]{2} = \sqrt[3]{(3^2)^3 \cdot 2} =$
$= \sqrt[3]{729 \cdot 2} = \sqrt[3]{1.458}$

ATIVIDADES

PRATIQUE

1. Considerando $a = 4$ e $b = 9$, calcule.

a) $\sqrt{a} \cdot \sqrt{b}$ c) $\sqrt{a \cdot b}$

b) $\dfrac{\sqrt{a}}{\sqrt{b}}$ d) $\sqrt{\dfrac{a}{b}}$

2. Use uma das propriedades dos radicais para simplificar cada expressão.

a) $\sqrt{12^2}$ e) $\sqrt[15]{2^{10}}$

b) $\sqrt[7]{4^7}$ f) $\sqrt[16]{\left(\dfrac{5}{7}\right)^{12}}$

c) $\sqrt[10]{\left(\dfrac{1}{2}\right)^{10}}$ g) $\sqrt[60]{0,1^{30}}$

d) $\sqrt[3]{(5 \cdot 2)^3}$ h) $\sqrt[8]{(12 \cdot 5)^4}$

3. Escreva cada expressão como um produto ou como um quociente de radicais.

a) $\sqrt{3 \cdot 2}$ d) $\sqrt[3]{\dfrac{7}{4}}$

b) $\sqrt[3]{2^2 \cdot 5}$ e) $\sqrt[5]{0,1}$

c) $\sqrt[10]{2 \cdot 3 \cdot 5}$ f) $\sqrt{\dfrac{5^3}{4}}$

4. Decomponha o radicando em fatores primos e calcule o valor de cada radical.

a) $\sqrt[5]{32}$ d) $\sqrt{121}$

b) $\sqrt[3]{343}$ e) $\sqrt[4]{\dfrac{625}{256}}$

c) $\sqrt[3]{\dfrac{729}{64}}$ f) $\sqrt[5]{\dfrac{1}{1.024}}$

5. Decomponha o radicando em fatores primos e simplifique cada radical.

a) $\sqrt[15]{1.024}$ d) $\sqrt[5]{160}$

b) $\sqrt[12]{256}$ e) $\sqrt[3]{108}$

c) $\sqrt[6]{2.187}$ f) $\sqrt[4]{16.807}$

6. Sabendo que $\sqrt{5}$ é aproximadamente igual a 2,24, calcule o valor aproximado de cada radical.

a) $\sqrt{125}$ e) $\sqrt{605}$

b) $\sqrt{20}$ f) $\sqrt{\dfrac{45}{4}}$

c) $\sqrt{500}$ g) $\sqrt{\dfrac{80}{81}}$

d) $\sqrt{\dfrac{1}{5}}$ h) $\sqrt{\dfrac{720}{441}}$

7. Calcule.

a) $\sqrt[3]{512}$

b) $\sqrt[3]{343}$

c) $\sqrt[4]{121} \cdot \sqrt[4]{121}$

d) $\sqrt{2.744} : \sqrt{14}$

e) $\sqrt[5]{3,2 \cdot 10^6}$

f) $\sqrt[3]{\dfrac{8 \cdot 10^9}{27 \cdot 10^6}}$

APLIQUE

8. Determine o valor de x em cada caso.

a) $\sqrt[12]{2^8} = \sqrt[x]{2^2}$

b) $\sqrt[10]{3^{15}} = \sqrt[x]{3^3}$

c) $\sqrt[27]{512} = \sqrt[3]{2^x}$

d) $\sqrt[10]{\dfrac{81}{625}} = \sqrt[5]{\left(\dfrac{3}{5}\right)^x}$

e) $\sqrt[x]{\dfrac{5}{9}} = \sqrt[6]{\dfrac{125}{729}}$

f) $\sqrt[8]{\dfrac{2.401}{625}} = \sqrt[x]{\dfrac{7}{5}}$

9. (Fuvest-SP) $\sqrt[3]{\dfrac{2^{28} + 2^{30}}{10}} =$

a) $\dfrac{2^8}{5}$ 　 b) $\dfrac{2^9}{5}$ 　 c) 2^8 　 d) 2^9

10. Luísa, Carla, Gabriel e Ricardo estavam estudando Matemática, quando depararam com a sentença:
$$\sqrt{6} = \sqrt{2} \cdot \sqrt{3}$$
Então, eles concluíram que: $\sqrt{ab} = \sqrt{a} \cdot \sqrt{b}$
Em duplas, simplificaram a expressão $\sqrt{-1} \cdot \sqrt{-1}$.
Observe:

Luísa e Gabriel
$\sqrt{-1} \cdot \sqrt{-1} = \sqrt{(-1) \cdot (-1)} =$
$= \sqrt{+1} = 1$

Carla e Ricardo
$\sqrt{-1} \cdot \sqrt{-1} = \sqrt{(-1)^2}$
$= -1$

Cada dupla chegou a um resultado diferente!
Em alguma etapa do raciocínio, há um erro.
Encontre o erro.

3 OPERAÇÕES COM RADICAIS

ADIÇÃO ALGÉBRICA COM RADICAIS

Observe a seguinte adição algébrica:
$$\sqrt{4} + \sqrt{9} = 2 + 3 = 5$$

A adição algébrica com radicais fica mais simples quando podemos extrair todas as raízes e efetuar o cálculo sem os radicais.

Veja alguns exemplos:

a) $\sqrt[3]{27} + \sqrt[3]{125} - \sqrt[3]{343} = 3 + 5 - 7 = 1$

b) $\sqrt[4]{0,0625} - \sqrt[4]{0,0001} - \sqrt[4]{0,0256} =$
$= 0,5 - 0,1 - 0,4 = 0$

Mesmo quando as raízes têm índices diferentes, devemos tentar extraí-las e, depois, efetuar os cálculos. Por exemplo:

$$-\sqrt[3]{8} + \sqrt[5]{100.000} - \sqrt{1,69} =$$
$$= -2 + 10 - 1,3 = 6,7$$

Entretanto, nem sempre é possível extrair todas as raízes, ou seja, alguma das raízes pode ser um número irracional. Vamos estudar outras maneiras de efetuar adições algébricas com radicais quando isso acontece.

ADIÇÃO ALGÉBRICA COM RADICAIS SEMELHANTES

Chamamos de **radicais semelhantes** aquelas expressões que têm radicais com radicandos iguais e mesmo índice. Por exemplo:

a) $\sqrt[3]{15}$ e $\sqrt[3]{15}$ são radicais semelhantes.

b) $\sqrt{7}$ e $2\sqrt{7}$ são radicais semelhantes.

Quando há radicais semelhantes em uma expressão, colocamos em evidência o radical comum e efetuamos a adição algébrica indicada.

EXEMPLOS

a) $3\sqrt{11} + 7\sqrt{11} = (3+7)\sqrt{11} = 10\sqrt{11}$

b) $\sqrt[7]{9} - \dfrac{\sqrt[7]{9}}{2} + \dfrac{\sqrt[7]{9}}{3} = \left(1 - \dfrac{1}{2} + \dfrac{1}{3}\right)\sqrt[7]{9} =$
$= \dfrac{5}{6}\sqrt[7]{9}$ ou $\dfrac{5\sqrt[7]{9}}{6}$

PARA PENSAR

Observe a adição algébrica com radicais não semelhantes.
$$\sqrt{2} + \sqrt{8} - \sqrt{50}$$

a) Converse com um colega e pensem em uma forma de efetuar essa adição.

b) Apresentem a resolução de vocês para a classe.

c) Preste atenção nas resoluções que seus colegas apresentaram. Qual resolução você achou mais interessante? Anote-a no caderno.

MULTIPLICAÇÃO E DIVISÃO COM RADICAIS

Para multiplicar ou dividir radicais de mesmo índice, usamos a 3ª e 4ª propriedades dos radicais. Veja os exemplos.

- Para a multiplicação de radicais fazemos:
$$\sqrt[5]{4} \cdot \sqrt[5]{8} = \sqrt[5]{4 \cdot 8} = \sqrt[5]{32} = \sqrt[5]{2^5} = 2$$

- Para a divisão de radicais fazemos:
$$\frac{\sqrt[3]{9}}{\sqrt[3]{3}} = \sqrt[3]{\frac{9}{3}} = \sqrt[3]{3}$$

PARA PENSAR

Converse com um colega e pensem em uma forma de efetuar a multiplicação de raízes com índices diferentes: $\sqrt[4]{3} \cdot \sqrt[5]{7}$

Quando os índices dos radicais são diferentes, é preciso reduzir os radicais ao mesmo índice e, depois, efetuar a multiplicação ou a divisão. Para fazer isso, podemos usar a 2ª propriedade dos radicais. Veja, por exemplo, como Henrique efetuou: $\sqrt{2} \cdot \sqrt[3]{2^2}$

Para escrever as raízes com mesmo índice, escolhi um múltiplo comum dos índices 2 e 3. Nesse caso, 6 é um múltiplo comum, então transformei as duas raízes para raízes de índice 6.

- $\sqrt{2} = \sqrt[2]{2^1} = \sqrt[6]{2^3}$
- $\sqrt[3]{2^2} = \sqrt[6]{2^4}$

Então:
$\sqrt{2} \cdot \sqrt[3]{2^2} = \sqrt[6]{2^3} \cdot \sqrt[6]{2^4} =$
$= \sqrt[6]{2^3 \cdot 2^4} = \sqrt[6]{2^{3+4}} = \sqrt[6]{2^7}$

ATIVIDADES

PRATIQUE

1. Efetue as operações no caderno.
   a) $\sqrt{4} \cdot \sqrt{16}$
   b) $\sqrt[3]{5} \cdot \sqrt[3]{25}$
   c) $\sqrt[3]{18} \cdot \sqrt[3]{6}$
   d) $\sqrt{2} \cdot \sqrt{10} \cdot \sqrt{15}$
   e) $\sqrt{6} : \sqrt{3}$
   f) $\frac{\sqrt{24}}{\sqrt{6}}$
   g) $\sqrt[3]{10} : \sqrt[3]{2}$
   h) $\frac{\sqrt{120}}{\sqrt{3}}$

2. Calcule o valor de cada expressão.
   a) $\sqrt{6} \cdot (\sqrt{15} + \sqrt{60})$
   b) $\sqrt{3} \cdot (\sqrt{54} - \sqrt{6})$
   c) $(\sqrt{3} - 1)(\sqrt{3} + 1)$
   d) $(2 - \sqrt{2})(2 + \sqrt{2})$

3. Encontre o valor aproximado das expressões. (Considere: $\sqrt{5} \approx 2{,}2$.)
   a) $2\sqrt{5} + 7\sqrt{5}$
   b) $(5\sqrt{5}) \cdot (\sqrt{5^4})$
   c) $(\sqrt{5})^2 - 3\sqrt{5}$
   d) $\sqrt{125} : \sqrt{625}$
   e) $\sqrt{45} + \sqrt{20} - 5\sqrt{5}$
   f) $\sqrt{5} + 2\sqrt{25}$

4. Efetue as operações.
   a) $\sqrt{2} : \sqrt[3]{2}$
   b) $\sqrt[4]{3^3} \cdot \sqrt{3^4}$
   c) $\frac{\sqrt[3]{3}}{\sqrt{2}}$
   d) $\frac{\sqrt[4]{5} \cdot \sqrt[3]{6}}{\sqrt{15}}$

APLIQUE

5. Calcule o perímetro e a área dos retângulos representados abaixo.

   a) $2\sqrt{2}$ m ; $(2 + \sqrt{2})$ m

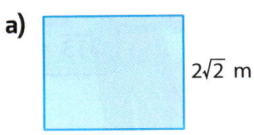

   b) $(\sqrt{5} - 1)$ cm ; $(\sqrt{5} + 1)$ cm

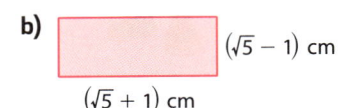

POTENCIAÇÃO E RADICIAÇÃO COM RADICAIS

Veja uma **potenciação** com radicais:

$$\left(\sqrt[5]{2}\right)^4 = \sqrt[5]{2} \cdot \sqrt[5]{2} \cdot \sqrt[5]{2} \cdot \sqrt[5]{2} = \sqrt[5]{2 \cdot 2 \cdot 2 \cdot 2} = \sqrt[5]{2^4}$$

> De modo geral, para efetuar a potenciação com um radical em que o radicando é um número real positivo, elevamos o radicando ao expoente dado: $\left(\sqrt[n]{a}\right)^m = \sqrt[n]{a^m}$, em que $a > 0$, n é um número natural, com $n \geq 2$, e m é um número inteiro.

EXEMPLOS

a) $\left(\sqrt{5}\right)^3 = \sqrt{5^3} = \sqrt{5^2 \cdot 5} = 5\sqrt{5}$

b) $\left(\sqrt[3]{3}\right)^{-2} = \sqrt[3]{3^{-2}} = \sqrt[3]{\dfrac{1}{3^2}} = \dfrac{\sqrt[3]{1}}{\sqrt[3]{3^2}} = \dfrac{1}{\sqrt[3]{3^2}}$

c) $\left(2\sqrt[3]{3}\right)^5 = 2^5 \cdot \sqrt[3]{3^5} = 32 \cdot \sqrt[3]{3^3 \cdot 3^2} = 32 \cdot 3 \cdot \sqrt[3]{3^2} = 96\sqrt[3]{3^2}$

d) $\left(6\sqrt{4-x}\right)^2 = 6^2 \cdot \sqrt{(4-x)^2} = 36 \cdot (4-x) = 144 - 36x$, com $x < 4$

Para entender o procedimento da **radiciação** com radicais, compare as expressões:

$$\sqrt[2]{\sqrt[3]{729}} = \sqrt[2]{9} = 3 \quad \text{e} \quad \sqrt[6]{729} = 3$$

As duas expressões são iguais a 3, então: $\sqrt[2]{\sqrt[3]{729}} = \sqrt[6]{729} = 3$

> De modo geral, para efetuar a radiciação fazemos: $\sqrt[m]{\sqrt[n]{a}} = \sqrt[m \cdot n]{a}$, em que $a \geq 0$ e m e n são números naturais maiores ou iguais a 2.

EXEMPLOS

a) $\sqrt[4]{\sqrt{2}} = \sqrt[4 \cdot 2]{2} = \sqrt[8]{2}$

b) $\sqrt{\sqrt[3]{\dfrac{1.000}{64}}} = \sqrt[2 \cdot 3]{\dfrac{1.000}{64}} = \sqrt[6]{\dfrac{1.000}{64}} = \sqrt[6]{\dfrac{10^3}{2^6}} = \dfrac{\sqrt[6]{10^3}}{\sqrt[6]{2^6}} = \dfrac{\sqrt{10}}{2}$

ATIVIDADES

PRATIQUE

1. Calcule as potências.

a) $\left(\sqrt{7}\right)^3$

b) $\left(3\sqrt{5}\right)^2$

c) $\left(\sqrt{\dfrac{3}{4}}\right)^3$

d) $\left(\sqrt[4]{9}\right)^2$

e) $\left(2\sqrt[5]{27}\right)^4$

f) $\left(3\sqrt{2a+1}\right)^2$

2. Escreva como uma única raiz:

a) $\sqrt{\sqrt[3]{64}}$

b) $\sqrt[8]{\sqrt[5]{6}}$

c) $\sqrt{3\sqrt{4}}$

d) $2\sqrt{2\sqrt{2}}$

3. Dados $a = 5 + \sqrt{3}$ e $b = 5 - \sqrt{3}$, determine:

a) $a + b$
b) $a - b$
c) a^2
d) b^2
e) $a \cdot b$
f) $b - a$

4. Classifique cada igualdade em V (verdadeira) ou F (falsa).

a) $\sqrt{\sqrt{2}} = \left(\sqrt{2}\right)^2$

b) $\sqrt{\sqrt{9}} = \sqrt{3}$

c) $\left(\sqrt[3]{2}\right)^6 = 2^2$

d) $\sqrt[3]{3\sqrt{3}} = \sqrt[6]{27}$

5. Elabore uma expressão envolvendo operações com radicais cujo valor final seja um número racional.

APLIQUE

6. Observe o paralelepípedo abaixo e determine seu volume.

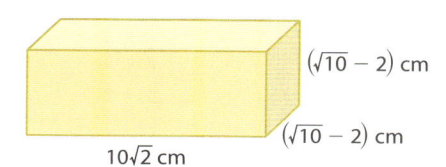

$(\sqrt{10} - 2)$ cm
$(\sqrt{10} - 2)$ cm
$10\sqrt{2}$ cm

4 RACIONALIZAÇÃO DE DENOMINADORES

Algumas frações apresentam no denominador uma raiz não exata, ou seja, um número irracional. Dada uma dessas frações, podemos obter outra fração, equivalente a ela, que tenha como denominador um número racional. O procedimento usado para isso é chamado **racionalização do denominador**.

A racionalização do denominador de uma fração é aplicada quando o denominador é um número com infinitas casas decimais não periódicas. Por exemplo, para calcular $\frac{1}{\sqrt{2}}$, sabemos que:

$$\sqrt{2} = 1{,}4142135623730\ldots$$

Teríamos, então:

$$1 \quad | \underline{1{,}4142135623730\ldots}$$

> **Passo a passo**
> Neste jogo, indique a sequência de passos necessária para simplificar as expressões numéricas e calcular o seu valor. Disponível em <http://mod.lk/cwkhh>.

Mesmo que usássemos uma aproximação de $\sqrt{2}$, como 1,4142135, a divisão seria trabalhosa:

```
  1,00000000      | 1,4142135
 − 98994945       | 0,707106
   0100505500
   −98994945
    015105550
    −14142135
     096341500
     −84852810
      11488690
```

O processo de racionalização do denominador consiste em multiplicar a fração dada por uma fração equivalente a 1, de modo que o produto dos denominadores seja um número racional.

Então, no exemplo $\frac{1}{\sqrt{2}}$, temos:

$$\frac{1}{\sqrt{2}} = \frac{1}{\sqrt{2}} \cdot 1 = \frac{1}{\sqrt{2}} \cdot \overbrace{\frac{\sqrt{2}}{\sqrt{2}}}^{1 = \frac{\sqrt{2}}{\sqrt{2}}} = \frac{1 \cdot \sqrt{2}}{\sqrt{2} \cdot \sqrt{2}} = \frac{\sqrt{2}}{\sqrt{2^2}} = \frac{\sqrt{2}}{2}$$

Note que após a racionalização a fração dada é representada de outra forma; obtemos, assim, uma fração equivalente à primeira, agora com denominador racional.

Calcular $\frac{\sqrt{2}}{2}$ é mais simples que calcular $\frac{1}{\sqrt{2}}$.

Analise a racionalização dos denominadores de alguns números a seguir.

- $\dfrac{2}{3\sqrt{8}} = \dfrac{2}{3\sqrt{8}} \cdot \dfrac{\sqrt{8}}{\sqrt{8}} = \dfrac{2\sqrt{8}}{3 \cdot 8} = \dfrac{2\sqrt{8}}{24} = \dfrac{\sqrt{8}}{12} =$

  $= \dfrac{\sqrt{2^2 \cdot 2}}{12} = \dfrac{2\sqrt{2}}{12} = \dfrac{\sqrt{2}}{6}$

- $\dfrac{3}{\sqrt[4]{3}} = \dfrac{3}{\sqrt[4]{3}} \cdot \dfrac{\sqrt[4]{3^3}}{\sqrt[4]{3^3}} = \dfrac{3\sqrt[4]{3^3}}{\sqrt[4]{3^4}} = \dfrac{3\sqrt[4]{3^3}}{3} = \sqrt[4]{3^3}$

E quando no denominador da fração há uma adição algébrica com raízes não exatas, como, por exemplo, $\dfrac{3}{\sqrt{3}+1}$, $\dfrac{2}{\sqrt{2}+\sqrt{5}}$ ou $\dfrac{\sqrt{6}}{4-\sqrt{5}}$?

Para entender por qual fração equivalente a 1 é necessário multiplicar as frações de modo que os denominadores sejam números racionais, observe o que ocorre quando, dados dois números reais a e b, fazemos $(a+b) \cdot (a-b)$.

Aplicando a propriedade distributiva:

$$(a+b) \cdot (a-b) = a^2 - ab + ab - b^2 = a^2 - b^2$$

Então: $(a+b) \cdot (a-b) = a^2 - b^2$

Usando esse fato, temos, por exemplo:

$(\sqrt{2}+3) \cdot (\sqrt{2}-3) = (\sqrt{2})^2 - 3^2 = 2 - 9 = -7$

$(\sqrt{7}-\sqrt{3}) \cdot (\sqrt{7}-\sqrt{3}) = (\sqrt{7})^2 - (\sqrt{3})^2 = 7 - 3 = 4$

$(4-\sqrt{11}) \cdot (4+\sqrt{11}) = 4^2 - (\sqrt{11})^2 = 16 - 11 = 5$

Veja, então, como podemos racionalizar os denominadores das frações $\dfrac{3}{\sqrt{3}+1}$, $\dfrac{2}{\sqrt{2}+\sqrt{5}}$ e $\dfrac{\sqrt{6}}{4-\sqrt{5}}$.

- $\dfrac{3}{\sqrt{3}+1}$

Para que o número no denominador fique racional, podemos multiplicar a fração por $\dfrac{\sqrt{3}-1}{\sqrt{3}-1} = 1$.

$\dfrac{3}{\sqrt{3}+1} = \dfrac{3}{\sqrt{3}+1} \cdot \dfrac{\sqrt{3}-1}{\sqrt{3}-1} = \dfrac{3 \cdot (\sqrt{3}-1)}{(\sqrt{3})^2 - (1)^2} = \dfrac{3\sqrt{3}-3}{3-1} = \dfrac{3\sqrt{3}-3}{2}$

- $\dfrac{2}{\sqrt{2}+\sqrt{5}}$

Nesse denominador, há uma adição de dois números irracionais. Para racionalizá-lo, podemos multiplicar a fração por $\dfrac{\sqrt{2}-\sqrt{5}}{\sqrt{2}-\sqrt{5}} = 1$.

$\dfrac{2}{\sqrt{2}+\sqrt{5}} \cdot \dfrac{\sqrt{2}-\sqrt{5}}{\sqrt{2}-\sqrt{5}} = \dfrac{2 \cdot (\sqrt{2}-\sqrt{5})}{(\sqrt{2})^2 - (\sqrt{5})^2} = \dfrac{2\sqrt{2}-2\sqrt{5}}{2-5} = -\dfrac{2\sqrt{2}-2\sqrt{5}}{3}$

- $\dfrac{\sqrt{6}}{4-\sqrt{5}}$

$\dfrac{\sqrt{6}}{4-\sqrt{5}} \cdot \dfrac{4+\sqrt{5}}{4+\sqrt{5}} = \dfrac{\sqrt{6} \cdot (4+\sqrt{5})}{4^2 - (\sqrt{5})^2} = \dfrac{4\sqrt{6}+\sqrt{30}}{16-5} = \dfrac{4\sqrt{6}+\sqrt{30}}{11}$

ATIVIDADES

PRATIQUE

1. Racionalize o denominador dos números a seguir.

   a) $\dfrac{1}{\sqrt{3}}$

   b) $\dfrac{3}{2\sqrt{5}}$

   c) $\dfrac{2}{\sqrt{8}}$

   d) $\dfrac{\sqrt{5} - \sqrt{3}}{\sqrt{3}}$

   e) $\dfrac{3 + \sqrt{3}}{\sqrt{3}}$

   f) $\dfrac{10}{2 - \sqrt{2}}$

   g) $\dfrac{3}{\sqrt{5} + \sqrt{3}}$

   h) $\dfrac{\sqrt{2}}{\sqrt{3} - 1}$

   i) $\dfrac{\sqrt{11} + 1}{\sqrt{11} - 1}$

   j) $\dfrac{7}{2 + \sqrt{5}}$

APLIQUE

2. Racionalize os denominadores das frações e calcule o que se pede.

   a) Sabendo que $\sqrt{5}$ é aproximadamente 2,24 (aproximação até os centésimos), determine o valor aproximado de $\dfrac{4}{\sqrt{5} - 1}$.

   b) Sabendo que $\sqrt{7}$ é aproximadamente 2,65 e que $\sqrt{3}$ é aproximadamente 1,73 (aproximações até os centésimos), determine o valor aproximado de $\dfrac{20}{\sqrt{7} + \sqrt{3}}$.

3. Simplifique as expressões.

   a) $\dfrac{\sqrt{120}}{\sqrt{3}}$

   b) $\dfrac{\sqrt[3]{a^{10}}}{\sqrt[3]{a^4}}$, com $a \neq 0$

   c) $\dfrac{\sqrt[4]{81x^7}}{\sqrt[4]{x^3}}$, com $x > 0$

   d) $\dfrac{\sqrt{5} \cdot \sqrt{8}}{\sqrt{10}}$

4. Determine o número a que satisfaz a expressão.

   $$\dfrac{2}{\sqrt{98}} - \dfrac{2}{\sqrt{32}} = a\sqrt{2}$$

5 POTÊNCIA COM EXPOENTE FRACIONÁRIO

Vimos como é definida uma potência de base real e expoente inteiro; porém, o expoente de uma potência pode ser um número na forma de fração, por exemplo: $3^{\frac{1}{2}}$, $\left(\dfrac{1}{5}\right)^{\frac{4}{3}}$, $2^{\frac{2}{5}}$

As propriedades de potências com expoentes inteiros vistas nesta unidade continuam válidas quando o expoente da potência é um número racional e a base é um número real positivo. Assim, temos, por exemplo:

$$3^{\frac{1}{2}} = \sqrt{\left(3^{\frac{1}{2}}\right)^2} = \sqrt{3^{\frac{1}{2}} \cdot 3^{\frac{1}{2}}} = \sqrt{3^{\left(\frac{1}{2} + \frac{1}{2}\right)}} = \sqrt{3^1} = \sqrt{3}$$

1ª propriedade dos radicais

propriedade do produto de potências de mesma base

Portanto: $3^{\frac{1}{2}} = \sqrt{3}$

Procedendo do mesmo modo:

- $\left(\dfrac{1}{5}\right)^{\frac{4}{3}} = \sqrt[3]{\left[\left(\dfrac{1}{5}\right)^{\frac{4}{3}}\right]^3} = \sqrt[3]{\left(\dfrac{1}{5}\right)^{\frac{4}{3}} \cdot \left(\dfrac{1}{5}\right)^{\frac{4}{3}} \cdot \left(\dfrac{1}{5}\right)^{\frac{4}{3}}} = \sqrt[3]{\left(\dfrac{1}{5}\right)^4}$

- $2^{\frac{2}{5}} = \sqrt[5]{\left(2^{\frac{2}{5}}\right)^5} = \sqrt[5]{2^{\frac{2}{5}} \cdot 2^{\frac{2}{5}} \cdot 2^{\frac{2}{5}} \cdot 2^{\frac{2}{5}} \cdot 2^{\frac{2}{5}}} = \sqrt[5]{2^2}$

Calculus
Resolva as operações matemáticas para explorar este jogo por meio do mapa de fases. Disponível em <http://mod.lk/wibal>.

Da mesma forma, podemos escrever outras potências de expoente fracionário como um radical. De modo geral:

> Para todo número real positivo a, m inteiro e n natural, com $n \geq 2$, temos:
> $$a^{\frac{m}{n}} = \sqrt[n]{a^m}$$

OBSERVAÇÃO
Podemos estender a definição para uma potência de base negativa. Como o denominador do expoente será o índice da raiz, se ele for ímpar, a base poderá ser negativa.

EXEMPLOS

a) $4^{-\frac{1}{2}} = 4^{\frac{-1}{2}} = \sqrt[2]{4^{-1}} = \sqrt{\dfrac{1}{4}} = \dfrac{1}{2}$

b) $\left(\dfrac{2}{7}\right)^{\frac{3}{4}} = \sqrt[4]{\left(\dfrac{2}{7}\right)^3} = \sqrt[4]{\dfrac{8}{343}}$

c) $\pi^{\frac{2}{5}} = \sqrt[5]{\pi^2}$

ATIVIDADES

PRATIQUE

1. Expresse cada potência na forma de radical.

a) $43^{\frac{1}{9}}$

b) $7^{-\frac{2}{3}}$

c) $\left(\dfrac{1}{4}\right)^{\frac{1}{4}}$

d) $(0{,}25)^{\frac{5}{12}}$

2. Calcule o valor das expressões.

a) $81^{\frac{1}{4}} + 81^{-\frac{1}{4}}$

b) $8^{\frac{1}{3}} \cdot 125^{\frac{2}{3}}$

c) $343^{\frac{4}{3}} : 49^{0,5}$

d) $36^{\frac{3}{2}} - 32^{\frac{2}{5}}$

3. Expresse as potências como radicais e os radicais como potências.

a) $\sqrt{\sqrt{5^2}}$

b) $(3^2)^{\frac{1}{3}}$

c) $\sqrt[5]{\sqrt{3} \cdot \sqrt[4]{2}}$

d) $3\sqrt[3]{2\sqrt[3]{2\sqrt{2}}}$

e) $\sqrt[3]{\sqrt{18}}$

f) $\left(2^{\frac{1}{5}}\right)^{\frac{2}{3}}$

g) $\sqrt{\sqrt{\sqrt{30}}}$

h) $\sqrt{2\sqrt{2\sqrt{2}}}$

APLIQUE

4. Calcule o valor de n para que: $\left(\dfrac{1}{9}\right)^n = 2.187$

6 RECORDANDO PORCENTAGEM

Você já estudou **porcentagem** nos anos anteriores. Vamos recordar como calcular porcentagens e ver aplicações desse conceito por meio de algumas situações.

Situação 1

Leia o texto a seguir.

> Segundo a Organização das Nações Unidas (ONU), em campanha pelo Dia Mundial do Meio Ambiente 2018, a poluição plástica é considerada uma das principais causas atuais de danos ao meio ambiente e à saúde. Pelo menos 13 milhões de toneladas de plástico vão parar nos oceanos anualmente, prejudicando 600 espécies marinhas, das quais 15% estão ameaçadas de extinção. Se o problema não for solucionado, poderá haver mais plástico do que peixes nos oceanos até 2050.
>
> Dados obtidos em: <https://nacoesunidas.org/no-dia-do-meio-ambiente-onu-promove-atividades-para-combater-a-poluicao-plastica/>. Acesso em: 10 ago. 2018.

Tartaruga de Hawksbill com saco de plástico na boca. Mar Vermelho, ao sul de Safaga, Egito. Foto de 2014.

No texto, há um dado em forma de porcentagem: 15%

15% significa "15 em cada 100" e pode ser expresso como $\frac{15}{100}$ ou ainda 0,15.

Segundo o texto, estão ameaçadas de extinção 15% das 600 espécies marinhas prejudicadas pelo plástico jogado nos oceanos. Para calcular 15% de 600, podemos fazer:

$$15\% \text{ de } 600 = \frac{15}{100} \cdot 600 = 90$$

Então, 90 das espécies estão ameaçadas de extinção.

Situação 2

Em uma loja de eletrodomésticos, certo modelo de televisão custava R$ 1.500,00 e, depois de um aumento, passou a custar R$ 1.620,00. Vamos calcular o aumento em porcentagem.

O aumento no preço foi de: $1.620 - 1.500 = 120$

Para calcular a taxa t que esse aumento representa do valor inicial, fazemos:

$$t \cdot 1.500 = 120 \Rightarrow t = \frac{120}{1.500} = 0{,}08 = \frac{8}{100} = 8\%$$

Logo, o aumento no preço foi de 8%.

Situação 3

Joana comprou um jogo cujo preço original era R$ 72,00. O jogo estava em promoção, com desconto de 30%. Ao passar no caixa, como tinha o cartão de fidelidade da loja, Joana conseguiu mais um desconto de 10% sobre o valor promocional. Quanto ela pagou pelo jogo após os descontos?

Vamos responder a essa pergunta calculando o preço do jogo após cada desconto.

PARA FAZER

Você já pensou que pequenos atos podem fazer a diferença? Em grupos, pesquisem atitudes simples que podem ser tomadas no dia a dia para diminuir o descarte de plásticos. Criem *folders* ou cartazes e, na sua escola, façam uma campanha de conscientização sobre a poluição plástica. Vocês podem usar fotos, gráficos ou apresentar outros dados sobre o assunto.

Imaginar, criar e inovar
Pensar de maneira interdependente

Preço após o 1º desconto:

R$ 72,00 − 0,30 · R$ 72,00 = 0,70 · R$ 72,00 = R$ 50,40

desconto de 30% sobre o preço inicial

Como o segundo desconto foi aplicado sobre o novo valor (valor promocional), temos:

Preço após o 2º desconto:

R$ 50,40 − 0,10 · R$ 50,40 = 0,90 · R$ 50,40 = R$ 45,36

novo valor   desconto de 10% sobre o novo valor

Portanto, após os descontos, Joana pagou R$ 45,36 pelo jogo.

Ter dois descontos sucessivos, o primeiro de 30% e o seguinte de 10%, **não** é equivalente a um único desconto de 40%. Caso Joana tivesse recebido um único desconto de 40%, o preço pago pelo jogo seria:

R$ 72,00 − 0,40 · R$ 72,00 = 0,60 · R$ 72,00 = R$ 43,20

Situação 4

Paula tem uma loja de calçados e, em determinada ocasião, reduziu os preços de todos os calçados em 15%. Com o intuito de voltar ao preço original, ela aumentou os novos preços em 15%. Ela atingiu o objetivo?

Para verificar, vamos ver o que ocorre quando um valor x sofre um desconto de 15% seguido de um aumento de 15%.

Preço após o desconto: $x - 0,15 \cdot x = 0,85x$

Preço com o aumento sobre o novo valor:

$0,85x + 0,15 \cdot 0,85x = 1,15 \cdot 0,85x = 0,9775x$

Assim, um produto com preço x, após um desconto de 15% seguido de um aumento de 15%, passará a custar $0,9775x$ ou 97,75% de x; ou seja, o preço será menor que o original. Portanto, Paula não atingiu o objetivo.

PARA ANALISAR

Antes de comprar um produto, é sempre interessante pesquisar. Nem sempre um produto anunciado em promoção está realmente mais barato. Alguns lojistas aumentam o preço dos produtos para depois oferecer um desconto, fazendo com que o consumidor tenha a sensação de que está pagando mais barato.

Ana estava acompanhando o preço de certo refrigerador todos os dias no *site* de uma loja. Certo dia, a loja anunciou que todos os refrigeradores estavam com 10% de desconto. Porém, ao checar o *site*, Ana percebeu que eles haviam aumentado o preço do refrigerador em 11% antes de oferecer o desconto. Na sua opinião, a promoção realmente era vantajosa?

Trilha de estudo

Vai estudar? Nosso assistente virtual no *app* pode ajudar! <http://mod.lk/trilhas>

Situação 5

Alex investiu R$ 1.000,00 em um fundo de investimento que rende 1% ao fim de cada mês, sempre calculado sobre o valor total que há no fundo naquele mês (valor do mês anterior mais rendimento). Veja como Alex calculou, usando uma calculadora, o valor que ele terá ao fim de 4 meses caso ele não mexa no dinheiro.

> Usando uma calculadora, digitei inicialmente: [1][0][0][0]
> A seguir, digitei as teclas: [+][1][%]
> Dessa forma, calculei o valor inicial mais 1% desse valor e obtive o valor ao fim do 1º mês.

> Ao digitar [+][1][%] novamente, calculei o novo valor (1.010) mais 1% desse novo valor.

> Assim, digitando, sucessivamente, as teclas [+][1][%], é possível obter os valores ao fim dos próximos meses. Fazendo esse procedimento por 4 vezes, obtive que, ao fim de 4 meses, terei aproximadamente R$ 1.040,60.

ATIVIDADES

PRATIQUE

1. Calcule as porcentagens.
   a) 15% de 130
   b) 2% de R$ 3.450,00
   c) 25% de 2.000 pessoas
   d) 12,5% de 32
   e) 110% de R$ 350,00

2. Certo modelo de celular custava R$ 850,00 à vista na loja Temdetudo. Em uma promoção, os preços de todos os produtos tiveram um desconto de 2%. Porém, para pagamento a prazo, a loja cobra uma taxa de 5% sobre o valor final do produto. Quanto uma pessoa pagaria por um celular desse modelo caso optasse por comprar esse celular a prazo durante a promoção.

3. Observe a ilustração.
   Qual é o percentual de desconto oferecido nesse computador?

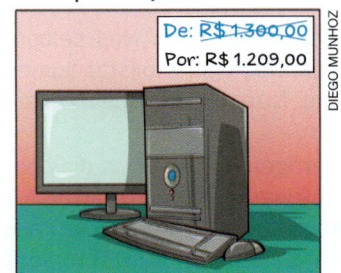

   De: R$ 1.300,00
   Por: R$ 1.209,00

4. Segundo dados do IBGE, em 2010 a população brasileira era de 190.755.799 pessoas, enquanto em 2017 a população estimada era de 207.660.929 pessoas. Usando uma calculadora, calcule a taxa de crescimento aproximada, em porcentagem.

5. Maria aplicou R$ 12.000,00 em um investimento que rende 0,8% ao mês. Usando uma calculadora, calcule quanto Maria terá após 5 meses.

6. Fabio comprou um automóvel de R$ 40.000,00, que sofreu uma desvalorização de 10% ao ano. Usando uma calculadora, calcule quanto o automóvel desvalorizou, em real, após 4 anos.

7. Elabore problemas envolvendo porcentagens:
   a) um problema em que seja necessário calcular o percentual de desconto ou de aumento de um produto.
   b) um problema em que seja necessário calcular um valor após aumentos ou diminuições sucessivas.

   • Passe seus problemas para um colega resolver e resolva os problemas criados por ele.

ESTATÍSTICA E PROBABILIDADE
LEITURA E INTERPRETAÇÃO DE PICTOGRAMAS

A prefeitura da cidade Quatro Ventos instala, anualmente, banheiros químicos na cidade para que os moradores e turistas possam usar ao longo das festas de Carnaval na cidade.

O responsável pelo planejamento das festas elaborou um pictograma que informa quantidade de banheiros instalados nas festas de 2014 a 2018. Observe.

QUANTIDADE DE BANHEIROS QUÍMICOS INSTALADOS EM QUATRO VENTOS NAS FESTAS DE CARNAVAL

Ano	Ícones
2014	🚽🚽🚽🚽🚽
2015	🚽🚽🚽🚽🚽🚽
2016	🚽🚽🚽🚽🚽🚽½
2017	🚽🚽🚽🚽🚽🚽🚽½
2018	🚽🚽🚽🚽🚽🚽🚽🚽

🚽 Representa 84 banheiros.

Dados obtidos pela prefeitura de Quatro Ventos em jan. 2019.

Banheiros químicos.

- Como podemos calcular a quantidade de banheiros instalados a cada ano?
- Em que ano a quantidade de banheiros instalados foi maior? Quantos banheiros foram instalados nesse ano?

A partir desse pictograma, é possível determinar a quantidade exata de banheiros químicos instalados a cada ano. Observe que cada ícone 🚽 equivale a 84 banheiros químicos; e, assim, metade de um ícone equivale a 42 banheiros.

Contando a quantidade de ícones representada em cada ano, temos:

- 2014 – há 5 ícones; então o número de banheiros é dado por:
  $5 \cdot 84 = 420$
- 2015 – como há 6 ícones, o número de banheiros é dado por:
  $6 \cdot 84 = 504$
- 2016 – como há 6 ícones e mais metade de um ícone, temos:
  $6 \cdot 84 + 42 = 546$
- 2017 – como há 7 ícones e mais metade de um ícone, temos:
  $7 \cdot 84 + 42 = 630$
- 2018 – como há 8 ícones, o número de banheiros é dado por:
  $8 \cdot 84 = 672$

Podemos concluir que, em 2018, o número de banheiros instalados foi maior. Nesse ano foram instalados 672 banheiros químicos.

ESTATÍSTICA E PROBABILIDADE

ATIVIDADES

1. Observe, no pictograma ao lado, o número de vítimas fatais em acidentes de trânsito registrado no segundo semestre de 2017 na cidade de Porto Alegre. Depois, responda às questões.

   a) Em que mês do segundo semestre de 2017 ocorreu o maior número de mortes em acidentes de trânsito em Porto Alegre?

   b) Quais meses apresentados no gráfico tiveram o mesmo número de mortes?

   c) Determine a quantidade de vítimas fatais em cada mês do pictograma.

   d) Qual foi o total de vítimas fatais em acidentes de trânsito registrado no segundo semestre de 2017 em Porto Alegre?

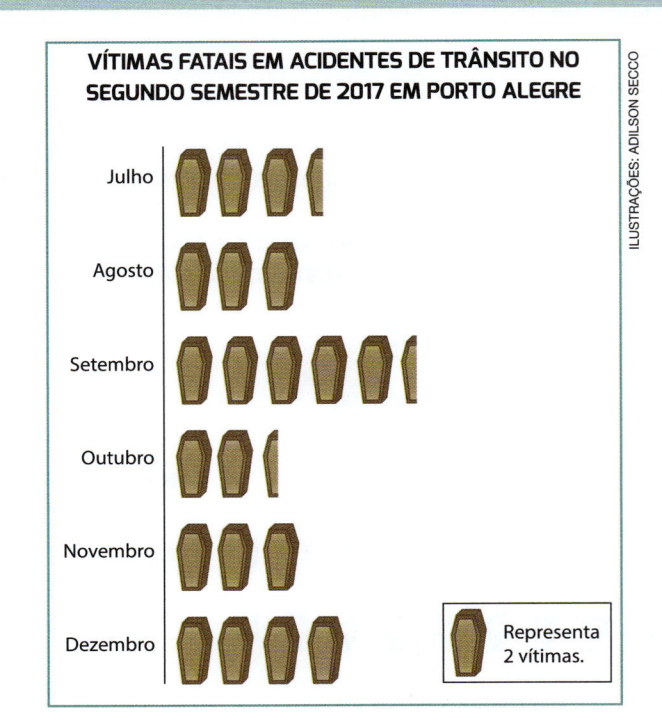

   VÍTIMAS FATAIS EM ACIDENTES DE TRÂNSITO NO SEGUNDO SEMESTRE DE 2017 EM PORTO ALEGRE

   Representa 2 vítimas.

   Dados obtidos em: <http://lproweb.procempa.com.br/pmpa/prefpoa/eptc/usu_doc/vitimasfatais_acidtransito_dez2017.pdf>. Acesso em: 10 ago. 2018.

2. Observe os dados apresentados no pictograma ao lado e, depois, responda às questões.

   a) Que informações esse pictograma apresenta?

   b) Apenas observando o gráfico, sem fazer contas, qual município apresentado teve o maior número de casamentos? Justifique.

   c) Determine o total de casamentos realizados em cada município.

   d) Qual foi o total de casamentos realizados nesses quatro municípios em 2016?

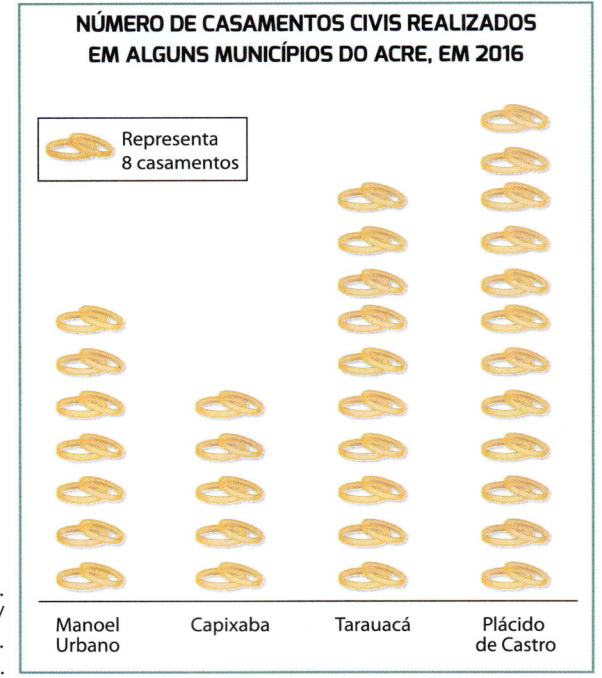

   NÚMERO DE CASAMENTOS CIVIS REALIZADOS EM ALGUNS MUNICÍPIOS DO ACRE, EM 2016

   Representa 8 casamentos

   Manoel Urbano | Capixaba | Tarauacá | Plácido de Castro

   Dados obtidos em: <https://www.ibge.gov.br/estatisticas-novoportal/sociais/populacao/9110-estatisticas-do-registro-civil.html?=&t=resultados>. Acesso em: 10 ago. 2018.

60

3. O Comitê Estadual de Monitoramento de Incidentes com Tubarões (CEMIT) acompanha e registra os incidentes com tubarões no litoral de Pernambuco desde 1992. Observe, no gráfico a seguir, o número de incidentes registrados até 5 de junho de 2018 em algumas praias de Pernambuco.

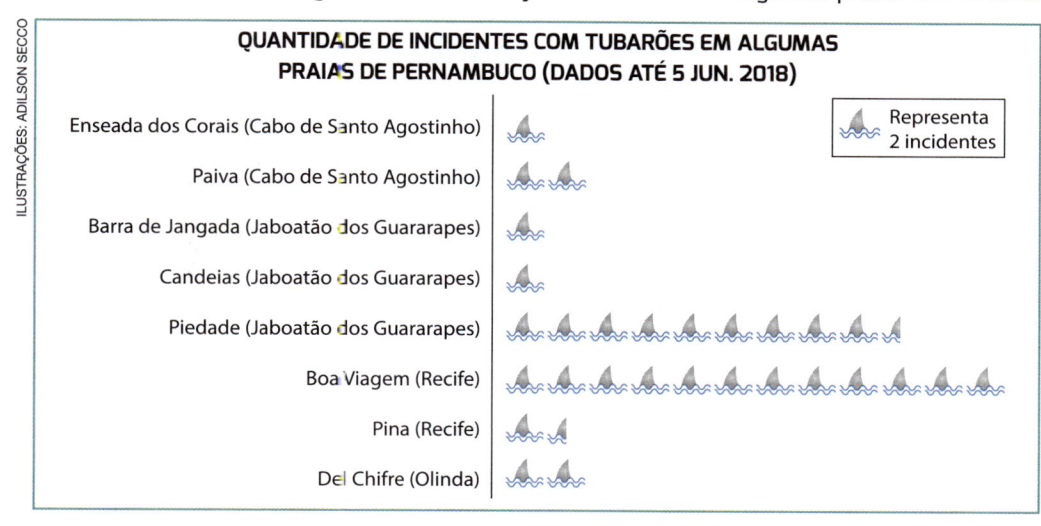

QUANTIDADE DE INCIDENTES COM TUBARÕES EM ALGUMAS PRAIAS DE PERNAMBUCO (DADOS ATÉ 5 JUN. 2018)

Praia	Incidentes (cada símbolo = 2 incidentes)
Enseada dos Corais (Cabo de Santo Agostinho)	1 símbolo
Paiva (Cabo de Santo Agostinho)	2 símbolos
Barra de Jangada (Jaboatão dos Guararapes)	1 símbolo
Candeias (Jaboatão dos Guararapes)	1 símbolo
Piedade (Jaboatão dos Guararapes)	9 símbolos
Boa Viagem (Recife)	10 símbolos
Pina (Recife)	2 símbolos
Del Chifre (Olinda)	2 símbolos

Dados obtidos em: <http://www.portaisgoverno.pe.gov.br/c/document_library/get_file?uuid=02493c56-b241-4c91-9391-cdf7755527b0&groupId=124015>. Acesso em: 10 ago. 2018.

a) De acordo com as informações do gráfico, quantos incidentes com tubarões ocorreram na praia de Piedade, em Jaboatão dos Guararapes? E na praia de Del Chifre, em Olinda?

b) Considerando as praias apresentadas no gráfico, no total ocorreram mais incidentes nas praias de Recife ou nas praias de Jaboatão dos Guararapes? Justifique.

c) Sabendo que no período monitorado foram registrados, no total, 65 incidentes em Pernambuco, calcule a porcentagem aproximada que representa os incidentes ocorridos na praia de Boa Viagem, em Recife.

4. Observe, no gráfico a seguir, o número aproximado de veículos emplacados no Brasil em 2017, segundo as grandes regiões.

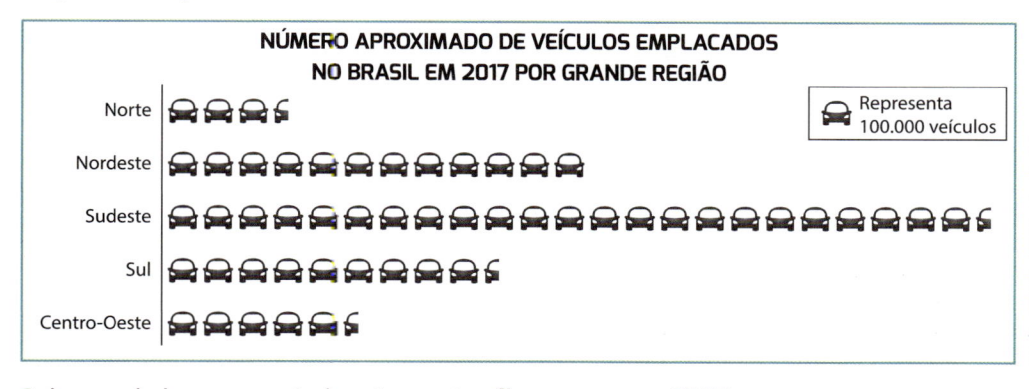

NÚMERO APROXIMADO DE VEÍCULOS EMPLACADOS NO BRASIL EM 2017 POR GRANDE REGIÃO

Região	Veículos (cada símbolo = 100.000 veículos)
Norte	3,5 símbolos
Nordeste	9,5 símbolos
Sudeste	23,5 símbolos
Sul	8,5 símbolos
Centro-Oeste	5,5 símbolos

Dados obtidos em: <http://www.denatran.gov.br/index.php/estatistica/610-frota-2017>. Acesso em: 10 ago. 2018.

Sobre os dados apresentados, é correto afirmar que, em 2017:

a) a região Centro-Oeste foi a que teve menos veículos emplacados.

b) a região Nordeste teve aproximadamente 120.000 veículos emplacados.

c) a região Sudeste teve mais de 2 milhões e 300 mil veículos emplacados.

ATIVIDADES COMPLEMENTARES

1. Reproduza as afirmações verdadeiras no caderno.
   a) Um cubo de aresta de 9 cm tem o triplo do volume de um cubo de aresta de 3 cm.
   b) Um cubo de aresta de 6 cm tem volume 8V, em que V é o volume de um cubo de aresta de 3 cm.
   c) Um cubo de aresta de 1 cm tem $\frac{1}{3}$ do volume de um cubo de aresta de 3 cm.
   d) Um cubo de aresta de 5 cm tem $\frac{1}{8}$ do volume de um cubo de aresta de 10 cm.

2. Um aquário com formato de cubo está cheio e contém 27.000 mL de água. Qual é a altura do aquário?
   (Lembre-se de que 1 cm³ = 1 mL)

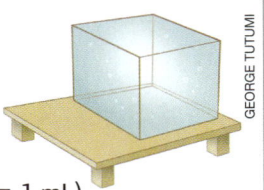

3. Certa folha de papel tem 0,074 mm de espessura. Converta essa medida para metro e represente-a em notação científica.

4. Veja a tabela.

   Planeta Saturno.

   MASSA E DISTÂNCIA MÉDIA AO SOL

Planeta	Massa (kg)	Distância média ao Sol (km)
Mercúrio	$3,30 \cdot 10^{23}$	57.900.000
Júpiter	$1,90 \cdot 10^{27}$	778.400.000
Saturno	$5,69 \cdot 10^{26}$	1.423.600.000

   Dados obtidos em: <http://astro.if.ufrgs.br/ssolar.htm>. Acesso em: 10 ago. 2018.

   Agora, escreva:
   a) as massas dos planetas em ordem crescente;
   b) a distância média de cada planeta ao Sol em notação científica.

5. Calcule o preço aproximado de uma camisa que inicialmente custava R$ 45,00 após sofrer três aumentos sucessivos de 2%.

6. Calcule e simplifique.
   a) $\sqrt{2} \cdot \sqrt{18}$
   b) $\sqrt{\frac{3}{5}} \cdot \sqrt{\frac{5}{3}}$
   c) $\sqrt{5} \cdot \sqrt{10} \cdot \sqrt{2}$
   d) $\left(\sqrt[4]{9}\right)^2$
   e) $\frac{\sqrt{6}}{\sqrt{3}}$
   f) $\sqrt{3} \cdot \sqrt{12}$
   g) $\frac{\sqrt[3]{24}}{\sqrt[3]{3}}$
   h) $\sqrt{\frac{3}{2}} : \sqrt{\frac{1}{2}}$

7. Uma lata tem forma cúbica e arestas medindo $5\sqrt{3}$ cm.
   a) Quantos centímetros quadrados de plástico serão necessários para forrar suas laterais?
   b) Márcia tem 1 litro de óleo e quer saber se o óleo cabe nessa lata. Que cálculo ela precisa fazer?
   c) Depois de fazer os cálculos necessários, a que conclusão Márcia chegará?

8. Racionalize o denominador de cada fração.
   a) $\frac{3}{\sqrt{2}}$
   b) $\frac{10}{3\sqrt{5}}$
   c) $\frac{3}{\sqrt[4]{2}}$
   d) $\frac{1}{2+\sqrt{3}}$
   e) $\frac{1}{\sqrt{3}-\sqrt{2}}$
   f) $\frac{2-\sqrt{2}}{\sqrt{2}-1}$

9. Simplifique.
   a) $\left(\sqrt[3]{-8}+3\right)^2 - \left\{2 - \left[\sqrt{\left(\frac{1}{9}\right)^{-1}} - 12\right]\right\}$
   b) $0,25 \cdot (-3)^2 : \left(\frac{1}{4}\right) - \left(3 \cdot \sqrt[3]{-8} + 11\right)$

10. Calcule o valor de $\frac{\sqrt{1+\sqrt{121}}}{\sqrt{45+\sqrt{900}}}$.

11. Observe a figura e responda às questões.
    A tampa de uma embalagem de bombons tem a forma de um trapézio:

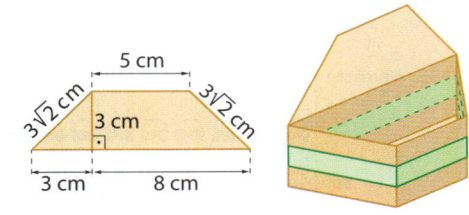

    (figura: trapézio com lados $3\sqrt{2}$ cm, base menor 5 cm, lado $3\sqrt{2}$ cm, altura 3 cm, base maior dividida em 3 cm e 8 cm)

    a) Quantos centímetros de fita verde são necessários para contornar uma vez a caixa?
    b) Quantos centímetros quadrados de papelão são necessários para confeccionar 15 dessas tampas?

    Mais questões no livro digital

UNIDADE 3
CIRCUNFERÊNCIA

Quadrinhos e cinema
Assista ao vídeo e veja como as circunferências ajudam os desenhistas a criar um personagem.

1 CIRCUNFERÊNCIA E CÍRCULO

As formas arredondadas são suaves e dão impressão de movimento e leveza. Essas formas podem ser observadas em partes de construções, objetos, pinturas etc.

As reproduções das pinturas abaixo dão ideia de quais figuras geométricas?

Robert Delaunay. *Rythme nº 2* (Ritmo nº 2), 1938, 538 cm × 396 cm.

Wassily Kandinsky. *Sketch for several circles* (Variados círculos), 1926, 70,1 cm × 70,1 cm.

Você se lembra do conceito de circunferência?

Já vimos que **circunferência** é a figura geométrica formada por todos os pontos de um plano que distam igualmente de um ponto fixo desse plano.

O ponto fixo é denominado **centro da circunferência**, e a distância constante é a **medida do raio**.

Veja alguns elementos da circunferência:
- **corda** é um segmento cujas extremidades são dois pontos distintos quaisquer da circunferência;
- **raio** é um segmento cujas extremidades são o centro e um ponto qualquer da circunferência;
- **diâmetro** é uma corda que passa pelo centro da circunferência.

Observe esses elementos na circunferência abaixo, de centro O e raio de medida r.

- O segmento $\overline{CD}$ é uma **corda** da circunferência.
- O segmento $\overline{OE}$ é um **raio** da circunferência.
- O segmento $\overline{AB}$ é um **diâmetro** da circunferência.

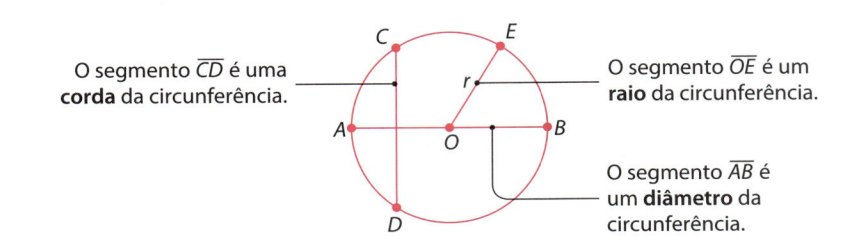

Já vimos também o conceito de círculo. **Círculo** é a região do plano formada por uma circunferência e sua região interna.

Não confunda círculo com circunferência. Veja:

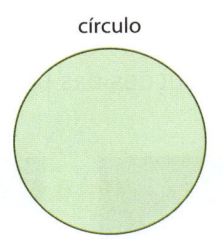

circunferência | região interna | círculo

PARA PESQUISAR

Observe a foto da construção *Ring of life*, que tem 157 metros de altura, e fica na cidade de Fushun, China.

Ring of life. Foto de 2017.

O contorno da parte interna dessa estrutura lembra uma circunferência. Pesquise imagens de outras construções e pinturas que deem a ideia de círculos e circunferências. Traga as imagens para a sala e compartilhe com os colegas.

ATIVIDADES

PRATIQUE

1. Considere a circunferência abaixo, de centro O, e classifique os segmentos em raio, corda ou diâmetro.

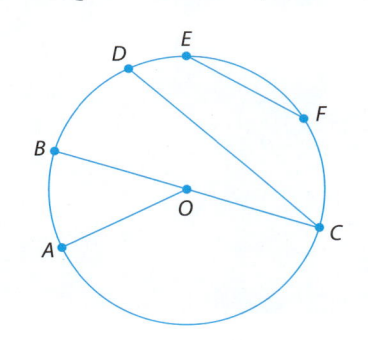

a) $\overline{OA}$
b) $\overline{BC}$
c) $\overline{CD}$
d) $\overline{EF}$

2. No caderno, construa com um compasso as circunferências descritas abaixo.

a) Uma circunferência de centro O e raio de medida 3 cm.

b) Uma circunferência de centro O e diâmetro de medida 4,5 cm.

3. Determine a medida do diâmetro de uma circunferência sabendo que seu raio mede:

a) 17,2 cm;
b) 0,65 cm.

APLIQUE

4. Leia atentamente as questões e responda-as.

a) Se o diâmetro de uma circunferência mede 34 centímetros, e o raio mede $(2x - 13)$ centímetros, qual é o valor de x, em centímetro?

b) O diâmetro de uma circunferência mede $3x + 4$, e seu raio, $x + 8$. Quais são essas medidas?

5. Em seu caderno, classifique cada afirmação como verdadeira ou falsa.

a) Em um círculo de raio 4 cm, o diâmetro mede 2 cm.

b) Em um círculo, a circunferência que o limita tem o mesmo centro, medida de raio e medida de diâmetro.

c) Todos os pontos de um círculo pertencem à sua circunferência.

d) Em um círculo de diâmetro 2,5 cm, o raio mede 5 cm.

2 POSIÇÕES RELATIVAS

POSIÇÕES DE UM PONTO EM RELAÇÃO A UMA CIRCUNFERÊNCIA

Um professor pediu a seus alunos que desenhassem uma circunferência de centro O, com raio medindo 4 cm, e um ponto P. Veja o desenho de três alunos:

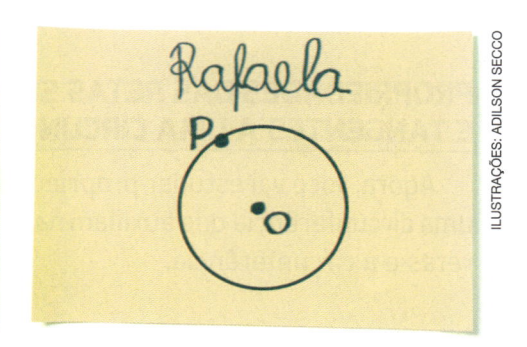

Observe que cada um desenhou o ponto P em uma posição diferente em relação à circunferência. Lucas desenhou um ponto **externo** à circunferência, Mariana um ponto **interno** à circunferência, e Rafaela um ponto **pertencente** à circunferência.

Considere uma circunferência de centro O e raio de medida r e um ponto P, no mesmo plano, tal que a distância entre P e O seja d. Temos que o ponto P:

- é **interno** à circunferência se d é menor que r.

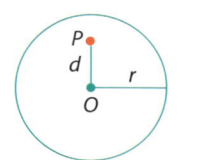

    $d < r$

- **pertence** à circunferência se d é igual a r.

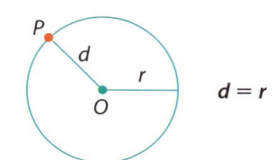

    $d = r$

- é **externo** à circunferência se d é maior que r.

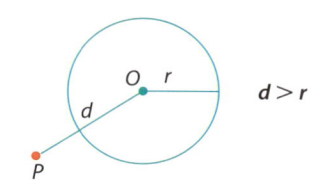

    $d > r$

POSIÇÕES DE UMA RETA EM RELAÇÃO A UMA CIRCUNFERÊNCIA

Uma reta e uma circunferência podem: ter dois pontos comuns; ter um só ponto comum; ou não ter ponto comum.

Vamos ilustrar essas três situações considerando uma circunferência de centro O e raio de medida r, e uma reta t em um mesmo plano.

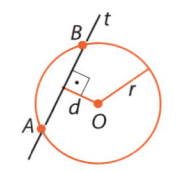

A e B são pontos comuns. 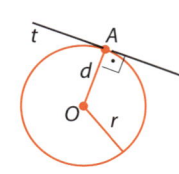   A é o único ponto comum. 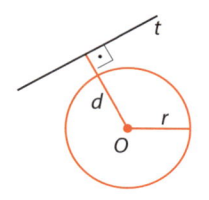   Não há pontos comuns.

- Uma reta é **secante** a uma circunferência se tem dois pontos comuns com a circunferência. Nesse caso, a distância d do centro O à reta t é menor que à medida r do raio: $d < r$
- Uma reta é **tangente** a uma circunferência se tem um único ponto comum com a circunferência. Nesse caso, a distância d do centro O à reta t é igual à medida r do raio: $d = r$
- Uma reta é **externa** ou **exterior** a uma circunferência se não tem ponto comum com a circunferência. Nesse caso, a distância d do centro O à reta t é maior que a medida r do raio: $d > r$

PROPRIEDADES DAS RETAS SECANTES E TANGENTES A UMA CIRCUNFERÊNCIA

Agora, você vai estudar propriedades das retas secantes e tangentes a uma circunferência que auxiliam na compreensão das relações entre essas retas e a circunferência.

PROPRIEDADE DA RETA SECANTE A UMA CIRCUNFERÊNCIA

Trace uma circunferência de centro O e uma reta secante qualquer a essa circunferência. Repare que essa reta secante determina uma corda. Agora, com um esquadro, trace uma reta que passe pelo centro O e que seja perpendicular à reta secante. A reta que você acabou de traçar divide a corda em seu ponto médio?

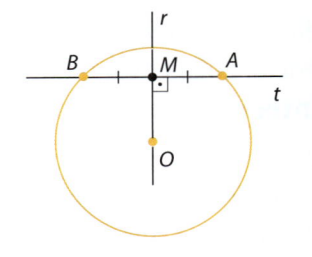

> Se uma reta r passa pelo centro O de uma circunferência e é perpendicular a uma corda $\overline{AB}$ dessa circunferência, então a reta r intercepta a corda em seu ponto médio M.

Vamos demonstrar essa propriedade.

Consideremos a circunferência, a reta secante e os segmentos $\overline{OA}$ e $\overline{OB}$. Como esses segmentos têm a mesma medida, pois são raios da circunferência, o triângulo AOB é isósceles. Assim, a altura $\overline{OM}$ relativa à base $\overline{AB}$ coincide com a mediana relativa à base $\overline{AB}$. Logo, o ponto M divide a corda $\overline{AB}$ em dois segmentos congruentes ($AM = MB$), ou seja, M é o ponto médio de $\overline{AB}$.

PROPRIEDADE DA RETA TANGENTE A UMA CIRCUNFERÊNCIA

Desenhe uma circunferência e uma reta tangente a ela. Depois, trace o raio que contém o ponto de tangência. Com um transferidor, meça o ângulo determinado pelo raio e pela reta tangente. Qual foi a medida obtida?

> Uma reta t, tangente à circunferência, é perpendicular ao raio da circunferência no ponto de tangência.

Essa propriedade também pode ser demonstrada.

Distância entre um ponto e uma reta

Na figura abaixo há vários segmentos que ligam o ponto P a algum ponto da reta r. Entre esses segmentos, existe um único segmento ($\overline{PC}$), cuja medida é a menor possível, que é perpendicular à reta r. A medida desse segmento é a distância do ponto P à reta r.

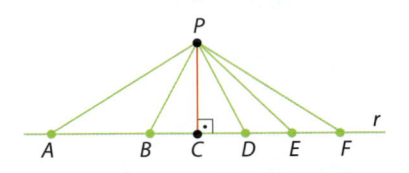

No campo de futebol americano, vemos linhas de jardas externas, tangentes e secantes à circunferência central.

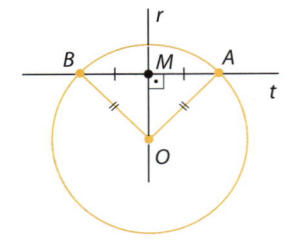

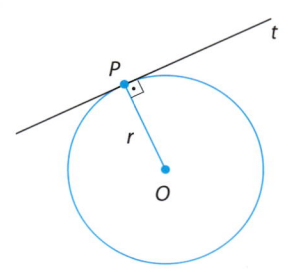

PROPRIEDADE DE DOIS SEGMENTOS, COM UMA EXTREMIDADE COMUM, TANGENTES A UMA CIRCUNFERÊNCIA

Considere uma circunferência de centro O e dois segmentos, $\overline{PA}$ e $\overline{PB}$, tangentes à circunferência. Se medirmos os segmentos $\overline{PA}$ e $\overline{PB}$, verificaremos que eles têm a mesma medida.

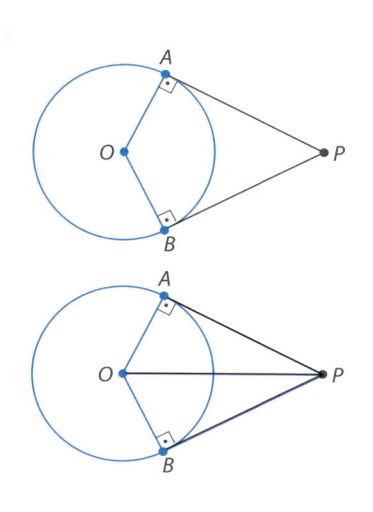

> Dois segmentos, $\overline{PA}$ e $\overline{PB}$, tangentes a uma circunferência nos pontos A e B, são congruentes.

Vamos demonstrar essa propriedade.

Traçando o segmento $\overline{OP}$, e considerando os triângulos AOP e BOP, temos:
- $\overline{AO} \cong \overline{BO}$ (raios)
- $\overline{OP}$ (lado comum)
- med($O\hat{A}P$) = med($O\hat{B}P$) = 90° (A e B são pontos de tangência)

Pelo caso de congruência do triângulo retângulo (hipotenusa-cateto), temos: $\triangle AOP \cong \triangle BOP$.

Portanto, $\overline{PA} \cong \overline{PB}$.

Aplicando essa propriedade, podemos resolver problemas de polígonos circunscritos a uma circunferência. Veja o exemplo a seguir.

Vamos calcular a medida x do segmento $\overline{AB}$.

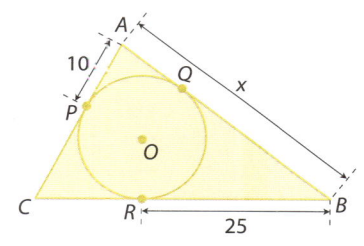

Observe que $x = AB = AQ + QB$.
- $\overline{AP} \cong \overline{AQ}$, pois ambos são segmentos tangentes que passam pelo ponto A;
- $\overline{BQ} \cong \overline{BR}$, pois ambos são segmentos tangentes que passam pelo ponto B.

Portanto: $x = AB = 10 + 25 = 35$

> Um polígono é **circunscrito** a uma circunferência quando todos os seus lados são tangentes à circunferência. Nesse caso, podemos dizer também que a circunferência está **inscrita** no polígono.

PARA PENSAR

1. Considere um quadrilátero ABCD qualquer circunscrito a uma circunferência.
   Que relação podemos estabelecer entre as somas das medidas dos lados opostos desse quadrilátero (AB + CD e BC + DA)? 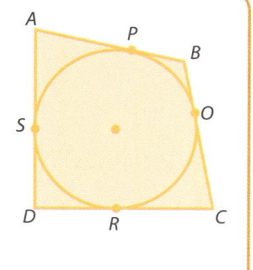
2. Usando a relação obtida no exercício anterior e calcule o valor de x.

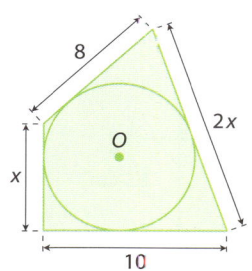

> Organize o que você aprendeu fazendo a atividade 3 da página 86.

67

ATIVIDADES

PRATIQUE

1. Com auxílio de régua e compasso, faça as construções no caderno.

   a) Trace uma circunferência e três pontos: A, interno à circunferência; B, externo; e C, pertencente à circunferência.

   b) Por cada um dos três pontos do item **a**, tente traçar três retas: uma secante, uma tangente e uma externa à circunferência. Foi possível traçar todas as retas pedidas?

2. Observe a figura e classifique os pontos e as retas de acordo com a posição de cada um em relação à circunferência.

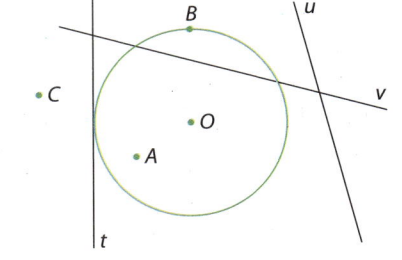

   a) Ponto A
   b) Ponto B
   c) Ponto C
   d) Reta t
   e) Reta u
   f) Reta v

3. Considere uma circunferência de centro O e raio de medida r. Indicando por d a distância de uma reta ao centro da circunferência, determine a posição relativa da reta em relação à circunferência, nos seguintes casos:

   a) $d = 4$ cm e $r = 4$ cm
   b) $d = 8$ cm e $r = 5$ cm
   c) $d = 11$ cm e $r = 16$ cm
   d) $d = 5$ cm e $r = 3$ cm

APLIQUE

4. Determine em cada caso o valor de x, sendo A e B pontos de tangência.

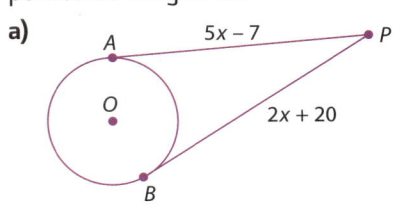

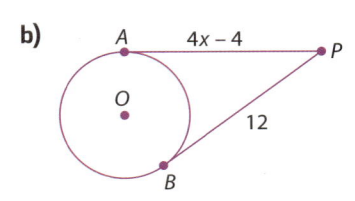

   a) $AP = 5x - 7$; $BP = 2x + 20$

   b) $AP = 4x - 4$; $BP = 12$

5. Classifique cada afirmação em V (verdadeira) ou F (falsa).

   a) Se A e B são pontos internos a uma circunferência, $\overline{AB}$ também o é.

   b) Se os pontos A e B pertencem a uma circunferência, $\overline{AB}$ também pertence à circunferência.

   c) Para quaisquer pontos A e B, pontos externos a uma circunferência, $\overleftrightarrow{AB}$ será secante a essa circunferência.

   d) Se A é ponto interno a uma circunferência e B é ponto externo à mesma circunferência, $\overleftrightarrow{AB}$ é tangente à circunferência.

6. Calcule o valor de x em cada caso.

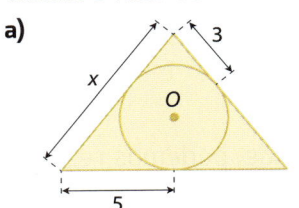

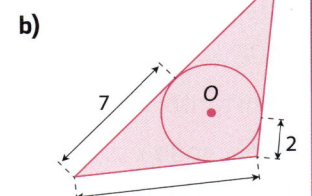

   a) triângulo com lados x, 3, 5 e circunferência inscrita de centro O.

   b) triângulo com lados 7, 2, x e circunferência inscrita de centro O.

7. Calcule o valor de x e de y.

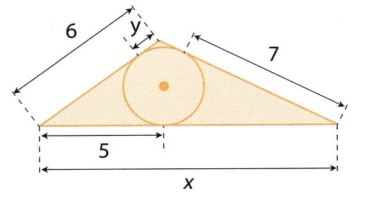

   Triângulo com medidas 6, y, 7 na parte superior e 5, x na base.

8. Observe o quadrado circunscrito a uma circunferência.

   a) Escreva o perímetro do quadrado em função da medida r do raio.

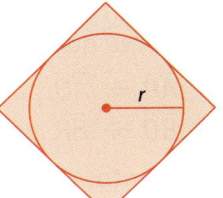

   b) Se a circunferência tiver raio de medida 2r, o que acontecerá com o perímetro do quadrado circunscrito à circunferência?

   c) Se a circunferência tiver raio de medida nr, o que acontecerá com o perímetro do quadrado circunscrito à circunferência?

9. Observe as figuras e encontre o valor de x em cada caso.

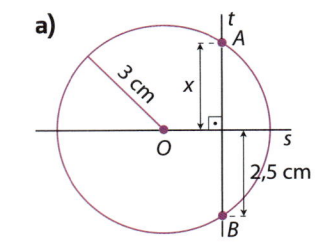

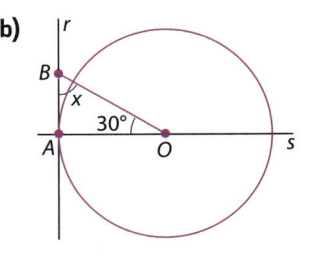

   a) Circunferência de centro O, raio 3 cm, reta tangente t, com x e 2,5 cm indicados.

   b) Circunferência de centro O, reta r secante, ângulo de 30°, com x indicado.

POSIÇÕES RELATIVAS ENTRE DUAS CIRCUNFERÊNCIAS

Duas circunferências também podem assumir diferentes posições uma em relação à outra. Veja as fotos a seguir.

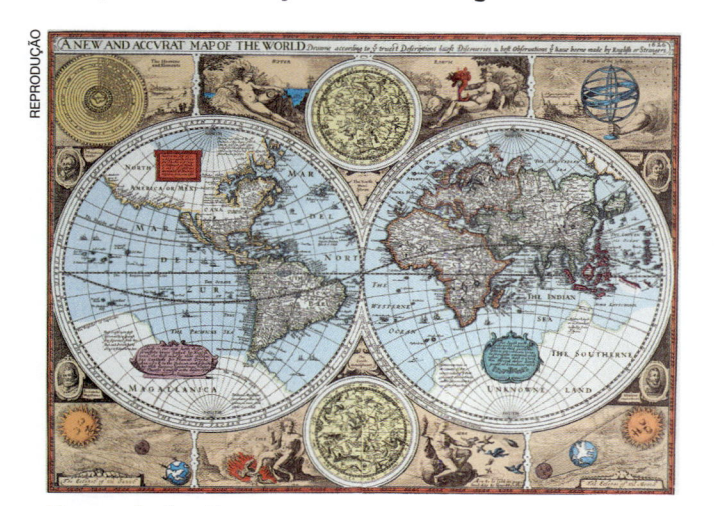

Mapa-múndi antigo.

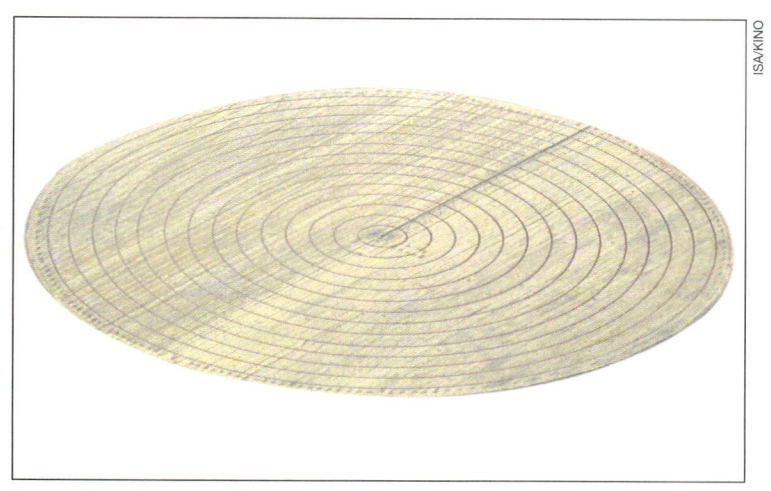

Foto aérea de plantação circular com pivô central, em Goiás. Foto de 2017.

Na foto do mapa-múndi há detalhes em que percebemos circunferências **tangentes exteriores**. Já no símbolo dos Jogos Olímpicos percebemos circunferências **secantes**, e circunferências **concêntricas** na foto da plantação com sistema de irrigação com pivô central.

Vamos estudar as relações que ocorrem entre as circunferências nessas e em outras posições.

Símbolo dos Jogos Olímpicos.

CIRCUNFERÊNCIAS TANGENTES EXTERIORES

Duas circunferências são **tangentes exteriores** se têm apenas um ponto em comum e se a distância entre seus centros é igual à soma das medidas de seus raios.

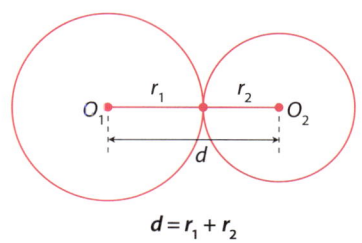

$$d = r_1 + r_2$$

CIRCUNFERÊNCIAS TANGENTES INTERIORES

Duas circunferências são **tangentes interiores** se têm apenas um ponto em comum e se a distância entre seus centros é igual à diferença entre as medidas de seus raios.

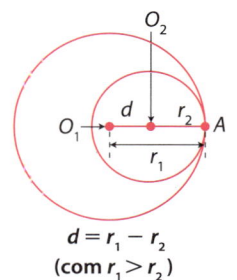

$$d = r_1 - r_2$$
(com $r_1 > r_2$)

69

CIRCUNFERÊNCIAS SECANTES

Duas circunferências são **secantes** se têm exatamente dois pontos em comum.

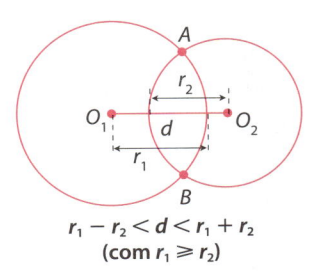

$r_1 - r_2 < d < r_1 + r_2$
(com $r_1 \geq r_2$)

CIRCUNFERÊNCIAS INTERNAS

Duas circunferências são **internas** se não têm pontos em comum e se a distância entre seus centros é menor que a diferença entre as medidas de seus raios.

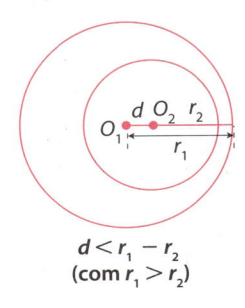

$d < r_1 - r_2$
(com $r_1 > r_2$)

CIRCUNFERÊNCIAS EXTERNAS

Duas circunferências são **externas** se não têm pontos em comum e se a distância entre seus centros é maior que a soma das medidas de seus raios.

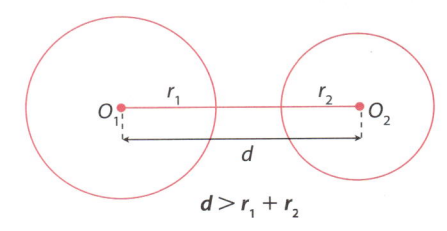

$d > r_1 + r_2$

CIRCUNFERÊNCIAS CONCÊNTRICAS

Duas circunferências são **concêntricas** se uma é interna à outra e se as duas têm o mesmo centro.

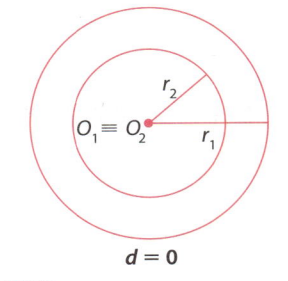

$d = 0$

OBSERVAÇÃO

$O_1 \equiv O_2$ indica que os pontos O_1 e O_2 são coincidentes.

ATIVIDADES

PRATIQUE

1. Considerando a posição relativa de duas circunferências, classifique cada par de circunferências abaixo.

(Os pontos O e O' são os centros das circunferências.)

a)   c)

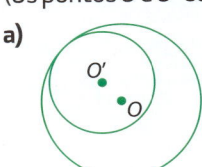

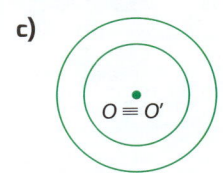

b) 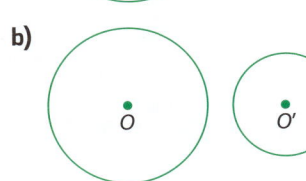   d)

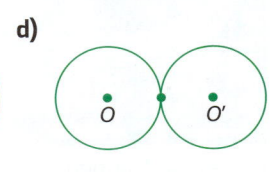

2. Faça as construções no caderno e responda.

a) Construa duas circunferências que não tenham pontos em comum. Como podemos classificá-las? Há uma única resposta para esse problema? Se não, quais seriam as outras?

b) Construa duas circunferências que tenham um único ponto em comum. Como podemos classificá-las? Há uma única resposta para esse problema? Se não, quais seriam as outras?

APLIQUE

3. Encontre o valor de x em cada caso sabendo que os pontos O e O' são os centros das circunferências.

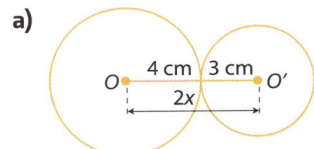

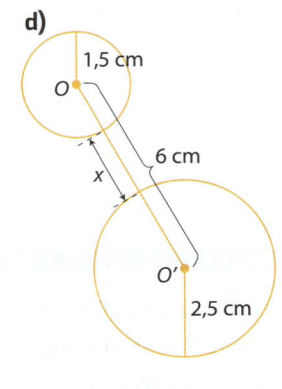

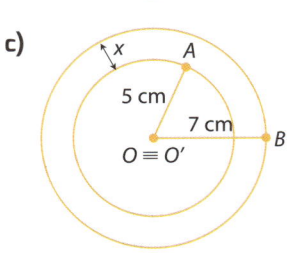

a) 4 cm, 3 cm, $2x$

b) A, 3 cm, x, 5 cm, B

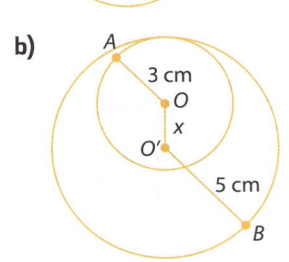

c) x, A, 5 cm, 7 cm, B, $O \equiv O'$

d) 1,5 cm, 6 cm, x, 2,5 cm

70

4. Dados as circunferências, seus centros e alguns segmentos, determine o maior valor inteiro que x pode assumir em cada caso, de modo que a posição relativa entre as circunferências seja mantida.

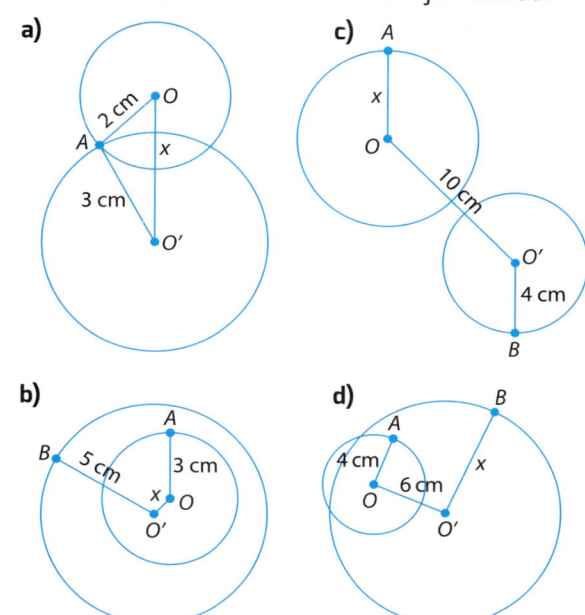

a) [circunferências: 2 cm, 3 cm, x, pontos A, O, O']

b) [circunferências concêntricas: B, 5 cm, A, 3 cm, x, O, O']

c) [circunferências: A, x, O, 10 cm, O', 4 cm, B]

d) [circunferências: B, A, 4 cm, 6 cm, x, O, O']

5. Resolva os problemas. (*Dica*: Faça um esboço de cada situação para auxiliá-lo.)

  a) A distância entre os centros de duas circunferências tangentes interiores é 5 cm. As medidas de seus raios são respectivamente $2x$ e x. Qual é a medida do raio de cada circunferência?

  b) Duas circunferências são concêntricas. A diferença entre as medidas de seus raios é 1 cm, e a soma é 5 cm. Determine a medida do raio de cada circunferência.

  c) A distância entre os centros de duas circunferências tangentes exteriores é 55 cm, e as medidas de seus raios são respectivamente $3x + 1$ e $5x - 2$. Qual é a medida do raio de cada circunferência?

6. Considere uma circunferência C_1 de raio medindo 10 cm, uma circunferência C_2 de raio medindo 5 cm, e a distância entre os centros de C_1 e C_2 de 5 cm.

Indicando por x e por y, respectivamente, as distâncias de um ponto P qualquer aos centros de C_1 e de C_2, determine os valores de x e de y para que o ponto P seja:

  a) externo à circunferência C_1;
  b) externo à circunferência C_2;
  c) interno à circunferência C_1;
  d) interno à circunferência C_2.

3 ÂNGULOS NA CIRCUNFERÊNCIA

ARCO DE CIRCUNFERÊNCIA

Quando ocorre um eclipse lunar em uma noite sem nuvens, podemos observar uma sombra que vai gradativamente cobrindo a Lua e, a seguir, descobrindo-a. Isso ocorre quando, durante sua órbita em torno do Sol, a Terra fica, por alguns minutos, posicionada entre o Sol e a Lua. Como os astros têm forma arredondada, os contornos das imagens parciais da Lua, como os vistos na sequência abaixo, dão ideia de arcos de circunferência.

Montagem fotográfica de algumas etapas de um eclipse lunar total visto na província de Liaoning, China. Foto de 2018.

> Dois pontos, A e B, de uma circunferência dividem-na em duas partes. Cada uma dessas partes é denominada **arco de circunferência**.

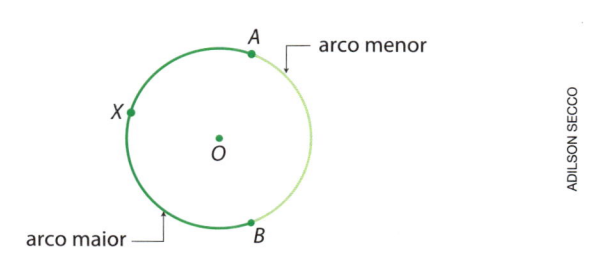

Os pontos A e B são chamados de **extremidades do arco**.

Para diferenciar o arco maior do arco menor, escolhemos um ponto qualquer do arco maior (neste caso escolhemos o X) e indicamos:

- o arco menor por: $\widehat{AB}$;
- o arco maior por: $\widehat{AXB}$.

71

ÂNGULO CENTRAL

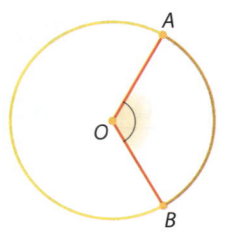

Chamamos de **ângulo central** de uma circunferência qualquer ângulo cujo vértice seja o centro da circunferência. Observe.

- $A\hat{O}B$ é um ângulo central;
- $\overset{\frown}{AB}$ é o arco correspondente ao ângulo central $A\hat{O}B$.

A medida em grau de um arco de circunferência é a medida do ângulo central correspondente a esse arco.

Indicamos a medida de um arco $\overset{\frown}{AB}$ por med($\overset{\frown}{AB}$).

Então, nas figuras abaixo, med($A\hat{O}B$) = med($\overset{\frown}{AB}$).

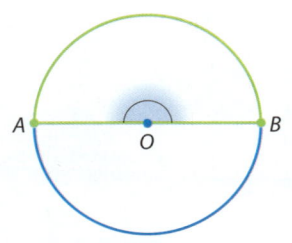

med($A\hat{O}B$) = med($\overset{\frown}{AB}$) = 180° 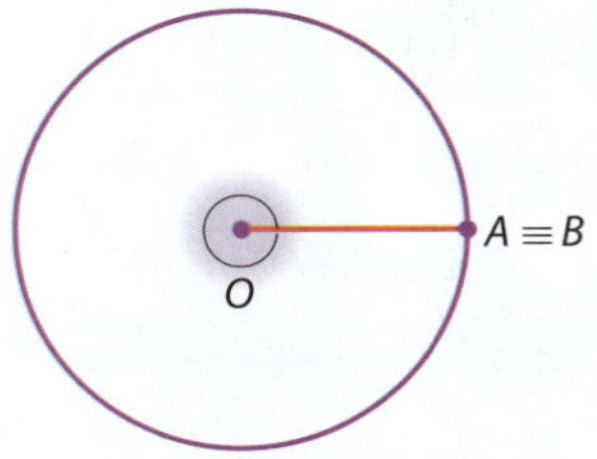   med($A\hat{O}B$) = med($\overset{\frown}{AB}$) = 360°

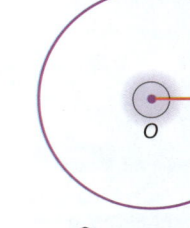

Quando a medida do ângulo central é igual a 180° (medida do ângulo de meia-volta), o arco correspondente é uma **semicircunferência**.

Quando a medida do ângulo central é igual a 360° (medida do ângulo de uma volta), o arco correspondente é a própria circunferência.

Arcos de mesma medida são denominados **arcos congruentes**.

PARA PENSAR

Observe a figura.

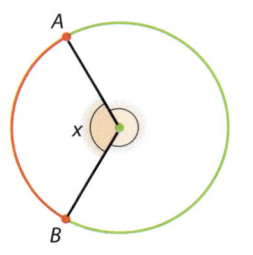

A medida do ângulo central menor é x. Como podemos indicar, em função da medida do arco menor, a medida do arco maior?

ATIVIDADES

PRATIQUE

1. As extremidades de um mesmo diâmetro dividem uma circunferência em dois arcos. Qual é a medida de cada um desses arcos?

2. Determine a medida dos arcos $\overset{\frown}{AB}$, $\overset{\frown}{BC}$ e $\overset{\frown}{CD}$, em cada caso. Considere que $\overline{AC}$ e $\overline{BD}$ são diâmetros das circunferências.

   a) 110°

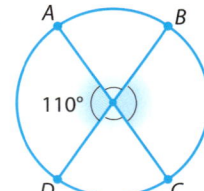

   b) 85°

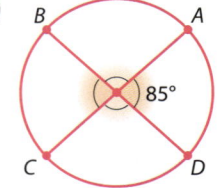

3. Calcule em cada caso a soma das medidas dos arcos $\overset{\frown}{AB}$ e $\overset{\frown}{CD}$, sendo que os ângulos indicados são ângulos centrais.

   a) 20°, 65°

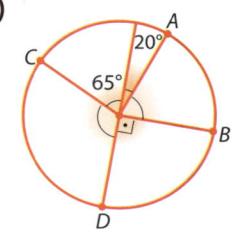

   b) 45°, 30°

72

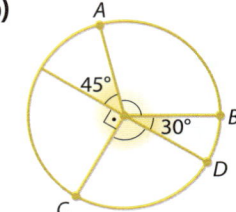

APLIQUE

4. Veja como Bruno construiu um hexágono regular com o auxílio de compasso e régua.

Mantendo o compasso com abertura igual à medida do raio, divido a circunferência em seis partes.

Depois, ligo os pontos e obtenho um hexágono regular!

Baseando-se no procedimento de Bruno, construa um hexágono no caderno e responda às questões.

a) Qual é a medida do lado do hexágono?

b) Se ligarmos o centro da circunferência a cada um dos vértices do hexágono, que novas figuras obteremos?

c) Qual é a medida de cada ângulo central formado quando ligamos o centro da circunferência aos vértices do polígono?

d) Se, em vez de um hexágono regular, a figura construída fosse um octógono regular, qual seria a medida de cada ângulo central?

e) Observe o esquema com os passos para a construção de um octógono regular cujo lado mede 4 cm.

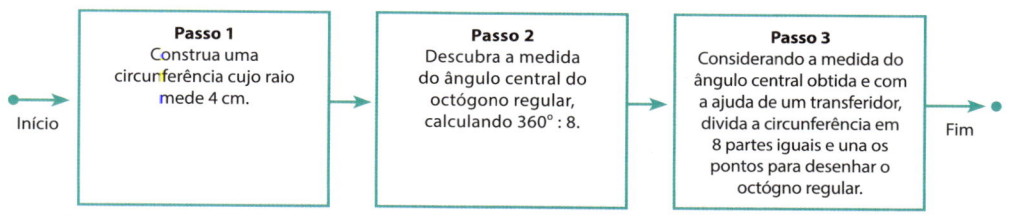

Passo 1	Passo 2	Passo 3
Construa uma circunferência cujo raio mede 4 cm.	Descubra a medida do ângulo central do octógono regular, calculando 360° : 8.	Considerando a medida do ângulo central obtida e com a ajuda de um transferidor, divida a circunferência em 8 partes iguais e una os pontos para desenhar o octógono regular.

Início → → → Fim

Em seu caderno, faça um esquema com os passos para a construção de um polígono regular de n lados cujo lado mede ℓ unidades de comprimento.

ÂNGULOS INSCRITOS

Todo ângulo cujo vértice é um ponto da circunferência e cujos lados são secantes a essa circunferência é chamado de **ângulo inscrito**.

Veja na figura abaixo que $A\hat{V}B$ é um ângulo inscrito que determina o arco $\overset{\frown}{AB}$.

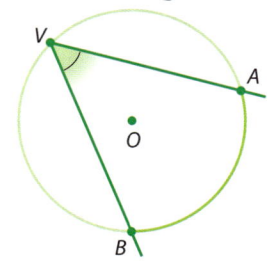

A todo ângulo inscrito corresponde um ângulo central que determina, na circunferência, o mesmo arco.

Observe na circunferência ao lado que o ângulo inscrito $A\hat{V}B$ e o ângulo central $A\hat{O}B$ determinam o arco $\overset{\frown}{AB}$.

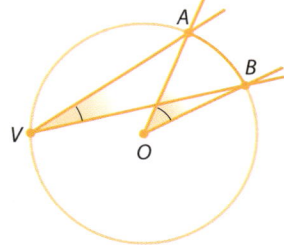

INFORMÁTICA E MATEMÁTICA

Ângulos em uma circunferência

Nesta seção você vai utilizar um *software* de Geometria dinâmica para construir um ângulo inscrito em uma circunferência e o ângulo central correspondente e, então, investigar a relação entre suas medidas.

CONSTRUA

Siga os passos a seguir.

1º) Construa uma circunferência c de centro O.
2º) Marque três pontos distintos, A, B e V, na circunferência.
3º) Trace os segmentos de reta $\overline{OA}$ e $\overline{OB}$.
4º) Trace as semirretas $\overrightarrow{VA}$ e $\overrightarrow{VB}$.

O ângulo $A\hat{V}B$ é um ângulo inscrito, e o ângulo $A\hat{O}B$ é o ângulo central correspondente.

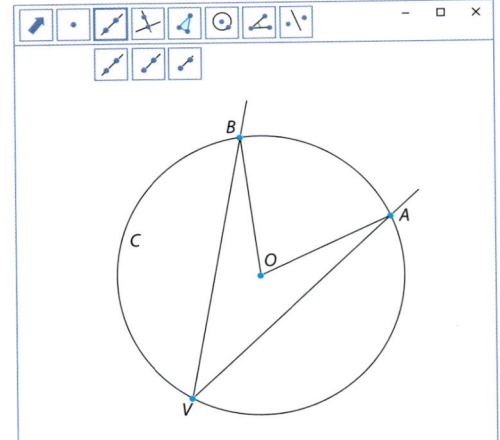

INVESTIGUE

Meça os ângulos $A\hat{V}B$ e $A\hat{O}B$. É possível perceber alguma relação entre essas medidas?

Movimente os pontos móveis da construção, modificando a configuração inicial. A relação observada continua válida em diferentes configurações?

RELAÇÃO ENTRE ÂNGULO INSCRITO E ÂNGULO CENTRAL

A seguinte relação vale para todo ângulo inscrito e central em uma circunferência.

> A medida de um ângulo inscrito é igual à metade da medida do ângulo central correspondente, ou seja, é igual à metade da medida do arco de circunferência compreendido entre seus lados.

Vamos demonstrar essa relação analisando três casos.

- **Caso 1: Um dos lados do ângulo inscrito contém o diâmetro**

    Observe a figura abaixo, em que $A\hat{V}B$ é um ângulo inscrito, e $\overline{VB}$ é um diâmetro da circunferência.
    Chamaremos de x a medida do ângulo central $A\hat{O}B$ e de y a medida do ângulo inscrito $A\hat{V}B$.

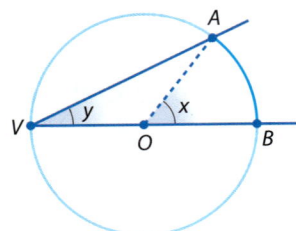

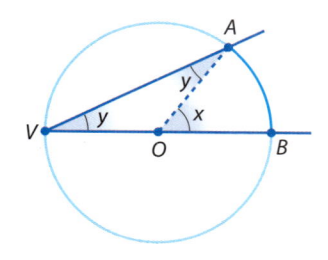

Como $\overline{OV}$ e $\overline{OA}$ são raios da circunferência, o triângulo AOV é isósceles. Logo, os ângulos de sua base são congruentes: $O\hat{V}A \cong V\hat{A}O$

Como $A\hat{O}B$ é um ângulo externo do triângulo AOV, temos:

$$y + y = x$$
$$2y = x$$
$$y = \frac{x}{2}$$

Portanto, $\text{med}(A\hat{V}B) = \frac{\text{med}(A\hat{O}B)}{2}$, ou seja: $\text{med}(A\hat{V}B) = \frac{\text{med}(\widehat{AB})}{2}$

- **Caso 2: O centro da circunferência é interno ao ângulo inscrito**

Na figura a seguir, $A\hat{V}B$ é um ângulo inscrito.

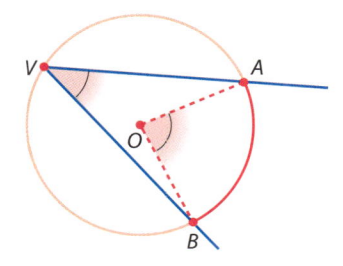

Na figura abaixo, observe que, traçando o diâmetro $\overline{VC}$, dividimos o ângulo $A\hat{V}B$ em dois ângulos inscritos: $B\hat{V}C$ e $A\hat{V}C$. E também dividimos o ângulo central $A\hat{O}B$ em dois ângulos: $B\hat{O}C$ e $A\hat{O}C$.

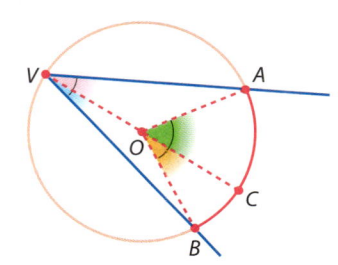

Ao analisar o ângulo inscrito $B\hat{V}C$ pelo caso 1, temos:

$$\text{med}(B\hat{V}C) = \frac{\text{med}(B\hat{O}C)}{2} \quad (I)$$

E, analisando o ângulo inscrito $A\hat{V}C$ pelo caso 1, temos:

$$\text{med}(A\hat{V}C) = \frac{\text{med}(A\hat{O}C)}{2} \quad (II)$$

Adicionando (I) a (II), membro a membro, encontramos:

$$\underbrace{\text{med}(B\hat{V}C) + \text{med}(A\hat{V}C)}_{\text{med}(A\hat{V}B)} = \underbrace{\frac{\text{med}(B\hat{O}C)}{2} + \frac{\text{med}(A\hat{O}C)}{2}}_{\frac{\text{med}(A\hat{O}B)}{2}}$$

Portanto: $\text{med}(A\hat{V}B) = \frac{\text{med}(A\hat{O}B)}{2}$

Ou seja: $\text{med}(A\hat{V}B) = \frac{\text{med}(\widehat{AB})}{2}$

- **Caso 3: O centro da circunferência é externo ao ângulo inscrito**

Na figura abaixo, $A\hat{V}B$ é um ângulo inscrito.

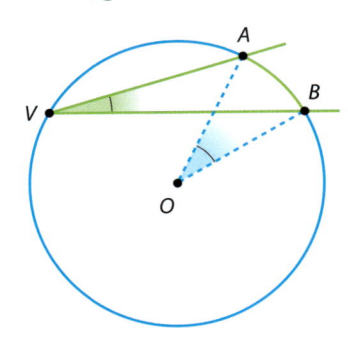

Na figura ao lado, vamos traçar o diâmetro $\overline{VC}$ e considerar os ângulos inscritos $A\hat{V}B$, $B\hat{V}C$ e $A\hat{V}C$ e seus respectivos ângulos centrais correspondentes: $A\hat{O}B$, $B\hat{O}C$ e $A\hat{O}C$

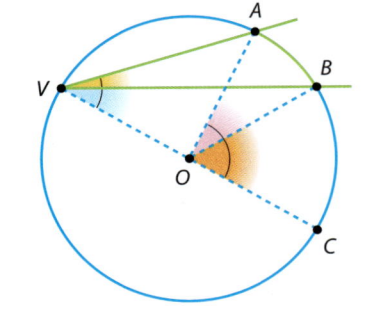

Observe que, nos ângulos inscritos, temos a seguinte relação:

$\text{med}(A\hat{V}B) + \text{med}(B\hat{V}C) = \text{med}(A\hat{V}C)$

Já nos ângulos centrais, temos esta relação:

$\text{med}(A\hat{O}B) + \text{med}(B\hat{O}C) = \text{med}(A\hat{O}C)$

Considerando o ângulo inscrito $B\hat{V}C$ pelo caso 1, temos:

$\text{med}(B\hat{V}C) = \dfrac{\text{med}(B\hat{O}C)}{2}$ (I)

E, considerando o ângulo inscrito $A\hat{V}C$ pelo caso 1, temos:

$\text{med}(A\hat{V}C) = \dfrac{\text{med}(A\hat{O}C)}{2}$ (II)

Subtraindo (I) de (II), membro a membro, chegamos a:

$\underbrace{\text{med}(A\hat{V}C) - \text{med}(B\hat{V}C)}_{\text{med}(A\hat{V}B)} = \underbrace{\dfrac{\text{med}(A\hat{O}C)}{2} - \dfrac{\text{med}(B\hat{O}C)}{2}}_{\dfrac{\text{med}(A\hat{O}B)}{2}}$

Portanto: $\text{med}(A\hat{V}B) = \dfrac{\text{med}(A\hat{O}B)}{2}$

Ou seja: $\text{med}(A\hat{V}B) = \dfrac{\text{med}(\stackrel{\frown}{AB})}{2}$

PARA ANALISAR

Um ângulo é **inscrito em uma semicircunferência** quando é um ângulo inscrito e seus lados contêm as extremidades de um mesmo diâmetro.

Por exemplo, o ângulo $A\hat{V}B$ ao lado.

Analise a seguinte afirmação: Todo ângulo inscrito na semicircunferência é reto.

Agora, converse com um colega e discutam se a afirmação está correta. Justifiquem.

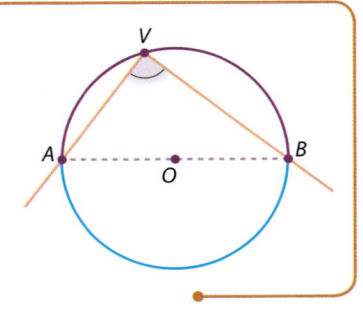

Trilha de estudo

Vai estudar? Nosso assistente virtual no *app* pode ajudar!
<http://mod.lk/trilhas>

ATIVIDADES

PRATIQUE

1. Determine em cada caso a medida x, em grau, sendo O o centro da circunferência.

a) [Figura: ângulo central de 90°, ângulo inscrito x com vértice em V]

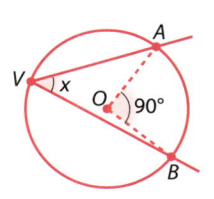

b) [Figura: ângulo inscrito de 50° com vértice em V, ângulo central x]

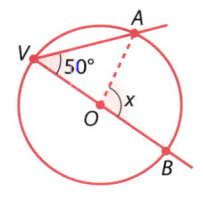

c) [Figura: ângulo central de 120°, ângulo inscrito x com vértice em V]

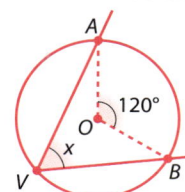

d) [Figura: ângulo inscrito de 90° com vértice em V, ângulo central x]

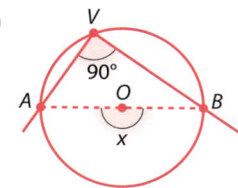

2. Calcule as medidas x, y e z, em grau, para cada caso.

a) [Figura: quadrado ABCD inscrito, com ângulos x, y, z]

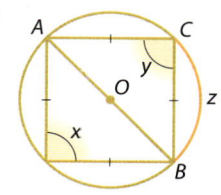

b) [Figura: circunferência com diâmetro AB e ângulos x, y, z]

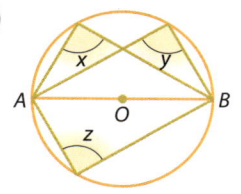

3. Responda às questões.

a) Se a medida de um ângulo inscrito em uma circunferência é 46°, qual é a medida do arco de circunferência determinado por ele?

b) Se o arco de circunferência determinado pelo ângulo inscrito $A\widehat{V}B$ tem medida igual a 25°, qual é a medida de $A\widehat{V}B$?

4. Observe a figura e responda à questão.

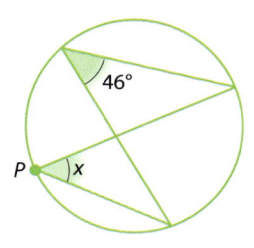

[Figura: circunferência com ângulo inscrito de 46° e ângulo x no vértice P]

• Qual é a medida x, em grau?

APLIQUE

5. Observe a figura e determine a medida do ângulo inscrito e a do ângulo central.

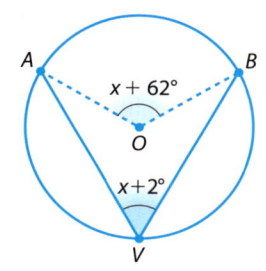

[Figura: circunferência com ângulo central $x + 62°$ em O e ângulo inscrito $x + 2°$ em V]

ESTATÍSTICA E PROBABILIDADE
CONSTRUÇÃO DE HISTOGRAMAS

Após saber que todos os 132 funcionários da empresa GFB usavam a internet com frequência, um diretor da empresa encomendou uma pesquisa para identificar o tempo de uso no período de um mês. Os dados da pesquisa estão na tabela de frequências ao lado.

Os dados dessa tabela estão apresentados em classes e podem ser representados em um gráfico chamado **histograma**.

TEMPO DE USO DA INTERNET EM UM MÊS

Tempo (em hora)	Número de funcionários
0 ⊢ 30	24
30 ⊢ 60	28
60 ⊢ 90	16
90 ⊢ 120	25
120 ⊢ 150	18
150 ⊢ 180	21

Dados obtidos pela Empresa GFB.

> Lembre-se de que, em cada classe, o símbolo ⊢ indica que o extremo inferior faz parte da classe, e o superior, não. Por exemplo, a classe indicada por 150 ⊢ 180 é constituída de valores de 150 a 180, com exceção do 180.

O histograma: uso e elementos

Nos estudos estatísticos, após a elaboração de uma tabela de distribuição de frequência dos dados em classes, podemos representar os dados em um histograma.

O histograma é um gráfico formado por retângulos justapostos, de forma que a medida da altura de cada retângulo corresponde à frequência da classe de dados que ele representa.

Um histograma deve conter: título, fonte e eixos horizontal e vertical, com suas respectivas indicações.

Observe o histograma construído para representar os resultados da pesquisa da empresa GFB.

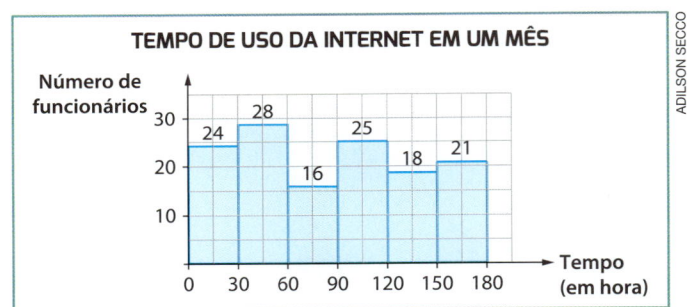

TEMPO DE USO DA INTERNET EM UM MÊS

Dados obtidos pela Empresa GFB.

- No eixo horizontal é representado o tempo de uso de internet.
- Cada retângulo tem a mesma largura, que corresponde à amplitude das classes, que é igual a 30.
- Os números indicados no eixo horizontal são os limites de cada classe.
- No eixo vertical é representado o número de funcionários.
- A medida da altura de cada retângulo indica a frequência da classe correspondente.

Com um histograma, fica mais fácil visualizar as classes em que a frequência foi maior ou menor, assim como as classes que tiveram frequências iguais ou muito próximas.

Observe mais um exemplo a seguir. Nesse exemplo, usamos o símbolo ⌇ para indicar que o intervalo de 0 a 5.000 não é proporcional aos demais intervalos que foram marcados no eixo horizontal.

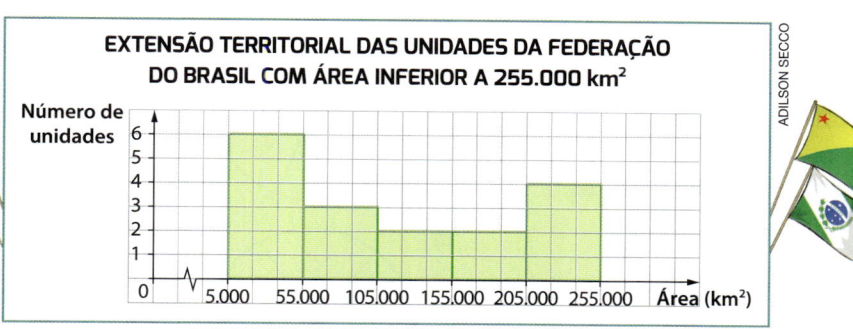

EXTENSÃO TERRITORIAL DAS UNIDADES DA FEDERAÇÃO DO BRASIL COM ÁREA INFERIOR A 255.000 km²

Dados obtidos em: FERREIRA, Graça M. L. *Moderno atlas geográfico*. 6. ed. rev. e atual. São Paulo: Moderna, 2016. p. 78.

ATIVIDADES

1. A tabela abaixo apresenta os dados referentes à quantidade de salários-mínimos recebidos mensalmente pelos 40 funcionários da Empresa Novolar.

QUANTIDADE DE SALÁRIOS-MÍNIMOS POR FUNCIONÁRIO	
Quantidade de salários	Número de funcionários
2 ⊢ 4	6
4 ⊢ 6	5
6 ⊢ 8	7
8 ⊢ 10	9
10 ⊢ 12	0
12 ⊢ 14	5
14 ⊢ 16	5
16 ⊢ 18	3

Dados obtidos pela Empresa Novolar.

- Construa um histograma para representar os dados dessa tabela.

2. A Empresa Megasoft produziu um jogo *on-line* e fez um teste com algumas pessoas que opinaram sobre o jogo. Um dos itens avaliados pela empresa foi a idade das pessoas que gostaram do jogo, indicada na tabela abaixo.

DISTRIBUIÇÃO, POR IDADE, DAS PESSOAS QUE GOSTARAM DO JOGO	
Idade (em ano)	Número de pessoas
10 ⊢ 15	350
15 ⊢ 20	500
20 ⊢ 25	250
25 ⊢ 30	150

Dados obtidos pela Empresa Megasoft.

a) Com base nos dados da tabela, construa um histograma.

b) O que você conclui observando o histograma construído?

79

ATIVIDADES COMPLEMENTARES

1. Observe a circunferência de centro O, onde $\overline{AD}$ e $\overline{BC}$ são diâmetros e responda à questão.

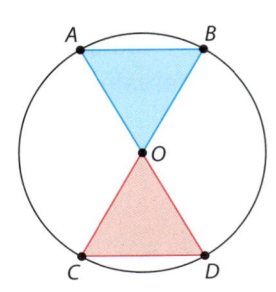

   - Os triângulos OAB e OCD são congruentes? Justifique.

2. Calcule o perímetro do quadrado de vértices A, B, C e D.

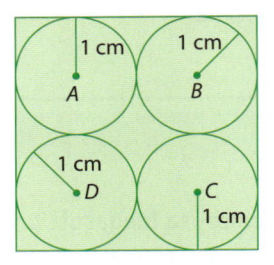

3. Traçaram-se duas circunferências, de raios medindo 7 cm e 4 cm, com os centros situados a 10 cm de distância. Qual é a posição relativa entre essas circunferências? Justifique sua resposta.

4. Calcule o perímetro do triângulo formado pelos centros das três circunferências sabendo que a medida dos raios das circunferências é 1 cm.

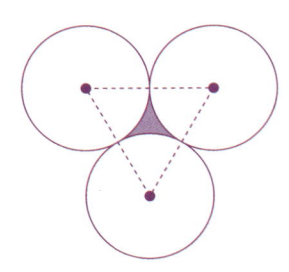

5. Determine as medidas x e y, em grau, em cada caso, sabendo que todos os ângulos indicados têm vértice no centro da circunferência.

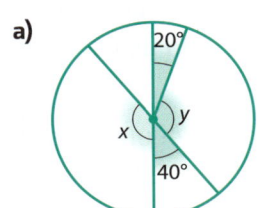

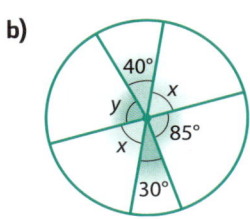

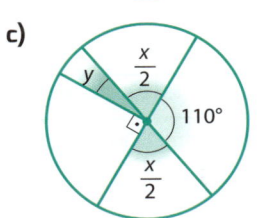

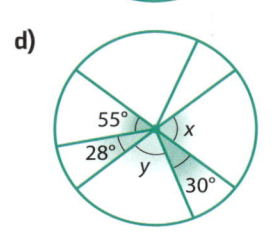

   a)
   b)
   c)
   d)

6. Observe a circunferência ao lado de centro B e calcule o perímetro do quadrilátero $ABCD$.

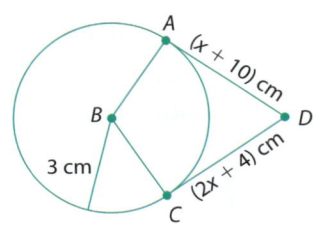

7. Observe a figura e calcule o valor de x e de y, sabendo que as circunferências são tangentes às semirretas.

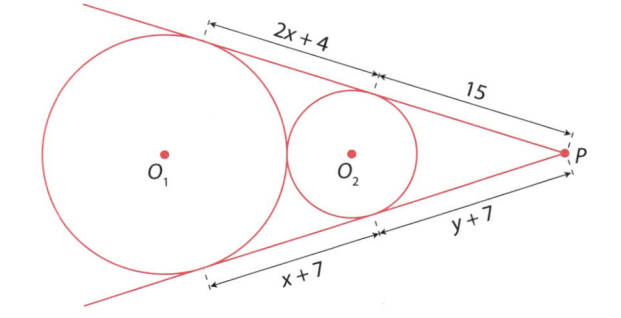

8. (UFMG) O triângulo ABC, cujos lados medem $AB = 6$, $BC = 7$ e $AC = 8$, está circunscrito à circunferência de centro O.

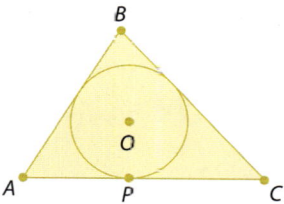

Sendo P o ponto de tangência em relação ao lado $\overline{AC}$, a medida do segmento $\overline{AP}$ é:

a) 6.   c) 4.   e) 2,5.
b) 4,5.   d) 3,5.

9. Observe as circunferências abaixo, de centro O, e calcule, em cada caso, a medida do arco $\widehat{AB}$, em grau.

a)

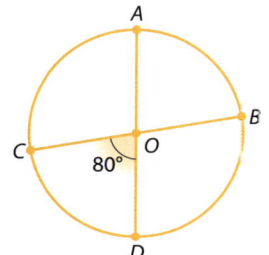

b)

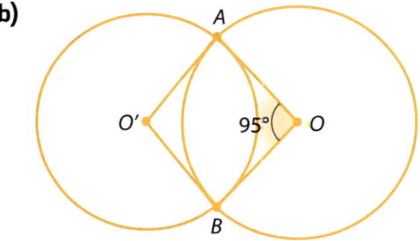

c)

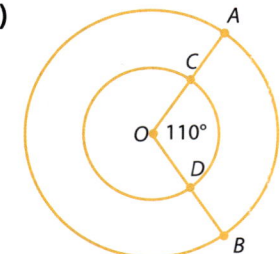

10. Os pontos A, B, C e D de uma circunferência de centro O determinam os diâmetros $\overline{AC}$ e $\overline{BD}$. Se med($A\widehat{O}B$) = 90°, qual é a medida dos ângulos $C\widehat{O}D$, $A\widehat{O}D$ e $B\widehat{O}C$?

11. Para a gravação de um telejornal, uma emissora posicionou duas câmeras em pontos diferentes (A e B), conforme o esquema abaixo.

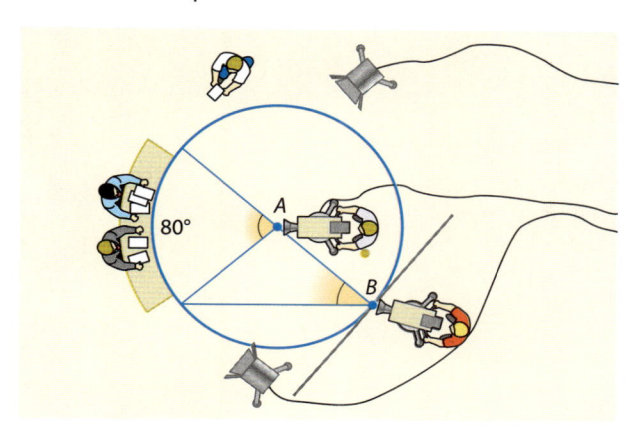

• Qual é a medida dos ângulos $\widehat{A}$ e $\widehat{B}$, destacados na figura?

12. Calcule os valores de x e de y em cada caso.

a)

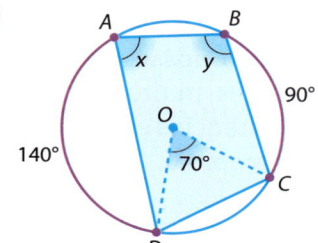

b)

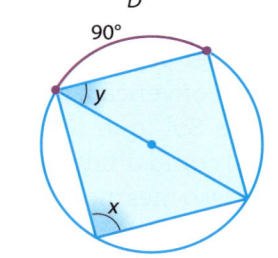

13. Determine as medidas x e y, em grau, em cada caso, sabendo que O é o centro das circunferências.

a)   b)

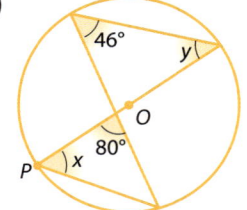

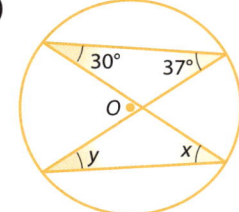

Mais questões no livro digital

COMPREENDER UM TEXTO
DISTÂNCIAS ASTRONÔMICAS

Imagem da Terra e do Sol vista do espaço.

Unidades astronômicas

O universo é enorme. Não foi à toa que a expressão "astronômico" entrou para o nosso cotidiano como sinônimo de números grandes, muito grandes. E não é mesmo fácil assimilar as distâncias envolvidas em boa parte dos textos sobre Astronomia.

Longe de casa

[...] Ao lançar sondas de exploração para outros planetas o quilômetro deixa de ser prático como unidade de medida do percurso. Por convenção, escolheu-se a distância média da Terra ao Sol (que mede cerca de 150 milhões de quilômetros) como unidade mais usual dentro do Sistema Solar. Por isso mesmo, ela é chamada de unidade astronômica [abreviamos ua].

A nave espacial mais rápida — e que até agora foi mais longe — chama-se *Voyager* 1. Ela partiu em 1977 com destino a Júpiter e Saturno. Hoje [ela] está a mais de 20 bilhões de quilômetros e continua se afastando [...] a mais de 62.000 quilômetros por hora.

[...] falando de estrelas, a unidade astronômica [ua] também deixa de ser prática. Precisamos de uma medida maior. É a vez do ano-luz.

O ano-luz (abreviamos al) é a unidade de distância (não de tempo!) mais usada pelos astrônomos. Ela equivale ao percurso de um raio de luz que viaja pelo espaço durante um ano. Sabemos que a velocidade da luz é de 300.000 quilômetros por segundo. Para saber quantos quilômetros há num ano-luz, temos que multiplicar esse valor pelo número de segundos que tem um ano. [...]

Da mesma forma como calculamos o ano-luz, podemos descobrir os submúltiplos dessa unidade: o minuto-luz e a hora-luz, por exemplo. O Sol está a 8 minutos-luz da Terra. A Terra está distante pouco mais de 4 horas-luz de Netuno, o último planeta do Sistema Solar.

Repare no que isso significa. Se o Sol se apagar nesse instante, ainda teremos 8 minutos de luz até que tomemos conhecimento da terrível notícia. Da mesma forma, se você partir agora numa nave espacial rumo a Netuno, vai demorar mais de 4 horas, viajando à velocidade da luz, para chegar ao seu destino. [...]

Se decidir atravessar [viajando à velocidade da luz] a Via Láctea, nossa galáxia, de ponta a ponta, [...] será preciso esperar 100 mil anos para cumprir o trajeto. E a Via Láctea é apenas uma entre bilhões de outras galáxias. O Universo é mesmo de tirar o fôlego.

[...] talvez a informação mais extraordinária que aprendemos com as unidades de distância astronômicas seja o fato de que olhar para o céu é como fazer uma viagem no tempo.

Se eu vejo uma estrela que está a precisamente mil anos-luz de distância, significa que a luz partiu desse astro há exatos mil anos. A estrela pode até não existir mais – mas eu a vejo agora como ela era no passado. [...]

Interessar-se pelo firmamento é uma viagem de descobrimento. Uma viagem no tempo e no espaço, na companhia dos maiores números que você já ousou imaginar.

COSTA, J. R. V. *Distâncias astronômicas*. Tribuna de Santos, Santos, 2 maio 2005. Caderno de ciência e meio ambiente, p. D4.

Representação esquemática sem escala; cores-fantasia.

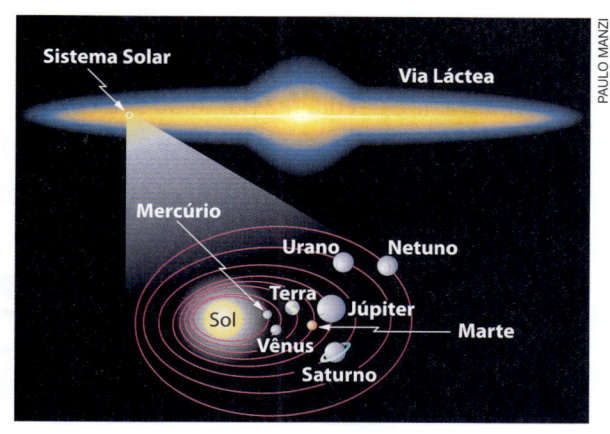

ATIVIDADES

1. Releia o texto e responda às questões.

a) A *unidade astronômica* (ua) e o *ano-luz* (al) são unidades de medida que servem para que tipo de grandeza?

b) Por que foram criadas essas duas unidades? Quando se usa uma ou outra?

c) O que significa dizer que certo astro está a 15 anos-luz da Terra?

2. Relacione as unidades de medida de comprimento hora-luz e quilômetro.

3. Pense e resolva.

a) Quantos quilômetros um raio de luz percorre em um ano? Escreva esse resultado em notação científica.

b) Imagine uma nave capaz de viajar a 100 quilômetros por segundo. Qual seria mais rápida: essa nave ou a *Voyager 1*?

4. O som é muito rápido! As ondas sonoras viajam no ar a cerca de 340 m/s. Mas a velocidade das ondas luminosas, 300.000 km/s, supera em muito esse valor. É por isso que o relâmpago (a parte luminosa de um raio) chega a nós sempre antes do trovão (o som do raio).

Agora, responda: quantas vezes a luz é mais rápida que o som?

5. Você já sabe que o Sistema Solar fica na galáxia Via Láctea. Mas o que é uma galáxia?

Sabe que tipo de relação existe entre o Sistema Solar, a Via Láctea e o Universo?

Se não souber, pesquise em *sites*, livros ou revistas especializadas. Depois, escreva um texto resumindo o que descobriu.

6. Com os telescópios, o ser humano pôde conhecer corpos e fenômenos que estão a enormes distâncias do planeta Terra; com os microscópios, pôde conhecer organismos inacreditavelmente pequenos, que vivem dentro e fora de seu corpo. Para ampliar nosso universo de conhecimento, ultrapassando as fronteiras do mundo visível, é igualmente importante ter noção tanto das grandes quanto das pequenas dimensões que nos cercam. Em grupos, pesquisem sobre o mundo dos números microscópicos (a espessura de um fio de cabelo ou o tamanho de microrganismos e moléculas) e as unidades de medida a ele relacionadas. Monte um painel para apresentar os resultados de sua pesquisa.

Note que, nesta ampliação (250 vezes) de um fio de cabelo, é possível distinguir a raiz do fio.

EDUCAÇÃO FINANCEIRA
POR QUE EU TENHO DE FAZER ISSO?

Estudar e ir à escola faz parte do seu cotidiano há muito tempo, não é mesmo? Você vai à escola e muitas vezes até esquece o porquê disso.

Veja a conversa de um adolescente com o pai dele sobre esse assunto.

Assumir riscos com responsabilidade

— Pai, eu preciso mesmo ir para a escola todos os dias?

— Claro! Isso é o melhor para o seu futuro.

— Mas acho que devo resolver isso quando eu for adulto, não agora.

— Não, filho, não é bem assim...

O que você faria?

Coloque-se no lugar de um adulto e simule como você responderia aos questionamentos a seguir, de um filho adolescente.

a) Por que tenho de ir para a escola todos os dias?

b) Estou muito cansado, posso faltar na escola hoje?

c) Não quero mais frequentar as aulas de inglês e de espanhol. Posso parar?

d) Por que temos de estudar todas essas matérias na escola? Não podemos escolher só as de que mais gostamos?

e) Quando eu terminar o 9º ano, posso parar de estudar?

f) Tenho um amigo que largou os estudos para trabalhar. Será que devo fazer o mesmo?

— Estou pensando em fazer um curso técnico quando terminar o Ensino Fundamental.

— Que bom, filho!

CALCULE

Veja abaixo um painel de ofertas de empregos da Agência Trabalhão.

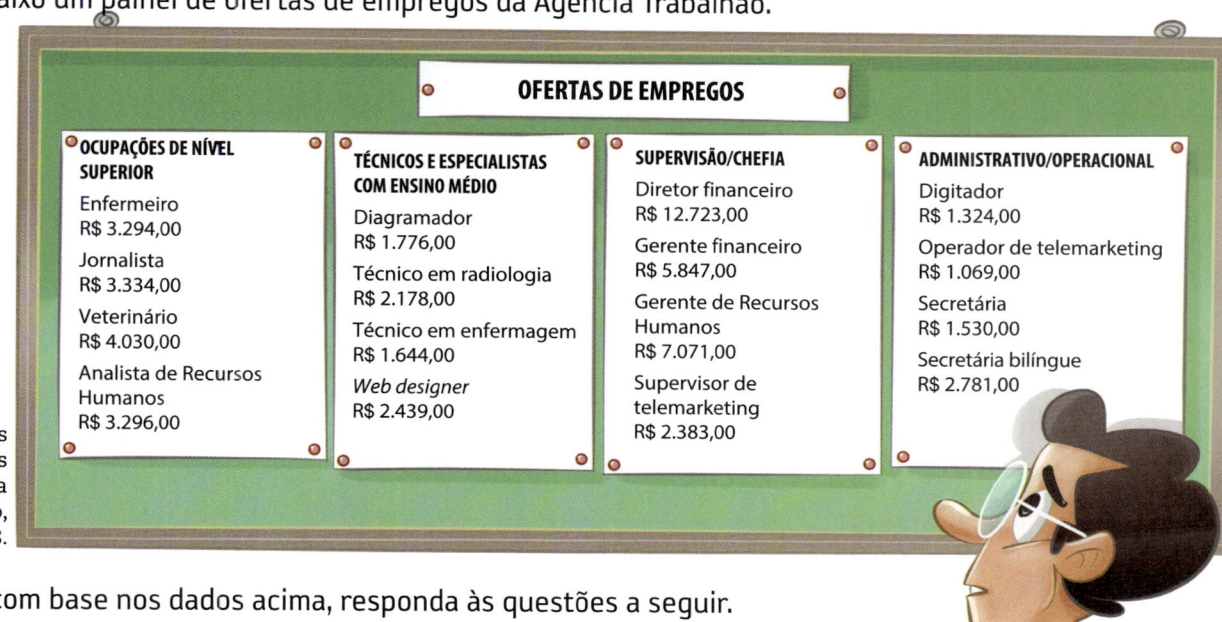

OFERTAS DE EMPREGOS

OCUPAÇÕES DE NÍVEL SUPERIOR
Enfermeiro
R$ 3.294,00
Jornalista
R$ 3.334,00
Veterinário
R$ 4.030,00
Analista de Recursos Humanos
R$ 3.296,00

TÉCNICOS E ESPECIALISTAS COM ENSINO MÉDIO
Diagramador
R$ 1.776,00
Técnico em radiologia
R$ 2.178,00
Técnico em enfermagem
R$ 1.644,00
Web designer
R$ 2.439,00

SUPERVISÃO/CHEFIA
Diretor financeiro
R$ 12.723,00
Gerente financeiro
R$ 5.847,00
Gerente de Recursos Humanos
R$ 7.071,00
Supervisor de telemarketing
R$ 2.383,00

ADMINISTRATIVO/OPERACIONAL
Digitador
R$ 1.324,00
Operador de telemarketing
R$ 1.069,00
Secretária
R$ 1.530,00
Secretária bilíngue
R$ 2.781,00

Valores compilados pela Agência Trabalhão, em 2018.

Agora, com base nos dados acima, responda às questões a seguir.

1. Na área de Recursos Humanos, calcule a diferença entre o salário de um analista e o de um gerente.
2. Qual é a diferença entre o salário de uma secretária e o de uma secretária bilíngue? Por que você acha que existe essa diferença?
3. Rodrigo trabalhava como técnico de enfermagem. Resolveu fazer o curso superior de enfermagem e foi contratado como enfermeiro. Em quanto aumentou seu salário?
4. Quando se tem bastante experiência em uma função, pode-se chegar a um cargo de chefia e supervisão. Um operador de telemarketing que assumisse o cargo de supervisor de telemarketing teria um aumento de quantos reais no salário?
5. Pesquise na internet alguns cargos disponíveis em concursos públicos e compare os salários de acordo com o grau de escolaridade exigido. Converse com seus colegas a respeito.

REFLITA

O que você quer para seu futuro profissional? Converse sobre isso com seus professores, amigos e familiares e procure debater algumas questões como as relacionadas a seguir.

- Que planos tenho para o futuro?
- O que tenho feito pelo meu futuro?
- O que posso fazer pensando em meu futuro?
- O que considero sem importância em relação a esse tema?
- Por que não posso deixar de investir em meu futuro?

UMA CURIOSIDADE...

Você sabia que a palavra "salário" deriva do latim *salarium*, que significa "de sal"?

Na época do Império Romano, os soldados eram pagos com sal, que era considerado uma mercadoria nobre e, por isso, bastante valorizada e utilizada como moeda de troca. O termo "salário" acabou designando toda e qualquer remuneração.

ORGANIZAR O CONHECIMENTO

1. Preencha os espaços no esquema com: $\mathbb{R}$, $\mathbb{N}$, $\mathbb{Z}$ ou $\mathbb{Q}$.

Conjunto dos números irracionais

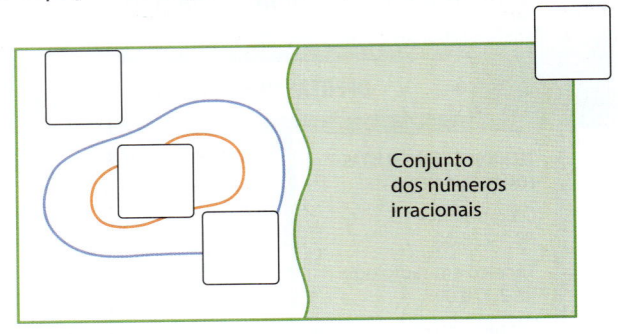

2. Complete o esquema.

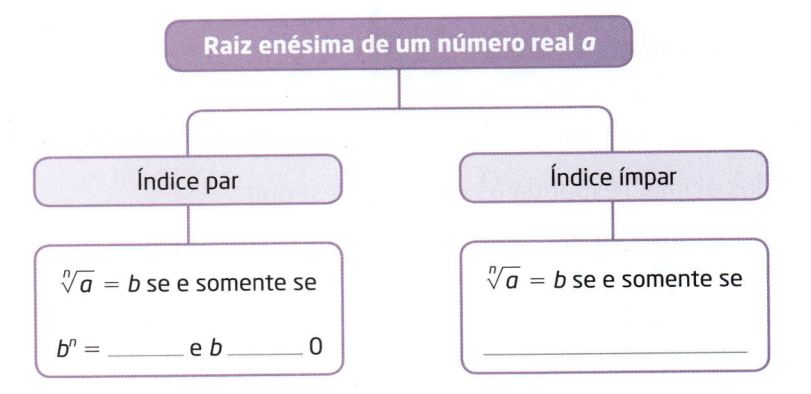

Raiz enésima de um número real a

Índice par

$\sqrt[n]{a} = b$ se e somente se

$b^n = $ _____ e b _____ 0

Índice ímpar

$\sqrt[n]{a} = b$ se e somente se

_____

3. Complete o esquema.

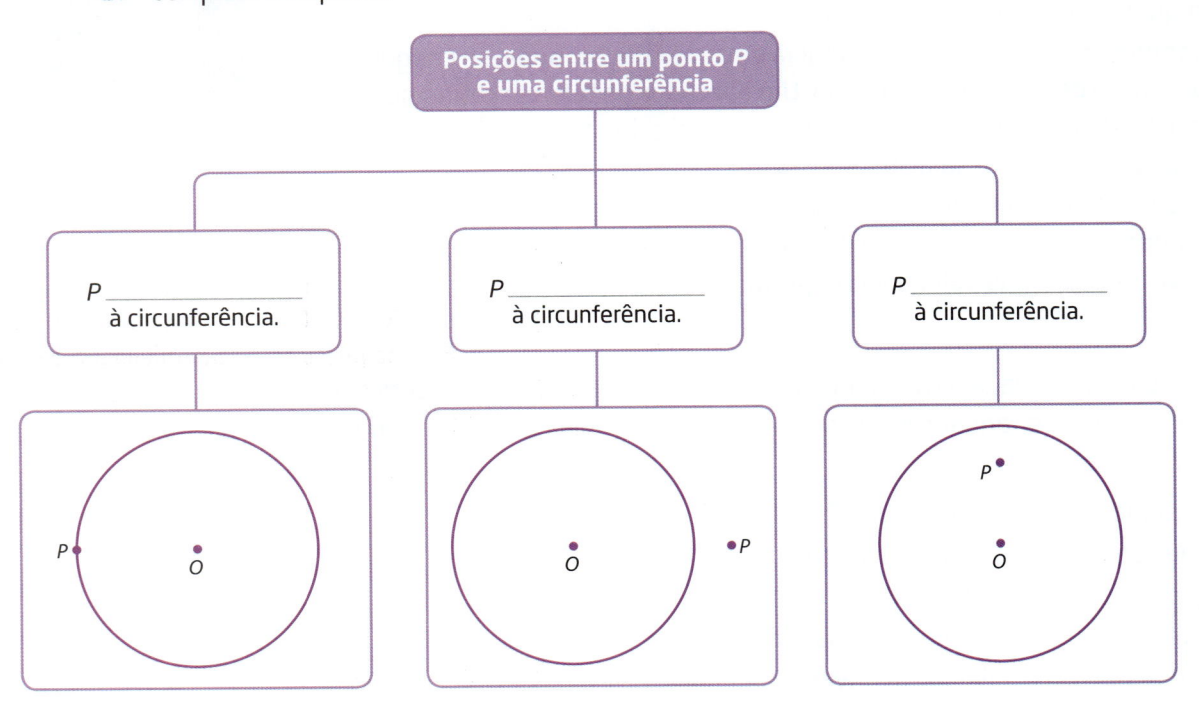

Posições entre um ponto P e uma circunferência

P _____ à circunferência.

P _____ à circunferência.

P _____ à circunferência.

TESTES

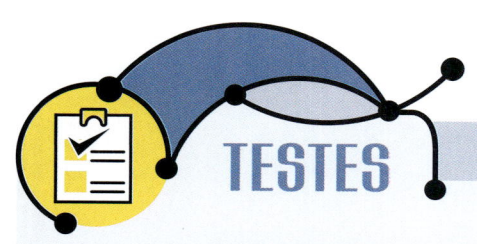

1. (Vunesp) Com relação à operação com números reais, é correto afirmar que:
a) o produto de dois números racionais pode resultar em um número irracional.
b) o produto de dois números irracionais é sempre um número irracional.
c) a soma de dois números racionais pode resultar em um número irracional.
d) o quociente de dois números irracionais é sempre um número irracional.
e) a soma de dois números irracionais pode resultar em um número racional.

2. (FCC) Se $x = 0{,}919919919\ldots$ e $y = 0{,}031031031\ldots$, determinando $\sqrt{x - y}$, obtém-se:
a) $\dfrac{2\sqrt{2}}{3}$.
b) $\dfrac{2\sqrt{2}}{9}$.
c) 1.
d) $\dfrac{8}{9}$.
e) $\dfrac{3\sqrt{2}}{2}$.

3. Observe a figura a seguir.

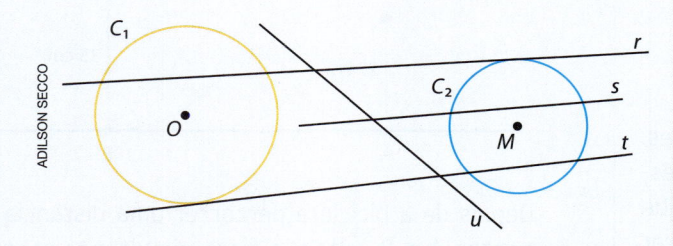

Em relação aos elementos dessa figura, é **incorreto** afirmar que:
a) a reta r é tangente à circunferência C_2.
b) a reta s é externa à circunferência C_1.
c) a reta u é externa às circunferências C_1 e C_2.
d) o ponto O é externo à circunferência C_2.
e) as duas circunferências são externas uma em relação a outra.

4. (Mackenzie-SP) Considere as seguintes afirmações:
1) $(0{,}001)^{-3} = 10^9$
2) $-2^2 = \dfrac{1}{4}$
3) $(a^{-1} + b^{-1})^{-2} = a^2 + b^2$

Associando V ou F a cada afirmação nesta ordem, conforme seja Verdadeiro ou Falso, tem-se:
a) V V V.
b) V V F.
c) V F V.
d) F V F.
e) V F F.

5. Sabendo que $x = 10^2$ e $y = 10^{-1}$, o valor da expressão
$$\dfrac{(x^{-2} \cdot y^2) \cdot (x^2 \cdot y^{-1})^2 \cdot (x \cdot y)^2}{(x^2 \cdot y^{-1})^3 \cdot (x^{-1} \cdot y^2)^3}$$ é igual a:
a) 10^{-1}.
b) 10.
c) 10^2.
d) 10^3.
e) 1.

6. (Enem) Para aumentar as vendas no início do ano, uma loja de departamentos remarcou os preços de seus produtos 20% abaixo do preço original. Quando chegam ao caixa, os clientes que possuem o cartão fidelidade da loja têm direito a um desconto adicional de 10% sobre o valor total de suas compras.

Um cliente deseja comprar um produto que custava R$ 50,00 antes da remarcação de preços. Ele não possui o cartão fidelidade da loja. Caso esse cliente possuísse o cartão fidelidade da loja, a economia adicional que obteria ao efetuar a compra, em reais, seria de:
a) 15,00.
b) 14,00.
c) 10,00.
d) 5,00.
e) 4,00.

87

TESTES

7. (Enem) Uma empresa de telefonia celular possui duas antenas que serão trocadas por uma nova, mais potente. As áreas de cobertura das antenas que serão substituídas são círculos de raio 2 km, cujas circunferências se tangenciam no ponto O, como mostra a figura.

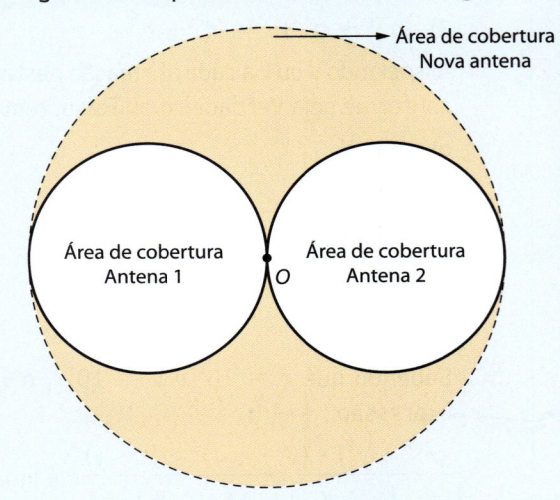

O ponto O indica a posição da nova antena, e sua região de cobertura será um círculo cuja circunferência tangenciará externamente as circunferências das áreas de cobertura menores.

Com a instalação da nova antena, a medida da área de cobertura, em quilômetros quadrados, foi ampliada em:

a) 8π.
b) 12π.
c) 16π.
d) 32π.
e) 64π.

8. (Enem) Uma pessoa aplicou certa quantia em ações. No primeiro mês, ela perdeu 30% do total do investimento e, no segundo mês, recuperou 20% do que havia perdido. Depois desses dois meses, resolveu tirar o montante de R$ 3.800,00 gerado pela aplicação.

A quantia inicial que essa pessoa aplicou em ações corresponde ao valor de:

a) R$ 4.222,22.
b) R$ 4.523,80.
c) R$ 5.000,00.
d) R$ 13.300,00.
e) R$ 17.100,00.

9. (Fuvest-SP) O número real x, que satisfaz $3 < x < 4$, tem uma expansão decimal na qual os 999.999 primeiros dígitos à direita da vírgula são iguais a 3. Os 1.000.001 dígitos seguintes são iguais a 2 e os restantes são iguais a zero.

Considere as seguintes afirmações:

I. x é irracional.

II. $x \geq \dfrac{10}{3}$

III. $x \cdot 10^{2.000.000}$ é um inteiro par.

Então:

a) nenhuma das três afirmações é verdadeira.
b) apenas as afirmações I e II são verdadeiras.
c) apenas a afirmação I é verdadeira.
d) apenas a afirmação II é verdadeira.
e) apenas a afirmação III é verdadeira.

10. (Pasusp) Uma bicicleta tem a roda dianteira com raio 27 cm e a roda traseira com raio 33 cm. Estando a bicicleta parada, dois pontos A e B são marcados, nas rodas dianteira e traseira, nos respectivos pontos de contato com o solo, conforme a figura.

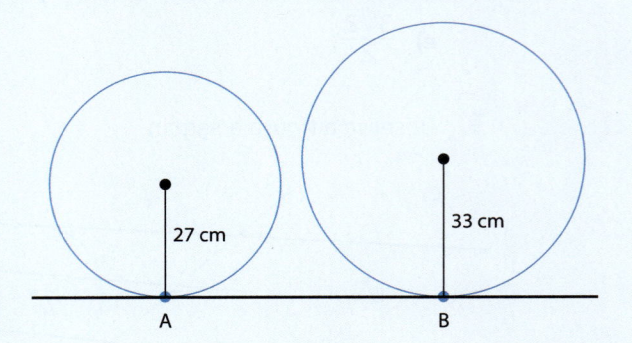

Depois de a bicicleta percorrer uma distância d, os pontos A e B voltam a ficar, simultaneamente, em contato com o solo. Assumindo que não há escorregamento das rodas da bicicleta, o menor valor de d, em metros, para o qual essa situação acontece, é:

a) $1,98\pi$.
b) $2,97\pi$.
c) $5,94\pi$.
d) $8,91\pi$.
e) $17,82\pi$.

ATITUDES PARA A VIDA

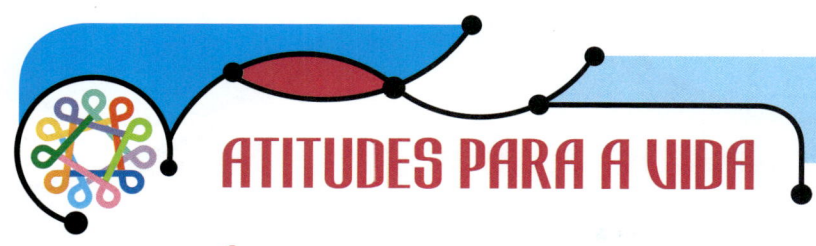

1. Observe a cena abaixo.

   Vi no site do Ministério do Meio Ambiente que o plástico demora mais de 400 anos para se decompor.

   Nossa, realmente o problema do lixo plástico é grave! Vamos pensar em como podemos fazer algo a respeito. Mesmo sendo pouco, se cada um fizer a sua parte, as coisas podem mudar.

   Vamos bolar cartazes para sensibilizar as pessoas a consumirem menos plástico.

   Vamos listar postos de coleta de materiais recicláveis próximos à escola e incentivar as pessoas a reciclar os materiais.

   Também podemos criar produtos feitos com sucata e dar oficinas para incentivar o reaproveitamento de embalagens plásticas.

   Que ótima ideia! Também podemos fazer uma campanha para que os alunos tragam canecas reutilizáveis para a escola, para não usarem canudos e copos plásticos descartáveis.

   Legal! Vamos fazer a nossa parte pra ajudar o meio ambiente!

   - Selecione, entre as atitudes a seguir, quais você acha que estão relacionadas à cena.
     - (   ) Escutar os outros com atenção e empatia
     - (   ) Pensar com flexibilidade
     - (   ) Esforçar-se por exatidão e precisão
     - (   ) Pensar e comunicar-se com clareza
     - (   ) Imaginar, criar e inovar
     - (   ) Assumir riscos com responsabilidade
     - (   ) Pensar de maneira interdependente

2. Você acha que em conjunto, com outros colegas, é mais fácil promover mudanças do que se você tomar uma atitude sozinho? Converse com um colega sobre experiências que você já teve em que o trabalho em grupo foi importante.

3. Você acha que é importante pensar com cuidado antes de tomar uma decisão que modificará o seu futuro, como, por exemplo, escolher uma carreira profissional ou parar de estudar? Com quem você costuma conversar quando precisa tomar uma decisão importante?

   _____
   _____

PARTE 2

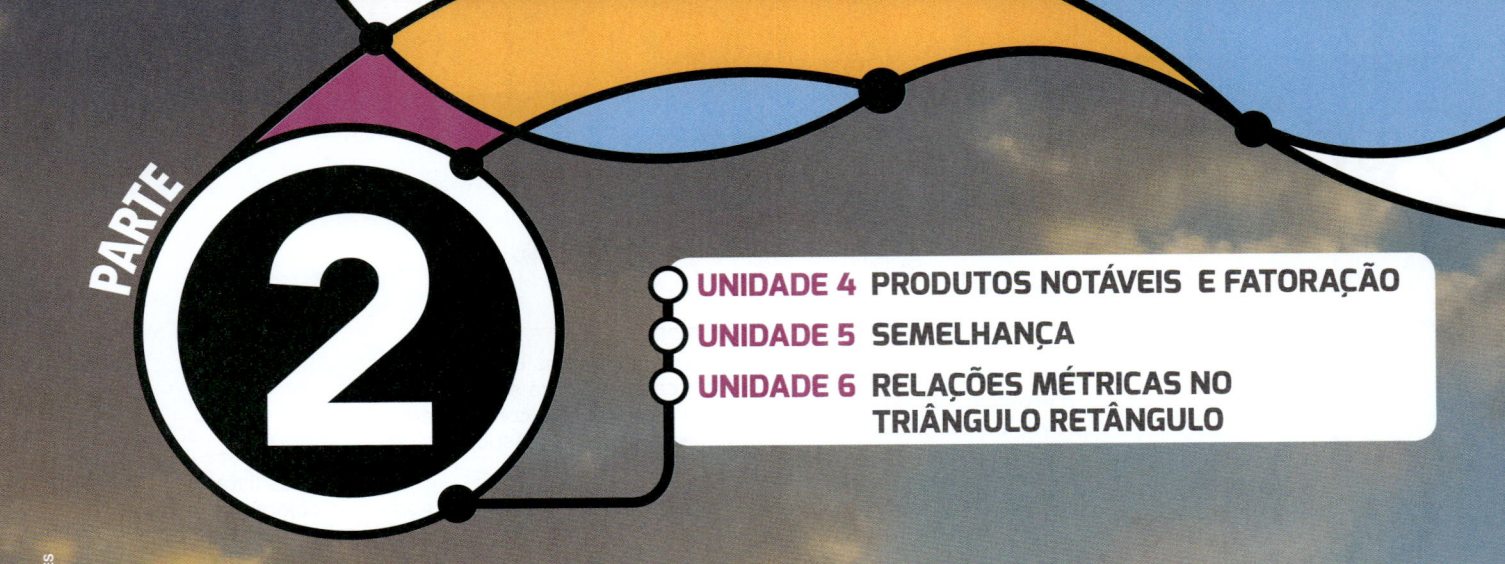

- **UNIDADE 4** PRODUTOS NOTÁVEIS E FATORAÇÃO
- **UNIDADE 5** SEMELHANÇA
- **UNIDADE 6** RELAÇÕES MÉTRICAS NO TRIÂNGULO RETÂNGULO

PARA SE PREPARAR PARA A AULA

ATITUDES PARA A VIDA

- Aplicar conhecimentos prévios a novas situações.
- Controlar a impulsividade.
- Pensar e comunicar-se com clareza.
- Pensar com flexibilidade.

> Tales, desafio você a calcular a altura da maior das Pirâmides de Gizé.

Pirâmides de Gizé, no Egito. Foto de 2015.

PARA RESPONDER

Responda às questões de acordo com o vídeo.

1. Qual era a função das pirâmides egípcias?
2. Qual é o nome de cada uma das pirâmides de Gizé e sua altura?
3. Que conhecimento matemático Tales usou para calcular a altura da pirâmide?

Assista ao vídeo e veja como calculei essa altura.

As pirâmides de Gizé

Assista ao vídeo e veja como Tales resolveu o desafio proposto pelo faraó.
Disponível em <http://mod.lk/xz5nq>.

UNIDADE 4

PRODUTOS NOTÁVEIS E FATORAÇÃO

EUGÊNIUS O CALCULISTA

1 PRODUTOS NOTÁVEIS

Nesta unidade você vai conhecer alguns produtos que aparecem com muita frequência nos cálculos algébricos: os chamados **produtos notáveis**. Veja a seguir um desses produtos sendo obtido mentalmente pelo personagem Eugênius.

Quanto é $650^2 - 350^2$?

Esta ele não vai saber!

300.000

Fácil!
$650^2 - 350^2 =$
$= (650 + 350) \cdot (650 - 350) =$
$= 1.000 \cdot 300 =$
$= 300.000$

Óóóóóóóóó!!!

QUADRADO DA SOMA DE DOIS TERMOS

Fala do menino: Cida, veja como eu calculo o quadrado de 12 e de 21. O quadrado de 12 é 144 e o quadrado de 21 é 441.

Lousa:
12^2 12
         ×12
         ———
          24
        +120
         ———
         144

21^2 21
         ×21
         ———
          21
        +420
         ———
         441

$12^2 = 144$ $21^2 = 441$

Fala da menina: Rafael, acho mais fácil decompor 12 em (10 + 2) e 21 em (20 + 1). Depois, é só calcular, em cada caso, o quadrado da soma: $(10 + 2)^2$ e $(20 + 1)^2$

Vamos entender melhor o pensamento de Cida escrevendo 144 como uma adição: 144 = 100 + 40 + 4 = 1 centena + 4 dezenas + 4 unidades

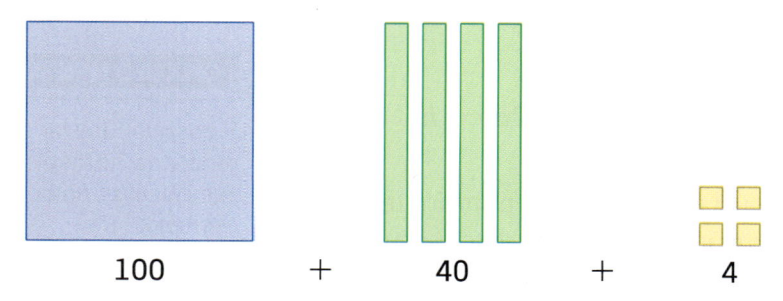

100 + 40 + 4

unidade

10 unidades = 1 dezena

100 unidades = = 10 dezenas = 1 centena

Ao reorganizar as figuras, podemos obter um quadrado cujo lado mede (10 + 2). Observe:

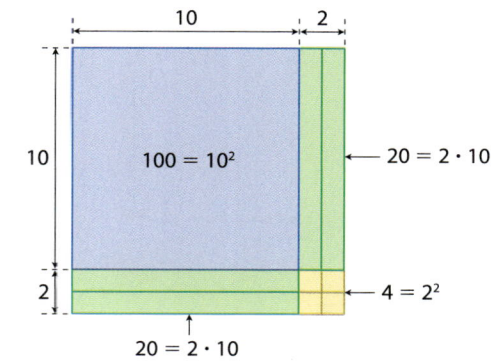

$100 = 10^2$
$20 = 2 \cdot 10$
$4 = 2^2$
$20 = 2 \cdot 10$

área do quadrado maior

$(10 + 2)^2 = 10^2 + 2 \cdot 10 + 2 \cdot 10 + 2^2$

adição das áreas das figuras que formam o quadrado maior

Portanto: $144 = (10 + 2)^2 = 10^2 + 2 \cdot (2 \cdot 10) + 2^2$

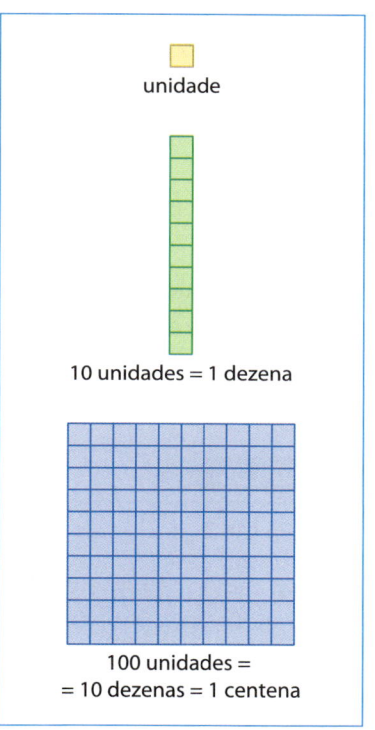

REPRESENTAÇÃO GEOMÉTRICA

O **quadrado da soma de dois termos**, que genericamente pode ser indicado por $(a + b)^2$, é um produto notável. Faremos a seguir sua representação geométrica admitindo os números a e b positivos.

Considere dois segmentos de medidas a e b. Vamos construir um quadrado de lado com medida $(a + b)$.

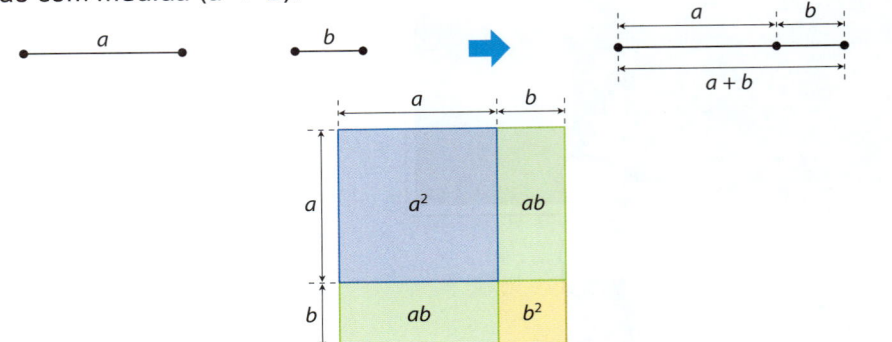

Note que a área do quadrado maior de lado com medida $(a + b)$ é $(a + b)^2$ e também é $a^2 + 2ab + b^2$.

Portanto: $(a + b)^2 = a^2 + 2ab + b^2$

REPRESENTAÇÃO ALGÉBRICA

Podemos, ainda, desenvolver algebricamente o quadrado da soma de dois termos desconhecidos a e b. Veja:

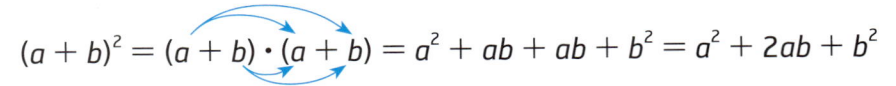

$$(a + b)^2 = (a + b) \cdot (a + b) = a^2 + ab + ab + b^2 = a^2 + 2ab + b^2$$

> O **quadrado da soma de dois termos** é igual ao quadrado do primeiro termo mais duas vezes o produto do primeiro pelo segundo mais o quadrado do segundo. Algebricamente, temos:
>
> $$(a + b)^2 = a^2 + 2ab + b^2$$

EXEMPLOS

- $(a + 5)^2 = a^2 + 2 \cdot a \cdot 5 + 5^2 = a^2 + 10a + 25$
- $\left(3x + \dfrac{1}{2}\right)^2 = (3x)^2 + 2 \cdot 3x \cdot \dfrac{1}{2} + \left(\dfrac{1}{2}\right)^2 = 9x^2 + 3x + \dfrac{1}{4}$
- $(4 + b^3)^2 = 4^2 + 2 \cdot 4 \cdot b^3 + (b^3)^2 = 16 + 8b^3 + b^6$

CÁLCULO MENTAL

É possível utilizar a ideia de produtos notáveis para fazer cálculos numéricos. Por exemplo:

$22^2 = (20 + 2)^2 =$
$= 20^2 + 2 \cdot 20 \cdot 2 + 2^2 =$
$= 400 + 80 + 4 = 484$

Calcule mentalmente os quadrados abaixo e depois registre no caderno como você raciocinou.

a) 11^2 d) 61^2
b) 15^2 e) 83^2
c) 32^2

PARA PENSAR

Observe com atenção o que Rafael está pensando. Depois, responda às questões propostas a seguir.

- Os valores das potências 103^2 e 301^2 têm os mesmos algarismos em ordem contrária? E os valores de 14^2 e 41^2?
- A hipótese de Rafael está correta?

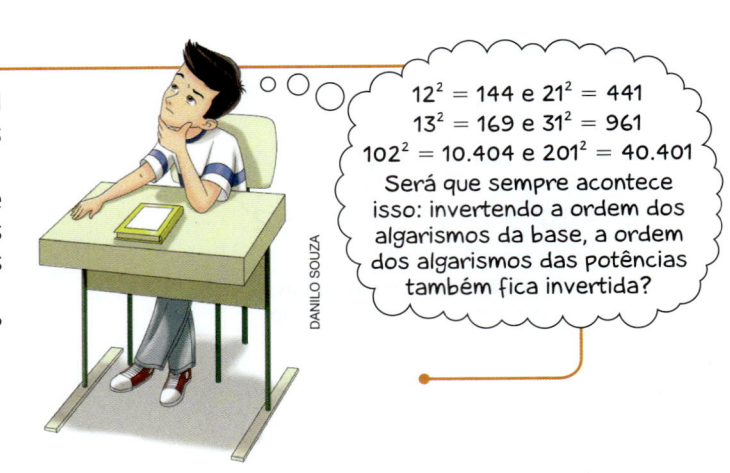

> $12^2 = 144$ e $21^2 = 441$
> $13^2 = 169$ e $31^2 = 961$
> $102^2 = 10.404$ e $201^2 = 40.401$
> Será que sempre acontece isso: invertendo a ordem dos algarismos da base, a ordem dos algarismos das potências também fica invertida?

ATIVIDADES

PRATIQUE

1. A sentença matemática $(a + b)^2 = a^2 + 2ab + b^2$ é uma **identidade**, isto é, ela é verdadeira para quaisquer valores de a e de b. No caderno, substitua a e b por alguns números e verifique a igualdade.

2. Desenvolva algebricamente cada quadrado da soma de dois termos.
  a) $(x + 5)^2$
  b) $(7a + 1)^2$
  c) $(x + 2y)^2$
  d) $(x^2 + 1)^2$

3. O polinômio $y + 2$ elevado ao quadrado é igual a $y^2 + 4y + 4$. Descubra qual polinômio devemos elevar ao quadrado para obter o resultado de cada item a seguir.
  a) $x^2 + 18x + 81$
  b) $z^2 + 2zw + w^2$

4. Qual polinômio representa a área de cada figura?

a) quadrado de lado $5 + x$
b) quadrado de lado $3b + 2a$

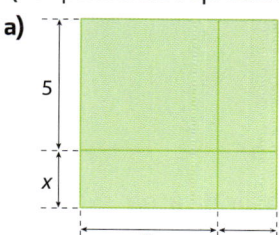

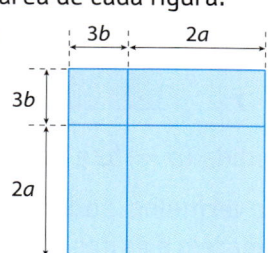

5. Quais das afirmações a seguir são verdadeiras?
  a) $(x + y)^2 = x^2 + y^2$
  b) $2x^2 + 2y^2 = (x + y)^2$
  c) $(x + y)^2 = 2xy + y^2 + x^2$
  d) $(x^2 + y^2)^2 = x^2 + 2xy + y^2$
  e) $(x^2 + y^2)^2 = x^4 + 2xy + y^4$
  f) $(x^2 + y^2)^2 = x^4 + 2x^2y^2 + y^4$

6. Represente geometricamente os quadrados das somas abaixo.
  a) $(x + y)^2$
  b) $(x + 2x)^2$

7. Simplifique as expressões.
  a) $(3x + 1)^2 + 4x \cdot (-2)$
  b) $(2x + 3y)^2 - (3x + 2y)^2$
  c) $(a + 3b)^2 - (5a + 2b)^2 - (-2b)^2$
  d) $4(2y + 1)^2 - 2(3y + 2)^2 + (y + 5)^2$

APLIQUE

8. Um quadrado de lado com medida igual a x teve essa medida aumentada em 2 cm.

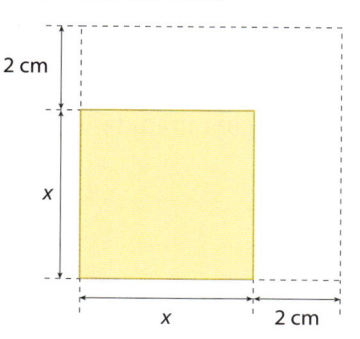

Qual expressão algébrica representa:
  a) a área desse quadrado aumentado?
  b) o aumento da área desse quadrado?

9. A área do quadrado rosa é igual a 169 cm², e a área do quadrado laranja é 100 cm².

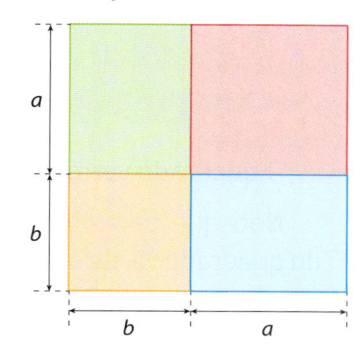

  a) Quais são os valores de a e de b?
  b) Qual é a área do retângulo azul?

10. Observe a figura e resolva a questão.

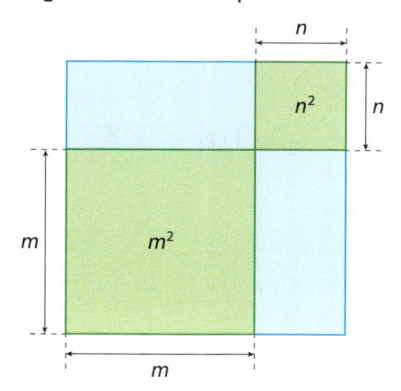

Se a soma das áreas dos dois quadrados verdes na figura é 80 cm², a área de toda a figura é 144 cm² e $m > n$. Sendo m e n números naturais, quais são os valores de m e n?

QUADRADO DA DIFERENÇA DE DOIS TERMOS

Agora, desenvolveremos o segundo caso de produto notável, o **quadrado da diferença de dois termos**: $(a - b)^2$

REPRESENTAÇÃO GEOMÉTRICA

Quando temos $a > b > 0$, podemos representar geometricamente o quadrado da diferença desses dois termos. Para isso, consideremos um segmento de medida a e outro de medida b. Com eles, vamos construir um quadrado de lado com medida $(a - b)$.

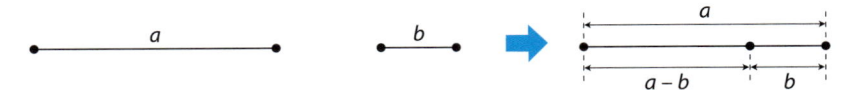

Para a construção, vamos partir de um quadrado de área a^2, que será decomposto conforme a figura abaixo.

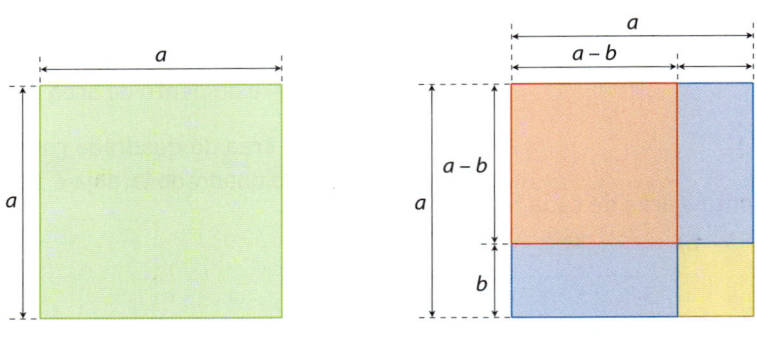

O quadrado vermelho tem lado com medida $(a - b)$ e área $(a - b)^2$.

Note que, para obter a área do quadrado vermelho, podemos subtrair da área do quadrado verde as áreas do quadrado amarelo e as dos dois retângulos azuis:

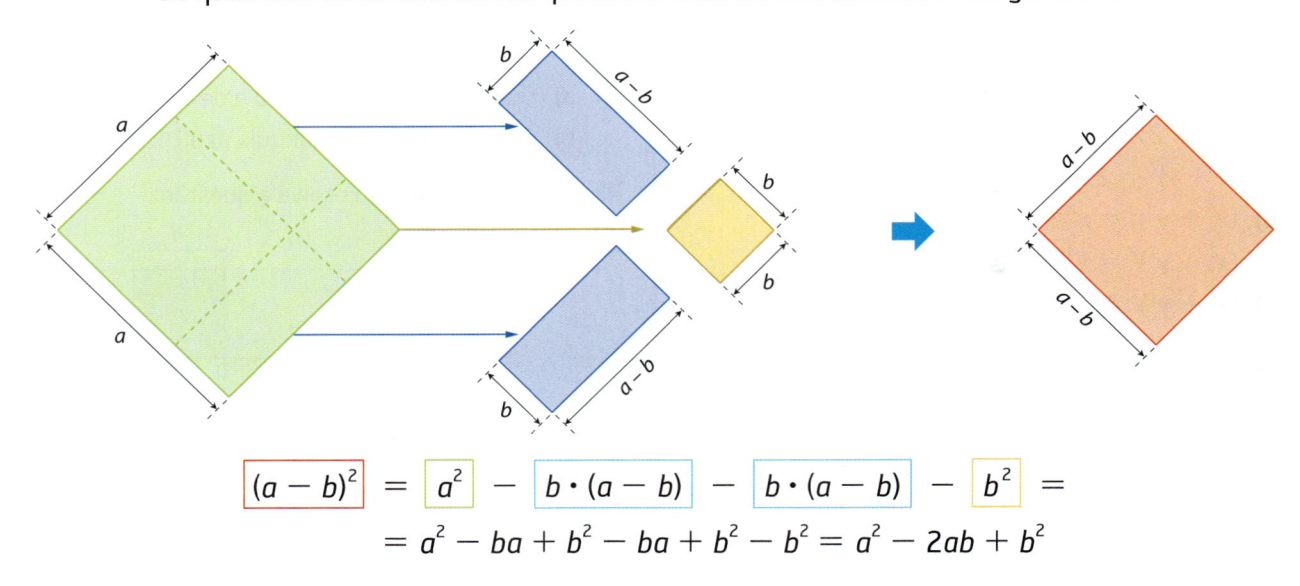

$$(a - b)^2 = a^2 - b \cdot (a - b) - b \cdot (a - b) - b^2 =$$
$$= a^2 - ba + b^2 - ba + b^2 - b^2 = a^2 - 2ab + b^2$$

OBSERVAÇÃO

Essa interpretação geométrica vale apenas no caso de $a > b > 0$, já que a, b e $a - b$ representam medidas dos lados de um retângulo e de um quadrado, portanto não podem ser números negativos ou nulos.

REPRESENTAÇÃO ALGÉBRICA

Vamos desenvolver algebricamente o quadrado da diferença de dois termos a e b:

$$(a - b)^2 = (a - b) \cdot (a - b) = a^2 - ab - ab + b^2 = a^2 - 2ab + b^2$$

O **quadrado da diferença de dois termos** é igual ao quadrado do primeiro termo menos duas vezes o produto do primeiro pelo segundo mais o quadrado do segundo. Algebricamente, temos:

$$(a - b)^2 = a^2 - 2ab + b^2$$

CÁLCULO MENTAL

Veja este uso de produto notável:
$18^2 = (20 - 2)^2 =$
$= 20^2 - 2 \cdot 20 \cdot 2 + 2^2 =$
$= 400 - 80 + 4 = 324$

Calcule mentalmente os quadrados abaixo e depois registre no caderno como você raciocinou.

a) 19^2
b) 28^2
c) 37^2
d) 69^2
e) 99^2

EXEMPLOS

- $(c - 8)^2 = c^2 - 2 \cdot c \cdot 8 + 8^2 = c^2 - 16c + 64$
- $(a - \sqrt{2})^2 = a^2 - 2 \cdot a \cdot \sqrt{2} + (\sqrt{2})^2 = a^2 - 2a\sqrt{2} + 2$
- $\left(\dfrac{2}{3} - b\right)^2 = \left(\dfrac{2}{3}\right)^2 - 2 \cdot \dfrac{2}{3} \cdot b + b^2 = \dfrac{4}{9} - \dfrac{4}{3}b + b^2$

ATIVIDADES

PRATIQUE

1. A sentença matemática $(a - b)^2 = a^2 - 2ab + b^2$ é uma identidade. No caderno, substitua a e b por alguns números e verifique a igualdade.

2. Desenvolva cada quadrado da diferença de dois termos.
a) $(x - 5)^2$
b) $(1 - 3y)^2$
c) $\left(\dfrac{1}{2} - x\right)^2$
d) $(2x - 3y)^2$

3. Encontre o polinômio que, elevado ao quadrado, é igual a $2^2 - 4x + x^2$.

4. Corrija as sentenças falsas no caderno.
a) $(x + m)^2 = x^2 + 2xm + m^2$
b) $(x - m)^2 = x^2 - m^2$
c) $(a - 4)^2 = a^2 - 8a + 8$
d) $(a + 4)^2 = a^2 + 8a + 16$
e) $(-a - 4)^2 = 16 + 8a + a^2$

5. Represente geometricamente os quadrados das diferenças abaixo, supondo $y > x > 0$.
a) $(y - x)^2$
b) $(2x - x)^2$

6. Simplifique.
a) $(x - 3)^2 - (x - 2)^2 + (x - 1)^2$
b) $(3ax - a)^2 - (3a + 2ax)^2$
c) $2(y^2 - 2)^2 - (5 - y^2)^2$
d) $(5m - 6)^2 - 18(m^2 - 2)$

7. Dados os segmentos de medidas x e y abaixo, construa um quadrado de lado com medida $(x - y)$.

APLIQUE

8. Trace uma reta vertical e uma reta horizontal dividindo a figura em quatro partes de modo que represente a expressão:

$$(5 + 2)^2 = 5^2 + 2 \cdot 5 \cdot 2 + 2^2$$

9. Luís fez uma mesa de formato quadrado. Depois que ela estava pronta, percebeu que havia um erro de medida, pois a mesa ficou maior do que deveria.

Para resolver o problema, Luís terá de reduzir o tampo da mesa em 10 cm no comprimento e em 10 cm na largura.

a) Qual é a medida de cada lado do tampo da mesa sabendo que ela está ocupando uma área de 4 m²?

b) Que área a mesa ocupará após Luís fazer a redução necessária?

c) Qual é a diferença entre a área que a mesa está ocupando e a área que deveria ocupar?

10. Analise as figuras e responda às questões no caderno.

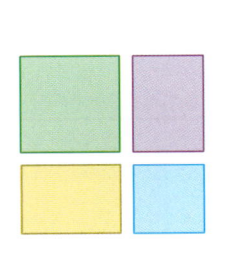

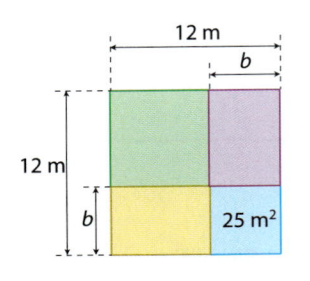

a) Qual é a medida do lado menor do retângulo roxo?

b) Qual é a área do quadrado verde?

11. Descubra a soma das áreas dos retângulos amarelos em cada caso. Dê a resposta em função de x.

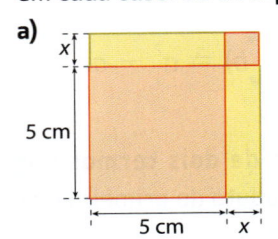

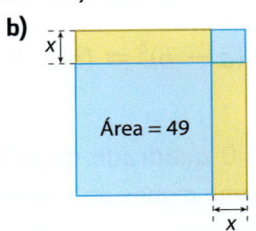

a)

b)

12. Com base na figura ao lado, responda à questão.

Qual é o polinômio que representa a área do quadrado azul?

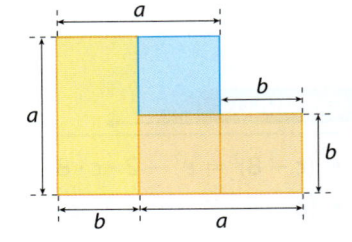

13. O quadrado da diferença de dois números inteiros é igual a 25, e o dobro do produto desses dois números é igual a 10. Qual é o valor da soma dos quadrados desses dois números?

14. Sabendo que, em cada caso, x e y são números naturais, determine seus valores.

a) $x^2 + y^2 = 65$ e $(x + y)^2 = 121$

b) $x^2 + y^2 = 90$ e $(x - y)^2 = 36$

PRODUTO DA SOMA PELA DIFERENÇA DE DOIS TERMOS

Vejamos o terceiro caso de produto notável, o **produto da soma pela diferença de dois termos**: $(a + b) \cdot (a - b)$

REPRESENTAÇÃO GEOMÉTRICA

Quando temos $a > b > 0$, podemos representar geometricamente o produto da soma pela diferença desses dois termos. Para isso, consideremos um segmento de medida a e outro de medida b.

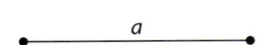

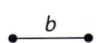

Vamos construir um retângulo de lados com medidas $(a + b)$ e $(a - b)$.

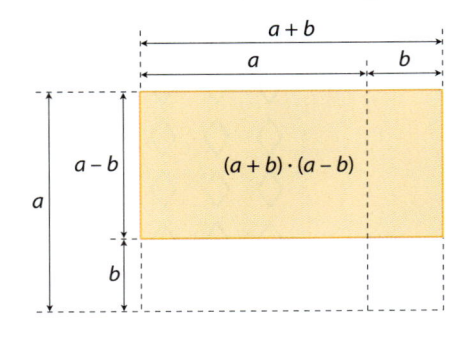

A área do retângulo laranja é $(a + b) \cdot (a - b)$.

Agora, vamos dividir esse retângulo em duas partes e reorganizá-las para obter outra figura de mesma área.

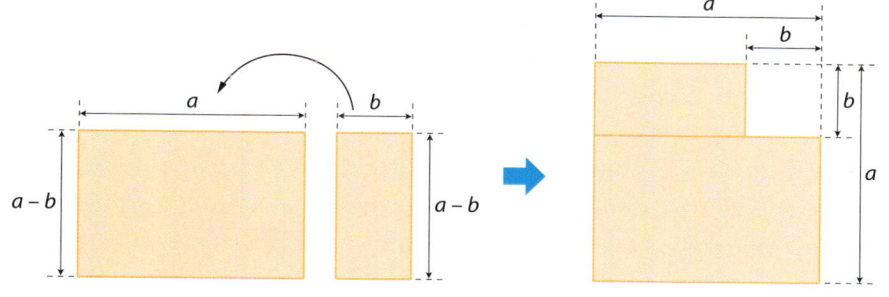

A área da figura obtida pode ser expressa por $a^2 - b^2$.

Portanto: $(a + b) \cdot (a - b) = a^2 - b^2$

REPRESENTAÇÃO ALGÉBRICA

Vamos desenvolver algebricamente o produto da soma pela diferença de dois termos a e b:

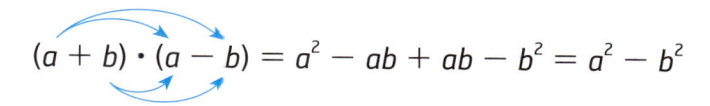

$$(a + b) \cdot (a - b) = a^2 - ab + ab - b^2 = a^2 - b^2$$

> O **produto da soma pela diferença de dois termos** é igual ao quadrado do primeiro termo menos o quadrado do segundo. Algebricamente, temos:
> $$(a + b) \cdot (a - b) = a^2 - b^2$$

DESAFIO

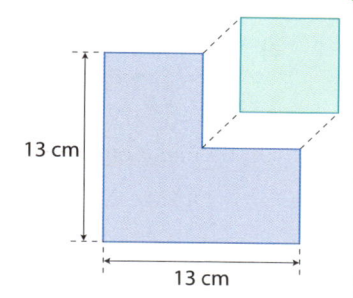

Sabendo que o quadrado verde tem área de 36 cm², escreva a área do hexágono azul (em cm²) como a diferença de quadrados de dois números inteiros.

EXEMPLOS

- $(4 + y) \cdot (4 - y) = 4^2 - y^2 = 16 - y^2$
- $(5a + b^4) \cdot (5a - b^4) = (5a)^2 - (b^4)^2 = 25a^2 - b^8$

CÁLCULO MENTAL

Calcule mentalmente:
a) $(48 + 1) \cdot (48 - 1)$, sabendo que $48^2 = 2.304$.
b) $(100 + 1) \cdot (100 - 1)$, sabendo que $100^2 = 10.000$.

ATIVIDADES

PRATIQUE

1. A sentença matemática $(a + b) \cdot (a - b) = a^2 - b^2$ é uma identidade. No caderno, substitua a e b por alguns números e verifique a igualdade.

2. Represente algebricamente:
   a) a diferença dos quadrados de a e b;
   b) o quadrado da diferença de a e b;
   c) o quadrado da soma de x e y;
   d) o produto da soma pela diferença de x e y.

3. A sentença $(x + 30) \cdot (x - 30)$ expressa a área de um retângulo de 700 m². Qual é o valor de x?

4. Simplifique as expressões.
   a) $(x - 3)^2 - (x - 2) \cdot (x + 2) - (x + 1)^2$
   b) $(2x - 3y) \cdot (2x + 3y) - (3x - 2y)^2$
   c) $3(m - 1)^2 + 2(1 + m) \cdot (1 - m)$
   d) $(y - 3)^2 - (3y + 2)^2 + 2(y + 4) \cdot (y - 4)$

5. Calcule a área das figuras coloridas.

a) (retângulo 10 m × 10 m com recorte 3 m × 3 m)

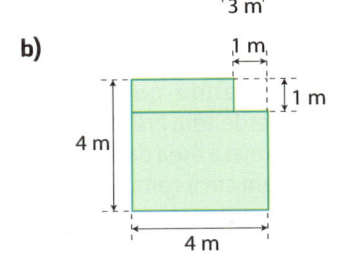

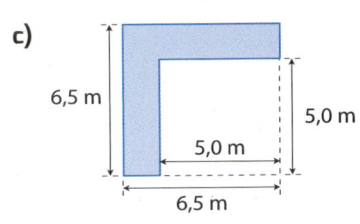

b) (figura 4 m × 4 m com recorte 1 m × 1 m)

c) (figura em L 6,5 m × 6,5 m com recorte 5,0 m × 5,0 m)

R1. Que polinômios têm como produto a expressão $-0{,}16x^2 + 9y^2$?

Resolução

Inicialmente, podemos observar que a expressão dada representa a diferença de dois quadrados:

$$-0{,}16x^2 + 9y^2 = 9y^2 - 0{,}16x^2 = (3y)^2 - (0{,}4x)^2$$

Vamos lembrar que toda igualdade vale nos dois sentidos em que se lê, isto é, se $A = B$, então $B = A$. Aplicando essa ideia na identidade do produto da soma pela diferença, podemos concluir que:

$$\underbrace{(a+b) \cdot (a-b)}_{A} = \underbrace{a^2 - b^2}_{B}$$

é equivalente a

$$\underbrace{a^2 - b^2}_{B} = \underbrace{(a+b) \cdot (a-b)}_{A}$$

Na última igualdade, substituindo a por $3y$ e b por $0{,}4x$, temos:

$$(3y)^2 - (0{,}4x)^2 = (3y + 0{,}4x) \cdot (3y - 0{,}4x)$$

Assim, $(3y + 0{,}4x)$ e $(3y - 0{,}4x)$ são os polinômios cujo produto é $-0{,}16x^2 + 9y^2$.

6. Encontre os polinômios cujo produto é igual a:

a) $4x^2 - 36y^2$

b) $81x^2 - 36y^2$

APLIQUE

7. Observe a figura abaixo e responda às questões com um colega.

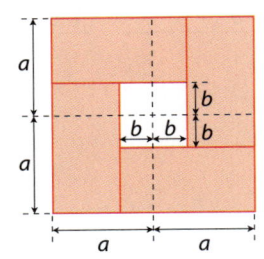

a) Encontrem o produto notável que representa a área de cada retângulo vermelho.

b) Encontrem o polinômio que representa a área de toda a figura vermelha.

c) Analisando os cálculos feitos, expliquem por que $(a + b) \cdot (a - b)$ é igual a $a^2 - b^2$.

8. Observe a figura e responda.

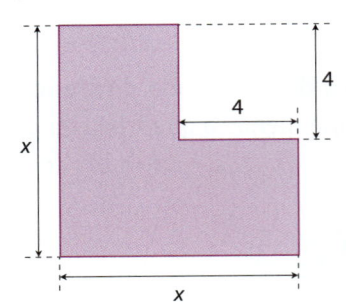

Qual será o valor de x se a área da figura for:

a) 20?   b) 65?   c) 105?   d) 48?

9. Fernanda tem um terreno retangular de 180 m² de área. Para medi-lo, ela usa uma corda comprida e uma trena. Um lado do terreno mede o comprimento da corda esticada mais 4 m. O outro lado mede o comprimento da corda esticada menos 4 m. Quantos metros tem a corda?

10. Carlos comprou uma mesa para colocar em sua casa. A figura abaixo mostra um esquema das dimensões dessa mesa.

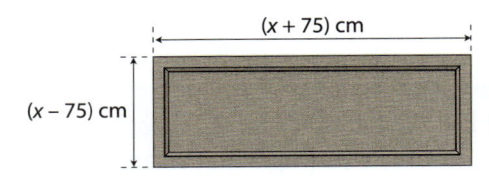

(dimensões: $(x + 75)$ cm por $(x - 75)$ cm)

a) A mesa tem 75 cm de largura. Qual é a área de sua superfície?

b) A qual produto notável podemos associar essa situação?

CUBO DA SOMA E CUBO DA DIFERENÇA DE DOIS TERMOS

Os próximos casos de produto notável que estudaremos são o **cubo da soma** e o **cubo da diferença de dois termos**: $(a + b)^3$ e $(a - b)^3$

REPRESENTAÇÃO GEOMÉTRICA DO CUBO DA SOMA DE DOIS TERMOS

Observe ao lado a representação de um cubo cuja aresta mede $(a + b)$, admitindo a e b positivos.

O volume desse cubo pode ser calculado por:

$$V = (\text{medida da aresta})^3$$

Como a medida da aresta do cubo é $(a + b)$, temos: $V = (a + b)^3$

Observando a figura a seguir, notamos que o cubo acima é composto de 8 partes. Podemos, então, calcular o volume desse cubo adicionando o volume dessas partes.

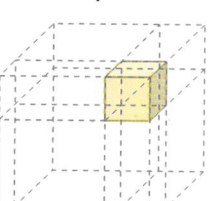

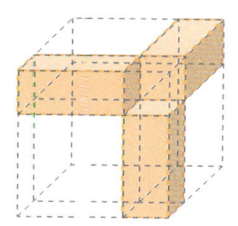

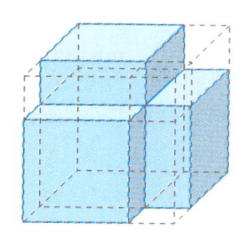

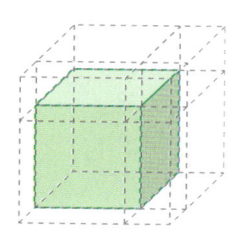

- Cor amarela (um cubo de arestas b) $\longrightarrow$ $V_1 = b^3$
- Cor laranja (três blocos de arestas a, b e b) $\longrightarrow$ $V_2 = 3ab^2$
- Cor azul (três blocos de arestas a, a e b) $\longrightarrow$ $V_3 = 3a^2b$
- Cor verde (um cubo de aresta a) $\longrightarrow$ $V_4 = a^3$

Assim, temos: $V = V_1 + V_2 + V_3 + V_4$

$$V = b^3 + 3ab^2 + 3a^2b + a^3$$

Portanto: $(a + b)^3 = a^3 + 3a^2b + 3ab^2 + b^3$

REPRESENTAÇÃO ALGÉBRICA

Podemos usar o que já conhecemos dos produtos notáveis para desenvolver as expressões.

- $(a + b)^3 =$
  $= (a + b)^2 \cdot (a + b) =$
  $= (a^2 + 2ab + b^2) \cdot (a + b) =$
  $= a^3 + a^2b + 2a^2b + 2ab^2 + ab^2 + b^3 =$
  $= a^3 + 3a^2b + 3ab^2 + b^3$

- $(a - b)^3 =$
  $= (a - b)^2 \cdot (a - b) =$
  $= (a^2 - 2ab + b^2) \cdot (a - b) =$
  $= a^3 - a^2b - 2a^2b + 2ab^2 + ab^2 - b^3 =$
  $= a^3 - 3a^2b + 3ab^2 - b^3$

Resumindo:

> **Cubo da soma de dois termos:** $(a + b)^3 = a^3 + 3a^2b + 3ab^2 + b^3$
> **Cubo da diferença de dois termos:** $(a - b)^3 = a^3 - 3a^2b + 3ab^2 - b^3$

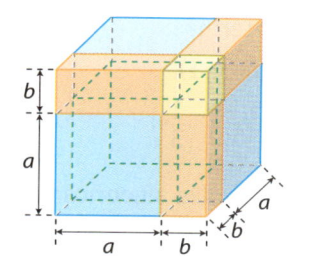

Organize o que você aprendeu fazendo a atividade 1 da página 176.

ATIVIDADES

PRATIQUE

1. Desenvolva algebricamente cada cubo da soma de dois termos.

a) $(w + 1)^3$
b) $\left(m + \dfrac{1}{3}\right)^3$
c) $(5b + a)^3$
d) $(2k + 4w)^3$

2. Desenvolva algebricamente cada cubo da diferença de dois termos.

a) $(5 - a)^3$
b) $(k - 4w)^3$
c) $\left(\dfrac{m}{3} - 1\right)^3$
d) $(w - 2)^3$

3. Calcule o volume da figura colorida.

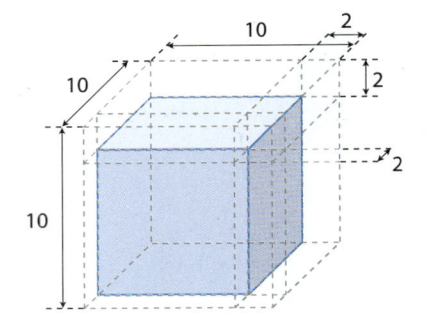

4. Escreva o volume da figura em função de x.

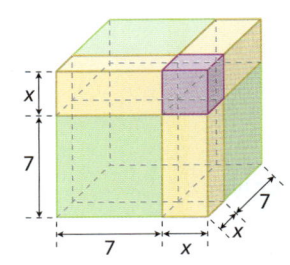

5. Associe cada produto ao respectivo desenvolvimento.

A $(c + 2m)^3$
B $(c - m)^3$
C $(2c - m)^3$
D $(c + m)^3$

I $c^3 + 3cm^2 - 3c^2m - m^3$
II $c^3 + 12cm^2 + 6c^2m + 8m^3$
III $c^3 + 3cm^2 + 3c^2m + m^3$
IV $8c^3 + 6cm^2 - 12c^2m - m^3$

APLIQUE

6. Determine o valor numérico de cada uma das expressões quando $x = \dfrac{1}{2}$ e $y = -1$.

a) $\dfrac{x^3}{8} - \dfrac{3x^2y}{8} + \dfrac{3xy^2}{8} - \dfrac{y^3}{8}$

b) $\left(\dfrac{x}{2} - \dfrac{y}{2}\right)^3$

7. Nas expressões do exercício **6**, atribua outros números a x e a y e calcule os respectivos valores numéricos. O que acontece com os novos valores numéricos nos itens **a** e **b**? Verifique com um colega se acontece o mesmo com os valores que ele obteve.

8. Considere a expressão:

$$(x + y)^3 + (x - y)^3$$

Encontre:

a) sua forma simplificada;
b) seu valor numérico quando $x = 1$ e $y = -1$;
c) seu valor numérico quando $x = -1$ e $y = 1$;
d) seu valor numérico quando $x = y = 1$;
e) seu valor numérico quando $x = y = -1$.

9. Calcule o volume V de um cubo, em função de a, dado por $V = (a + b)^3 = a^3 + 3a^2b + 3ab^2 + b^3$ quando $b = a$.

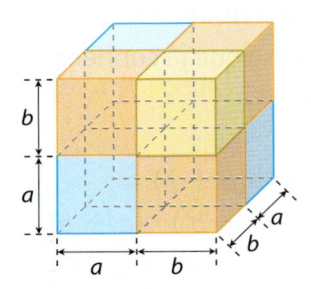

10. Se a medida da aresta de um cubo é o dobro da medida da aresta de outro cubo, o volume do cubo maior também é o dobro do volume do cubo menor?

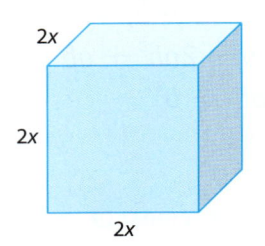

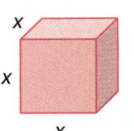

2 FATORAÇÃO DE EXPRESSÕES ALGÉBRICAS

FATORAÇÃO

Antes de estudar diferentes casos de fatoração de polinômios, que muitas vezes são úteis na resolução de problemas, vamos relembrar como fatorar um número.

Acompanhe a conversa entre Marcos e Gabriela.

Fatorar um número significa escrevê-lo na forma de um produto de dois ou mais fatores.

Isso mesmo, Marcos! Podemos, por exemplo, efetuar a fatoração do número 60 de várias maneiras:
$60 = 6 \cdot 10$
$60 = 4 \cdot 3 \cdot 5$
$60 = 30 \cdot 2$

Mas será que essa estratégia pode ser aplicada na fatoração de um polinômio?

Sim. Observe os retângulos abaixo. A área do retângulo maior pode ser calculada como a soma das áreas dos retângulos amarelo, azul e vermelho. Essa área também pode ser expressa por um produto de polinômios.

O polinômio que representa a área de cada retângulo é:

- Retângulo amarelo: ax
- Retângulo azul: ay
- Retângulo vermelho: az
- Retângulo maior: $a \cdot (x + y + z)$

Observe que a área do retângulo maior também pode ser calculada como a soma das áreas dos retângulos amarelo, azul e vermelho. Veja duas formas de representação desse polinômio:

$$ax + ay + az = a \cdot (x + y + z)$$

polinômio ── produto de polinômios

Fatorar um polinômio significa escrevê-lo na forma de um produto de dois ou mais polinômios.

Estudaremos a seguir diferentes casos de fatoração de polinômios: fator comum em evidência, agrupamento, diferença de dois quadrados, trinômio quadrado perfeito, soma ou diferença de dois cubos.

FATOR COMUM EM EVIDÊNCIA

Para calcular o perímetro do hexágono ao lado, vamos considerar o polinômio:

$P = a + a + b + a + a + b$

$P = 4a + 2b$

Podemos escrever esse polinômio de outra maneira:

$P = a + a + b + a + a + b$

$P = (a + a + b) + (a + a + b) = (2a + b) + (2a + b)$

$P = 2 \cdot (2a + b)$

Portanto: $4a + 2b = 2 \cdot (2a + b)$

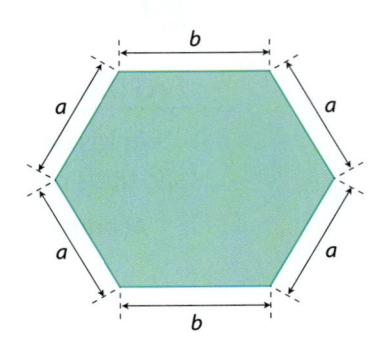

OBSERVAÇÕES

- O produto $2 \cdot (2a + b)$ é uma **forma fatorada** do polinômio $4a + 2b$.
- O número 2 é o **fator comum** a todos os termos do polinômio $4a + 2b$.
- Na forma fatorada do polinômio $4a + 2b$, o número 2 foi colocado **em evidência**.
- O fator $(2a + b)$ é o **quociente** do polinômio $4a + 2b$ pelo fator comum 2. Veja a divisão ao lado.

$$\begin{array}{r|l} 4a + 2b & \underline{2} \\ -4a & 2a + b \\ \hline 0 + 2b & \\ -2b & \\ \hline 0 & \end{array}$$

Quando os termos de um polinômio têm um fator comum, é possível colocar esse fator em evidência e obter uma forma fatorada do polinômio.

Veja a seguir, como podemos fatorar alguns polinômios:

a) $ay + by$

$$ay + by = y \cdot (a + b)$$

- fator comum: y
- $(ay : y)$
- $(by : y)$

Portanto, $y \cdot (a + b)$ é uma forma fatorada do polinômio $ay + by$.

b) $10x^3 + 5x^2 - 25x$

$$10x^3 + 5x^2 - 25x = 5x \cdot (2x^2 + x - 5)$$

- fatores comuns: $5x$
- $(10x^3 : 5x)$
- $(5x^2 : 5x)$
- $(-25x : 5x)$

Portanto, $5x \cdot (2x^2 + x - 5)$ é uma forma fatorada do polinômio $10x^3 + 5x^2 - 25x$.

c) $20x^3y^3 + 10x^2y^2 + 2xy$

$$20x^3y^3 + 10x^2y^2 + 2xy = 2xy \cdot (10x^2y^2 + 5xy + 1)$$

- fatores comuns: $2xy$
- $(20x^3y^3 : 2xy)$
- $(10x^2y^2 : 2xy)$
- $(2xy : 2xy)$

Portanto, $2xy \cdot (10x^2y^2 + 5xy + 1)$ é uma forma fatorada do polinômio $20x^3y^3 + 10x^2y^2 + 2xy$.

DESAFIO

Escreva na forma fatorada o perímetro da figura abaixo sabendo que os segmentos de mesma cor têm a mesma medida.

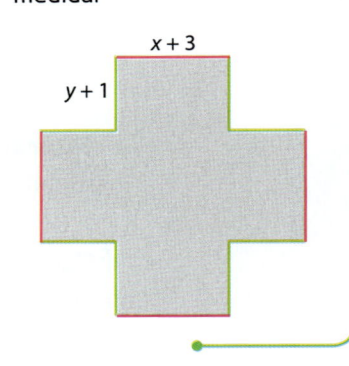

$x + 3$

$y + 1$

ATIVIDADES

PRATIQUE

1. Complete o quadro.

Número	Uma forma fatorada
	3 · 5 · 40
123	
	2 · 4 · 9 · 100
231	
	5 · 7 · 8 · 13
429	

2. Escreva na forma de produto o polinômio que representa a área da figura de cada item.

a)

b)

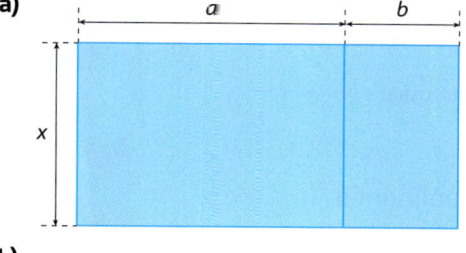

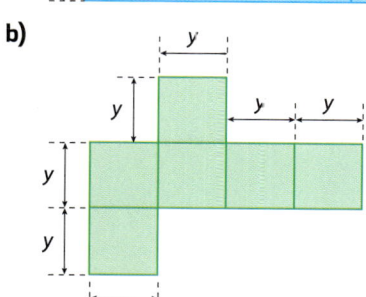

3. Qual é o fator comum de cada polinômio?

a) $32x^2y - 56xy^2$

b) $36ab - 18bc - 24ac$

c) $\dfrac{y^3}{2} - \dfrac{y^2}{6}$

4. Associe cada polinômio à sua forma fatorada.

A) $11a + 11b + 11c$
B) $by + bx$
C) $2y + xy$
D) $4xa + 2xb$
E) $5a + 5b$

I) $(2a + b) \cdot 2x$
II) $y \cdot (2 + x)$
III) $(a + b) \cdot 5$
IV) $11 \cdot (a + b + c)$
V) $b \cdot (y + x)$

APLIQUE

5. Fernanda levou seus sobrinhos à lanchonete e ficou preocupada com quanto gastaria. Observe.

Você sabe explicar por que Fernanda pensou dessa forma para calcular o valor total da conta? Responda em seu caderno.

6. Na aula de Matemática, Rogério escreveu em seu caderno uma forma fatorada do polinômio $8x^2 - 4x$.

$8x^2 - 4x = 4x \cdot (2x + x)$

Rogério está certo ou errado? Justifique.

7. Se a e b são as medidas dos lados de um retângulo de área igual a 45 e perímetro igual a 28, qual é o valor numérico da expressão $6a^2b + 6ab^2$?

8. Observe a igualdade a seguir.

$2 \cdot (x + y) + 5 \cdot (x + y) = 7 \cdot (x + y)$

Agora, calcule mentalmente:

a) $3 \cdot (a + b) + 11 \cdot (a + b)$

b) $12 \cdot (x^5 + x) + 35 \cdot (x^5 + x)$

c) $44 \cdot (y + b^2) - 33 \cdot (y + b^2)$

d) $67 \cdot (x^4 + a) - 13 \cdot (x^4 + a)$

9. Reúna-se com alguns colegas e desenhem uma figura cuja área possa ser representada pelo polinômio $4x \cdot (x - 4)$, em que $x > 4$.

AGRUPAMENTO

Podemos fatorar um polinômio agrupando termos que têm fatores comuns e colocando esses termos em evidência.

O polinômio que representa a área da figura abaixo é dado pela soma das áreas dos quatro retângulos que a compõem.

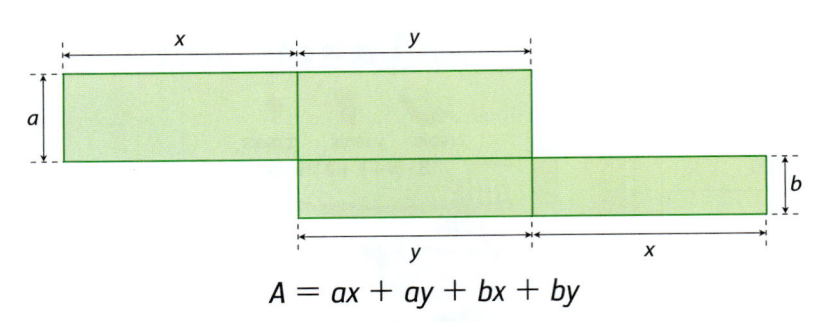

$A = ax + ay + bx + by$

> Atenção para este desafio! No cálculo da área ao lado, a e b foram considerados fatores comuns. Poderíamos considerar x e y fatores comuns? Nesse caso, como ficaria a fatoração? O resultado obtido seria o mesmo?

Podemos escrever esse polinômio de outra maneira:

$ax + ay + bx + by =$
$= (ax + ay) + (bx + by) =$ —— Agrupamos os termos com fator comum.
$= a \cdot (x + y) + b \cdot (x + y) =$ —— Colocamos em evidência o fator comum de cada grupo.
$= (a + b) \cdot (x + y)$ —— Colocamos em evidência o novo fator comum, que é $(x + y)$.

Assim: $ax + ay + bx + by = (a + b) \cdot (x + y)$

Portanto, o produto $(a + b) \cdot (x + y)$ é uma forma fatorada do polinômio $ax + ay + bx + by$.

Veja a seguir, como podemos fatorar alguns polinômios:

a) $x^4 - y + xy - x^3$

$x^4 - y + xy - x^3 =$
$= (x^4 - x^3) + (xy - y) =$ —— Agrupamos os termos com fator comum.
$= x^3 \cdot (x - 1) + y \cdot (x - 1) =$ —— Colocamos em evidência o fator comum de cada grupo.
$= (x - 1) \cdot (x^3 + y)$ —— Colocamos em evidência o novo fator comum, que é $(x - 1)$.

Assim: $x^4 - y + xy - x^3 = (x - 1) \cdot (x^3 + y)$

Portanto, $(x - 1) \cdot (x^3 + y)$ é uma forma fatorada do polinômio $x^4 - y + xy - x^3$.

b) $2a^2 + 4ab + ba + 2b^2$

$2a^2 + 4ab + ba + 2b^2 =$
$= (2a^2 + 4ab) + (ba + 2b^2) =$ —— Agrupamos os termos com fator comum.
$= 2a \cdot (a + 2b) + b \cdot (a + 2b) =$ —— Colocamos em evidência o fator comum de cada grupo.
$= (a + 2b) \cdot (2a + b)$ —— Colocamos em evidência o novo fator comum, que é $(a + 2b)$.

Assim: $2a^2 + 4ab + ba + 2b^2 = (a + 2b) \cdot (2a + b)$

Portanto, $(a + 2b) \cdot (2a + b)$ é uma forma fatorada do polinômio $2a^2 + 4ab + ba + 2b^2$.

ATIVIDADES

PRATIQUE

1. Complete as sentenças.
 a) $ax + bx = x \cdot$ ■
 b) $ax + 3ay - a = a \cdot$ ■
 c) $3mx + 6nxy - 12x = 3x \cdot$ ■
 d) $xyz - xy - yz =$ ■ $\cdot (-xz + x + z)$
 e) $abc - abd - abe + abf =$ ■ $\cdot (c - d - e + f)$

2. Associe cada polinômio à sua forma fatorada.

 A $2x - 6y$ I $m \cdot (2m^2 - 5m + 7)$

 B $mx^2 + nx^2$ II $(b - c) \cdot (a - b)$

 C $ab - ac - b^2 + bc$ III $x^2 \cdot (m + n)$

 D $2m^3 - 5m^2 + 7m$ IV $2 \cdot (x - 3y)$

3. Fatore os polinômios e responda à questão.
 a) $7bx + x - 7by - y$
 b) $\sqrt{7}x + 2\sqrt{7}x^2$
 c) $ax + x + a + 1$
 d) $7bx + xb - 7b - yb$
 • Quais foram fatorados por agrupamento?

4. Fatore as expressões algébricas.
 a) $8x^2 + 8y + mx^2 + my$
 b) $7a - 21y^2 + ab - 3by^2$
 c) $3ax + 3ay - bx - by$
 d) $x^3 + x^2 - x - 1$

APLIQUE

5. Escreva o produto de polinômios que representa a área de cada figura.
 a)
 b)

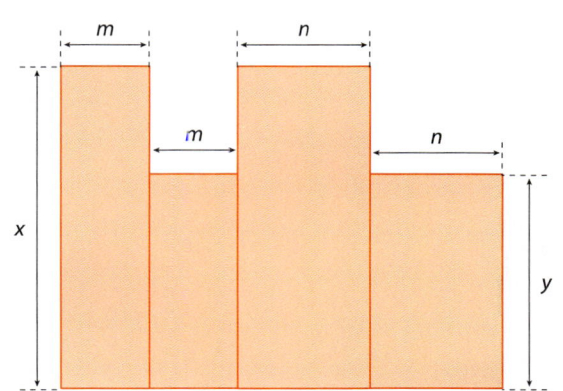

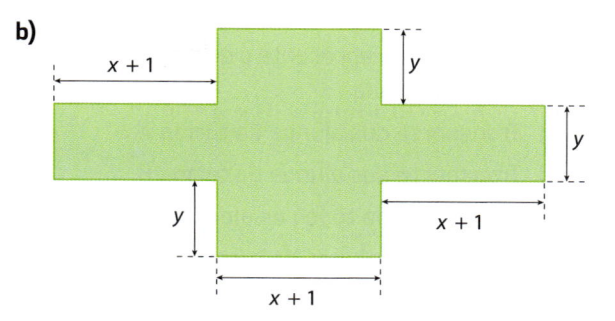

6. Em dupla, criem figuras cuja área possa ser representada pelos seguintes produtos:
 a) $(8 + x) \cdot (11 + y)$
 b) $(8 + x) \cdot (11 - y)$
 c) $(8 - x) \cdot (11 + y)$
 d) $(8 - x) \cdot (11 - y)$

7. Encontre o erro na fatoração abaixo.
$$3^4b - b + 3b^2 - 3^3 =$$
$$= (3^4b - 3^3) + (-b + 3b^2) =$$
$$= 3^3(3b - 0) + b(-0 + 3b) =$$
$$= (3b - 0) \cdot (3^3 + b)$$

8. Escreva dois polinômios que tenham como:
 a) fator comum $(2z + 9)$;
 b) fatores comuns $(3 - z^2)$ e $(z^2 - 3)$.

9. Observe a figura abaixo e suas medidas.

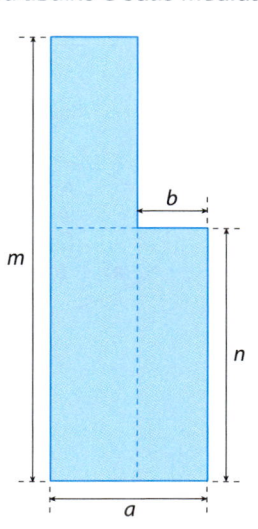

Junte-se a um colega e criem um problema que envolva fatoração e esteja relacionado com a área dessa figura.

107

10. Duas turmas farão uma excursão a um parque de diversões. Ao todo, são a alunos da turma A e b alunos da turma B. Cada aluno gastará t reais com transporte e e reais com a entrada.

Para cada item, represente o gasto em real com uma expressão na forma fatorada.

a) Transporte dos alunos da turma A.

b) Transporte dos alunos da turma B.

c) Transporte de todos os alunos.

d) Entrada dos alunos da turma A.

e) Entrada dos alunos da turma B.

f) Entrada de todos os alunos.

g) Transporte e entrada de todos os alunos.

- Considerando que a turma A tem 23 alunos, a turma B tem 27, o transporte custa R$ 5,00 e a entrada custa R$ 15,00, qual será o custo total dessa excursão?

DIFERENÇA DE DOIS QUADRADOS

Já vimos que $(a + b) \cdot (a - b) = a^2 - b^2$ é equivalente a $a^2 - b^2 = (a + b) \cdot (a - b)$.

Essa situação pode ser representada geometricamente transformando uma figura, cuja área é representada pelo polinômio $a^2 - b^2$, em um retângulo de mesma área.

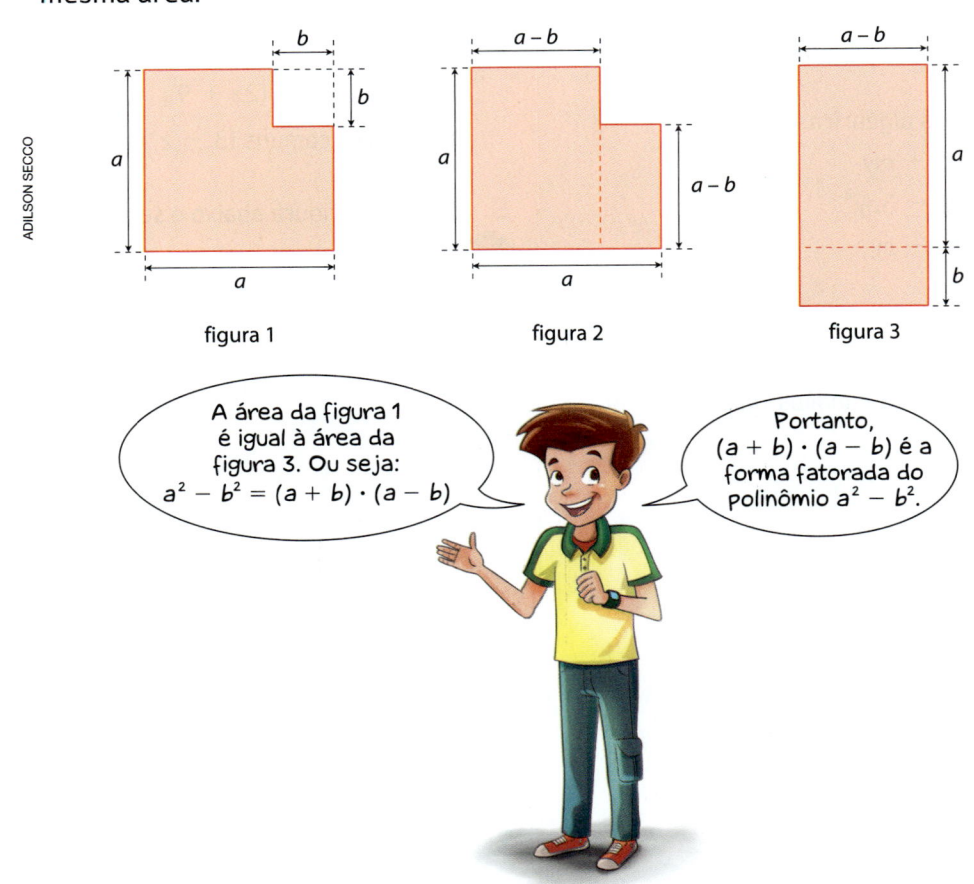

figura 1   figura 2   figura 3

A área da figura 1 é igual à área da figura 3. Ou seja: $a^2 - b^2 = (a + b) \cdot (a - b)$

Portanto, $(a + b) \cdot (a - b)$ é a forma fatorada do polinômio $a^2 - b^2$.

Veja a seguir, como podemos fatorar alguns polinômios:

a) $x^2 - 49$

Como $49 = 7^2$, escrevemos: $x^2 - 49 = x^2 - 7^2 = (x + 7) \cdot (x - 7)$

Portanto, $(x + 7) \cdot (x - 7)$ é uma forma fatorada do polinômio $x^2 - 49$.

Se $x > 7$, geometricamente temos:

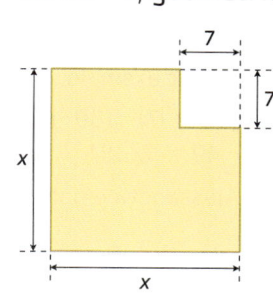

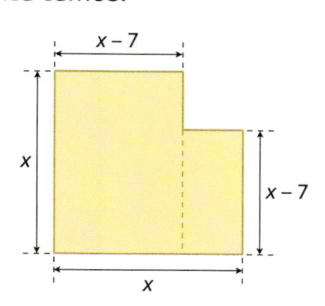

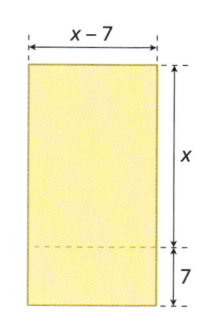

b) $16a^2 - x^2y^2$

Como $16a^2 = (4a)^2$ e $x^2y^2 = (xy)^2$, escrevemos:

$16a^2 - x^2y^2 = (4a)^2 - (xy)^2 = (4a + xy) \cdot (4a - xy)$

Portanto, $(4a + xy) \cdot (4a - xy)$ é uma forma fatorada do polinômio $16a^2 - x^2y^2$.

Se $xy > 0$ e $4a > xy$, geometricamente temos:

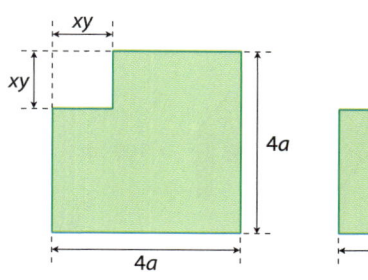

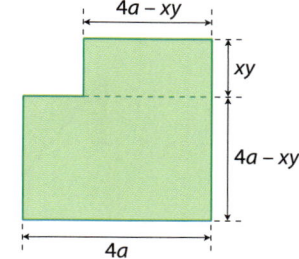

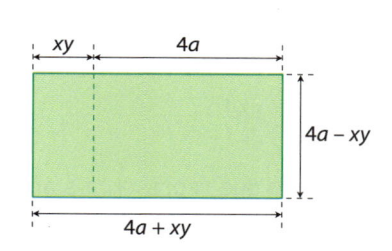

DESAFIO

Responda às dúvidas de Diego e de Lorenzo.

> A diferença entre os quadrados de dois números naturais e consecutivos é um número par ou ímpar? — Diego

> É verdade que a diferença entre os quadrados de dois números naturais pares consecutivos é o quádruplo do número ímpar entre eles? — Lorenzo

Dica: represente um número por x, seu sucessor por $x + 1$, um número par por $2x$ e seu sucessor par por $2x + 2$.

ATIVIDADES

PRATIQUE

1. Escreva os polinômios na forma fatorada.

a) $81x^2 - 1$

b) $a^4 - 121b^2$

c) $\dfrac{1}{4} - \dfrac{4}{9}y^2$

d) $-25 + d^4$

e) $\dfrac{25}{16}x^4y^8 - \dfrac{1}{9}x^2y^6$

f) $49z^2y^2 - \dfrac{1}{64}$

2. Descubra quem fez a fatoração corretamente do polinômio $9x^4 - y^2z^2$.

- Samir obteve o produto $(3x + yz) \cdot (3x - yz)$.
- Régis obteve o produto $[(3x)^2 + yz] \cdot [(3x)^2 - yz]$.
- Luana obteve o produto $(3x^2 + yz) \cdot (3x^2 - yz)$.

3. Escreva o polinômio que representa a área da parte laranja de cada figura e fatore-o.

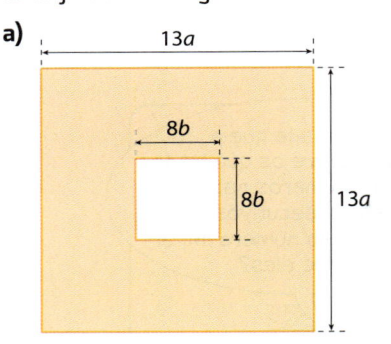

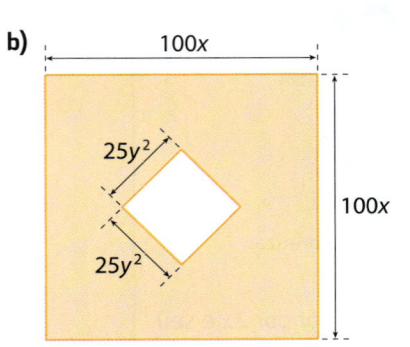

a) Quadrado de lado $13a$ com quadrado vazado de lado $8b$.

b) Quadrado de lado $100x$ com quadrado vazado (na diagonal) de lado $25y^2$.

APLIQUE

4. Veja como Alessandra calcula mentalmente o produto de alguns números com a ajuda da forma fatorada da diferença de dois quadrados.

Para calcular, por exemplo, $73 \cdot 87$, ela faz:

$73 \cdot 87 = (80 - 7) \cdot (80 + 7) = 80^2 - 7^2 =$
$= 6.400 - 49 = 6.351$

Faça como Alessandra e obtenha os produtos.

a) $47 \cdot 53$

b) $74 \cdot 66$

c) $999 \cdot 1.001$

d) $62 \cdot 58$

5. Beatriz queria uma mesa que tivesse um lado com 40 cm e o tampo com 6.400 cm² de área.

Querendo fazer-lhe uma surpresa, seu marido aproveitou algumas peças de madeira que tinha em casa e construiu esta mesa:

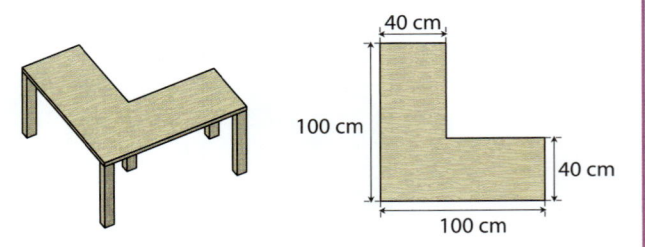

(Mesa em formato de L: 100 cm × 100 cm com recorte de 40 cm × 40 cm)

No entanto, Beatriz queria uma mesa de superfície retangular. Então, ela pediu ao marido que mudasse o formato do tampo.

a) O que ele deverá fazer para mudar o formato do tampo sem alterar a área da mesa?

b) Use essa situação para explicar que $100^2 - 60^2 = (100 + 60) \cdot (100 - 60)$.

6. Escreva um polinômio na forma fatorada que represente a área da figura.

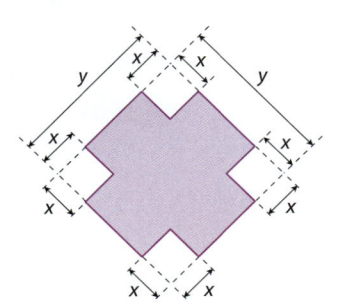

(Figura em forma de cruz inscrita em um quadrado de diagonal com medidas y, x, x, y)

TRINÔMIO QUADRADO PERFEITO

DO TIPO $a^2 + 2ab + b^2$

O professor de Júlia pediu a ela que usasse um polinômio para representar algebricamente a área do quadrado abaixo. Observe como ela fez.

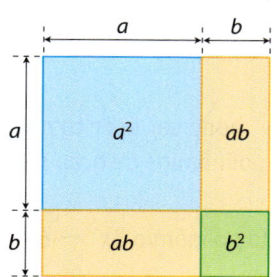

$A = a^2 + 2ab + b^2$

OU

$A = (a + b)^2$

> Analisando a figura, obtemos: $a^2 + 2ab + b^2 = (a + b)^2$. Então, a forma fatorada de $a^2 + 2ab + b^2$ é $(a + b)^2$.

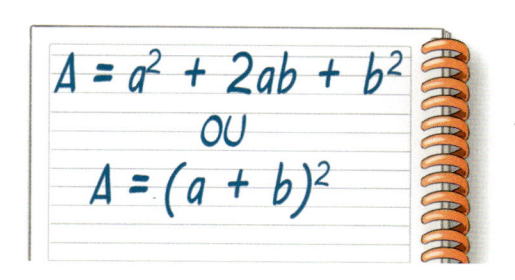

DO TIPO $a^2 - 2ab + b^2$

A pedido do professor, Júlia também usou um polinômio para representar algebricamente a área deste outro quadrado. Veja como ela fez agora.

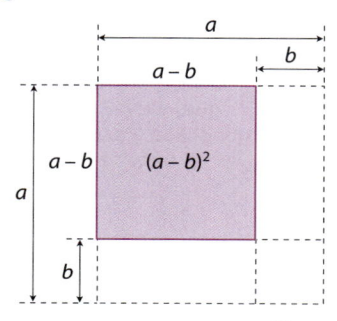

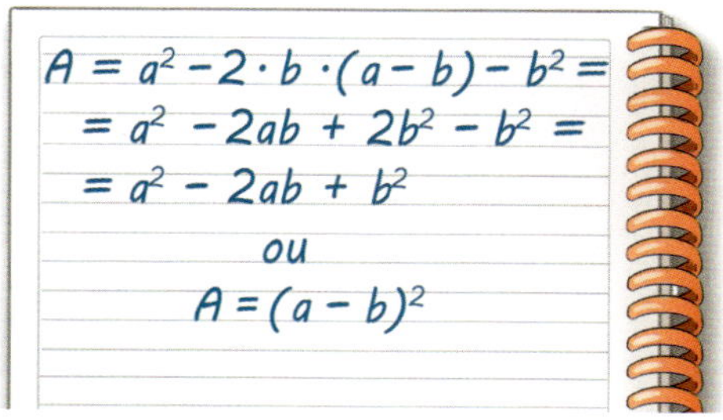

$A = a^2 - 2 \cdot b \cdot (a - b) - b^2 =$
$= a^2 - 2ab + 2b^2 - b^2 =$
$= a^2 - 2ab + b^2$
ou
$A = (a - b)^2$

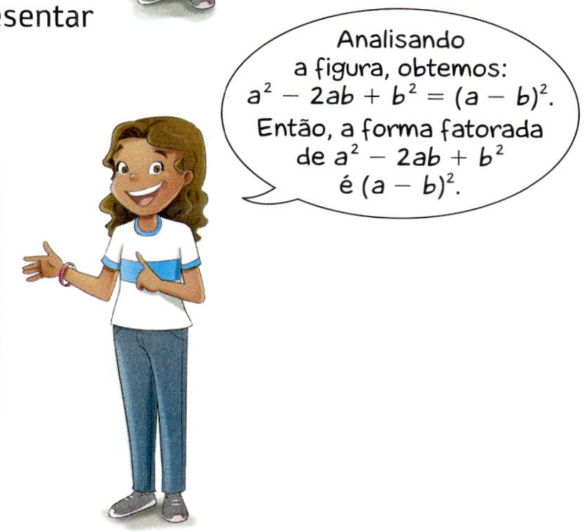

> Analisando a figura, obtemos: $a^2 - 2ab + b^2 = (a - b)^2$. Então, a forma fatorada de $a^2 - 2ab + b^2$ é $(a - b)^2$.

> Novamente, fizemos o processo inverso de algo que você já sabia calcular: os produtos notáveis $(a + b)^2$ e $(a - b)^2$.

> Para fatorar um trinômio quadrado perfeito, devemos reconhecer que:
> - é um trinômio (tem três termos não semelhantes);
> - dois desses três termos são quadrados perfeitos (a^2 e b^2);
> - o outro termo, com sinal + ou −, é igual a $2 \cdot a \cdot b$ ou $2ab$.

Veja a seguir, como podemos fatorar alguns polinômios:

a) $9x^2 + 6xy + y^2$

Como $9x^2 = (3x)^2$ e $6xy = 2 \cdot (3x) \cdot y$, escrevemos:

$9x^2 + 6xy + y^2 = (3x)^2 + 2 \cdot (3x) \cdot y + y^2 = (3x + y)^2$

Portanto, $(3x + y)^2$ é uma forma fatorada do polinômio $9x^2 + 6xy + y^2$.

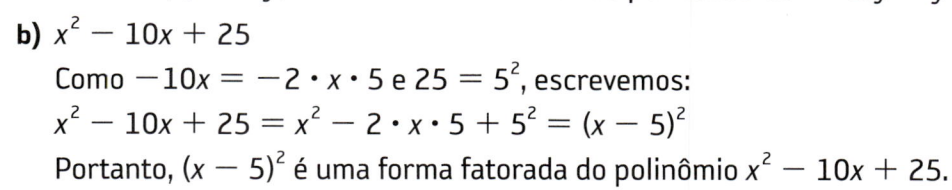

b) $x^2 - 10x + 25$

Como $-10x = -2 \cdot x \cdot 5$ e $25 = 5^2$, escrevemos:

$x^2 - 10x + 25 = x^2 - 2 \cdot x \cdot 5 + 5^2 = (x - 5)^2$

Portanto, $(x - 5)^2$ é uma forma fatorada do polinômio $x^2 - 10x + 25$.

ATIVIDADES

PRATIQUE

1. Escreva no caderno o polinômio cuja forma fatorada é apresentada abaixo.

   a) $\left(\dfrac{3}{5} + x\right)^2$

   b) $\left(y + \sqrt{11}\right)^2$

   c) $\left(-\dfrac{1}{2}x^3 + \dfrac{1}{3}y^2\right)^2$

   d) $(ax^2 - b)^2$

2. Escreva uma forma fatorada de cada um dos polinômios.

   a) $x^2 + 28x + 196$

   b) $121x^2 - 154x + 49$

   c) $-400x + x^2 + 40.000$

   d) $400 - 40x + x^2$

   e) $225x^8 + 121 - 330x^4$

   f) $x^2 - x + \dfrac{1}{4}$

   g) $64 + x^6 + 16x^3$

3. Observe a figura e encontre o que se pede.

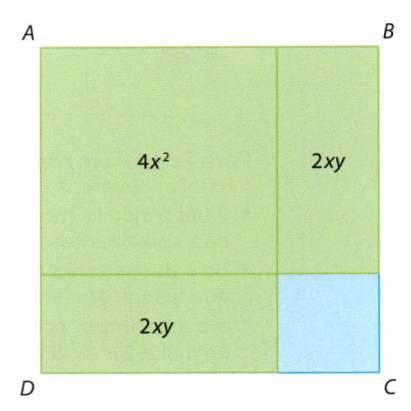

   [Figura: quadrado ABCD dividido em quatro regiões: $4x^2$, $2xy$, $2xy$ e um quadrado azul no canto inferior direito.]

   a) Escreva o polinômio que representa a área do quadrado azul.

   b) Qual é a medida do lado do quadrado ABCD?

4. Fatore os polinômios.

   a) $2x^2 + 8x + 8$

   b) $\dfrac{x^2}{3} - 2x + 3$

APLIQUE

5. Dado o polinômio $a^3b + 2a^2b^2 + ab^3$, determine o valor numérico desse polinômio para $ab = 20$ e $a + b = -7$.

6. Qual é a forma fatorada do polinômio $100a^2 - 100b^2$?

7. Copie as afirmações verdadeiras no caderno.

   a) Uma forma fatorada do polinômio $5x^2 - 5y^2$ é $5 \cdot (x + y) \cdot (x - y)$.

   b) $18x^3 + 60x^2y + 50xy^2$ pode ser escrito na forma de produto de quatro polinômios de grau maior ou igual a 1.

   c) Uma forma fatorada do polinômio $3x^2 - 6x + 3$ é $3 \cdot (x - 1)^2$.

   d) $a^2 + x^2 + 2ax - 1$ é a forma fatorada do polinômio $ax + x^2$.

8. Responda às questões.

   Qual polinômio deve ser adicionado ao trinômio $5x^2 - 6x + 1$ para que ele se torne um quadrado perfeito?

   Qual é o binômio que, elevado ao quadrado, resulta em $y^6 - 6x^2y^3 + 9x^4$?

9. Resolva.

   Sabendo que $36a^2y^2 - 12ay + 1$ é igual a 100, determine o valor de ay.

SOMA OU DIFERENÇA DE DOIS CUBOS

Para entender a fatoração de $(a^3 + b^3)$ ou $(a^3 - b^3)$, vamos calcular os produtos $(a + b) \cdot (a^2 - ab + b^2)$ e $(a - b) \cdot (a^2 + ab + b^2)$.

> Nos dois casos, partimos de um produto e depois invertemos a ordem dos membros da igualdade.

SOMA DE DOIS CUBOS: $a^3 + b^3$

Aplicando a propriedade distributiva e reduzindo os termos semelhantes, temos:

$$(a + b) \cdot (a^2 - ab + b^2) = a^3 - a^2b + ab^2 + a^2b - ab^2 + b^3 = a^3 + b^3$$

Portanto:

$$a^3 + b^3 = (a + b) \cdot (a^2 - ab + b^2)$$

EXEMPLO

$1 + 27m^3 = 1^3 + (3m)^3 = \underbrace{(1 + 3m) \cdot (1 - 3m + 9m^2)}_{\text{forma fatorada}}$

DIFERENÇA DE DOIS CUBOS: $a^3 - b^3$

Aplicando a propriedade distributiva e reduzindo os termos semelhantes, temos:

$$(a - b) \cdot (a^2 + ab + b^2) = a^3 + a^2b + ab^2 - a^2b - ab^2 - b^3 = a^3 - b^3$$

Portanto:

$$a^3 - b^3 = (a - b) \cdot (a^2 + ab + b^2)$$

EXEMPLO

$z^3 - 8 = z^3 - 2^3 = \underbrace{(z - 2) \cdot (z^2 + 2z + 4)}_{\text{forma fatorada}}$

Trilha de estudo

Vai estudar? Nosso assistente virtual no *app* pode ajudar!
<http://mod.lk/trilhas>

ATIVIDADES

PRATIQUE

1. Fatore as seguintes expressões:
 a) $64 + m^3$
 b) $t^6 + 64$
 c) $1.000c^3 + \dfrac{1}{27}$
 d) $0,125k^3 + m^3k^3$

2. Considerando a diferença de dois cubos, fatore as expressões.
 a) $64 - m^3$
 b) $m^3k^3 - \dfrac{125}{1.000}$
 c) $t^6 - 27$
 d) $-1.000c^3 + \dfrac{64}{27}$

3. Classifique em V (verdadeiro) ou F (falso).
 a) $(3c - m)^3 = 27c^3 - m^3$
 b) $\left(c + \dfrac{m}{2}\right)^2 \cdot \left(c + \dfrac{m}{2}\right) = \left(c + \dfrac{m}{2}\right)^3$
 c) $\left(\dfrac{c}{2} + \dfrac{m}{2}\right)^2 \cdot \left(\dfrac{c}{2} - \dfrac{m}{2}\right) = \left(\dfrac{c}{2} - \dfrac{m}{2}\right)^3$
 d) $\left(\dfrac{c}{2} - m\right)^3 = \dfrac{c^3}{8} + cm + m^3$
 e) $27c^3 + m^9 = (3c + m^3) \cdot (9c^2 - 3cm^3 + m^6)$

4. Associe as expressões à sua forma fatorada.

A $\left(\dfrac{1}{6} + 6j^3\right) \cdot \left(\dfrac{1}{36} - j^3 + 36j^6\right)$

B $\left(\dfrac{t}{20} + j^4\right) \cdot \left(\dfrac{t^2}{400} - \dfrac{tj^4}{20} + j^8\right)$

C $(j - 7t) \cdot (j^2 + 7jt + 49t^2)$

D $(2t - 10) \cdot (4t^2 + 20t + 100)$

E $(t - j) \cdot (t^2 + tj + j^2)$

F $(t + j) \cdot (t^2 - tj + j^2)$

I $j^3 - 343t^3$

II $\dfrac{1}{216} + 216j^9$

III $8t^3 - 1.000$

IV $t^3 + j^3$

V $\dfrac{t^3}{8.000} + j^{12}$

VI $t^3 - j^3$

ESTATÍSTICA E PROBABILIDADE
LEITURA E INTERPRETAÇÃO DE HISTOGRAMAS

Um histograma é um tipo de gráfico mais adequado a ser utilizado quando se deseja representar intervalos de valores dentro de limites, um mínimo e um máximo.

Observe o histograma ao lado que o gerente de uma empresa fabricante de móveis elaborou para analisar as faixas salariais de seus funcionários.

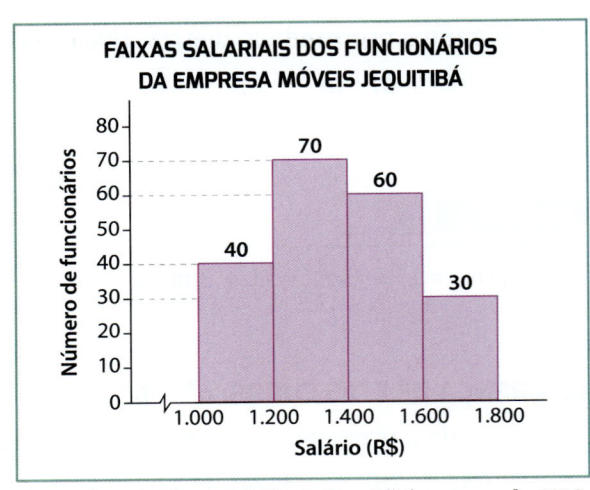

Nesse exemplo, para determinar qual faixa salarial apresenta a maior frequência de funcionários, basta comparar as frequências de cada uma das faixas. Observe que no eixo horizontal do histograma estão indicadas as faixas salariais, em reais, e que no eixo vertical estão as frequências de cada faixa salarial. Pelo gráfico, observamos que a maior frequência é 70 e que ela corresponde à faixa salarial de limites 1.200 e 1.400. Ou seja, a faixa salarial de 1.200 a 1.400 reais é a que apresenta a maior frequência de funcionários.

Descoberta a faixa salarial de maior frequência podemos calcular a porcentagem correspondente à essa faixa. Para isso, devemos primeiro encontrar o número total de funcionários da empresa, que é a soma do número de funcionários de cada classe:

$$40 + 70 + 60 + 30 = 200$$

Dividindo a quantidade de pessoas da classe de maior frequência pelo número total de funcionários da empresa, temos:

$$70 : 200 = 0,35$$

Portanto, 35% dos funcionários dessa empresa recebe salários entre 1.200 a 1.400 reais.

FAIXAS SALARIAIS DOS FUNCIONÁRIOS DA EMPRESA MÓVEIS JEQUITIBÁ

Dados obtidos por Móveis Jequitibá em nov. de 2018.

ATIVIDADES

1. Em dezembro de 2018, Juliana fez um levantamento da renda das famílias de uma comunidade carente para montar um projeto de oferta de trabalho para essas pessoas.

Veja no histograma ao lado a distribuição da renda das famílias dessa comunidade.

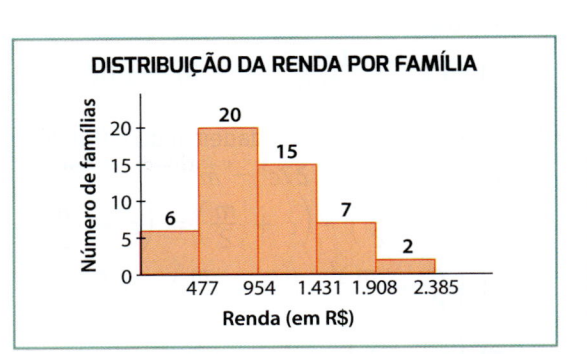

a) Considerando que o salário mínimo no período da pesquisa de Juliana era R$ 954,00, qual é a porcentagem de famílias que recebia menos de um salário mínimo nesse período?

b) Qual é a porcentagem de famílias que recebia mais de dois salários mínimos nesse período?

DISTRIBUIÇÃO DA RENDA POR FAMÍLIA

Dados obtidos por Juliana em dez. de 2018.

2. Observe o histograma a seguir que indica a projeção realizada pelo IBGE a respeito da população brasileira, por faixa etária, para o ano de 2024. Depois, responda às questões.

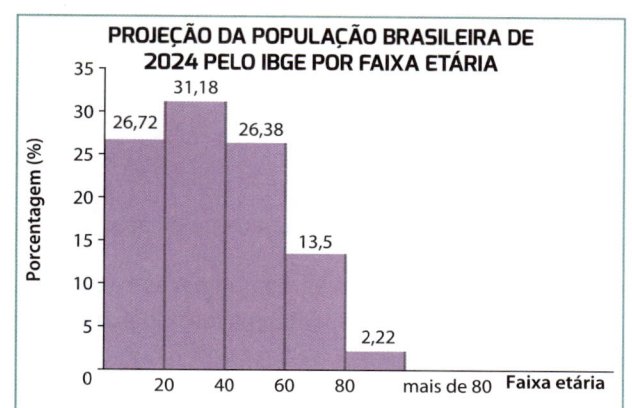

PROJEÇÃO DA POPULAÇÃO BRASILEIRA DE 2024 PELO IBGE POR FAIXA ETÁRIA

(Porcentagem %)
- 0–20: 26,72
- 20–40: 31,18
- 40–60: 26,38
- 60–80: 13,5
- mais de 80: 2,22

Dados obtidos em: <https://www.ibge.gov.br/apps/populacao/projecao/>. Acesso em: 16 ago. 2018.

a) Esse histograma foi dividido em quantas faixas etárias?

b) Qual é a porcentagem da população que terá entre 60 e 79 anos?

c) Podemos dizer que mais da metade da população terá menos de 40 anos? Por quê?

3. A empresa de publicidade BM10 fez um levantamento da quantidade de horas semanais que seus funcionários empregam em atividades físicas. Os dados coletados estão no histograma abaixo.

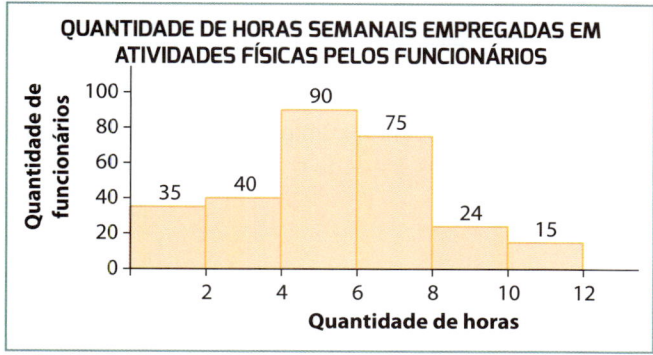

QUANTIDADE DE HORAS SEMANAIS EMPREGADAS EM ATIVIDADES FÍSICAS PELOS FUNCIONÁRIOS

(Quantidade de funcionários)
- 0–2: 35
- 2–4: 40
- 4–6: 90
- 6–8: 75
- 8–10: 24
- 10–12: 15

Dados obtidos por BM10 em jul. de 2018.

a) Quantos funcionários há nessa empresa?

b) Quantos funcionários empregam de 2 a 4 horas semanais na prática de atividades físicas?

c) Podemos afirmar que mais da metade dos funcionários pratica atividades físicas durante 4 a 8 horas semanais? Justifique.

d) A empresa promoverá uma campanha para que todos os funcionários passem a praticar atividades físicas por pelo menos 4 horas semanais. Para atender a esse objetivo, quantos funcionários deverão aumentar o tempo semanal despendido em atividades físicas?

4. Para analisar o comportamento dos motoristas da cidade de Limoeiros, a prefeitura fez um levantamento do número de infrações cometidas por 200 motoristas nos últimos cinco anos. Os dados obtidos foram organizados no gráfico abaixo.

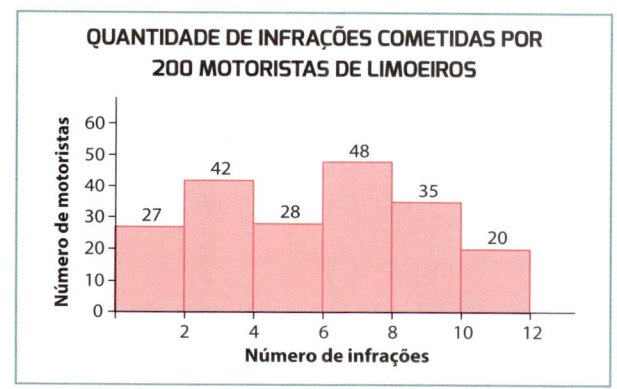

QUANTIDADE DE INFRAÇÕES COMETIDAS POR 200 MOTORISTAS DE LIMOEIROS

(Número de motoristas)
- 0–2: 27
- 2–4: 42
- 4–6: 28
- 6–8: 48
- 8–10: 35
- 10–12: 20

Dados obtidos pela prefeitura de Limoeiros em jan. 2018.

a) A prefeitura de Limoeiros chegou à conclusão de que precisa promover uma campanha de educação no trânsito, pois mais da metade dos motoristas pesquisados cometeu seis infrações ou mais no período analisado. A que porcentagem dos motoristas pesquisados corresponde essa parcela?

b) A equipe que fez o levantamento dos dados cometeu um erro nos cálculos, contabilizando duas infrações a mais para cada motorista. Construa um histograma com os dados corretos. Fique atento, pois não existe classe com número negativo de infrações.

c) Considerando os dados corretos, pode-se afirmar que mais da metade dos motoristas cometeu seis infrações ou mais? Por quê?

ATIVIDADES COMPLEMENTARES

1. Desenvolva os seguintes produtos notáveis:
   a) $(2x + 1)^2$
   b) $(2x - 1)^2$
   c) $(2x + 1) \cdot (2x - 1)$
   d) $(2x + 1)^3$
   e) $(2x - 1)^3$
   f) $(2x - 2)^2$
   g) $\left(2x + \dfrac{1}{2}\right)^2$
   h) $(10 - x)^2$
   i) $(7 - x) \cdot (x - 7)$
   j) $(x - 1)^3$
   k) $\left(\dfrac{x}{2} + 2\right)^3$
   l) $\left(5x - \dfrac{1}{10}\right)^2$
   m) $\left(-\dfrac{2}{3}x + \dfrac{1}{3}\right) \cdot \left(\dfrac{2}{3}x + \dfrac{1}{3}\right)$
   n) $(x - 10)^3$

2. Considerando $x = 2a - 3$ e $y = 3a - 2$, determine:
   a) $x^2 + y^2$
   b) $x^2 - y^2$
   c) $(y - x)^2$
   d) $(x + y)^2$
   e) $y^2 - (4a - 3)$
   f) $[(x - y) + (x + y)]^2$

3. Sabendo que n é um número real, descubra seu valor nas expressões abaixo.
   a) $(x - n)^2 = x^2 - 16x + n^2$
   b) $(x^2 - n)^2 = x^4 - 2nx^2 + 36$
   c) $(5x - 3)^2 = nx^2 - 30x + 9$
   d) $(2n - x)^2 = 4 \cdot (5)^2 - 4 \cdot 5 \cdot x + x^2$

4. Determine o que se pede.
   a) Se $a = x^3 + \dfrac{1}{x^3}$ e $b = x^3 - \dfrac{1}{x^3}$, determine o valor de ab.
   b) Se $a = 2x - 1$, $b = x + 3$ e $c = 2x + 1$, determine o valor de $ac - b^2$.
   c) Se $x = m + 6$ e $y = m - 6$, determine o valor de $x^2 - y^2 + xy$.

5. Teresa comprou um terreno quadrado para construir uma casa com formato quadrado, conforme mostra o esquema ao lado. 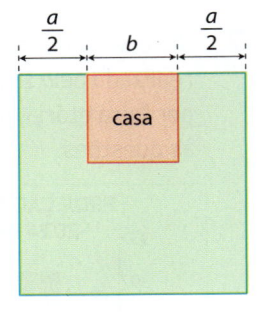
   Qual expressão algébrica representa a área do terreno:
   a) ocupada pela casa?
   b) que não será ocupada pela casa?

6. Calcule os valores dos números naturais x e y considerando as informações abaixo.
   a) $x^2 + y^2 = 113$ e $(x + y)^2 = 225$
   b) $x^2 + y^2 = 104$ e $(x - y)^2 = 64$

7. Leia e responda às questões.
   a) Se $(x - y) = 4$ e $(x + y) = 10$, qual é o valor da expressão $(x^2 - y^2)$?
   b) Se $xy = 27$ e $(x - y) = 10$, qual é o valor da expressão $(x^2 + y^2)$?

8. Escreva um trinômio para representar a área de cada figura.
   a) 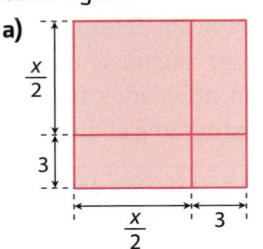
   b)

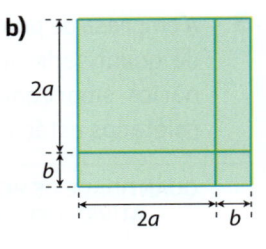

9. Marina desenhou um polígono cuja área é igual à soma das áreas de três quadrados diferentes.

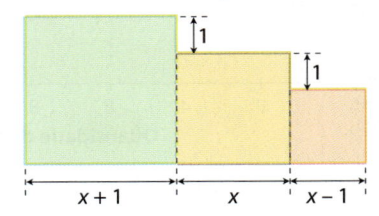

   a) Qual é o binômio que representa a área do polígono?
   b) Se $x = 2$, qual é a razão entre as áreas do quadrado maior e do quadrado menor?

10. Reúna-se com um colega e observem a sequência de figuras determinada por certo padrão.

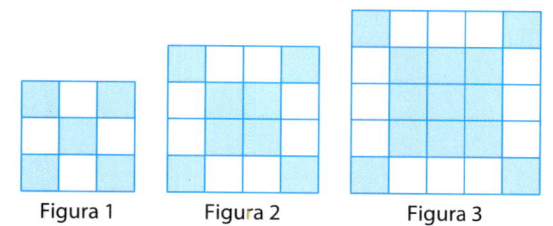

Figura 1   Figura 2   Figura 3

Agora, respondam às questões.

a) Qual é a lógica dessa sequência, isto é, qual é o padrão?

b) Qual é a quantidade de quadradinhos brancos da 5ª figura da sequência?

11. Observe as figuras e calcule o que se pede.

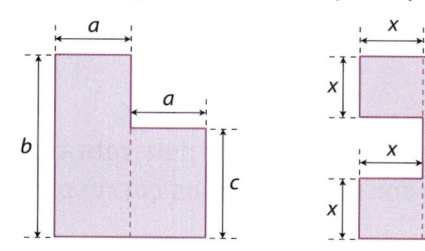

a) Escreva o produto de polinômios que representa a área de cada figura.

b) Se $a = 2$, $b = 5$, $c = 3$, $x = 3$ e $y = 1$, que figura tem maior área?

12. Descubra quem diz a verdade e quem está enganado.

- O fator comum de $15x^2 - 12y^2$ é 3.
- Um fator comum de $45ax^2 + 30a^2x$ é ax.
- O fator comum de $14ab - 21bc$ é $7b$.
- O fator comum de $-36x^2 - 18x^3 - 27a^5$ é $-9x^2$.

13. Observe a figura abaixo, formada por três blocos retangulares, e responda à questão.

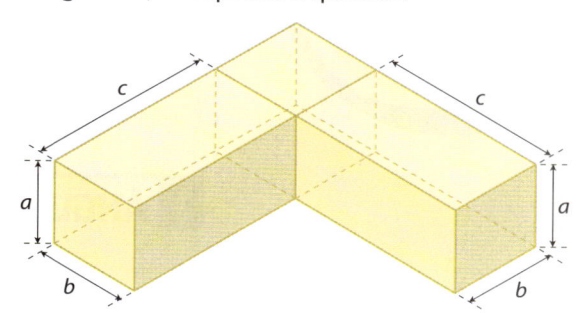

Qual é a forma fatorada do polinômio que representa o volume da figura?

14. Observe os sólidos geométricos e faça o que se pede.

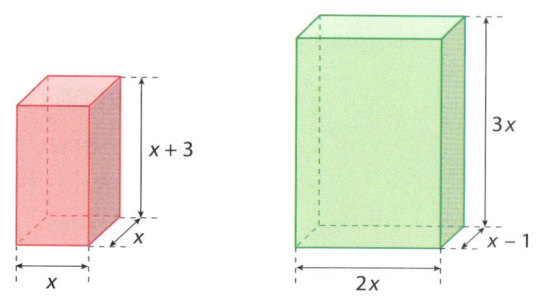

a) Represente com um polinômio a área da superfície total de cada sólido geométrico.

b) Represente com uma expressão fatorada o volume de cada sólido.

c) Se $x = 2$, que sólido tem maior volume? E se $x = 1,5$?

15. (PUC-SP) A expressão $(2a + b)^2 - (a - b)^2$ é igual a:

a) $3a^2 + 2b^2$

b) $3a(a + 2b)$

c) $4a^2 + 4ab + b^2$

d) $2ab(2a + b)$

e) $5a^2 + 2b^2 - ab$

16. Se a soma das áreas dos dois retângulos roxos da figura é 70 cm² e a área de toda a figura é 144 cm², quais são os valores de m e de n sabendo que $m > n$?

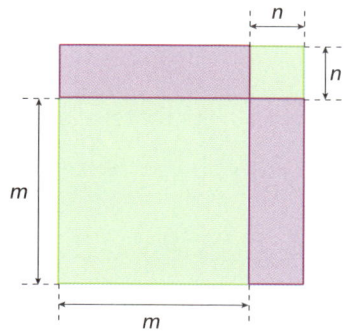

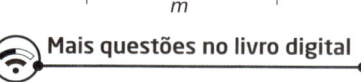

Mais questões no livro digital

117

UNIDADE 5

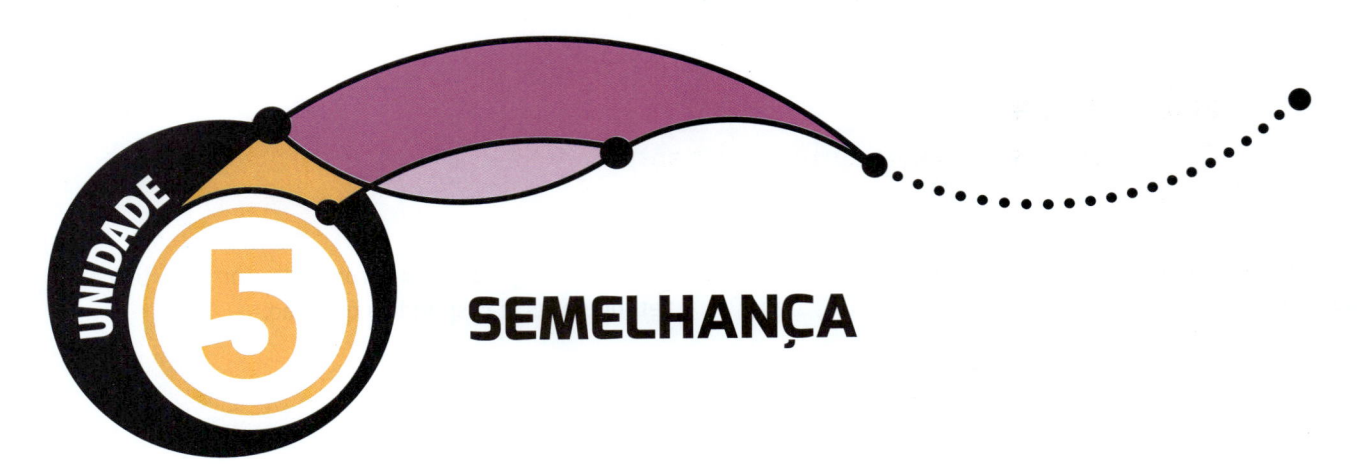

SEMELHANÇA

1 ÂNGULOS

RELAÇÕES ENTRE OS ÂNGULOS FORMADOS POR DUAS RETAS PARALELAS CORTADAS POR UMA TRANSVERSAL

Vamos analisar as medidas dos ângulos correspondentes, alternos e colaterais formados no caso particular em que as duas retas cortadas por uma transversal são paralelas.

ÂNGULOS CORRESPONDENTES

Observe, na figura abaixo, as retas *r* e *s* cortadas pela reta transversal *t*. Os ângulos destacados com a mesma cor são os **ângulos correspondentes**.

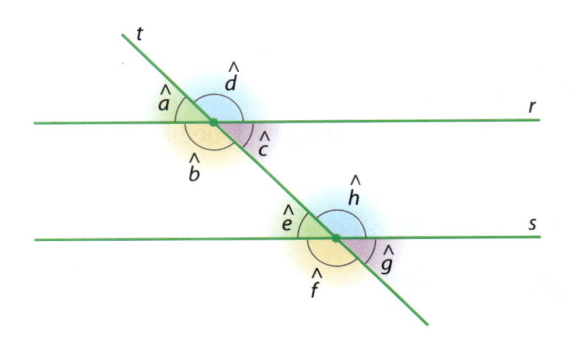

Nesse caso, como as retas *r* e *s* são paralelas, os ângulos correspondentes são **congruentes**, ou seja, têm a mesma medida. Assim, na figura os ângulos:

- $\hat{a}$ e $\hat{e}$ são correspondentes ⟶ $a = e$
- $\hat{b}$ e $\hat{f}$ são correspondentes ⟶ $b = f$
- $\hat{c}$ e $\hat{g}$ são correspondentes ⟶ $c = g$
- $\hat{d}$ e $\hat{h}$ são correspondentes ⟶ $d = h$

> Dois ângulos correspondentes determinados por duas retas paralelas e uma transversal são congruentes.

Observe as retas *r*, *s* e *t* ao lado.

Considerando que *r* e *s* são quaisquer duas retas paralelas distintas contidas em um mesmo plano e *t* é uma reta concorrente a elas, dizemos que *t* é uma **reta transversal** a *r* e a *s*.

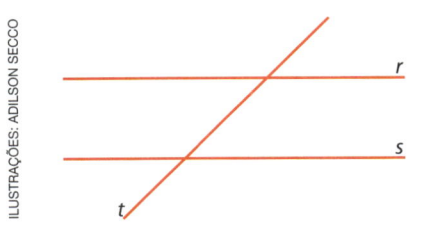

ÂNGULOS ALTERNOS

Duas retas r e s interceptadas por uma transversal determinam dois pares de **ângulos alternos internos** e dois pares de **ângulos alternos externos**. Quando as retas r e s são paralelas, os ângulos alternos são **congruentes**, conforme mostram as figuras abaixo.

Ângulos alternos internos		Ângulos alternos externos	
Os ângulos $\hat{b}$ e $\hat{h}$ são alternos internos.	Os ângulos $\hat{c}$ e $\hat{e}$ são alternos internos.	Os ângulos $\hat{a}$ e $\hat{g}$ são alternos externos.	Os ângulos $\hat{d}$ e $\hat{f}$ são alternos externos.
b = h	c = e	a = g	d = f

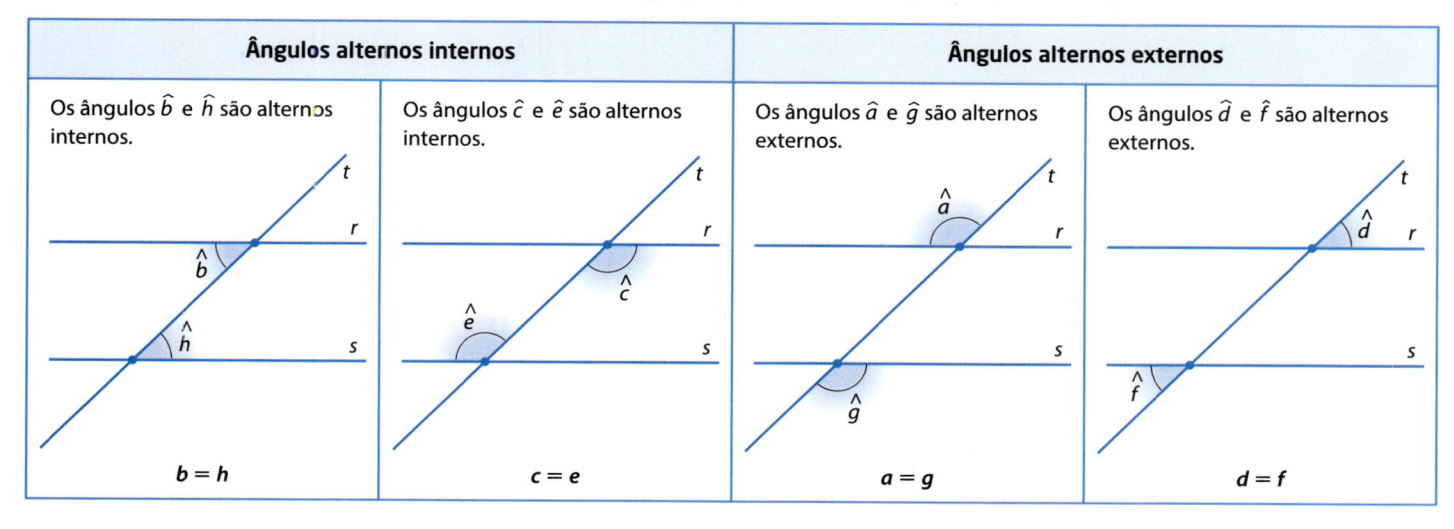

A seguir, vamos demonstrar essa relação.

Observe a figura abaixo, em que r e s são retas paralelas.

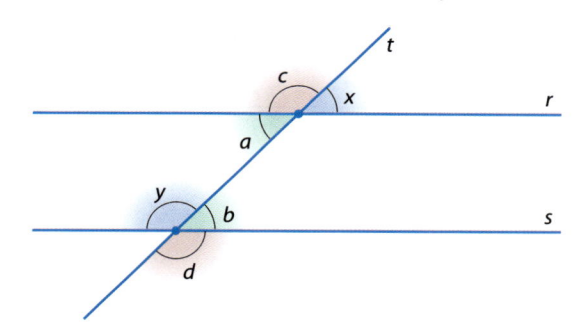

Considerando os ângulos alternos internos de medidas a e b e o ângulo de medida x, temos que:

- os ângulos de medidas a e x são o.p.v.; então $a = x$ (I)
- os ângulos de medidas b e x são correspondentes; então $b = x$ (II)

De (I) e (II), podemos concluir que $a = b$.

Então, os ângulos alternos internos são congruentes.

Considerando agora os ângulos alternos externos de medidas c e d e o ângulo de medida y, temos que:

- os ângulos de medidas c e y são correspondentes; então $c = y$ (III)
- os ângulos de medidas d e y são o.p.v.; então $d = y$ (IV)

De (III) e (IV), podemos concluir que $c = d$.

Então, os ângulos alternos externos também são congruentes.

> Dois ângulos alternos (internos ou externos) determinados por duas retas paralelas e uma transversal são congruentes.

ÂNGULOS COLATERAIS

Duas retas r e s interceptadas por uma transversal determinam dois pares de **ângulos colaterais internos** e dois pares de **ângulos colaterais externos**. Quando as retas r e s são paralelas, os ângulos colaterais são **suplementares**, conforme mostram as figuras a seguir.

Ângulos colaterais internos		Ângulos colaterais externos	
Os ângulos $\hat{b}$ e $\hat{e}$ são colaterais internos.	Os ângulos $\hat{c}$ e $\hat{h}$ são colaterais internos.	Os ângulos $\hat{a}$ e $\hat{f}$ são colaterais externos.	Os ângulos $\hat{d}$ e $\hat{g}$ são colaterais externos.
$b + e = 180°$	$c + h = 180°$	$a + f = 180°$	$d + g = 180°$

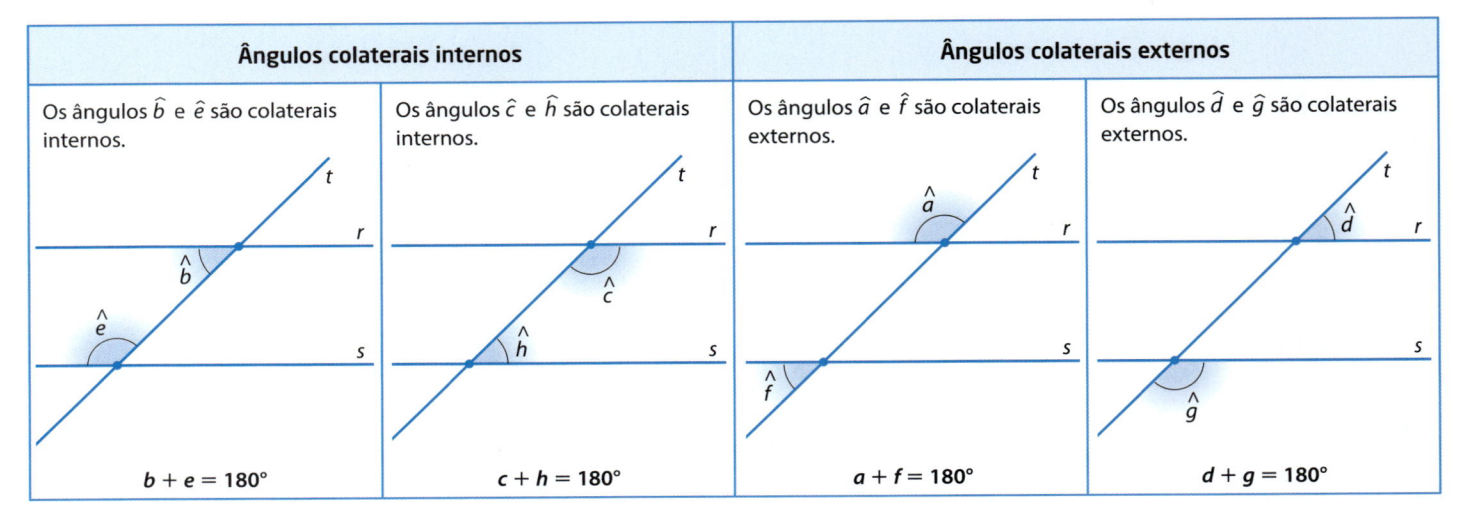

Vamos demonstrar essa relação.

Observe a figura, em que r e s são retas paralelas.

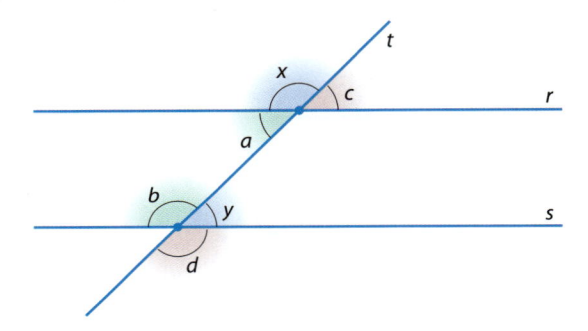

Considerando os ângulos colaterais internos de medidas a e b e o ângulo de medida x, temos que os ângulos de medidas:

- a e x são suplementares; então $a + x = 180°$ (I)
- b e x são correspondentes; então $b = x$ (II)

De (I) e (II), podemos concluir que $a + b = 180°$.

Então, os ângulos colaterais internos são suplementares.

Considerando agora os ângulos colaterais externos de medidas c e d e o ângulo de medida y, temos que os ângulos de medidas:

- c e y são correspondentes; então: $c = y$ (III)
- d e y são suplementares; então: $d + y = 180°$ (IV)

De (III) e (IV), podemos concluir que $c + d = 180°$.

Então, os ângulos colaterais externos também são suplementares.

> Dois ângulos colaterais (internos ou externos) determinados por duas retas paralelas e uma transversal são suplementares.

PARA PENSAR

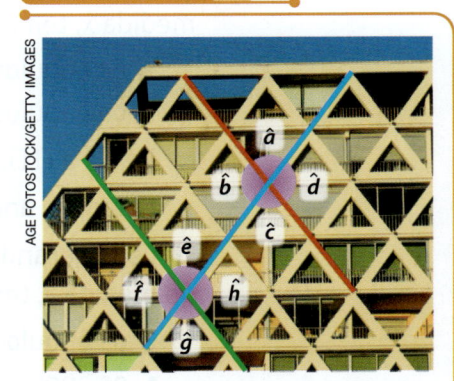

Janelas com padrões triangulares, em prédio residencial, Montpellier, França. Entre os ângulos destacados na foto, quais deles são colaterais?

ATIVIDADES

PRATIQUE

1. Desenhe duas retas paralelas cortadas por uma transversal. Em seguida:
  a) identifique os pares de ângulos correspondentes;
  b) verifique, com um transferidor, se os ângulos correspondentes são congruentes.

2. Observe a figura abaixo e responda à questão.

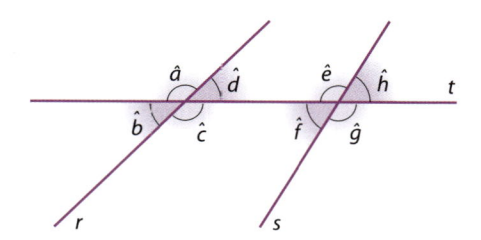

- Podemos afirmar que os pares de ângulos $\hat{a}$ e $\hat{g}$, $\hat{b}$ e $\hat{h}$, $\hat{c}$ e $\hat{e}$, $\hat{d}$ e $\hat{f}$ são congruentes? Por quê?

3. Observe a figura e responda às questões considerando que as retas r e s são paralelas.

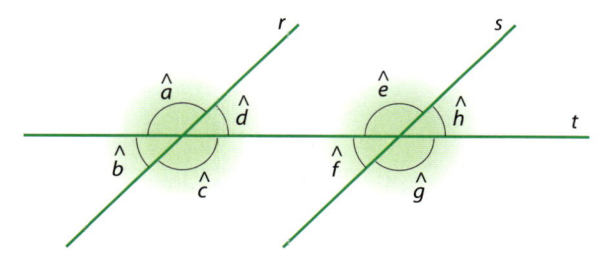

  a) Que relação existe entre os ângulos $\hat{a}$ e $\hat{h}$? E entre os ângulos $\hat{c}$ e $\hat{g}$?
  b) Os ângulos $\hat{d}$ e $\hat{e}$ são congruentes? Por quê?
  c) Os ângulos $\hat{b}$ e $\hat{f}$ são congruentes? Por quê?

R1. Sabendo que as retas r e s são paralelas, calcule os valores de a, b, c e d.

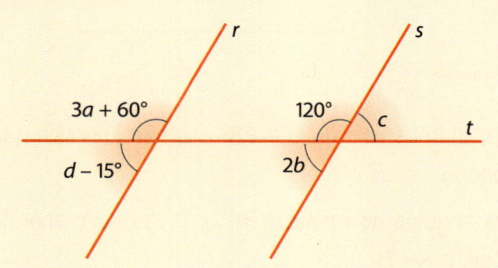

Resolução

Como as retas r e s são paralelas, podemos usar as relações a seguir:

- Os ângulos de medidas $3a + 60°$ e $120°$ são correspondentes. Logo:
$$3a + 60° = 120°$$
$$3a = 120° - 60°$$
$$3a = 60°$$
$$a = 20°$$

- Os ângulos de medidas $120°$ e $2b$ são suplementares, então:
$$2b + 120° = 180°$$
$$2b = 180° - 120°$$
$$2b = 60°$$
$$b = 30°$$

- Os ângulos de medidas c e 2b são o.p.v. Logo:
$$c = 2b$$
$$c = 2 \cdot 30°$$
$$c = 60°$$

- Os ângulos de medidas $d - 15°$ e c são alternos externos. Portanto:
$$d - 15° = c$$
$$d - 15° = 60°$$
$$d = 60° + 15°$$
$$d = 75°$$

4. Encontre o valor de x e y em cada caso, sendo r ∥ s.

  a) (102°, 78°, x, y)

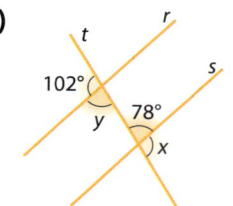

  b) (85°, x, y, 2x − 85°)

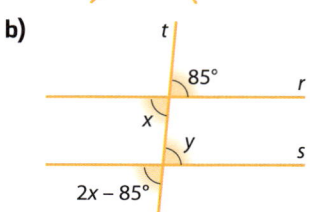

  c) (x, y, 3x)

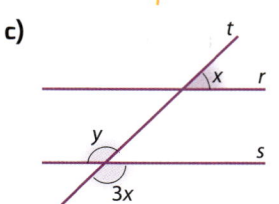

  d) (x, y − 10°, y + 100°)

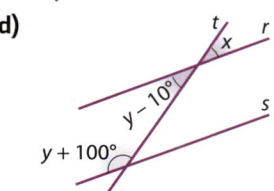

5. Calcule o valor de x em cada item.

a) Duas retas paralelas cortadas por uma transversal formam um par de ângulos correspondentes que medem $2x + 30°$ e $3x - 20°$.

b) Duas retas paralelas cortadas por uma transversal determinam dois ângulos alternos externos cujas medidas são $3x + 15°$ e $135°$.

R2. Duas retas paralelas cortadas por uma transversal formam ângulos colaterais externos de medidas $5x - 45°$ e $x + 45°$. Qual é a medida desses ângulos?

Resolução

As retas são paralelas e os ângulos são colaterais externos; então, eles são suplementares.

$$(5x - 45°) + (x + 45°) = 180°$$
$$5x - 45° + x + 45° = 180°$$
$$6x = 180°$$
$$x = 180° : 6$$
$$x = 30°$$

Ângulo de medida $5x - 45°$: $5 \cdot 30° - 45° = 105°$
Ângulo de medida $x + 45°$: $30° + 45° = 75°$

Portanto, os ângulos medem $105°$ e $75°$.

6. Duas retas paralelas cortadas por uma transversal determinam dois ângulos colaterais externos de medidas $8y + 40°$ e $5y + 10°$. Determine a medida de cada um desses ângulos.

APLIQUE

7. Na figura, r e s são retas paralelas. Calcule os valores de a, b, c e d.

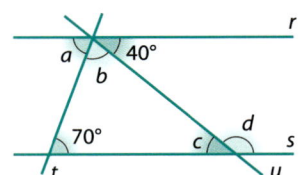

R3. Sabendo que $r \parallel s$ e que $u \parallel v$, determine x e y.

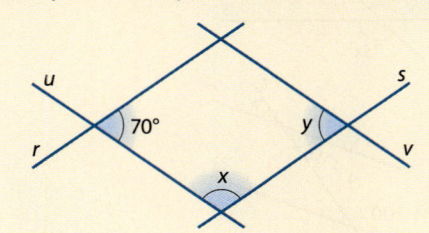

Resolução

Observando as retas r, s e u, concluímos que os ângulos de medidas $70°$ e x são colaterais e, portanto, suplementares.

$$x + 70 = 180°$$
$$x = 180° - 70°$$
$$x = 110°$$

Observando as retas u, v e s, concluímos que os ângulos de medidas x e y são colaterais e, portanto, suplementares.

$$y + x = 180°$$
$$y + 110° = 180°$$
$$y = 180° - 110°$$
$$y = 70°$$

R4. Sabendo que $r \parallel s$, encontre o valor de x.

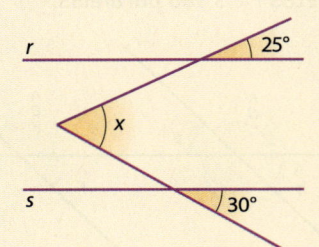

Resolução

Primeiro, vamos traçar uma reta paralela a r e a s, dividindo x em dois ângulos de medidas a e b.

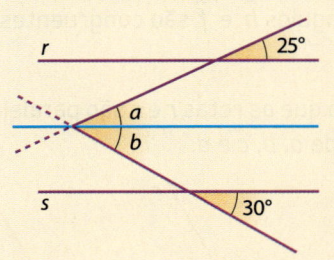

Os ângulos de medidas $25°$ e a são correspondentes; logo, $a = 25°$.

Os ângulos de medidas $30°$ e b são correspondentes; logo, $b = 30°$.

Como $x = a + b$, temos:

$$x = 25° + 30°$$
$$x = 55°$$

8. Determine as medidas x e y, em grau, para cada caso. Considere p ∥ q e r ∥ s.

a)

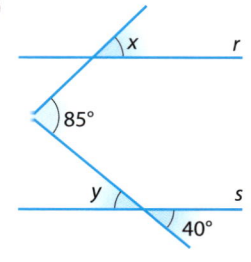

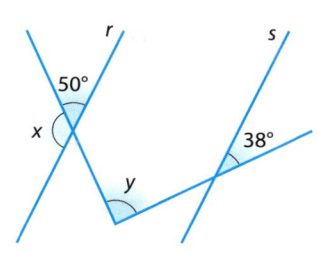

b)

c)

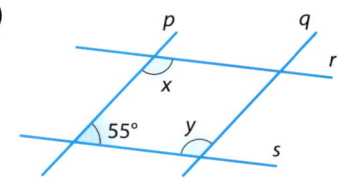

d)

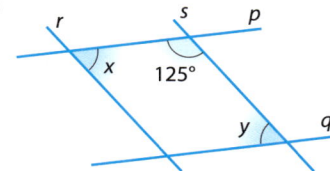

9. Sabendo que r ∥ s ∥ t, calcule os valores de x, y e z em cada caso.

a)

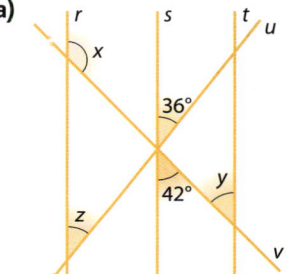

b)

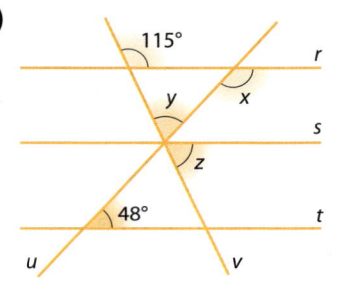

2 RAZÃO E PROPORÇÃO ENTRE SEGMENTOS

Razão é uma palavra que vem do latim *ratio* e significa "divisão".

Quando comparamos duas quantidades ou medidas por meio de uma divisão, o quociente dessa divisão recebe o nome de **razão**.

> A razão entre dois números, a e b, com b ≠ 0, nessa ordem, é dada por: $\dfrac{a}{b}$

RAZÃO ENTRE DOIS SEGMENTOS

Observe os dois segmentos representados abaixo.

M ――――――――――――――――― N

R ― S

Podemos comparar a medida dos segmentos usando um compasso.

Para isso, colocamos no compasso a abertura de medida RS, como na figura abaixo, e transportamos essa medida sobre o segmento $\overline{MN}$ quantas vezes couber.

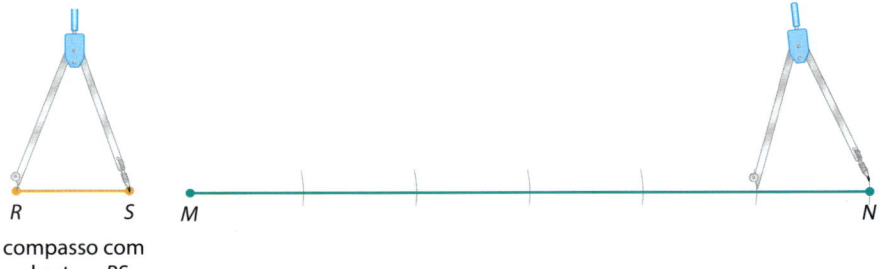

> Ao medir um segmento com a régua, obtemos uma medida imprecisa. Por isso, quando usamos a régua para determinar uma medida, devemos considerar que a razão obtida é aproximada.

compasso com abertura RS

Dessa maneira, constatamos que o segmento $\overline{RS}$ cabe 6 vezes em $\overline{MN}$.

Então $MN = 6 \cdot RS$. Obtemos assim a razão entre os segmentos $\overline{MN}$ e $\overline{RS}$, que é: $\dfrac{MN}{RS} = 6$

Quando determinamos quantas vezes um segmento cabe em outro, calculamos a razão entre eles.

> A razão entre dois segmentos é igual ao quociente entre os números que expressam as medidas desses segmentos, consideradas numa mesma unidade.

PROPORÇÃO ENTRE SEGMENTOS

Observe os segmentos $\overline{PQ}$, $\overline{RS}$, $\overline{TU}$ e $\overline{VX}$.

P — Q 3 cm
R — S 9 cm
T — U 2 cm
V — X 6 cm

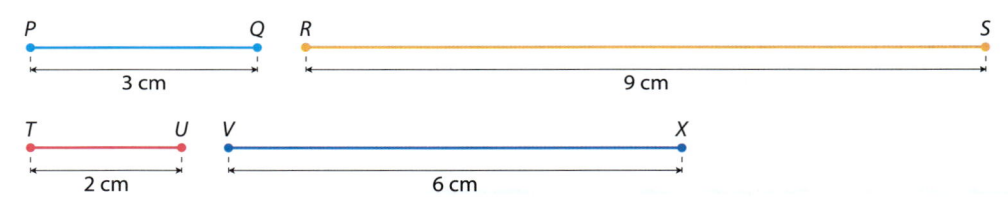

Calculando a razão entre os segmentos $\overline{PQ}$ e $\overline{RS}$ e a razão entre $\overline{TU}$ e $\overline{VX}$, temos:

$$\dfrac{PQ}{RS} = \dfrac{3}{9} = \dfrac{1}{3} \text{ e } \dfrac{TU}{VX} = \dfrac{2}{6} = \dfrac{1}{3}, \text{ ou seja: } \dfrac{PQ}{RS} = \dfrac{TU}{VX}$$

Logo, temos uma igualdade entre razões; portanto, uma proporção entre as medidas dos segmentos. Dizemos que os segmentos $\overline{PQ}$ e $\overline{RS}$ são proporcionais aos segmentos $\overline{TU}$ e $\overline{VX}$.

Os segmentos $\overline{PQ}$, $\overline{RS}$, $\overline{TU}$ e $\overline{VX}$, nessa ordem, são **segmentos proporcionais**.

> Podemos dizer que quatro segmentos, $\overline{AB}$, $\overline{CD}$, $\overline{EF}$ e $\overline{GH}$, nessa ordem, são segmentos proporcionais se existe a proporção: $\dfrac{AB}{CD} = \dfrac{EF}{GH}$

OBSERVAÇÃO

Quatro números, a, b, c e d, não nulos, formam, nessa ordem, uma **proporção** quando: $\dfrac{a}{b} = \dfrac{c}{d}$

ATIVIDADES

PRATIQUE

1. Use o compasso ou a régua para medir os segmentos e encontrar a razão entre:

   a) $\overline{AB}$ e $\overline{CD}$
   b) $\overline{CD}$ e $\overline{EF}$
   c) $\overline{AB}$ e $\overline{EF}$
   d) $\overline{CD}$ e $\overline{AB}$
   e) $\overline{EF}$ e $\overline{CD}$
   f) $\overline{EF}$ e $\overline{AB}$

2. Responda às questões.

   a) A razão entre certo número e 6 é 2. Qual é esse número?

   b) A razão entre os segmentos $\overline{AB}$ e $\overline{CD}$ é igual a 3 : 7. Qual é a medida de $\overline{AB}$, em milímetro, se $CD = 35$ cm?

3. Os segmentos $\overline{AB}$, $\overline{CD}$, $\overline{EF}$ e $\overline{GH}$ formam, nessa ordem, uma proporção.

   a) Qual é a medida EF se $AB = 0{,}6$ m, $CD = 14$ cm e $GH = 210$ mm?

   b) Qual é a medida GH se $AB = 15$ dm, $CD = 100$ cm e $EF = 1.200$ mm?

APLIQUE

R1. Verifique se $\overline{AB}$, $\overline{BC}$, $\overline{EF}$ e $\overline{FG}$, nessa ordem, são segmentos proporcionais.

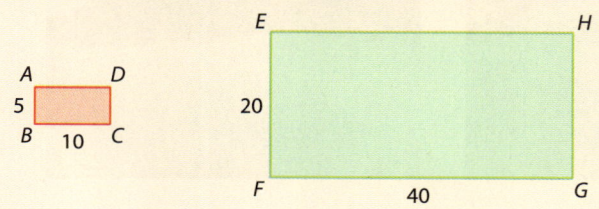

Resolução

$\dfrac{AB}{BC} = \dfrac{5}{10} = \dfrac{1}{2}$ e $\dfrac{EF}{FG} = \dfrac{20}{40} = \dfrac{1}{2}$

Como $\dfrac{AB}{BC} = \dfrac{EF}{FG}$, $\overline{AB}$, $\overline{BC}$, $\overline{EF}$ e $\overline{FG}$, nessa ordem, são segmentos proporcionais.

4. Augusto vai construir em seu sítio um campo de futebol com dimensões proporcionais às do campo do Estádio João Cláudio de Vasconcelos Machado e com 45,5 m de largura.

   Para determinar o comprimento real do campo que vai construir, Augusto utilizou a foto ao lado, onde obteve as medidas do campo no papel. Sabendo que, na foto, o campo tem 2,7 cm de comprimento e 1,6 cm de largura, qual deverá ser o comprimento real do campo de futebol no sítio de Augusto?

   Vista de cima do Estádio João Cláudio de Vasconcelos Machado (Arena das Dunas, Natal - RN). Foto de 2014.

5. Leia e faça o que se pede.

   a) A soma de dois números é 48, e a razão entre eles é $\dfrac{5}{7}$. Determine esses números.

   b) A diferença entre dois números é 200, e a razão entre eles é $\dfrac{5}{3}$. Calcule-os.

3 FIGURAS SEMELHANTES

Comparando as quatro fotos a seguir, notamos que a foto 1 é uma ampliação da foto 2 ou que a foto 2 é uma redução da foto 1. Nesse caso, as duas fotos são consideradas semelhantes, pois todas as medidas de cada foto sofreram alterações de maneira proporcional, com a mesma razão.

Já as fotos 3 e 4 não podem ser consideradas semelhantes entre si e a nenhuma outra foto, apenas distorções. Isso porque as alterações realizadas nelas não foram proporcionais, seguindo uma única razão. A foto 3, pode ser vista como a foto 1 "achatada", e a foto 4, como a foto 1 "alongada".

Assim, para que duas **figuras** sejam **semelhantes**, é necessário que todas as suas medidas sejam alteradas proporcionalmente, com uma única razão.

foto 1

Praia da Engenhoca, Costa de Itararé, Serra Grande (BA). Foto de 2018.

foto 2

foto 3

foto 4

CURIOSIDADE

Hoje, conseguimos ampliar, reduzir e reproduzir imagens facilmente com o auxílio de diversos recursos tecnológicos.

Mas você sabe como as pessoas faziam isso antigamente, antes do surgimento dessas tecnologias?

As pessoas usavam um instrumento chamado pantógrafo que é constituído de quatro réguas articuladas e fixadas entre si.

Pantógrafo.

SEMELHANÇA E PROPORÇÃO

Observe uma das maneiras de produzir uma figura semelhante usando a malha quadriculada. Nela, com quadradinhos de lado de medida 0,5 cm cada um, representamos uma figura (Figura 1).

Em seguida, aumentamos a malha na proporção desejada. Nesse caso, dobramos a medida do lado de cada quadradinho.

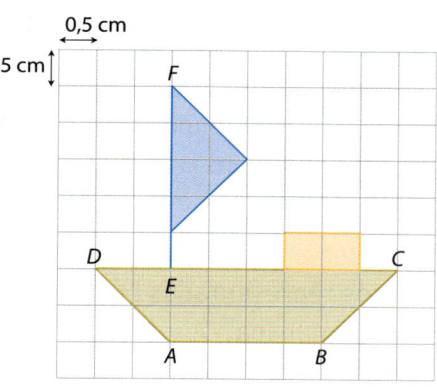

Figura 1 (figura original na malha)

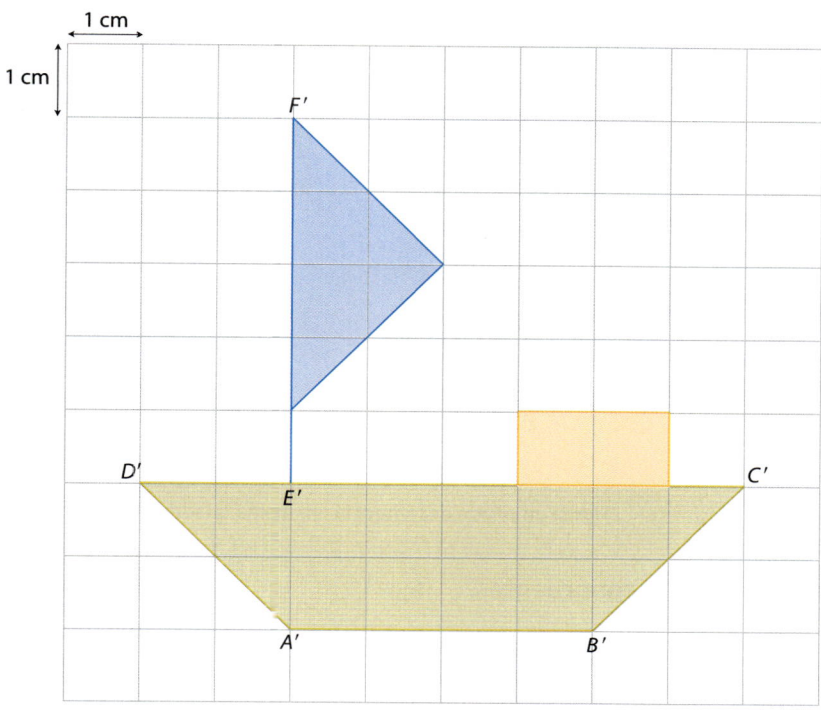

Figura 2 (ampliação da figura original)

Vamos verificar se as medidas dos elementos da figura seguiram a mesma razão.

Na figura 1: $AB = 2$ cm, $CD = 4$ cm e $EF = 2,5$ cm.

Na figura 2: $A'B' = 4$ cm, $C'D' = 8$ cm e $E'F' = 5$ cm.

Calculando a razão entre as medidas dos segmentos correspondentes, temos:

- $\dfrac{A'B'}{AB} = \dfrac{4}{2} = 2$
- $\dfrac{C'D'}{CD} = \dfrac{8}{4} = 2$
- $\dfrac{E'F'}{EF} = \dfrac{5}{2,5} = 2$

Logo, as medidas dos segmentos correspondentes são proporcionais.

Então, podemos afirmar que as medidas dos comprimentos da figura foram dobradas, assim como a medida do lado de cada quadradinho da malha.

Verifique que, na ampliação da figura original (Figura 2), sua forma não foi alterada. Também não seria alterada caso a reduzíssemos, como mostramos ao lado (Figura 3).

Na redução, a medida do lado de cada quadradinho da malha foi dividida por 4. Em consequência, as medidas dos comprimentos da figura original também foram divididas por 4.

Quando reduzimos ou ampliamos proporcionalmente uma figura, as medidas dos ângulos correspondentes não são alteradas e as medidas dos segmentos correspondentes são proporcionais.

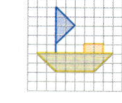

Figura 3 (redução da figura original)

4 POLÍGONOS SEMELHANTES

Podemos decompor a figura original do barquinho e sua ampliação em representações de polígonos: um triângulo, um retângulo e um trapézio.

Observe a medida de cada ângulo dos polígonos representados na figura original e na figura ampliada.

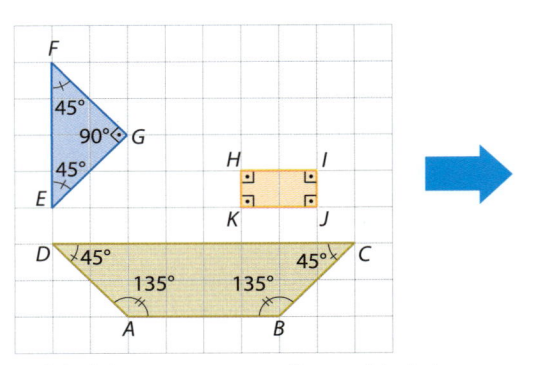

Figura original decomposta em malha quadriculada

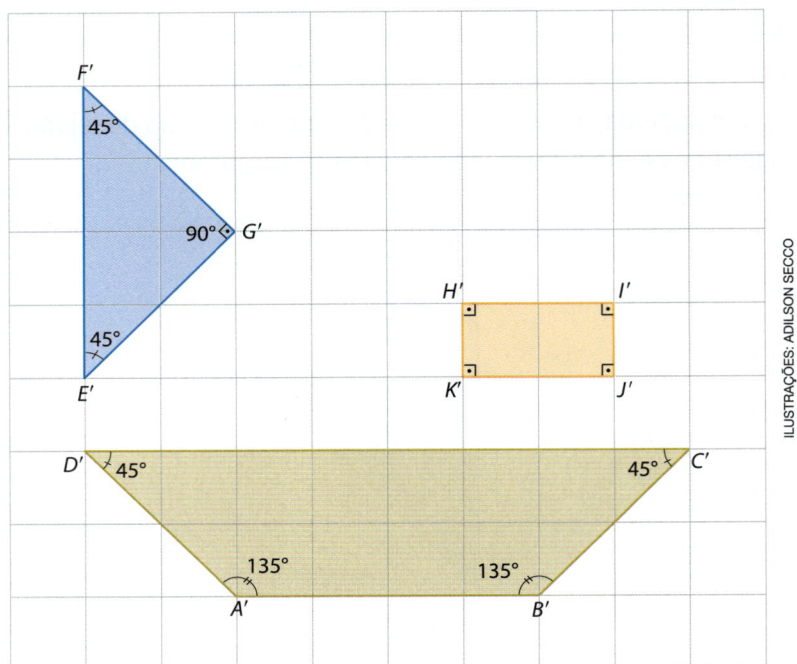

Figura ampliada decomposta em malha quadriculada

Podemos observar que os ângulos correspondentes são congruentes.

$\widehat{A} \cong \widehat{A}'$ $\widehat{E} \cong \widehat{E}'$ $\widehat{H} \cong \widehat{H}'$

$\widehat{B} \cong \widehat{B}'$ $\widehat{F} \cong \widehat{F}'$ $\widehat{I} \cong \widehat{I}'$

$\widehat{C} \cong \widehat{C}'$ $\widehat{G} \cong \widehat{G}'$ $\widehat{J} \cong \widehat{J}'$

$\widehat{D} \cong \widehat{D}'$ $\widehat{K} \cong \widehat{K}'$

E também que as medidas dos lados correspondentes são proporcionais.

- $\dfrac{A'B'}{AB} = \dfrac{B'C'}{BC} = \dfrac{C'D'}{CD} = \dfrac{D'A'}{DA} = 2$

- $\dfrac{E'F'}{EF} = \dfrac{F'G'}{FG} = \dfrac{G'E'}{GE} = 2$

- $\dfrac{H'I'}{HI} = \dfrac{I'J'}{IJ} = \dfrac{J'K'}{JK} = \dfrac{K'H'}{KH} = 2$

Chamamos **razão de semelhança**, ou **coeficiente de proporcionalidade**, a razão entre as medidas dos lados correspondentes. No caso acima, a razão de semelhança é 2.

Observe que, se tivéssemos considerado a razão entre as medidas dos lados correspondentes dos polígonos *ABCD*, *EFG* e *HIJK* em relação aos polígonos *A'B'C'D'*, *E'F'G'* e *H'I'J'K'*, a razão de semelhança seria $\dfrac{1}{2}$.

> **Polígonos semelhantes** são aqueles que têm as medidas dos lados correspondentes proporcionais e os ângulos correspondentes congruentes.

Então, observando os polígonos representados da página anterior, podemos dizer que:

- o polígono ABCD e o polígono A'B'C'D' são semelhantes (indicamos por: ABCD ~ A'B'C'D');
- o polígono EFG e o polígono E'F'G' são semelhantes (indicamos por: EFG ~ E'F'G');
- o polígono HIJK e o polígono H'I'J'K' são semelhantes (indicamos por: HIJK ~ H'I'J'K').

Vamos agora verificar se os paralelogramos ABCD e A'B'C'D', representados abaixo, são semelhantes.

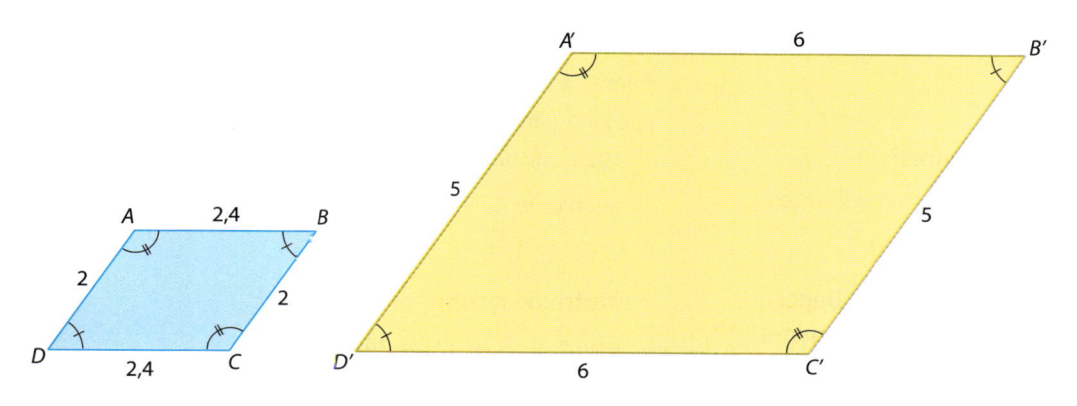

- Os ângulos correspondentes são congruentes.
- Cálculo das razões entre os lados correspondentes:

$$\frac{AB}{A'B'} = \frac{2,4}{6} = 0,4 \qquad \frac{CD}{C'D'} = \frac{2,4}{6} = 0,4$$

$$\frac{BC}{B'C'} = \frac{2}{5} = 0,4 \qquad \frac{DA}{D'A'} = \frac{2}{5} = 0,4$$

$$\frac{AB}{A'B'} = \frac{BC}{B'C'} = \frac{CD}{C'D'} = \frac{DA}{D'A'} = 0,4$$

Então, a razão de semelhança é 0,4.

Logo, o paralelogramo A'B'C'D' é semelhante ao paralelogramo ABCD.

OBSERVAÇÃO

Os paralelogramos ABCD (acima) e A"B"C"D", embora tenham ângulos correspondentes congruentes, não são semelhantes. Repare que as razões entre os lados correspondentes desses polígonos não são iguais.

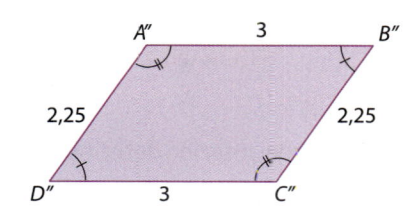

$$\frac{AB}{A''B''} = \frac{2,4}{3} = \frac{8}{10} \qquad \frac{CD}{C''D''} = \frac{2,4}{3} = \frac{8}{10}$$

$$\frac{BC}{B''C''} = \frac{2}{2,25} = \frac{8}{9} \qquad \frac{DA}{D''A''} = \frac{2}{2,25} = \frac{8}{9}$$

Organize o que você aprendeu fazendo a atividade 2 da página 176.

ATIVIDADES

PRATIQUE

1. Observe as figuras desenhadas por Flávia e Alexandre.

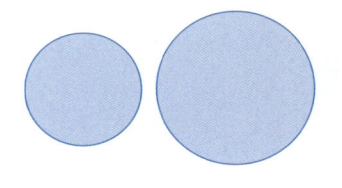

Flávia

Alexandre

a) Quem desenhou figuras semelhantes?
b) Quem desenhou figuras que, além de semelhantes, são congruentes?

2. Em uma folha qualquer desenhe uma figura. Depois, desenhe uma figura semelhante a essa, ampliando-a ou reduzindo-a.

3. Considere as figuras semelhantes e faça o que se pede.

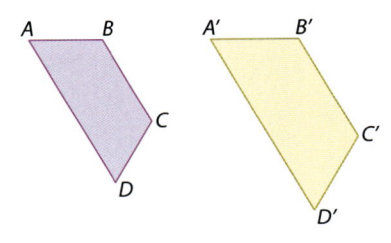

a) Com o auxílio de um transferidor, meça os ângulos correspondentes e compare-os. Há alguma relação entre eles?
b) Compare as medidas dos lados correspondentes. Há alguma relação entre esses lados?

R1. Supondo que os quadriláteros abaixo sejam semelhantes, determine as medidas x e y, em centímetro, e a razão entre o perímetro do polígono menor e o perímetro do polígono maior.

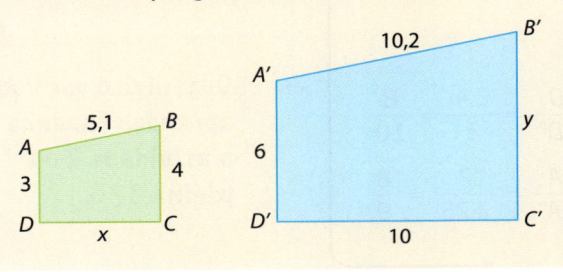

Resolução

Basta estabelecer as proporções entre os lados correspondentes para encontrarmos os valores de x e de y.

$$\frac{3}{6} = \frac{x}{10} \qquad \frac{4}{y} = \frac{5,1}{10,2}$$

$6x = 30 \qquad 5,1y = 40,8$

$x = 5 \qquad y = 8$

Portanto, $x = 5$ cm e $y = 8$ cm.

Agora, adicionamos as medidas dos lados de cada polígono para encontrar o perímetro correspondente e depois calculamos a razão entre essas medidas.

Perímetro do quadrilátero $ABCD$:

$3 + 5,1 + 4 + 5 = 17,1$

Perímetro do quadrilátero $A'B'C'D'$:

$6 + 10,2 + 8 + 10 = 34,2$

Razão entre os perímetros:

$$\frac{17,1}{34,2} = \frac{1}{2}$$

4. Determine a medida x sabendo que os triângulos são semelhantes.

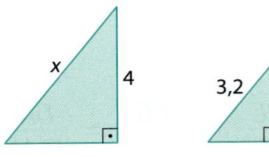

5. Em cada caso, calcule o perímetro dos polígonos semelhantes.

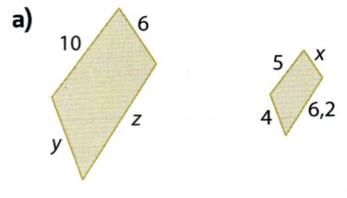

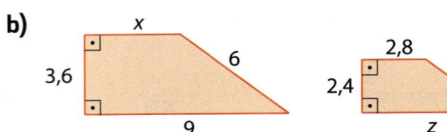

a)

b)

6. Com base nos dados da atividade anterior, determine a razão entre os lados correspondentes e a razão entre os perímetros das figuras. O que você observa?

APLIQUE

7. Duas figuras têm perímetros 12 cm e 20 cm, e todos os respectivos ângulos internos são congruentes.

   a) Podemos afirmar que duas figuras que satisfazem essas condições sempre são semelhantes?

   b) Dê um exemplo de duas figuras que tenham essas características e sejam semelhantes.

   c) Dê um exemplo de duas figuras com essas características que não sejam semelhantes.

   d) Que condição adicional é necessário impor para que as duas figuras sejam semelhantes?

8. A maquete de um prédio com 80 cm de altura é semelhante ao futuro edifício, que terá 50 m de altura.

   a) Qual é a altura de um andar que, na maquete, tem 4 cm?

   b) Se uma das portas do prédio medir 2 m, qual é a altura dessa porta na maquete?

   c) Qual é a razão de semelhança entre a maquete e o prédio?

9. Uma figura A é semelhante a outra figura A', com razão de semelhança 2. A figura A' é semelhante a outra figura A'', com razão de semelhança 3.

   a) As figuras A e A'' são semelhantes?

   b) Se as figuras A e A'' são semelhantes, qual é a razão de semelhança entre as figuras A e A''?

PROPRIEDADES DE POLÍGONOS SEMELHANTES

Sabendo que dois polígonos são semelhantes, vamos estabelecer a razão de semelhança entre seus perímetros e entre suas áreas.

RAZÃO ENTRE PERÍMETROS

Observe os hexágonos regulares representados.

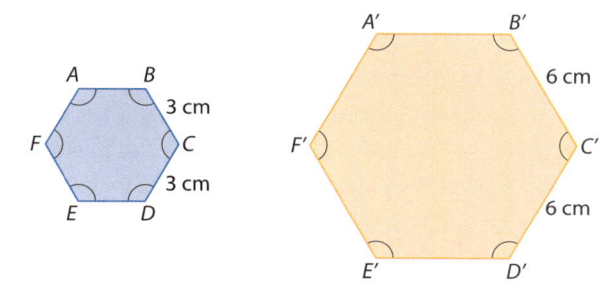

Os hexágonos são semelhantes, e a razão de semelhança entre os hexágonos $ABCDEF$ e $A'B'C'D'E'F'$ é $\frac{1}{2}$.

Calculando o perímetro de cada polígono, temos:

- perímetro do hexágono $ABCDEF = 6 \cdot 3$ cm $= 18$ cm
- perímetro do hexágono $A'B'C'D'E'F' = 6 \cdot 6$ cm $= 36$ cm

Assim, a razão entre os perímetros é dada por: $\frac{18}{36} = \frac{1}{2}$

Observe que a razão de semelhança entre os perímetros dos dois hexágonos é igual à razão de semelhança entre os hexágonos.

> Se dois polígonos são semelhantes e a razão de semelhança entre eles é r, a razão entre seus perímetros também será r.

RAZÃO ENTRE ÁREAS

Observe os retângulos.

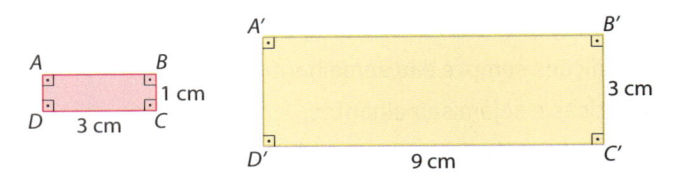

Os retângulos são semelhantes, e a razão de semelhança entre o retângulo ABCD e o A'B'C'D' é $\frac{1}{3}$.

Calculando a área de cada retângulo, temos:

- área do retângulo ABCD = (3 · 1) cm² = 3 cm²
- área do retângulo A'B'C'D' = (9 · 3) cm² = 27 cm²

A razão entre as áreas dos dois retângulos é:

$$\frac{3}{27} = \frac{1}{9} = \left(\frac{1}{3}\right)^2$$

Observe que a razão entre as áreas não se manteve, mas o valor obtido é igual ao quadrado da razão de semelhança entre os polígonos.

> Se dois polígonos são semelhantes e a razão de semelhança entre eles é r, a razão entre suas áreas será r^2.

ATIVIDADES

PRATIQUE

R1. Os triângulos retângulos ABC e DEF são semelhantes. Determine a razão entre seus perímetros.

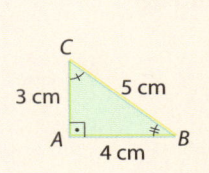

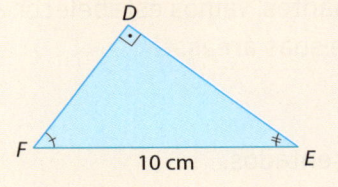

Resolução

Como vimos anteriormente, a razão entre os perímetros é igual à razão de semelhança. Então, calculamos a razão de semelhança r usando as medidas dos lados correspondentes $\overline{BC}$ e $\overline{EF}$.

$$r = \frac{5}{10} = \frac{1}{2}$$

Logo, a razão entre os perímetros também é $\frac{1}{2}$.

R2. Sabe-se que ABCD é um retângulo com perímetro de 8 cm e área de 3 cm² e EFGH é um retângulo com perímetro de 20 cm e área de 24 cm². Podemos dizer que ABCD e EFGH são retângulos semelhantes?

Resolução

Primeiro, calculamos a razão entre os perímetros dos retângulos ABCD e EFGH e, a seguir, calculamos o quadrado desse valor.

Razão entre os perímetros: $\frac{8}{20} = \frac{2}{5}$

Quadrado da razão: $\left(\frac{2}{5}\right)^2 = \frac{4}{25}$

Como as áreas desses polígonos foram dadas, calculamos a razão entre esses valores e a comparamos com o quadrado da razão entre os perímetros.

Razão entre as áreas: $\frac{3}{24}$

Como $\frac{4}{25} \neq \frac{3}{24}$, concluímos que os retângulos não são semelhantes.

1. Determine a razão entre os perímetros e a razão entre as áreas das figuras, caso elas sejam semelhantes.

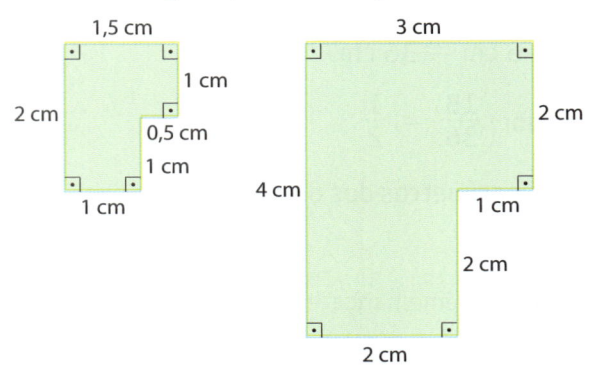

2. Sabendo que a razão de semelhança entre os perímetros de dois pentágonos regulares é $\frac{3}{4}$, determine a razão de semelhança entre suas áreas.

3. Os quadriláteros A e B são semelhantes; o lado menor do quadrilátero A mede 4 cm e o lado menor do quadrilátero B mede 6 cm. Determine a razão entre as áreas de A e B.

4. Um retângulo ABCD tem base igual a 5 cm. Sabendo que a razão de semelhança entre o perímetro desse retângulo e o do retângulo MNPQ é 4, determine a medida da base de MNPQ.

5. Determine as medidas dos lados de cada triângulo, sabendo que os triângulos AIG e FEG são semelhantes e que a razão entre suas áreas é $\frac{1}{4}$.

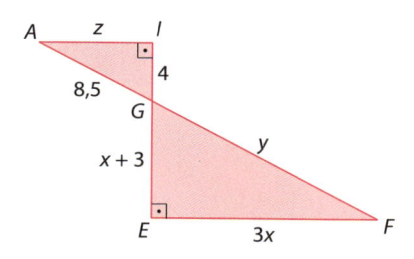

APLIQUE

6. Observe os cubos ao lado e determine:
a) o volume de cada um dos cubos;
b) a razão entre as medidas das arestas do cubo menor e do cubo maior;
c) a razão entre as áreas de uma das faces do cubo menor e do cubo maior;
d) a razão entre os volumes do cubo menor e do cubo maior.
• Agora, escreva uma conclusão relacionando os resultados.

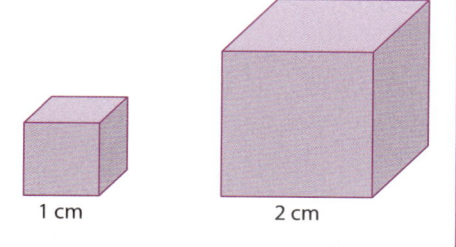

5 TRIÂNGULOS SEMELHANTES

Vamos analisar se os triângulos ABC e A'B'C', representados a seguir, são semelhantes.

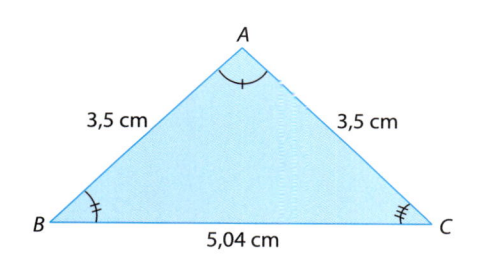

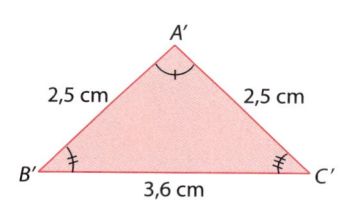

De acordo com a definição de semelhança, dois polígonos são semelhantes quando têm os lados correspondentes proporcionais e os ângulos correspondentes congruentes. Nos triângulos acima, temos:

$$\widehat{A} \cong \widehat{A}', \widehat{B} \cong \widehat{B}' \text{ e } \widehat{C} \cong \widehat{C}'$$

E também: $\frac{AB}{A'B'} = \frac{BC}{B'C'} = \frac{CA}{C'A'} = \frac{7}{5}$ —— razão de semelhança

Pela definição geral de semelhança dos polígonos, dizemos que:

> Dois triângulos são semelhantes se, e somente se, os ângulos correspondentes são congruentes e os lados correspondentes são proporcionais.

Nesse caso, a razão entre os lados correspondentes também é chamada **razão de semelhança**.

OBSERVAÇÃO

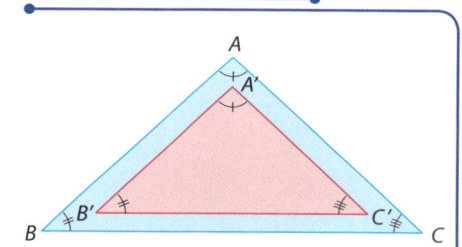

Sobrepondo os triângulos ABC e A'B'C', os lados correspondentes ficam paralelos. Assim, podemos afirmar que os ângulos correspondentes são congruentes.

DESAFIO

Observe os três hexágonos regulares.

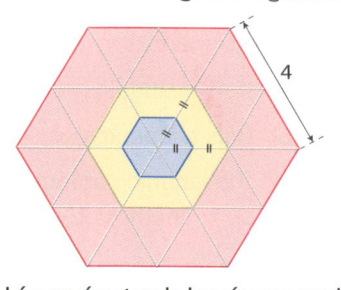

Qual é o perímetro do hexágono azul?

TEOREMA FUNDAMENTAL DA SEMELHANÇA DE TRIÂNGULOS

Supondo, na representação do triângulo abaixo, que a reta r é paralela ao lado $\overline{AB}$ ($r \parallel \overline{AB}$) e, portanto, $\overline{DE} \parallel \overline{AB}$, então $\triangle ABC \sim \triangle DEC$.

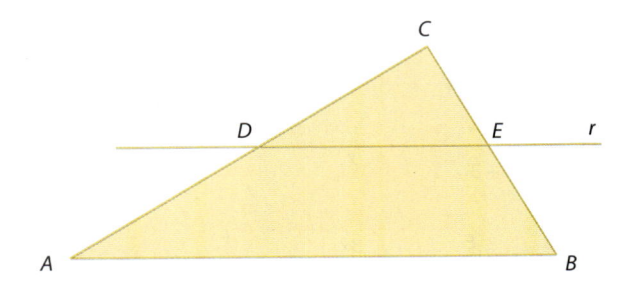

> Se uma reta é paralela a um dos lados de um triângulo e intercepta os outros dois lados em pontos distintos, então o triângulo que ela determina com esses lados é semelhante ao primeiro.

ATIVIDADES

PRATIQUE

1. Os triângulos retângulos representados abaixo são semelhantes.

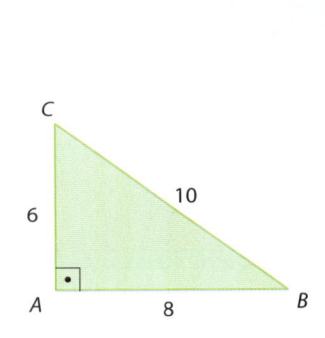

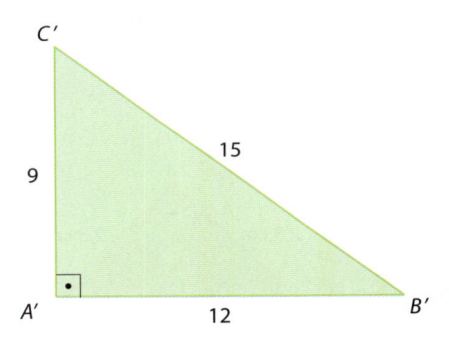

Considerando o $\triangle ABC$ em relação ao $\triangle A'B'C'$:

a) qual é a razão de semelhança?

b) qual é a razão entre suas alturas?

c) qual é a razão entre seus perímetros?

d) a razão entre suas áreas é maior ou menor que o quadrado da razão de semelhança?

2. Reescreva as sentenças falsas corrigindo-as.

a) Dois triângulos retângulos quaisquer são semelhantes.

b) Dois triângulos equiláteros quaisquer nem sempre são semelhantes.

c) O triângulo retângulo ABC, cujo ângulo $\hat{B}$ tem medida igual a 30°, é semelhante ao triângulo retângulo DEF, cujo ângulo $\hat{F}$ mede 60°.

d) Em um triângulo ABC, os pontos P e R são pontos médios de $\overline{AB}$ e $\overline{AC}$, respectivamente. Então, a razão $\dfrac{PR}{BC}$ é igual a $\dfrac{1}{2}$.

APLIQUE

R1. Os triângulos ABC e DEF representados abaixo são semelhantes. Sabendo que DE = 3 cm, EF = 7 cm, DF = 5 cm e AB = 6 cm, determine a medida dos outros dois lados do triângulo ABC.

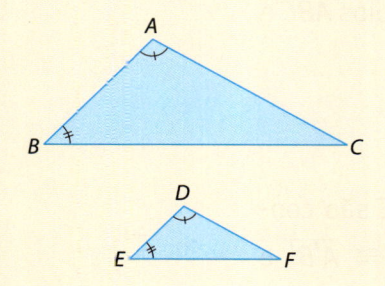

Resolução

Primeiro calculamos a razão entre as medidas conhecidas dos lados correspondentes para encontrar a razão de semelhança.

$$\frac{AB}{DE} = \frac{6}{3} = 2 \rightarrow \text{razão de semelhança}$$

Como a razão de semelhança é igual a 2, temos:

$$\frac{BC}{7} = 2 \qquad \frac{AC}{5} = 2$$

$$BC = 14 \qquad AC = 10$$

Logo, as medidas dos outros lados são 10 cm e 14 cm.

3. Calcule as medidas x e y, sabendo que os triângulos são semelhantes.

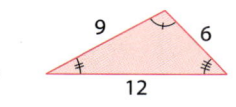

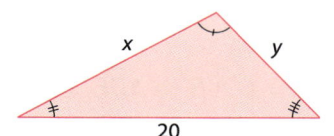

4. Determine as medidas x e y, sabendo que $\overline{MN} \parallel \overline{BC}$.

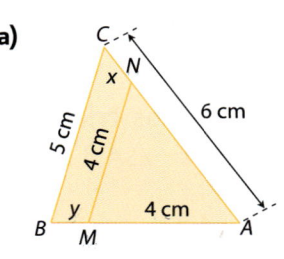

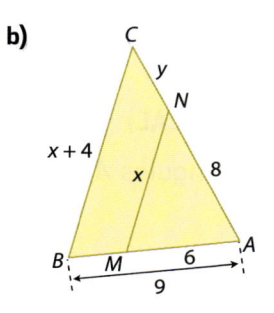

a)

b)

CASOS DE SEMELHANÇA

Nem sempre é necessário conhecer a medida de todos os lados e de todos os ângulos de dois triângulos para verificar se eles são semelhantes.

Observe os três casos de semelhança de triângulos.

- **1º caso: Ângulo-Ângulo (AA)**

Veja as representações dos triângulos ABC e A'B'C'. Sabemos que:

$C\hat{A}B \cong C'\hat{A}'B'$ e $A\hat{B}C \cong A'\hat{B}'C'$

Vamos demonstrar que: $\triangle ABC \sim \triangle A'B'C'$

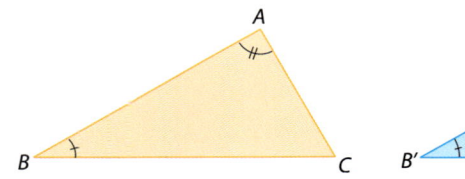

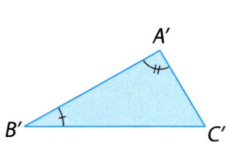

Demonstração

No △ABC, traçamos $\overline{DE}$, de forma que $\overline{AD} \cong \overline{A'B'}$ e $\overline{DE} \parallel \overline{BC}$.

Considerando os triângulos ABC e ADE, pelo teorema fundamental da semelhança de triângulos, temos: △ABC ∼ △ADE

Logo: $E\hat{A}D \cong C\hat{A}B$, $A\hat{D}E \cong A\hat{B}C$ e $D\hat{E}A \cong B\hat{C}A$

Considerando agora os dados iniciais: $C\hat{A}B \cong C'\hat{A}'B'$ e $A\hat{B}C \cong A'\hat{B}'C'$ e com base no que acabamos de verificar sobre os ângulos dos triângulos ABC e ADE, temos:

$E\hat{A}D \cong C\hat{A}B \cong C'\hat{A}'B'$ e $A\hat{D}E \cong A\hat{B}C \cong A'\hat{B}'C'$

Portanto: $E\hat{A}D \cong C'\hat{A}'B'$ e $A\hat{D}E \cong A'\hat{B}'C'$

Por construção, $\overline{AD} \cong \overline{A'B'}$, então, os triângulos A'B'C' e ADE são congruentes pelo caso de congruência ALA ($E\hat{A}D \cong C'\hat{A}'B'$, $\overline{AD} \cong \overline{A'B'}$ e $A\hat{D}E \cong A'\hat{B}'C'$).

Assim, podemos afirmar que os triângulos ABC e A'B'C' também são semelhantes, ou seja: △ABC ∼ △A'B'C'

> Se dois triângulos têm dois ângulos correspondentes congruentes, então esses triângulos são semelhantes.

- **2º caso: Lado-Ângulo-Lado (LAL)**

Nas representações dos triângulos ABC e A'B'C', sabemos que:

$\dfrac{AB}{A'B'} = \dfrac{CA}{C'A'}$ e $C\hat{A}B \cong C'\hat{A}'B'$

Vamos demonstrar que: △ABC ∼ △A'B'C'

Demonstração

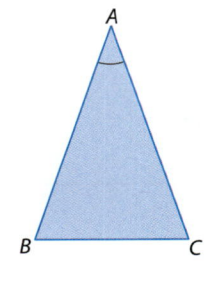

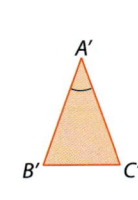

No △ABC, construímos $\overline{DE}$, de forma que $\overline{AD} \cong \overline{A'B'}$ e $\overline{DE} \parallel \overline{BC}$.

Analisando os triângulos ABC e ADE, pelo teorema fundamental da semelhança de triângulos, temos: △ABC ∼ △ADE

Logo: $E\hat{A}D \cong C\hat{A}B$, $A\hat{D}E \cong A\hat{B}C$ e $D\hat{E}A \cong B\hat{C}A$ e $\dfrac{AB}{AD} = \dfrac{CA}{EA} = \dfrac{BC}{DE}$

Por construção, $\overline{AD} \cong \overline{A'B'}$, então: $\dfrac{AB}{A'B'} = \dfrac{CA}{EA}$ (I)

De acordo com os dados iniciais, sabemos que: $\dfrac{AB}{A'B'} = \dfrac{CA}{C'A'}$ (II)

Comparando (I) e (II), temos: $\dfrac{CA}{C'A'} = \dfrac{CA}{EA}$

Portanto: $\overline{C'A'} \cong \overline{EA}$

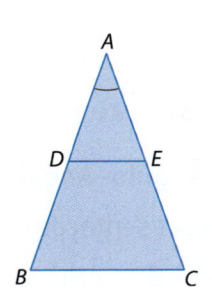

136

Como $E\hat{A}D \cong C\hat{A}B$ e $C\hat{A}B \cong C'\hat{A}'B$, temos: $E\hat{A}D \cong C'\hat{A}'D'$

Logo, os triângulos $A'B'C'$ e ADE são congruentes pelo caso de congruência LAL ($\overline{AD} \cong \overline{A'B'}$, $E\hat{A}D \cong C'\hat{A}'B'$ e $\overline{C'A'} \cong \overline{EA}$).

Assim, podemos afirmar que os triângulos ABC e $A'B'C'$ também são semelhantes, ou seja: $\triangle ABC \sim \triangle A'B'C'$

> Se dois triângulos têm dois pares de lados correspondentes proporcionais e os ângulos compreendidos por esses lados são congruentes, então esses triângulos são semelhantes.

- **3º caso: Lado-Lado-Lado (LLL)**

    Nas representações dos triângulos ABC e $A'B'C'$ ao lado, sabemos que:

    $$\frac{AB}{A'B'} = \frac{CA}{C'A'} = \frac{BC}{B'C'}$$

    Vamos demonstrar que: $\triangle ABC \sim \triangle A'B'C'$

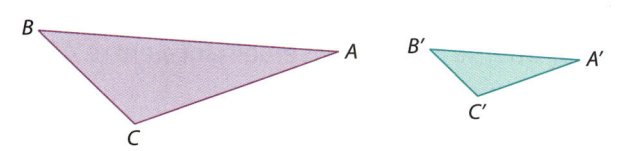

    Demonstração

    No $\triangle ABC$, construímos $\overline{DE}$ tal que $\overline{AD} \cong \overline{A'B'}$ e $\overline{DE} \parallel \overline{BC}$.

    Considerando os triângulos ABC e ADE, pelo teorema fundamental da semelhança de triângulos, temos: $\triangle ABC \sim \triangle ADE$

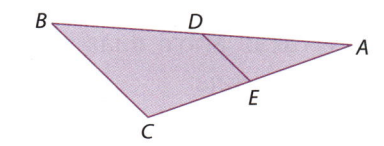

    Logo: $\dfrac{AB}{AD} = \dfrac{CA}{EA} = \dfrac{BC}{DE}$

    Por construção, $\overline{AD} \cong \overline{A'B'}$, então: $\dfrac{AB}{A'B'} = \dfrac{CA}{EA}$ (I)

    De acordo com os dados iniciais, sabemos que: $\dfrac{AB}{A'B'} = \dfrac{CA}{C'A'}$ (II)

    Comparando (I) e (II), temos: $\dfrac{CA}{C'A'} = \dfrac{CA}{EA}$ (III)

    Portanto: $\overline{C'A'} \cong \overline{EA}$

    Como $\dfrac{AB}{AD} = \dfrac{CA}{EA} = \dfrac{BC}{DE}$ e $\dfrac{AB}{A'B'} = \dfrac{CA}{C'A'} = \dfrac{BC}{B'C'}$, então, de (III) temos:

    $\dfrac{BC}{B'C'} = \dfrac{BC}{DE}$

    Portanto: $\overline{B'C'} \cong \overline{DE}$

    Logo, os triângulos $A'B'C'$ e ADE são congruentes pelo caso de congruência LLL ($\overline{AD} \cong \overline{A'B'}$, $\overline{B'C'} \cong \overline{DE}$, e $\overline{C'A'} \cong \overline{EA}$).

    Assim, podemos afirmar que os triângulos ABC e $A'B'C'$ também são semelhantes, ou seja, $\triangle ABC \sim \triangle A'B'C'$.

> Se dois triângulos têm os três pares de lados correspondentes proporcionais, então esses triângulos são semelhantes.

CONSEQUÊNCIAS DA SEMELHANÇA DE TRIÂNGULOS

Observe os triângulos semelhantes ABC e A'B'C' representados a seguir.

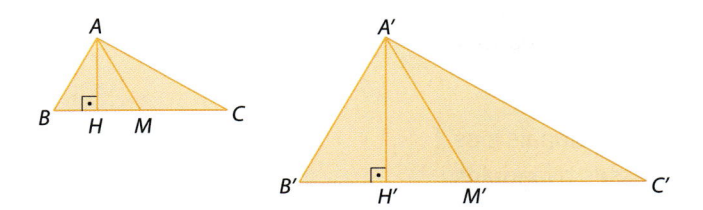

Nesses triângulos, $\overline{AH}$ e $\overline{A'H'}$ são as alturas e $\overline{AM}$ e $\overline{A'M'}$ são as medianas.

Pela semelhança de dois triângulos, é possível verificar que, se a razão de semelhança entre ABC e A'B'C' é um número real k, então:

- a razão entre duas alturas correspondentes é k, ou seja:

$$\frac{AH}{A'H'} = k$$

- a razão entre duas medianas correspondentes é k, ou seja:

$$\frac{AM}{A'M'} = k$$

- a razão entre os perímetros é k.

Considere que as medidas dos lados dos triângulos são:

$AB = c$ $A'B' = c'$
$AC = b$ $A'C' = b'$
$BC = a$ $B'C' = a'$

Então, o perímetro do $\triangle ABC$ é: $a + b + c$

E o perímetro do $\triangle A'B'C'$ é: $a' + b' + c'$

Logo, a razão entre os perímetros é:

$$\frac{a + b + c}{a' + b' + c'} = k$$

OBSERVAÇÃO

Em um triângulo ABC qualquer, unindo os pontos médios dos lados $\overline{AB}$ e $\overline{AC}$, obtemos um segmento cuja medida é a metade da medida do terceiro lado $\overline{BC}$.

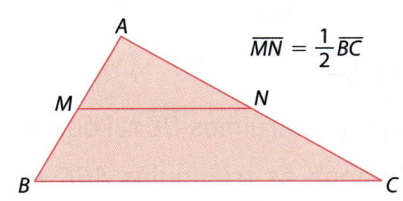

$$\overline{MN} = \frac{1}{2}\overline{BC}$$

Essa consequência é conhecida como **base média de um triângulo** (ela pode ser demonstrada, mas não o faremos aqui).

ATIVIDADES

PRATIQUE

1. Com régua e transferidor, desenhe os triângulos ABC e DEF, de tal forma que:
   - $AB = 4$ cm
   - $AC = 5$ cm
   - med($\hat{E}$) = 60°
   - $DE = 6$ cm
   - $EF = 7,5$ cm
   - med($\hat{A}$) = 60°

   Depois, faça o que se pede.

   a) Verifique se esses triângulos são semelhantes. Caso sejam, determine a razão de semelhança.

   b) Qual caso de semelhança é ilustrado por esse exemplo?

2. A razão de semelhança entre dois triângulos é $\frac{4}{3}$. Os lados do triângulo maior medem 8 dm, 12 dm e 16 dm. Determine as medidas dos lados e o perímetro do triângulo menor.

3. Classifique as afirmações em V (verdadeira) ou F (falsa).

   a) Dois triângulos isósceles são sempre semelhantes.

   b) Dois triângulos equiláteros são sempre semelhantes.

   c) Dois triângulos retângulos são sempre semelhantes.

APLIQUE

R1. Determine a medida x na figura.

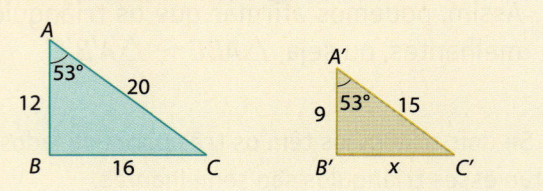

138

Resolução

Primeiro verificamos se os triângulos são semelhantes.

$\frac{12}{9} = \frac{20}{15}$ e $B\hat{A}C \cong B'\hat{A}'C'$

Então, os triângulos ABC e A'B'C' são semelhantes pelo caso LAL.

Agora basta estabelecer a proporção para descobrir a medida x.

Assim: $\frac{12}{9} = \frac{16}{x}$, ou seja, x = 12

4. Determine o valor das incógnitas em cada caso.

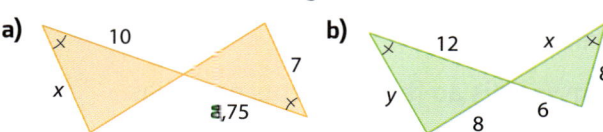

a) (triângulos com medidas 10, 7, x, 3,75)

b) (triângulos com medidas 12, x, 8, y, 6, 8)

5. Uma árvore foi plantada em um vaso de concreto com 30 cm de altura. Em certo momento do dia, a árvore projeta uma sombra de 1,5 m, enquanto o vaso projeta uma sombra de 45 cm. Qual é a altura da parte dessa árvore que fica para fora do vaso?

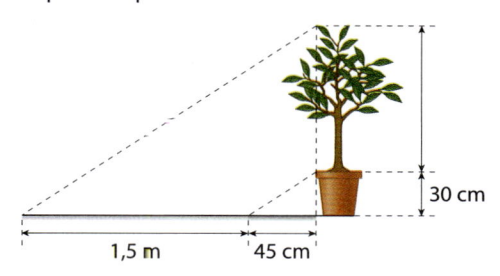

6. É possível medir a altura a que uma bandeira está hasteada usando um espelho plano e uma fita métrica. Observe a figura

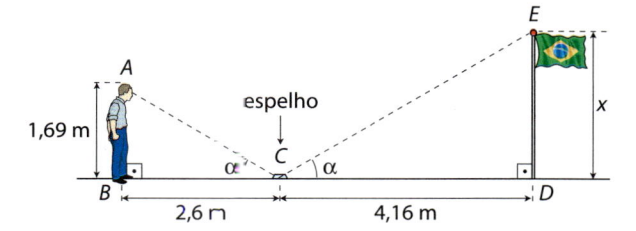

(figura: pessoa de 1,69 m, distância 2,6 m até o espelho C, e 4,16 m do espelho até o mastro de altura x)

De acordo com a figura, os triângulos ABC e EDC são semelhantes. Assim, para calcular a altura de medida x, uma pessoa precisa apenas conhecer sua própria altura, a distância entre ela e o espelho e a distância entre o espelho e o mastro da bandeira no momento em que ela vê no espelho o topo da bandeira.

- Determine a altura da bandeira.

R2. Observe a figura e faça o que se pede.

a) Mostre que os triângulos ABC e DEC são semelhantes.

b) Calcule x e y.

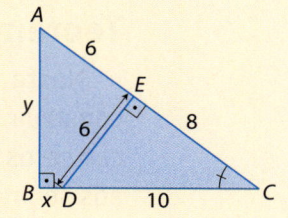

(figura do triângulo com AE = 6, EC = 8, ED = 6, y, x, DC = 10)

Resolução

a) Desenhamos os triângulos separadamente. Isso nos auxiliará na identificação dos lados proporcionais correspondentes e dos ângulos congruentes correspondentes.

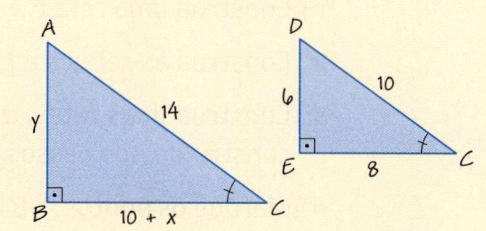

(figuras dos triângulos ABC com AB = y, BC = 10 + x e DEC com DE = 6, DC = 10, EC = 8)

Como $A\hat{B}C \cong D\hat{E}C$ e $A\hat{C}B \cong D\hat{C}E$, então $\triangle ABC \sim \triangle DEC$, pelo caso AA.

b) Como os triângulos são semelhantes, estabelecemos as proporções dos lados correspondentes.

$\frac{14}{10} = \frac{10 + x}{8}$ $\frac{y}{6} = \frac{14}{10}$

$100 + 10x = 112$ $10y = 84$

$x = 1,2$ $y = 8,4$

---

7. O triângulo ABC representado abaixo é retângulo em A. Sabe-se que: AB = 5, AC = 12, BC = 13 e AD = 2. Calcule a medida de $\overline{DE}$.

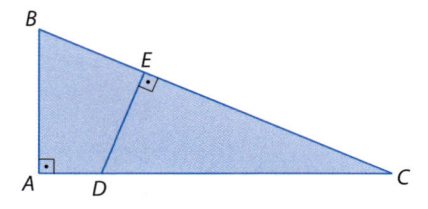

(figura do triângulo retângulo ABC com altura AD e ponto E em BC)

8. Para medir a altura de um prédio, Cecília amarrou um arame no topo do prédio e depois fixou a outra ponta do arame no solo, a 5 m de distância da base do prédio.

Em seguida, a uma altura de 5 m a partir do solo, amarrou outro arame, deixando-o paralelo ao primeiro, e fixou-o no solo a 2 m de distância da base do prédio. Esquematize essa situação e determine a altura total do prédio.

INFORMÁTICA E MATEMÁTICA

Teorema de Tales

Nesta seção você vai utilizar um *software* de Geometria dinâmica para construir um feixe de retas paralelas cortadas por duas transversais e verificar se os segmentos determinados sobre uma transversal são proporcionais aos segmentos determinados sobre a outra transversal.

CONSTRUA

Siga os passos a seguir para construir as retas paralelas e as retas transversais.

1º) Construa uma reta r.

2º) Construa as retas s e t, paralelas à reta r.

3º) Construa duas retas, u e v, retas transversais ao feixe de retas paralelas construído nos passos anteriores.

4º) Marque os pontos A, B e C intersecções das retas r, s e t com a reta transversal u e os pontos P, Q e R intersecções das retas r, s e t com a reta transversal v.

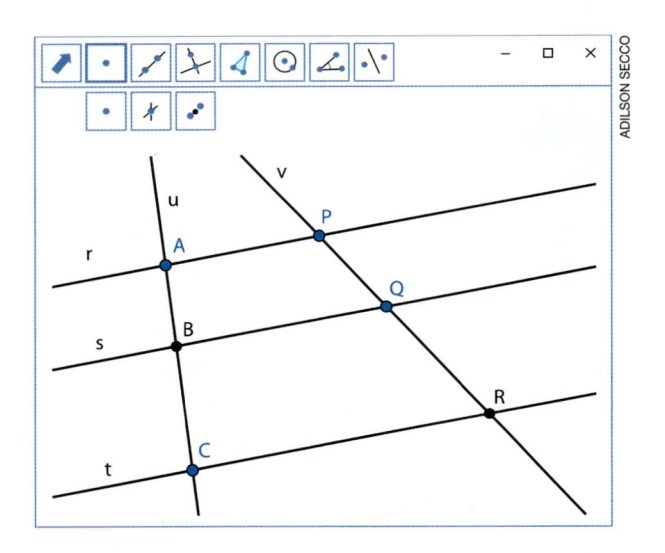

INVESTIGUE

- Meça os segmentos $\overline{AB}$, $\overline{BC}$, $\overline{AC}$, $\overline{PQ}$, $\overline{QR}$ e $\overline{PR}$.

- Determine as razões $\dfrac{AB}{BC}$, $\dfrac{PQ}{QR}$, $\dfrac{AC}{AB}$ e $\dfrac{PR}{PQ}$. Comparando as razões $\dfrac{AB}{BC}$ com $\dfrac{PQ}{QR}$ e $\dfrac{AC}{AB}$ com $\dfrac{PR}{PQ}$, é possível verificar alguma propriedade?

- Movimente os pontos móveis, modificando a configuração inicial. A propriedade continua sendo válida para diferentes configurações?

6 TEOREMA DE TALES

Acompanhe a situação a seguir.

Robson utilizou alguns bambus e montou um suporte para apoiar uma planta.

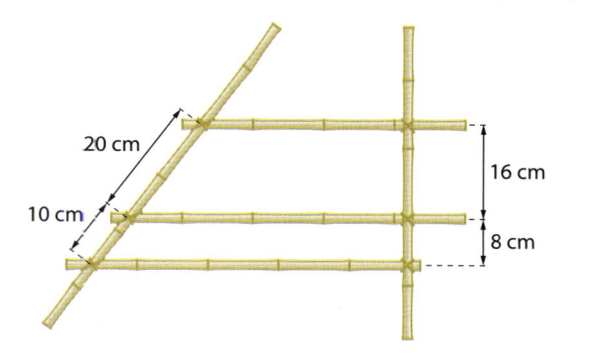

Os bambus foram amarrados de forma que os horizontais ficassem paralelos entre si.

Veja o que Robson percebeu:

$$\frac{20}{10} = \frac{16}{8}$$

As medidas formaram uma proporção!

Além dessa, Robson percebeu que há outras proporções entre as medidas. Por exemplo:

$$\frac{30}{10} = \frac{24}{8} \qquad \frac{30}{20} = \frac{24}{16}$$

Esse fato, válido para todo conjunto de retas paralelas cortadas por duas retas transversais, é conhecido como **teorema de Tales**.

> Se um feixe de retas paralelas é cortado por duas retas transversais, as medidas dos segmentos determinados sobre a primeira transversal são proporcionais às medidas dos segmentos correspondentes determinados sobre a segunda transversal.

RECORDE

Feixe de retas paralelas

Feixe de retas paralelas são duas ou mais retas de um mesmo plano que, consideradas duas a duas, são sempre paralelas.

DEMONSTRAÇÃO DO TEOREMA DE TALES

Podemos demonstrar o teorema de Tales usando os conhecimentos de semelhança de triângulos.

Observe o feixe de retas paralelas a, b e c, cortadas pelas retas transversais m e n.

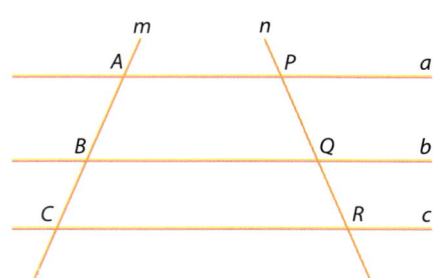

Vamos mostrar que $\frac{AB}{BC} = \frac{PQ}{QR}$ e que $\frac{AC}{AB} = \frac{PR}{PQ}$.

OBSERVAÇÃO

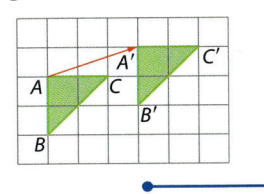

A translação de uma figura em um plano é uma transformação geométrica.

Já vimos em anos anteriores que podemos transladar uma figura geométrica sem que ela perca suas características.

Vamos transladar a reta n de forma que o ponto Q coincida com o ponto B.

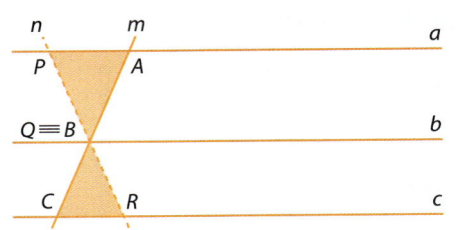

Obtivemos dois triângulos: PAB e RCB.

Esses dois triângulos são semelhantes pelo caso AA, pois têm dois ângulos congruentes ($A\hat{B}P \cong R\hat{B}C$, ângulos opostos pelo vértice, e $P\hat{A}B \cong R\hat{C}B$, ângulos alternos internos). Então:

$$\frac{AB}{BC} = \frac{PQ}{QR}$$

Para demonstrar a outra igualdade, partimos da primeira figura e transladamos a reta n de forma que o ponto P coincida com o ponto A.

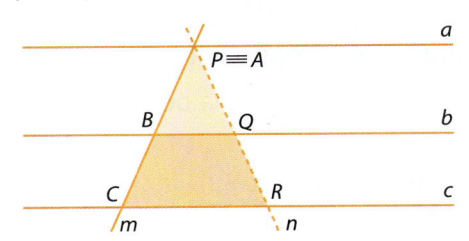

Novamente, obtivemos dois triângulos: ACR e ABQ.

Esses dois triângulos também são semelhantes pelo caso AA, pois têm dois ângulos congruentes ($R\hat{A}C \cong Q\hat{A}B$, ângulo comum, e $A\hat{C}R \cong A\hat{B}Q$, ângulos correspondentes). Então:

$$\frac{AC}{AB} = \frac{PR}{PQ}$$

Vamos calcular a medida x na figura abaixo, formada por um feixe de retas paralelas cortadas por duas transversais.

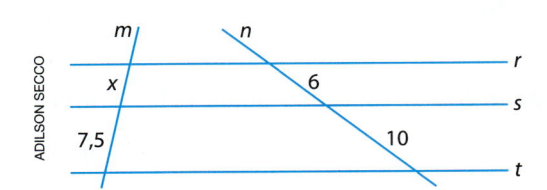

$$\frac{x}{7,5} = \frac{6}{10}$$

$$10 \cdot x = 6 \cdot 7,5$$

$$x = \frac{45}{10} \text{ ou } x = 4,5$$

- Agora, vamos calcular x no triângulo ao lado.

Observando as retas r e s, paralelas ao lado $\overline{BC}$, temos:

$$\frac{2}{8} = \frac{3,5}{x}$$

$2x = 28$

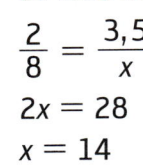

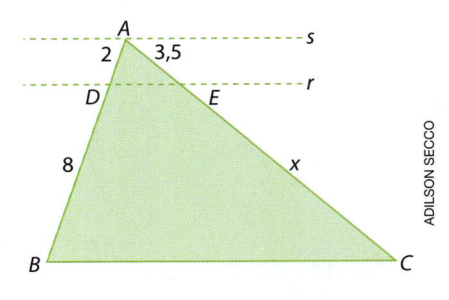

$x = 14$

Trilha de estudo

Vai estudar? Nosso assistente virtual no *app* pode ajudar!
<http://mod.lk/trilhas>

ATIVIDADES

PRATIQUE

R1. Na figura abaixo, determine as medidas x e y, sabendo que $r \parallel s \parallel t$.

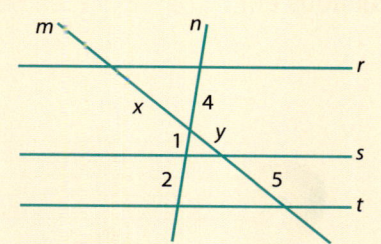

Resolução

Primeiro, traçamos uma reta paralela auxiliar.

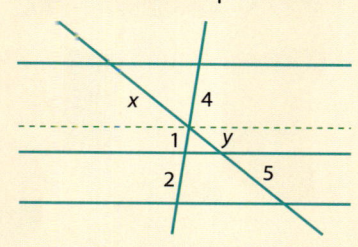

Depois, calculamos as medidas x e y usando o teorema de Tales.

Vamos calcular y:

$$\frac{1}{2} = \frac{y}{5}$$

$$1 \cdot 5 = 2 \cdot y$$

$$y = 2,5$$

Agora, vamos calcular x:

$$\frac{x}{y} = \frac{4}{1}$$

$$\frac{x}{2,5} = \frac{4}{1}$$

$$x = 10$$

Portanto, x = 10 e y = 2,5.

1. Determine a medida x, sendo $r \parallel s \parallel t$.

a)

b)

c)

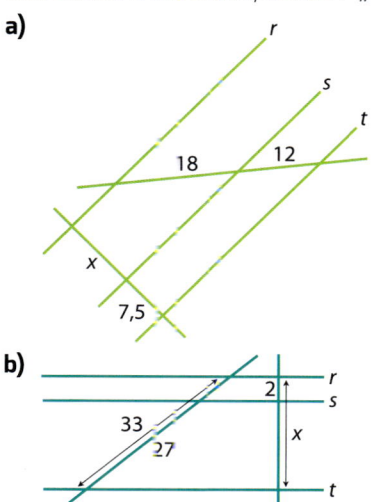

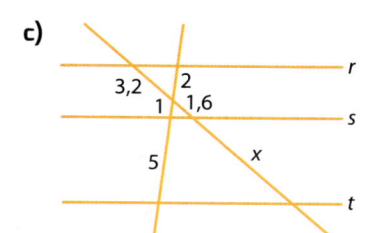

2. Determine a medida x em cada caso sabendo que $\overline{BC} \parallel \overline{DE}$.

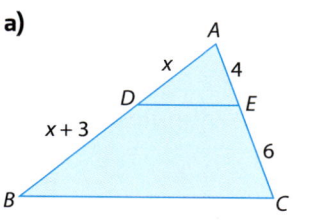

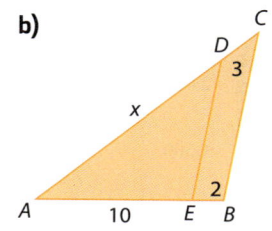

a)

b)

3. Se $r \parallel s \parallel t$ e $x + y + z = 84$, descubra quais são as medidas x, y e z.

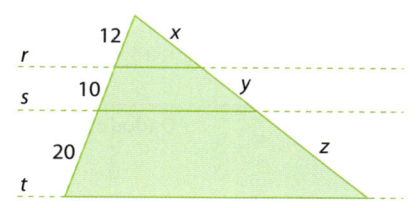

APLIQUE

4. Um feixe de três retas paralelas determina, numa transversal, os pontos B, E e F e, em outra transversal, os pontos correspondentes B', E' e F'. Se $\overline{BE}$ mede 8 cm, $\overline{EF}$ mede 14 cm e $\overline{B'E'}$ mede 24 cm, calcule a medida de $\overline{E'F'}$.

5. Calcule a medida de $\overline{BE}$ sabendo que $\overline{AB} \parallel \overline{DE}$.

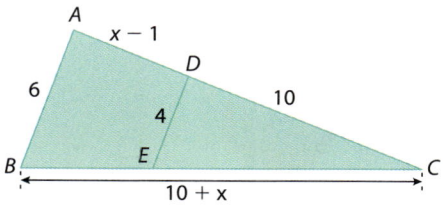

6. Um projetor reproduziu em uma tela a imagem de um *slide* com formato de um retângulo de base igual a 2 cm e altura de 3 cm, conforme mostra a figura.

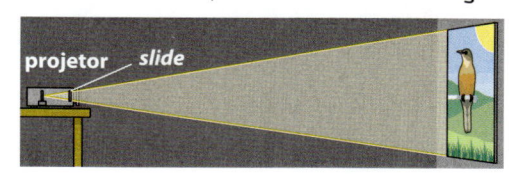

- Encontre a altura da imagem formada, sabendo que sua base tem 27 cm.

ESTATÍSTICA E PROBABILIDADE
MÉDIA ARITMÉTICA, MEDIANA, MODA E AMPLITUDE

Uma escola promoveu uma campanha de arrecadação de alimentos que durou uma semana. O gráfico a seguir mostra a massa de alimentos arrecadados em cada dia.

QUANTIDADE DE ALIMENTOS ARRECADADOS NA CAMPANHA

Dia	Massa (em kg)
Domingo	250
Segunda-feira	200
Terça-feira	300
Quarta-feira	150
Quinta-feira	300
Sexta-feira	200
Sábado	2.100

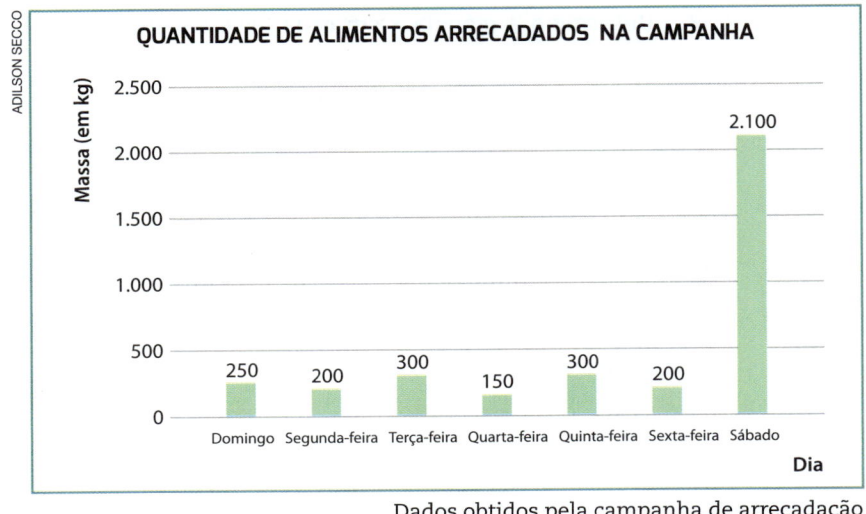

Dados obtidos pela campanha de arrecadação de alimentos, em jun. 2018.

Após o fim da campanha, Sofia, Ivo e Ítalo quiseram representar a quantidade de alimentos arrecadados por dia. Observando os dados do gráfico, cada um deles determinou uma medida. Veja.

> Eu fiz os cálculos para determinar a **média aritmética**.

$$\frac{250 + 200 + 300 + 150 + 300 + 200 + 2.100}{7} =$$
$$= \frac{3.500}{7} = 500$$

Foram arrecadados, em média, 500 kg de alimentos por dia.

> Coloquei os valores em ordem crescente e encontrei a **mediana**.

| 150 | 200 | 200 | 250 | 300 | 300 | 2.100 |

↑ Posição central

Logo, a mediana é 250 kg.

> Eu vi no gráfico a massa que tinha maior frequência e encontrei a **moda**.

FREQUÊNCIA DA MASSA DE ALIMENTOS ARRECADADOS

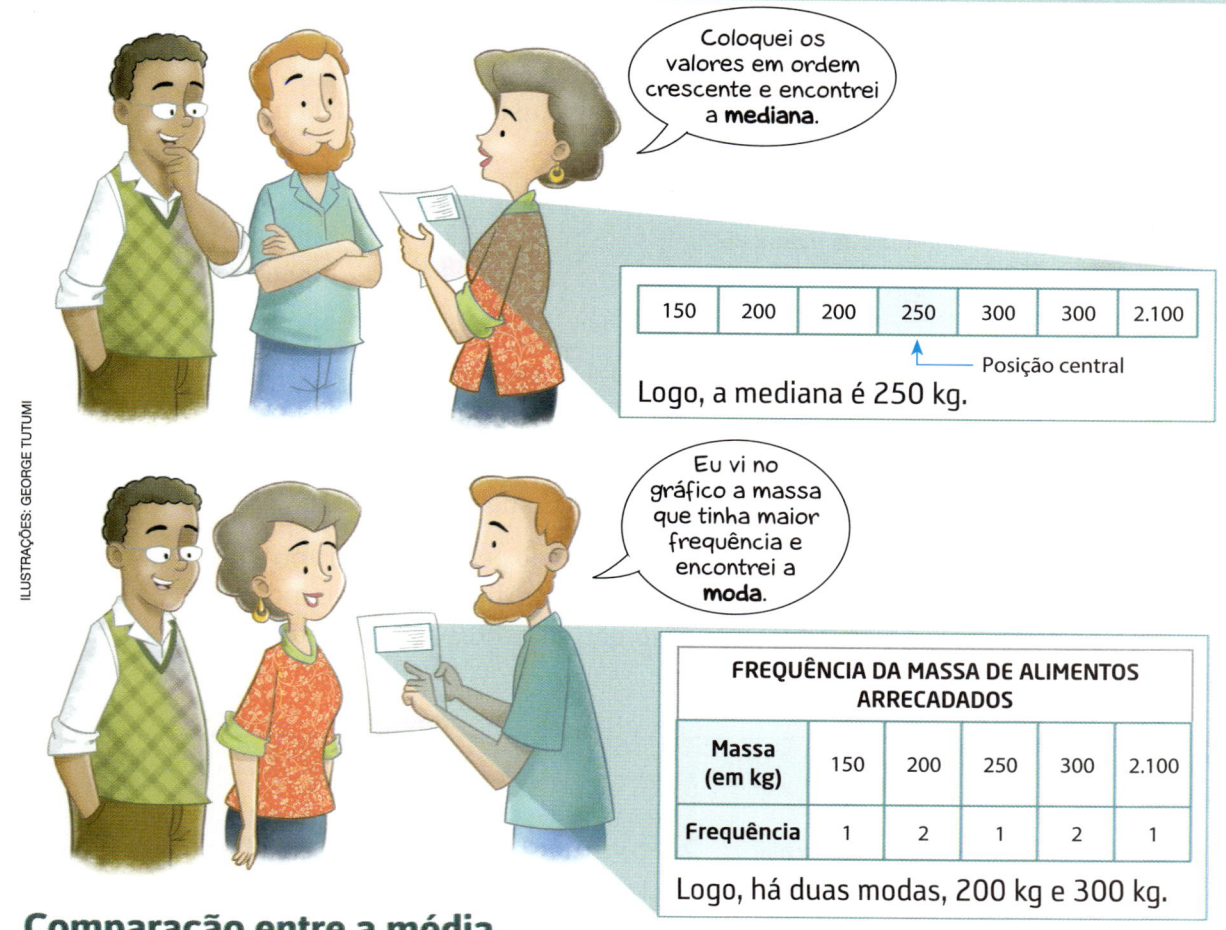

Massa (em kg)	150	200	250	300	2.100
Frequência	1	2	1	2	1

Logo, há duas modas, 200 kg e 300 kg.

Comparação entre a média aritmética, a mediana e a moda

A média aritmética (simples ou ponderada), a mediana e a moda são usadas para representar um conjunto de dados e são chamadas de **medidas de tendência central**. Em determinadas situações, uma pode ser mais conveniente que a outra.

Na situação anterior, a **moda** não é única e, portanto, não é a medida mais conveniente para representar esse conjunto de dados. Em geral, a moda oferece pouca informação a respeito do conjunto de dados e, por esse motivo, é a menos usada entre as medidas de tendência central estudadas.

Repare que a **média aritmética** foi influenciada pela massa de alimentos arrecadados no sábado, que destoou em relação aos demais dias. Nesse caso, a **mediana** é a medida que melhor representa a massa de alimentos arrecadados por dia pela campanha.

Em situações em que um ou mais valores do conjunto de dados destoam dos demais, a mediana é a medida estatística que melhor poderá representar esse conjunto, pois ela não sofre influência de valores extremos. Caso contrário, a média aritmética simples ou ponderada será a medida adequada, pois ela leva em consideração todos os valores do conjunto.

Amplitude de um conjunto de dados

Além das medidas de tendência central, Reginaldo usou outra medida para verificar o que acontece com esses dados. Observe.

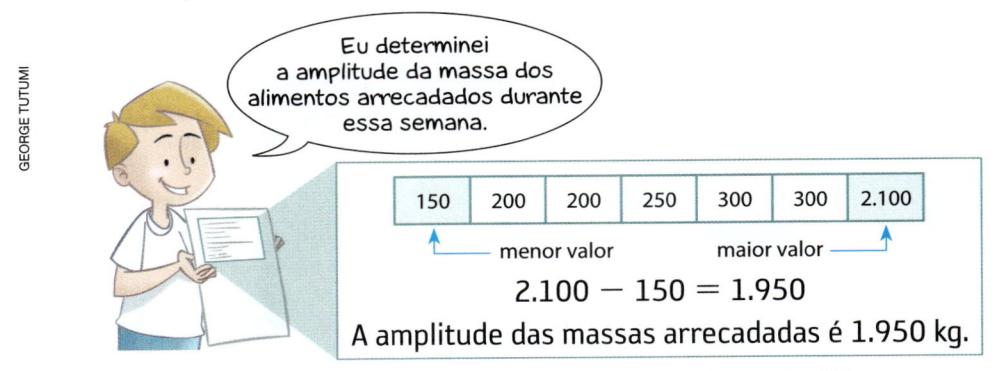

Eu determinei a amplitude da massa dos alimentos arrecadados durante essa semana.

| 150 | 200 | 200 | 250 | 300 | 300 | 2.100 |

menor valor — maior valor

$2.100 - 150 = 1.950$

A amplitude das massas arrecadadas é 1.950 kg.

A amplitude de um conjunto de dados é o valor obtido pela diferença entre o maior e o menor dado do conjunto. Ela é uma **medida de dispersão**, pois indica o quanto os dados estão espalhados. No caso dos alimentos arrecadados, há uma diferença muito grande entre os dados.

ATIVIDADES

1. Dona Claudete tem uma cantina instalada na escola. Preocupada com a saúde dos estudantes, ela afixou no mural uma tabela com informações sobre a quantidade de calorias dos sanduíches que costuma vender.

QUANTIDADE DE CALORIAS DO SANDUÍCHE	
Sanduíche	Calorias
Hot-dog	342
Cheeseburger	305
Hambúrguer	296
Misto-quente	283
Linguiça	370

Dados obtidos por dona Claudete, em ago. 2018.

a) Calcule a média aritmética e a mediana das quantidades de calorias contidas em um sanduíche da cantina de dona Claudete.

b) Qual das medidas calculadas no item anterior é mais conveniente para representar a quantidade de calorias contidas em um sanduíche da cantina de dona Claudete? Justifique.

c) Qual é a amplitude desse conjunto de dados?

2. O Produto Interno Bruto (PIB) real é a soma dos valores referentes a bens e serviços de determinado local. Observe, no gráfico a seguir, a variação percentual do PIB real brasileiro em relação ao mesmo período do ano anterior.

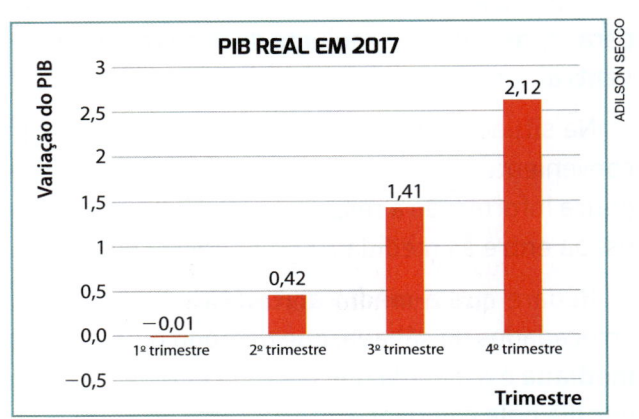

PIB REAL EM 2017

- 1º trimestre: −0,01
- 2º trimestre: 0,42
- 3º trimestre: 1,41
- 4º trimestre: 2,12

Variação do PIB / Trimestre

Dados obtidos em: <http://www.ipeadata.gov.br/exibeserie.aspx?serid=38414>. Acesso em: 16 ago. 2018.

a) Qual foi a amplitude da variação percentual do PIB real brasileiro em 2017?

b) Qual foi a variação média desse PIB em 2017?

3. A rádio Onda FM fez uma pesquisa para saber a opinião dos ouvintes sobre um novo programa que foi ao ar. Os dados coletados na pesquisa estão representados no gráfico a seguir.

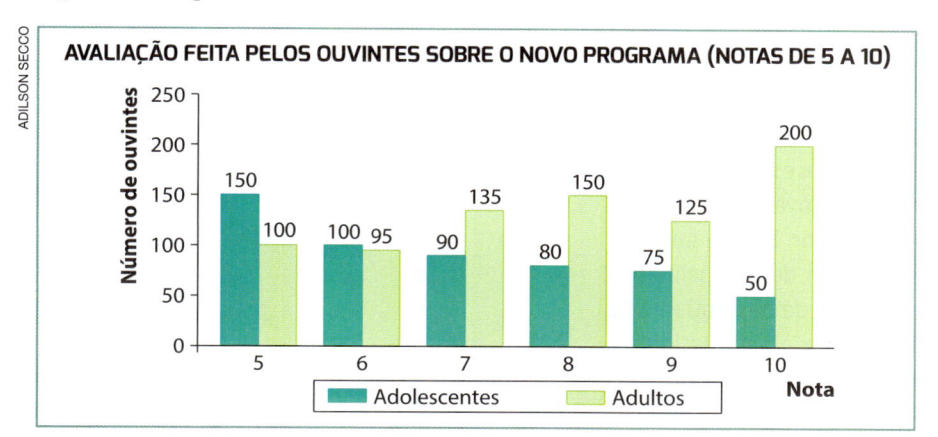

AVALIAÇÃO FEITA PELOS OUVINTES SOBRE O NOVO PROGRAMA (NOTAS DE 5 A 10)

Nota	Adolescentes	Adultos
5	150	100
6	100	95
7	90	135
8	80	150
9	75	125
10	50	200

Dados obtidos pela rádio Onda FM, em out. 2018

a) Quantos ouvintes foram pesquisados?

b) Qual foi a média aritmética das notas dadas por ouvintes adolescentes? E por ouvintes adultos?

c) Qual foi a moda das notas dadas por ouvintes adultos?

d) Qual foi a mediana das notas dadas por ouvintes adolescentes?

e) Calcule a média aritmética, a moda e a mediana das notas dadas pelo total de ouvintes (adolescentes e adultos).

4. Joana é professora de Educação Física e mede regularmente a massa e a altura de seus alunos. Observe, no quadro ao lado as medidas obtidas de cada aluno.

a) Qual é a amplitude da massa desses alunos? E da altura?

b) Calcule a média aritmética da massa desses alunos e a média da altura deles.

c) Quais alunos tem massa abaixo da média? E quais tem altura acima da média?

d) Qual é a moda das massas desses alunos? E das alturas?

Nome	Massa (em quilograma)	Altura (em metro)
Alício	53,4	1,62
Bruna	48,6	1,54
Diana	45,3	1,59
Elisângela	49,8	1,68
Josué	51,2	1,58
Manuel	48,0	1,54
Nilce	47,5	1,62
Renan	51,5	1,67
Renato	45,6	1,55
Silmara	45,6	1,52
Sueli	48,9	1,66
Tomás	49,0	1,67

ATIVIDADES COMPLEMENTARES

1. Determine a razão entre:
   a) o perímetro e o lado de um quadrado;
   b) o lado de um triângulo equilátero e seu perímetro;
   c) sua idade e a idade de sua mãe.

2. Eduardo e Mônica estavam mobiliando uma sala com dois ambientes. Para isso, escolheram para a sala de estar os seguintes móveis: um sofá que mede 2 m de comprimento por 1 m de largura, uma poltrona que mede 1 m de comprimento por 1 m de largura e um *rack* de base quadrada que tem 75 cm de lado. Para a sala de jantar, optaram por uma mesa de 1,5 m de comprimento por 75 cm de largura e seis cadeiras. Cada cadeira ocupa a área de um quadrado de 0,25 m². Observe abaixo a planta da sala.

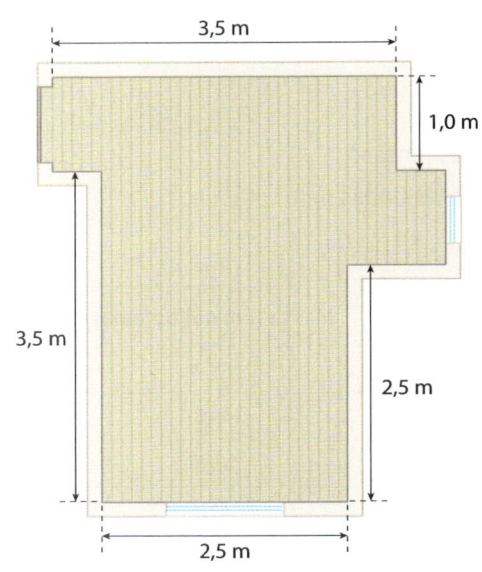

   a) A sala do casal comporta esses móveis?
   b) Qual seria uma forma de dispô-los?

3. Calcule os valores de x, y e z em cada caso.
   a)
   b)
   c)
   d)

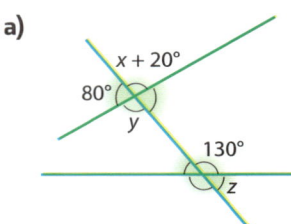

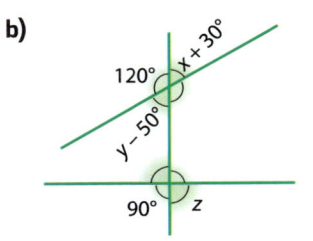

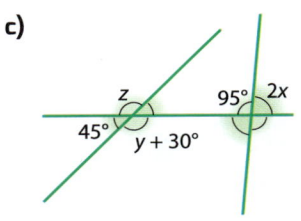

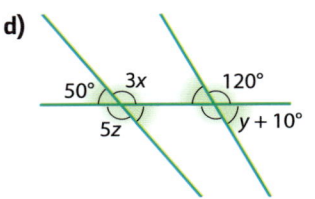

4. Calcule os valores solicitados em cada caso.
   a) Duas retas paralelas cortadas por uma transversal formam oito ângulos com medida de 0° a 180° cada. Se um deles mede 50°, quais são as medidas dos outros?
   b) Duas retas paralelas cortadas por uma transversal formam um par de ângulos correspondentes que medem $5x - 10°$ e $2x + 30°$. Qual o valor de x?
   c) Duas retas paralelas cortadas por uma transversal formam um par de ângulos alternos internos que medem $2x - 150°$ e $x - 10°$. Quanto medem esses ângulos?

5. (Unicamp-SP) A figura a seguir mostra um segmento $\overline{AD}$ dividido em três partes com medidas: $AB = 2$ cm, $BC = 3$ cm e $CD = 5$ cm. O segmento $\overline{AD'}$ mede 13 cm, e as retas $\overleftrightarrow{BB'}$ e $\overleftrightarrow{CC'}$ são paralelas a $\overleftrightarrow{DD'}$. Determine os comprimentos, em centímetro, dos segmentos $\overline{AB'}$, $\overline{B'C'}$ e $\overline{C'D'}$.

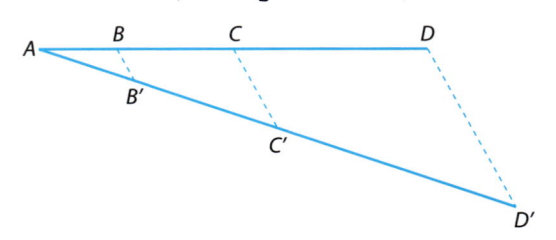

6. Considere a figura abaixo.

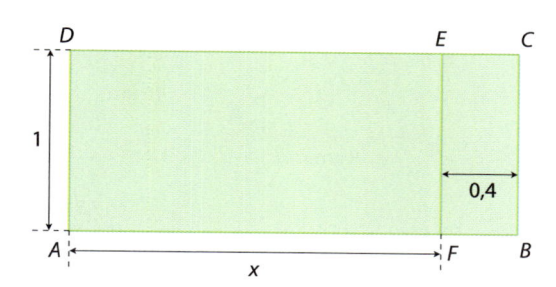

Se os retângulos ABCD e BCEF são semelhantes e AD = 1, AF = x e FB = 0,4, então x vale:
a) 1
b) 1,8
c) 2,1
d) 2,5
e) 3,1

7. Um terreno com a forma de um retângulo tem perímetro de 70 m, e a razão entre o comprimento e a largura é $\frac{2}{5}$. Calcule a área desse terreno.

8. Um triângulo ABC tem lados medindo 5 cm, 6 cm e 7,5 cm. Calcule as medidas dos lados de outro triângulo, semelhante ao triângulo ABC, sabendo que seu lado menor mede 15 cm.

9. (Unaerp-SP) As retas r e s são interceptadas pela transversal t, conforme a figura.

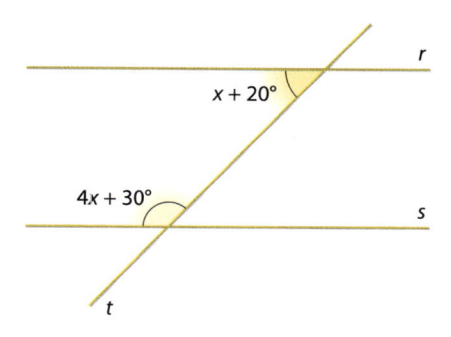

O valor de x, para que r e s sejam paralelas, é:
a) 20°.
b) 26°.
c) 28°.
d) 30°.
e) 35°.

10. Calcule os valores de x e y sabendo que as retas p, s e q são paralelas.

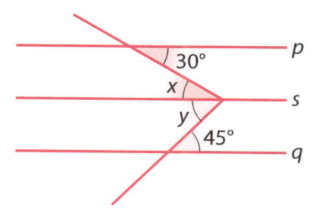

11. Um marceneiro deseja construir uma escada trapezoidal com 6 degraus, de forma que sejam respeitadas as medidas indicadas na figura abaixo.

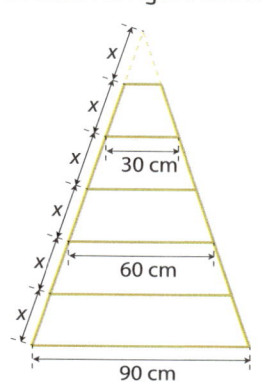

Os degraus serão obtidos cortando uma peça linear de madeira cujo comprimento mínimo, em centímetro, deve ser:
a) 144.
b) 315.
c) 210.
d) 155.
e) 360.

12. (UFMG) Em determinada hora do dia, o Sol projeta a sombra de um poste de iluminação sobre o piso plano de uma quadra de vôlei. Nesse instante, a sombra mede 16 m. Simultaneamente, um poste de 2,7 m, que sustenta a rede, tem sua sombra projetada sobre a mesma quadra. Nesse momento, essa sombra mede 4,8 m. A altura do poste de iluminação é de:
a) 8,0 m.
b) 8,5 m.
c) 9,0 m.
d) 7,5 m.

13. Um menino de 1,5 m de altura observava sua sombra e a sombra de um edifício, formadas no mesmo horário do dia. Como não dispunha de fita métrica ou de qualquer instrumento para medir, ele mediu sua sombra e a sombra do edifício com um barbante, verificando que esta era 10 vezes maior que a sua. Qual é a altura do edifício?

ATIVIDADES COMPLEMENTARES

14. Podemos construir uma câmera fotográfica rudimentar inserindo um filme fotográfico em uma caixa de sapatos com um pequeno orifício em uma de suas faces.

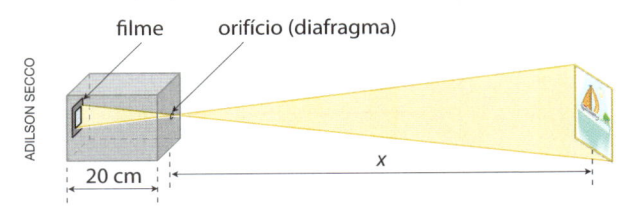

a) Suponha que você quer fotografar um quadro com dimensões de 30 cm de largura por 45 cm de altura nessa câmera improvisada, com profundidade de 20 cm. Qual deveria ser a distância x entre a caixa com orifício e o quadro para que fosse produzida uma imagem de 2 cm por 3 cm?

Quando a luz entra pelo orifício, uma imagem invertida é produzida sobre o filme.

b) Se a imagem produzida fosse de 4 cm por 6 cm, a que distância a face da câmera deveria ficar do quadro?

15. Para fotografar uma estátua de 1,8 m de altura, um fotógrafo colocou sua máquina fotográfica a 3,0 m de distância da estátua. O diafragma dessa máquina está a 2 cm do filme. Qual será a altura da estátua na foto?

16. Uma empresa de telecomunicações construirá torres de alta-tensão em três pontos distintos entre as cidades A e B. Uma das torres será colocada na cidade A, uma na cidade B e a outra próximo da estrada principal que separa essas cidades.

Observe o esquema que foi montado para indicar as posições das torres.

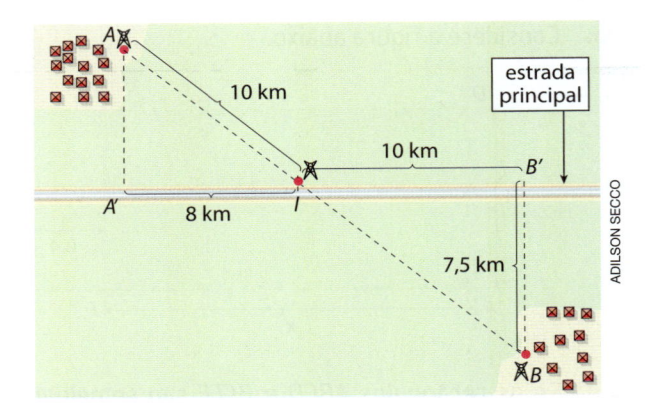

Determine a distância:

a) da torre da cidade A à estrada principal, indicada pelo segmento $\overline{AA'}$;

b) da torre da cidade B à torre da estrada principal, indicada pelo segmento $\overline{BI}$.

17. Duas fotos, A e B, têm as seguintes dimensões, respectivamente: 5 cm de largura e 8 cm de comprimento; 5 cm de largura e 6 cm de comprimento.

Use uma calculadora e determine a taxa de porcentagem que você deverá usar para ampliação ou redução, supondo que tenha de fazer três cópias de cada foto nas dimensões indicadas a seguir.

a) Foto A:
- 6,35 cm de largura e 14 cm de comprimento
- 3,15 cm de largura e 5,04 cm de comprimento
- 10,7 cm de largura e 17,12 cm de comprimento

b) Foto B:
- 6,35 cm de largura e 7,62 cm de comprimento
- 3 cm de largura e 4 cm de comprimento
- 1,15 cm de largura e 1,38 cm de comprimento

18. Na figura abaixo, $\overline{AB}$, $\overline{CD}$ e $\overline{EF}$ são paralelos e $\overline{AB}$ e $\overline{CD}$ medem, respectivamente, 10 cm e 5 cm.

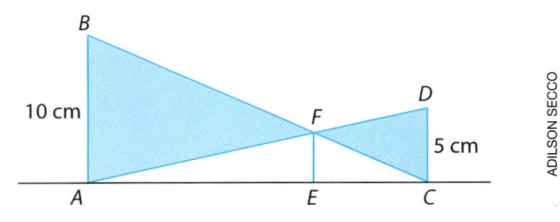

- Determine a medida de $\overline{EF}$.

Mais questões no livro digital

UNIDADE 6
RELAÇÕES MÉTRICAS NO TRIÂNGULO RETÂNGULO

1 O TEOREMA DE PITÁGORAS

O filósofo e matemático grego Pitágoras nasceu em Samos, ilha que pertence à Grécia, por volta de 580 a.C. Fundou, em Crotona, a famosa Escola Pitagórica, um centro de estudos de Filosofia, Ciências Naturais e Matemática. A escola era reservada a poucos iniciados, os estudos eram comunitários e o conhecimento produzido era creditado ao mestre. Por isso, várias descobertas foram atribuídas a Pitágoras, embora não se saiba ao certo se realmente foram realizadas por ele ou por outros membros do grupo.

Busto do matemático Pitágoras.

Pitágoras é lembrado até hoje, principalmente pelo teorema que leva seu nome e estabelece uma relação entre as medidas dos lados de um triângulo retângulo.

Observe o triângulo retângulo representado a seguir.

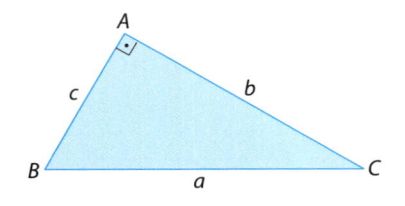

Nesse triângulo, $\overline{BC}$ é a hipotenusa e $\overline{AC}$ e $\overline{AB}$ são os catetos.

Em qualquer triângulo retângulo, o maior lado chama-se **hipotenusa** e os lados que formam o ângulo reto são denominados **catetos**.

O teorema de Pitágoras (a primeira relação métrica) diz que:

> Em um triângulo retângulo qualquer, a soma dos quadrados das medidas dos catetos é igual ao quadrado da medida da hipotenusa.

Assim, na figura da coluna ao lado, temos: $b^2 + c^2 = a^2$

Vamos determinar a medida da hipotenusa na representação do triângulo abaixo.

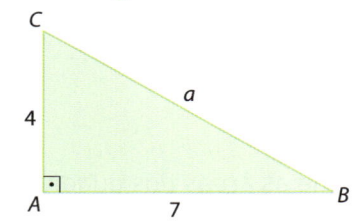

Nesse caso, $\overline{AB}$ e $\overline{AC}$ são os catetos e $\overline{BC}$ é a hipotenusa. Aplicando o teorema de Pitágoras, temos:

$$a^2 = 7^2 + 4^2$$
$$a^2 = 49 + 16$$
$$a^2 = 65$$
$$a = \sqrt{65}$$
$$a \simeq 8{,}06$$

OBSERVAÇÃO

A medida de um lado de qualquer figura sempre será um número positivo. Portanto, ao resolvermos a equação de 2º grau, consideramos somente a raiz positiva.

INFORMÁTICA E MATEMÁTICA

Verificação experimental – triângulos

Nesta seção você vai utilizar um *software* de Geometria dinâmica para construir um triângulo e três quadrados sobre os lados do triângulo e então, comparar a área do quadrado maior com a soma das áreas dos quadrados menores.

CONSTRUA

Utilize a ferramenta para construção de polígonos e siga os passos descritos a seguir.

1º) Construa um triângulo ABC, qualquer.

2º) Sobre o lado AB, construa o quadrado ABDE de modo que este seja externo ao triângulo.

3º) Da mesma forma, construa o quadrado BCFG sobre o lado BC e o quadrado ACIH sobre o lado AC.

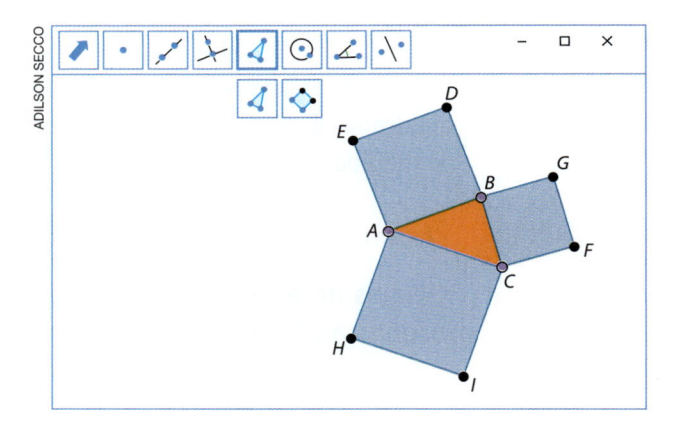

INVESTIGUE

- Determine as áreas dos quadrados ABDE, BCFG e ACIH.
- Movimente um dos vértices do triângulo construído de forma a obter um triângulo acutângulo. Compare a área do quadrado maior com a soma das áreas dos quadrados menores. O que você observa?
- Movimente novamente um dos vértices do triângulo de forma a obter um triângulo obtusângulo. Compare a área do quadrado maior com a soma das áreas dos quadrados menores. O que você observa?
- Mais uma vez movimente um dos vértices do triângulo de forma que um dos seus ângulos internos se aproxime de 90°. O que você observa?
- Repita a construção descrita no *Construa*, porém com um triângulo retângulo. Determine as áreas dos quadrados e compare a área do quadrado maior com a soma das áreas dos quadrados menores. O que você observa?

DEMONSTRAÇÃO DO TEOREMA DE PITÁGORAS

Uma das primeiras demonstrações desse teorema foi desenvolvida por Euclides, em sua obra *Os elementos*, por volta de 300 a.C. Além dela, já são conhecidas mais de 350 demonstrações.

A seguir, apresentamos uma demonstração que usa a comparação de áreas de figuras geométricas.

Observe o triângulo ABC representado a seguir.

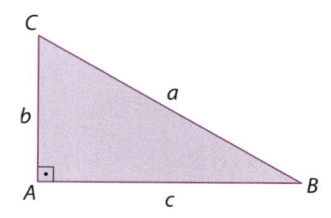

Queremos demonstrar que $a^2 = b^2 + c^2$.

Observe a representação dos quadrados HIJK e QRST.

Tradução em árabe do teorema de Pitágoras, que consta na obra *Al-Jabr*, de al-Khowarizmi.

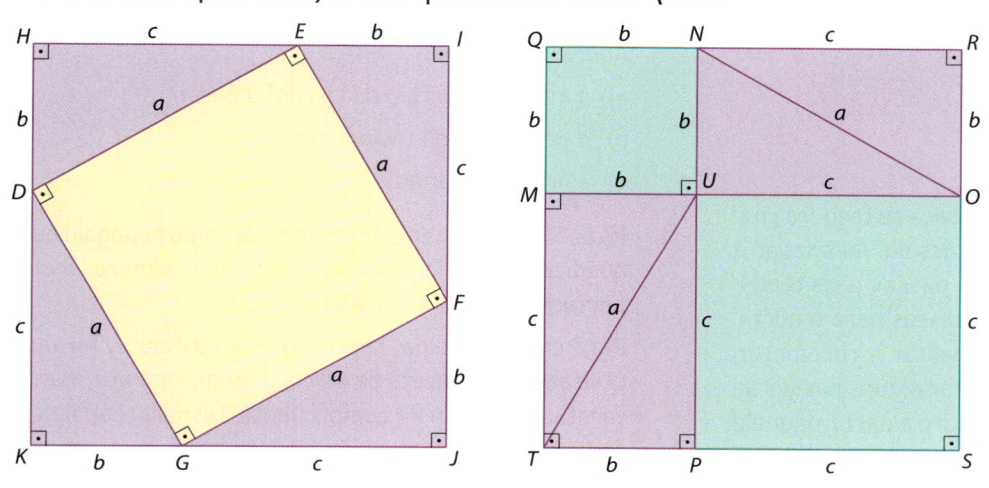

Os dois quadrados têm mesma área, já que seus lados têm mesma medida ($b + c$).

- Área do quadrado $HIJK = a^2 + 4 \cdot \dfrac{b \cdot c}{2}$ (I)

  área do quadrado DEFG   área de cada triângulo

- Área do quadrado $QRST = b^2 + c^2 + 4 \cdot \dfrac{b \cdot c}{2}$ (II)

  área do quadrado QNUM

  área do quadrado UOSP   área de cada triângulo

Como as áreas dos quadrados HIJK e QRST são iguais, igualamos (I) e (II).

$$a^2 + 4 \cdot \dfrac{b \cdot c}{2} = b^2 + c^2 + 4 \cdot \dfrac{b \cdot c}{2}$$

Subtraindo $4 \cdot \dfrac{b \cdot c}{2}$ dos dois membros, temos:

$$a^2 = b^2 + c^2$$

Assim, demonstramos que em um triângulo retângulo qualquer a soma dos quadrados das medidas dos catetos é igual ao quadrado da medida da hipotenusa.

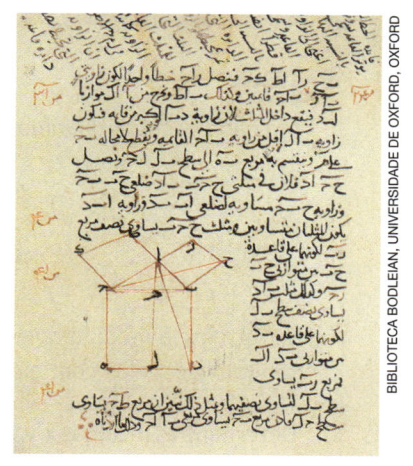

Pensar e comunicar-se com clareza

Pensar com flexibilidade

PARA PESQUISAR

Pesquise, na internet ou em livros, outras maneiras de demonstrar, formal ou experimentalmente, o teorema de Pitágoras.

Escolha uma das demonstrações, entenda seus passos e explique-a a um colega. Tente entender a explicação da demonstração que seu colega escolheu e, se necessário, faça perguntas ao colega para compreender melhor. Conversem sobre qual demonstração vocês acharam mais fácil.

Teorema de Pitágoras

Assista ao vídeo e conheça um pouco da história deste famoso teorema.

ATIVIDADES

PRATIQUE

1. Em cada caso, determine a medida x.

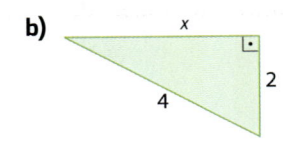

a) triângulo com catetos 2 e 3, hipotenusa x

b) triângulo com catetos 4 e 2, hipotenusa x

2. Determine a medida dos catetos de um triângulo retângulo isósceles com hipotenusa de medida 10 cm.

3. Determine as medidas x, y, z e w.

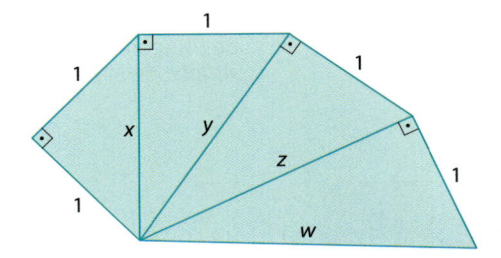

APLIQUE

4. Márcia está participando de uma caça ao tesouro com um mapa de instruções e uma bússola. Ao chegar à última instrução, ela seguiu 120 passos para o oeste, mas deveria ter seguido 50 passos para o norte. Ao perceber o erro, em vez de voltar e recomeçar, ela pensou que poderia economizar alguns passos se soubesse a direção exata do tesouro a partir daquele ponto. Se pudesse ir direto ao tesouro, quantos passos a menos Márcia daria?

5. Uma escada está apoiada no tronco de uma árvore conforme o esquema abaixo.

Calcule o comprimento x, em metro, dessa escada.

6. Em um triângulo retângulo ABC, a hipotenusa mede $3\sqrt{5}$ e um cateto mede o dobro do outro. Determine a área desse triângulo.

7. (Saresp) Seu Joaquim precisa de uma ripa de madeira para fazer um reforço diagonal num portão de 2 m de altura por 0,8 m de comprimento. Qual deve ser o comprimento da ripa?

8. Observe a figura.

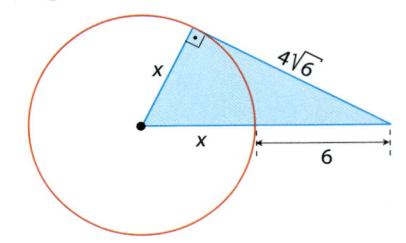

Agora, determine:

a) a medida x do raio da circunferência;

b) o perímetro do triângulo;

c) a área do triângulo.

9. (Etec-SP) A pipa, também conhecida como papagaio ou quadrado, foi introduzida no Brasil pelos colonizadores portugueses no século XVI.

Para montar a pipa, representada na figura, foram utilizados uma vareta de 40 cm de comprimento, duas varetas de 32 cm de comprimento, tesoura, papel de seda, cola e linha.

As varetas são fixadas conforme a figura, formando a estrutura da pipa. A linha é passada em todas as pontas da estrutura, e o papel é colado de modo que a extremidade menor da estrutura da pipa fique de fora.

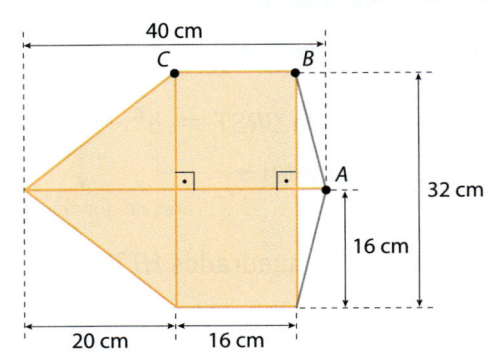

O comprimento da linha que passa pelos pontos A, B e C do contorno da estrutura da pipa, em centímetro, é:

a) $4 \cdot (4 + \sqrt{17})$
b) $2 \cdot (8 + \sqrt{19})$
c) $16 + \sqrt{17}$
d) $18 \cdot \sqrt{19}$
e) $20 \cdot \sqrt{17}$

2 OUTRAS RELAÇÕES MÉTRICAS NO TRIÂNGULO RETÂNGULO

O teorema de Pitágoras é a primeira das relações métricas no triângulo retângulo que estudamos. Além dessa relação métrica existem outras que você aprenderá nesta unidade. Antes de estudá-las, porém, vamos ver alguns conceitos para entender os termos que serão usados.

- **Projeção ortogonal de um ponto sobre uma reta**

  Considere um ponto P e uma reta r.

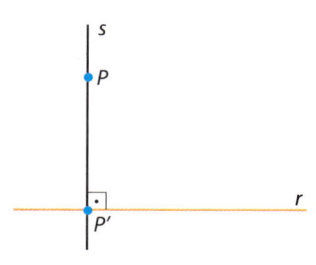

  Ao traçar a reta s, perpendicular à reta r e passando pelo ponto P, obtemos o ponto P'. O ponto P' é a projeção ortogonal do ponto P sobre a reta r.

  Se o ponto pertence à reta, ele coincide com sua projeção ortogonal sobre a reta.

- **Projeção ortogonal de um segmento sobre uma reta**

  Considere um segmento $\overline{AB}$ e uma reta r.

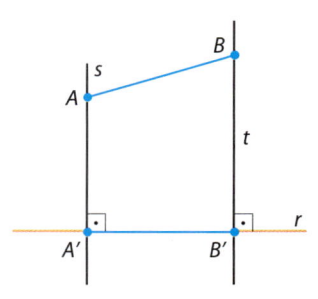

  O ponto A' é a projeção ortogonal do ponto A sobre a reta r, e o ponto B' é a projeção ortogonal do ponto B sobre a reta r. Dessa forma, $\overline{A'B'}$ é a projeção ortogonal do segmento $\overline{AB}$ sobre a reta r.

DESAFIO

No caso de um segmento $\overline{CD}$ ser perpendicular a uma reta r, que figura corresponde à projeção ortogonal do segmento sobre a reta?

As próximas relações que estudaremos serão demonstradas com base no conceito de semelhança de triângulos. Para isso, considere o triângulo retângulo ABC representado a seguir.

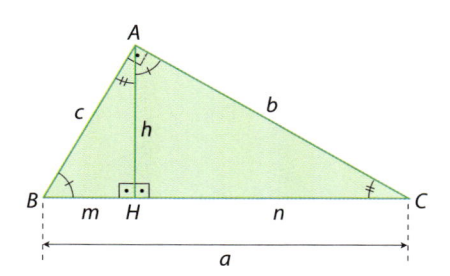

Nesse triângulo, temos:

- $\overline{BC}$: hipotenusa de medida a;
- $\overline{AB}$: cateto de medida c;
- $\overline{AC}$: cateto de medida b;
- $\overline{AH}$: altura relativa à hipotenusa; sua medida é h.
- $\overline{BH}$: projeção ortogonal do cateto $\overline{AB}$ sobre a hipotenusa; sua medida é m.
- $\overline{HC}$: projeção ortogonal do cateto $\overline{AC}$ sobre a hipotenusa; sua medida é n.

O triângulo ABC pode ser decomposto em dois triângulos retângulos: $\triangle HBA$ e $\triangle HAC$. Observando-os, notamos que:

- $\hat{B}$ e $H\hat{A}C$ são ângulos complementares do ângulo $\hat{C}$, logo: $\hat{B} \cong H\hat{A}C$;
- $\hat{C}$ e $H\hat{A}B$ são ângulos complementares do ângulo $\hat{B}$, logo: $\hat{C} \cong H\hat{A}B$.

Vamos analisar esses triângulos dois a dois.

- $\triangle ABC$ e $\triangle HBA$

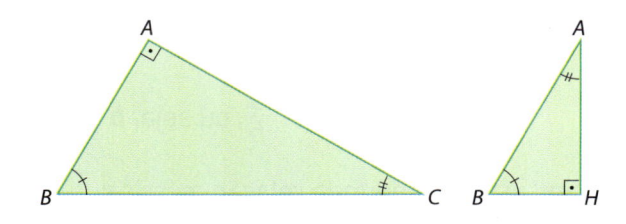

  $B\hat{A}C \cong B\hat{H}A$ (retos)

  $A\hat{B}C \cong H\hat{B}A$ (comum)

  Então: $\triangle ABC \sim \triangle HBA$ (caso AA)

- △ABC e △HAC

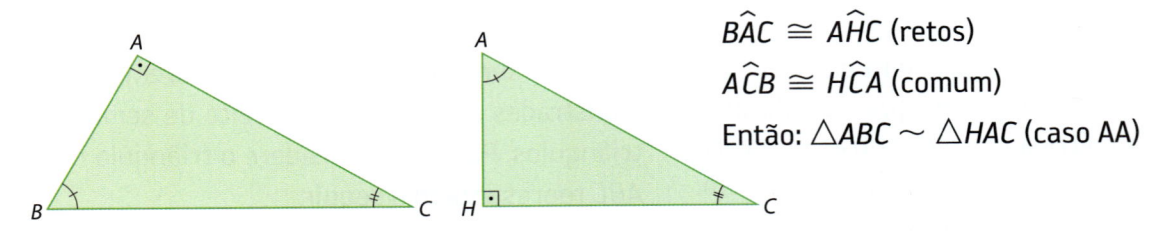

$B\hat{A}C \cong A\hat{H}C$ (retos)

$A\hat{C}B \cong H\hat{C}A$ (comum)

Então: △ABC ~ △HAC (caso AA)

- △HBA e △HAC

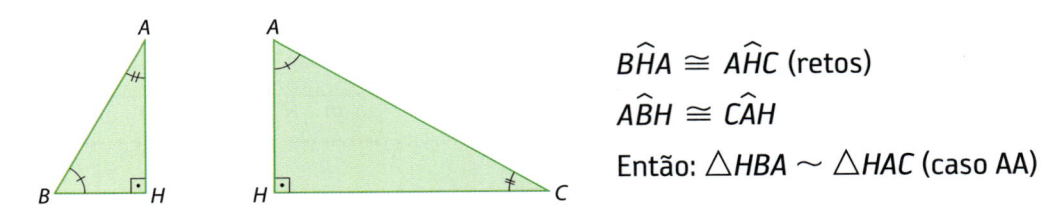

$B\hat{H}A \cong A\hat{H}C$ (retos)

$A\hat{B}H \cong C\hat{A}H$

Então: △HBA ~ △HAC (caso AA)

Como △ABC ~ △HBA, △ABC ~ △HAC e △HBA ~ △HAC, temos:

△ABC ~ △HBA ~ △HAC

SEGUNDA RELAÇÃO MÉTRICA

Vamos retomar a representação do triângulo ABC e considerar os triângulos ABC e HBA, que são semelhantes pelo caso de semelhança AA, conforme verificamos.

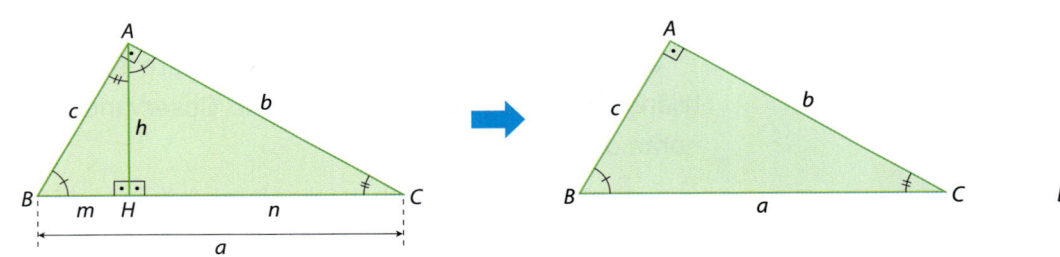

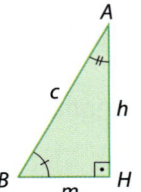

Podemos escrever a seguinte proporção entre os lados homólogos:

$$\frac{AB}{HB} = \frac{BC}{BA} = \frac{AC}{HA}, \text{ que equivale a } \underbrace{\frac{c}{m} = \frac{a}{c} = \frac{b}{h}}_{(I)}$$

RECORDE

Lados homólogos são lados opostos a ângulos correspondentes congruentes.

Da igualdade (I), temos:

$$\frac{a}{c} = \frac{b}{h}, \text{ ou seja, } \mathbf{b \cdot c = a \cdot h}$$

Assim, esta é a segunda relação métrica:

> Em um triângulo retângulo qualquer, o produto das medidas dos catetos é igual ao produto da medida da hipotenusa pela medida da altura relativa à hipotenusa.

Vamos aplicar o teorema de Pitágoras e a segunda relação métrica no triângulo abaixo, e encontrar as medidas b e h.

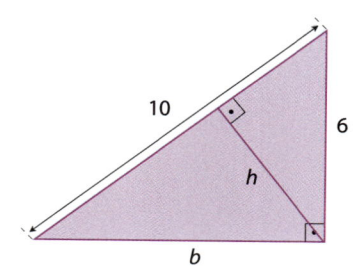

$$b^2 + c^2 = a^2 \qquad\qquad b \cdot c = a \cdot h$$
$$b^2 + 6^2 = 10^2 \qquad\qquad h = \frac{b \cdot c}{a}$$
$$b^2 = 100 - 36$$
$$b^2 = 64 \qquad\qquad\qquad h = \frac{8 \cdot 6}{10}$$
$$b = 8 \qquad\qquad\qquad\quad h = 4{,}8$$

TERCEIRA RELAÇÃO MÉTRICA

Analisando os triângulos semelhantes ABC e HBA representados, vimos que:

$$\frac{AB}{HB} = \frac{BC}{BA} = \frac{AC}{HA}, \text{ que equivale a } \underbrace{\frac{c}{m} = \frac{a}{c}}_{(II)} = \frac{b}{h}$$

Da igualdade (II), temos:

$$\frac{c}{m} = \frac{a}{c}, \text{ ou seja, } \boldsymbol{c^2 = a \cdot m}$$

Agora, vamos considerar os triângulos ABC e HAC. Como vimos anteriormente, esses triângulos também são semelhantes.

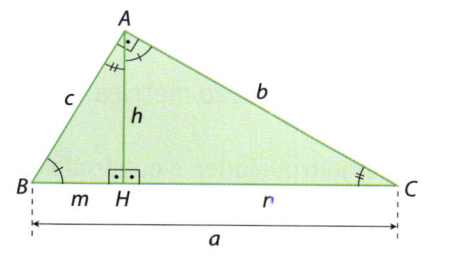

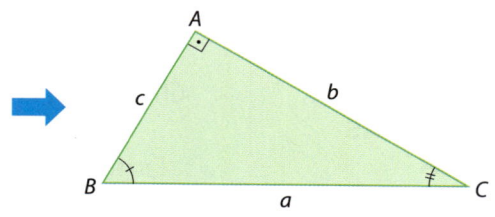

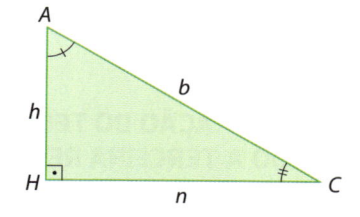

Podemos escrever a seguinte proporção entre os lados homólogos:

$$\frac{AB}{HA} = \frac{BC}{AC} = \frac{AC}{HC}, \text{ que equivale a } \frac{c}{h} = \underbrace{\frac{a}{b} = \frac{b}{n}}_{(III)}$$

Da igualdade (III), temos:

$$\frac{a}{b} = \frac{b}{n}, \text{ ou seja, } \boldsymbol{b^2 = a \cdot n}$$

Portanto, esta é a terceira relação métrica:

> Em um triângulo retângulo qualquer, o quadrado da medida de um cateto é igual ao produto da medida da hipotenusa pela medida da projeção ortogonal desse cateto sobre a hipotenusa.

Vamos encontrar as medidas b e c na representação do triângulo a seguir.

$b^2 = a \cdot n$ | $c^2 = a \cdot m$
$b^2 = 5 \cdot 3,2$ | $c^2 = 5 \cdot 1,8$
$b^2 = 16$ | $c^2 = 9$
$b = \sqrt{16}$ | $c = \sqrt{9}$
$b = 4$ | $c = 3$

OBSERVAÇÃO

No exemplo acima, temos:

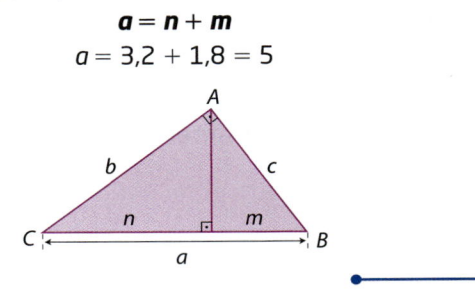

a = n + m
$a = 3,2 + 1,8 = 5$

DEMONSTRAÇÃO DO TEOREMA DE PITÁGORAS USANDO A TERCEIRA RELAÇÃO MÉTRICA

Com as equações obtidas anteriormente, podemos fazer outra demonstração do teorema de Pitágoras. Veja.

$b^2 = a \cdot n$ e $c^2 = a \cdot m$

Adicionando membro a membro as duas igualdades, temos:

$b^2 + c^2 = a \cdot n + a \cdot m$

$b^2 + c^2 = a \cdot (n + m)$

Substituindo $(n + m)$ por a na equação acima, temos:

$b^2 + c^2 = a \cdot (n + m)$

$b^2 + c^2 = a \cdot a$

$b^2 + c^2 = a^2$ (teorema de Pitágoras)

QUARTA RELAÇÃO MÉTRICA

Vamos considerar, agora, na representação do triângulo ABC, os triângulos semelhantes HBA e HAC.

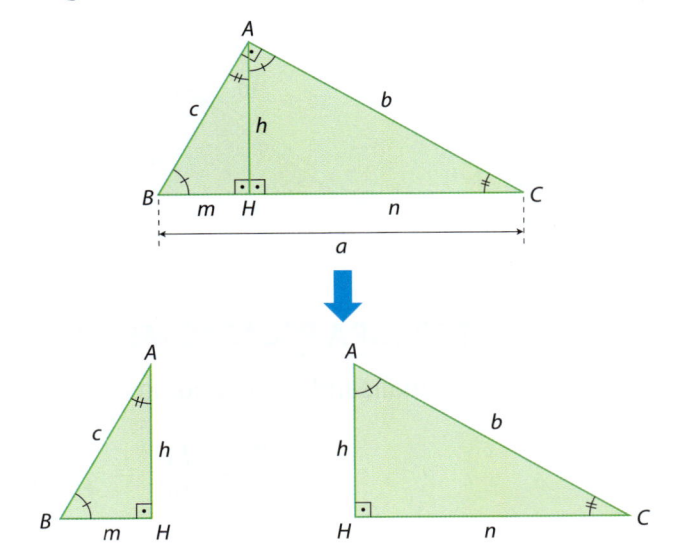

Podemos escrever a seguinte proporção entre os lados homólogos:

$\dfrac{HB}{HA} = \dfrac{HA}{HC} = \dfrac{BA}{AC}$, que equivale a $\underbrace{\dfrac{m}{h} = \dfrac{h}{n}}_{(IV)} = \dfrac{c}{b}$

Da igualdade (IV), temos:

$\dfrac{m}{h} = \dfrac{h}{n}$, ou seja, **$h^2 = m \cdot n$**

Chegamos, então, à quarta relação métrica:

> Em um triângulo retângulo qualquer, o quadrado da medida da altura relativa à hipotenusa é igual ao produto das medidas das projeções ortogonais dos catetos sobre a hipotenusa.

Vamos calcular a medida h da altura do triângulo retângulo representado abaixo usando a quarta relação métrica.

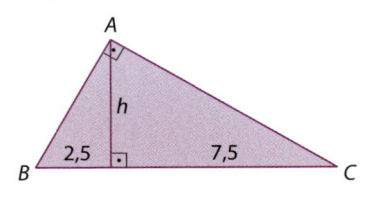

$h^2 = m \cdot n$
$h^2 = 2,5 \cdot 7,5$
$h^2 = 18,75$
$h = \sqrt{18,75}$
$h \simeq 4,33$

Organize o que você aprendeu fazendo a atividade 3 da página 176.

COMPARE ESTRATÉGIAS

Relações métricas no triângulo retângulo

O professor de Matemática solicitou aos alunos que resolvessem a seguinte situação-problema.

> O esquema a seguir representa um dos pisos de um *shopping*. No ponto A fica a praça de alimentação. Os pontos B e C representam duas das saídas. O triângulo ABC é retângulo em A.
>
> Para facilitar a locomoção de pessoas com mobilidade reduzida até a saída, os administradores pretendem construir um Caminho Alternativo para que os clientes se locomovam da Praça de Alimentação à Rua das Pedras, por uma nova saída D.
>
> Determine o comprimento do Caminho Alternativo.

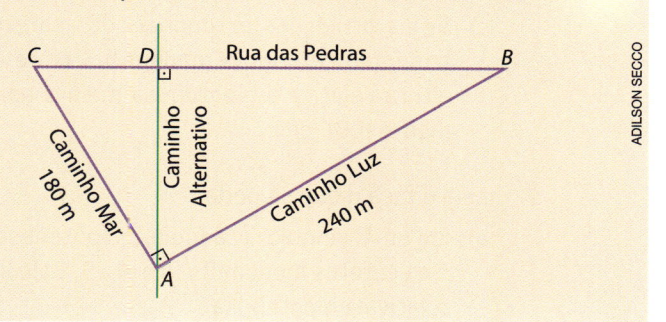

Observe as estratégias de Bruna e João para resolverem a situação-problema.

Estratégia de Bruna

$$a^2 = b^2 + c^2$$
$$a^2 = 180^2 + 240^2$$
$$a^2 = 32.400 + 57.600 = 90.000$$
$$a = 300 \text{ m}$$
$$ah = bc$$
$$300h = 180 \cdot 240$$
$$h = \frac{43.200}{300} = 144 \text{ m}$$

Estratégia de João

$$h^2 = m \cdot n$$
$$h^2 = 180 \cdot 240$$
$$h^2 = 43.200$$
$$h \approx 207,85 \text{ m}$$

REFLITA

- Explique a estratégia de Bruna.
- Explique a estratégia de João.

DISCUTA E CONCLUA

Sente-se com um colega e respondam aos questionamentos a seguir.

- Qual o objetivo dos administradores do *shopping* ao construírem um Caminho Alternativo?
- Quais os comprimentos dos caminhos existentes?
- Para atingir o objetivo dos administradores do *shopping*, o comprimento do Caminho Alternativo deve ser maior ou menor que os existentes?
- No triângulo ABC, o Caminho Alternativo corresponde à que medida? Esta medida deve ser maior ou menor que as medidas dos lados deste triângulo?
- Qual dos alunos **não** obteve o valor correto para o comprimento do Caminho Alternativo? Justifique.
- Volte ao *Reflita* e veja se você mudaria as respostas dadas.

ATIVIDADES

PRATIQUE

1. Observe a figura.

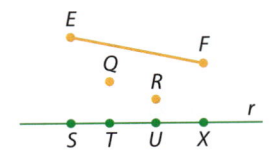

Agora, identifique as projeções ortogonais na reta r:
a) dos pontos Q, R e U;
b) dos segmentos $\overline{EF}$ e $\overline{TU}$.

2. Observe o triângulo abaixo e associe as colunas.

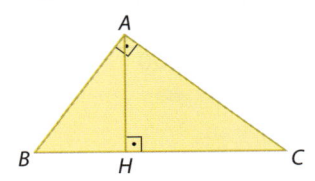

A	Projeção do cateto $\overline{AC}$ sobre a hipotenusa	I	$\overline{AH}$
B	Altura relativa à hipotenusa	II	$\overline{AC}$
C	Hipotenusa do $\triangle AHC$	III	$\overline{HC}$

3. Determine a medida de $\overline{PQ}$ em função de a.

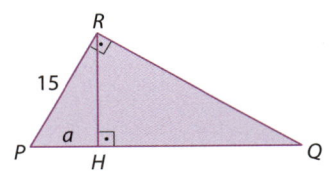

4. Calcule x nos triângulos retângulos.
a)
b)
c)
d)
e)
f)

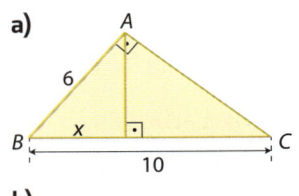

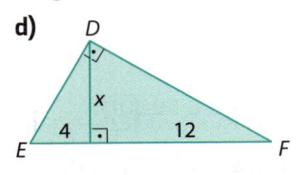

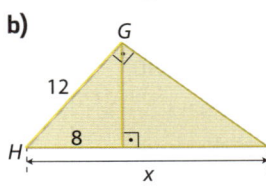

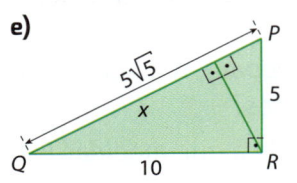

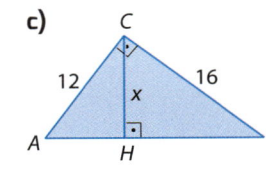

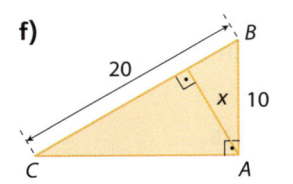

5. Determine x.
a)
b)

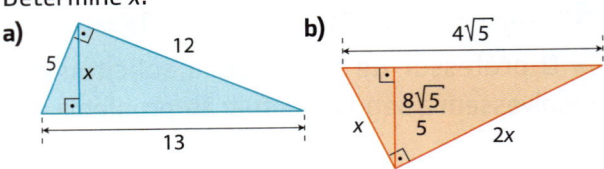

APLIQUE

6. Classifique as afirmações em V (verdadeira) ou F (falsa).
a) Ao traçar a altura relativa à hipotenusa de um triângulo retângulo cuja hipotenusa mede 10 cm, a projeção de um dos catetos sobre a hipotenusa terá medida igual a 5 cm.
b) Se a altura relativa à hipotenusa de um triângulo retângulo mede 10 cm, a hipotenusa desse triângulo também medirá 10 cm.
c) Se as projeções ortogonais dos catetos de um triângulo retângulo medem 5,3 cm e 4,5 cm, a altura relativa à hipotenusa medirá aproximadamente 4,88 cm.

7. Leia e faça o que se pede.
a) Em um triângulo retângulo, a hipotenusa mede 10 e os catetos medem $2\sqrt{5}$ e $4\sqrt{5}$. Calcule a altura relativa à hipotenusa.
b) Determine, num triângulo retângulo de catetos com medidas iguais a 3 e 4, a medida da hipotenusa e a altura relativa à hipotenusa.
c) Sabendo que a hipotenusa de um triângulo retângulo isósceles mede $16\sqrt{2}$ cm, qual é a medida dos catetos?

8. Determine o valor de cada incógnita.
a)
b)
c)
d)
e)
f)

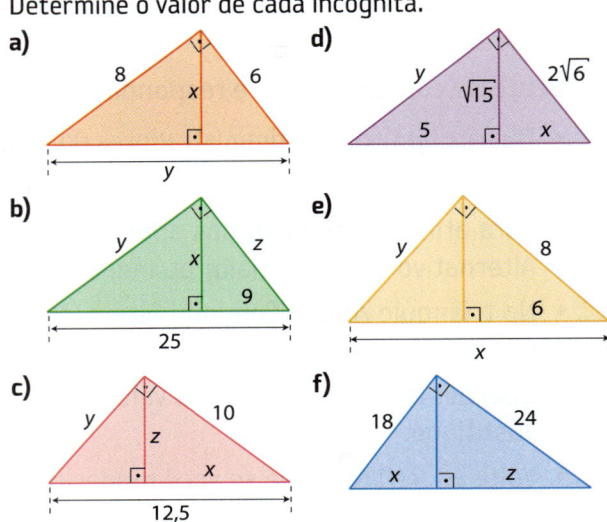

3 APLICAÇÕES DO TEOREMA DE PITÁGORAS

DIAGONAL DE UM QUADRADO

Considere o desenho de um quadrado $ABCD$ de lado ℓ e diagonal d. Observe que a diagonal $\overline{AC}$ divide o quadrado em dois triângulos retângulos congruentes: $\triangle ABC$ e $\triangle ADC$.

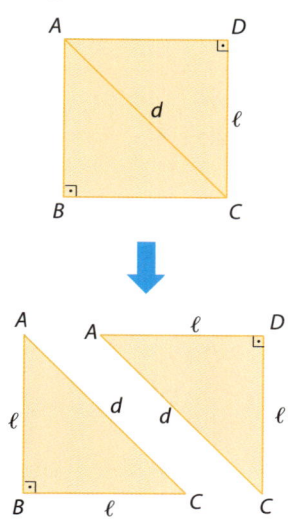

Aplicando o teorema de Pitágoras ao $\triangle ABC$, temos:

$$d^2 = \ell^2 + \ell^2$$
$$d^2 = 2\ell^2$$
$$d = \sqrt{2\ell^2} = \ell\sqrt{2}$$

Assim:

> Em um quadrado de lado ℓ, a medida da diagonal é $\ell\sqrt{2}$.

ALTURA DE UM TRIÂNGULO EQUILÁTERO

Considere a figura de um triângulo equilátero ABC de lado ℓ e altura h. Observe que a altura $\overline{AH}$ divide o $\triangle ABC$ em dois triângulos retângulos congruentes: $\triangle ABH$ e $\triangle ACH$.

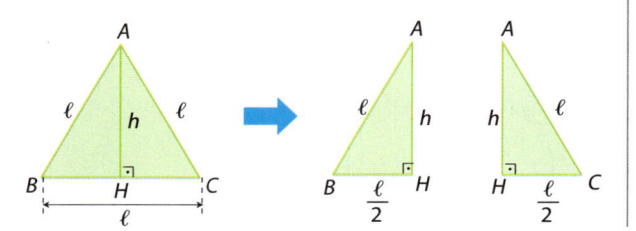

Aplicando o teorema de Pitágoras ao $\triangle ACH$, temos:

$$h^2 + \left(\frac{\ell}{2}\right)^2 = \ell^2$$
$$h^2 + \frac{\ell^2}{4} = \ell^2$$
$$h^2 = \frac{3\ell^2}{4}$$
$$h = \sqrt{\frac{3\ell^2}{4}} = \frac{\ell\sqrt{3}}{2}$$

Então:

> Em um triângulo equilátero de lado ℓ, a altura mede $\dfrac{\ell\sqrt{3}}{2}$.

RECORDE

Em um triângulo equilátero qualquer, a altura relativa a um de seus lados coincide com a mediana relativa ao mesmo lado, formando dois triângulos congruentes.

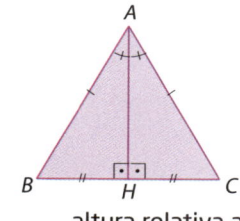

$\overline{AH}$ é ← altura relativa a $\overline{BC}$
mediana relativa a $\overline{BC}$

$\triangle ABH \sim \triangle ACH$ (caso LLL de congruência de triângulos.)

PARA FAZER
Aplicar conhecimentos prévios a novas situações

Na página 30 da Unidade 1, você viu como localizar o ponto correspondente ao número irracional $\sqrt{2}$ na reta numérica, transferindo com compasso a medida da diagonal de um quadrado com 1 unidade de lado para a reta. Agora, faça o que se pede.

a) Calcule a medida da diagonal de um retângulo de lados com 1 unidade e 2 unidades.

b) Usando régua e compasso, construa em seu caderno uma reta numérica e localize nessa reta o ponto correspondente ao número irracional $\sqrt{5}$.

c) Converse com um colega sobre como vocês poderiam localizar nessa mesma reta os pontos correspondentes aos números irracionais $\sqrt{10}$ e $\sqrt{13}$.

ATIVIDADES

PRATIQUE

1. Determine a medida x em cada caso.

a)

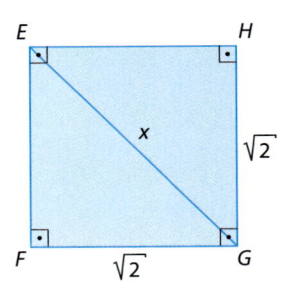

[Quadrado EFGH com diagonal x, lados √2]

b)

[Triângulo isósceles com lados 5, 5, base 5, altura x]

$(2x)^2 = x^2 + (3\sqrt{3})^2$

$4x^2 = x^2 + 3^2 \cdot (\sqrt{3})^2$

$4x^2 - x^2 = 9 \cdot 3$

$3x^2 = 27$

$x^2 = 9$

$x = 3$

Portanto, a medida do raio é 3.

2. Calcule a medida do raio de cada circunferência com centro O.

a)

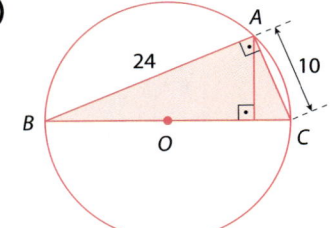

[Circunferência com triângulo, medidas 24 e 10]

b)

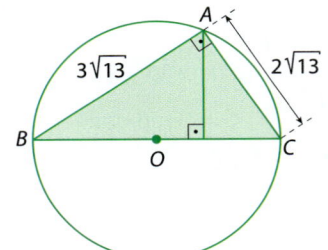

[Circunferência com triângulo, medidas $3\sqrt{13}$ e $2\sqrt{13}$]

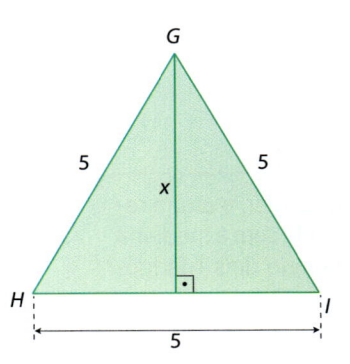

APLIQUE

R1. Calcule a medida do raio da circunferência com centro em O sabendo que BC = OB.

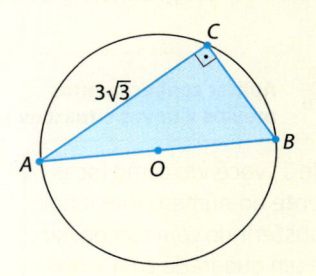

[Circunferência com triângulo ABC, medida $3\sqrt{3}$]

Resolução

Sendo x a medida do raio da circunferência, temos:

BC = OB = x

AB = 2 · OB = 2x

Assim, para encontrar o valor de x, podemos aplicar o teorema de Pitágoras no triângulo retângulo ABC.

3. Calcule o valor de x.

a)

[Circunferência com triângulo, medidas 8, 10, x]

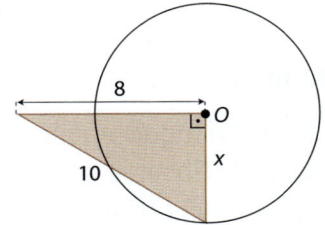

O é centro da circunferência.

b)

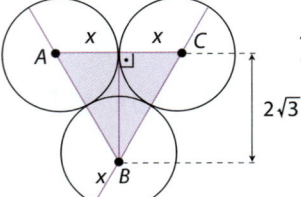

[Três circunferências tangentes com centros A, B e C, medidas x, x, $2\sqrt{3}$]

A, B e C são centros das circunferências.

R2. Calcule o perímetro de um quadrado cuja diagonal mede 8 cm.

Resolução

Para calcular o perímetro, temos de descobrir a medida do lado do quadrado, que representaremos por ℓ.

Medida da diagonal: $d = 8$ cm

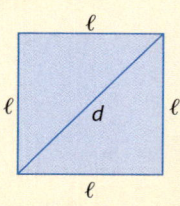

Como o único dado fornecido pelo enunciado é a medida da diagonal, usaremos a igualdade $d = \ell\sqrt{2}$ para descobrir quanto mede o lado do quadrado.

$8 = \ell\sqrt{2}$

$\ell = \dfrac{8}{\sqrt{2}} = \dfrac{8}{\sqrt{2}} \cdot \dfrac{\sqrt{2}}{\sqrt{2}} = \dfrac{8\sqrt{2}}{2} = 4\sqrt{2}$

Perímetro $= 4\sqrt{2} + 4\sqrt{2} + 4\sqrt{2} + 4\sqrt{2} =$
$= 16\sqrt{2}$

Portanto, o perímetro desse quadrado é $16\sqrt{2}$ cm.

4. Observe o esquema abaixo.

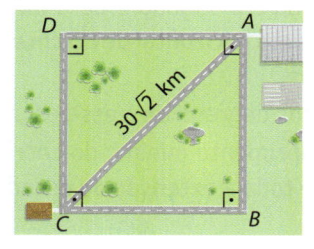

Mirela está no ponto A, que representa o aeroporto da cidade, e pretende ir até o ponto C, onde fica sua residência.

Sabendo que a representação dessas vias forma um quadrado $ABCD$, quantos metros Mirela terá de percorrer para chegar até sua casa, se para isso ela deve passar pelo ponto B?

5. Responda às questões.

a) Qual é a medida da diagonal de um quadrado cujo perímetro é igual a 16 cm?

b) Qual é a medida da altura de um triângulo equilátero cujo perímetro é 24 cm?

c) Qual é o perímetro de um quadrado cuja diagonal mede $3\sqrt{2}$ cm?

d) Qual é o perímetro de um triângulo equilátero cuja altura mede $7\sqrt{3}$ cm?

6. Calcule o perímetro do triângulo isósceles ABC.

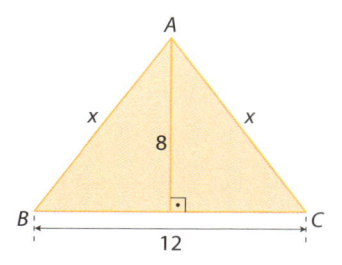

7. Determine o valor de x nos losangos.

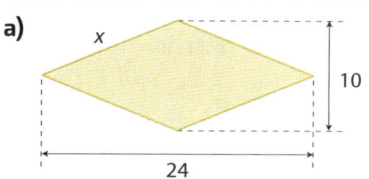

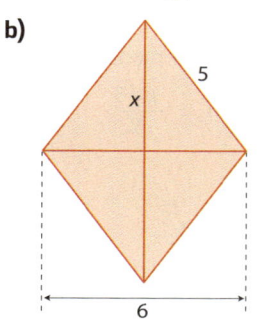

a)

b)

8. Calcule o que se pede.

a) Sabendo que a área de um quadrado é igual a 25 cm², calcule a medida de sua diagonal.

b) Se um quadrado tem diagonal que mede 8 cm, qual é sua área?

R3. Sabendo que o perímetro do triângulo equilátero ABC é a metade do perímetro do quadrado $DEFG$, determine a medida da altura do triângulo.

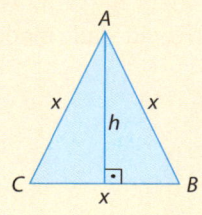

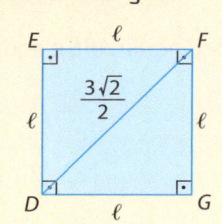

Resolução

Inicialmente, devemos encontrar a medida do lado do quadrado. Como sabemos a medida de sua diagonal, usamos a relação $d = \ell\sqrt{2}$.

$\dfrac{3\sqrt{2}}{2} = \ell\sqrt{2}$

$\ell = \dfrac{3\sqrt{2}}{2\sqrt{2}} = \dfrac{3}{2}$

Com a medida do lado do quadrado, calculamos seu perímetro.

$P_{quadrado} = 4 \cdot \frac{3}{2} = 6$

Como o perímetro do triângulo é a metade do perímetro do quadrado, aplicamos a relação:

$2 \cdot P_{triângulo} = 6$

$P_{triângulo} = 3$

Com o perímetro do triângulo equilátero, obtemos a medida do lado do triângulo fazendo:

$3x = P_{triângulo}$

$3x = 3$

$x = \frac{3}{3} = 1$

Após esses cálculos, encontramos a medida da altura do triângulo usando a relação $h = \frac{x\sqrt{3}}{2}$.

$h = \frac{1\sqrt{3}}{2} = \frac{\sqrt{3}}{2}$

Portanto, a altura do triângulo é $\frac{\sqrt{3}}{2}$.

9. Sabendo que o perímetro do quadrado *DEFG* é um terço do perímetro do triângulo equilátero *ABC*, determine a medida da diagonal do quadrado.

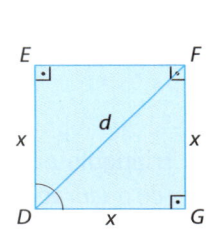

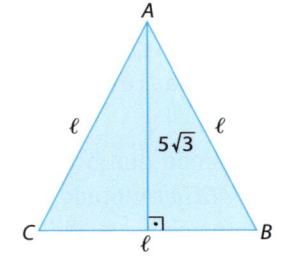

10. O triângulo *ABC* é equilátero e cada lado mede 12 cm.

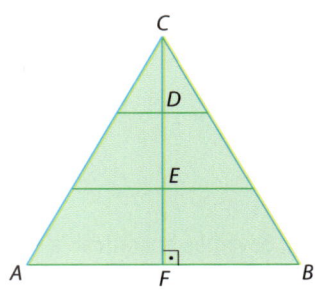

Sabendo que os segmentos $\overline{CD}$, $\overline{DE}$ e $\overline{EF}$ têm a mesma medida, determine:

a) a medida do segmento $\overline{DE}$;

b) o perímetro do triângulo *CFB*.

11. (Enem)

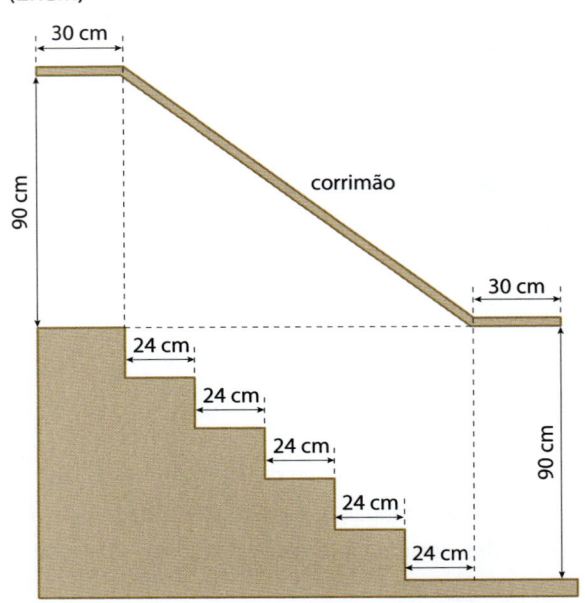

Na figura acima, que representa o projeto de uma escada com 5 degraus de mesma altura, o comprimento total do corrimão é igual a:

a) 1,8 m.   c) 2,0 m.   e) 2,2 m.
b) 1,9 m.   d) 2,1 m.

12. Uma nova escada será construída para facilitar o acesso dos alunos ao saguão da escola. O desnível entre a rua e o saguão é de 2 m. Cada degrau terá comprimento horizontal de 25 cm e vertical de 20 cm. Determine:

a) quantos degraus terá essa escada;

b) o comprimento mínimo do corrimão para que ele ocupe toda a extensão da escada.

13. Calcule:

a) a medida de $\overline{EG}$;

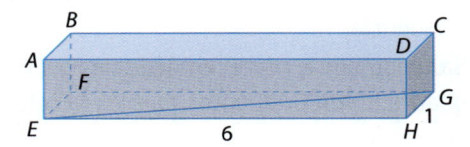

b) a medida de $\overline{AG}$.

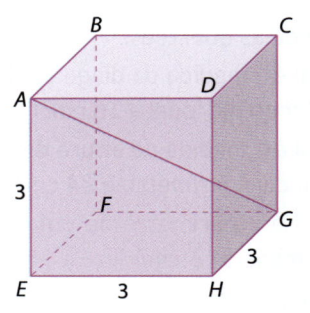

DISTÂNCIA ENTRE DOIS PONTOS NO PLANO CARTESIANO

Já aprendemos a localizar um ponto no plano cartesiano. Um ponto é dado por um par ordenado (a, b), sendo a e b as coordenadas cartesianas do ponto.

Agora, vamos estudar como calcular a distância entre dois pontos num plano cartesiano. Observe os pontos A e B dados abaixo.

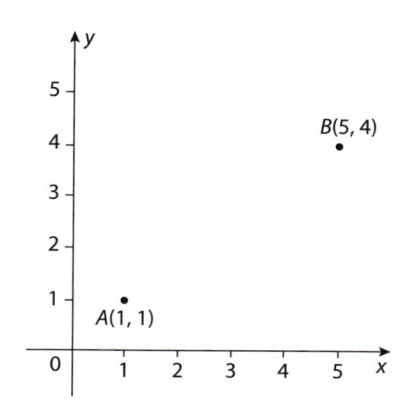

PARA LEMBRAR

Em um par ordenado, a primeira coordenada é a abscissa do ponto, e a segunda é a ordenada do ponto. A abscissa do ponto é um número no eixo x e a ordenada, é um número do eixo y.

Exemplo:

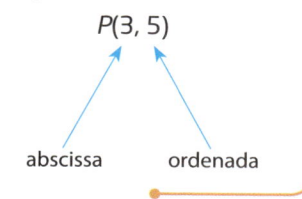

$P(3, 5)$

abscissa   ordenada

Podemos calcular a distância entre esses dois pontos, calculando a medida do segmento de reta, que tem como extremidades os pontos A e B.

Como os eixos x e y que determinam o plano cartesiano são perpendiculares, ou seja, formam um ângulo de 90°, podemos construir um triângulo retângulo, de maneira que o segmento $\overline{AB}$ seja a hipotenusa desse triângulo. Observe.

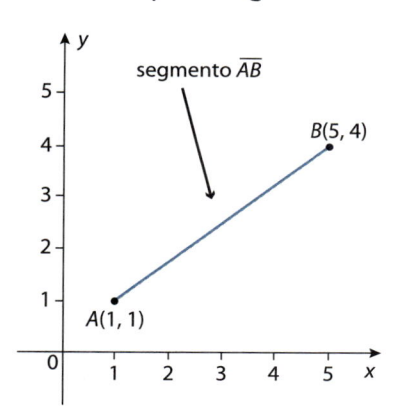

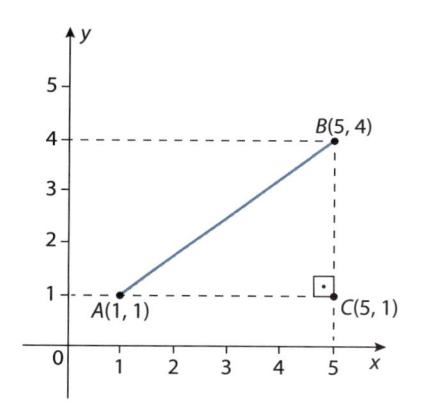

No triângulo retângulo ABC formado pelos pontos $A(1, 1)$, $B(5, 4)$ e $C(5, 1)$, temos que: $AC = 4$; $BC = 3$; $AB = x$

Para achar a medida de $\overline{AB}$ basta aplicar o teorema de Pitágoras.

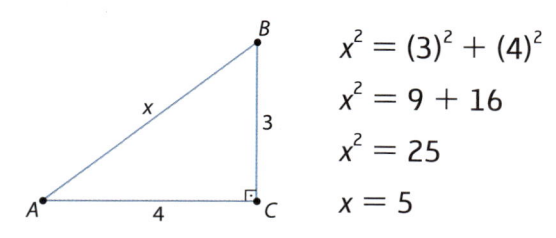

$x^2 = (3)^2 + (4)^2$

$x^2 = 9 + 16$

$x^2 = 25$

$x = 5$

> Para descobrir a **distância entre dois pontos** no plano cartesiano basta calcular a medida do segmento formado por esses dois pontos, sendo esses pontos suas extremidades.

PONTO MÉDIO DE UM SEGMENTO

Acabamos de ver como fazer para calcular a distância entre dois pontos no plano cartesiano, por meio do cálculo da medida do segmento formado por esses pontos. Agora, vamos descobrir como calcular o ponto médio de um segmento de reta.

Observe o segmento $\overline{AB}$ abaixo. Da mesma maneira que construímos um triângulo retângulo anteriormente, com o auxílio dos eixos perpendiculares, aqui vamos construir dois triângulos retângulos semelhantes, $\triangle AMD$ e $\triangle ABC$, para nos ajudar a calcular as coordenadas do ponto médio desse segmento.

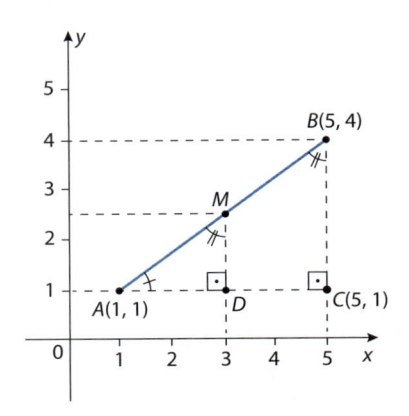

$\dfrac{AB}{AM} = \dfrac{AC}{AD}$, sabemos que $AB = 2 \cdot AM$, assim:

$$\dfrac{2 \cdot AM}{AM} = \dfrac{AC}{AD}$$
$$AC = 2 \cdot AD$$
$$5 - 1 = 2 \cdot (x_D - 1)$$
$$2x_D = 6$$
$$x_D = 3$$

Como x_D é igual a x_M, então $x_M = 3$.

Analogamente encontramos o y_M.

$\dfrac{AB}{AM} = \dfrac{BC}{MD}$, sendo $AB = 2 \cdot AM$, temos:

$$\dfrac{2 \cdot AM}{AM} = \dfrac{BC}{MD}$$
$$BC = 2 \cdot MD$$
$$4 - 1 = 2 \cdot (y_M - 1)$$
$$2y_M = 5$$
$$y_M = 2,5$$

Concluímos, assim, que o par ordenado do ponto médio do segmento $\overline{AB}$ é $M(3; 2,5)$.

Trilha de estudo
Vai estudar? Nosso assistente virtual no *app* pode ajudar!
<http://mod.lk/trilhas>

Para determinarmos as coordenadas do **ponto médio de um segmento**, calculamos a média aritmética das abscissas e das ordenadas.

ATIVIDADES

PRATIQUE

1. Calcule a distância entre dois pontos nos casos abaixo.

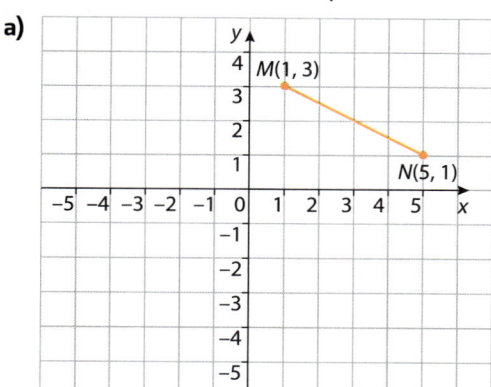

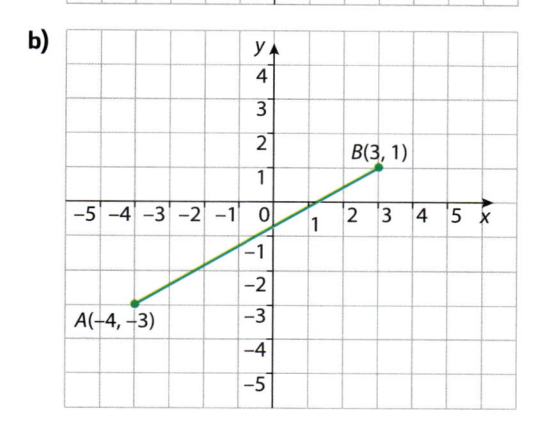

   a) [gráfico com M(1, 3) e N(5, 1)]

   b) [gráfico com A(−4, −3) e B(3, 1)]

2. Determine a distância do ponto $D(3, 4)$:
   a) à origem;
   b) ao eixo das ordenadas;
   c) ao eixo das abscissas.

3. Obtenha o ponto médio do segmento abaixo.

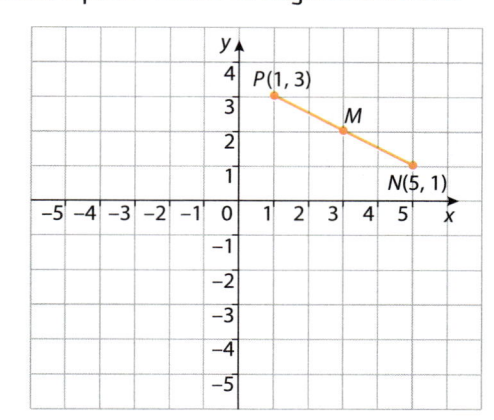

   [gráfico com P(1, 3), M e N(5, 1)]

4. Descubra as coordenadas do ponto médio do segmento $\overline{CD}$ em cada caso.
   a) $C(1, 2)$ e $D(5, 4)$
   b) $C(-3, 2)$ e $D(1, -2)$

5. Se o ponto médio do segmento $\overline{AB}$ é dado pelo ponto $M(2, 3)$, calcule as coordenadas do ponto A sabendo que $B(3, 1)$.

APLIQUE

6. Ao unir os pontos $A(1, 1)$, $B(3, 3)$ e $C(7, -1)$ obtemos um triângulo. Verifique se esse triângulo é retângulo. Registre como você fez para descobrir isso.

7. O esquema abaixo mostra a vista superior da área destinada à plantação no sítio de Edgar. O esquema foi feito em uma malha quadriculada em que cada quadradinho tem lado medindo 1 cm, e que, na realidade corresponde à 1 m. E a malha funciona como um plano cartesiano nesse esquema

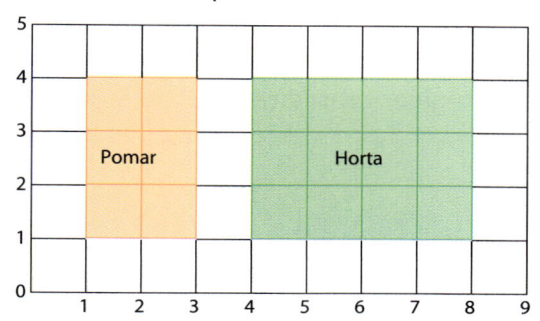

   [esquema com Pomar e Horta]

   a) Determine a área destinada ao pomar, nas medidas reais.
   b) Quantos metros quadrados tem a área destinada à horta, na realidade?
   c) Qual é a diferença entre essas áreas?

8. Observe a situação abaixo, que representa um sistema cartesiano.

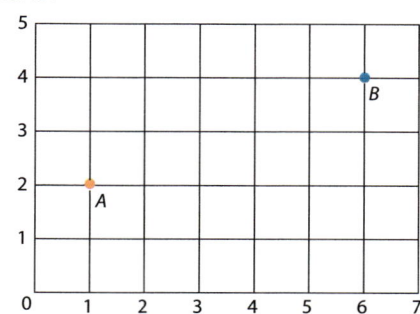

   [gráfico com pontos A e B]

   Os pontos A e B, representam duas árvores na praça em frente à casa de Denise. A prefeitura fará uma pista de caminhada passando pelo ponto médio entre as duas árvores.

   a) Determine as coordenadas da localização de cada árvore na situação mostrada.
   b) Encontre o ponto médio entre as árvores representadas.

ESTATÍSTICA E PROBABILIDADE
LEITURA E INTERPRETAÇÃO DE GRÁFICOS COM MÚLTIPLAS BARRAS E MÚLTIPLAS LINHAS

Atualmente a internet faz parte do dia a dia de muitas pessoas. Observe o gráfico ao lado que mostra o principal modo de acesso à internet dos domicílios brasileiros.

Nele, as barras azuis representam o celular como principal meio de acesso à internet, as barras laranja, o microcomputador, enquanto que, as barras verdes representam o *tablet*.

Com esse gráfico podemos comparar os meios utilizado nos acessos à internet, assim como, podemos analisar a utilização desses meios nas regiões brasileiras.

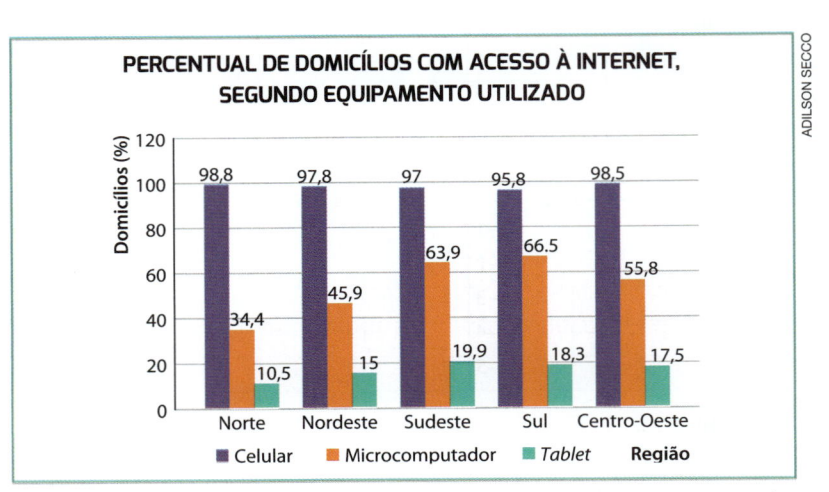

PERCENTUAL DE DOMICÍLIOS COM ACESSO À INTERNET, SEGUNDO EQUIPAMENTO UTILIZADO

Região	Celular	Microcomputador	Tablet
Norte	98,8	34,4	10,5
Nordeste	97,8	45,9	15
Sudeste	97	63,9	19,9
Sul	95,8	66,5	18,3
Centro-Oeste	98,5	55,8	17,5

Dados obtidos em: <https://agenciadenoticias.ibge.gov.br/agencia-sala-de-imprensa/2013-agencia-de-noticias/releases/20073-pnad-continua-tic-2016-94-2-das-pessoas-que-utilizaram-a-internet-o-fizeram-para-trocar-mensagens.html>. Acesso em: 20 ago. 2018.

ATIVIDADES

1. Segundo dados divulgados pela Organização das Nações Unidas (ONU) a maior parte da população mundial vive agora em cidades.

Veja no gráfico abaixo a comparação entre a população que vivia nas cidades nos anos de 1990, 2014 e a que é estimada para o ano de 2050.

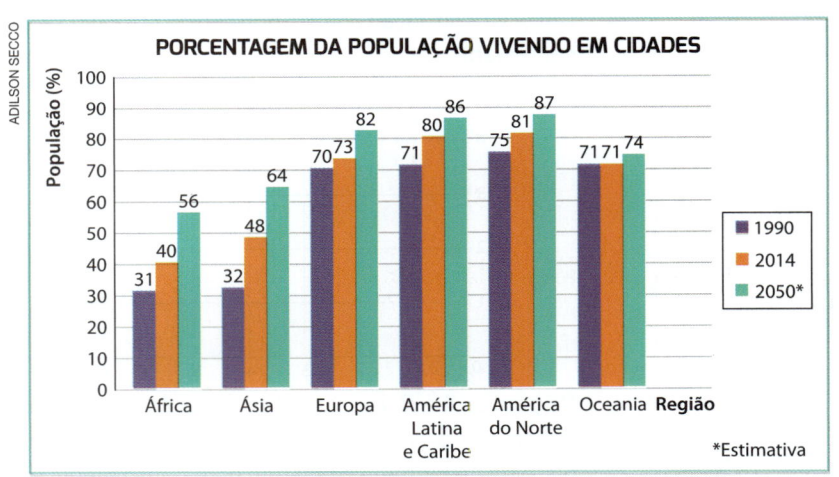

PORCENTAGEM DA POPULAÇÃO VIVENDO EM CIDADES

Região	1990	2014	2050*
África	31	40	56
Ásia	32	48	64
Europa	70	73	82
América Latina e Caribe	71	80	86
América do Norte	75	81	87
Oceania	71	71	74

*Estimativa

> Observe que nesse gráfico de barras há três barras para cada região, e que cada barra de mesma cor representa o mesmo ano, conforme identificação na legenda.

Dados obtidos em: <https://esa.un.org/unpd/wup/Publications/Files/WUP2014-Highlights.pdf>. Acesso em: 20 ago. 2018.

a) Em 1990, quais eram as regiões em que mais da metade da população já vivia em cidades?

b) Qual será o provável aumento da população vivendo em cidades, em cada região, comparando os anos de 2014 e 2050?

2. Giovani fez uma pesquisa sobre a frota de alguns veículos no Brasil e com os dados, construiu o gráfico de barras múltiplas ao lado.

   a) Qual é o assunto tratado no gráfico? O que representam as barras de mesma cor?

   b) A frota total em cada ano, contabiliza quantos veículos?

   c) Observando as barras de mesma cor, qual tipo de veículo aparece em maior quantidade em todos os anos?

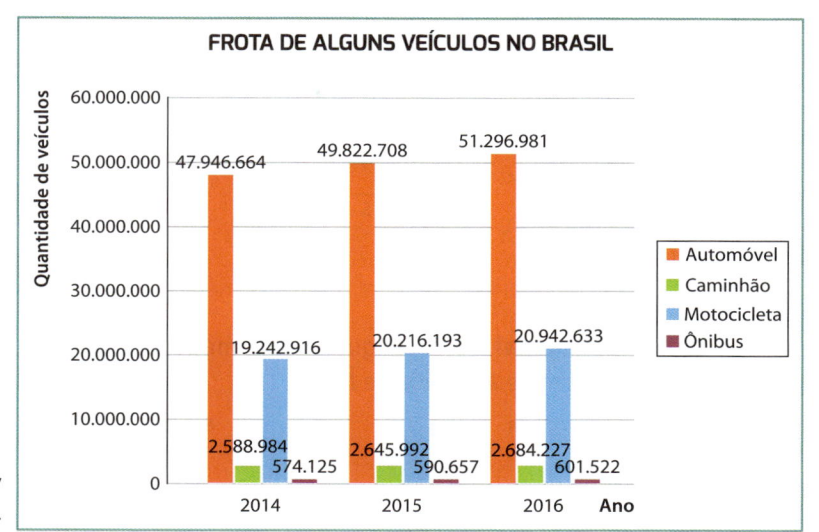

   Dados obtidos <https://cidades.ibge.gov.br/brasil/pesquisa/22/28120?ano=2016>. Acesso em: 20 ago. 2018.

FROTA DE ALGUNS VEÍCULOS NO BRASIL

Ano	Automóvel	Caminhão	Motocicleta	Ônibus
2014	47.946.664	2.588.984	19.242.916	574.125
2015	49.822.708	2.645.992	20.216.193	590.657
2016	51.296.981	2.684.227	20.942.633	601.522

3. Observe o gráfico que indica as quantidades de medalhas obtidas pela Escola Ponte Feliz no campeonato anual interescolar de atividades físicas. Depois, assinale a alternativa correta.

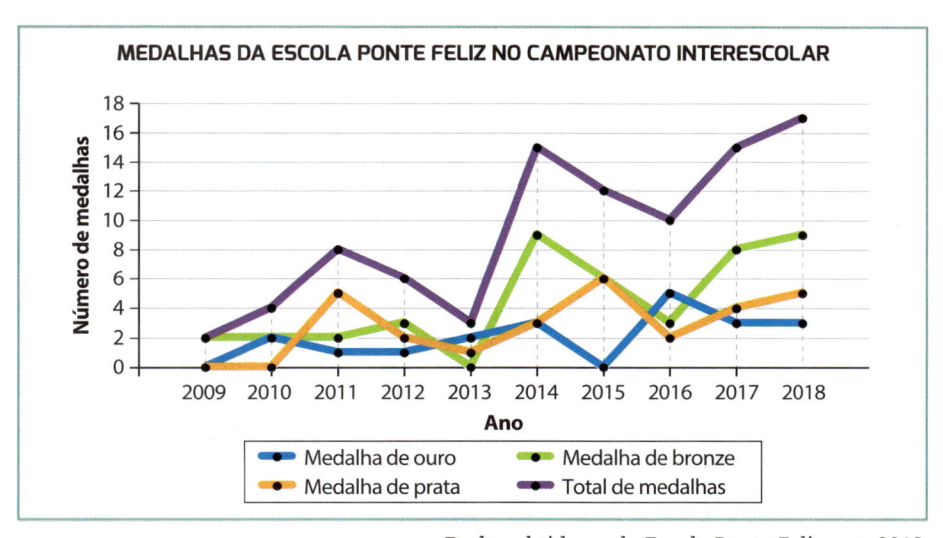

MEDALHAS DA ESCOLA PONTE FELIZ NO CAMPEONATO INTERESCOLAR

Dados obtidos pela Escola Ponte Feliz, set. 2018.

Nos dois últimos campeonatos, o número total de medalhas conquistadas pela Escola Ponte Feliz ocorreu por causa do aumento de:

a) medalhas de prata, pois as de ouro e bronze permaneceram com o mesmo número das edições anteriores;

b) medalhas de bronze, pois não foram conquistadas medalhas de prata e de ouro;

c) medalhas de ouro, pois as de prata e bronze diminuíram;

d) medalhas de prata e bronze, pois as de ouro diminuíram.

169

ATIVIDADES COMPLEMENTARES

1. Determine o perímetro dos triângulos.

   a) [triângulo retângulo com catetos 7 e x+1, hipotenusa x]

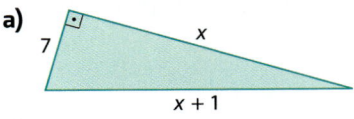

   b) [triângulo retângulo com catetos $2\sqrt{5}$ e $4\sqrt{5}$, hipotenusa x]

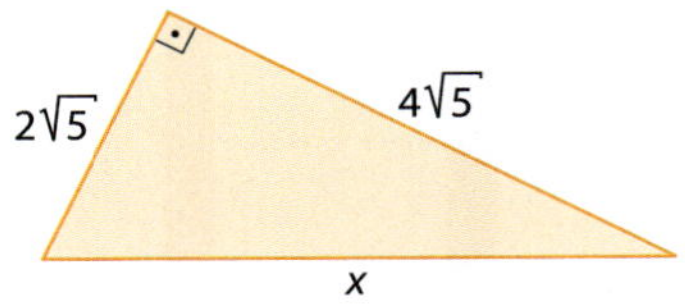

2. A diagonal do retângulo ABCD mede 8 cm. Determine a medida de $\overline{DC}$.

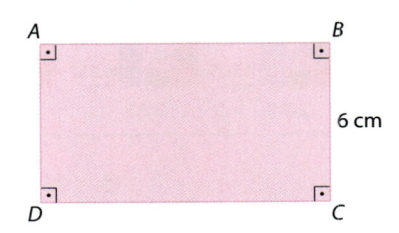

   [retângulo ABCD com lado BC = 6 cm]

3. Calcule a medida de $\overline{AD}$ no retângulo.

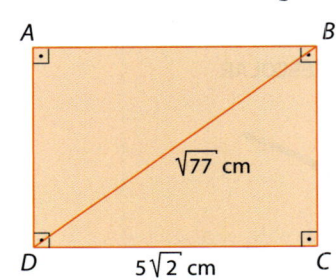

   [retângulo ABCD com diagonal $\sqrt{77}$ cm e lado DC = $5\sqrt{2}$ cm]

4. Determine o valor de h.

   [triângulo retângulo em A, com AB = 1, AC = $\sqrt{5}$, BC = $\sqrt{6}$, altura h relativa à hipotenusa]

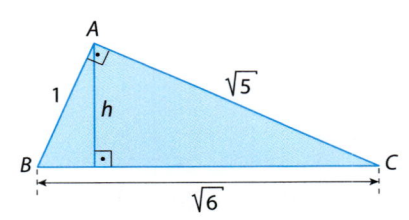

5. Em um triângulo retângulo, os catetos medem 6 cm e 8 cm. Determine a medida:

   a) da hipotenusa;
   b) das projeções ortogonais de cada cateto sobre a hipotenusa;
   c) da altura relativa à hipotenusa.

6. Um triângulo retângulo isósceles tem hipotenusa medindo 8 cm. Qual é o perímetro desse triângulo?

7. Determine a medida da mediana $\overline{AM}$ relativa ao lado $\overline{BC}$, do triângulo ABC representado abaixo.

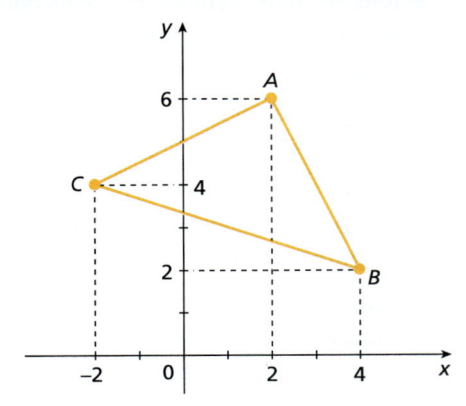

   [gráfico com A(2,6), C(-2,4), B(4,2)]

8. (Obmep) A figura mostra um triângulo retângulo ABC e três triângulos retângulos congruentes coloridos. O lado BC tem comprimento 1 cm.

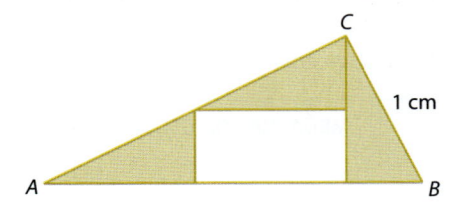

   [figura do triângulo ABC com BC = 1 cm]

   Qual é o perímetro do triângulo ABC, em centímetro?

   a) $3 + \sqrt{5}$ d) 5
   b) $2 + 2\sqrt{5}$ e) 6
   c) $5 - \sqrt{5}$

9. Assinale a alternativa correta.

   Na figura, B é um ponto do segmento de reta $\overline{AC}$ e os ângulos $D\hat{A}B$, $D\hat{B}E$ e $B\hat{C}E$ são retos.

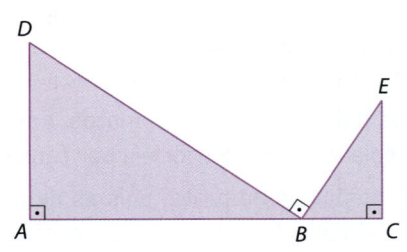

   [figura com pontos D, E acima e A, B, C colineares]

   Se AD = 6 dm, AC = 11 dm, EC = 4 dm e DB = 10 dm, a medida de $\overline{EB}$, em dm, é:

   a) 4,5.   c) 7.
   b) 8.   d) 5.

170

10. (PUC-SP) A figura ao lado mostra a trajetória percorrida por uma pessoa para ir do ponto X ao ponto Y, caminhando em terreno plano e sem obstáculos.

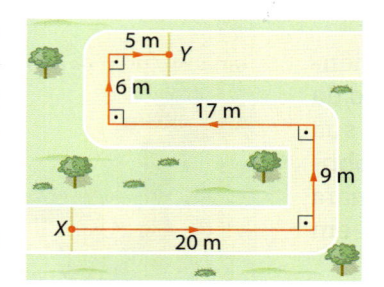

Se ela tivesse usado o caminho mais curto para ir de X a Y, teria percorrido:

a) 15 m.   c) 17 m.   e) 19 m.
b) 16 m.   d) 18 m.

11. Resolva.
a) Um dos catetos de um triângulo retângulo mede 6 cm e o outro cateto mede 2 cm a menos que a hipotenusa. Qual é o perímetro desse triângulo?
b) Se um dos catetos de um triângulo retângulo mede 5 cm e o outro mede 1 cm a menos que a hipotenusa, qual é a área desse triângulo?

12. Na figura, determine a medida da projeção ortogonal do cateto $\overline{AC}$ sobre a hipotenusa.

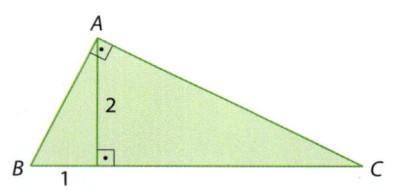

13. Em um triângulo retângulo, um cateto mede o dobro do outro. Sabendo que a projeção ortogonal do menor cateto sobre a hipotenusa mede $\frac{3\sqrt{5}}{5}$ cm, determine a medida da hipotenusa.

14. Determine o perímetro do triângulo retângulo ABC, cuja projeção ortogonal do cateto $\overline{AB}$ mede 4 cm, a altura em relação à hipotenusa $\overline{AC}$ mede 3 cm e o cateto $\overline{BC}$, $\frac{15}{4}$ cm.

15. Sabendo que $b = 12$ cm e que $m + n = 13$ cm, calcule c, h, m e n.

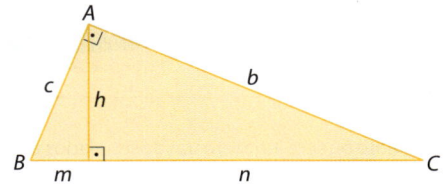

16. Resolva.
a) Qual é o perímetro de um losango cujas diagonais medem 6 cm e 8 cm?
b) Qual é a altura de um triângulo equilátero cujos lados medem $2x$?
c) Que medida tem a diagonal de um retângulo de 7 cm de comprimento e 3 cm de largura?

17. Obtenha o ponto do eixo das ordenadas equidistante de A(6, 8) e de B(2, 5).

18. Localize no plano cartesiano os vértices A(3, 3), B(9, 3), C(9, −3) e D(3, −3) do quadrilátero ABCD. Em seguida, responda às questões.
a) Qual é a área desse quadrilátero?
b) Qual é seu perímetro?
c) Qual é a medida de sua diagonal?

19. Um mosteiro medieval foi construído em torno de um pátio de formato quadrado. No centro desse pátio, encontra-se uma estátua do fundador da ordem religiosa. Se o perímetro do pátio é 40 m, qual é a distância da estátua a um dos cantos desse pátio?

20. Um papel de presente de forma retangular (figura 1) foi dobrado (figura 2). Calcule a medida de $\overline{DP}$.

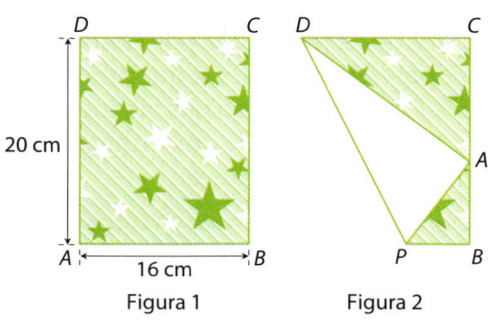

Figura 1

Figura 2

Mais questões no livro digital

COMPREENDER UM TEXTO
HISTÓRIA DA FOTOGRAFIA

A fotografia é resultado de um longo processo de experiências que tem origem na Antiguidade, com o conhecimento da câmara escura, e acaba se materializando em 1826 com sua invenção por Nicéphore Nièpce. Primeiro os cientistas descobriram o mecanismo de reflexão de imagens com o uso da câmara escura[1], depois as técnicas de imprimir e fixar a imagem em um papel com o uso de produtos químicos.

A origem exata da câmara escura é desconhecida, mas há referências sobre seu uso entre os gregos, chineses, árabes, assírios e babilônios muitos anos antes da invenção da fotografia. [...]

A técnica de produzir imagens da realidade com uso de uma câmara escura já era conhecida desde a Antiguidade. Era preciso encontrar uma forma de capturar e fixar a imagem refletida pela câmara escura. É nesse contexto de busca que se destaca o trabalho de pesquisa de Nicéphore Nièpce. Ele conseguiu fixar a imagem em uma placa sensibilizada a partir de produtos químicos, sendo atribuído a ele a produção da primeira fotografia.

A partir da invenção da fotografia, a técnica fotográfica é difundida pelo mundo. Aos poucos o invento vai se popularizando. [...]

Uma outra pessoa que assume importante papel para a História da fotografia é Antoine Hercules Romuald Florence. Ele é um dos pioneiros da fotografia no Brasil e contribuiu muito para o desenvolvimento da técnica fotográfica no mundo. Em 1833, Florence, usando uma câmara escura com uma chapa de vidro, usou um papel sensibilizado para a impressão de uma fotografia por contato. Embora totalmente isolado e sem conhecimento das pesquisas que estavam sendo realizadas na Europa, [...] Florence obteve o resultado fotográfico, que chamou pela primeira vez de ''Photografie''. O nome fotografia foi usado pela primeira vez por Florence, adotado cinco anos depois pelos pesquisadores europeus. Pela descoberta, Florence é considerado um dos pioneiros na fotografia, embora sem reconhecimento da comunidade científica mundial da sua época. Em 1976, a pedido do fotógrafo e historiador Boris Kossoy, químicos dos Estados Unidos repetiram as experiências realizadas por Florence descritas em seu manuscrito e provaram a história que ainda é pouca conhecida no Brasil. Hoje Florence é citado nas bibliografias internacionais como uns dos pais da fotografia, reconhecimento que demorou mais de um século para acontecer.

Disponível em: <http://www.diaadiaeducacao.pr.gov.br/portals/cadernospde/pdebusca/producoes_pde/2013/2013_unioeste_hist_pdp_gilson_de_amorin.pdf>. Acesso em: 20 ago. 2018.

View from the Window at Le Gras, nome dado à primeira fotografia da história, produzida em 1826 por Nièpce.

Placa usada como negativo da primeira fotografia.

Com o passar do tempo, as placas foram substituídas pelo filme fotográfico, que hoje também perdeu o destaque com o desenvolvimento da fotografia digital.

---
[1] Câmara escura: A câmara escura é uma caixa vedada da luz, adaptada com uma abertura com lente ou sem lente em um de seus lados apontada para algum objeto, a luz refletida deste projeta-se para dentro da caixa e a imagem dele se forma na parede oposta à do orifício. A imagem se apresenta de forma invertida.

Câmera obscura, antes de 1765.

Câmara de metal, de F. W. Voigtlaender, Viena, 1840.

Câmera fotográfica de Skaife, 1858.

Câmera fotográfica de viagem de J. Lancaster, Birmingham, Inglaterra, por volta de 1890/95.

Câmera que leva 127 filmes, meados de 1930.

Câmera terrestre, modelo 95 (1948-1953).

Uma das primeiras câmeras fotográficas a usar o formato 24 mm × 36 mm. Japão (1951 a 1955).

ATIVIDADES

1. Quais são os dois nomes mencionados no texto que tiveram papel importante na invenção da fotografia?

2. Quem usou pela primeira vez o termo *fotografia*?

3. Pesquise e escreva uma breve biografia de Antoine Florence.

4. Como vimos no texto, a fotografia começou a ser inventada com o descobrimento do princípio da câmara escura.

   Observe, no esquema a seguir, um objeto AB colocado em frente ao orifício de uma câmara escura. Quando a luz atravessa o orifício, uma imagem invertida do objeto, $A'B'$, é projetada na parede oposta.

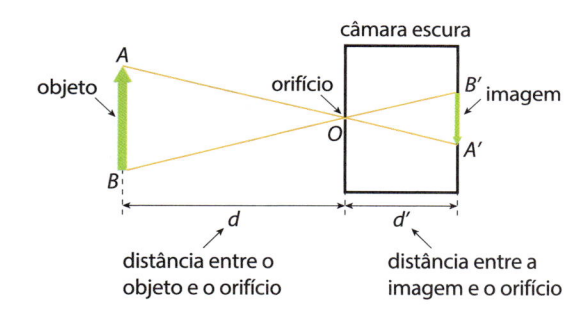

   a) Sabendo que $\overline{AB}$ é paralelo a $\overline{A'B'}$, o que podemos dizer a respeito dos triângulos ABO e $A'B'O$? Justifique.

   b) Que relação podemos estabelecer entre as alturas do objeto e de sua imagem e as distâncias d e d'?

5. No esquema da atividade 4, considere que o objeto seja uma caneta de 15 cm de comprimento, posicionada a 20 cm do orifício da câmara escura, e que a distância entre o orifício e a imagem seja igual a 12 cm. Quanto mede o comprimento da imagem da caneta?

6. Você ou seus familiares costumam tirar fotografias? Vocês usam câmeras fotográficas com filme ou usam dispositivos que tiram fotos digitais?

EDUCAÇÃO FINANCEIRA
QUANDO O BARATO SAI CARO

Controlar a impulsividade

Durante um encontro entre amigos, o assunto era economizar. Eles comentavam, especificamente, sobre situações em que a tentativa de economizar não havia dado muito certo. Observe.

> Para gastar menos, resolvi eu mesma pintar as paredes de casa. E o resultado foi um desastre! Só desperdicei tinta e material. Ficou tudo manchado! Tive que contratar um pintor para consertar o que fiz errado.

> Eu também me arrependi de uma economia que fiz. Abasteci o carro em um posto que cobrava mais barato; depois, descobri que o combustível era de péssima qualidade. Precisei até trocar algumas peças do motor por causa do estrago.

> Falando em má qualidade, olha só esta blusa! É a primeira vez que uso e já está descosturando. Ainda bem que paguei bem baratinho!

> Barato foi quanto eu paguei por um fim de semana na praia. Comprei em um *site* de compras coletivas. Olha aqui o comprovante! Mas... não acredito! Só vale até a próxima semana! Eu não tinha visto isso! E agora? Não vou conseguir usar.

O que você faria?

Reúna-se com seus colegas e leiam atentamente a conversa acima. Depois, discutam a respeito do que compreenderam. Vocês acham que, analisando as situações apresentadas, é possível entender por que dizemos que "o barato sai caro"?

Após conversarem sobre isso, deem sua opinião sobre os acontecimentos descritos, completando as frases a seguir em seu caderno.

1) Quando vejo um posto de gasolina vendendo combustível com preço inferior ao de todos os outros da região, eu...
2) Se decido pintar minha casa e verifico que o pintor cobra um preço muito alto, eu...
3) Caso encontre uma roupa com preço bem baixo, eu...
4) As ofertas dos *sites* de compras coletivas são incríveis, então eu...

CALCULE

Suponha que você esteja visitando um *site* de compras coletivas e encontre ofertas como estas.

Viaje para os maravilhosos parques da Jupiterlândia!
Desconto de 40%
de: 2.199,00
por: 1.319,40

Só hoje!!
Rodízio de *pizza*:
de: R$ 31,50
por apenas: R$ 15,75 por pessoa
Compre agora!

Economize R$ 420,00!
Desconto de 70% na compra de um *tablet* 7.0

Agora, responda às questões a seguir.

a) Quanto uma pessoa economizaria, em valor e em percentual, ao aproveitar cada oferta?
b) Quanto você desperdiçaria caso realizasse a compra da 1ª oferta e não conseguisse viajar (por falta de tempo, imprevistos etc.)?
c) Qual seria o valor total, sem desconto, do *tablet* anunciado na 3ª oferta?

REFLITA

- Você já comprou algum produto mais barato que não tinha qualidade?
- O produto mais caro é sempre melhor?
- Pergunte aos seus pais, familiares e amigos se já passaram por situações em que o "barato saiu caro".
- Os *sites* de compras coletivas sempre valem a pena?
- Procure exemplos de produtos e situações em que não compensa adquirir algo mais caro e durável.
- Existem situações em que o mais barato, mesmo sendo descartável, é uma opção interessante?

DICA

É importante pesquisar e economizar para não desperdiçar dinheiro. Mas não se esqueça: verifique sempre as condições do produto e da oferta!

ORGANIZAR O CONHECIMENTO

1. Preencha o esquema.

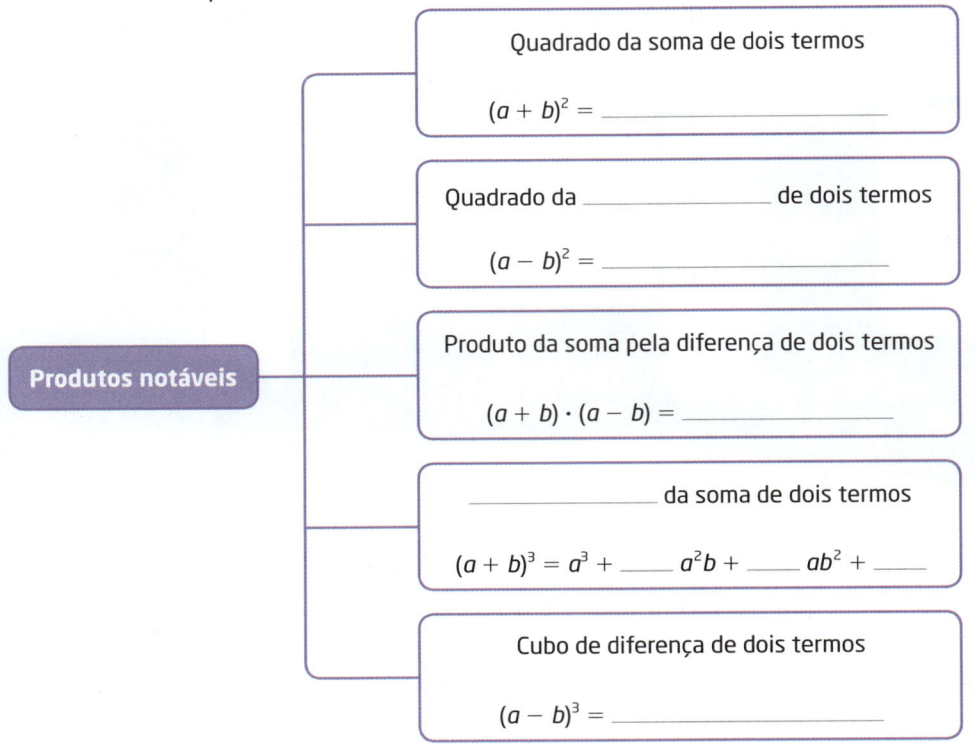

Produtos notáveis

- Quadrado da soma de dois termos
  $(a + b)^2 = $ _____

- Quadrado da _____ de dois termos
  $(a - b)^2 = $ _____

- Produto da soma pela diferença de dois termos
  $(a + b) \cdot (a - b) = $ _____

- _____ da soma de dois termos
  $(a + b)^3 = a^3 + $ ____ $a^2b + $ ____ $ab^2 + $ ____

- Cubo de diferença de dois termos
  $(a - b)^3 = $ _____

2. Preencha o esquema com as condições necessárias para que dois polígonos sejam semelhantes.

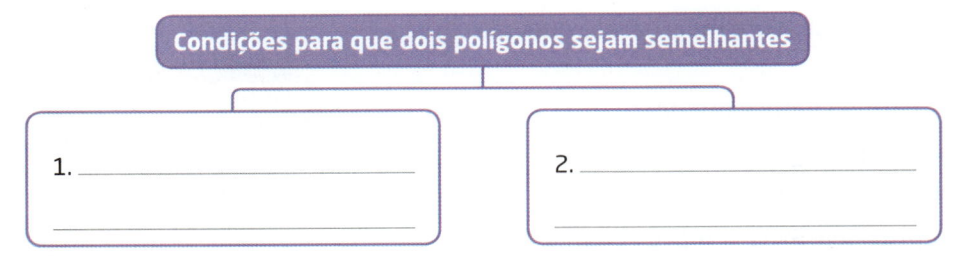

Condições para que dois polígonos sejam semelhantes

1. _____

2. _____

3. Preencha o esquema com as quatro relações métricas em um triângulo retângulo vistas nesta Parte.

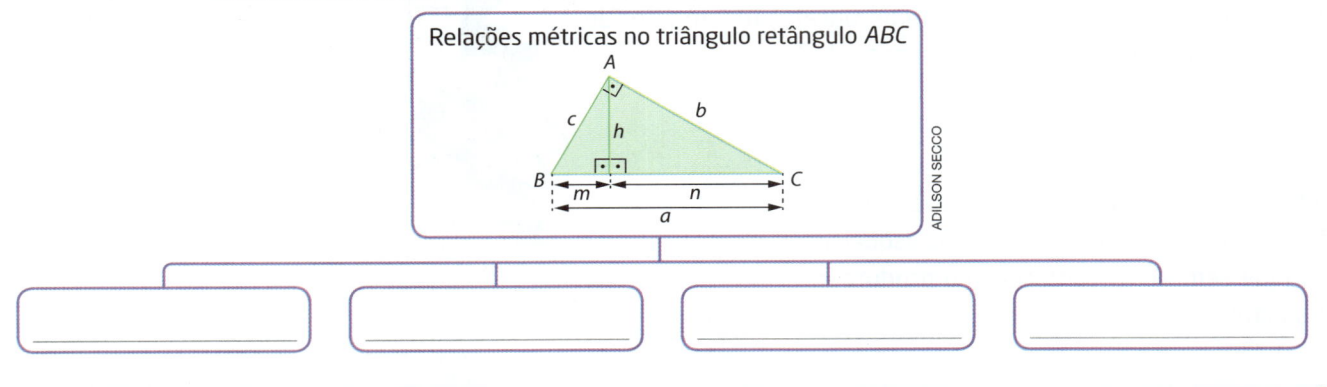

Relações métricas no triângulo retângulo ABC

TESTES

1. (Saresp) A expressão $x^2 - a^2$ é equivalente a:
a) $-2ax$
b) $(x - a)^2$
c) $(x + a)^2$
d) $(x - a)(x + a)$

2. (Etec-SP) Calcule o valor de B, sabendo que:
$B = (\sqrt{5} + \sqrt{3}) \cdot (\sqrt{5} - \sqrt{3})$
a) $B = 2$
b) $B = \sqrt{34}$
c) $B = 2 + \sqrt{15}$
d) $B = 8 + \sqrt{15}$
e) $B = 16$

3. (Ifes) Considere os trapézios ABCD e AEFD formados pelas retas r, s e u, paralelas entre si, e interceptadas por duas transversais, conforme a figura abaixo:

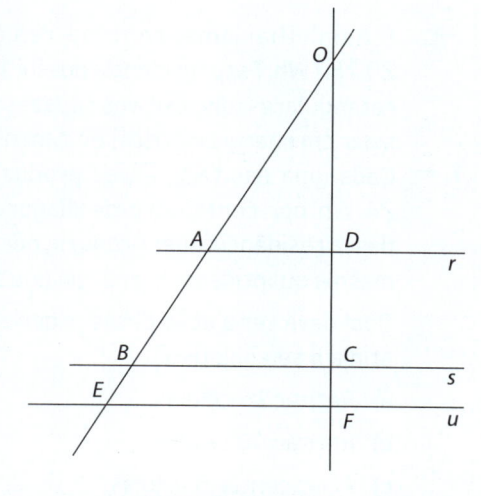

Sabe-se, ainda, o comprimento dos segmentos: $\overline{OD} = 5$, $\overline{DC} = 3$, $\overline{CF} = 1$, $\overline{BC} = 5$ e $\overline{EF} = m$.

De acordo com as informações dadas, qual é o valor de m?
a) 5,625
b) 5,4
c) 6
d) 13
e) 14,4

4. Os caminhos que ligam as opções de palco musical de um festival de músicas estão distribuídos, conforme a figura a seguir, com suas distâncias em linha reta dadas em metro.

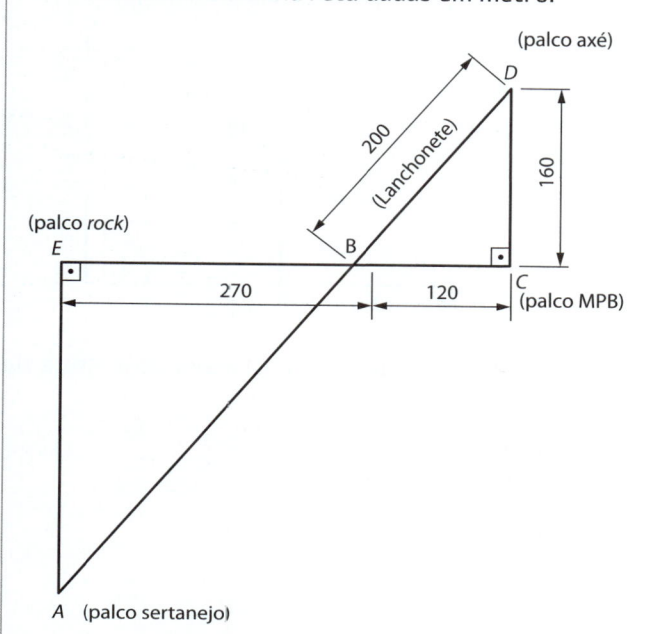

Bruna estava com Marcos no palco sertanejo (A) e resolveu ir ao palco rock (E). Marcos, sem ver para onde sua amiga havia ido, saiu para procurá-la andando em linha reta pelos caminhos do festival de músicas. Primeiramente, foi à lanchonete ($\overline{AB}$); depois, ao palco MPB ($\overline{BC}$); em seguida, até o palco axé ($\overline{CD}$), passou novamente pela lanchonete ($\overline{DB}$) e, por último, em direção ao palco sertanejo ($\overline{BE}$). Se Marcos percorreu, na ordem apresentada, o caminho entre cada um dos locais apenas uma vez, ele chegou ao palco sertanejo depois de ter andado:
a) 1,20 km.
b) 1,25 km.
c) 1,15 km.
d) 1,10 km.

5. (FCC-SP) Após uma ventania, um guarda florestal percebeu que uma das árvores do parque havia se inclinado para a direita, estando na iminência de cair. Para escorá-la, foram utilizadas duas hastes de madeira: uma de altura 1,5 m, colocada no solo, a 2 m do pé da árvore, apoiada no tronco, e outra, medindo 3,0 m, colocada de forma a apoiar a extremidade do ramo mais alto. As duas hastes foram colocadas perpendiculares ao solo.

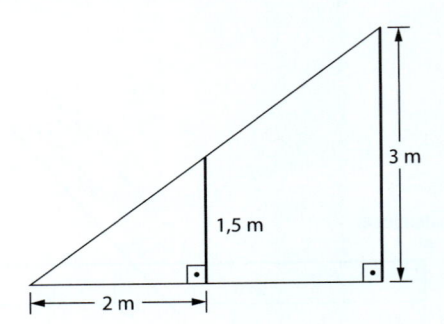

Com base nos dados, conclui-se que a altura da árvore é:

a) 3,5 m.
b) 4,0 m.
c) 4,5 m.
d) 5,0 m.

6. (Vunesp) A figura seguinte, cujas dimensões estão indicadas em metros, mostra as regiões R_1 e R_2, ambas com formato de triângulos retângulos, situadas em uma praça e destinadas a atividades de recreação infantil para faixas etárias distintas.

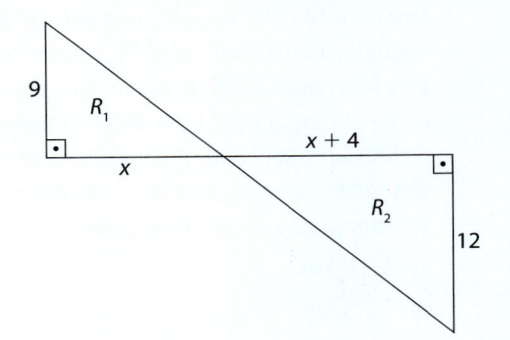

Se a área de R_1 é 54 m², então o perímetro de R_2 é, em metros, igual a:

a) 54.
b) 48.
c) 36.
d) 40.
e) 42.

7. (Cesgranrio-RJ) A figura mostra uma sala que tem a forma de triângulo retângulo e que passará por uma reforma. Um dos lados da sala mede 3 metros. O arquiteto deslocará para frente a parede indicada, paralelamente à parede original, de modo a obter uma nova sala cuja área corresponda a 4 vezes a área da anterior. A nova sala terá a forma de um triângulo retângulo, semelhante ao da sala original.

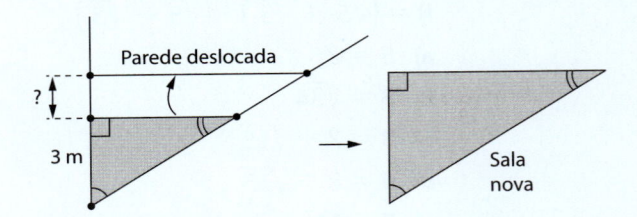

Em quantos metros a parede indicada deve ser deslocada para frente?

a) 1
b) 3
c) 4
d) 6
e) 9

8. (Enem) Diariamente, uma residência consome 20.160 Wh. Essa residência possui 100 células solares retangulares (dispositivos capazes de converter a luz solar em energia elétrica) de dimensões 6 cm × 8 cm. Cada uma das tais células produz, ao longo do dia, 24 Wh por centímetro de diagonal. O proprietário dessa residência quer produzir, por dia, exatamente a mesma quantidade de energia que sua casa consome.

Qual deve ser a ação desse proprietário para que ele atinja o seu objetivo?

a) Retirar 16 células.
b) Retirar 40 células.
c) Acrescentar 5 células.
d) Acrescentar 20 células.
e) Acrescentar 40 células.

9. (FGV) A diferença entre os quadrados de dois números naturais é 24. Um possível valor do quadrado da soma desses dois números é:

a) 576.
b) 64.
c) 400.
d) 144.
e) 529.

ATITUDES PARA A VIDA

1. Observe a cena.

    Huum, você resolveu esse problema usando produtos notáveis. Que interessante!

    Você resolveu de forma diferente? Me mostra como você fez.

    a) Nesse caso, você acha que os alunos pensaram com flexibilidade?

    _____

    b) Você costuma pensar com flexibilidade e escutar os colegas para aprender outras formas de resolver um mesmo problema? Você acha que isso é importante?

    _____
    _____

2. Você já teve um problema para resolver no dia a dia em que aplicou conhecimentos matemáticos aprendidos na escola? Registre a experiência que você teve.

    _____
    _____
    _____
    _____

3. Escreva um parágrafo para responder às questões e depois converse com um colega a respeito.

    Você já agiu por impulso e se arrependeu depois? Como foi? Você acha que é importante controlar a impulsividade e pensar antes de tomar algumas atitudes? Em sua opinião, há situações em que agir com impulso é necessário?

    _____
    _____
    _____
    _____
    _____

4. Ao apresentar um trabalho, qual é a importância de pensar e comunicar-se de forma clara e precisa? Converse com um colega.

PARTE 3

- **UNIDADE 7** RELAÇÕES TRIGONOMÉTRICAS NO TRIÂNGULO RETÂNGULO
- **UNIDADE 8** EQUAÇÕES DO 2º GRAU
- **UNIDADE 9** FUNÇÕES

A DEVASTAÇÃO DA AMAZÔNIA

A Floresta Amazônica é a maior floresta tropical do mundo e está seriamente ameaçada.

A ação predatória do ser humano tem devastado grandes áreas da Amazônia, principalmente com queimadas de vegetação nativa para a formação de plantações e de pastagens e com a exploração clandestina de madeiras, como é possível observar na foto ao lado, de 2016. Entre 1990 e 2012, a área devastada da Floresta Amazônica brasileira ultrapassou os 357 mil km^2, mais que o triplo do território do estado de Santa Catarina.

Ambientalistas e organizações especializadas de todo o mundo manifestam diariamente sua preocupação com o problema, cujas consequências mais graves são a drástica redução de uma das áreas mais ricas em biodiversidade (isto é, em variabilidade de organismos vivos de todas as origens) do planeta e o significativo aumento que as queimadas provocam na produção de gás carbônico (CO_2), um dos gases que causam o efeito estufa e a decorrente elevação da temperatura média terrestre.

ATITUDES PARA A VIDA

- Pensar com flexibilidade.
- Pensar de maneira interdependente.
- Questionar e levantar problemas.

Desmatamento na Floresta Amazônica. Foto de 2016.

PARA RESPONDER

Responda às questões.

1. Um quadrado de área 357 mil km² teria qual medida de lado?

2. Em dupla, consultem um mapa da sua região. Imaginem um quadrado com a medida de lado que vocês encontraram na atividade 1. Conversem sobre como essa área é grande.

3. Em sua opinião, o que deveria ser feito para evitar o desmatamento da Floresta Amazônica? Converse com os colegas.

PROJEÇÃO DO FUTURO DA AMAZÔNIA

ANDERSON DE ANDRADE PIMENTEL

410 km

- Floresta
- Desflorestamento
- Não floresta
- Floresta com extração de madeira
- Floresta seca (condições normais)
- Floresta seca e com extração (condições normais)
- Floresta seca (redução de 10% na pluviosidade)

A FLORESTA e o futuro. *Scientific American Brasil. Amazônia: destinos*, São Paulo, Duetto, v. 3, 2008. p. 26.

O mapa traz uma projeção da situação da Floresta Amazônica em 2030, considerando o desmatamento e as condições climáticas atuais.

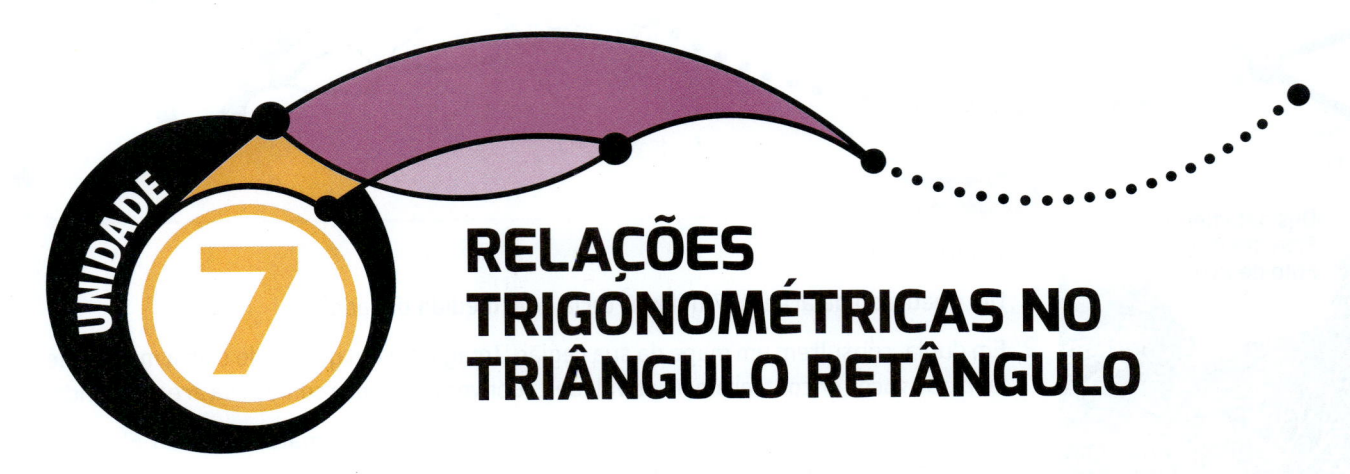

UNIDADE 7
RELAÇÕES TRIGONOMÉTRICAS NO TRIÂNGULO RETÂNGULO

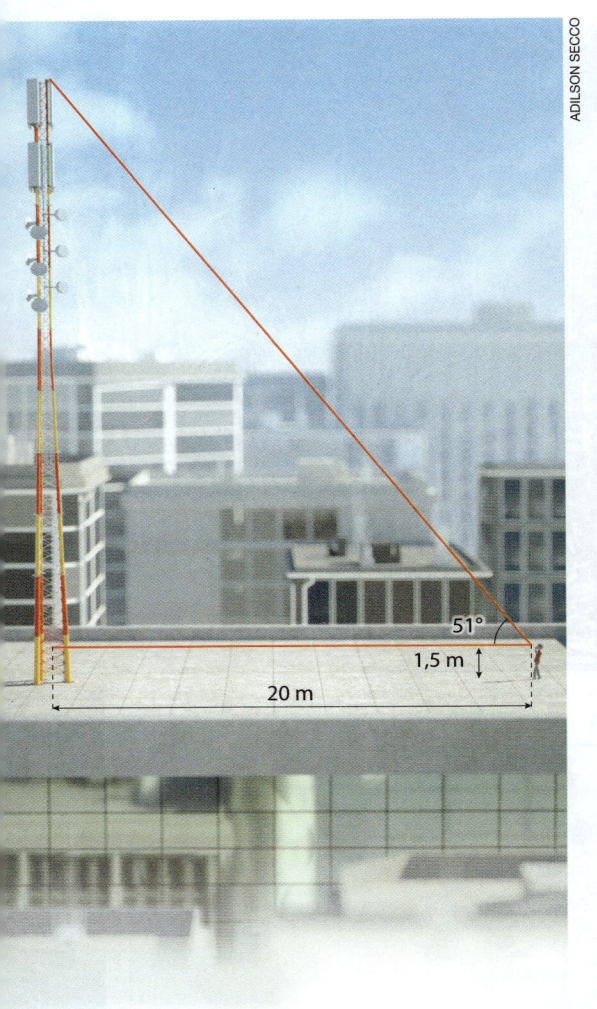

1 RAZÕES TRIGONOMÉTRICAS NO TRIÂNGULO RETÂNGULO

Não se sabe ao certo a origem da Trigonometria. Pesquisas apontam que deve ter sido criada por causa dos problemas gerados pela astronomia, pela agrimensura e pelas navegações, por volta do século IV ou V a.C.

A palavra "trigonometria" significa "medida das partes de um triângulo". E é assim que você vai começar a aprender esse conteúdo: estudando a trigonometria no triângulo.

Veja a situação a seguir.

Leonardo deseja saber a altura de uma torre para antena de celular. Ele está a 20 m dela, e o ângulo com que ele enxerga parte da torre é 51°, conforme ilustração ao lado. Como Leonardo poderá calcular essa altura sem subir na torre?

Para resolver esse tipo de problema, podemos usar as **razões trigonométricas** seno, cosseno e tangente, que estudaremos nesta unidade. O estudo da Trigonometria continuará a ser desenvolvido no Ensino Médio.

SENO DE UM ÂNGULO AGUDO

Observe o triângulo retângulo ABC abaixo.

Se prolongarmos os lados $\overline{CB}$ e $\overline{CA}$, poderemos construir segmentos de reta paralelos ao lado $\overline{AB}$, obtendo infinitos triângulos retângulos semelhantes (pelo caso AA) ao triângulo ABC dado.

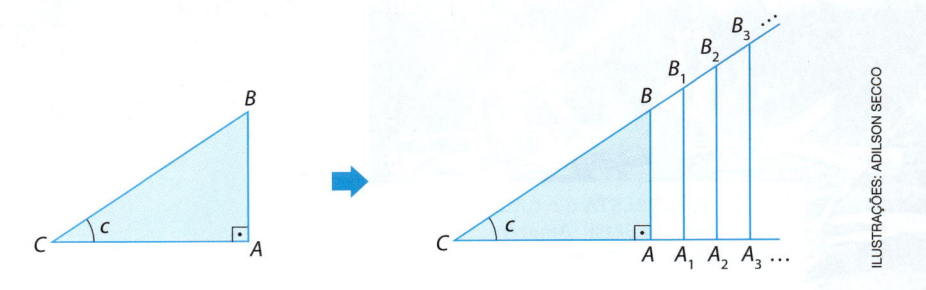

Como esses infinitos triângulos são semelhantes, a razão entre dois de seus lados correspondentes não varia, ou seja, é um número constante, para cada medida do ângulo $\hat{C}$.

Assim, podemos escrever as seguintes igualdades:

$$\frac{AB}{BC} = \frac{A_1B_1}{B_1C} = \frac{A_2B_2}{B_2C} = \frac{A_3B_3}{B_3C} = \ldots = k_1$$

A constante k_1, que relaciona a medida do cateto oposto ao ângulo $\widehat{C}$ com a medida da hipotenusa do triângulo, recebe o nome de **seno** do ângulo agudo $\widehat{C}$ (indicamos: sen c).

$$\text{sen } c = \frac{\text{medida do cateto oposto ao ângulo } \widehat{C}}{\text{medida da hipotenusa}}$$

> Em todo triângulo retângulo, o **seno** de um ângulo agudo é a razão entre a medida do cateto oposto a ele e a medida da hipotenusa.

Veja o exemplo a seguir.

Vamos calcular o valor do seno de $\widehat{A}$.

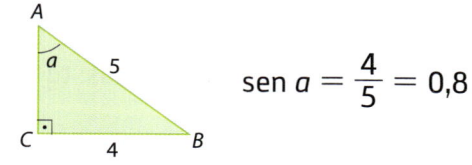

$$\text{sen } a = \frac{4}{5} = 0{,}8$$

COSSENO DE UM ÂNGULO AGUDO

Observe novamente o triângulo ABC e os triângulos semelhantes a ele.

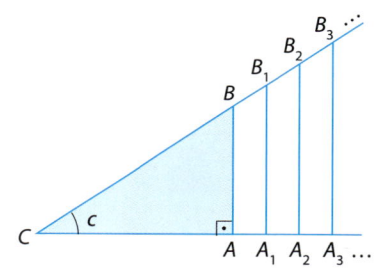

Considerando as medidas dos lados desses triângulos, podemos escrever as seguintes igualdades:

$$\frac{AC}{BC} = \frac{A_1C}{B_1C} = \frac{A_2C}{B_2C} = \frac{A_3C}{B_3C} = \ldots = k_2$$

A constante k_2, que relaciona a medida do cateto adjacente ao ângulo $\widehat{C}$ com a medida da hipotenusa do triângulo, recebe o nome de **cosseno** do ângulo agudo $\widehat{C}$ (indicamos: cos c).

$$\cos c = \frac{\text{medida do cateto adjacente ao ângulo } \widehat{C}}{\text{medida da hipotenusa}}$$

> Em todo triângulo retângulo, o **cosseno** de um ângulo agudo é a razão entre a medida do cateto adjacente a ele e a medida da hipotenusa.

Agora, veja o exemplo abaixo.

Vamos encontrar o valor do cosseno de $\widehat{A}$.

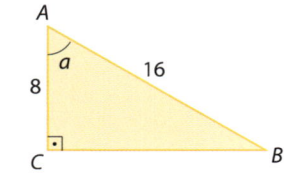

$$\cos a = \frac{8}{16} = \frac{1}{2} = 0{,}5$$

TANGENTE DE UM ÂNGULO AGUDO

Considerando novamente os triângulos semelhantes abaixo, podemos escrever as seguintes igualdades:

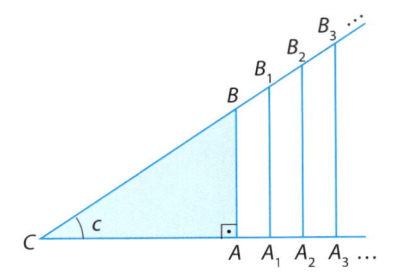

$$\frac{AB}{AC} = \frac{A_1B_1}{A_1C} = \frac{A_2B_2}{A_2C} = \frac{A_3B_3}{A_3C} = \ldots = k_3$$

A constante k_3, que relaciona a medida do cateto oposto ao ângulo $\widehat{C}$ com a medida do cateto adjacente ao ângulo $\widehat{C}$, recebe o nome de **tangente** do ângulo agudo $\widehat{C}$ (indicamos: tg c).

$$\text{tg } c = \frac{\text{medida do cateto oposto ao ângulo } \widehat{C}}{\text{medida do cateto adjacente ao ângulo } \widehat{C}}$$

Em todo triângulo retângulo, a **tangente** de um ângulo agudo é a razão entre a medida do cateto oposto ao ângulo e a medida do cateto adjacente a ele.

Veja o exemplo a seguir.

Vamos calcular o valor da tangente de $\widehat{C}$.

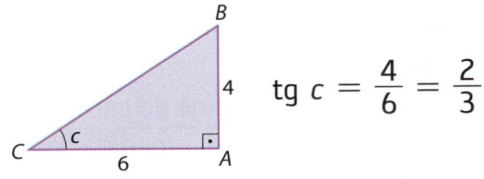

$$\text{tg } c = \frac{4}{6} = \frac{2}{3}$$

Podemos também estabelecer relações entre o seno, o cosseno e a tangente de um ângulo agudo.

Ao dividir o seno do ângulo agudo $\widehat{C}$ pelo cosseno do ângulo agudo $\widehat{C}$, obtemos:

$$\frac{\text{sen } c}{\cos c} = \frac{AB}{BC} : \frac{AC}{BC} = \frac{AB}{BC} \cdot \frac{BC}{AC} = \frac{AB}{AC}$$

Como $\frac{AB}{AC} = \text{tg } c$, temos: $\text{tg } c = \frac{\text{sen } c}{\cos c}$.

> Organize o que você aprendeu fazendo a atividade 1 da página 256.

ATIVIDADES

PRATIQUE

1. Observe o triângulo abaixo e faça o que se pede.

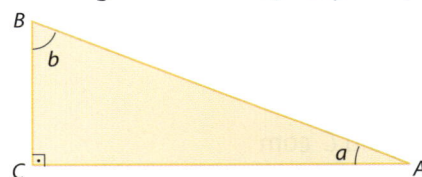

a) Meça e anote a medida de todos os lados.
b) Calcule e escreva, com três casas decimais, os valores de sen a e sen b.
c) Calcule e escreva, com três casas decimais, os valores de cos a e cos b.
d) Calcule e escreva, com três casas decimais, os valores de tg a e tg b.

2. Calcule, em cada item, sen a, cos a, tg a, sen b, cos b e tg b.

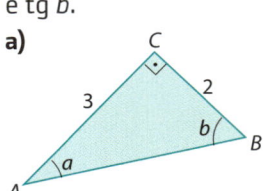

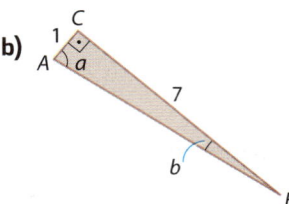

a)

b)

R1. Sabendo que $\cos f = \dfrac{3\sqrt{10}}{10}$, determine as medidas x e y.

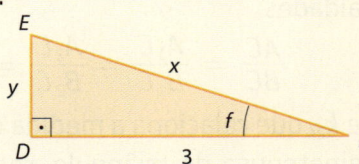

Resolução

$$\cos f = \frac{\text{medida do cateto adjacente a } \widehat{F}}{\text{medida da hipotenusa}}$$

$$\frac{3\sqrt{10}}{10} = \frac{3}{x}$$

$$3\sqrt{10} \cdot x = 3 \cdot 10$$

$$x = \frac{10}{\sqrt{10}} = \frac{10 \cdot \sqrt{10}}{\sqrt{10} \cdot \sqrt{10}} = \sqrt{10}$$

Para calcular y, basta aplicar o teorema de Pitágoras.

$$y^2 + 3^2 = x^2$$
$$y^2 + 9 = (\sqrt{10})^2$$
$$y^2 = 10 - 9 = 1$$
$$y = 1$$

3. Determine as medidas x e y sabendo que:

a) $\cos f = 0{,}6$

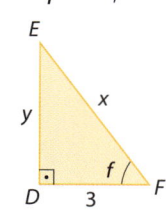

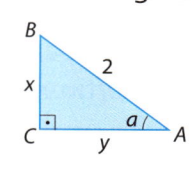

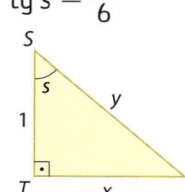

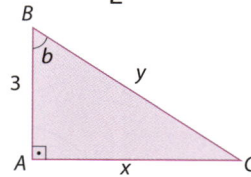

Triângulo DEF retângulo em D, com E no topo, D embaixo à esquerda, F embaixo à direita. DF = 3, EF = x, DE = y, ângulo f em F.

b) $\text{tg } s = \dfrac{7}{6}$

Triângulo STR retângulo em T, com S no topo, T embaixo à esquerda, R embaixo à direita. ST = 1, SR = y, TR = x, ângulo s em S.

c) $\text{sen } a = \dfrac{3}{5}$

Triângulo BCA retângulo em C, com B no topo, C embaixo à esquerda, A à direita. BA = 2, BC = x, CA = y, ângulo a em A.

d) $\cos b = \dfrac{1}{2}$

Triângulo BAC retângulo em A, com B no topo à esquerda, A embaixo à esquerda, C embaixo à direita. AB = 3, BC = y, AC = x, ângulo b em B.

4. Encontre o valor de x e determine:

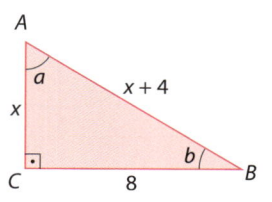

Triângulo ACB retângulo em C. AC = x, CB = 8, AB = x + 4, ângulo a em A, ângulo b em B.

a) sen a   **c)** sen b
b) cos a   **d)** cos b

5. Considere o triângulo ABC, no qual o ângulo $\hat{B}$ é reto, a hipotenusa mede 5 cm e um dos catetos mede 4 cm. Calcule o seno dos ângulos $\hat{A}$ e $\hat{C}$.

APLIQUE

6. Sabendo que o perímetro do retângulo ABCD é igual a 48 cm e que o cateto adjacente ao ângulo de medida α tem medida igual ao triplo da medida do cateto oposto a α, determine o seno e o cosseno de α.

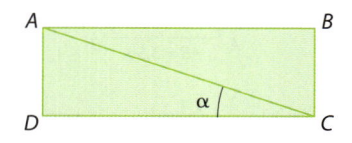

Retângulo ABCD com diagonal DB, ângulo α em C.

7. Na atividade **6**, para calcular tg α, a informação do valor do perímetro do retângulo é necessária? Por quê? Calcule tg α.

R2. Vamos retomar o problema inicial desta unidade.

Sabendo que Leonardo está a 20 m da torre, tem 1,5 m de altura e vê parte dela sob o ângulo de 51°, encontre a altura da torre. Para isso, considere que tg 51° = 1,235.

Resolução

Podemos fazer um esquema com as medidas conhecidas considerando que o ângulo $\hat{B}$ do triângulo ABC é reto. Em seguida, escrevemos a relação que expressa tg 51°.

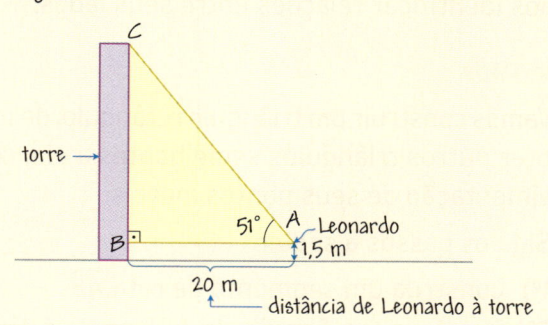

$$\text{tg } 51° = \dfrac{BC}{\text{distância de Leonardo à torre}}$$

$$1{,}235 = \dfrac{BC}{20}$$

$$BC = 20 \cdot 1{,}235 = 24{,}7$$

Como a altura da torre é igual a BC mais a altura de Leonardo, basta adicionar 1,5 m ao valor encontrado para obter a medida da altura.

Altura da torre: $BC + 1{,}5 = 24{,}7 + 1{,}5 = 26{,}2$

Portanto, a torre tem 26,2 m de altura.

8. Para atravessar um rio cujas margens são paralelas, um barco parte do ponto A, e a direção de seu deslocamento forma com uma das margens um ângulo de medida a, conforme o esquema.

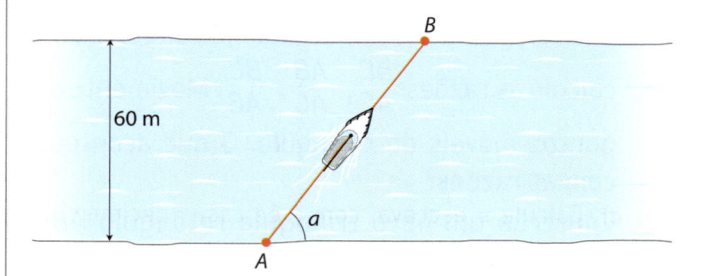

Esquema: largura do rio 60 m, barco indo de A (margem inferior) a B (margem superior), ângulo a em A.

Sabendo que sen $a = 0{,}866$, determine a distância AB, em metro, percorrida pelo barco.

9. Uma árvore projeta uma sombra de 8 m de comprimento quando os raios do Sol formam com um terreno plano um ângulo de medida α. Faça um esquema representando a situação e, sabendo que tg $\alpha = 1{,}4$, determine a altura da árvore.

INFORMÁTICA E MATEMÁTICA

Razões trigonométricas no triângulo retângulo

Nesta seção você vai utilizar um *software* de Geometria dinâmica para construir um triângulo retângulo e, com o auxílio das ferramentas do *software*, vamos identificar relações entre seus lados.

CONSTRUA

Vamos construir um triângulo retângulo, de forma a obter outros triângulos semelhantes a ele, com a movimentação de seus pontos móveis.

Siga os passos a seguir.

1º) Construa um segmento de reta $\overline{AB}$.

2º) Construa um ângulo de 60° com vértice na extremidade A do segmento de reta $\overline{AB}$.

3º) Construa um ângulo reto com vértice na extremidade B do segmento de reta $\overline{AB}$, de maneira que os lados dos ângulos de 60° e 90° se interceptem.

4º) Marque o ponto C, intersecção dos lados dos ângulos construídos.

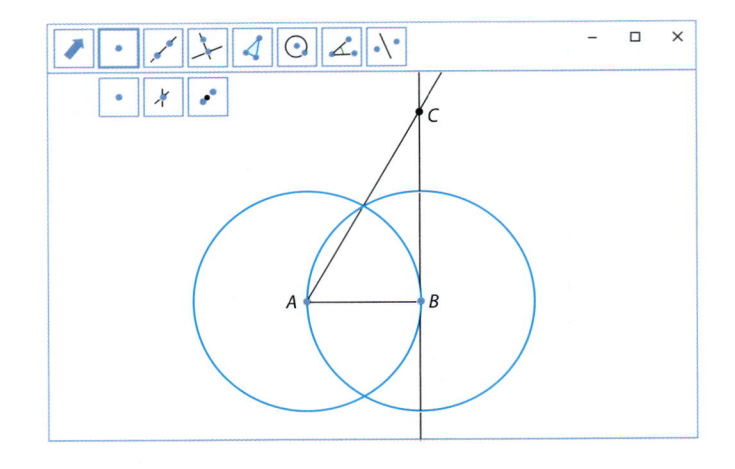

INVESTIGUE

O triângulo ABC construído de acordo com o passo a passo é retângulo em B, e seus outros ângulos internos medem 30° e 60°.

- Meça os lados AB, BC e AC do triângulo retângulo ABC.
- Movimentando os vértices A e B do triângulo, que tipo de figura você obtém?
- Utilizando a calculadora dinâmica do *software*, calcule as razões $\frac{BC}{AC}$, $\frac{AB}{AC}$, $\frac{BC}{AB}$. Movimente os pontos móveis do triângulo. O que acontece com as razões?
- Construa um novo triângulo retângulo ABC com os ângulos $\hat{A}$ e $\hat{C}$ medindo 45° e calcule as mesmas razões do item anterior, $\frac{BC}{AC}$, $\frac{AB}{AC}$, $\frac{BC}{AB}$. Movimente os pontos móveis do triângulo, de forma a obter triângulos semelhantes, e verifique o que acontece com as razões calculadas. É possível perceber alguma propriedade? Explique.

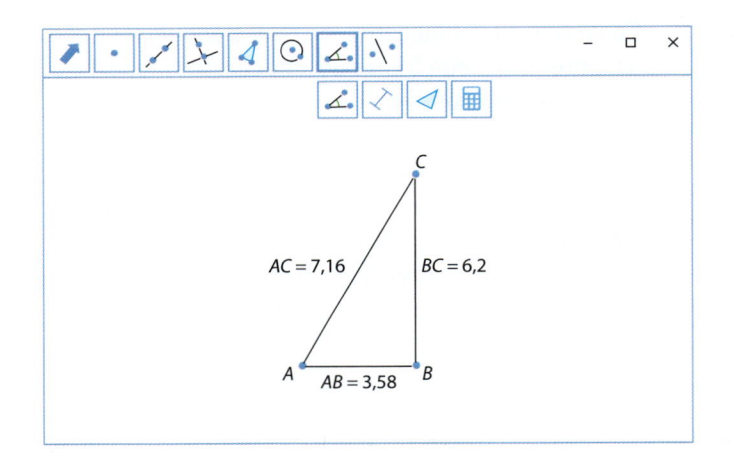

2 TABELA DE RAZÕES TRIGONOMÉTRICAS

Observe a figura ao lado.

Para determinar a largura do lago, que corresponde à medida AC, basta fazer: tg 19° = $\frac{AC}{84,5}$.

Podemos obter o valor de tg 19° consultando uma tabela trigonométrica ou usando uma calculadora científica.

A tabela trigonométrica abaixo apresenta os valores para as razões trigonométricas com aproximação de três casas decimais. Em destaque, temos o valor de tg 19°.

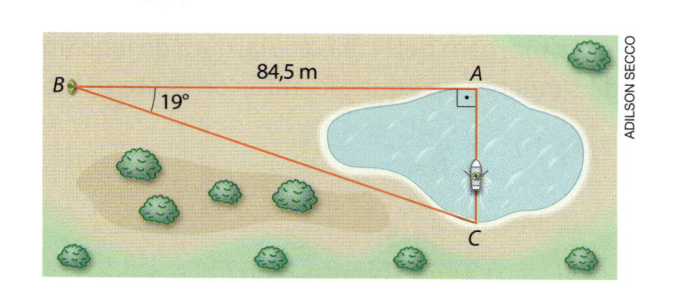

TABELA TRIGONOMÉTRICA DOS ÂNGULOS AGUDOS

Ângulo	sen	cos	tg	Ângulo	sen	cos	tg	Ângulo	sen	cos	tg
1°	0,017	1,000	0,017	31°	0,515	0,857	0,601	61°	0,875	0,485	1,804
2°	0,035	0,999	0,035	32°	0,530	0,848	0,625	62°	0,883	0,469	1,881
3°	0,052	0,999	0,052	33°	0,545	0,839	0,649	63°	0,891	0,454	1,963
4°	0,070	0,998	0,070	34°	0,559	0,829	0,675	64°	0,899	0,438	2,050
5°	0,087	0,996	0,087	35°	0,574	0,819	0,700	65°	0,906	0,423	2,145
6°	0,105	0,995	0,105	36°	0,588	0,809	0,727	66°	0,914	0,407	2,246
7°	0,122	0,993	0,123	37°	0,602	0,799	0,754	67°	0,921	0,391	2,356
8°	0,139	0,990	0,141	38°	0,616	0,788	0,781	68°	0,927	0,375	2,475
9°	0,156	0,988	0,158	39°	0,629	0,777	0,810	69°	0,934	0,358	2,605
10°	0,174	0,985	0,176	40°	0,643	0,766	0,839	70°	0,940	0,342	2,747
11°	0,191	0,982	0,194	41°	0,656	0,755	0,869	71°	0,946	0,326	2,904
12°	0,208	0,978	0,213	42°	0,669	0,743	0,900	72°	0,951	0,309	3,078
13°	0,225	0,974	0,231	43°	0,682	0,731	0,933	73°	0,956	0,292	3,271
14°	0,242	0,970	0,249	44°	0,695	0,719	0,966	74°	0,961	0,276	3,487
15°	0,259	0,966	0,268	45°	0,707	0,707	1,000	75°	0,966	0,259	3,732
16°	0,276	0,961	0,287	46°	0,719	0,695	1,036	76°	0,970	0,242	4,011
17°	0,292	0,956	0,306	47°	0,731	0,682	1,072	77°	0,974	0,225	4,332
18°	0,309	0,951	0,325	48°	0,743	0,669	1,111	78°	0,978	0,208	4,705
19°	0,326	0,946	0,344	49°	0,755	0,656	1,150	79°	0,982	0,191	5,145
20°	0,342	0,940	0,364	50°	0,766	0,643	1,192	80°	0,985	0,174	5,671
21°	0,358	0,934	0,384	51°	0,777	0,629	1,235	81°	0,988	0,156	6,314
22°	0,375	0,927	0,404	52°	0,788	0,616	1,280	82°	0,990	0,139	7,115
23°	0,391	0,921	0,424	53°	0,799	0,602	1,327	83°	0,993	0,122	8,144
24°	0,407	0,914	0,445	54°	0,809	0,588	1,376	84°	0,995	0,105	9,514
25°	0,423	0,906	0,466	55°	0,819	0,574	1,428	85°	0,996	0,087	11,430
26°	0,438	0,899	0,488	56°	0,829	0,559	1,483	86°	0,998	0,070	14,301
27°	0,454	0,891	0,510	57°	0,839	0,545	1,540	87°	0,999	0,052	19,081
28°	0,469	0,883	0,532	58°	0,848	0,530	1,600	88°	0,999	0,035	28,636
29°	0,485	0,875	0,554	59°	0,857	0,515	1,664	89°	1,000	0,017	57,290
30°	0,500	0,866	0,577	60°	0,866	0,500	1,732	—	—	—	—

USANDO A TABELA TRIGONOMÉTRICA DOS ÂNGULOS AGUDOS

Consultando a tabela trigonométrica, verificamos que tg 19° é aproximadamente igual a 0,344. Vamos adotar tg 19° = 0,344.

Então, para determinar a largura do lago (medida AC), basta substituir o valor da tangente na equação anteriormente estabelecida.

$$\text{tg } 19° = \frac{AC}{84,5}$$

$$0,344 = \frac{AC}{84,5}$$

$$AC = 0,344 \cdot 84,5 \simeq 29,07$$

Logo, a largura AC do lago é aproximadamente 29,07 m.

Paradoxos

Assista ao vídeo para entender o que são paradoxos e como as relações trigonométricas podem ajudar a entender um dos seus tipos. Disponível em <http://mod.lk/sujkp>.

USANDO A CALCULADORA CIENTÍFICA

A calculadora científica apresenta, além das quatro operações básicas, raiz quadrada e outras funções, teclas para o cálculo de seno, cosseno e tangente.

Nessas calculadoras, as razões trigonométricas são geralmente apresentadas como:

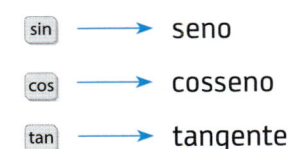

sin ⟶ seno
cos ⟶ cosseno
tan ⟶ tangente

Para resolver o problema anterior, poderíamos calcular o valor de tg 19° usando uma calculadora científica. Para isso, devemos escolher a tecla [tan] e digitar:

[tan] [1] [9] [=]
ou
[1] [9] [tan]

Aparecerá no visor: 0.344327613

Calculadora científica.

Aproximando esse valor para a 3ª casa decimal, a mesma aproximação usada na tabela trigonométrica, podemos dizer que tg 19° ≃ 0,344.

Veja outros exemplos de cálculo de razões trigonométricas usando a calculadora.

- sen 48°

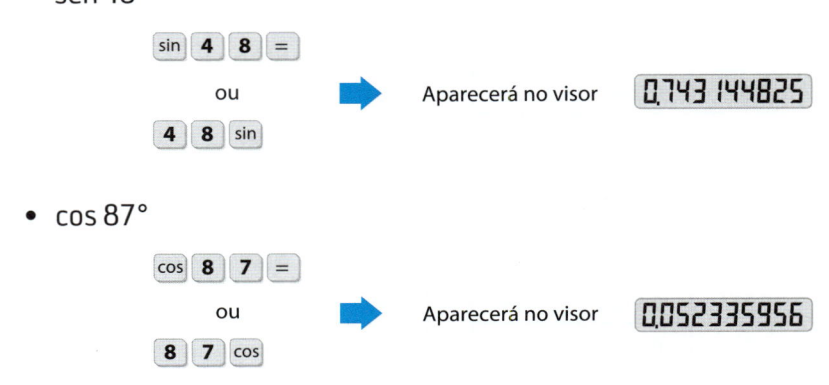

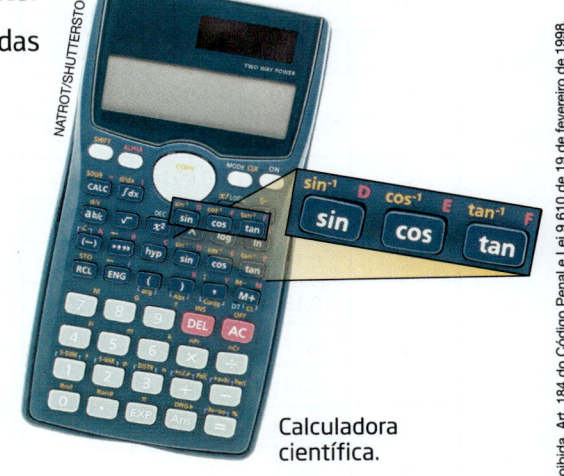

[sin] [4] [8] [=]
ou
[4] [8] [sin]

Aparecerá no visor: 0.743144825

- cos 87°

[cos] [8] [7] [=]
ou
[8] [7] [cos]

Aparecerá no visor: 0.052335956

RECORDE

Aproximações para a 3ª casa decimal

- Quando a 4ª casa é maior ou igual a 5, aumente uma unidade na 3ª casa decimal e despreze as casas posteriores.

  Por exemplo:
  34,560**7**8 ⟶ 34,561

- Quando a 4ª casa é menor que 5, mantenha o algarismo da 3ª casa e despreze as casas posteriores.

  Por exemplo:
  2,379**3**4 ⟶ 2,379

RAZÕES TRIGONOMÉTRICAS DOS ÂNGULOS NOTÁVEIS

SENO, COSSENO E TANGENTE DO ÂNGULO DE 45°

Considere o quadrado ABCD e $\overline{AC}$, uma diagonal desse quadrado.

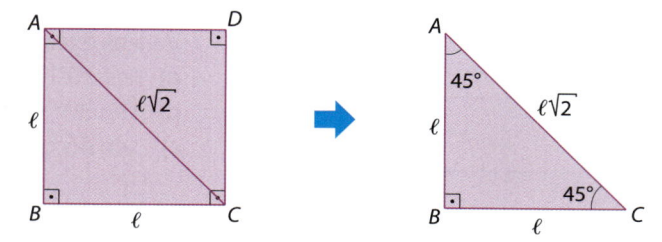

RECORDE

As medidas da diagonal do quadrado e da altura do triângulo equilátero podem ser determinadas pelo teorema de Pitágoras.

$d = \ell\sqrt{2}$ → diagonal do quadrado

$h = \dfrac{\ell\sqrt{3}}{2}$ → altura do triângulo equilátero

Calculando, no triângulo ABC, as razões trigonométricas para o ângulo $\hat{A}$, de medida igual a 45°, temos:

Seno	Cosseno	Tangente
$\operatorname{sen} 45° = \dfrac{\ell}{\ell\sqrt{2}}$ $\operatorname{sen} 45° = \dfrac{\ell}{\ell\sqrt{2}} \cdot \dfrac{\sqrt{2}}{\sqrt{2}}$ $\operatorname{sen} 45° = \dfrac{\sqrt{2}}{2}$	$\cos 45° = \dfrac{\ell}{\ell\sqrt{2}}$ $\cos 45° = \dfrac{\ell}{\ell\sqrt{2}} \cdot \dfrac{\sqrt{2}}{\sqrt{2}}$ $\cos 45° = \dfrac{\sqrt{2}}{2}$	$\operatorname{tg} 45° = \dfrac{\ell}{\ell}$ $\operatorname{tg} 45° = 1$

SENO, COSSENO E TANGENTE DOS ÂNGULOS DE 30° E DE 60°

Considere agora o triângulo equilátero ABC e $\overline{AH}$, a altura relativa ao lado $\overline{BC}$.

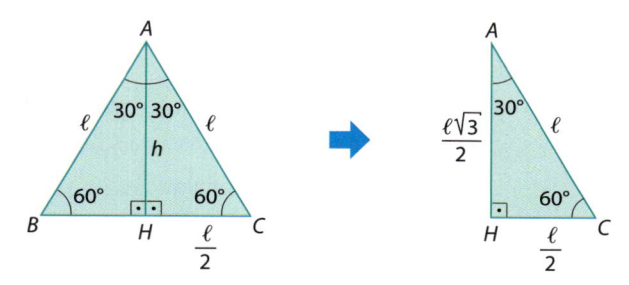

Calculando as razões trigonométricas no triângulo AHC, em que $\operatorname{med}(\hat{A}) = 30°$ e $\operatorname{med}(\hat{C}) = 60°$, temos:

	Seno	Cosseno	Tangente
30°	$\operatorname{sen} 30° = \dfrac{\ell}{2} : \ell$ $\operatorname{sen} 30° = \dfrac{\ell}{2\ell}$ $\operatorname{sen} 30° = \dfrac{1}{2}$	$\cos 30° = \dfrac{\ell\sqrt{3}}{2} : \ell$ $\cos 30° = \dfrac{\ell\sqrt{3}}{2\ell}$ $\cos 30° = \dfrac{\sqrt{3}}{2}$	$\operatorname{tg} 30° = \dfrac{\ell}{2} : \dfrac{\ell\sqrt{3}}{2}$ $\operatorname{tg} 30° = \dfrac{2\ell}{2\ell\sqrt{3}}$ $\operatorname{tg} 30° = \dfrac{1}{\sqrt{3}} \cdot \dfrac{\sqrt{3}}{\sqrt{3}}$ $\operatorname{tg} 30° = \dfrac{\sqrt{3}}{3}$
60°	$\operatorname{sen} 60° = \dfrac{\ell\sqrt{3}}{2} : \ell$ $\operatorname{sen} 60° = \dfrac{\ell\sqrt{3}}{2\ell}$ $\operatorname{sen} 60° = \dfrac{\sqrt{3}}{2}$	$\cos 60° = \dfrac{\ell}{2} : \ell$ $\cos 60° = \dfrac{\ell}{2\ell}$ $\cos 60° = \dfrac{1}{2}$	$\operatorname{tg} 60° = \dfrac{\ell\sqrt{3}}{2} : \dfrac{\ell}{2}$ $\operatorname{tg} 60° = \dfrac{2\ell\sqrt{3}}{2\ell}$ $\operatorname{tg} 60° = \sqrt{3}$

Assim, podemos resumir os valores do seno, do cosseno e da tangente de 30°, 45° e 60° na tabela apresentada a seguir.

TABELA TRIGONOMÉTRICA DOS ÂNGULOS NOTÁVEIS			
	30°	45°	60°
sen	$\frac{1}{2}$	$\frac{\sqrt{2}}{2}$	$\frac{\sqrt{3}}{2}$
cos	$\frac{\sqrt{3}}{2}$	$\frac{\sqrt{2}}{2}$	$\frac{1}{2}$
tg	$\frac{\sqrt{3}}{3}$	1	$\sqrt{3}$

> **OBSERVAÇÃO**
>
> Se a e b são medidas de ângulos complementares ($a + b = 90°$), então:
> cos a = sen b e sen a = cos b
> Veja os exemplos a seguir:
> **a)** cos 30° = sen 60°
> **b)** sen 30° = cos 60°
> **c)** sen 45° = cos 45°

ATIVIDADES

PRATIQUE

1. Calcule os valores pedidos usando uma calculadora científica. Dê os resultados com aproximação de três casas decimais.
- **a)** sen 35°
- **b)** cos 27°
- **c)** tg 73°
- **d)** tg 28°
- **e)** sen 56°
- **f)** cos 67°

2. Encontre os valores, com aproximação de três casas decimais, na tabela trigonométrica.
- **a)** sen 53° e cos 37°
- **b)** sen 30° e cos 60°
- **c)** sen 44° e cos 46°
- **d)** sen 23° e cos 67°

• Analise os resultados obtidos e descubra qual é o ângulo cujo cosseno é igual a sen 32°.

3. Usando os valores da tabela trigonométrica com aproximação de duas casas decimais, determine x e y.

a) [triângulo retângulo com catetos x e 5, hipotenusa y, ângulo 40°]

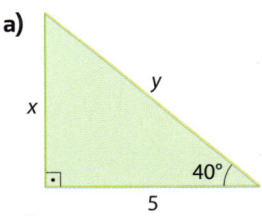

b) [triângulo com lado 7, ângulo 48°, lados x e y]

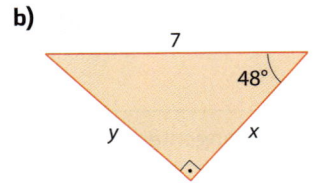

Pensar com flexibilidade

R1. Observe a figura ao lado e encontre o valor de x, em grau.

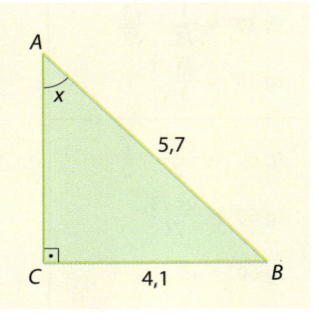

[triângulo retângulo ABC com hipotenusa AB = 5,7, cateto CB = 4,1, ângulo x em A]

Resolução

Como as medidas dadas são referentes à hipotenusa do triângulo e ao cateto oposto ao ângulo procurado, podemos usar a razão trigonométrica seno para encontrar x.

sen $x = \frac{4,1}{5,7}$

sen $x \simeq 0{,}719$

Encontrado o valor de sen x, procuramos, na tabela trigonométrica dos ângulos agudos, o ângulo cujo seno esteja próximo de 0,719.

Consultando a tabela, temos que 0,719 é uma aproximação com três casas decimais de sen 46°.

Logo, x é aproximadamente 46°.

4. Descubra a medida do ângulo $\widehat{B}$.

a) [triângulo retângulo em A, com $3\sqrt{2}$, hipotenusa 6, vértices A, B, C]

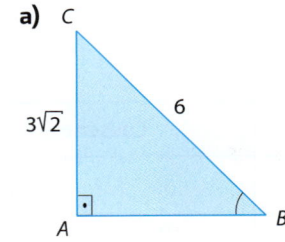

b) [triângulo retângulo em D, com $3\sqrt{3}$ e 9, vértices B, C, D]

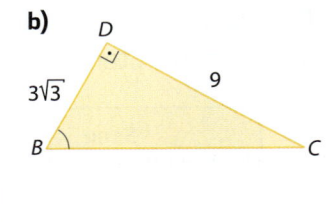

APLIQUE

5. Observe o trapézio a seguir.

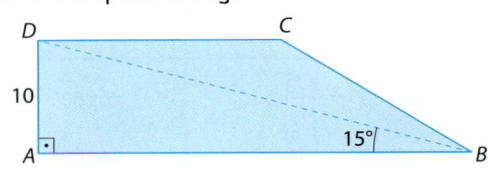

[trapézio ABCD com AD = 10, ângulo reto em A, ângulo 15° em B, diagonal BD tracejada]

Determine a medida:
a) da diagonal maior $\overline{BD}$; **b)** da base maior $\overline{AB}$.

190

R2. Uma escada rolante, que liga o piso térreo ao 1º andar de um aeroporto, forma um ângulo de 30° com o piso térreo. Se a altura do 1º andar mede 5 m, qual é o comprimento da parte visível da escada?

Resolução

Podemos fazer uma figura que represente a situação de modo que o comprimento da parte visível da escada rolante seja a medida da hipotenusa do triângulo ABC.

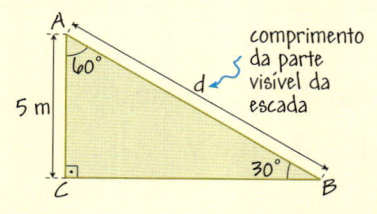

Usamos, então, a razão trigonométrica seno do ângulo $\hat{B}$ para encontrar a medida d.

$$\operatorname{sen} 30° = \frac{5}{d}$$

$$\frac{1}{2} = \frac{5}{d}$$

$$d = 2 \cdot 5 = 10$$

Outra forma de encontrar a medida d seria usar a razão trigonométrica cosseno do ângulo $\hat{A}$.

$$\cos 60° = \frac{1}{2} = \frac{5}{d}$$

$$d = 2 \cdot 5 = 10$$

Logo, o comprimento da parte visível da escada é 10 m.

6. Do alto de um farol, uma pessoa avista uma barraca na praia. A linha de visão dessa pessoa forma com o plano da praia um ângulo de 45°, conforme a figura a seguir. Qual é a distância da barraca ao farol?

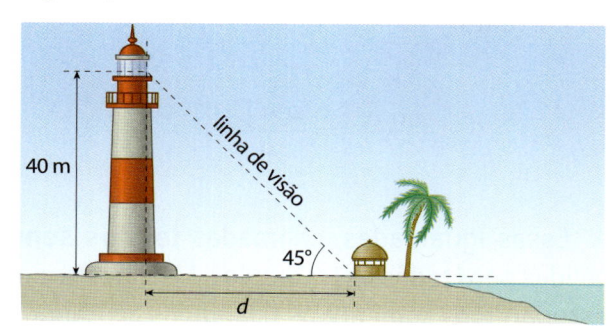

7. Calcule o perímetro do trapézio isósceles.

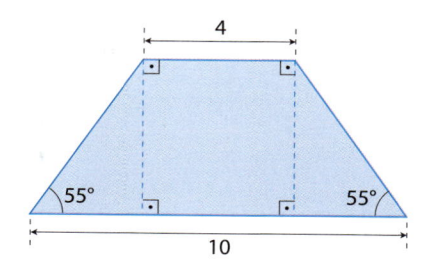

8. Encontre as medidas das diagonais do losango.

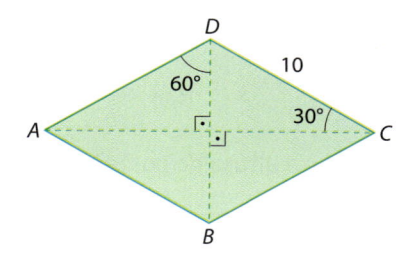

9. O rio Águas corta a cidade de Água Branca em duas partes. Para uni-las, o prefeito da cidade quer construir uma ponte, de comprimento x, que ligue as duas margens do rio. Observe na figura algumas medidas coletadas.

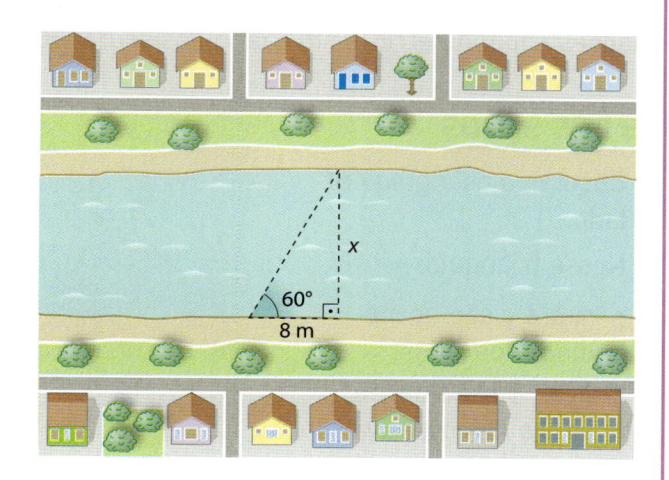

Agora, calcule o valor de x. $\left(\text{Use: } \sqrt{3} = 1,7.\right)$

10. Encontre o valor de x.

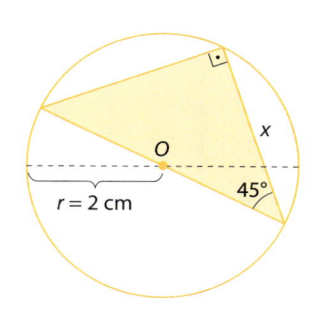

11. O teodolito é um instrumento muito usado na construção civil para medir ângulos. Na situação abaixo, o teodolito tem 1,5 m de altura.

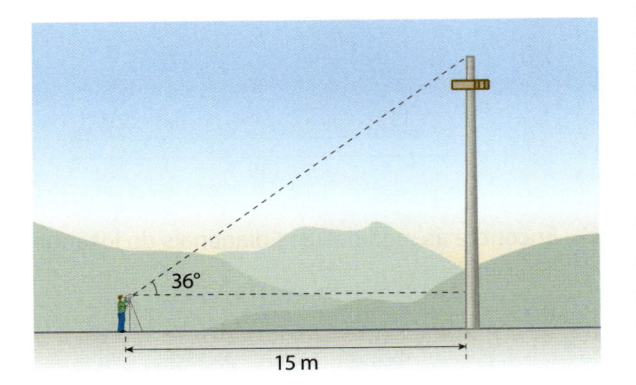

Agora, qual é a altura do poste?

12. Jorge, representado pelos pontos A e A' na figura abaixo, observa um prédio de altura x a uma distância y, sob um ângulo de 60°. Ao afastar-se 20 metros do primeiro ponto, percebeu que o ângulo formado media 30°.

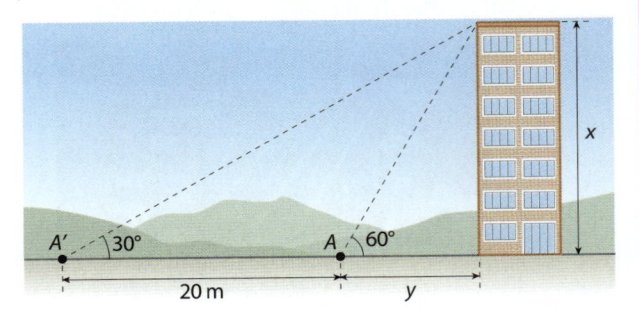

a) A que distância Jorge estava do prédio quando o observou com o ângulo de 30°?

b) Qual é a altura do prédio?

3 RELAÇÕES TRIGONOMÉTRICAS NO TRIÂNGULO ACUTÂNGULO

As relações estudadas até aqui valem exclusivamente para triângulos retângulos. Vamos agora estudar as relações trigonométricas em triângulos acutângulos.

LEI DOS SENOS

Observe o triângulo ABC ao lado.

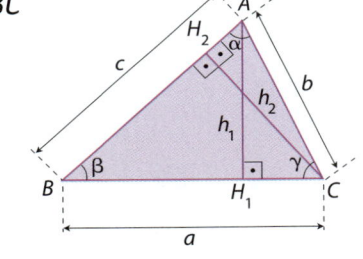

Nesse triângulo:

- a, b e c são as medidas dos lados;
- h_1 é a medida da altura $\overline{AH_1}$, relativa ao lado $\overline{BC}$;
- h_2 é a medida da altura $\overline{CH_2}$, relativa ao lado $\overline{AB}$;
- α, β, γ são as medidas dos ângulos $\hat{A}$, $\hat{B}$ e $\hat{C}$, respectivamente.

Considere agora os triângulos retângulos ABH_1 e ACH_1.

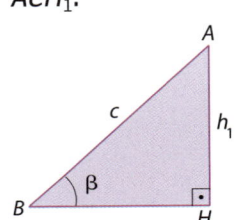

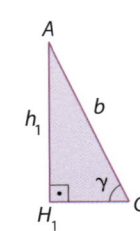

$$\operatorname{sen} \beta = \frac{h_1}{c}$$

$$h_1 = c \cdot \operatorname{sen} \beta \quad (I)$$

$$\operatorname{sen} \gamma = \frac{h_1}{b}$$

$$h_1 = b \cdot \operatorname{sen} \gamma \quad (II)$$

Igualando (I) e (II), temos:

$c \cdot \operatorname{sen} \beta = b \cdot \operatorname{sen} \gamma$

$$\frac{\operatorname{sen} \beta}{b} = \frac{\operatorname{sen} \gamma}{c}$$

Agora, considere os triângulos CBH_2 e ACH_2.

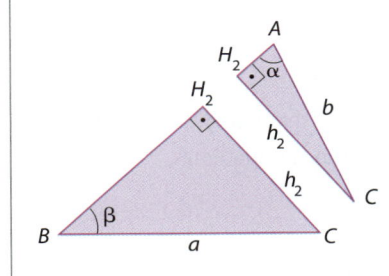

$$\operatorname{sen} \beta = \frac{h_2}{a}$$

$$h_2 = a \cdot \operatorname{sen} \beta \quad (III)$$

$$\operatorname{sen} \alpha = \frac{h_2}{b}$$

$$h_2 = b \cdot \operatorname{sen} \alpha \quad (IV)$$

Igualando (III) e (IV), temos:

$a \cdot \operatorname{sen} \beta = b \cdot \operatorname{sen} \alpha$

$$\frac{\operatorname{sen} \beta}{b} = \frac{\operatorname{sen} \alpha}{a}$$

Portanto:

$$\frac{\operatorname{sen} \alpha}{a} = \frac{\operatorname{sen} \beta}{b} = \frac{\operatorname{sen} \gamma}{c}$$

Essas igualdades, chamadas **lei dos senos**, são válidas para todos os triângulos. Mas, neste momento, estudaremos somente os triângulos acutângulos.

Veja o exemplo a seguir.

Vamos calcular a medida a no triângulo ABC.

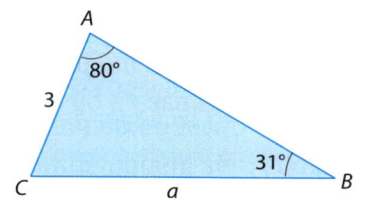

Aplicando a lei dos senos, temos:

$$\frac{\text{sen } 31°}{3} = \frac{\text{sen } 80°}{a}$$

Adotando sen 31° = 0,515 e sen 80° = 0,985:

$$\frac{0,515}{3} = \frac{0,985}{a}$$

$a \cdot 0,515 = 2,955$

$a = \dfrac{2,955}{0,515}$

$a \simeq 5,74$

LEI DOS COSSENOS

Observe o triângulo ABC ao lado.

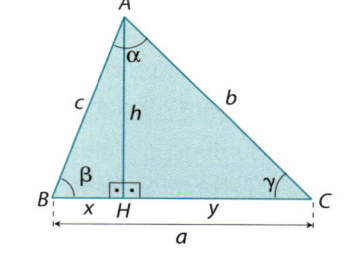

Nesse triângulo:

- a, b e c são as medidas dos lados;
- h é a medida da altura relativa a $\overline{BC}$;
- x é a medida da projeção ortogonal de $\overline{AB}$ sobre $\overline{BC}$;
- y é a medida da projeção ortogonal de $\overline{AC}$ sobre $\overline{BC}$;
- α, β e γ são as medidas dos ângulos $\widehat{A}$, $\widehat{B}$ e $\widehat{C}$, respectivamente.

Aplicando o teorema de Pitágoras no triângulo ABH e no triângulo AHC, temos:

(I) $c^2 = h^2 + x^2$
$h^2 = c^2 - x^2$

(II) $b^2 = h^2 + y^2$
$h^2 = b^2 - y^2$

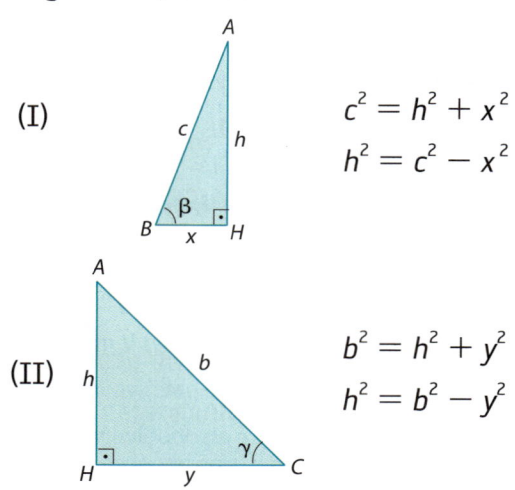

Igualando as equações (I) e (II), vem:

$c^2 - x^2 = b^2 - y^2$

$b^2 = c^2 - x^2 + y^2$ (III)

No triângulo ABC: $x + y = a$. Substituindo y por $a - x$ em (III), obtemos:

$b^2 = c^2 - x^2 + (a - x)^2$

$b^2 = c^2 - x^2 + a^2 - 2 \cdot a \cdot x + x^2$

$b^2 = c^2 + a^2 - 2 \cdot a \cdot x$ (IV)

No triângulo ABH: $\cos \beta = \dfrac{x}{c}$; logo, $x = c \cdot \cos \beta$

Substituindo $x = c \cdot \cos \beta$ em (IV):

$$b^2 = c^2 + a^2 - 2ac \cdot \cos \beta$$

Analogamente, temos:

$$a^2 = b^2 + c^2 - 2bc \cdot \cos \alpha$$
$$c^2 = a^2 + b^2 - 2ab \cdot \cos \gamma$$

Essas igualdades são chamadas **lei dos cossenos**.

EXEMPLO

Vamos calcular a medida a no triângulo ABC.

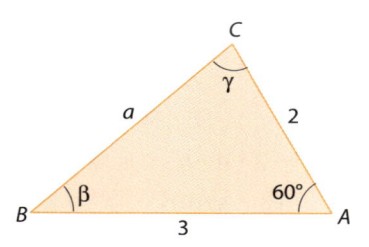

Aplicando a lei dos cossenos, temos:
$a^2 = 2^2 + 3^2 - 2 \cdot 2 \cdot 3 \cdot \cos 60°$

$a^2 = 4 + 9 - 2 \cdot 2 \cdot 3 \cdot \dfrac{1}{2}$

$a^2 = 13 - 6$

$a^2 = 7$

$a = \sqrt{7}$

Trilha de estudo

Vai estudar? Nosso assistente virtual no *app* pode ajudar!
<http://mod.lk/trilhas>

ATIVIDADES

PRATIQUE

1. Observe a figura e classifique as sentenças em V (verdadeira) ou F (falsa).

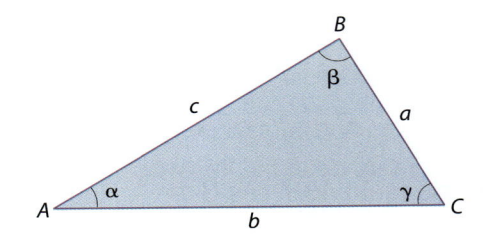

a) $\dfrac{\cos \gamma}{c} = \dfrac{\cos \alpha}{a} = \dfrac{\cos \beta}{b}$

b) $\dfrac{\operatorname{sen} \beta}{a} = \dfrac{\operatorname{sen} \alpha}{c} = \dfrac{\operatorname{sen} \gamma}{b}$

c) $\dfrac{\operatorname{sen} \alpha}{a} = \dfrac{\operatorname{sen} \beta}{b} = \dfrac{\operatorname{sen} \gamma}{c}$

d) $\dfrac{\operatorname{sen} \alpha}{a} = \dfrac{\cos \beta}{b} = \dfrac{\operatorname{tg} \gamma}{c}$

2. Observe o triângulo abaixo e complete as expressões.

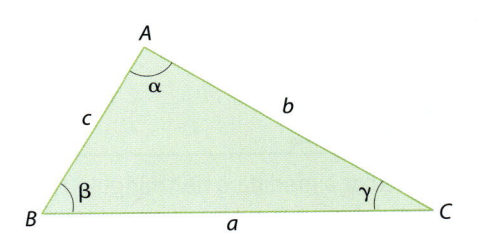

a) $a^2 = b^2 + c^2 - 2 \cdot \blacksquare \cdot \cos \alpha$

b) $\blacksquare = a^2 + c^2 - 2 \cdot \blacksquare \cdot \cos \beta$

c) $c^2 = \blacksquare - 2 \cdot a \cdot b \cdot \cos \blacksquare$

d) $\operatorname{sen} \alpha = \dfrac{\blacksquare \cdot \operatorname{sen} \beta}{\blacksquare}$

3. Obtenha o valor de x em cada triângulo.

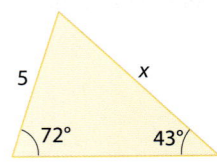

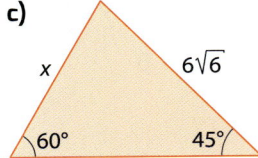

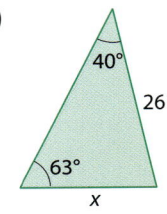

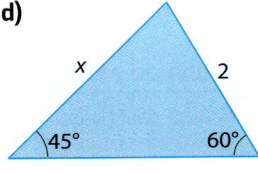

a) (5, x, 72°, 43°)

b) (40°, 26, 63°, x)

c) (x, 6√6, 60°, 45°)

d) (x, 2, 45°, 60°)

R1. Observe a ilustração e responda qual das duas ilhas está mais próxima do barco?

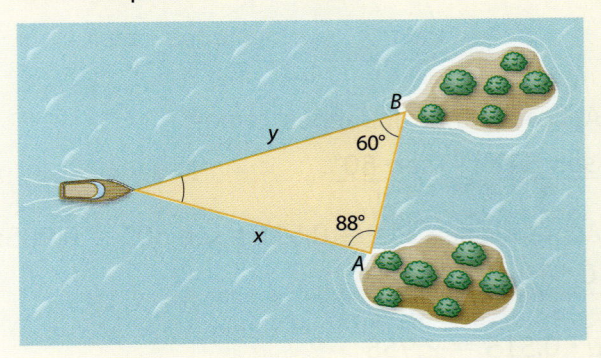

Resolução

Para verificar qual das duas ilhas está mais próxima do barco, podemos usar a lei dos senos relacionando as medidas dos ângulos.

$\dfrac{\operatorname{sen} 60°}{x} = \dfrac{\operatorname{sen} 88°}{y}$

Consultando a tabela trigonométrica ou usando uma calculadora científica, encontramos uma aproximação para o seno de 60° e o seno de 88°. Adotando sen 60° = 0,866 e sen 88° = 0,999, obtemos uma equação com duas incógnitas: x e y.

$\dfrac{0,866}{x} = \dfrac{0,999}{y}$

$\dfrac{y}{x} = \dfrac{0,999}{0,866}$

$\dfrac{y}{x} \simeq 1,154$

Como $\dfrac{y}{x} > 1$, temos: y > x.

Logo, a ilha A está mais próxima do barco.

4. Calcule os valores de x e de y.

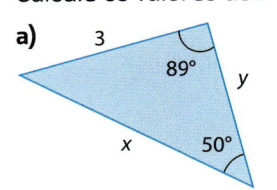

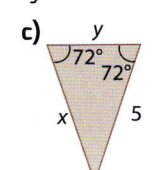

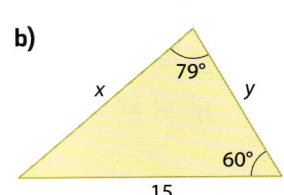

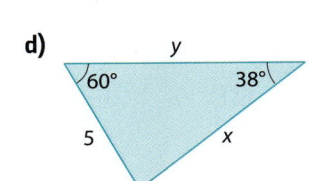

a) (3, 89°, y, x, 50°)

b) (x, 79°, y, 60°, 15)

c) (y, 72°, 72°, x, 5)

d) (y, 60°, 38°, 5, x)

5. Encontre o valor aproximado de sen α com duas casas decimais.

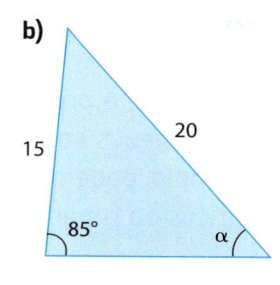

a) [triângulo com ângulo α no topo, lado 17, ângulo 64° na base esquerda, base 10]

b) [triângulo com lados 15 e 20, ângulo 85° e ângulo α]

6. Determine o valor de cos α nos triângulos abaixo.

a) [triângulo com lados $6\sqrt{2}$, 5, 7 e ângulo α]

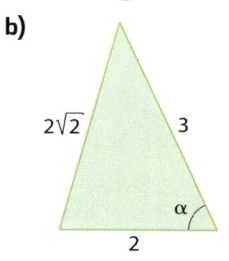

b) [triângulo com lados $2\sqrt{2}$, 3, 2 e ângulo α]

R2. Consulte a tabela trigonométrica e determine a medida aproximada do ângulo α.

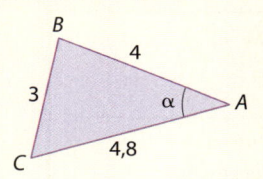

[triângulo ABC com BC = 3, AB = 4, AC = 4,8, ângulo α em A]

Resolução

Inicialmente, podemos aplicar a lei dos cossenos e determinar o valor de cos α.

$3^2 = (4,8)^2 + 4^2 - 2 \cdot 4,8 \cdot 4 \cdot \cos \alpha$

$9 = 23,04 + 16 - 38,4 \cdot \cos \alpha$

$38,4 \cdot \cos \alpha = 23,04 + 16 - 9$

$38,4 \cdot \cos \alpha = 30,04$

$\cos \alpha = \dfrac{30,04}{38,4} \simeq 0,782$

Consultando a tabela trigonométrica dos ângulos agudos, verificamos que o ângulo cujo cosseno é aproximadamente 0,782 é o ângulo de 38°.

$0,782 \simeq \cos 38°$

Portanto, α é aproximadamente 38°.

7. Determine a medida de α.

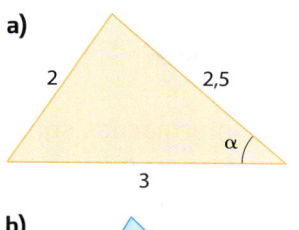

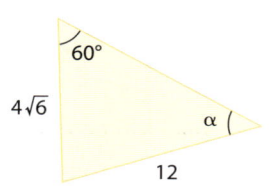

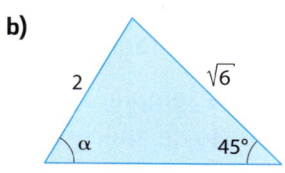

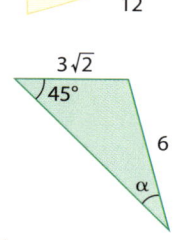

a) [triângulo com lados 2, 2,5, 3 e ângulo α]

b) [triângulo com lados 2, $\sqrt{6}$, ângulos α e 45°]

c) [triângulo com ângulo 60°, lados $4\sqrt{6}$ e 12, ângulo α]

d) [triângulo com ângulo 45°, lados $3\sqrt{2}$ e 6, ângulo α]

8. Em um triângulo ABC, o lado $\overline{AB}$ mede 5 cm, o lado $\overline{BC}$ mede 4 cm e o ângulo interno formado entre os lados $\overline{AB}$ e $\overline{BC}$ mede 65°. Qual é a medida aproximada do lado $\overline{AC}$?

APLIQUE

9. Calcule a medida da diagonal menor do paralelogramo ABCD.

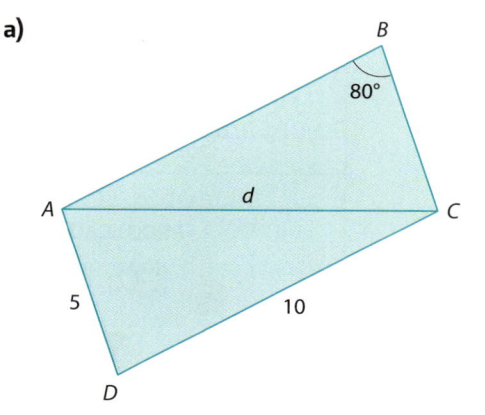

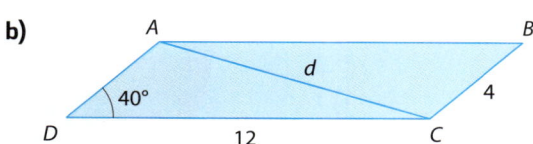

a) [paralelogramo ABCD com ângulo 80° em B, AD = 5, DC = 10, diagonal d = AC]

b) [paralelogramo com ângulo 40° em D, DC = 12, BC = 4, diagonal d = AC]

10. Carlos atira uma pedra na água. A pedra percorre 10 m em linha reta, como mostra a figura. Calcule a distância d do morro ao ponto em que a pedra atingiu a água.

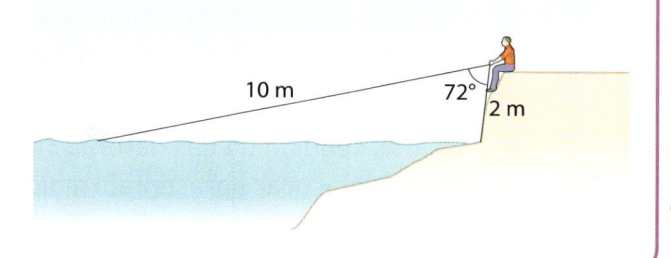

[figura com 10 m, ângulo 72°, altura 2 m]

ESTATÍSTICA E PROBABILIDADE
LEITURA E INTERPRETAÇÃO DE GRÁFICOS QUE SE COMPLEMENTAM

Para obter informações sobre determinado assunto, é preciso analisar diversas fontes. Isso porque os dados obtidos muitas vezes se complementam, ampliando assim a pesquisa. Esses dados, por exemplo, podem estar representados em gráficos, infográficos, informes específicos ou reportagens.

Observe, por exemplo, os gráficos a seguir que trazem informações a respeito da produção de energia primária no Brasil segundo o Balanço Energético Nacional de 2017.

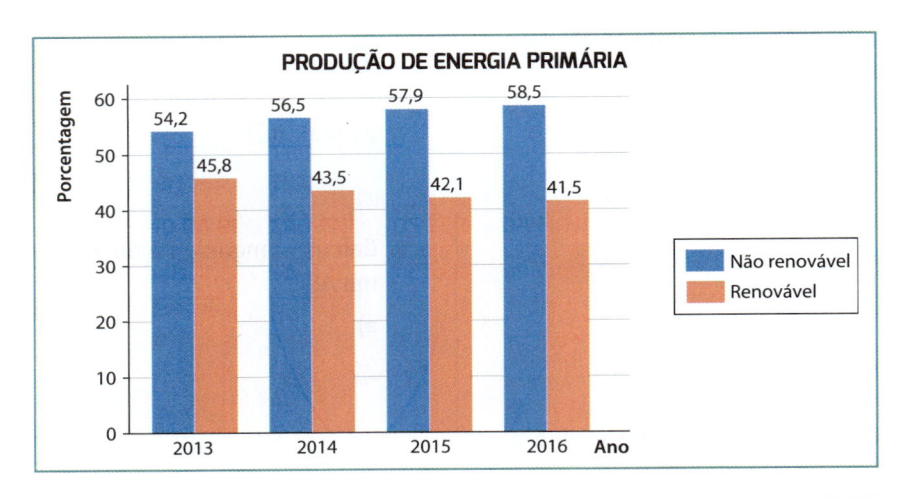

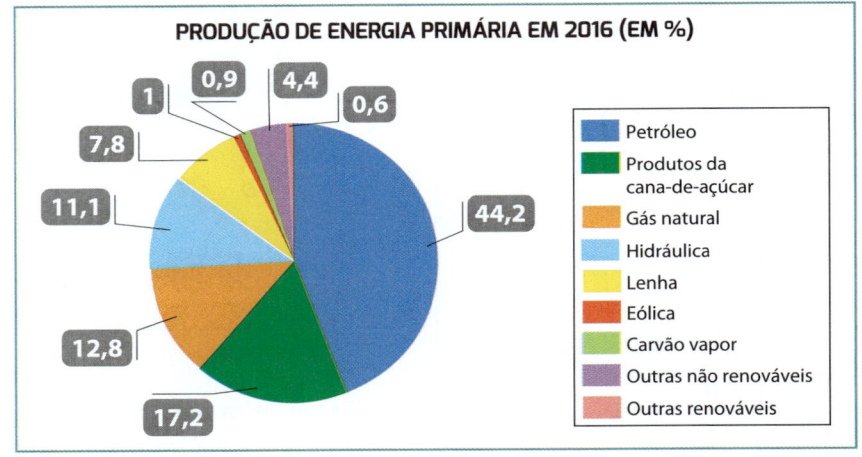

PRODUÇÃO DE ENERGIA PRIMÁRIA

Ano	Não renovável	Renovável
2013	54,2	45,8
2014	56,5	43,5
2015	57,9	42,1
2016	58,5	41,5

PRODUÇÃO DE ENERGIA PRIMÁRIA EM 2016 (EM %)

- Petróleo: 44,2
- Produtos da cana-de-açúcar: 17,2
- Gás natural: 12,8
- Hidráulica: 11,1
- Lenha: 7,8
- Eólica: 1
- Carvão vapor: 0,9
- Outras não renováveis: 4,4
- Outras renováveis: 0,6

Dados obtidos em: <https://ben.epe.gov.br/downloads/Relatorio_Final_BEN_2017.pdf>. Acesso em: 29 jul. 2018.

O primeiro gráfico mostra que a produção de energia primária não renovável, ao longo de 2013 a 2016, cresceu, enquanto a produção de energia primária renovável nesse período diminuiu. Já no gráfico de setores, podem-se observar dados mais detalhados da produção de energia primária no ano de 2016.

Veja que o petróleo, energia não renovável, é a maior fonte de energia primária, seguido do gás natural. Em relação à energia renovável, os produtos de cana-de-açúcar apresentam maior porcentagem.

ATIVIDADES

1. Muitas pesquisas científicas analisam os desastres ocorridos ao longo dos anos. Observe, nos gráficos a seguir, informações a respeito da quantidade de publicações relacionadas a desastres entre 2012 e 2016. Depois, responda às questões.

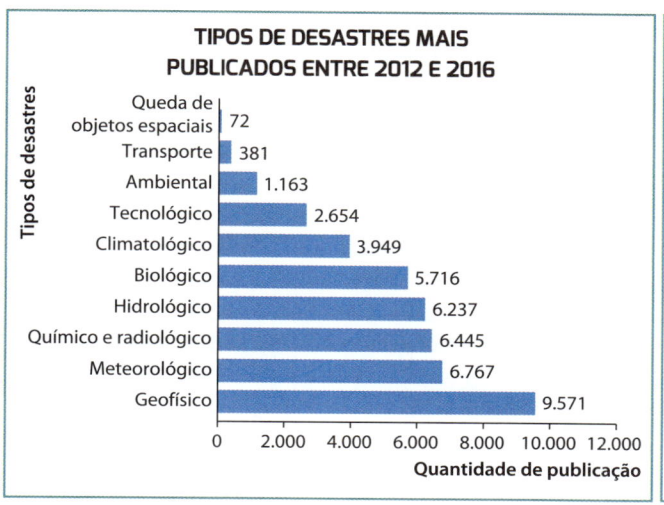

TIPOS DE DESASTRES MAIS PUBLICADOS ENTRE 2012 E 2016

- Queda de objetos espaciais: 72
- Transporte: 381
- Ambiental: 1.163
- Tecnológico: 2.654
- Climatológico: 3.949
- Biológico: 5.716
- Hidrológico: 6.237
- Químico e radiológico: 6.445
- Meteorológico: 6.767
- Geofísico: 9.571

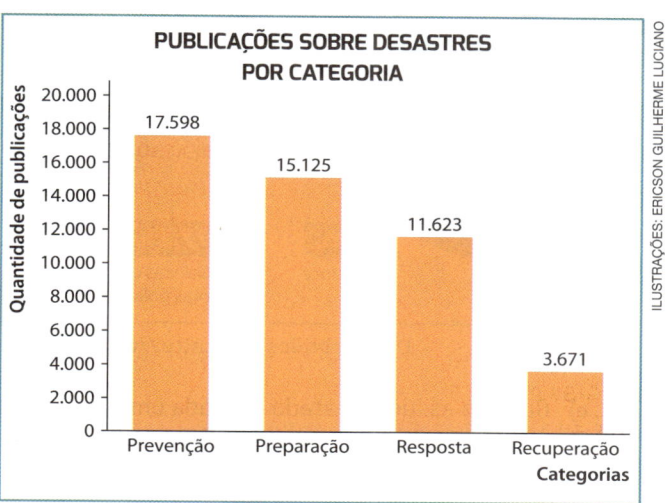

PUBLICAÇÕES SOBRE DESASTRES POR CATEGORIA

- Prevenção: 17.598
- Preparação: 15.125
- Resposta: 11.623
- Recuperação: 3.671

Dados obtidos em: *Revista Pesquisa Fapesp*, n. 264, p. 38, fev. 2018.

a) Qual categoria teve maior número de publicações durante esses anos?

b) Que tipo de desastre foi mais abordado nessas publicações?

2. Rogério é proprietário de uma loja de jogos de computador em rede. No primeiro mês de funcionamento da loja, ele realizou uma pesquisa para identificar o perfil dos usuários. Observe nos gráficos abaixo alguns dados obtidos. Depois, responda às questões.

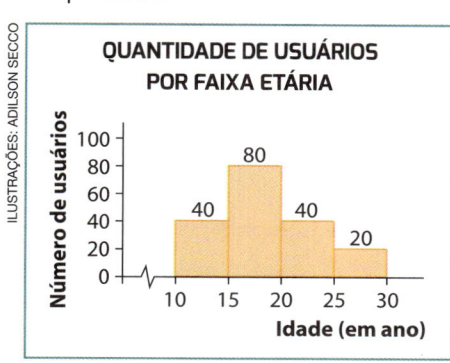

QUANTIDADE DE USUÁRIOS POR FAIXA ETÁRIA

- 10–15: 40
- 15–20: 80
- 20–25: 40
- 25–30: 20

Dados obtidos por Rogério.

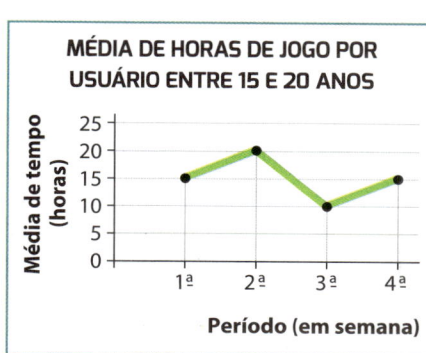

MÉDIA DE HORAS DE JOGO POR USUÁRIO ENTRE 15 E 20 ANOS

- 1ª semana: 15
- 2ª semana: 20
- 3ª semana: 10
- 4ª semana: 15

Dados obtidos por Rogério.

> Observe que, para responder ao item **c**, devemos analisar as informações contidas nos dois gráficos.

a) Em qual faixa etária há mais usuários?

b) Em qual semana os usuários de idade entre 15 e 20 anos mais jogaram? Durante quantas horas, em média, esses usuários jogaram nessa semana?

c) Podemos afirmar que um total de 180 usuários visitaram a loja e que os clientes entre 15 e 20 anos jogaram, em média, 60 horas no primeiro mês? Justifique sua resposta.

ESTATÍSTICA E PROBABILIDADE

3. Nos gráficos abaixo, temos representada a distribuição de água na Terra.

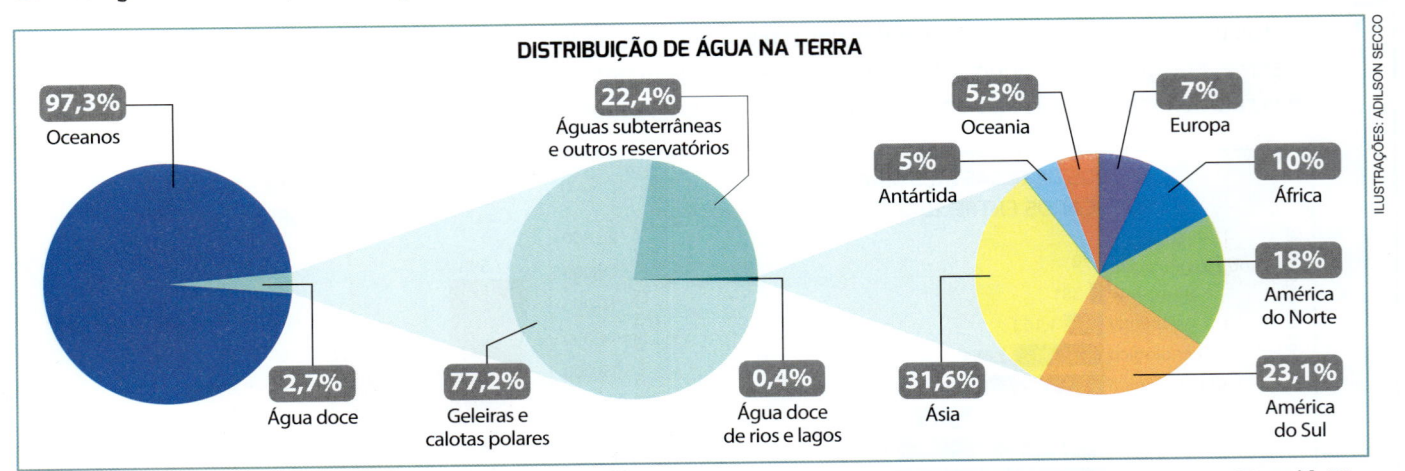

DISTRIBUIÇÃO DE ÁGUA NA TERRA

- 97,3% Oceanos
- 2,7% Água doce
- 77,2% Geleiras e calotas polares
- 22,4% Águas subterrâneas e outros reservatórios
- 0,4% Água doce de rios e lagos
- 5,3% Oceania
- 7% Europa
- 5% Antártida
- 10% África
- 18% América do Norte
- 31,6% Ásia
- 23,1% América do Sul

Dados obtidos em: <http://www.daee.sp.gov.br/index.php?option=com_content&id=104%3Aagua&Itemid=55>. Acesso em: 29 jul. 2018.

a) Qual é o assunto tratado em cada um dos gráficos?
b) Que porcentagem da água no planeta é de água doce?
c) Como é a distribuição da água doce no planeta?
d) Que continente tem a maior porcentagem de água doce de rios e lagos?
e) Quais são as duas regiões com a menor porcentagem de água doce de rios e lagos?

> Observe que foi usado o recurso de fundos articulados, em azul, para identificar o assunto tratado em cada um dos gráficos de setores.

4. O Brasil é um país que acolhe muitos refugiados que vêm de outros países. Observe, nos gráficos abaixo, dados a respeito de pedidos de refúgio no Brasil em relação a 2016. Depois, responda às questões.

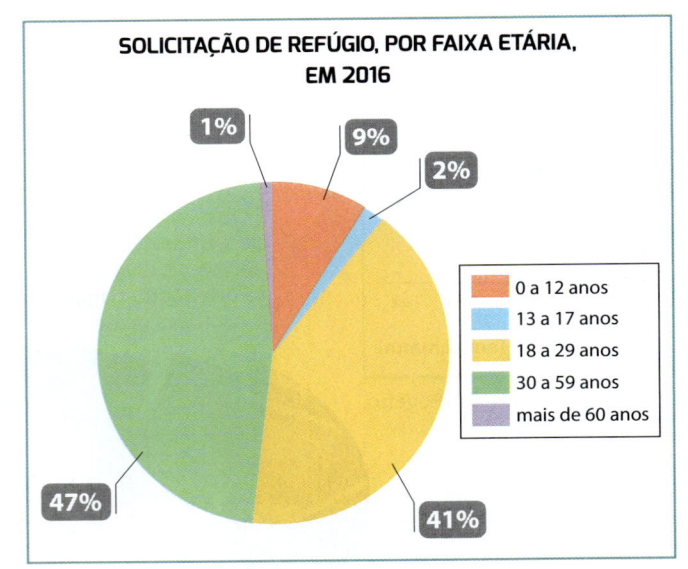

SOLICITAÇÃO DE REFÚGIO, POR FAIXA ETÁRIA, EM 2016

- 1%
- 9%
- 2%
- 47%
- 41%

Legenda:
- 0 a 12 anos
- 13 a 17 anos
- 18 a 29 anos
- 30 a 59 anos
- mais de 60 anos

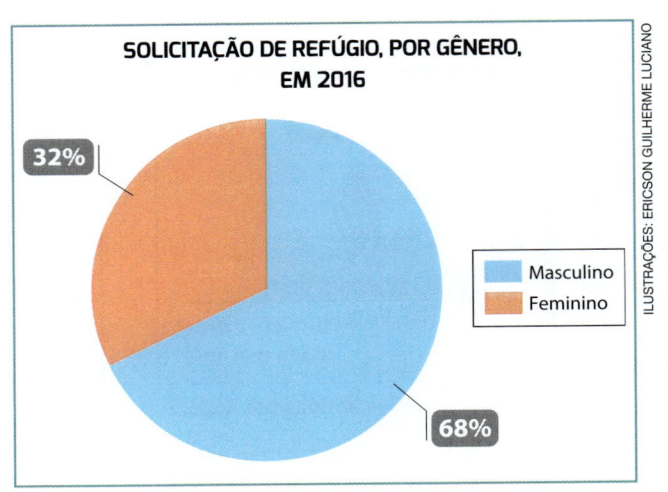

SOLICITAÇÃO DE REFÚGIO, POR GÊNERO, EM 2016

- 32% Feminino
- 68% Masculino

Dados obtidos em: <http://www.justica.gov.br/news/brasil-tem-aumento-de-12-no-numero-de-refugiados-em-2016/20062017_refugio-em-numeros-2010-2016.pdf/@@download/file>. Acesso em: 29 jul. 2018.

a) Qual é a porcentagem de solicitações de refúgio no Brasil de adolescentes entre 13 a 17 anos em 2016?

b) Pode-se dizer que aproximadamente $\frac{1}{3}$ das solicitações de refúgio vieram do gênero feminino? Justifique sua resposta.

c) Qual é a faixa etária do maior número de solicitações de refúgio no Brasil em 2016?

5. A agência de viagens Turisbom periodicamente realiza pesquisas para conhecer os hábitos do turista brasileiro que viaja em seu próprio país.

Em uma dessas pesquisas, referente ao ano de 2018, foram entrevistadas 2.514 pessoas. As pessoas entrevistadas foram divididas em três grupos: clientes atuais (que fizeram algum tipo de viagem nos últimos dois anos); clientes potenciais (que não viajaram nos últimos dois anos, mas pretendem fazê-lo nos próximos dois anos); e não clientes (que não viajaram nos últimos dois anos e não pretendem viajar nos próximos dois anos).

Observe alguns resultados dessa pesquisa.

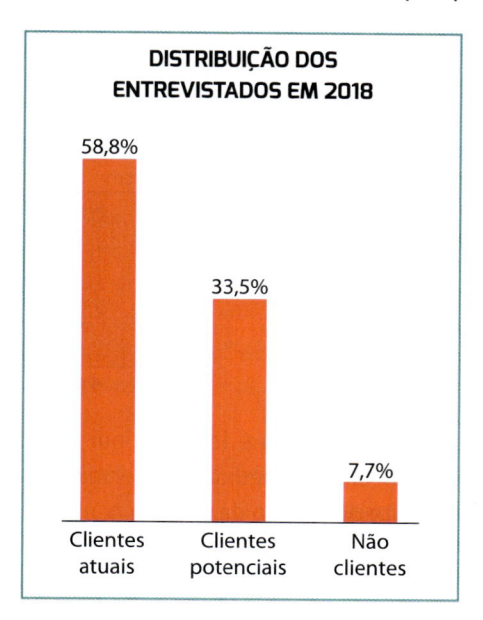

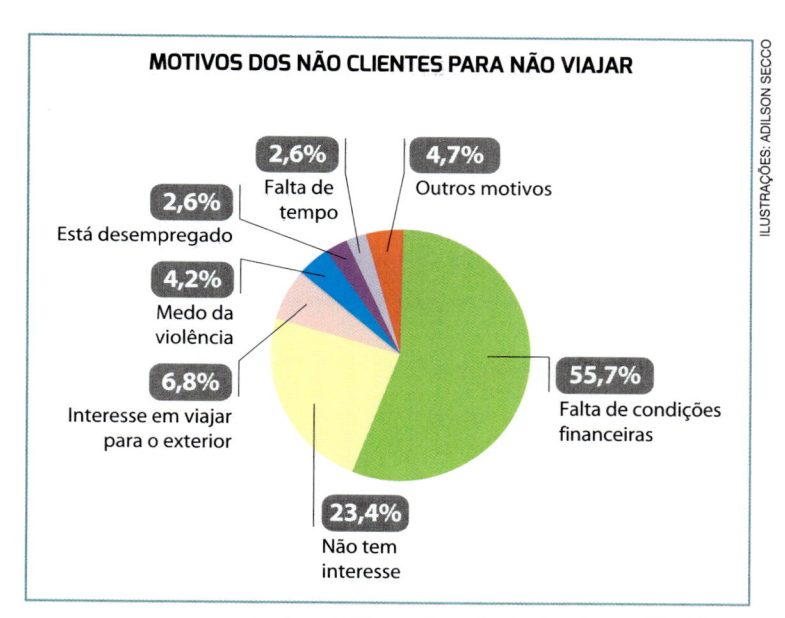

DISTRIBUIÇÃO DOS ENTREVISTADOS EM 2018
- Clientes atuais: 58,8%
- Clientes potenciais: 33,5%
- Não clientes: 7,7%

MOTIVOS DOS NÃO CLIENTES PARA NÃO VIAJAR
- Falta de tempo: 2,6%
- Outros motivos: 4,7%
- Está desempregado: 2,6%
- Medo da violência: 4,2%
- Interesse em viajar para o exterior: 6,8%
- Não tem interesse: 23,4%
- Falta de condições financeiras: 55,7%

Dados obtidos pela agência de viagens Turisbom.

Com base nos dados dos gráficos, pode-se afirmar que o número de entrevistados não clientes que não viajam por falta de condições financeiras se aproxima mais de:

a) 100.
b) 108.
c) 194.
d) 250.
e) 300.

ATIVIDADES COMPLEMENTARES

1. Observe a figura e calcule.

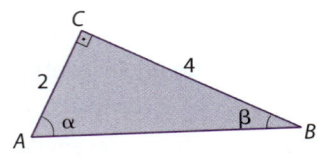

   a) sen α
   b) sen β
   c) cos α
   d) cos β
   e) tg α
   f) tg β

2. Encontre sen β, cos β e tg β.

   a)
   b)

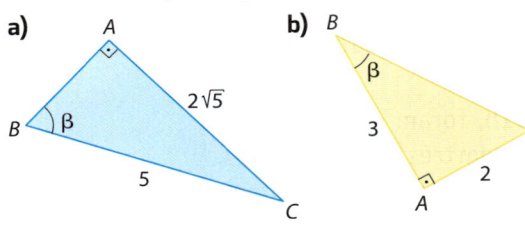

3. Determine as medidas de x e de y.

   a) $\text{sen } \alpha = \dfrac{\sqrt{17}}{17}$

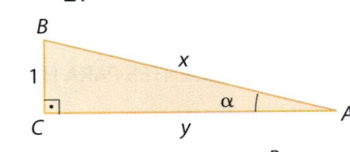

   b) $\text{tg } \gamma = \sqrt{3}$

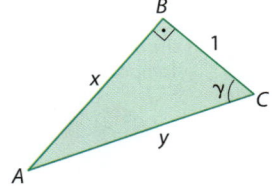

4. Sabendo que $\text{tg } \alpha = \dfrac{5}{3}$, calcule o valor de x.

5. Se um avião levantar voo formando um ângulo de 30° com a linha do horizonte, numa trajetória aproximadamente retilínea, que altitude terá atingido quando tiver percorrido 1.200 m?

6. Complete a tabela considerando um ângulo α em um triângulo retângulo.

Hipotenusa	Cateto adjacente α	Cateto oposto α	Seno de α	Cosseno de α	Tangente de α
$\sqrt{25}$		$\sqrt{10}$			
	3			0,75	
		8	0,8		
	0,25				4
20				0,5	

7. Classifique em V (verdadeira) ou F (falsa).

   a) sen 30° = cos 30°
   b) sen 45° = cos 45° = $\dfrac{\sqrt{2}}{2}$
   c) cos 80° = cos 40° + cos 40°
   d) tg 15° = $\dfrac{\text{sen } 15°}{\cos 15°}$
   e) tg 30° = sen 30° + cos 30°

8. Calcule o perímetro do trapézio ABCD ao lado sabendo que $\text{tg } \gamma = \dfrac{3}{2}$.

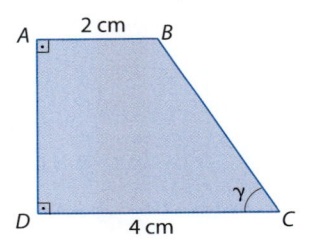

9. Sabendo que a figura é formada por dois quadrados com lado de medida x, determine o valor da tangente do ângulo de medida α.

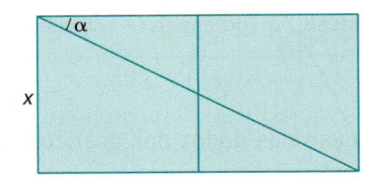

10. Calcule o perímetro de um triângulo retângulo, sabendo que:

    a) a hipotenusa mede 14 e um dos ângulos mede 30°;
    b) a hipotenusa mede 2x e um dos ângulos mede 30°.

11. (Saresp) Um bombeiro sobe uma escada de 15 m de comprimento, que forma um ângulo de 60° com o solo. Usando 0,87 como valor aproximado de sen 60°, assinale a alternativa que mostra a altura aproximada que o bombeiro está do solo, quando chega ao topo da sacada.

a) 10,23 m
b) 12,14 m
c) 13,05 m
d) 14,55 m

12. Calcule o valor de x.

13. Para determinar a altura de um farol, um observador de 1,8 m de altura coloca-se a 36 m de distância e observa o topo do farol segundo um ângulo de 30°. Calcule a altura do farol. (Use: $\sqrt{3} = 1,73$.)

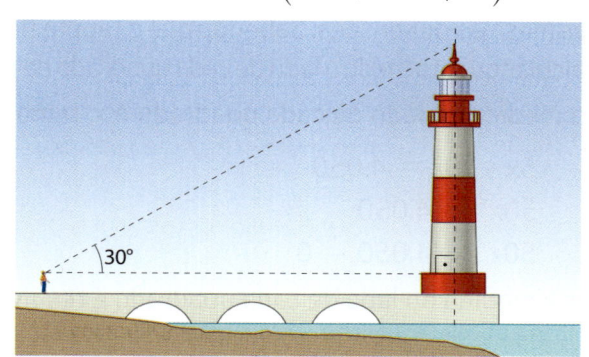

14. Um arquiteto está projetando um prédio. Ele terá de construir uma rampa para unir a garagem ao térreo. A rampa terá comprimento de 10 m, e a diferença de altura entre a garagem e o térreo é 3 m. Qual será a inclinação da rampa?

15. Calcule a medida das diagonais do losango ao lado.

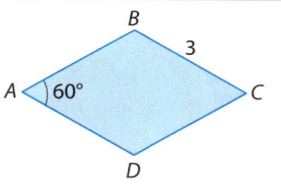

16. Um navio encontra-se num ponto A do oceano, distante 15 quilômetros de um ponto da costa. Outro navio localiza-se num ponto B, distante 14 quilômetros do mesmo ponto da costa. Michel está nesse ponto observando os navios com um binóculo. Se ele está olhando para o navio A e quer ver o navio B, sua cabeça deve girar 45°.

a) Faça um desenho para ilustrar essa situação.
b) Qual é a distância aproximada entre os dois navios? (Adote: $\sqrt{2} = 1,4$.)

17. Certa cidade tem três pontos turísticos que atraem todos os visitantes: o Teatro Municipal, o Mirante e o Chafariz, conforme o esquema abaixo.

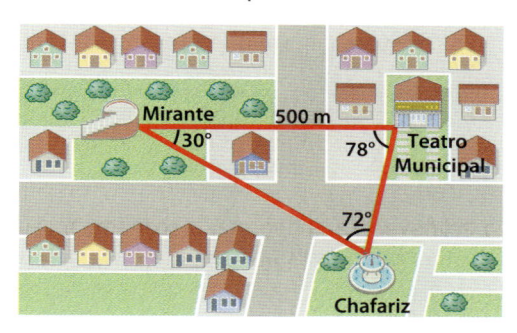

a) Qual é a distância entre o Teatro Municipal e o Chafariz?
b) Qual é a distância entre o Mirante e o Chafariz?

18. Em um triângulo PQR, o lado $\overline{PQ}$ mede 3 cm, o lado $\overline{QR}$ mede 6 cm e o ângulo interno formado entre os lados $\overline{PQ}$ e $\overline{QR}$ mede 35°. Qual é a medida aproximada do lado $\overline{PR}$?

19. (Saresp) Na figura, os vértices do quadrado ABCD estão sobre uma circunferência de centro O. Se o lado desse quadrado mede 3 cm, o raio da circunferência, em centímetro, é dado por:

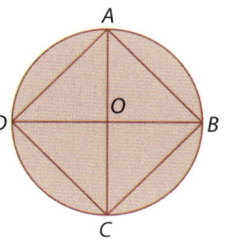

a) $3\sqrt{3}$
b) $3\sqrt{2}$
c) $\dfrac{3\sqrt{2}}{2}$
d) $\dfrac{\sqrt{3}}{2}$

Mais questões no livro digital

201

UNIDADE 8

EQUAÇÃO DO 2º GRAU

1 EQUAÇÃO DO 2º GRAU COM UMA INCÓGNITA

Você já aprendeu que equação é uma igualdade que envolve números desconhecidos representados por letras, chamadas incógnitas, e um tipo particular de equação do 2º grau com uma incógnita. Também já aprendeu a resolver equações do 1º grau com uma incógnita. Agora, você aprenderá a identificar e resolver outras **equações do 2º grau com uma incógnita**.

Acompanhe a situação a seguir.

Juliana fez um tapete para enfeitar seu quarto. Observe-o.

Para fazer esse tapete, Juliana costurou um retalho de tecido no outro de formato quadrado, todos com as mesmas dimensões. Sabendo que o tapete ficou com 4.050 cm², como podemos calcular quanto mede o lado de cada quadrado de retalho?

Se considerarmos que a medida do lado de cada quadrado é x, temos:

$$5x \cdot 10x = 4.050$$
$$50x^2 = 4.050$$
$$50x^2 - 4.050 = 0$$

Uma maneira de calcular a medida do lado de cada quadrado é resolver essa equação.

A equação $50x^2 - 4.050 = 0$ é um exemplo de equação do 2º grau com uma incógnita, a letra x.

> **Equação do 2º grau** com incógnita x é toda equação que pode ser escrita na forma $ax^2 + bx + c = 0$, em que a, b e c são números reais e $a \neq 0$.

Os números a, b e c são chamados **coeficientes** da equação do 2º grau.

Equações desse tipo são chamadas de equações do 2º grau porque o maior grau do termo em x é 2.

EXEMPLO

$x^2 + 4x + 3 = 0$
$1 \cdot x^2 + 4 \cdot x + 3 = 0$
- $c = 3$
- $b = 4$
- $a = 1$

EQUAÇÃO COMPLETA E EQUAÇÃO INCOMPLETA

Toda equação do 2º grau pode ser escrita na forma $ax^2 + bx + c = 0$, com $a \neq 0$, que chamamos de **forma reduzida**.

Ao escrevê-las dessa forma, é possível identificar os coeficientes da equação.

$$4 - 25x^2 = 1$$
$$4 - 25x^2 - 1 = 0$$
$$-25x^2 + 3 = 0$$
$$-25 \cdot x^2 + 0 \cdot x + 3 = 0$$

com $c = 3$, $b = 0$, $a = -25$.

Quando as equações do 2º grau, na forma reduzida, têm todos os coeficientes diferentes de zero, dizemos que são **equações completas**.

Veja algumas equações do 2º grau completas.

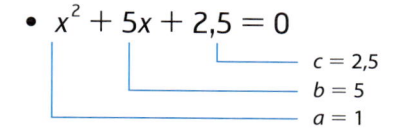

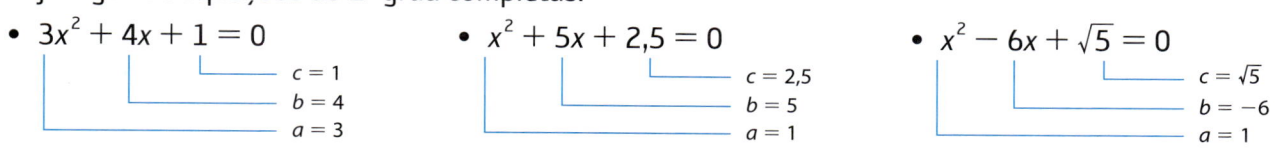

- $3x^2 + 4x + 1 = 0$ → $c = 1$, $b = 4$, $a = 3$
- $x^2 + 5x + 2,5 = 0$ → $c = 2,5$, $b = 5$, $a = 1$
- $x^2 - 6x + \sqrt{5} = 0$ → $c = \sqrt{5}$, $b = -6$, $a = 1$

Caso contrário, quando b ou c ou os dois coeficientes são iguais a zero, dizemos que são **equações incompletas**.

Agora, veja algumas equações do 2º grau incompletas.

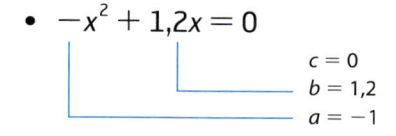

- $x^2 + 16 = 0$ → $c = 16$, $b = 0$, $a = 1$
- $-x^2 + 1,2x = 0$ → $c = 0$, $b = 1,2$, $a = -1$
- $7x^2 = 0$ → $c = 0$, $b = 0$, $a = 7$

RAÍZES DE UMA EQUAÇÃO DO 2º GRAU

Você já aprendeu que **raiz** de uma equação é o valor atribuído à incógnita que torna a sentença matemática verdadeira.

Por exemplo, as raízes reais da equação $x^2 - 8x + 15 = 0$ são 3 e 5, pois esses são os números que tornam a sentença matemática verdadeira.

- Para $x = 3$, temos:
  $(3)^2 - 8 \cdot (3) + 15 = 0$
  $9 - 24 + 15 = 0$
  $-15 + 15 = 0$ (V)
  Logo, 3 é raiz da equação.

- Para $x = 5$, temos:
  $(5)^2 - 8 \cdot (5) + 15 = 0$
  $25 - 40 + 15 = 0$
  $25 - 25 = 0$ (V)
  Logo, 5 é raiz da equação.

Observe que, nesse exemplo, a equação do 2º grau tem duas raízes reais distintas.

Há casos, porém, em que uma equação do 2º grau não tem raízes reais. Um exemplo é a equação $x^2 = -16$, que não tem raízes reais porque não existe um número real que elevado ao quadrado resulte em -16, uma vez que qualquer número real elevado ao quadrado resulta em um número não negativo.

Ao longo desta Unidade, estudaremos mais sobre as raízes de uma equação do 2º grau.

OBSERVAÇÃO

Além das equações do 1º e do 2º grau, há outros tipos de equação. Por exemplo:
- $x^3 + 4x^2 - x = -7$
- $\sqrt{x^2 - 2x} = 3$
- $(2x^2 - 5)^2 = 0$

ATIVIDADES

PRATIQUE

1. Indique quais equações são do 2º grau.
- a) $2 - x + 9x^2 = 0$
- b) $x^4 - 5x^2 + 4 = 0$
- c) $(2x - 4)^2 = 4x^3 - 2x$
- d) $6x - 3 + x^2 = 1$
- e) $(x + 1)^2 = 0$
- f) $1 + 12x = x^2$

2. Escreva a equação $ax^2 + bx + c = 0$, para:
- a) $a = 3; b = -2$ e $c = 1$
- b) $a = -1; b = 0$ e $c = 7$
- c) $a = \frac{1}{3}; b = 6$ e $c = 0$
- d) $a = 2{,}3; b = -0{,}8$ e $c = -\frac{1}{2}$
- e) $a = -3; b = 1$ e $c = -\frac{1}{2}$

3. Escreva as equações do 2º grau na forma reduzida.
- a) $5 - 11x^2 = -8x$
- b) $4 + 3x = -x^2 + 2$
- c) $(4 - 3x)^2 = 64$
- d) $(2x - 4)^2 = 2x(x - 2) + 48$

4. Classifique cada equação do 2º grau em completa ou incompleta.
- a) $x^2 - 3 = 0$
- b) $-9x^2 + 2x + 6 = 0$
- c) $7x - x^2 = 0$
- d) $8 + 4x - x^2 = 0$

R1. Verifique se os números -2 e -3 são raízes da equação $x^2 + x - 6 = 0$.

Resolução

Inicialmente, substituímos x por -2 na equação e verificamos se obtemos uma sentença verdadeira.

$(-2)^2 + (-2) - 6 = 0$
$4 - 2 - 6 = 0$
$4 - 8 = 0$
$-4 = 0$ (F)

Depois, substituímos x por -3 na equação e fazemos a verificação.

$(-3)^2 + (-3) - 6 = 0$
$9 - 3 - 6 = 0$
$9 - 9 = 0$
$0 = 0$ (V)

Somente quando a sentença obtida é verdadeira, o número que substitui x é raiz da equação. Logo, -3 é raiz da equação e -2 não é.

5. Verifique se 1 é raiz das equações abaixo.
- a) $x^2 - 1 = 2$
- b) $7x - 1 = 0$
- c) $x^3 = 2$
- d) $2^x = 2$
- e) $\frac{1}{x} = 1$
- f) $(x - 1)(x - 2)(x - 3) = 0$

6. Os números -1 e 1 são raízes de quais dessas equações?
- a) $x^2 - 1 = 1$
- b) $-x^2 + 1 = 1$
- c) $x - 1 = 0$
- d) $-x^2 - 1 = 0$
- e) $x^2 - 1 = 0$
- f) $-x^2 + 1 = 0$

7. Classifique as afirmações em V (verdadeira) ou F (falsa).
- a) 3 é raiz da equação $x^2 - \frac{1}{9} = 0$.
- b) A forma reduzida da equação $3x^2 - 7x^2 - 2x(x - 5) + 23 = 5$ é $-6x^2 + 10x + 18 = 0$.
- c) O número 8 é raiz da equação $x^2 - 9x + 18 = 0$.
- d) As raízes da equação $6x^2 - 5x + 1 = 0$ são $\frac{1}{2}$ e $\frac{1}{3}$.
- e) Uma das raízes da equação $\frac{2(x^2 - 1)}{3} = 6$ é 7.
- f) Se $p = 0$, a equação $(p - 1)x^2 - px - 3 = 0$ não é do 2º grau.

APLIQUE

8. Determine os valores de m para que as equações de incógnita x abaixo **não** sejam do 2º grau.
- a) $(2m - 1)x^2 + mx + 15 = 0$
- b) $(3m - 1)x^2 + 15 = 0$
- c) $(m - 1)x^2 - 2mx + m + 4 = 0$

9. Verifique se cada equação a seguir tem raízes reais. Em caso afirmativo, determine essas raízes.
- a) $x^2 = 9$
- b) $x^2 - 4 = 0$
- c) $x^2 = -9$
- d) $x^2 - 48 = 1$
- e) $x^2 + 15 = -1$
- f) $-x^2 = -36$

10. Sabendo que 2 é raiz da equação $(2p - 1)x^2 - 2px - 2 = 0$, de incógnita x, qual é o valor de p?

2 RESOLUÇÃO DE UMA EQUAÇÃO DO 2º GRAU INCOMPLETA

QUANDO $ax^2 + c = 0$

Resolver uma equação consiste em encontrar suas raízes dentro de determinado conjunto numérico (conjunto universo da equação). Vamos aprender a resolver equações do tipo $ax^2 + bx + c = 0$, com $a \neq 0$ e $b = 0$, acompanhando alguns exemplos. Veja a seguir.

a) Vamos resolver a equação $x^2 - 25 = 0$ no conjunto $\mathbb{R}$.

$x^2 - 25 = 0$ —————— Adicionamos 25 a ambos os membros da equação.

$x^2 = 25$ —————— Encontramos os números que elevados ao quadrado resultem em 25.

$x = -5$ ou $x = +5$

Logo, as raízes reais da equação são -5 e 5.

b) Vamos determinar as raízes reais da equação $3x^2 - 4 = 0$.

$3x^2 - 4 = 0$ —————— Adicionamos 4 a ambos os membros da equação.

$3x^2 = 4$ —————— Dividimos os dois membros por 3.

$x^2 = \dfrac{4}{3}$ —————— Encontramos os números que elevados ao quadrado resultem em $\dfrac{4}{3}$.

$x = -\sqrt{\dfrac{4}{3}}$ ou $x = +\sqrt{\dfrac{4}{3}}$, ou seja: $x = -\dfrac{2}{\sqrt{3}}$ ou $x = +\dfrac{2}{\sqrt{3}}$

Racionalizando os denominadores desses números, temos:

$-\dfrac{2}{\sqrt{3}} = -\dfrac{2}{\sqrt{3}} \cdot \dfrac{\sqrt{3}}{\sqrt{3}} = -\dfrac{2\sqrt{3}}{3}$ $\dfrac{2}{\sqrt{3}} = \dfrac{2}{\sqrt{3}} \cdot \dfrac{\sqrt{3}}{\sqrt{3}} = \dfrac{2\sqrt{3}}{3}$

Logo, as raízes reais da equação são $-\dfrac{2\sqrt{3}}{3}$ e $\dfrac{2\sqrt{3}}{3}$.

c) Vamos resolver a equação $5x^2 + 7 = -3$ no conjunto $\mathbb{R}$.

$5x^2 + 7 = -3$ —————— Subtraímos 7 de ambos os membros da equação.

$5x^2 = -10$ —————— Dividimos os dois membros por 5.

$x^2 = -2$ —————— Procuramos os números que elevados ao quadrado resultem em -2.

$x = -\sqrt{-2}$ ou $x = +\sqrt{-2}$

Como $\sqrt{-2}$ não existe no conjunto $\mathbb{R}$, então não existe número real x que seja raiz dessa equação. Logo, a equação não tem raízes reais.

QUANDO $ax^2 = 0$

Agora resolveremos equações do tipo $ax^2 + bx + c = 0$, com $a \neq 0$, $b = 0$ e $c = 0$.

Vamos determinar as raízes reais da equação $-5x^2 = 0$.

$-5x^2 = 0$ —————— Dividimos ambos os membros da equação por -5.

$x^2 = \dfrac{0}{-5}$

$x^2 = 0$ —————— Encontramos os números que elevados ao quadrado resultem em zero.

$x = -0 = 0$ ou $x = +0 = 0$

Logo, a equação tem duas raízes reais iguais a zero.

OBSERVAÇÃO

Quando a equação do tipo $ax^2 + bx + c = 0$, com $a \neq 0$, $b = 0$ e $c \neq 0$, tem duas raízes reais, elas são opostas.

- Raízes da equação $x^2 - 25 = 0$:

  $-5 \quad\quad 0 \quad\quad 5$

- Raízes da equação $3x^2 - 4 = 0$:

  $-\dfrac{2\sqrt{3}}{3} \quad 0 \quad \dfrac{2\sqrt{3}}{3}$

OBSERVAÇÃO

Quando a equação do tipo $ax^2 + bx + c = 0$, com $a \neq 0$, $b = 0$ e $c = 0$, tem duas raízes reais, elas são opostas.

QUANDO $ax^2 + bx = 0$

Vamos ver como resolver equações do tipo $ax^2 + bx + c = 0$, com $a \neq 0$, $b \neq 0$ e $c = 0$.

Veja os exemplos a seguir.

a) Vamos resolver a equação $x^2 + 6x = 0$ no conjunto $\mathbb{R}$.

$x^2 + 6x = 0$ —————— Colocamos x em evidência.

$x \cdot (x + 6) = 0$

Como o produto dos fatores x e $(x + 6)$ é zero, pelo menos um deles é zero. Assim:

$x = 0$ ou $(x + 6) = 0$

Resolvemos a equação $x + 6 = 0$:

$x + 6 = 0$ —————— Subtraímos 6 de ambos os membros da equação.

$x = -6$

Logo, as raízes reais da equação são 0 e -6.

b) Vamos determinar as raízes da equação $-3x^2 - 16x = 0$ no conjunto $\mathbb{R}$.

$-3x^2 - 16x = 0$ —————— Colocamos x em evidência.

$x \cdot (-3x - 16) = 0$

Como o produto dos fatores x e $(-3x - 16)$ é zero, pelo menos um deles é zero. Assim:

$x = 0$ ou $(-3x - 16) = 0$

Resolvemos a equação $-3x - 16 = 0$:

$-3x - 16 = 0$ —————— Multiplicamos ambos os membros da equação por -1.

$3x + 16 = 0$ —————— Subtraímos 16 dos dois membros.

$3x = -16$ —————— Dividimos ambos os membros por 3.

$x = -\dfrac{16}{3}$

Logo, as raízes reais da equação são 0 e $-\dfrac{16}{3}$.

Sintetizando, temos:

OBSERVAÇÃO

A equação do tipo $ax^2 + bx = 0$, com $a \neq 0$, $b \neq 0$ e $c = 0$, tem sempre duas raízes reais diferentes, sendo uma delas igual a zero.

DESAFIO

Monte uma equação que relacione a área de um terreno retangular, representado a seguir, com a medida dos seus lados.

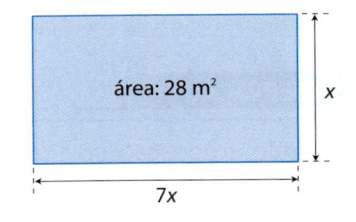

área: 28 m²; lados: x e $7x$.

Agora, determine o valor de x.

QUADRO-RESUMO DA RESOLUÇÃO DE EQUAÇÕES DO 2º GRAU INCOMPLETAS

$ax^2 + c = 0$	$ax^2 = 0$	$ax^2 + bx = 0$
$ax^2 = -c$ $x^2 = -\dfrac{c}{a}$ $x = \pm\sqrt{-\dfrac{c}{a}}$	$x^2 = \dfrac{0}{a}$ $x^2 = 0$ $x = \pm\sqrt{0}$ $x = 0$	$x \cdot (ax + b) = 0$ $x = 0$ ou $(ax + b) = 0$ Resolvendo a segunda equação, temos: $ax + b = 0$ $ax = -b$ $x = -\dfrac{b}{a}$
A equação tem duas raízes reais diferentes e opostas ou não tem raízes reais.	A equação tem sempre duas raízes reais iguais a zero.	A equação tem sempre duas raízes reais diferentes, uma delas igual a zero.

ATIVIDADES

PRATIQUE

1. Determine as raízes reais das equações.
- a) $x^2 - 5x = 0$
- b) $-x^2 + 12x = 0$
- c) $5x^2 + x = 0$
- d) $x^2 + 7x = 0$
- e) $2x^2 + 4x = 0$
- f) $x^2 + 16 = 0$
- g) $3x^2 = 0$
- h) $-x^2 + 25 = 0$

2. Encontre o valor de x em cada caso.
- a) O quadrado de x é igual a 16.
- b) O dobro do quadrado de x é igual a 8.
- c) A soma do quadrado de x com 9 é igual a zero.
- d) O quadrado de x é igual ao triplo de x.
- e) A diferença entre o quadrado de x e 4 é igual a 5.

3. Identifique apenas as afirmações verdadeiras.
- a) Se uma equação do 2º grau tem, na incógnita x, coeficientes $b \neq 0$ e $c = 0$, uma das soluções é $x = 0$.
- b) Se uma equação do 2º grau tem, na incógnita x, coeficientes $b = c = 0$, uma das soluções é $x \neq 0$.
- c) Toda equação do 2º grau que tem coeficientes $b = 0$ e $c \neq 0$ tem duas soluções reais.

R1. Um quadrado tem área igual a 256 cm². Qual é a medida de cada lado desse quadrado?

Resolução

Para visualizar o problema, desenhamos um quadrado e indicamos por x a medida dos seus lados. Depois, escrevemos a equação que relaciona a medida x dos seus lados com a sua área.

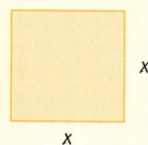

$$x \cdot x = 256$$
$$x^2 = 256$$

Em seguida, resolvemos a equação do 2º grau e obtemos duas raízes reais.

$$x^2 = 256$$
$$x = \pm\sqrt{256}$$
$$x = \pm 16$$

Como x indica a medida do lado do quadrado, desconsideramos o valor negativo, pois uma medida é sempre positiva. Logo −16, apesar de ser raiz da equação, não é solução do problema.

Portanto, cada lado do quadrado mede 16 cm.

4. Considere os quadrados abaixo para resolver as questões.

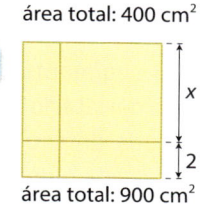

A — área: 625 cm², lado x
B — área: 1.000 cm², lado x
C — área total: 400 cm², lado x, faixa 1
D — área total: 900 cm², lado x, faixa 2

- a) Escreva a equação que relaciona a medida do lado de cada quadrado com sua área.
- b) Encontre os valores de x que satisfazem cada uma das equações.

APLIQUE

R2. Vamos retomar a situação inicial desta unidade. Juliana fez um tapete de 4.050 cm², formado por 5 fileiras de 10 quadrados de retalho cada uma, todos com as mesmas dimensões. Como podemos calcular a medida do lado de cada quadrado?

Resolução

Chamando de x a medida do lado de cada quadrado, temos:

$$5x \cdot 10x = 4.050$$
$$50x^2 = 4.050$$

Resolvemos essa equação do 2º grau, obtendo duas raízes reais.

$$x^2 = \frac{4.050}{50}$$
$$x^2 = 81$$
$$x = \pm\sqrt{81}$$
$$x = \pm 9$$

Como x indica a medida do lado de um quadrado, desconsideramos a raiz negativa, pois uma medida é sempre positiva. Portanto, a medida do lado de cada quadrado que compõe o tapete é 9 cm.

5. Joaquim comprou um terreno de formato quadrado de 289 m² em um condomínio fechado.

O regimento do condomínio estabelece que cada proprietário é responsável pelo revestimento da calçada de seu terreno. Qual será o comprimento da calçada que Joaquim deverá revestir sabendo que o terreno não está situado em uma esquina?

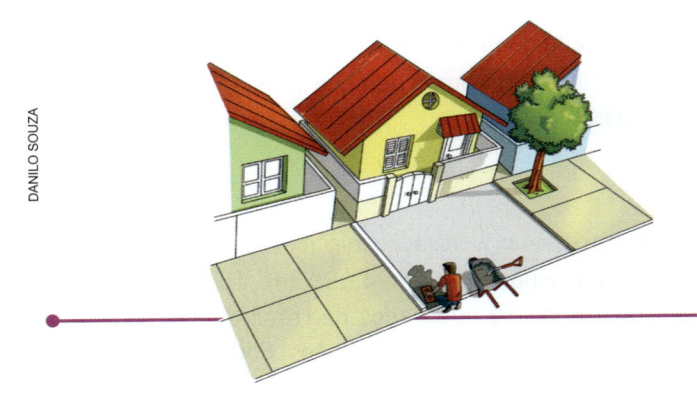

6. Para construir uma piscina, Flávio ocupou uma superfície quadrada de 121 m². Qual é a medida do lado da superfície?

7. Qual é o número positivo cujo quadrado é igual a 200% de seu valor?

8. Observe abaixo o esquema que representa uma superfície de 4 m² e responda à questão.

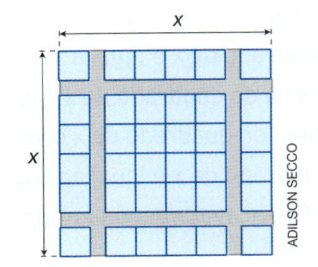

- Que medida deverá ter cada lajota de forma quadrada se as faixas cinza têm 10 cm de largura e não foi preciso cortar nenhuma lajota para preencher essa superfície?

3 RESOLUÇÃO DE UMA EQUAÇÃO DO 2º GRAU COMPLETA

QUANDO O PRIMEIRO MEMBRO É UM TRINÔMIO QUADRADO PERFEITO

Vamos usar o que já foi estudado sobre fatoração e produtos notáveis para resolver algumas equações do 2º grau completas. Veja a seguir.

a) Vamos determinar as raízes reais da equação $x^2 - 4x + 4 = 0$.

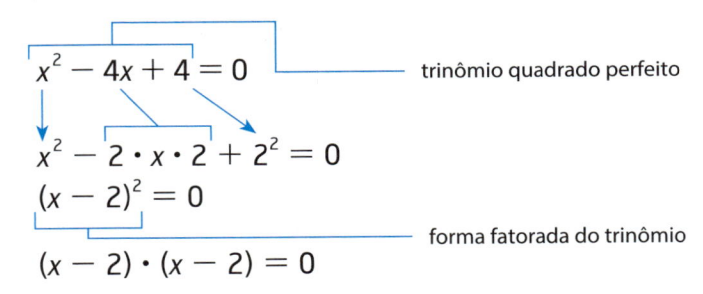

$x^2 - 4x + 4 = 0$ — trinômio quadrado perfeito

$x^2 - 2 \cdot x \cdot 2 + 2^2 = 0$

$(x - 2)^2 = 0$

$(x - 2) \cdot (x - 2) = 0$ — forma fatorada do trinômio

Como os dois fatores são iguais, a equação tem duas raízes iguais:

$x - 2 = 0$

$x = 2$

Logo, a equação tem duas raízes reais iguais a 2.

RECORDE

- Quadrado da soma de dois termos:
  $(a + b)^2 = a^2 + 2ab + b^2$
- Quadrado da diferença de dois termos:
  $(a - b)^2 = a^2 - 2ab + b^2$

b) Vamos resolver a equação $2x^2 + 24x + 72 = 0$ no conjunto $\mathbb{R}$.

$2x^2 + 24x + 72 = 0$ — Dividimos os dois membros por 2.

$x^2 + 12x + 36 = 0$ — trinômio quadrado perfeito

$x^2 + 2 \cdot x \cdot 6 + 6^2 = 0$

$(x + 6)^2 = 0$ — forma fatorada do trinômio

$(x + 6) \cdot (x + 6) = 0$

Como os dois fatores são iguais, a equação tem duas raízes iguais:

$x + 6 = 0$

$x = -6$

Logo, a equação tem duas raízes reais iguais a -6.

> **OBSERVAÇÃO**
>
> Para verificar se -6 é raiz da equação $2x^2 + 24x + 72 = 0$, basta substituir $x = -6$ na equação:
> $2 \cdot (-6)^2 + 24 \cdot (-6) + 72 = 0$
> $2 \cdot 36 - 144 + 72 = 0$
> $72 - 144 + 72 = 0$
> $-144 + 144 = 0$ (sentença verdadeira)
> Portanto, -6 é raiz da equação $2x^2 + 24x + 72 = 0$.

c) Vamos determinar as raízes da equação $4x^2 + 12x = -9$ no conjunto $\mathbb{R}$.

$4x^2 + 12x = -9$

$4x^2 + 12x + 9 = 0$ — trinômio quadrado perfeito

$(2x)^2 + 2 \cdot 2x \cdot 3 + 3^2 = 0$

$(2x + 3)^2 = 0$ — forma fatorada do trinômio

$(2x + 3) \cdot (2x + 3) = 0$

Como os dois fatores são iguais, a equação tem duas raízes iguais:

$2x + 3 = 0$

$2x = -3$

$x = -\dfrac{3}{2}$

Logo, a equação tem duas raízes reais iguais a $-\dfrac{3}{2}$.

QUANDO O PRIMEIRO MEMBRO NÃO É UM TRINÔMIO QUADRADO PERFEITO

No livro *Al-jabr Wa'l muqabalah*, Al-Khwarizmi utilizou um método geométrico para encontrar os valores de x em uma equação do 2º grau.

Al-Khwarizmi procurava traçar uma figura cuja área representasse o primeiro membro da equação. Depois, ele completava a figura para formar um quadrado.

Observe os passos para a resolução, por esse método, da equação $x^2 + 12x = 85$.

1º) x^2 era interpretado como a área de um quadrado com lado de medida x.

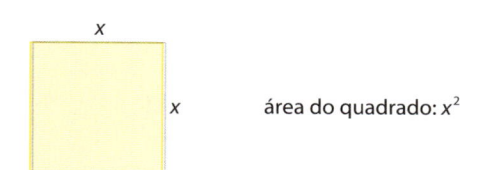

área do quadrado: x^2

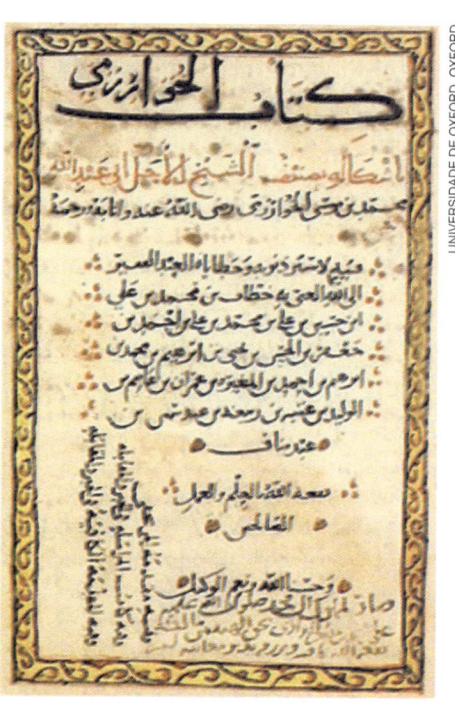

Página do livro *Al-jabr Wa'l muqabalah*, escrito por Mohammed ibn Musa al-Khwarizmi, matemático árabe do século IX.

2º) 12x era interpretado como a área de quatro retângulos com área igual a 3x cada um, dispostos em volta do quadrado.

área do quadrado
área dos quatro retângulos vermelhos
área da figura: $x^2 + 12x = 85$
equação inicial

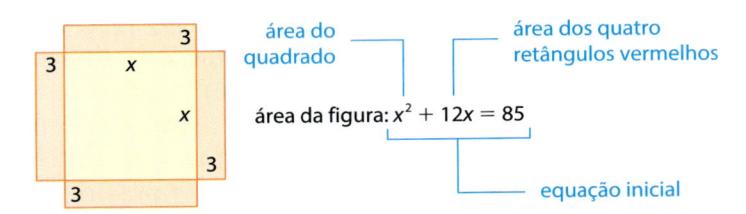

3º) A figura anterior era completada com quatro quadradinhos de lados com medida 3, para formar um novo quadrado, aumentando a área em $4 \cdot 3^2$.

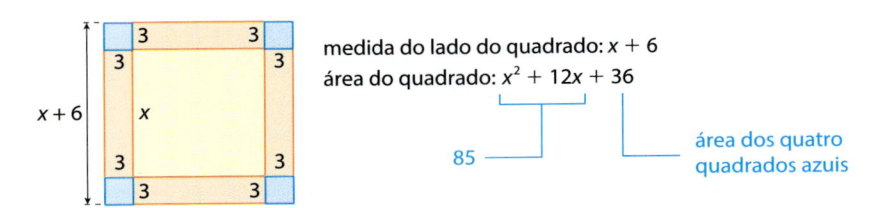

medida do lado do quadrado: $x + 6$
área do quadrado: $x^2 + 12x + 36$
85
área dos quatro quadrados azuis

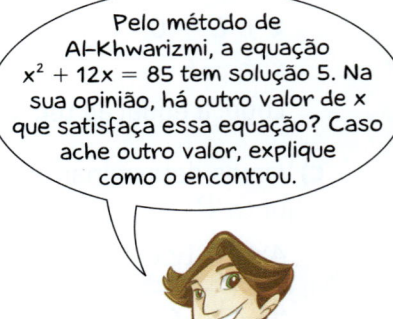

> Pelo método de Al-Khwarizmi, a equação $x^2 + 12x = 85$ tem solução 5. Na sua opinião, há outro valor de x que satisfaça essa equação? Caso ache outro valor, explique como o encontrou.

4º) O valor de x era então calculado por meio da equação que indicava o cálculo da área do quadrado com lado de medida $x + 6$.

$(x + 6)^2 = x^2 + 12x + 36$

$(x + 6)^2 = 85 + 36$

$(x + 6)^2 = 121$

$x + 6 = 11$

$x = 5$

Al-Khwarizmi concluía que 5 era uma solução real da equação $x^2 + 12x = 85$. Essa forma de resolução é conhecida como **método de completar quadrados**.

Veja a seguir outras resoluções de equações do 2º grau por esse método.

a) Vamos determinar as raízes reais da equação $x^2 + 14x - 60 = -28$.

$x^2 + 14x - 60 = -28$

$x^2 + 14x = 32$

$x^2 + 14x + 49 = 32 + 49$ —— Adicionamos 49 a ambos os membros da equação para obter um trinômio quadrado perfeito no primeiro membro.

$x^2 + 14x + 49 = 81$

$x^2 + 2 \cdot x \cdot 7 + 7^2 = 81$

$(x + 7)^2 = 81$

$x + 7 = \pm\sqrt{81}$

$x + 7 = \pm 9$

Para $x + 7 = -9$, temos $x = -16$.

Para $x + 7 = 9$, temos $x = 2$.

Logo, -16 e 2 são as raízes reais da equação.

> **OBSERVAÇÃO**
>
> Pelo método de Al-Khwarizmi, a figura com área $x^2 + 14x = 32$ é:
>
> Para completar um quadrado, acrescenta-se um quadradinho de lado 7.
>
> Por isso, ao adicionar 49 a ambos os termos da equação, obtemos um trinômio quadrado perfeito no primeiro membro.
>
> área do quadrado azul: $7^2 = 49$

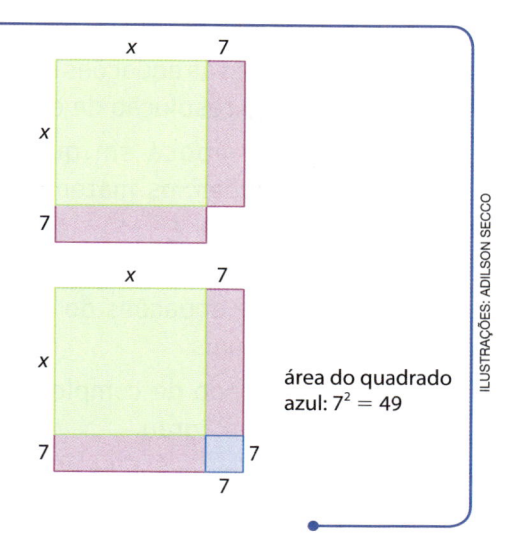

b) Vamos resolver a equação $x^2 - 6x + 5 = 0$ no conjunto $\mathbb{R}$.

$x^2 - 6x + 5 = 0$

$x^2 - 6x = -5$

Observe que $-6x = -2 \cdot x \cdot 3$, então adicionamos 3^2 a ambos os membros da equação para obter um trinômio quadrado perfeito no primeiro membro.

$x^2 - 6x + 9 = -5 + 9$

$x^2 - 6x + 9 = 4$

$x^2 - 2 \cdot x \cdot 3 + 3^2 = 4$

$(x - 3)^2 = 4$

$x - 3 = \pm\sqrt{4}$

$x - 3 = \pm 2$

Para $x - 3 = -2$, temos $x = 1$.

Para $x - 3 = 2$, temos $x = 5$.

Logo, as raízes reais da equação são 1 e 5.

ATIVIDADES

PRATIQUE

1. Resolva as equações no conjunto $\mathbb{R}$.

a) $x^2 - 26x + 169 = 0$

b) $4x^2 = 4x - 1$

c) $x^2 - \dfrac{2}{3}x + \dfrac{1}{9} = 0$

d) $x^2 + 2\sqrt{2}x = -2$

2. Utilizando o método de Al-Khwarizmi, determine o valor de x para que a igualdade $x^2 + 8x = 33$ seja verdadeira.

3. Três vezes o quadrado de um número, adicionado a 3, resulta em seis vezes esse número. Qual é o número?

4. Resolva as equações, em $\mathbb{R}$, pelo método de completar quadrados.

a) $4x^2 + 8x + 3 = 0$

b) $x^2 - 2x - 3 = 0$

c) $5 + 6x = -x^2$

d) $9x^2 - 3x = -\dfrac{5}{36}$

APLIQUE

5. Um quadrado tem lados de medida x e um retângulo tem lados de medidas $\dfrac{x}{2}$ e 8. A soma da área do quadrado com 4 é igual à área do retângulo. Qual é o valor de x?

4 FÓRMULA DE RESOLUÇÃO DE EQUAÇÃO DO 2º GRAU

No 8º ano você estudou introdução às equações do 2º grau com uma incógnita. Agora, vamos estudar a fórmula da resolução de equações do 2º grau.

Aproximadamente na mesma época em que os árabes — entre eles Al-Khwarizmi — estudavam equações, os matemáticos indianos também se interessavam pela equação do 2º grau.

Naquele tempo, os indianos não usavam as fórmulas que conhecemos hoje, mas seu processo de resolução de equações do 2º grau, baseado em regras, aproxima-se dos procedimentos atuais.

Vamos agora generalizar o método de completar quadrados obtendo uma fórmula para resolver equações do 2º grau.

Consideremos a equação do 2º grau $ax^2 + bx + c = 0$ de coeficientes reais a, b e c, com $a \neq 0$.

1º) Subtraímos c de ambos os membros da equação.
$ax^2 + bx + c - c = 0 - c$
$ax^2 + bx = -c$

2º) Multiplicamos os dois membros por $4a$.
$(ax^2 + bx) \cdot 4a = -c \cdot 4a$
$4a^2x^2 + 4abx = -4ac$

3º) Adicionamos b^2 a ambos os membros.
$4a^2x^2 + 4abx + b^2 = -4ac + b^2$
$4a^2x^2 + 4abx + b^2 = b^2 - 4ac$

4º) Fatoramos o primeiro membro.
$(2ax + b)^2 = b^2 - 4ac$

5º) Extraímos a raiz quadrada dos dois membros.
$2ax + b = \pm\sqrt{b^2 - 4ac}$

6º) Isolamos x.
$x = \dfrac{-b \pm \sqrt{b^2 - 4ac}}{2a}$

A expressão $b^2 - 4ac$ é chamada **discriminante** da equação e podemos representá-la pela letra grega Δ (delta).

Assim, obtemos a seguinte fórmula:

$$x = \dfrac{-b \pm \sqrt{\Delta}}{2a}$$

Essa **fórmula resolutiva** de equações do 2º grau, também conhecida por **fórmula de Bhaskara**, permite calcular o valor de x com base nos coeficientes a, b e c da equação.

Assim, concluímos que:

> As raízes da equação do 2º grau $ax^2 + bx + c = 0$ são
> $x_1 = \dfrac{-b - \sqrt{\Delta}}{2a}$ e $x_2 = \dfrac{-b + \sqrt{\Delta}}{2a}$, com $\Delta = b^2 - 4ac$.

Organize o que você aprendeu fazendo as atividades 2 e 3 da página 256.

OBSERVAÇÃO

Para calcular o discriminante Δ de uma equação do 2º grau $ax^2 + bx + c = 0$, calculamos o valor numérico da expressão $b^2 - 4ac$.

Por exemplo, considere a equação $-x^2 + 4x - 2 = 0$.
Cálculo do discriminante Δ:
$a = -1$
$b = +4 = 4$
$c = -2$
$\Delta = 4^2 - 4 \cdot (-1) \cdot (-2)$
$\Delta = 16 - 8$
$\Delta = 8$

COMPARE ESTRATÉGIAS

Equações do 2º grau com uma incógnita

Veja como quatro alunos resolveram a equação $3x^2 - 2x = 0$.

Estratégia de Paulo

$3x^2 - 2x = 0 \Leftrightarrow x(3x - 2) = 0$

$x = 0$ ou

$3x - 2 = 0 \Leftrightarrow x = \dfrac{2}{3}$

Portanto, 0 e $\dfrac{2}{3}$ são raízes da equação.

Estratégia de Gabi

$3x^2 - 2x = 0$

$\dfrac{3x^2 - 2x}{x} = \dfrac{0}{x}$

$3x - 2 = 0 \Leftrightarrow x = \dfrac{2}{3}$

Portanto $\dfrac{2}{3}$ é raiz da equação.

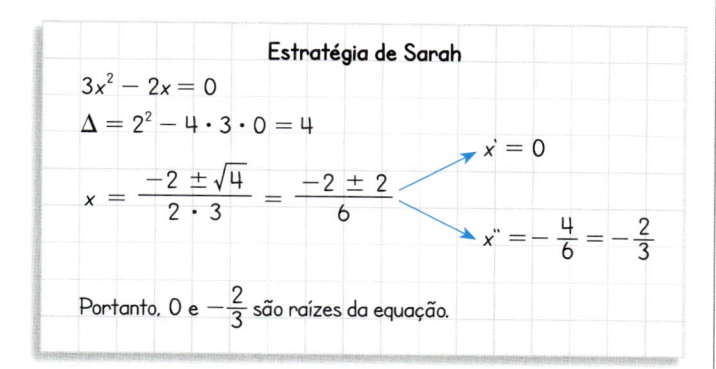

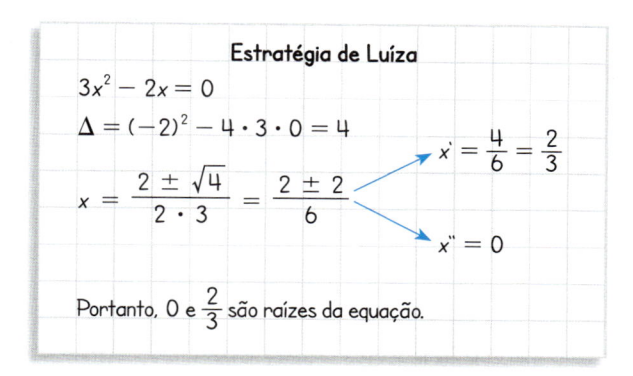

Estratégia de Sarah

$3x^2 - 2x = 0$

$\Delta = 2^2 - 4 \cdot 3 \cdot 0 = 4$

$x = \dfrac{-2 \pm \sqrt{4}}{2 \cdot 3} = \dfrac{-2 \pm 2}{6}$

$x' = 0$

$x'' = -\dfrac{4}{6} = -\dfrac{2}{3}$

Portanto, 0 e $-\dfrac{2}{3}$ são raízes da equação.

Estratégia de Luíza

$3x^2 - 2x = 0$

$\Delta = (-2)^2 - 4 \cdot 3 \cdot 0 = 4$

$x = \dfrac{2 \pm \sqrt{4}}{2 \cdot 3} = \dfrac{2 \pm 2}{6}$

$x' = \dfrac{4}{6} = \dfrac{2}{3}$

$x'' = 0$

Portanto, 0 e $\dfrac{2}{3}$ são raízes da equação.

REFLITA

- Explique como cada aluno resolveu a equação $3x^2 - 2x = 0$.
- O que há de parecido e de diferente entre as estratégias de Paulo e Gabi? E entre a de Sarah e Luíza? Converse com os colegas.
- Quais deles **não** obtiveram o resultado correto de $3x^2 - 2x = 0$? Como você sabe?

DISCUTA E CONCLUA

Uma equação do 2º grau tem no máximo duas raízes diferentes. No conjunto dos números reais, ela pode ter duas raízes diferentes ou duas raízes iguais ou nenhuma raiz.

Ao resolverem a equação $3x^2 - 2x = 0$, os alunos Paulo, Gabi, Sarah e Luíza encontraram valores diferentes para as raízes desta equação, que são $-\dfrac{2}{3}$, 0 e $\dfrac{2}{3}$.

Para verificar quais desses três valores são raízes da equação $3x^2 - 2x = 0$, substitua cada um deles na equação.

Para $x = -\dfrac{2}{3}$	Para $x = 0$	Para $x = \dfrac{2}{3}$

- Com esta verificação, o que você concluiu?
- Quem **não** obteve o resultado correto para a equação $3x^2 - 2x = 0$?
- Que cuidados devemos ter ao resolver equações do tipo $ax^2 + bx = 0$?
- Retome o item **Reflita** e veja se você mudaria a sua resposta.

ATIVIDADES

PRATIQUE

1. Identifique os coeficientes e calcule o discriminante para cada equação.

a) $2x^2 - 11x + 5 = 0$

b) $2x^2 + 4x + 4 = 0$

c) $4x^2 - 3x - 1 = 0$

d) $x^2 - 20x + 100 = 0$

e) $10x^2 + 8x + 2 = 0$

f) $9x^2 - 6x + 1 = 0$

R1. Resolva, em $\mathbb{R}$, a equação $3x^2 - 10x + 3 = 0$, usando a fórmula resolutiva.

Resolução

Inicialmente, identificamos os coeficientes da equação.

$$3x^2 - 10x + 3 = 0$$

$$a = 3 \qquad b = -10 \qquad c = 3$$

Depois, calculamos o valor do discriminante.

$$\Delta = b^2 - 4ac = (-10)^2 - 4 \cdot 3 \cdot 3 = 100 - 36 = 64$$

Em seguida, aplicamos a fórmula resolutiva de equações do 2º grau e obtemos as raízes da equação.

$$x = \frac{-b \pm \sqrt{\Delta}}{2a} = \frac{-(-10) \pm \sqrt{64}}{2 \cdot 3} = \frac{10 \pm 8}{6}$$

$$x_1 = \frac{10 - 8}{6} = \frac{1}{3}$$

$$x_2 = \frac{10 + 8}{6} = 3$$

Como o discriminante é maior que zero, a equação tem duas raízes reais diferentes, ou seja, as raízes reais da equação são $\frac{1}{3}$ e 3.

R2. Determine as raízes reais da equação $-x^2 = -10x + 25$, usando a fórmula resolutiva.

Resolução

Inicialmente, escrevemos a equação na forma reduzida e identificamos seus coeficientes.

$$-x^2 + 10x - 25 = 0$$

$$a = -1 \qquad b = 10 \qquad c = -25$$

Agora, calculamos o valor do discriminante.

$$\Delta = 10^2 - 4 \cdot (-1) \cdot (-25) = 100 - 100 = 0$$

Depois, aplicamos a fórmula resolutiva de equações do 2º grau e obtemos as raízes da equação.

$$x = \frac{-10 \pm \sqrt{0}}{2 \cdot (-1)} = \frac{-10 \pm 0}{-2} = \frac{-10}{-2} = 5$$

$$x_1 = x_2 = 5$$

Como o discriminante é zero, as raízes da equação são iguais, ou seja, a equação tem duas raízes reais iguais a 5.

R3. Resolva a equação $x^2 + 2x + 3 = 0$ no conjunto $\mathbb{R}$ usando a fórmula resolutiva.

Resolução

Coeficientes: $a = 1$, $b = 2$ e $c = 3$

Cálculo do discriminante da equação:

$\Delta = 2^2 - 4 \cdot 1 \cdot 3 = 4 - 12 = -8$

Como o discriminante é menor que zero, a equação não tem raízes reais, ou seja, $\sqrt{-8}$ não é um número real. Logo, a equação não tem raízes reais.

2. Considere as equações abaixo e, para cada uma delas, faça o que se pede.

$x^2 + 12x - 189 = 0$

$x^2 - 3x - \dfrac{3}{2} = 0$

$\dfrac{1}{2}x^2 - 6x + 3 = 0$

$5x^2 + 3x - 14 = 0$

a) Identifique os coeficientes a, b e c.

b) Calcule o discriminante $\Delta = b^2 - 4ac$.

c) Determine o valor de $x_1 = \dfrac{-b - \sqrt{\Delta}}{2a}$.

d) Determine o valor de $x_2 = \dfrac{-b + \sqrt{\Delta}}{2a}$.

e) Substitua as raízes encontradas na equação para verificar se estão corretas.

3. Resolva, em $\mathbb{R}$, as equações do 2º grau incompletas usando a fórmula resolutiva.

a) $-x^2 + 625 = 0$

b) $x^2 - \dfrac{2}{5}x = 0$

c) $\dfrac{\sqrt{11}}{5}x^2 = 0$

4. Escreva cada equação na forma reduzida e determine suas raízes reais.

a) $x(x - 2) = 2(x + 6)$

b) $(x + 3)^2 = 12 - x^2$

c) $\dfrac{x^2}{4} + \dfrac{5}{4} = 1 + \dfrac{5x}{8}$

d) $2(x + 1)^2 = -8 - 3x$

e) $(x + 2)(x - 2) + 7x = -10$

5. Classifique as afirmações em V (verdadeira) ou F (falsa).

a) Se o discriminante da equação é igual a zero, ela tem duas raízes reais iguais.

b) Se o discriminante da equação é menor que zero, ela tem duas raízes reais diferentes.

c) Se o discriminante da equação é maior que zero, ela tem duas raízes reais diferentes.

d) Se o discriminante da equação é igual a zero, ela não tem raízes reais.

e) Se o discriminante da equação é menor que zero, ela não tem raízes reais.

APLIQUE

6. Observe a resolução abaixo e encontre qual foi o erro na resolução.

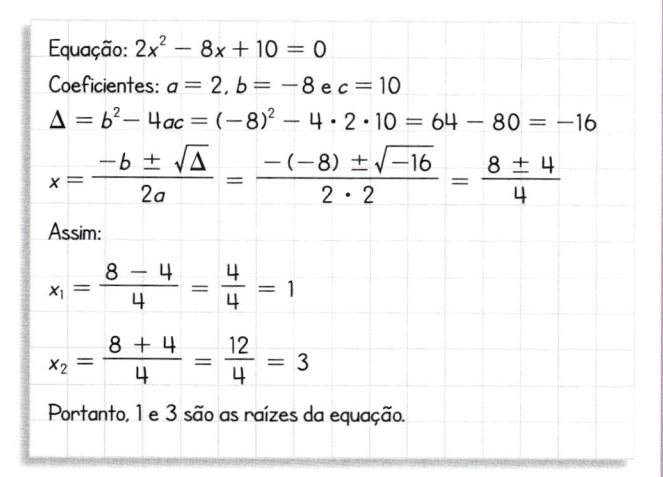

Equação: $2x^2 - 8x + 10 = 0$

Coeficientes: $a = 2$, $b = -8$ e $c = 10$

$\Delta = b^2 - 4ac = (-8)^2 - 4 \cdot 2 \cdot 10 = 64 - 80 = -16$

$x = \dfrac{-b \pm \sqrt{\Delta}}{2a} = \dfrac{-(-8) \pm \sqrt{-16}}{2 \cdot 2} = \dfrac{8 \pm 4}{4}$

Assim:

$x_1 = \dfrac{8 - 4}{4} = \dfrac{4}{4} = 1$

$x_2 = \dfrac{8 + 4}{4} = \dfrac{12}{4} = 3$

Portanto, 1 e 3 são as raízes da equação.

7. Leia o texto e resolva a equação.

Você sabia que uma equação do 2º grau também serve para mandar mensagens de amor? Tente resolvê-la.

$x^2 - 2amox + a^2m^2o^2 - t^2e^2 = 0$

Luiz M. P. Imenes; José Jakubovic; Marcelo C. T. Lellis. *Equação de 2º grau*. São Paulo: Atual, 2004. (Pra que serve Matemática?).

Pensar de maneira interdependente.

5 ANÁLISE DAS RAÍZES DE UMA EQUAÇÃO DO 2º GRAU

Já vimos que um número real é raiz da equação do 2º grau $ax^2 + bx + c = 0$, com $a \neq 0$, quando, ao substituir a incógnita x por esse número, obtemos uma sentença verdadeira.

Também vimos que a fórmula resolutiva de equações do 2º grau permite calcular as raízes da equação com base nos coeficientes a, b e c.

Usando essa fórmula, podemos verificar se uma equação tem ou não raízes reais analisando o discriminante Δ.

- Se $\Delta > 0$, a equação tem duas raízes diferentes.

$$x = \frac{-b \pm \sqrt{\Delta}}{2a}$$

$$x_1 = \frac{-b - \sqrt{\Delta}}{2a}$$

$$x_2 = \frac{-b + \sqrt{\Delta}}{2a}$$

- Se $\Delta = 0$, a equação tem duas raízes reais iguais.

$$x = \frac{-b \pm \sqrt{\Delta}}{2a} = \frac{-b \pm \sqrt{0}}{2a} = \frac{-b \pm 0}{2a} = \frac{-b}{2a}$$

Nesse caso, temos:

$$x_1 = x_2 = \frac{-b}{2a}$$

- Se $\Delta < 0$, a equação não tem raízes reais.

Nesse caso, $\sqrt{\Delta}$ não é um número real, pois qualquer número real elevado ao quadrado é igual a um número não negativo.

Dizemos, então, que a equação não tem raízes reais.

Com base nessas informações, podemos resolver diversas atividades, como veremos a seguir.

ATIVIDADES

PRATIQUE

R1. Determine o valor de k na equação $x^2 + 5x - 3k = 0$ sabendo que ela **tem duas raízes reais diferentes**.

Resolução

Inicialmente, identificamos os coeficientes da equação para calcular o discriminante.

$a = 1$, $b = 5$ e $c = -3k$

$\Delta = b^2 - 4ac = 5^2 - 4 \cdot 1 \cdot (-3k) = 25 + 12k$

Como a equação tem duas raízes reais diferentes, o **discriminante é maior que zero**. Assim, obtemos uma inequação do 1º grau de incógnita k.

Resolvendo a inequação, encontramos o valor de k.

$\Delta > 0$

$25 + 12k > 0$

$12k > -25$

$k > -\dfrac{25}{12}$

Logo, devemos ter $k > -\dfrac{25}{12}$ para que a equação tenha duas raízes reais diferentes.

R2. Sabendo que a equação do 2º grau $-4x^2 + mx - 10 = 0$ **tem duas raízes reais iguais**, determine o valor de m.

Resolução

Vamos identificar os coeficientes da equação para calcular o discriminante.

$a = -4$, $b = m$ e $c = -10$

$\Delta = b^2 - 4ac = m^2 - 4 \cdot (-4) \cdot (-10) = m^2 - 160$

Como a equação tem duas raízes reais iguais, então o **discriminante é igual a zero**. Assim, obtemos uma equação do 2º grau de incógnita m. Resolvendo a equação, encontramos o valor de m.

$\Delta = 0$

$m^2 - 160 = 0$

$m^2 = 160$

$m = \pm\sqrt{160}$

$m = \pm 4\sqrt{10}$

Portanto, $m = -4\sqrt{10}$ ou $m = 4\sqrt{10}$.

R3. Determine o valor de p na equação $-6px^2 - x - 2 = 0$ sabendo que ela **não tem raízes reais**.

Resolução

Vamos identificar os coeficientes da equação para calcular o discriminante.

$a = -6p$, $b = -1$ e $c = -2$

$\Delta = b^2 - 4ac = (-1)^2 - 4 \cdot (-6p) \cdot (-2) =$
$= 1 - 48p$

Como a equação não tem raízes reais, **o discriminante é menor que zero**. Assim, obtemos uma inequação do 1º grau de incógnita p. Resolvendo a inequação, encontramos o valor de p.

$\Delta < 0$
$1 - 48p < 0$
$-48p < -1$
$48p > 1$
$p > \dfrac{1}{48}$

Portanto, devemos ter $p > \dfrac{1}{48}$ para que a equação não tenha raízes reais.

---

1. Observe novamente os exercícios resolvidos R1, R2 e R3 e atribua um valor para cada letra, k, m e p, para verificar as respostas dadas.

2. Determine o valor de k para que a equação $-x^2 + 4x - 2k = 0$ não tenha raízes reais.

3. Sabendo que a equação $x^2 - 2x + (m + 1) = 0$ tem duas raízes reais iguais, qual é o valor de m?

4. Determine o valor de p para que a equação $2x^2 - x + p = 0$ tenha duas raízes reais distintas.

5. Determine o valor de k para que a equação $\sqrt{3}\,x^2 - kx + \sqrt{3} = 0$ tenha duas raízes reais iguais.

APLIQUE

6. Considere a equação $(ax + b)^2 = c$, com $a \neq 0$, e responda às questões.

a) Qual valor deve assumir c para que essa equação tenha solução real?

b) Qual é a solução da equação quando $c = 0$?

RELAÇÃO ENTRE OS COEFICIENTES E AS RAÍZES DE UMA EQUAÇÃO DO 2º GRAU

Podemos estabelecer relações entre as raízes $x_1 = \dfrac{-b - \sqrt{\Delta}}{2a}$ e $x_2 = \dfrac{-b + \sqrt{\Delta}}{2a}$ da equação do 2º grau $ax^2 + bx + c = 0$ e seus coeficientes a, b e c.

- Calculando a **soma das raízes**, temos:

$$x_1 + x_2 = \dfrac{-b - \sqrt{\Delta}}{2a} + \dfrac{-b + \sqrt{\Delta}}{2a} = \dfrac{-b - \sqrt{\Delta} - b + \sqrt{\Delta}}{2a} = \dfrac{-2b}{2a} = -\dfrac{b}{a}$$

- Calculando o **produto das raízes**, temos:

$$x_1 \cdot x_2 = \left(\dfrac{-b - \sqrt{\Delta}}{2a}\right) \cdot \left(\dfrac{-b + \sqrt{\Delta}}{2a}\right) = \dfrac{(-b)^2 - (\sqrt{\Delta})^2}{4a^2} =$$

$$= \dfrac{b^2 - \Delta}{4a^2} = \dfrac{b^2 - (b^2 - 4ac)}{4a^2} = \dfrac{b^2 - b^2 + 4ac}{4a^2} = \dfrac{c}{a}$$

Assim, considerando a equação do 2º grau $ax^2 + bx + c = 0$, com raízes reais x_1 e x_2, a soma e o produto dessas raízes são, respectivamente:

$$S = x_1 + x_2 = -\dfrac{b}{a}$$

$$P = x_1 \cdot x_2 = \dfrac{c}{a}$$

ATIVIDADES

PRATIQUE

1. Identifique as raízes das equações do 2º grau, sabendo o valor da soma S e o valor do produto P de suas raízes.

a) $S = 2$ e $P = 1$

| 0 e 1 | 1 e 1 | 2 e −1 |

b) $S = -7$ e $P = 12$

| 2 e 6 | −8 e 1 | −3 e −4 |

c) $S = 2$ e $P = -15$

| 5 e 3 | −3 e 5 | 15 e 1 |

R1. Calcule a soma e o produto das raízes da equação $\frac{1}{2}x^2 + x - \frac{2}{3} = 0$.

Resolução

Inicialmente, identificamos os coeficientes da equação.

$a = \frac{1}{2}$, $b = 1$ e $c = -\frac{2}{3}$

Usamos a relação $S = x_1 + x_2 = -\frac{b}{a}$ para encontrar a soma das raízes.

$S = x_1 + x_2 = -\frac{b}{a} = -\frac{1}{\frac{1}{2}} = -1 \cdot 2 = -2$

Usamos a relação $P = x_1 \cdot x_2 = \frac{c}{a}$ para encontrar o produto das raízes.

$P = x_1 \cdot x_2 = \frac{c}{a} = \frac{-\frac{2}{3}}{\frac{1}{2}} = -\frac{2}{3} \cdot 2 = -\frac{4}{3}$

Logo, a soma das raízes é -2 e o produto, $-\frac{4}{3}$.

2. Determine a soma S e o produto P das raízes das equações.

a) $x^2 - 5x - 2 = 0$
b) $x^2 + 16x + 64 = 0$
c) $2x^2 - 6x - 8 = 0$
d) $4x^2 + 4x + 1 = 0$
e) $-x^2 + 4x - 3 = 0$

APLIQUE

R2. Calcule k na equação $2x^2 - 5x + 2k - 2 = 0$ para que o produto P das raízes seja 6.

Resolução

Identificamos os coeficientes a e c da equação que estão relacionados com o produto das raízes e substituímos os valores na igualdade.

Então, resolvemos a equação do 1º grau e obtemos o valor de k.

$2x^2 - 5x + \underbrace{2k - 2}_{} = 0$

$a = 2 \qquad c = 2k - 2$

Como $P = 6$, então: $\frac{c}{a} = 6$

$\frac{2k - 2}{2} = 6$

$\frac{2(k - 1)}{2} = 6$

$k - 1 = 6$

$k = 7$

Logo, o valor de k é 7.

3. Resolva.

a) Sabendo que a soma das raízes da equação $x^2 + (2k - 3)x + 2 = 0$ é igual a 7, determine o valor de k.

b) Sabendo que o produto das raízes da equação $4x^2 - 7x + 3m = 0$ é igual a -2, determine o valor de m.

c) Sabendo que o produto das raízes da equação $zx^2 + 5x + 13 = 0$ é igual a -10, determine o valor de z.

4. Encontre o valor de p para os seguintes casos:

a) $x^2 + px - 40 = 0$, em que $x_1 + x_2 = -3$
b) $p + 2x^2 - 3x = 0$, em que $x_1 \cdot x_2 = -4$
c) $px^2 + 4 - 10x = 0$, em que $x_1 + x_2 = -2$
d) $px^2 + px - 20 = 0$, em que $x_1 \cdot x_2 = -20$

5. Sabendo que a soma e o produto das raízes de uma equação do 2º grau são, respectivamente, -3 e -4, calcule as raízes reais dessa equação.

6. Sabendo que as raízes da equação do 2º grau $ax^2 + bx + c = 0$ são $x_1 = \frac{-b - \sqrt{\Delta}}{2a}$ e $x_2 = \frac{-b + \sqrt{\Delta}}{2a}$, calcule $\frac{1}{x_1} + \frac{1}{x_2}$.

DETERMINAÇÃO DE UMA EQUAÇÃO DO 2º GRAU QUANDO SUAS RAÍZES SÃO CONHECIDAS

Podemos escrever qualquer equação do 2º grau do tipo $ax^2 + bx + c = 0$ quando são dadas suas raízes x_1 e x_2.

Como $a \neq 0$, dividimos ambos os membros da equação por a:

$$\frac{ax^2 + bx + c}{a} = \frac{0}{a}$$

$$\frac{ax^2}{a} + \frac{bx}{a} + \frac{c}{a} = 0$$

$$x^2 + \frac{b}{a}x + \frac{c}{a} = 0$$

Sabendo que $x_1 + x_2 = -\frac{b}{a}$, temos: $\frac{b}{a} = -(x_1 + x_2) = -S$

Além disso, sabemos que: $\frac{c}{a} = x_1 \cdot x_2 = P$

Substituindo $\frac{b}{a}$ por $-S$ e $\frac{c}{a}$ por P em $x^2 + \frac{b}{a}x + \frac{c}{a} = 0$, obtemos:

$$x^2 - Sx + P = 0$$

EXEMPLO

Vamos escrever uma equação do 2º grau, na incógnita x, sabendo que suas raízes são $\frac{1}{2}$ e -3.

- $S = x_1 + x_2 = \frac{1}{2} + (-3) = -\frac{5}{2}$
- $P = x_1 \cdot x_2 = \frac{1}{2} \cdot (-3) = -\frac{3}{2}$

Como $x^2 - Sx + P = 0$, temos: $x^2 - \left(-\frac{5}{2}\right)x + \left(-\frac{3}{2}\right) = 0$

Logo, a equação procurada é: $x^2 + \frac{5}{2}x - \frac{3}{2} = 0$

FATORAÇÃO DO TRINÔMIO DO 2º GRAU

Considerando que x_1 e x_2 são as raízes da equação do 2º grau $ax^2 + bx + c = 0$, com $a \neq 0$, podemos fatorar o trinômio $ax^2 + bx + c$ para escrever a equação na forma fatorada.

Veja:
$$ax^2 + bx + c =$$
$$= a\left[x^2 + \frac{b}{a}x + \frac{c}{a}\right] =$$
$$= a[x^2 - Sx + P] =$$
$$= a[x^2 - (x_1 + x_2)x + (x_1 \cdot x_2)] =$$
$$= a[x^2 - x_1 \cdot x - x_2 \cdot x + x_1 \cdot x_2] =$$
$$= a[x \cdot (x - x_1) - x_2 \cdot (x - x_1)] =$$
$$= a[(x - x_1) \cdot (x - x_2)] =$$
$$= a \cdot (x - x_1) \cdot (x - x_2)$$

ATIVIDADES

PRATIQUE

1. Escreva, em cada caso, uma equação do 2º grau cujas raízes sejam:
   a) -4 e 5;
   b) 0 e 6;
   c) $\frac{1}{2}$ e -1;
   d) 3 e -3.

R1. Determine as raízes da equação do 2º grau $3x^2 - 6x - 72 = 0$ sem usar a fórmula resolutiva.

Resolução

Para encontrar as raízes da equação, podemos usar as relações entre os coeficientes e as raízes. Para isso, escrevemos a equação na forma $x^2 - Sx + P = 0$.

$$3x^2 - 6x - 72 = 0 \quad :3$$
$$x^2 - 2x - 24 = 0$$

Sabendo que a soma das raízes é 2 e que o produto é -24, testamos alguns valores e obtemos as raízes que satisfazem essas condições.

Escrevemos algumas multiplicações cujo produto é 24:

$$1 \cdot 24 \qquad 2 \cdot 12 \qquad 3 \cdot 8 \qquad 4 \cdot 6$$

Como $P = -24$, então uma raiz é positiva e a outra é negativa.

Como $S = 2$, as raízes são -4 e 6.

Após encontrar os valores, podemos verificar se estão corretos.

$S = x_1 + x_2 = -4 + 6 = 2$
$P = x_1 \cdot x_2 = (-4) \cdot 6 = -24$

Portanto, -4 e 6 são as raízes da equação.

2. Determine, sem usar a fórmula resolutiva, as raízes reais das equações.
   a) $x^2 - 5x + 6 = 0$
   b) $6x^2 - 7x + 1 = 0$
   c) $x^2 - 4x + 4 = 0$
   d) $x^2 - x - 20 = 0$
   e) $4x^2 + 8x + 4 = 0$

R2. Fatore o trinômio $-2x^2 + 4x + 6$.

Resolução

Para fatorar o trinômio, vamos inicialmente encontrar as raízes da equação $-2x^2 + 4x + 6 = 0$ usando as relações entre os coeficientes. Para isso, escrevemos a equação na forma $x^2 - Sx + P = 0$.

$$-2x^2 + 4x + 6 = 0 \quad :(-2)$$
$$x^2 - 2x - 3 = 0$$

Depois, pensamos em multiplicações cujo resultado seja -3. Por exemplo:

$$1 \cdot (-3) \qquad (-1) \cdot 3$$

Como $S = 2$, descobrimos que as raízes da equação são -1 e 3.

Finalmente, substituímos esses valores em $a \cdot (x - x_1) \cdot (x - x_2)$ e encontramos a forma fatorada do trinômio.

$a \cdot (x - x_1) \cdot (x - x_2)$
$-2 \cdot (x - (-1)) \cdot (x - 3)$
$-2 \cdot (x + 1) \cdot (x - 3)$

Portanto, a forma fatorada do trinômio $-2x^2 + 4x + 6$ é:

$-2 \cdot (x + 1) \cdot (x - 3)$

3. Escreva cada equação na forma fatorada quando possível.
   a) $x^2 + 2x - 35 = 0$
   b) $x^2 - 25 = 0$
   c) $3x^2 - 8x = 0$
   d) $3x^2 - 7x + 15 = 0$
   e) $x^2 - 10x + 25 = 0$
   f) $x^2 - 2x + 1 = 0$

4. Escreva uma equação do 2º grau que tenha:
   a) -5 e 3 como raízes;
   b) $x_1 \cdot x_2 = 70$ e $x_1 + x_2 = 17$;
   c) duas raízes reais iguais;
   d) nenhuma raiz real;
   e) forma fatorada $a(x - 4) \cdot (x + 2) = 0$, na qual a é um número inteiro.

6 RESOLVENDO PROBLEMAS QUE ENVOLVEM EQUAÇÕES DO 2º GRAU

Vamos estudar alguns problemas que podem ser resolvidos por meio de uma equação do 2º grau.

Situação 1

Na planta abaixo, o retângulo maior representa o andar de um prédio, e os quadrados representam as salas ocupadas pelos departamentos de uma empresa.

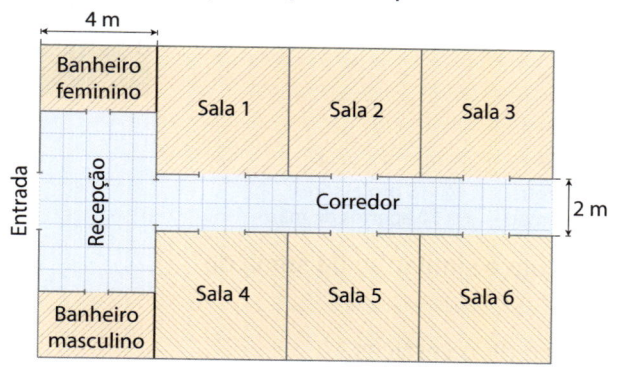

Sabendo que o andar tem 228 m² de área e que as salas têm lados de mesma medida, qual é a área ocupada pelas seis salas?

Vamos chamar de x a medida do lado de cada quadrado que representa uma sala. Assim, podemos calcular a largura e o comprimento do retângulo que representa o pavimento do prédio.

Largura: $x + 2 + x = 2x + 2$

Comprimento: $4 + x + x + x = 4 + 3x$

Conhecendo as medidas dos lados do retângulo maior, escrevemos a equação que representa sua área.

Área: $(2x + 2)(4 + 3x) = 228$

Resolvemos a equação para obter o valor de x:

$(2x + 2)(4 + 3x) = 228$

$8x + 6x^2 + 8 + 6x = 228$

$6x^2 + 14x + 8 = 228$

$6x^2 + 14x - 220 = 0$

$3x^2 + 7x - 110 = 0$

Nessa equação, temos $a = 3$, $b = 7$ e $c = -110$.

$\Delta = b^2 - 4ac = 7^2 - 4 \cdot 3 \cdot (-110) = 49 + 1.320 = 1.369$

$x = \dfrac{-b \pm \sqrt{\Delta}}{2a}$

$x = \dfrac{-7 \pm \sqrt{1.369}}{2 \cdot 3} = \dfrac{-7 \pm 37}{6}$

$x_1 = \dfrac{-7 - 37}{6} = -\dfrac{44}{6} = -\dfrac{22}{3}$

$x_2 = \dfrac{-7 + 37}{6} = \dfrac{30}{6} = 5$

A área de cada quadrado será: $x \cdot x = (5 \cdot 5)$ m² $= 25$ m²

Como são 6 salas, então a área ocupada por elas é: $6 \cdot 25$ m² $= 150$ m²

OBSERVAÇÃO

Como x, da equação ao lado, corresponde à medida do lado, vamos desconsiderar o valor negativo $-\dfrac{22}{3}$.

Situação 2

Em um evento escolar, os professores presentes se cumprimentaram com apertos de mão. Sabe-se que cada um dos professores cumprimentou todos os demais apenas uma vez.

Quantos professores havia nesse evento se, no total, foram trocados 1.326 apertos de mão?

Para resolver esse problema, vamos analisar a situação para um número pequeno de professores. Representaremos os professores por meio de pontos e os apertos de mão por meio de segmentos de reta.

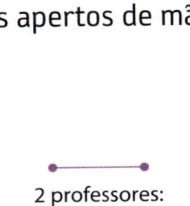

2 professores: 1 aperto de mão
3 professores: 3 apertos de mão
4 professores: 6 apertos de mão
5 professores: 10 apertos de mão

Observe que, da terceira figura em diante, o cálculo é similar ao da soma do número de lados e de diagonais de um polígono.

Agora vamos generalizar imaginando um polígono de n vértices.

1º) Como o polígono tem n vértices (que representam os professores), ele tem n lados (que representam uma parte dos cumprimentos).

2º) Como uma diagonal de um polígono é determinada por 2 vértices não consecutivos, de cada vértice partem $(n-3)$ diagonais.

3º) O produto $n(n-3)$ é igual ao dobro do número de diagonais, pois cada uma delas corresponde a dois vértices. Assim, $\dfrac{n(n-3)}{2}$ é o número de diagonais do polígono.

4º) A soma do número n de lados do polígono com o número $\dfrac{n(n-3)}{2}$ de diagonais é igual ao número de apertos de mão trocados.

Portanto, para n professores houve $n + \dfrac{n(n-3)}{2}$ apertos de mão.

Para encontrar o número de professores que trocaram 1.326 apertos de mão, fazemos:

$$n + \dfrac{n(n-3)}{2} = 1.326$$

$$n + \dfrac{n^2 - 3n}{2} = 1.326$$

$$2n + n^2 - 3n = 2.652$$

$$n^2 - n - 2.652 = 0$$

Nessa equação, temos $a = 1$, $b = -1$ e $c = -2.652$.

$$\Delta = b^2 - 4ac = (-1)^2 - 4 \cdot 1 \cdot (-2.652) = 1 + 10.608 = 10.609$$

$$n = \dfrac{-b \pm \sqrt{\Delta}}{2a} = \dfrac{1 \pm \sqrt{10.609}}{2 \cdot 1} = \dfrac{1 \pm 103}{2}$$

$n_1 = \dfrac{1 - 103}{2} = -\dfrac{102}{2} = -51$

$n_2 = \dfrac{1 + 103}{2} = \dfrac{104}{2} = 52$

Logo, havia 52 professores no evento.

OBSERVAÇÃO

Como n, da equação ao lado, corresponde ao número de professores presentes no evento, vamos desconsiderar a raiz negativa -51.

ATIVIDADES

APLIQUE

1. O número de diagonais de um polígono é dado pela fórmula:

$$d = \frac{n \cdot (n-3)}{2}$$

em que n representa o número de lados do polígono. Utilize essa fórmula e determine:
   a) o polígono que tem 20 diagonais;
   b) o polígono que tem 54 diagonais;
   c) quantas diagonais tem um polígono com 20 lados.

2. João comprou uma casa que está construída em um terreno quadrado de 256 m² de área. Ele deseja colocar uma grade em toda a frente do terreno. Qual deverá ser o comprimento dessa grade?

   256 m²

   Terreno de João

3. Calcule o que se pede, considerando que nas figuras as medidas estão indicadas em centímetro.
   a) Sabendo que a área deste retângulo é igual a 32 cm², calcule a medida de seus lados.

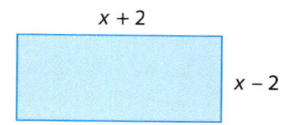

   $x + 2$
   $x - 2$

   b) Sabendo que a área do quadrado maior é 900 cm², calcule o valor de x.

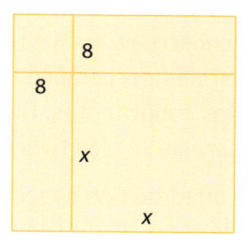

   8
   8
   x
   x

4. O retângulo e o quadrado abaixo têm a mesma área.

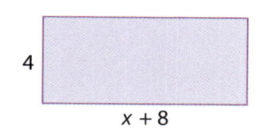

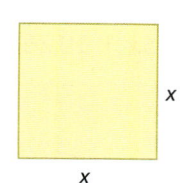

   4
   $x + 8$
   x
   x

   a) Qual é a medida do lado do quadrado?
   b) Qual é o comprimento do retângulo?
   c) Qual é a área do quadrado e a do retângulo?

5. Rute vai fazer uma toalha de mesa para presentear uma amiga. Essa toalha terá formato retangular e seu comprimento será 3 vezes a largura.
   a) Escreva uma equação relacionando a área A e as dimensões dessa toalha.
   b) Sabendo que a área da toalha é 3 m², quais são as dimensões dessa toalha?

6. Osvaldo decidiu construir um galinheiro retangular cuja área será 32 m².

   Quantos metros de tela ele terá de comprar para cercar o galinheiro, considerando que um dos lados terá 4 m a mais que o outro?

7. Chico construiu um campo de futebol num terreno de 224 m², conforme a ilustração abaixo. A fim de evitar que a bola seja chutada para longe do campo, ele comprará tela para cercar o terreno.

   Observe a figura e responda às questões.

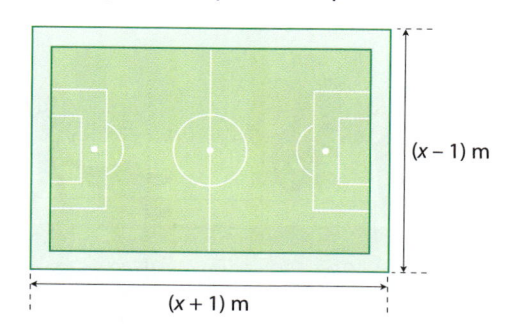

   $(x - 1)$ m
   $(x + 1)$ m

   a) Quais são as dimensões desse terreno?
   b) Qual é o comprimento da tela que Chico deverá comprar para cercar o terreno?

223

8. Fernanda montou um quebra-cabeça de 1.200 cm² de área e pretende fazer um quadro com ele. Para fazer o quadro, ela comprou uma placa de compensado na qual vai colar as peças do quebra-cabeça. O comprimento dessa placa tem 40 cm a mais que a sua largura.

Sabendo que o quebra-cabeça montado ocupou toda a área da placa, quais são as dimensões desse quebra-cabeça?

9. Um clube tem dois espaços quadrados que foram reservados para a construção de quiosques para a realização de festas. A pedido dos associados, a diretoria do clube decidiu fazer uma cobertura para esses espaços. Sabendo que os dois espaços juntos ocupam uma área de 52 m² e que a lateral do espaço maior tem 2 m a mais que a lateral do menor, calcule quantos metros quadrados de laje o clube deverá utilizar para cobrir cada um desses espaços.

10. Em torno de um canteiro retangular de 10 m de comprimento por 6 m de largura, pretende-se construir um caminho cimentado de largura constante. Qual deverá ser a largura máxima desse caminho considerando que o material disponível só é suficiente para cimentar uma área de 36 m²?

11. Mariana criou um cartaz para um trabalho de Geografia, que tinha a forma de um retângulo de 50 cm por 30 cm. Para que o cartaz chamasse a atenção, ela resolveu colocar uma moldura com papel colorido, de largura x, como mostra a figura.

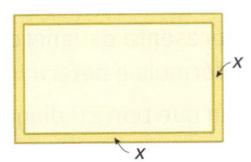

Considerando que o cartaz com a moldura passou a ocupar uma área de 2.400 cm², qual é a largura da moldura do cartaz?

12. Faça o que se pede.
   a) Encontre dois números inteiros consecutivos cujo produto seja 132.
   b) Descubra dois números inteiros positivos e consecutivos cujos quadrados tenham soma igual a 221.
   c) Encontre dois números pares positivos consecutivos cujos quadrados tenham soma igual a 580.

13. Descreva como formar uma figura retangular de área interna de 50 cm² utilizando um barbante de 30 cm e 4 alfinetes.

14. Em certa cidade, há um terreno retangular de 80 m² e um lado com 2 m a mais que o outro. A prefeitura da cidade construirá, nesse terreno, uma praça com duas passarelas perpendiculares que a dividirão em 4 retângulos congruentes. Qual será a área ocupada pelas passarelas se elas tiverem 2 m de largura?

15. Uma folha quadrada de papel com $(x + 1)$ cm de lado foi dobrada duas vezes, conforme indica a figura. Encontre a medida do lado da folha sabendo que a figura obtida após a segunda dobra tem área igual a $(5x + 10{,}25)$ cm².

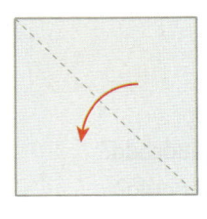

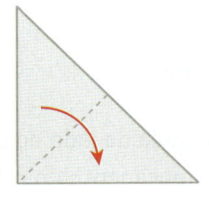

7 EQUAÇÕES REDUTÍVEIS A UMA EQUAÇÃO DO 2º GRAU

EQUAÇÕES FRACIONÁRIAS

Você já viu como resolver determinadas equações fracionárias reduzindo-as a uma equação do 1º grau. Agora, aprenderá a resolver equações fracionárias que podem ser reduzidas a uma equação do 2º grau.

Acompanhe o problema da situação a seguir.

Problema

Os alunos do 9º ano B organizaram um churrasco para comemorar a formatura.

> INICIALMENTE, FOI COMBINADO QUE O TOTAL DE GASTOS DE R$ 825,00 SERIA DIVIDIDO IGUALMENTE ENTRE TODOS OS ALUNOS DA TURMA.

> DEPOIS, PENSARAM MELHOR E ACHARAM JUSTO QUE 3 DOS ALUNOS NÃO ENTRASSEM NESSE RATEIO, POIS TINHAM OFERECIDO O ESPAÇO E ORGANIZARAM TODO O EVENTO.

> COM ESSA NOVA DISTRIBUIÇÃO, CADA UM DOS OUTROS ALUNOS TEVE QUE PAGAR R$ 2,50 A MAIS DO QUE PAGARIA INICIALMENTE.

Quantos alunos há nessa turma?

RESOLUÇÃO DO PROBLEMA

Para resolver o problema do 9º ano B, vamos indicar por x o número total de alunos da turma.

Assim:

- $\dfrac{825}{x}$ é o valor que cada aluno pagaria inicialmente;

- $\dfrac{825}{x-3}$ é o valor que cada aluno pagou com a nova distribuição.

A diferença entre o valor que cada aluno pagou e o que pagaria inicialmente é R$ 2,50; então, a equação que representa essa situação é:

$\dfrac{825}{x-3} - \dfrac{825}{x} = 2{,}50$, com $x \neq 3$ e $x \neq 0$.

A equação $\dfrac{825}{x-3} - \dfrac{825}{x} = 2{,}50$ é um exemplo de equação fracionária.

> **Equação fracionária** é toda equação em que pelo menos um dos termos é uma fração algébrica.

Vamos resolver a equação para descobrir quantos são os alunos.

$\dfrac{825}{x-3} - \dfrac{825}{x} = 2{,}50$

$\dfrac{825x}{x(x-3)} - \dfrac{825(x-3)}{x(x-3)} = \dfrac{2{,}5x(x-3)}{x(x-3)}$ — Reduzimos todos os termos a um mesmo denominador comum.

$\dfrac{825x}{x(x-3)} - \dfrac{825(x-3)}{x(x-3)} = \dfrac{2{,}5x(x-3)}{x(x-3)}$ — Aplicamos o princípio multiplicativo.

$825x - 825(x-3) = 2{,}5x(x-3)$ — Aplicamos a propriedade distributiva.

$825x - 825x + 2.475 = 2{,}5x^2 - 7{,}5x$

$2{,}5x^2 - 7{,}5x - 2.475 = 0$ — Aplicamos o princípio multiplicativo: multiplicamos ambos os membros por $\dfrac{1}{2{,}5}$.

$x^2 - 3x - 990 = 0$ (equação do 2º grau com $a = 1$, $b = -3$ e $c = -990$)

Depois de reduzir a equação fracionária a uma equação do 2º grau, vamos resolvê-la.

$\Delta = b^2 - 4ac = (-3)^2 - 4 \cdot 1 \cdot (-990) = 9 + 3.960 = 3.969$

$x = \dfrac{-b \pm \sqrt{\Delta}}{2a} = \dfrac{-(-3) \pm \sqrt{3.969}}{2 \cdot 1} = \dfrac{3 \pm 63}{2}$

$x_1 = \dfrac{3 - 63}{2} = \dfrac{-60}{2} = -30$ — Desconsideramos o valor negativo.

$x_2 = \dfrac{3 + 63}{2} = \dfrac{66}{2} = 33$

Portanto, há nessa turma 33 alunos.

OBSERVAÇÃO

Lembre-se de que o denominador de uma fração não pode ser zero. Assim, é necessário determinar as seguintes condições de existência:

- Para $\dfrac{825}{x-3}$, temos $x - 3 \neq 0$, ou seja, $x \neq 3$.
- Para $\dfrac{825}{x}$, temos $x \neq 0$.
- Para $\dfrac{825}{x-3} - \dfrac{825}{x} = 2{,}50$, temos $x \neq 3$ e $x \neq 0$.

RECORDE

Fração algébrica é o quociente de dois polinômios, escrito na forma fracionária, em que aparecem uma ou mais variáveis no denominador.

Por exemplo: $\dfrac{x+1}{x}$, $\dfrac{x^2+3}{x-y}$ e $\dfrac{91}{x^2}$.

ATIVIDADES

PRATIQUE

1. Determine a condição de existência das equações fracionárias.

a) $\dfrac{5}{3x} = 6x$

b) $\dfrac{2}{x} + \dfrac{1}{x-2} = 5$

c) $\dfrac{-3}{x+1} + \dfrac{6}{x-8} = 10$

R1. Resolva a equação $\dfrac{-x-1}{x+1} = \dfrac{2}{3}x$ no conjunto $\mathbb{R}$.

Resolução

Como o denominador de uma fração tem de ser diferente de zero, devemos analisar a condição de existência da equação fracionária.

Condição de existência:

$$x + 1 \neq 0, \text{ ou seja, } x \neq -1$$

Iniciamos, então, a resolução da equação fracionária reduzindo-a a uma equação do 2º grau.

$$\dfrac{-x-1}{x+1} = \dfrac{2}{3}x$$

$$(x+1) \cdot \left(\dfrac{-x-1}{x+1}\right) = \dfrac{2}{3}x \cdot (x+1)$$

$$-x - 1 = \dfrac{2}{3}x^2 + \dfrac{2}{3}x$$

$$-3x - 3 = 2x^2 + 2x$$

$2x^2 + 5x + 3 = 0$ (equação do 2º grau com $a = 2$, $b = 5$ e $c = 3$)

Em seguida, resolvemos a equação do 2º grau.

$$\Delta = 5^2 - 4 \cdot 2 \cdot 3 = 25 - 24 = 1$$

$$x = \dfrac{-5 \pm \sqrt{1}}{4}$$

$$x_1 = \dfrac{-5-1}{4} = \dfrac{-6}{4} = \dfrac{-3}{2}$$

$$x_2 = \dfrac{-5+1}{4} = \dfrac{-4}{4} = -1$$

Pela condição de existência da equação fracionária, $x \neq -1$; assim, a solução da equação é $x = \dfrac{-3}{2}$.

---

2. Resolva as equações fracionárias em $\mathbb{R}$.

a) $\dfrac{x+1}{x-2} = x - 3$

b) $\dfrac{x}{x-2} + 3 = 2x$

c) $\dfrac{x^2-3}{x-2} - \dfrac{1}{2} = -\dfrac{2}{x-2}$

3. Para quais valores de x a fração algébrica $\dfrac{4x}{3x+1}$ é igual a $-2x$?

4. Determine a condição de existência e as soluções das equações fracionárias.

a) $\dfrac{x+2}{x} = \dfrac{-1}{x+2}$

b) $\dfrac{4}{x^2-1} - \dfrac{x}{x+1} = \dfrac{2}{x-1}$

c) $\dfrac{x-9}{x^2-4x} = \dfrac{2}{x} - \dfrac{2x}{x-4}$

APLIQUE

5. Um grupo de alunos comprou um presente de R$ 240,00 para a professora, mas quatro deles não puderam pagar, e com isso cada um dos demais pagou uma quantia adicional de R$ 5,00. Quantos eram os alunos e quanto cada um pagou?

6. Um grupo de atletas comprou um equipamento de R$ 96,00 para os treinos, dividindo o total em partes iguais. Se o grupo tivesse 16 pessoas a mais, a cada um caberia R$ 1,00 a menos. Quantos atletas há nesse grupo?

EQUAÇÕES BIQUADRADAS

Agora, você aprenderá a resolver equações biquadradas reduzindo-as a uma equação do 2º grau. Acompanhe a situação a seguir.

A metalúrgica Copiart recebeu uma encomenda para fabricar etiquetas de identificação para uma empresa de móveis utilizando uma placa metálica quadrada. A placa será recortada por uma máquina que vai retirar 4 quadradinhos conforme indicação na figura a seguir.

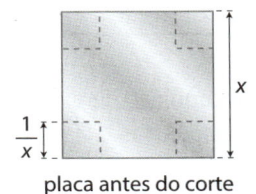

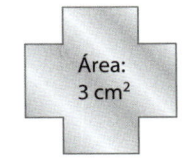

placa antes do corte

etiqueta depois do corte

João trabalha na Copiart e comprará as placas metálicas quadradas para a confecção das etiquetas. Para que não haja desperdício, ele precisa saber o tamanho ideal que elas devem ter. Qual é a área da placa que João precisa comprar?

A diferença entre a área da placa quadrada e a área dos quadradinhos recortados é 3 cm². Podemos representar essa situação pela seguinte equação:

$$x^2 - 4 \cdot \left(\frac{1}{x}\right)^2 = 3$$

$$x^2 - \frac{4}{x^2} = 3$$

$$\frac{x^2 \cdot x^2}{x^2} - \frac{4}{x^2} = \frac{3 \cdot x^2}{x^2}$$ — Reduzimos todos os termos a um mesmo denominador comum.

$$\frac{x^2 \cdot x^2}{\cancel{x^2}} - \frac{4}{\cancel{x^2}} = \frac{3 \cdot x^2}{\cancel{x^2}}$$

$$x^4 - 4 = 3x^2$$

$$x^4 - 3x^2 - 4 = 0$$

A equação $x^4 - 3x^2 - 4 = 0$ é um exemplo de **equação biquadrada**.

> **Equação biquadrada** de incógnita x é toda equação que pode ser escrita na forma $ax^4 + bx^2 + c = 0$, em que a, b e c são números reais e $a \neq 0$.

Vamos resolver a equação para descobrir a área da placa que João precisa comprar.

Observe que a equação $x^4 - 3x^2 - 4 = 0$ pode ser escrita da seguinte forma: $(x^2)^2 - 3x^2 - 4 = 0$.

Substituindo x^2 por uma incógnita auxiliar y, ou seja, considerando $x^2 = y$, obtemos a equação:

$$y^2 - 3y - 4 = 0$$

Dessa forma, reduzimos a equação biquadrada $x^4 - 3x^2 - 4 = 0$ à equação do 2º grau $y^2 - 3y - 4 = 0$ de incógnita y. Resolvendo essa equação, obtemos: $y_1 = -1$ e $y_2 = 4$. (Veja resolução no quadro ao lado.)

- Para $y_1 = -1$, temos $x^2 = -1$, ou seja, $x = \pm\sqrt{-1}$. Nesse caso, x não é um número real.

- Para $y_2 = 4$, temos $x^2 = 4$, ou seja, $x = \pm 2$. Como x representa a medida do lado do quadrado, x é igual a 2 cm.

Logo, João precisa comprar placas quadradas com lados de 2 cm, ou seja, com 4 cm² de área.

$$y^2 - 3y - 4 = 0$$
$$(a = 1, b = -3 \text{ e } c = -4)$$
$$\Delta = b^2 - 4ac$$
$$\Delta = (-3)^2 - 4 \cdot 1 \cdot (-4) = 25$$
$$y = \frac{-b \pm \sqrt{\Delta}}{2a}$$
$$y = \frac{-(-3) \pm \sqrt{25}}{2 \cdot 1} = \frac{3 \pm 5}{2}$$
$$y_1 = \frac{3 - 5}{2} = \frac{-2}{2} = -1$$
$$y_2 = \frac{3 + 5}{2} = \frac{8}{2} = 4$$

ATIVIDADES

PRATIQUE

R1. Resolva, em $\mathbb{R}$, a equação $2x^3 + 3{,}8x = \dfrac{2{,}4}{x}$.

Resolução

Podemos escrever a equação na forma $ax^4 + bx^2 + c = 0$, em que a, b e c são números reais, com $a \neq 0$ e $x \neq 0$.

$$2x^3 + 3{,}8x = \frac{2{,}4}{x}$$

$$x \cdot (2x^3 + 3{,}8x) = x \cdot \frac{2{,}4}{x}$$

$$x \cdot (2x^3 + 3{,}8x) = \cancel{x} \cdot \frac{2{,}4}{\cancel{x}}$$

$$2x^4 + 3{,}8x^2 = 2{,}4$$
$$2x^4 + 3{,}8x^2 - 2{,}4 = 0$$

Para resolver a equação biquadrada, substituímos x^2 por m, obtendo uma equação do 2º grau na incógnita m.

$$2m^2 + 3{,}8m - 2{,}4 = 0$$
$$\Delta = b^2 - 4ac = (3{,}8)^2 - 4 \cdot 2 \cdot (-2{,}4) =$$
$$= 14{,}44 + 19{,}2 = 33{,}64$$
$$m = \frac{-b \pm \sqrt{\Delta}}{2a} = \frac{-3{,}8 \pm \sqrt{33{,}64}}{2 \cdot 2} =$$
$$= \frac{-3{,}8 \pm 5{,}8}{4}$$
$$m_1 = \frac{-3{,}8 - 5{,}8}{4} = \frac{-9{,}6}{4} = -2{,}4$$
$$m_2 = \frac{-3{,}8 + 5{,}8}{4} = \frac{2}{4} = 0{,}5$$

Calculados os valores de m, obtemos os valores de x tomando $x^2 = m$, ou seja, $x = \pm\sqrt{m}$, e lembrando que x é um número real.

- Para $m_1 = -2{,}4$, temos $x = \pm\sqrt{-2{,}4}$ (x não é um número real).

- Para $m_2 = 0{,}5$, temos $x = \pm\sqrt{0{,}5}$.

Portanto: $x = +\sqrt{0{,}5}$ ou $x = -\sqrt{0{,}5}$

1. Determine as raízes reais de cada uma das equações.

a) $x^4 - 41x^2 + 400 = 0$

b) $2x^4 - x^2 + 1 = 0$

c) $x^4 - 5x^2 - 36 = 0$

d) $x^4 - 4x^2 + 3 = 0$

e) $x^4 + 16 = 0$

f) $x^4 - 45x^2 + 324 = 0$

g) $x^4 - 77x^2 - 324 = 0$

APLIQUE

2. Observe a figura e responda às questões.

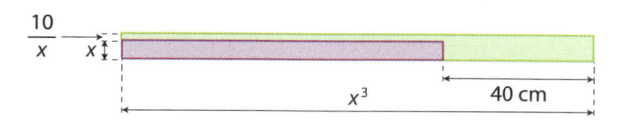

a) O retângulo menor foi colocado sobre o retângulo maior, que tem 875 cm² de área. Quais são as dimensões do retângulo menor?

b) Qual é a área do retângulo menor?

EQUAÇÕES IRRACIONAIS

Estudamos equações fracionárias e equações biquadradas, que, conforme a condição de existência, podem ser reduzidas a uma equação do 2º grau. Veja agora as equações irracionais.

Equação irracional é toda equação que apresenta a incógnita no radicando.

A equação $2\sqrt{x + 5} = x - 10$ é um exemplo de equação irracional. Vamos resolvê-la no conjunto $\mathbb{R}$.

$2\sqrt{x + 5} = x - 10$

$(2\sqrt{x + 5})^2 = (x - 10)^2$ —— Elevamos os dois membros da equação ao quadrado.

$4(x + 5) = x^2 - 20x + 100$ —— Aplicamos a propriedade distributiva.

$4x + 20 = x^2 - 20x + 100$

$x^2 - 24x + 80 = 0$ (equação do 2º grau com $a = 1$, $b = -24$ e $c = 80$)

Reduzimos a equação irracional a uma equação do 2º grau. Vamos resolver essa equação:

$\Delta = b^2 - 4ac = (-24)^2 - 4 \cdot 1 \cdot 80 = 576 - 320 = 256$

$x = \dfrac{-b \pm \sqrt{\Delta}}{2a} = \dfrac{-(-24) \pm \sqrt{256}}{2 \cdot 1} = \dfrac{24 \pm 16}{2}$

$x_1 = \dfrac{24 - 16}{2} = 4$

$x_2 = \dfrac{24 + 16}{2} = 20$

Devemos agora verificar se as raízes da equação $x^2 - 24x + 80 = 0$ são raízes da equação inicial $2\sqrt{x + 5} = x - 10$.

- Para $x = 4$, temos:
  $2\sqrt{4 + 5} = 4 - 10$
  $2 \cdot 3 = -6$ (F)

- Para $x = 20$, temos:
  $2\sqrt{20 + 5} = 20 - 10$
  $2 \cdot 5 = 10$ (V)

Logo, a raiz real da equação $2\sqrt{x + 5} = x - 10$ é 20.

OBSERVAÇÃO

Sempre que reduzimos uma equação irracional a uma equação do 2º grau, temos de verificar se as raízes encontradas após o processo são raízes da equação inicial.

ATIVIDADES

PRATIQUE

1. Associe as equações com suas raízes reais.

- A) $\sqrt{x^2 + 3} = x^2 + 1$
- B) $\sqrt{3x^2 + 6x + 4} = -1$
- C) $\sqrt[3]{8x^3 + x^2 - x - 2} = 2x$

- I) Não tem raízes reais.
- II) -1 e 2
- III) -1 e 1

2. Encontre as raízes reais das equações.
a) $\sqrt[3]{x - 7} = 18$
b) $x + 1 - \sqrt{5x - 1} = 0$
c) $\sqrt{2x - 3} + 1 = x$
d) $\sqrt{x} = 6 - x$

3. Um número real é multiplicado por 5 e adicionado a 9. Extrai-se a raiz quadrada do resultado e obtém-se o mesmo número diminuído de 1. Que número é esse?

4. Identifique a afirmação falsa e corrija-a no caderno.
a) A equação $\sqrt{x} = -4$ não tem solução real.
b) A equação $\sqrt{5x + 4} = 2x + 1$ tem a mesma solução da equação $2x - 1 = x$.
c) A equação $3\sqrt{x - 1} = 2x - 11$ tem como solução um número negativo e par.

8 SISTEMAS DE EQUAÇÕES DO 2º GRAU

Você já estudou sistemas de equações do 1º grau com duas incógnitas. Agora, aprenderá a resolver sistemas de equações do 2º grau e sistemas de equações que recaem em uma equação do 2º grau.

Vamos resolver alguns problemas.

Problema 1

Mariana utilizou 500 metros de tela para contornar um terreno retangular de 10.000 m². Quais são as dimensões do terreno?

Vamos considerar que os lados do terreno meçam x e y.

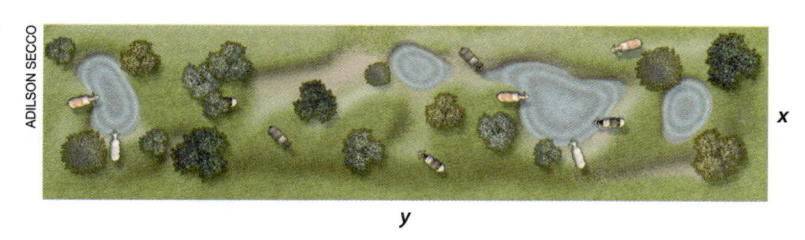

Com os dados do problema, podemos escrever duas equações com as incógnitas x e y.

- Perímetro: $2x + 2y = 500$
- Área: $x \cdot y = 10.000$

Para encontrar as dimensões do terreno, devemos resolver o sistema formado pelas duas equações: $\begin{cases} 2x + 2y = 500 \text{ (I)} \\ x \cdot y = 10.000 \text{ (II)} \end{cases}$

Primeiro, isolamos x na equação (I).

$$2x + 2y = 500 \Rightarrow x + y = 250 \Rightarrow x = 250 - y$$

Depois, substituímos x por $250 - y$ na equação (II).

$(250 - y) \cdot y = 10.000 \Rightarrow 250y - y^2 = 10.000 \Rightarrow y^2 - 250y + 10.000 = 0$

Resolvemos a equação do 2º grau.

$\Delta = b^2 - 4ac = (-250)^2 - 4 \cdot 1 \cdot 10.000 = 62.500 - 40.000 = 22.500$

$y = \dfrac{-b \pm \sqrt{\Delta}}{2a}$

$y = \dfrac{-(-250) \pm \sqrt{22.500}}{2 \cdot 1} = \dfrac{250 \pm 150}{2}$

$y_1 = \dfrac{250 - 150}{2} = 50$

$y_2 = \dfrac{250 + 150}{2} = 200$

Substituímos os valores de y em $x = 250 - y$.

- Para $y_1 = 50$, temos:
  $x_1 = 250 - 50 = 200$
- Para $y_2 = 200$, temos:
  $x_2 = 250 - 200 = 50$

Portanto, temos como soluções do sistema os pares ordenados (x, y): $(200, 50)$ e $(50, 200)$.

Em outras palavras, as dimensões do terreno de Mariana são 50 m e 200 m.

> O sistema foi resolvido pelo **método da substituição**, que consiste em isolar uma das incógnitas em uma das equações e substituir a expressão obtida na outra equação.

> E se, para resolver esse sistema, tivéssemos optado por isolar y na segunda equação e depois substituir a expressão obtida na primeira equação? Chegaríamos ao mesmo resultado?

Problema 2

A soma dos quadrados de dois números positivos é igual a 41, e a diferença entre o quadrado de um deles e 11 é igual ao outro número. Quais são esses números?

Para resolver o problema, temos de expressar algebricamente as sentenças apresentadas no enunciado.

- "A soma dos quadrados de dois números positivos é igual a 41."
$$x^2 + y^2 = 41$$

- "A diferença entre o quadrado de um deles e 11 é igual ao outro número."
$$x^2 - 11 = y$$

Assim, obtemos o seguinte sistema de equações:

$$\begin{cases} x^2 + y^2 = 41 \text{ (I)} \\ x^2 - 11 = y \text{ (II)} \end{cases}$$

Multiplicando ambos os membros da equação (II) por -1, temos:

$$\begin{cases} x^2 + y^2 = 41 \\ -x^2 + 11 = -y \end{cases}$$

Agora, vamos resolver o sistema pelo método da adição.

$$\begin{cases} \cancel{x^2} + y^2 = 41 \\ -\cancel{x^2} + 11 = -y \end{cases}$$
$$\overline{y^2 + 11 = 41 - y}$$
$$y^2 + y - 30 = 0$$

> **O método da adição** consiste em adicionar membro a membro as equações, de modo que se obtenha uma terceira equação com apenas uma incógnita.

Resolvemos a equação do 2º grau.

$$\Delta = b^2 - 4ac = 1^2 - 4 \cdot 1 \cdot (-30) = 1 + 120 = 121$$

$$y = \frac{-b \pm \sqrt{\Delta}}{2a} = \frac{-1 \pm \sqrt{121}}{2 \cdot 1} = \frac{-1 \pm 11}{2}$$

$$y_1 = \frac{-1 - 11}{2} = -6$$

$$y_2 = \frac{-1 + 11}{2} = 5$$

Substituímos os valores de y na equação (I).

- Para $y_1 = -6$, temos:
$$x_1^2 + (-6)^2 = 41$$
$$x_1^2 + 36 = 41$$
$$x_1^2 = 5$$
$$x_1 = \pm\sqrt{5}$$

- Para $y_2 = 5$, temos:
$$x_2^2 + 5^2 = 41$$
$$x_2^2 + 25 = 41$$
$$x_2^2 = 16$$
$$x_2 = \pm 4$$

As soluções do sistema são os pares ordenados (x_1, y_1) e (x_2, y_2): $(-\sqrt{5}, -6)$, $(\sqrt{5}, -6)$, $(-4, 5)$ e $(4, 5)$.

Logo, os números **positivos** procurados são 4 e 5.

OBSERVAÇÃO

Apesar de o sistema
$$\begin{cases} x^2 + y^2 = 41 \\ x^2 - 11 = y \end{cases}$$
ter quatro soluções, o enunciado diz que os números procurados são positivos. Assim, apenas uma das soluções do sistema satisfaz a condição.

Trilha de estudo

Vai estudar? Nosso assistente virtual no app pode ajudar!
<http://mod.lk/trilhas>.

ATIVIDADES

PRATIQUE

1. Associe cada sistema às suas soluções (x, y).

A $\begin{cases} x - y = 6 \\ xy = 27 \end{cases}$

I $(1, 6)$ e $(-1, -8)$

B $\begin{cases} xy + 5 = 12 - x \\ x^2 - 1 = 0 \end{cases}$

II $(1, 0)$ e $(4, -3)$

C $\begin{cases} x + y = 1 \\ x^2 - 2x + 3y = -1 \end{cases}$

III $(9, 3)$ e $(-3, -9)$

D $\begin{cases} xy = 12 \\ 3x - 2y = 1 \end{cases}$

IV $(3, 4)$ e $\left(-\dfrac{8}{3}, -\dfrac{9}{2}\right)$

2. Resolva os sistemas de equações.

a) $\begin{cases} x + 2y = -7 \\ x \cdot y = -15 \end{cases}$

b) $\begin{cases} x = 2 - y \\ x^2 + y^2 = 10 \end{cases}$

c) $\begin{cases} x - y = 11 \\ y^2 = x - 5 \end{cases}$

d) $\begin{cases} 12x + 12y = 7xy \\ xy = 12 \end{cases}$

3. Escreva um sistema de equações para cada caso.

a) A soma de dois números é 28, e a diferença entre o quadrado do primeiro e o quadrado do segundo é 56.

b) A razão entre a medida da base e a medida da altura de um triângulo de área 56 cm² é 3,5.

4. Responda às questões.

a) Quais são os dois números reais cuja diferença e cujo produto são iguais a 6?

b) Se a soma de dois números reais é igual a 1 e o produto desses dois números é igual a −2, que números são esses?

APLIQUE

5. A área do campo de futebol (gramado) do Mineirão é 7.140 m², e seu perímetro é 346 m. Quais são as dimensões desse campo?

Estádio Governador Magalhães Pinto, o Mineirão, em Belo Horizonte (MG). Foto de 2013.

6. A prefeitura de Termópolis deseja ampliar uma praça que tem área de 416 m². O formato retangular da praça será mantido, mas terá uma faixa de 4 m de largura a mais em cada lado. Dessa maneira, sua área aumentará 424 m².

Veja o esquema abaixo com a indicação de como será essa ampliação e responda às questões a seguir.

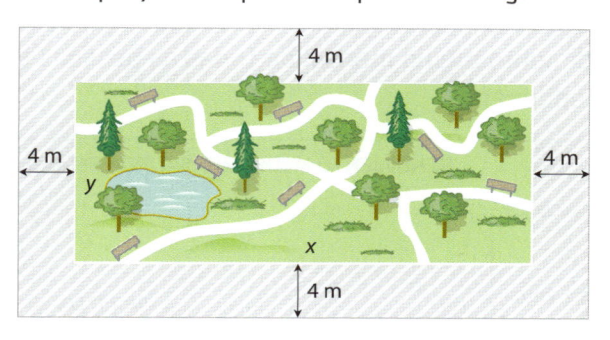

a) Quais são as dimensões atuais da praça? E quais serão as dimensões após a ampliação?

b) Qual será a área total da praça após a ampliação?

c) Nessa área ampliada, a prefeitura vai fazer uma ciclovia. Qual será a área dessa ciclovia?

7. Uma piscina com borda foi construída em um terreno retangular de 80 m² de área e 36 m de perímetro. Se as bordas dessa piscina estão afastadas 1 m do contorno do terreno, quais são o comprimento e a largura da piscina?

8. Responda às questões a seguir.

a) É possível existir um sistema de equações do 2º grau que tenha apenas um par ordenado como solução? Dê um exemplo.

b) É possível existir um sistema de equações do 2º grau que não tenha solução? Dê um exemplo.

ESTATÍSTICA E PROBABILIDADE
GRÁFICOS E MÉDIA ARITMÉTICA

Em 2017, havia no Brasil 124,6 milhões de pessoas com algum tipo de rendimento, seja proveniente de trabalho ou de outras fontes, como aposentadoria, aluguel e programas de transferência de renda.

Veja, no gráfico abaixo, o rendimento médio mensal das pessoas residentes em cada região do Brasil. A linha verde está na altura correspondente ao rendimento médio mensal de todas as pessoas que declararam ter algum tipo de rendimento.

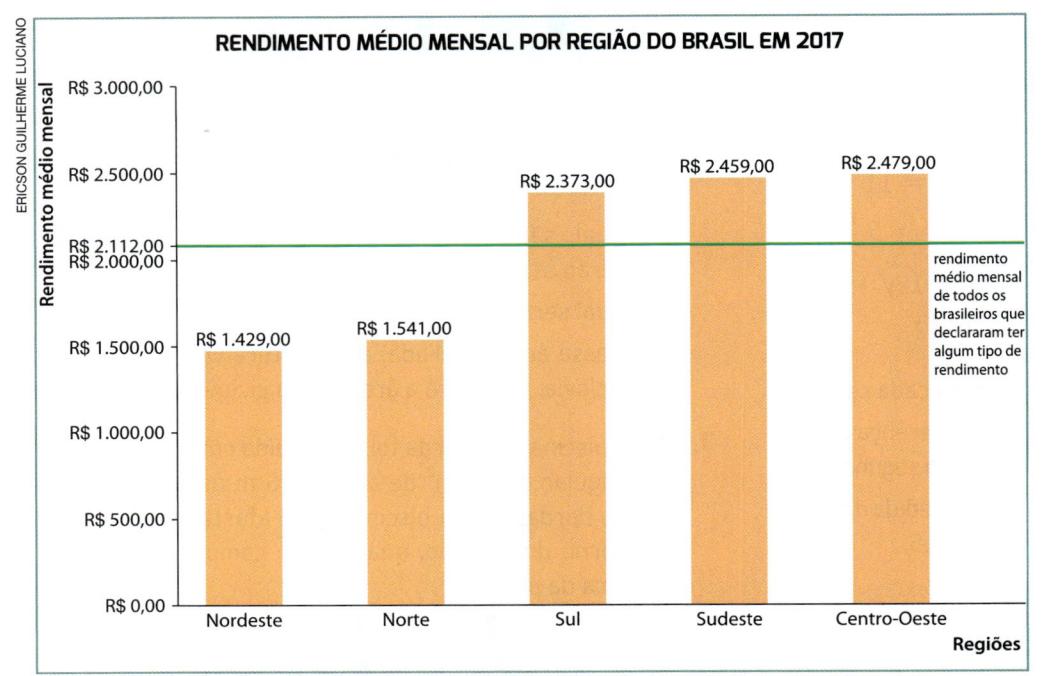

RENDIMENTO MÉDIO MENSAL POR REGIÃO DO BRASIL EM 2017

Região	Rendimento médio mensal
Nordeste	R$ 1.429,00
Norte	R$ 1.541,00
Sul	R$ 2.373,00
Sudeste	R$ 2.459,00
Centro-Oeste	R$ 2.479,00

Linha verde: R$ 2.112,00 — rendimento médio mensal de todos os brasileiros que declararam ter algum tipo de rendimento.

Dados disponíveis em: <https://educa.ibge.gov.br/jovens/conheca-o-brasil/populacao/18314-trabalho-e-rendimento.html>. Acesso em: 5 ago. 2018.

> Os brasileiros que declararam possuir algum rendimento recebiam, em média, R$ 2.112,00, por mês, ou seja, este seria o valor recebido por todas as pessoas que têm algum tipo de rendimento no Brasil, se recebessem o mesmo valor mensal.

Note que:

- o rendimento médio mensal das pessoas residentes nas regiões Nordeste e Norte está abaixo do rendimento médio mensal de todos os brasileiros;
- o rendimento médio mensal das pessoas residentes nas regiões Sul, Sudeste e Centro-Oeste está acima do rendimento médio mensal de todos os brasileiros.

PARA PENSAR

a) Faz sentido construir um gráfico de setores com base nos dados do gráfico de barras acima? Por quê?

b) Faz sentido construir um gráfico de linhas com base nos dados do gráfico de barras acima? Por quê?

ATIVIDADES

1. Observe o gráfico com o salário médio dos homens e mulheres acima de 14 anos de idade em 2017.

a) Qual era a diferença entre a média salarial dos homens e das mulheres acima de 14 anos de idade no Brasil em 2017?

b) Leia a afirmação abaixo.

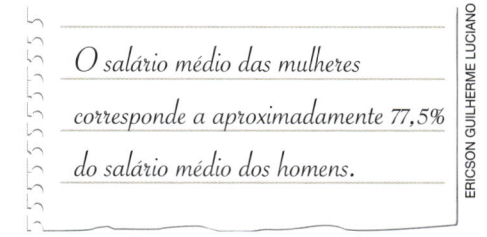

> *O salário médio das mulheres corresponde a aproximadamente 77,5% do salário médio dos homens.*

Você concorda com a afirmação acima? Justifique.

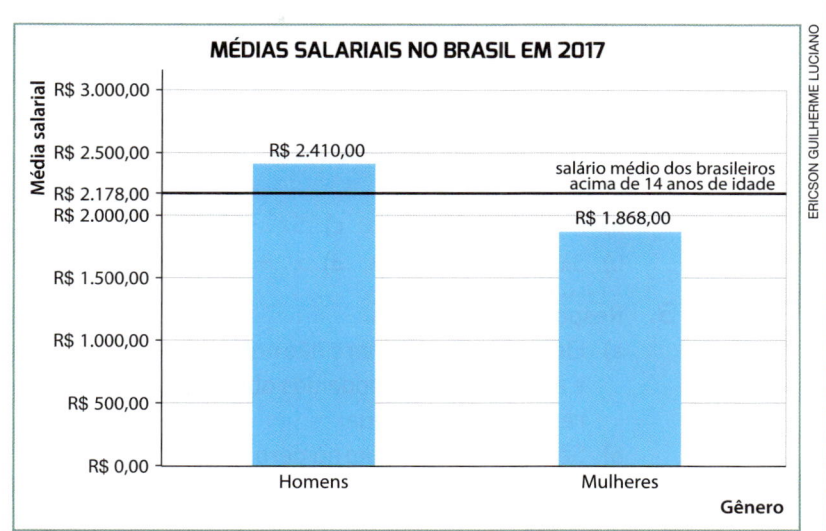

MÉDIAS SALARIAIS NO BRASIL EM 2017
- Homens: R$ 2.410,00
- Mulheres: R$ 1.868,00
- Salário médio dos brasileiros acima de 14 anos de idade: R$ 2.178,00

Dados disponíveis em: <https://educa.ibge.gov.br/criancas/brasil/nosso-povo/19626-trabalho-e-rendimento.html>. Acesso em: 5 ago. 2018.

c) O salário médio dos homens estava abaixo ou acima do salário médio de todos os brasileiros acima de 14 anos de idade em 2017? E o salário médio das mulheres?

d) Com o auxílio de uma planilha eletrônica construa um gráfico de barras horizontais com base nos dados do gráfico acima.

2. Observe a tabela abaixo.

SALÁRIO MÉDIO DE BRANCOS, PRETOS E PARDOS ACIMA DE 14 ANOS DE IDADE NO BRASIL EM 2017	
Cor ou raça	Salário médio
Brancos	R$ 2.814,00
Pretos	R$ 1.570,00
Pardos	R$ 1.606,00

Dados disponíveis em: <https://educa.ibge.gov.br/criancas/brasil/nosso-povo/19626-trabalho-e-rendimento.html>. Acesso em: 5 ago 2018.

a) Qual destes tipos de gráfico é o mais adequado para representar os dados da tabela: barras, setores ou linhas? Construa-o com o auxílio de uma planilha eletrônica.

b) Sabendo que o salário médio dos brasileiros acima de 14 anos de idade era R$ 2.178,00 em 2017, represente essa média com uma linha no gráfico que você construiu no item anterior.

c) Compare os salários médios de brancos, pretos e pardos com o salário médio dos brasileiros. O que você pode concluir?

d) Em sua opinião, deveria haver essa desigualdade salarial entre brancos, pretos e pardos? E entre homens e mulheres? Por quê? Converse com os colegas.

235

ATIVIDADES COMPLEMENTARES

1. Encontre as raízes reais das equações abaixo.
   a) $x^2 - 2x - 8 = 0$
   b) $2x^2 - 7x - 4 = 0$
   c) $-x^2 + 13x - 42 = 0$
   d) $x^2 - 3x - 10 = 0$

2. Indique a quantidade de raízes reais de cada equação.
   a) $x^2 - 9 = 0$
   b) $5x^2 - 3x + 1 = 0$
   c) $5x^2 + 3x + 1 = 0$
   d) $x^2 + 4x + 4 = 0$

3. Responda às questões.
   a) Elevando certo número não nulo ao quadrado e adicionando 75, podemos obter zero como resultado? Justifique.
   b) Se do quadrado de um número subtrairmos 6, o resto será 30. Qual é esse número?

4. Faça o que se pede.
   a) Determine os valores de m para que a equação $x^2 + 8x + m = 0$ não tenha raízes reais.
   b) Determine o valor de m para que a equação $x^2 - (m - 2)x + (m - 3) = 0$ tenha raízes reais cuja soma seja igual a 3.
   c) Determine o valor de m para que a equação $x^2 - 6x + m = 0$ tenha duas raízes reais iguais.

5. (USJT-SP) A equação $x^2 + (2p - 1)x + p^2 = 0$ tem duas raízes reais e distintas se, e somente se:
   a) $p = \frac{1}{2}$
   b) $p \geq \frac{1}{2}$
   c) $p \leq \frac{1}{2}$
   d) $p > \frac{1}{4}$
   e) $p < \frac{1}{4}$

6. A soma de um número real com seu quadrado é igual a 42. Qual é o número?

7. Qual é a medida do lado de um quadrado que tem a área numericamente igual ao perímetro?

8. O papiro Moscou (1850 a.C.) é um texto matemático que contém 25 problemas. Um desses problemas é:
   "A área de um retângulo é 12 e a altura é $\frac{3}{4}$ da base. Quais são as dimensões?"
   Howard Eves. *Introdução à história da Matemática*. Trad. Hygino H. Domingues. Campinas: Unicamp, 2004.
   • Resolva esse problema.

9. Observe as figuras e responda à questão.

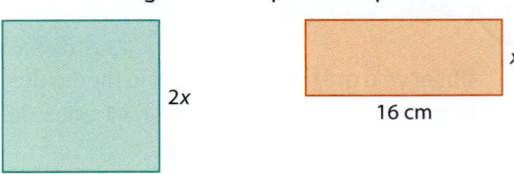

   • Sabendo que a área do quadrado é igual à área do retângulo, qual é o perímetro de cada figura?

10. Um fazendeiro tem uma plantação de milho em um terreno retangular, em que um lado é 10 m maior que o outro. Em três anos, ele aumentará a área de sua plantação de forma que as medidas dos lados de seu terreno fiquem com o triplo das medidas que tinham. Com isso, a área de sua plantação terá mais 57.600 m². Quantos metros de arame serão necessários para cercar com 2 voltas esse terreno após a ampliação?

11. Qual igualdade representa uma equação fracionária?
    a) $\frac{1}{4} = x$
    b) $\frac{\sqrt{x}}{4} = 4$
    c) $\frac{1}{x} = 4$
    d) $\frac{1}{2} = \frac{4}{x^{-1}}$

12. Substitua x por -1 na equação fracionária $\frac{x}{4x + 5} = \frac{1}{x}$ e verifique se a igualdade é verdadeira.

13. Verifique se a afirmação é verdadeira.
    A equação $3x^4 - 2x^2 + 10 = 0$ não tem solução real.

14. Resolva as equações em $\mathbb{R}$.
    a) $\sqrt{4x - 1} = 2x$
    b) $\sqrt[3]{x^2 - 8} = 1$

15. Determine a condição de existência das equações e encontre soluções.
    a) $\frac{4 + 2x}{x + 2} = 6x$
    b) $\frac{2x - 8}{x^2 - 25} = \frac{3x}{x + 5} - \frac{3x}{x - 5}$
    c) $\frac{6x}{x + 1} - \frac{4}{x + 1} = x$

16. Verifique qual das equações tem como raízes dois números inteiros.

a) $\dfrac{2x+1}{5+3x} + \dfrac{x}{x+1} = \dfrac{x+2}{x+1}$

b) $\dfrac{4x}{x-10} + \dfrac{x}{x+1} = \dfrac{3x}{x+1}$

c) $\dfrac{x-1}{x} - \dfrac{x+1}{x-2} = \dfrac{2x-1}{x}$

d) $\dfrac{x}{x+1} + \dfrac{x}{x-4} = 0$

17. Encontre o produto das raízes da equação
$\sqrt{\dfrac{1}{x+3} - \dfrac{1}{x-3}} = 8$.

18. Represente algebricamente as sentenças abaixo.

a) A soma dos inversos de dois números consecutivos é igual ao dobro do maior desses dois números.

b) O quadrado de um número é igual ao quadrado de seu inverso.

c) A diferença dos inversos de dois números é igual ao produto entre esses dois números.

d) A soma de um número não nulo com seu inverso é igual à soma do quadrado desse número com o inverso do seu quadrado.

19. Elevou-se um número real à quarta potência e subtraiu-se 600, obtendo o mesmo número elevado ao quadrado. Que número é esse?

20. (Fatec-SP) Preocupado com a preservação da natureza, um proprietário de terras resolveu replantar árvores nativas num terreno retangular com perímetro de 50 km e área de 150 km². As dimensões da largura e do comprimento do terreno onde será feito o plantio são, em quilômetro:

a) 10 e 15. c) 7,5 e 20. e) 5 e 30.
b) 8 e 18,75. d) 6 e 25.

21. Resolva o problema.

Um grupo de turistas combinou uma excursão. O preço do passeio seria R$ 800,00, a ser rateado igualmente entre as pessoas do grupo. No dia da viagem, 5 pessoas desistiram, e as demais desembolsaram mais R$ 8,00 cada uma para cobrir as desistências. Quantos turistas viajaram?

22. Alexandre precisa fazer uma mesa retangular. Para isso, foi até a casa de seu cliente e montou o esquema abaixo, com as dimensões da sala e da mesa.

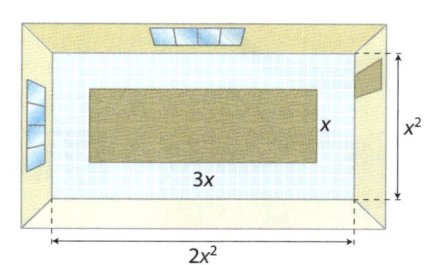

- Quais serão as dimensões da mesa considerando que deve sobrar o espaço de 20 m² entre a mesa e as paredes?

23. Jorge irá construir uma piscina cuja superfície tem perímetro igual a 26 m e, ao redor dela, vai deixar uma borda de 1 m de largura, conforme indica o esquema abaixo.

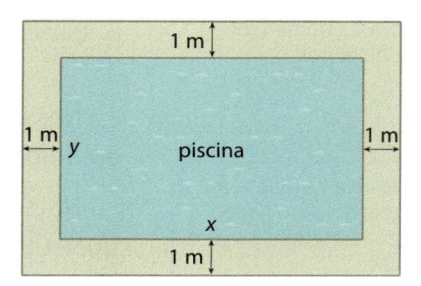

Sabendo que a área do terreno (piscina e borda) é 70 m² e que a área ocupada pela borda terá 30 m², determine o comprimento e a largura da piscina.

24. Resolva o problema de Priscila.

Priscila tem um retalho retangular de algodão e quer fazer uma toalha retangular. Ela comprou uma tira de renda de 10 cm de largura para colocar em toda a borda da toalha.

a) Sabendo que o perímetro da toalha pronta terá 2,6 m e que a área do retalho é igual a 0,18 m², determine as dimensões do retalho.

b) Qual deverá ser o comprimento mínimo da tira de renda para completar toda a volta em torno do retalho?

Mais questões no livro digital

UNIDADE 9 — FUNÇÕES

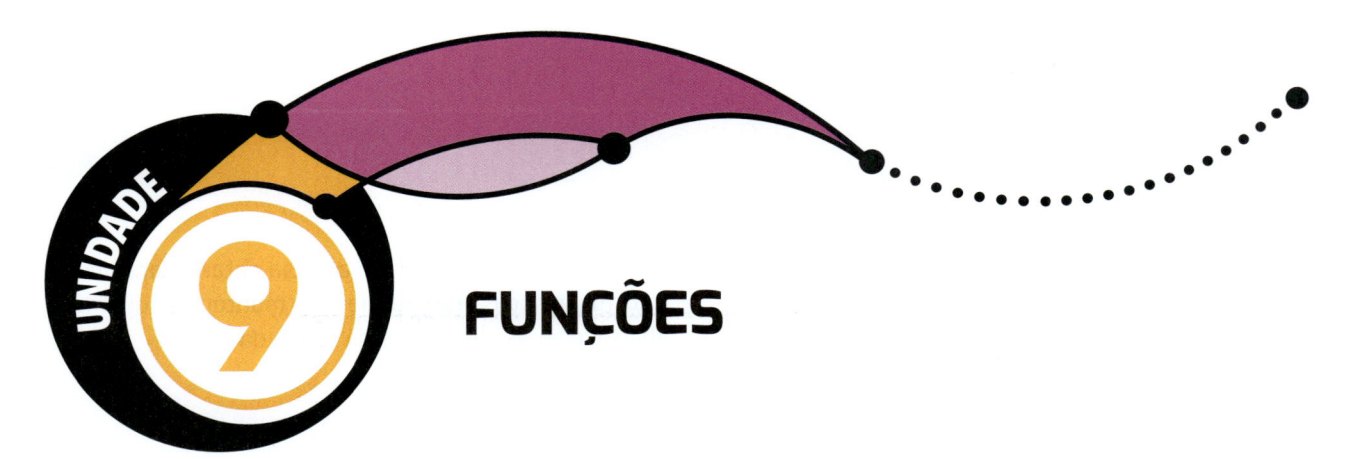

1 IDEIA DE FUNÇÃO

Questionar e levantar problemas

Analisar como as grandezas se relacionam é uma prática necessária em diversas situações cotidianas. Veja o exemplo a seguir.

Uma máquina de embalar alimentos produz 50 pacotes a cada minuto de funcionamento. Observe no quadro abaixo a quantidade de pacotes que essa máquina produz, de acordo com o tempo de operação.

Produção da máquina de embalar alimentos						
Tempo (em minuto)	1	2	3	4	5	6
Quantidade de pacotes	50	100	150	200	250	300

Linha de produção de uma fábrica de biscoitos.

Noção de função

Assista ao vídeo e veja como uma viagem de carro pode nos ajudar a entender o que é uma função.

Nessa situação, há a relação entre duas grandezas: a *quantidade de pacotes embalada* e o *tempo de funcionamento* da máquina.

Note que cada tempo de funcionamento da máquina determina uma única quantidade de pacotes embalada. Quando há correspondência entre duas grandezas e para cada medida da primeira grandeza ocorre *uma única* medida correspondente da segunda, dizemos que a segunda grandeza é **função** da primeira. Assim, a quantidade de pacotes embalada é dada em **função** do tempo de funcionamento da máquina.

Veja outras situações do dia a dia em que a ideia de função está presente.

O valor da arrecadação de uma bilheteria é dado em função da quantidade de ingressos vendidos.

O gasto com combustível é calculado em função do número de litros colocados no tanque do automóvel.

LEI DE FORMAÇÃO DA FUNÇÃO

Alessandra presta serviços de informática a diferentes empresas e cobra R$ 50,00 por hora trabalhada. Observe no quadro a seguir o valor recebido por Alessandra, de acordo com a quantidade de horas trabalhadas.

Valor de serviço de acordo com o número de horas trabalhadas				
Quantidade de horas trabalhadas	1	2	3	4
Valor recebido (em R$)	50	100	150	200

O valor recebido por Alessandra é função do número de horas trabalhadas porque cada quantidade de horas trabalhadas está associada a um único valor recebido.

Podemos representar a correspondência entre o valor v recebido, em real, por Alessandra e a quantidade t de horas trabalhadas por:

$$v = 50 \cdot t, \text{ em que } t \text{ é um número real positivo}$$

A sentença acima é chamada de **lei de formação da função** ou **lei da função**. Observe que tanto o quadro quanto a lei da função mostram como o valor recebido por Alessandra varia em função da quantidade de horas trabalhadas.

VARIÁVEIS

Uma loja de ferramentas aluga algumas de suas mercadorias de acordo com o seguinte critério: uma taxa fixa de R$ 15,00 referente à manutenção e uma taxa diária de R$ 8,50.

Considerando d o número de dias e a o valor do aluguel, podemos escrever a seguinte lei que relaciona a e d:

$$a = 15 + 8,5 \cdot d, \text{ com } d \text{ podendo ser qualquer número natural}$$

> O valor do aluguel depende do número de dias.

Podemos dizer que o valor do aluguel e o número de dias em que a mercadoria ficou emprestada são as **variáveis**. O valor do aluguel, que depende do número de dias em que a mercadoria ficou emprestada, é a **variável dependente**; e o número de dias, cuja escolha é livre, é a **variável independente**.

PARA PENSAR

- Quanto Alessandra receberá se levar 8 horas para realizar um trabalho?

Serviço de táxi

Assista ao vídeo e veja como uma corrida de táxi pode nos ajudar a entender a lei da função.

ATIVIDADES

PRATIQUE

1. Veja no quadro a seguir a quantidade de panfletos que uma impressora produz de acordo com seu tempo de funcionamento.

Panfletos produzidos de acordo com o tempo de funcionamento da impressora	
Tempo de impressão (em minuto)	Quantidade de panfletos
2	36
4	72
6	108
8	144
10	180

a) Quantos panfletos esse equipamento imprime por minuto?

b) A quantidade de panfletos impressos (n) é função do tempo (t) em minuto?

c) Escreva uma lei que relacione n com t.

2. Um azulejista cobra R$ 30,00 por metro quadrado de cerâmica assentada.

a) Calcule a quantidade de metros quadrados de cerâmica assentada sabendo que ele recebeu R$ 1.740,00.

b) Escreva a lei dessa função, considerando q a quantidade de metros quadrados de cerâmica assentada e v o valor recebido.

3. Observe a figura a seguir.

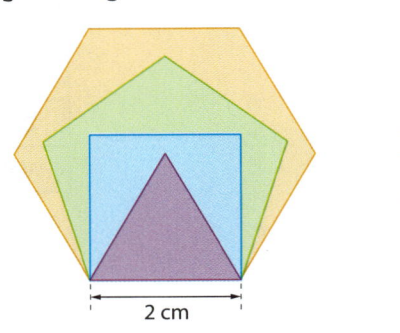

Sabendo que todos os polígonos representados são regulares, responda:

a) Qual é a lei da função que relaciona o perímetro p e o número n de lados do polígono regular?

b) Quais são as variáveis dependente e independente da função encontrada no item anterior?

4. Reproduza o quadro a seguir no caderno e complete-o com os valores que faltam. Depois, responda à questão.

Soma das medidas dos ângulos internos de um polígono convexo de acordo com o número de lados					
Número de lados	3	4	5	6	7
Soma das medidas dos ângulos internos (S)	180°	360°	540°		

A soma (S) das medidas dos ângulos internos de um polígono convexo é função do número de lados (n) desse polígono. Qual é a lei de formação dessa função?

5. Sabendo que a soma das medidas dos ângulos externos de qualquer polígono regular é 360°, e representando por e_n a medida de um ângulo externo de um polígono regular de n lados, calcule:

a) e_3;
b) e_4;
c) e_5;
d) e_6;
e) e_{10};
f) e_n.

2 A NOTAÇÃO f(x)

Acompanhe a situação a seguir.

O perímetro p de um triângulo equilátero é função da medida x do lado desse triângulo. Veja como é essa correspondência:

Medida x do lado (em cm)	1	3	4	10	15
Perímetro p (em cm)	3	9	12	30	45

A lei dessa função é: $p = 3x$, em que x é um número real positivo.

Também podemos representar a lei dessa função por: $f(x) = 3x$, em que x é um número real positivo. (Lemos: "f de x é igual a 3x".)

Nessa notação, chamamos a função de f.

Assim, x representa a medida do lado do triângulo equilátero e $f(x)$ representa seu perímetro.

> **OBSERVAÇÃO**
>
> Nesse tipo de notação, a função e a variável independente podem ser representadas por quaisquer letras. Por exemplo:
> - $g(x) = 2x$
> - $f(b) = b + 1$
> - $h(a) = a^2$

VALOR DE UMA FUNÇÃO

Na situação acima, o perímetro de um triângulo equilátero de lado de medida x foi representado por: $f(x) = 3x$, em que x é um número real positivo.

Desse modo, para calcular o perímetro de um triângulo equilátero de lado medindo 12 cm, basta substituir x por 12 na lei da função e efetuar a operação indicada. Veja:

$$f(12) = 3 \cdot 12$$
$$f(12) = 36$$

Isso significa que o **valor** da função para x igual a 12 é 36.

Portanto, o perímetro do triângulo equilátero de 12 cm de lado é 36 cm.

Imagine, agora, um robô programado para realizar sempre a mesma operação: quando um número real qualquer é inserido como entrada, ele devolve, como saída, o resultado correspondente. No caso do robô, ao lado, ele adiciona 3 a qualquer número real que entra nele.

Observe os resultados de algumas operações feitas pelo robô no quadro a seguir.

Resultados fornecidos pelo robô de acordo com os números inseridos na entrada						
Número inserido no robô: (x)	−3	−2	−1,5	0	$\frac{1}{2}$	1
Resultado correspondente f(x)	0	1	1,5	3	$\frac{7}{2}$	4

A lei da função que relaciona os valores do quadro é $f(x) = x + 3$.

Assim para determinar $f(\sqrt{2})$, substituímos x por $\sqrt{2}$ na lei da função:

$$f(\sqrt{2}) = \sqrt{2} + 3$$

> **PARA PENSAR**
>
> É verdade que a variável dependente de uma função sempre poderá ser qualquer número real? Por quê? Converse com os colegas.

ATIVIDADES

PRATIQUE

1. Considerando que o robô da página anterior foi reprogramado, veja os números x inseridos no robô e os números f(x) obtidos e responda às questões.

Resultados fornecidos pelo robô de acordo com os números inseridos na entrada

x	−2	−1	0	1
f(x)	−4	−2	0	2

a) Qual é a lei dessa função?

b) Qual é o valor de f(x) para $x = -\frac{5}{2}$?

c) Qual é o valor de x quando f(x) = 1.001?

2. Agora, observe os novos números reais x inseridos em outro robô e os números f(x) obtidos e responda às questões.

x	−1	0	1	$\frac{1}{3}$
f(x)	1	0	−1	$-\frac{1}{3}$

a) Qual é a lei dessa função?

b) Qual é o valor de f(x) para x = 10?

c) Qual é o valor de x quando f(x) = 13?

R1. Considere a função cuja lei é dada por:

$$g(x) = 3x - 7$$

Determine o valor de x para que g(x) = −10.

Resolução

Precisamos determinar o valor de x para g(x) = −10.

Substituímos g(x) por −10 na expressão correspondente à lei de formação da função g e resolvemos a equação correspondente.

g(x) = 3x − 7
−10 = 3x − 7
3x = −10 + 7
3x = −3
x = −1

Portanto, para que g(x) = −10, temos: x = −1.

3. Considere a função $f(x) = \frac{x + 3}{x}$, em que x é um número real não nulo, e determine:

a) f(−3);

b) f(3);

c) o valor de x para f(x) = 3.

4. Em cada caso, considere a lei de formação da função e complete o quadro com os números que faltam.

a) f(x) = −2x + 3

x	−4		$\frac{1}{2}$	
f(x)		3		−3

b) $g(x) = \frac{x}{2} - 3$

x	−3	4		10
f(x)			0	

5. Considere as funções g e h dadas pelas leis de formação a seguir.

$$g(x) = 3x - 2 \qquad h(x) = 6 - x$$

a) Determine o valor de g e de h para x = −1.

b) Para qual valor de x temos g(x) = h(x)?

APLIQUE

6. Observe no quadro o número de locações de filmes em DVD e o preço total correspondente.

Número x de locações	1	2	3	4
Preço y (em R$)	5,00	10,00	15,00	20,00

a) O preço é função do número de locações?

b) Escreva no caderno a lei dessa função.

c) Qual é o preço de vinte locações de DVD?

d) Para quantas locações o preço é R$ 50,00?

3 REPRESENTAÇÃO GRÁFICA DE UMA FUNÇÃO

Na Parte 1, você estudou um pouco sobre os números reais. Cada número real tem um ponto correspondente na **reta real**, e cada ponto da reta corresponde a um número real. Observe:

Agora, vamos ampliar esse estudo representando um par de números reais por pontos de um plano. Para isso, vamos construir um **sistema cartesiano**.

Toda situação que permite expressar uma grandeza em função da outra pode ser representada em um sistema cartesiano na forma de um gráfico. Veja as situações a seguir.

Situação 1

Observe os números inseridos como entrada em um *software* de construção de gráficos e os números correspondentes que ele forneceu como resultado.

x	−1	1	2	3,5	5
$y = f(x)$	2	−1	1	3	2,5

Veja a representação gráfica dessa função fornecida pelo *software*.

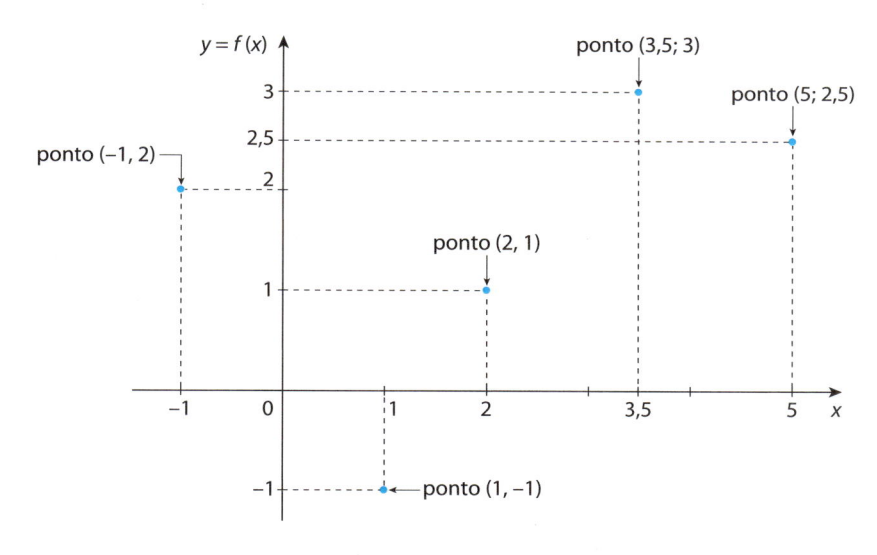

Note que para cada x existe um único y correspondente. Assim, podemos dizer que y é dado em função de x.

Note que o gráfico dessa função é formado por apenas 5 pontos. Cada um desses pontos representa um par ordenado em que o primeiro número do par indica o valor de x e o segundo, o valor de y correspondente.

PARA ANALISAR

- Determine $f(2)$.
- Qual é o valor de x para $f(x) = 2$?
- Qual é o valor mínimo que essa função pode assumir? E máximo?

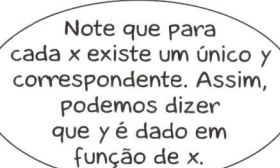

Situação 2

Em uma loja que trabalha com máquinas fotocopiadoras, o preço a ser pago varia em função do número de cópias.

Veja o quadro com os preços:

Preço de acordo com a quantidade de cópias	
Número de cópias	Preço (em real)
0	0
1	0,30
10	3,00
15	4,50
20	6,00

Nesse caso, também podemos representar os pares ordenados (número de cópias, preço) em um sistema cartesiano.

Note que o preço é diretamente proporcional ao número de cópias. Além disso, o número de cópias só pode ser um número natural, ou seja:

- não há números negativos;
- não há números entre dois números naturais consecutivos.

Por isso, o gráfico dessa função não é uma linha contínua, mas pontos alinhados, como você pode ver abaixo.

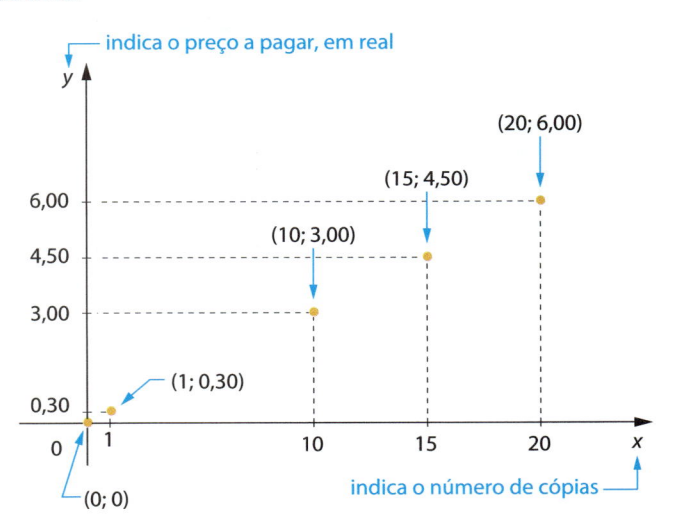

PARA PENSAR

Qual é a lei da função que o gráfico acima representa?

Situação 3

Considere um pentágono regular de lado de medida maior ou igual a 1. O perímetro desse pentágono regular é função da medida de seu lado. Veja como ocorre a variação observando algumas medidas:

Perímetro do pentágono regular de acordo com a medida do lado				
Medida do lado do pentágono regular (em cm)	1	2	2,5	4
Perímetro (em cm)	5	10	12,5	20

Cada par ordenado pode ser representado por um ponto em um sistema cartesiano. Nesse caso, o primeiro número do par ordenado indica a medida do lado e o segundo, o perímetro correspondente. No sistema cartesiano abaixo, os pares ordenados do quadro estão representados pelos pontos azuis.

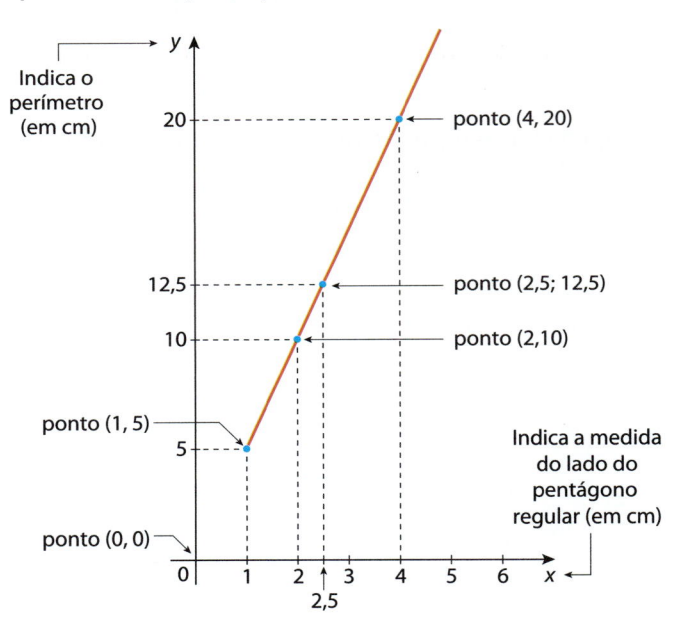

Note que os pontos obtidos estão alinhados. Isso acontece porque o perímetro do pentágono regular é diretamente proporcional à medida do seu lado. Além disso, como o lado do pentágono regular pode assumir qualquer valor real maior ou igual a 1, o gráfico será uma linha contínua que partirá do par ordenado (1, 5) e continuará infinitamente.

PARA PENSAR

Qual é a lei da função que o gráfico acima representa?

Situação 4

Observe os números inseridos como entrada em um aplicativo e os números correspondentes que ele fornece como resultado.

Resultados fornecidos pelo aplicativo de acordo com os números inseridos na entrada	
Número inserido	**Número obtido**
−2	4
−1,5	2,25
0	0
1	1
2	4

Esse aplicativo calcula o quadrado dos números inseridos na entrada, ou seja, os resultados são obtidos em função dos números inseridos. Posteriormente, o aplicativo fornece a representação gráfica dessa função.

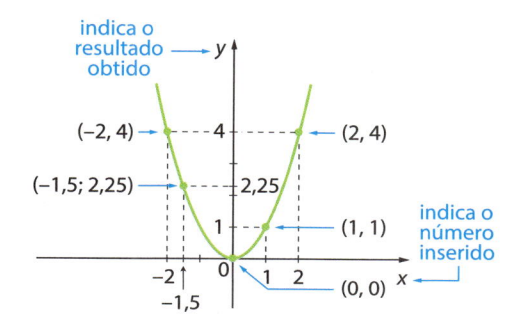

Cada par de números (número inserido, número determinado) forma um par ordenado, e eles podem ser representados por pontos em um sistema cartesiano.

Como esse aplicativo considera entrada todos os números reais, o gráfico da função é uma linha contínua sem início nem fim.

PARA PENSAR

Qual é a lei da função que o gráfico ao lado representa?

Organize o que você aprendeu fazendo a atividade 4 da página 256.

CONSTRUÇÃO DO GRÁFICO DE UMA FUNÇÃO

Observe a seguir uma maneira de construir o gráfico da função $f(x) = 2x^2$, em que x é um número real.

1º) Escolhemos valores arbitrários para x e calculamos os valores de $f(x)$ correspondentes para obter alguns pares ordenados.

x	$f(x)$	Par ordenado
1	2	(1, 2)
$\frac{1}{2}$	$\frac{1}{2}$	$\left(\frac{1}{2}, \frac{1}{2}\right)$
$\frac{1}{4}$	$\frac{1}{8}$	$\left(\frac{1}{4}, \frac{1}{8}\right)$
−1	2	(−1, 2)

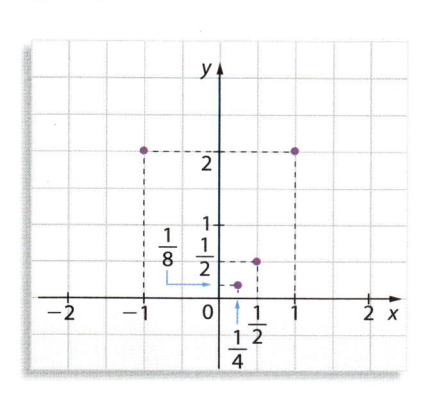

2º) Apenas com os pontos marcados anteriormente não é possível ter uma ideia precisa da forma do gráfico dessa função. Desse modo, determinamos mais pontos com abscissa entre os números −1 e 1 para obter outros valores assumidos pela função. Veja:

x	f(x)	Par ordenado
1	2	(1, 2)
$\frac{3}{4}$	$\frac{9}{8}$	$\left(\frac{3}{4}, \frac{9}{8}\right)$
$\frac{1}{2}$	$\frac{1}{2}$	$\left(\frac{1}{2}, \frac{1}{2}\right)$
$\frac{1}{3}$	$\frac{2}{9}$	$\left(\frac{1}{3}, \frac{2}{9}\right)$
$\frac{1}{4}$	$\frac{1}{8}$	$\left(\frac{1}{4}, \frac{1}{8}\right)$
0	0	(0, 0)
$-\frac{1}{2}$	$\frac{1}{2}$	$\left(-\frac{1}{2}, \frac{1}{2}\right)$
$-\frac{3}{4}$	$\frac{9}{8}$	$\left(-\frac{3}{4}, \frac{9}{8}\right)$
−1	2	(−1, 2)

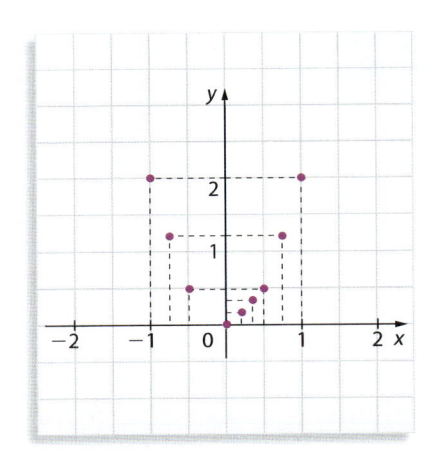

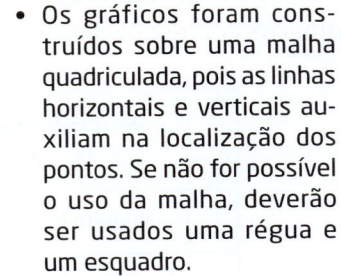

OBSERVAÇÕES

- Os gráficos foram construídos sobre uma malha quadriculada, pois as linhas horizontais e verticais auxiliam na localização dos pontos. Se não for possível o uso da malha, deverão ser usados uma régua e um esquadro.

- Os valores atribuídos a x são arbitrários, desde que obedecidas as condições de existência da função. No caso da função $f(x) = 2x^2$, x é um número real, então podemos calcular $f(x)$ para qualquer número real. No exemplo da função do número de cópias, da página 244, vimos que o número de cópias só pode ser um número natural, logo não conseguimos encontrar o valor da função (ou seja, preço do número de cópias) para qualquer número negativo ou não inteiro.

3º) Os pontos marcados no segundo passo nos sugere que o gráfico dessa função é uma curva simétrica em relação ao eixo y. Com isso é possível traçar a linha correspondente ao gráfico dessa função.

Em outros casos, porém, pode ser necessário escolher para x valores maiores que 1 e valores menores que −1 para fazer a representação.

Veja o gráfico construído ao lado.

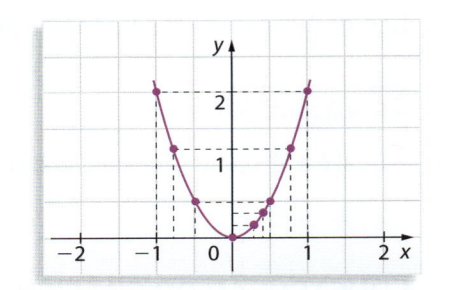

TODO GRÁFICO REPRESENTA UMA FUNÇÃO?

Vimos que, em uma função, para cada valor de x temos um único valor de $f(x) = y$.

Para verificar se um gráfico representa uma função, podemos traçar retas paralelas ao eixo y e verificar se cada reta cruza o gráfico em um único ponto. Observe:

Trilha de estudo
Vai estudar? Nosso assistente virtual no *app* pode ajudar!
<http://mod.lk/trilhas>

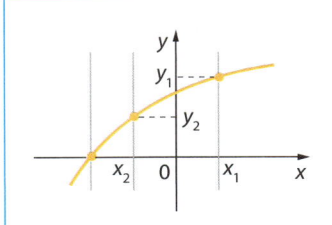

Este gráfico é de uma função porque, para qualquer valor de x, há um único valor de y correspondente.

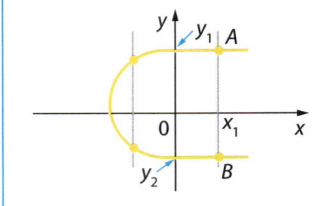

Este gráfico não é de uma função porque há valores de x com mais de um y correspondente. Por exemplo: $A(x_1, y_1)$ e $B(x_1, y_2)$.

COMPARE ESTRATÉGIAS

Representação gráfica de uma função

Pedro e Matias estão verificando se um gráfico representa uma função. Veja.

Pedro: Esse gráfico não representa uma função, pois existe valores de x com mais de um y correspondente.

Matias: Esse gráfico não representa uma função, pois tem um "salto" ali.

REFLITA

- Pedro e Matias concluíram corretamente que o gráfico não representa uma função; no entanto, com justificativas diferentes. Você concorda com ambas justificativas? Por quê?

DISCUTA E CONCLUA

Veja a análise que Pedro e Matias fizeram de outro gráfico.

Pedro: Esse gráfico representa uma função, pois, para um valor de x, há um único valor de y correspondente.

Matias: Esse gráfico não representa uma função, pois tem um "salto".

- Com qual deles você concorda? Por quê?
- Volte ao *Reflita* e veja se você mudaria a resposta dada.

247

ATIVIDADES

PRATIQUE

1. Observe o gráfico a seguir.

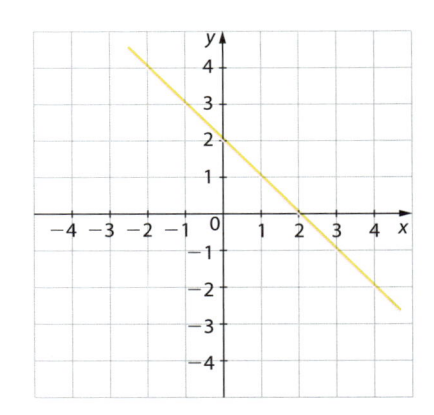

a) Escreva quatro pontos que pertencem ao gráfico dessa função.

b) Qual das leis a seguir corresponde à função representada?

$f(x) = 2x - 2$
$f(x) = -x + 2$
$f(x) = x + 2$
$f(x) = -x - 2$

2. Observe os números reais do quadro a seguir.

x	−1	0	1	2	5	8
y	−4	−1	2	5	14	23

a) Determine a lei da função.
b) Construa o gráfico da função.

3. Identifique os gráficos que representam uma função.

a) 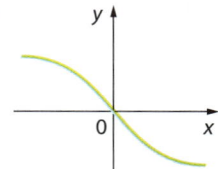
b) 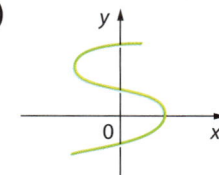
c) 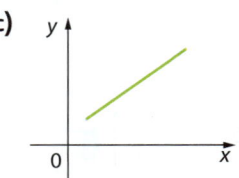
d)

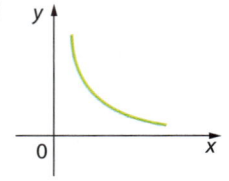

APLIQUE

4. Um recipiente com água fervente é deixado a esfriar até que atinja a temperatura ambiente de 25 °C. Observe o quadro abaixo, que mostra a variação de temperatura da água em função do tempo.

Variação da temperatura de acordo com o tempo	
Tempo (min)	Temperatura (°C)
0	100
2	75
4	50
6	25
8	25

Agora, a partir dos valores do quadro construa um gráfico. Depois, responda: o gráfico da função que relaciona a temperatura e o tempo é uma linha contínua? Justifique.

5. Pietro desafiou Ricardo para uma corrida de 20 km de bicicleta. Ricardo permitiu que Pietro ficasse 4 km à sua frente no momento da largada. O gráfico abaixo apresenta o desempenho deles durante a execução da prova, sendo dada a distância percorrida por eles (em quilômetro) em função do tempo (em minuto).

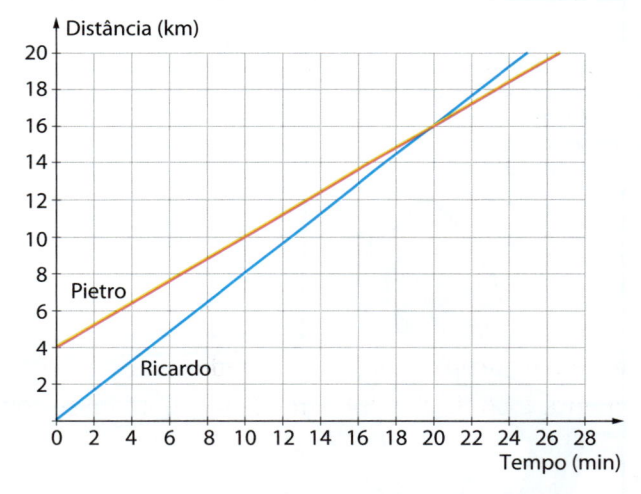

a) Após a largada, em quanto tempo Ricardo alcançou Pietro?

b) A que distância da largada eles estavam nesse momento?

c) Quem ganhou a corrida? Justifique sua resposta.

ESTATÍSTICA E PROBABILIDADE
ANÁLISE DE GRÁFICOS QUE INDUZEM A ERRO

As pesquisas de intenção de voto ocorrem com bastante frequência nos anos em que há eleição para a escolha dos nossos representantes na política.

Veja abaixo um gráfico divulgado em maio de 2018 por um instituto de pesquisa com as intenções de voto para candidatos a prefeito de uma cidade.

INTENÇÃO DE VOTO PARA CANDIDATOS A PREFEITO DE UMA CIDADE

Candidato	Porcentagem
Zezinho	22%
Joãozinho	15%
Zeca	4%
Joca	3%
Tito	2%
Kiko	2%
Zito	1%
Branco/nulo	40%
Não sabe	11%

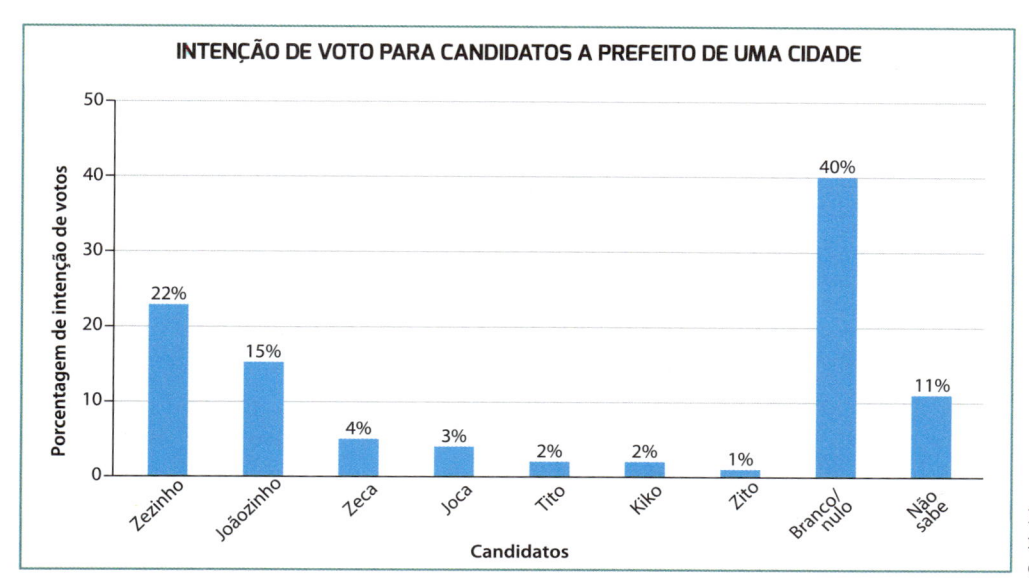

Dados obtidos pelo instituto de pesquisa em maio de 2018.

Agora veja, ao lado, como um dos candidatos divulgou os dados dessa pesquisa em sua rede social. Note que a altura das barras não está coerente com a escala adotada no gráfico. Além disso, a altura da barra correspondente às intenções de voto de Zezinho está bem maior que as demais.

- Em sua opinião, por que a barra correspondente às intenções de voto de Zezinho está bem maior que as demais? Converse com os colegas.

Situações como essa acontecem com frequência nos meios de comunicação. Por esse motivo, ao analisar um gráfico divulgado pela mídia, é preciso, entre outras coisas, analisar se a escala é apropriada, se as legendas estão explicitadas corretamente e checar se informações importantes como fontes e datas não foram omitidas.

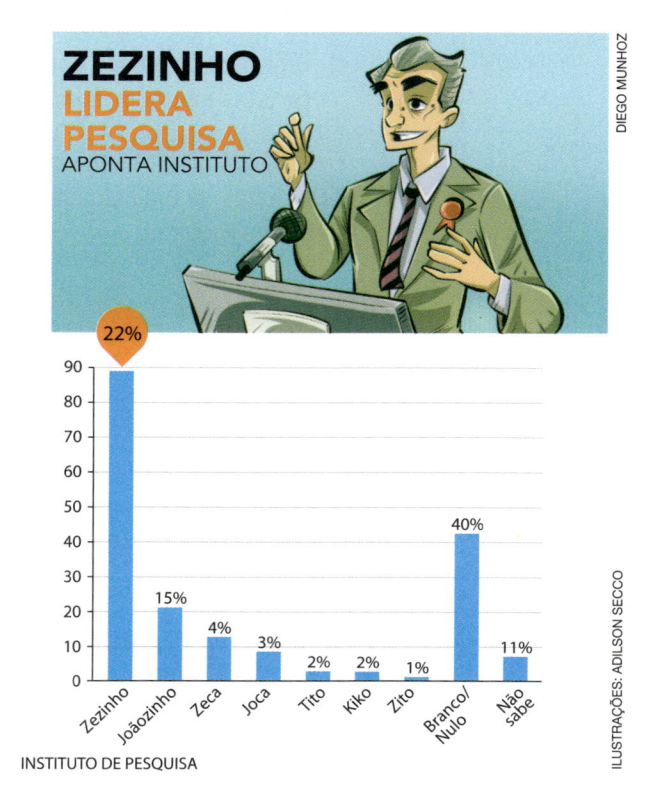

ZEZINHO LIDERA PESQUISA APONTA INSTITUTO

INSTITUTO DE PESQUISA

ESTATÍSTICA E PROBABILIDADE

ATIVIDADES

1. Dois meios de comunicação diferentes divulgaram dados sobre o número de motoristas multados em uma cidade no 1º trimestre de 2018. Veja.

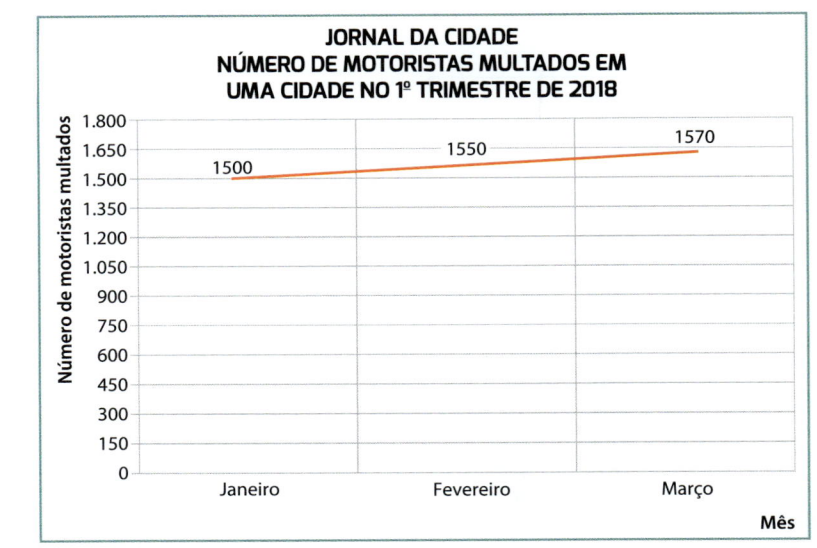

JORNAL DA CIDADE
NÚMERO DE MOTORISTAS MULTADOS EM UMA CIDADE NO 1º TRIMESTRE DE 2018

(Janeiro: 1500; Fevereiro: 1550; Março: 1570)

Dados obtidos pela Companhia de Engenharia de Tráfego de uma cidade no 1º trimestre de 2018.

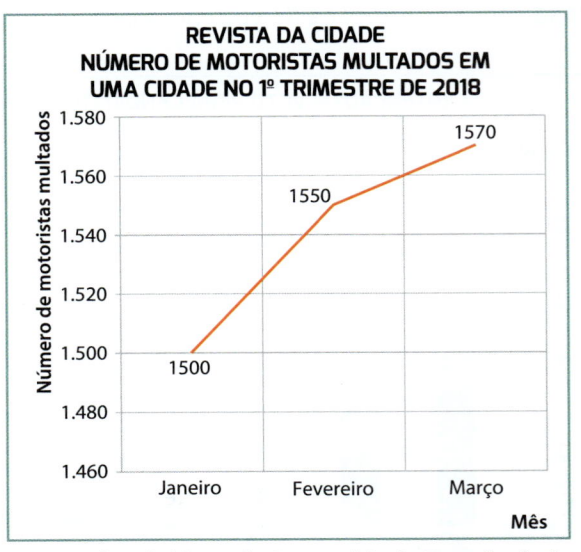

REVISTA DA CIDADE
NÚMERO DE MOTORISTAS MULTADOS EM UMA CIDADE NO 1º TRIMESTRE DE 2018

(Janeiro: 1500; Fevereiro: 1550; Março: 1570)

Dados obtidos pela Companhia de Engenharia de Tráfego de uma cidade no 1º trimestre de 2018.

a) Qual é a diferença entre os dois gráficos?

b) Em março, foram multados quantos motoristas a mais que em janeiro?

c) O gráfico divulgado por qual meio de comunicação sugere que o número de motoristas multados aumentou rapidamente nesse período?

2. Em 2018 foi feita uma pesquisa para saber a porcentagem de torcedores de dois clubes de uma cidade. Veja o gráfico publicado na página oficial de um desses clubes na internet.

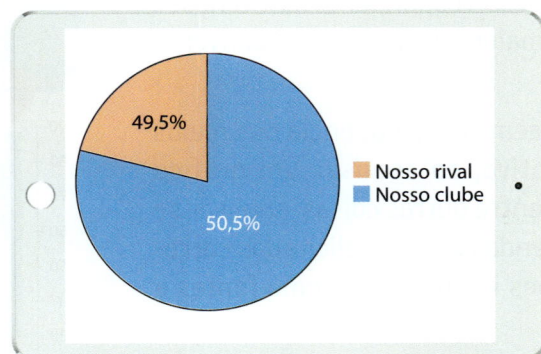

(Gráfico de pizza: Nosso rival 49,5%; Nosso clube 50,5%)

a) Quais são os problemas que esse gráfico apresenta?

b) Em sua opinião, qual foi a intenção do clube ao publicar esse gráfico em sua página oficial na internet?

ATIVIDADES COMPLEMENTARES

1. Em uma caixa-d'água inicialmente vazia, uma torneira aberta despeja 15 litros de água por minuto.

   a) Complete o quadro que relaciona o tempo e a quantidade de água na caixa.

Quantidade de água na caixa de acordo com o tempo						
Tempo t (em minuto)	1	2	3	5	10	30
Quantidade c de água (em litro)						

   b) A quantidade de litros que há na caixa-d'água é função do tempo? Em caso afirmativo, escreva a lei dessa função.

   c) Sabendo que a caixa-d'água tem capacidade para 1.800 L, determine quanto tempo a torneira levará para enchê-la.

2. Um retângulo de medidas 4 e 8 foi dividido conforme a figura.

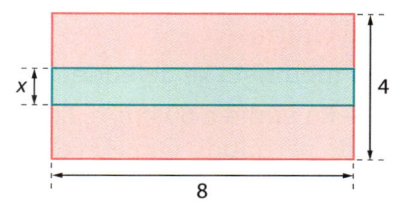

   A medida x pode variar de 0 a 4 e, consequentemente, a área da região rosa y varia em função da medida indicada por x.

   a) Qual é a lei da função que fornece a área da região rosa?

   b) Determine a área da região rosa para $x = 1$.

3. Analise e identifique o gráfico correspondente à função $f(x) = x + 1$.

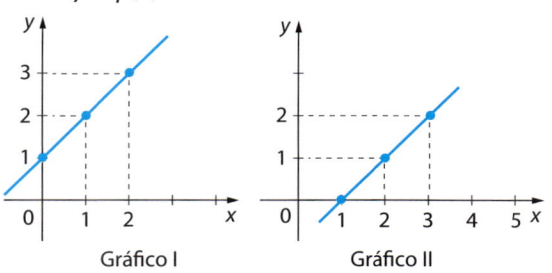

   Gráfico I

   Gráfico II

4. Em um Festival de Cinema, a equipe organizadora está oferecendo duas formas de compra de bilhetes:

   - *Bilhete especial*: 144 reais, com direito a assistir a quantos filmes quiser.
   - *Bilhete normal*: 12 reais para assistir a cada filme.

   a) O preço do bilhete é função do tipo de bilhete. Indicando por x a quantidade de filmes a que uma pessoa vai assistir, escreva a lei da função em cada caso.

   b) Em que situação será mais econômico o bilhete especial? E o bilhete normal?

5. Observe como Marco encontrou a lei da função que rege a sequência 3, 5, 7, 9, ...

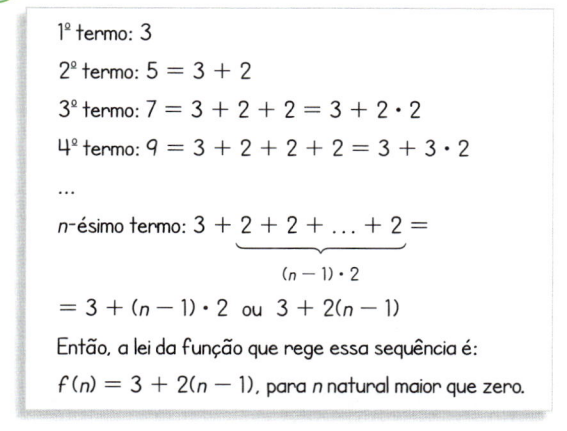

   > 1º termo: 3
   > 2º termo: $5 = 3 + 2$
   > 3º termo: $7 = 3 + 2 + 2 = 3 + 2 \cdot 2$
   > 4º termo: $9 = 3 + 2 + 2 + 2 = 3 + 3 \cdot 2$
   > ...
   > n-ésimo termo: $3 + \underbrace{2 + 2 + \ldots + 2}_{(n-1) \cdot 2} =$
   > $= 3 + (n-1) \cdot 2$ ou $3 + 2(n-1)$
   > Então, a lei da função que rege essa sequência é:
   > $f(n) = 3 + 2(n-1)$, para n natural maior que zero.

   Agora, junte-se a um colega e observem a sequência construída por varetas.

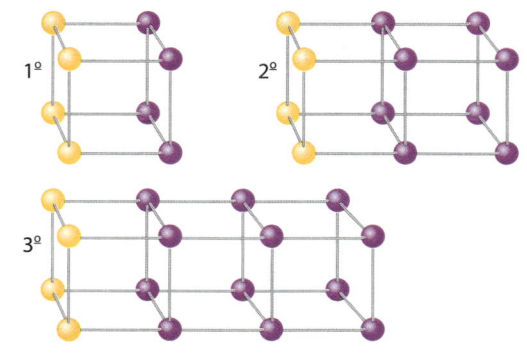

   - Escrevam a lei da função que fornece a quantidade de varetas do termo n dessa sequência.

   Mais questões no livro digital

COMPREENDER UM TEXTO
POBRE VACA ASSASSINADA

O motorista vê o obstáculo. Ele aciona o breque com a maior rapidez possível e o carro começa a parar. No entanto, desde que o obstáculo é visto até a parada, o carro percorre uma certa distância. Essa distância depende de vários fatores: dos reflexos do motorista, das condições da pista, da qualidade do sistema de freios etc. O fator mais importante de todos é a velocidade que o carro vinha desenvolvendo.

Os especialistas em tráfego vêm estudando bastante essas situações em que um automóvel tem de frear bruscamente. Vamos mostrar uma das fórmulas que eles podem usar.

$$d = \frac{V}{10} + \frac{V^2}{250}$$

$\frac{V}{10}$: Metros percorridos entre a visão do obstáculo e o acionamento do breque.

$\frac{V^2}{250}$: Metros percorridos após o breque ser acionado.

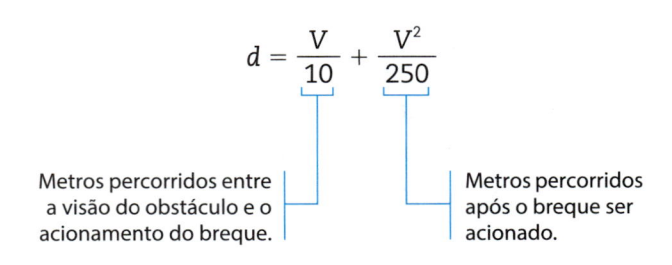

d: distância em metros que o carro percorre desde que o motorista vê o obstáculo até o carro parar.
V: velocidade que o carro vinha desenvolvendo, em quilômetros por hora.

[...] Agora, antes de terminar, voltemos à vaca que tranquilamente atravessava a estrada no início deste texto. Foi uma catástrofe. A pobrezinha praticamente virou churrasco.

O motorista se defendeu:

— Eu vinha a 60 km/h. Esse era o limite de velocidade permitido naquela estrada!

O desolado dono da vaca pediu que o famoso detetive Said Essa investigasse o caso.

Nosso herói começou medindo o comprimento das marcas de pneu que o carro deixara ao brecar.

— Fiquei sabendo [declarou Said Essa] que o carro andou 40 metros após o breque ser acionado e nesse percurso colheu a pobre vaca.

Said Essa não teve dificuldade em provar que o motorista dirigia a uma velocidade bem superior a 60 km/h. [...]

Devido à ação de Said Essa, o motorista imprudente sofreu pesadas multas. Mas esse não foi o fim. O dono da vaca também acabou sendo multado, porque não cuidou direito da coitada, deixando-a circular pela rodovia.

Luiz Márcio Imenes; J. Jakubo; Marcelo C. Lellis. *Equação do 2º grau*. São Paulo: Atual, 1992. p. 12-14. (Coleção Pra que serve Matemática?)

ATIVIDADES

1. Qual é o principal objetivo do texto da página anterior?
   a) Alertar sobre o perigo de dirigir em estradas sinuosas.
   b) Ensinar como determinar a distância que um carro, andando a certa velocidade, percorre depois de acionar o freio.
   c) Alertar sobre o perigo de deixar animais circularem nas rodovias.

2. Responda às questões de acordo com o texto.
   a) Qual é o perigo de dirigir em alta velocidade em estradas cheias de curvas?
   b) O comprimento das marcas de pneu corresponde à distância total percorrida pelo carro depois de avistado o obstáculo? Explique sua resposta.
   c) Como Said Essa pôde provar matematicamente que o motorista mentiu ao declarar que dirigia a 60 km/h no momento do acidente?
   d) Se o motorista estivesse dirigindo realmente a 60 km/h, qual seria o comprimento das marcas de pneu deixadas por seu carro?
   e) Afinal, a que velocidade vinha o motorista?

3. Um automóvel percorre maior distância no intervalo de tempo entre a visão do obstáculo e o acionamento do freio ou depois do acionamento do freio? Teste algumas velocidades na fórmula dada no texto. Depois, troque informações com seus colegas e explique suas conclusões.

4. Resolva aplicando a fórmula dada no texto.

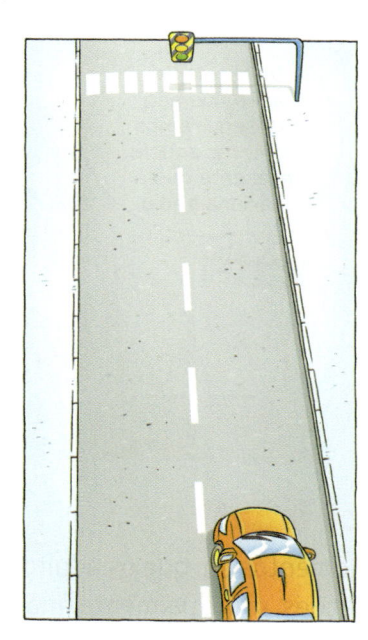

Um motorista vem dirigindo por uma rua quando percebe, cerca de 20 metros adiante, que o semáforo ficou com o sinal vermelho.

Para que consiga frear antes de chegar ao semáforo, o motorista deve estar dirigindo a qual velocidade máxima? Se necessário, use uma calculadora.

5. Reflita e responda às questões.
   a) Apesar de a velocidade do automóvel ser o fator mais importante, há outros fatores que interferem na distância percorrida em situações de freadas bruscas. Quais?
   b) Em sua opinião, as ruas de sua cidade ou as estradas circunvizinhas apresentam problemas que podem prejudicar a atuação do motorista em uma situação de freada brusca? Quais?
   c) Além de trafegar em velocidade segura, que outras precauções o motorista pode tomar para evitar acidentes?

6. Você acha que os limites de velocidade estabelecidos para o trânsito de automóveis em ruas e estradas da região onde mora são demasiadamente baixos, apenas seguros ou muito altos? Justifique sua opinião.

EDUCAÇÃO FINANCEIRA
QUE CONVERSA É ESSA?

Mariana ficou apreensiva depois de ouvir, por acaso, seus pais conversando de forma tensa sobre um assunto que os preocupava muito.

> Infelizmente, acho que não conseguiremos comprar aquele presente que a Mariana pediu.

> Não acredito! Nós prometemos e agora não vamos cumprir?!

> Precisamos pagar as prestações do cartão de crédito. E as mensalidades da escola que estão atrasadas.

> Nossa, são muitas contas. O que acha de escolhermos um presente mais barato?

O que você faria?

Existem momentos em que os adultos querem poupar os filhos de algumas preocupações, principalmente financeiras, como é o caso da família de Mariana. No entanto, é necessário que os jovens entendam a situação pela qual a família está passando, escutando os pais com compreensão e empatia.

Para entender essa situação e se posicionar diante dela, junte-se a um colega e discutam as seguintes questões:

a) Você acha que será um problema Mariana ganhar um presente mais barato?

b) O dinheiro das prestações do cartão de crédito poderia ser usado para comprar o presente de Mariana? Seria justo?

c) Cite situações que requerem redução de gastos em uma família.

CALCULE

A fim de se organizar melhor e planejar o que fazer para evitar problemas financeiros, o pai de Mariana pesquisou na internet uma planilha de orçamento doméstico. Veja a que ele escolheu, parcialmente preenchida.

Receitas	Novembro	Dezembro
Salário líquido	R$ 3.400,00	R$ 3.400,00
Horas extras	R$ 200,00	————
13º salário	R$ 1.700,00	R$ 1.700,00
Outros	————	————
Total geral	R$ 5.300,00	R$ 5.100,00

Despesas		Novembro	Dezembro
Habitação	Prestação do apartamento	R$ 1.165,00	
	Condomínio + IPTU	R$ 505,00	
	Água, luz e telefone	R$ 103,40	R$ 109,70
Transporte	Metrô/ônibus	R$ 60,00	R$ 139,00
Saúde	Plano de saúde	R$ 540,80	
	Dentista	R$ 180,00	R$ 260,00
	Medicamentos	R$ 22,30	R$ 247,50
Educação	Mensalidade do colégio	R$ 870,00	
	Curso de inglês	R$ 120,00	———
	Material escolar/uniformes	R$ 23,00	———
Alimentação	Mercado/feira	R$ 238,90	R$ 464,70
	Padaria	R$ 55,30	R$ 61,20
Outras	Roupas/sapatos	R$ 69,00	R$ 199,00
	Cinema/passeios	R$ 68,00	R$ 233,00
	Presentes	R$ 150,00	R$ 400,00
	Despesas imprevistas	R$ 135,00	R$ 177,50
Total geral		R$ 4.305,70	

No mês de dezembro, faltou preencher os gastos fixos (valores que não variam ao longo do ano) da família de Mariana. Junte-se a um colega e preencham essas lacunas. Depois, façam os cálculos e observem se, em dezembro, o saldo ficou negativo ou não. Caso tenha ficado, quais gastos vocês acham que poderiam ter sido menores?

Saldo	Novembro	Dezembro
Total das receitas	R$ 5.300,00	
Total das despesas	R$ 4.305,70	
Saldo (receitas − despesas)	R$ 994,30	

REFLITA

Você já deve ter percebido como é complicado administrar os gastos de uma família. Por isso, é muito importante que cada membro da família esteja consciente do que pode fazer para colaborar com o orçamento familiar.

Para finalizar, converse com os colegas a respeito das questões a seguir.

a) Por que é importante ter controle de quanto se ganha e de quanto se gasta no mês?
b) Como você pode ajudar nas finanças da família?
c) Quando quer alguma coisa, você se lembra de perguntar aos seus pais se eles têm condições de comprar esse produto?
d) O que você pode fazer para diminuir seus gastos? Você controla a sua impulsividade quando faz compras?
e) O que não é possível reduzir nas despesas mensais?
f) Na sua família, quais despesas poderiam ser diminuídas?

ORGANIZAR O CONHECIMENTO

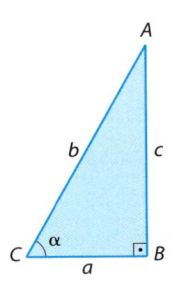

1. Considere o triângulo retângulo a seguir e escreva as razões que indicam o seno de α, o cosseno de α e a tangente de α.

   sen $\alpha =$

   cos $\alpha =$

   tg $\alpha =$

2. Escreva a fórmula resolutiva de equações do 2º grau $ax^2 + bx + c = 0$ para $a \neq 0$.

3. Complete o quadro com os coeficientes e discriminante das equações do 2º grau abaixo.

Equação	a	b	c	$\Delta = b^2 - 4ac$
$x^2 + 2x - 4 = 0$				
$2x^2 - x + 5 = 0$				
$x^2 - 2x + 6 = 0$				

4. Complete o esquema abaixo.

Diferentes maneiras de representar a função que relaciona o perímetro de um triângulo equilátero e a medida de seus lados		
Representação em forma de um quadro	Lei de formação da função	Gráfico da função
x: 1, 2, 3, 4 / y:		

TESTES

1. Pedro vai fechar uma área em formato triangular com uma cerca de arame. Observe no esquema abaixo o tracejado onde a cerca deverá ser instalada.

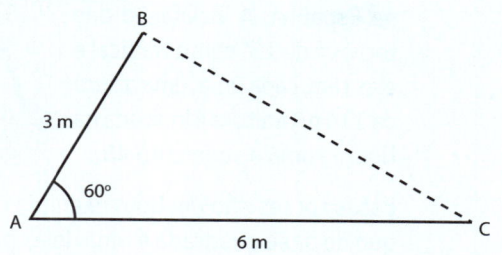

Quantos metros dessa cerca de arame Pedro deverá utilizar?

a) $3\sqrt{2}$ b) $\sqrt{2}$ c) $3\sqrt{3}$ d) $\sqrt{3}$

2. (Enem) Alguns equipamentos eletrônicos podem "queimar" durante o funcionamento quando sua temperatura interna atinge um valor máximo T_M. Para maior durabilidade dos seus produtos, a indústria de eletrônicos conecta sensores de temperatura a esses equipamentos, os quais acionam um sistema de resfriamento interno, ligando-o quando a temperatura do eletrônico ultrapassa um nível crítico T_C, e desligando-o somente quando a temperatura cai para valores inferiores a T_m. O gráfico ilustra a oscilação da temperatura interna de um aparelho eletrônico durante as seis primeiras horas de funcionamento, mostrando que seu sistema de resfriamento interno foi acionado algumas vezes.

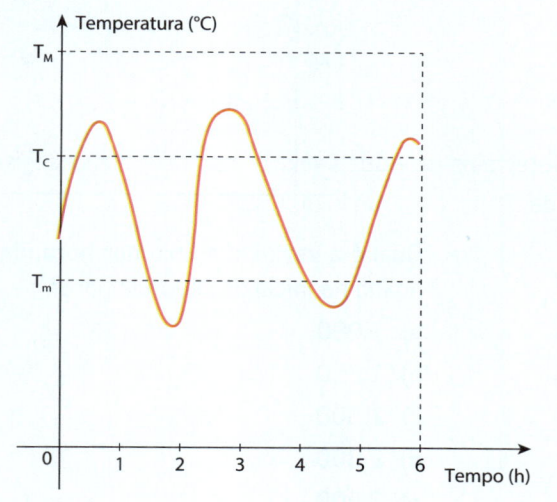

Quantas foram as vezes que o sensor de temperatura acionou o sistema, ligando-o ou desligando-o?

a) 2
b) 3
c) 4
d) 5
e) 9

3. (Enem) Um balão atmosférico, lançado em Bauru (343 quilômetros a Noroeste de São Paulo), na noite do último domingo, caiu nesta segunda-feira em Cuiabá Paulista, na região de Presidente Prudente, assustando agricultores da região. O artefato faz parte do programa Projeto Hibiscus, desenvolvido por Brasil, França, Argentina, Inglaterra e Itália, para a medição do comportamento da camada de ozônio, e sua descida se deu após o cumprimento do tempo previsto de medição.

Na data do acontecido, duas pessoas avistaram o balão. Uma estava a 1,8 km da posição vertical do balão e o avistou sob um ângulo de 60°; a outra estava a 5,5 km da posição vertical do balão, alinhada com a primeira, e no mesmo sentido, conforme se vê na figura, e o avistou sob um ângulo de 30°.

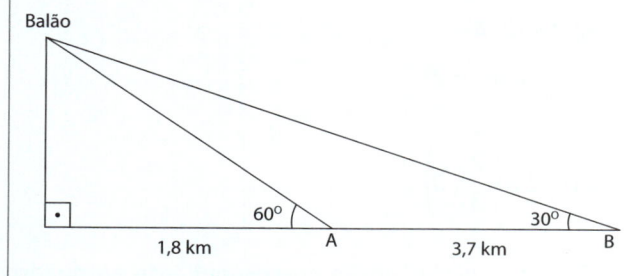

Qual a altura aproximada em que se encontrava o balão?

a) 1,8 km
b) 1,9 km
c) 3,1 km
d) 3,7 km
e) 5,5 km

257

TESTES

4. Um prêmio no valor de 360 mil reais deveria ser repartido entre um determinado número de ganhadores. Entretanto, na data em que deveria ser entregue, quatro dos ganhadores não compareceram e a regra do concurso afirmava que o valor deveria ser igualmente e totalmente distribuído entre os ganhadores presentes na cerimônia. Então, cada um dos presentes recebeu 15 mil reais a mais do que o valor inicial. Quantos ganhadores foram receber o prêmio?

a) 8
b) 12
c) 15
d) 20
e) 24

5. O quadro abaixo foi usado na construção do gráfico de uma função. Assinale a alternativa que contém o zero dessa função e o ponto em que o gráfico intercepta o eixo y, respectivamente.

x	y
1	1
2	4
$\frac{2}{3}$	0
5	13
0	−2

a) 1 e (1, 1)
b) 2 e (2, 4)
c) $\frac{2}{3}$ e (0, −2)
d) 0 e (1, 1)
e) −2 e $\left(\frac{2}{3}, 0\right)$

6. Qual é a lei da função correspondente ao quadro da atividade anterior?

a) $y = x$
b) $y = 3x - 2$
c) $y = x - 2$
d) $y = 2x$
e) $y = x - \frac{2}{3}$

7. (Enem) As torres Puerta de Europa são duas torres inclinadas uma contra a outra, construídas numa avenida de Madri, na Espanha. A inclinação das torres é de 15° com a vertical e elas têm, cada uma, uma altura de 114 m (a altura é indicada na figura como o segmento AB).

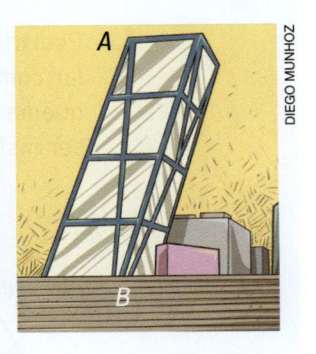

Estas torres são um bom exemplo de um prisma oblíquo de base quadrada e uma delas pode ser observada na imagem.

Utilizando 0,26 como valor aproximado para a tangente de 15° e duas casas decimais nas operações, descobre-se que a área da base desse prédio ocupa na avenida um espaço:

a) menor que 100 m².
b) entre 100 m² e 300 m².
c) entre 300 m² e 500 m².
d) entre 500 m² e 700 m².
e) maior que 700 m².

8. (Enem) Uma cisterna de 6.000 L foi esvaziada em um período de 3 h. Na primeira hora foi utilizada apenas uma bomba, mas nas duas horas seguintes, a fim de reduzir o tempo de esvaziamento, outra bomba foi ligada junto com a primeira. O gráfico, formado por dois segmentos de reta, mostra o volume de água presente na cisterna, em função do tempo.

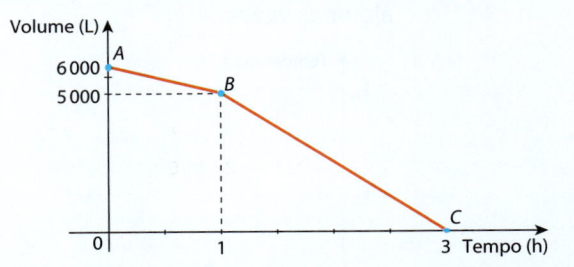

Qual é a vazão, em litro por hora, da bomba que foi ligada no início da segunda hora?

a) 1.000
b) 1.250
c) 1.500
d) 2.000
e) 2.500

258

ATITUDES PARA A VIDA

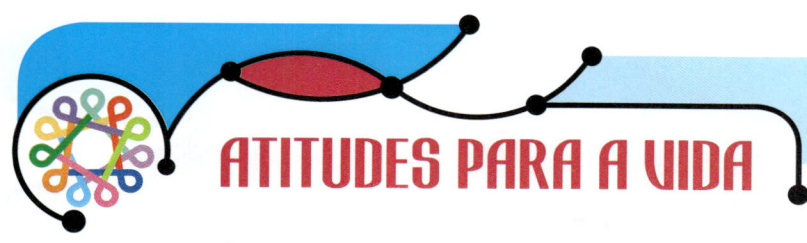

1. Observe as cenas.

   Caíque: Essa é a fórmula usada para resolver equações de 2º grau. $x = \frac{-b \pm \sqrt{\Delta}}{2a}$

   Mário: Como você sabe que isso é verdade?

   Yoko: Encontrei dados sobre os animais em extinção para fazer o nosso trabalho.

   Mário: A fonte desses dados é confiável?

   Marque um **X** na atitude que você julga que Mário desenvolveu com base nas cenas acima.

   (   ) Pensar com flexibilidade.
   (   ) Pensar de maneira interdependente.
   (   ) Questionar e levantar problemas.

2. Responda às questões a seguir.

   a) Você já vivenciou alguma situação em que teve que **pensar com flexibilidade**? Descreva como foi.

   _____

   _____

   b) Em que situações do dia a dia é importante **pensar de maneira interdependente**? Por quê?

   _____

   _____

PARTE 4

- UNIDADE 10 FUNÇÃO AFIM
- UNIDADE 11 FUNÇÃO QUADRÁTICA
- UNIDADE 12 FIGURAS GEOMÉTRICAS NÃO PLANAS E VOLUMES

Para atingir a camada pré-sal são necessárias escavações de mais de 7 mil metros de profundidade, pois só a camada de sal tem cerca de 2 mil metros de espessura. O investimento nesses poços marítimos se justifica pela previsão de alta produtividade. Na foto, plataforma P-51 da Petrobras, campo de Marlim Sul, na Bacia de Campos, RJ, a primeira a ser construída totalmente no Brasil. Foto de 2011.

A CAMADA DO PRÉ-SAL

A camada pré-sal tem esse nome porque as rochas de onde são extraídos óleo e gás estão abaixo de uma barreira de sal de até 2 km de espessura, situada a cerca de 5 km sob a superfície do oceano. Sua origem está no início do processo de separação dos continentes, quando o que era um imenso lago começou a ser invadido pelas águas do oceano (hoje, Atlântico Sul). A decomposição de microrganismos nesse lago, a pressão do sal acumulado em sucessivos períodos de evaporação e a pressão da massa da água sobre ele, durante milhões de anos, deram origem a um depósito de óleo de alta qualidade na região que vai do litoral do Espírito Santo ao litoral de Santa Catarina.

Entre depósitos de óleo e de gás dessa região, estima-se que o volume de produção de barris de petróleo, apenas na área de acumulação de Tupi, na bacia de Santos, atingirá de 5 a 8 bilhões de barris, valores que, se confirmados, classificariam esse campo como o maior descoberto no mundo desde o ano 2000.

Oceano
Camada pós-sal
Camada de sal
Camada pré-sal

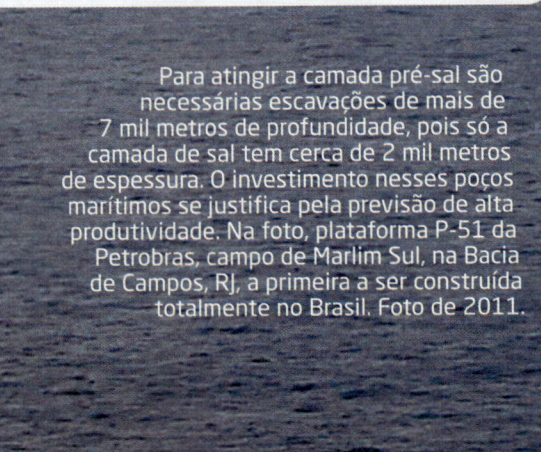

PARA RESPONDER

Considerando que a produção de um poço de petróleo localizado em uma plataforma marítima seja de 18.000 barris por dia e que cada barril de petróleo tenha capacidade para 159 L, responda às questões no caderno.

1. Em um dia, quantos litros de petróleo serão extraídos?
2. Em três dias, quantos barris de petróleo serão produzidos nesse poço? E quantos litros de petróleo?
3. Escreva uma expressão que relacione a quantidade de litros extraídos à quantidade de dias.

ATITUDES PARA A VIDA

- Escutar os outros com atenção e empatia.
- Persistir.
- Esforçar-se por exatidão e precisão.

UNIDADE 10
FUNÇÃO AFIM

1 FUNÇÃO AFIM

Fernanda vende salgadinhos para festas. Ela cobra R$ 26,00 por quilograma de salgadinho, mais R$ 20,00 de taxa de entrega. O pedido mínimo é de 1 quilograma.

O preço (y) da encomenda é função da massa (x) dos salgadinhos, em quilograma, e pode ser expresso por:

$y = 26,00 \cdot x + 20,00$, em que x é um número real positivo maior ou igual a 1.

Observe, no quadro, o valor a ser pago por algumas quantidades de salgadinhos e, no gráfico, a representação dos pontos correspondentes.

Massa de salgadinhos (em kg)	Preço a pagar (em real)
x	$y = 26,00 \cdot x + 20,00$
1	46,00
2	72,00
3	98,00
4	124,00
5	150,00
6	176,00

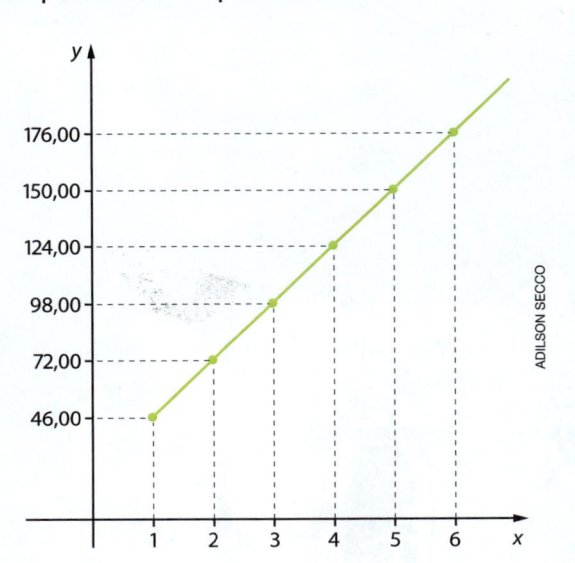

Note que os pontos do gráfico estão alinhados, pois sempre que x aumenta uma unidade, o valor de y aumenta 26 unidades. Como x pode assumir qualquer valor real maior ou igual a 1, o gráfico dessa função é uma linha contínua, que começa no ponto (1, 46) e prolonga-se indefinidamente no sentido ascendente. O gráfico dessa função é parte de uma reta.

Veja que a lei $y = 26,00 \cdot x + 20,00$ é do tipo $y = ax + b$, em que a e b são números reais.

Função afim
Assista ao vídeo e veja um exemplo de função afim.

Função afim é toda função cuja lei pode ser escrita na forma $y = ax + b$, em que a e b são números reais e x pode ser qualquer número real.

OBSERVAÇÃO

As leis a seguir não indicam funções afins, pois não podem ser escritas na forma $y = ax + b$, com a e b reais.

- $y = x^2 - 1$
- $y = \dfrac{1}{x} + 1$

EXEMPLOS

As leis a seguir representam funções afins.

a) $y = 2x + 1$, em que $a = 2$ e $b = 1$.

b) $y = \sqrt{3}x - 7$, em que $a = \sqrt{3}$ e $b = -7$.

c) $y = -5x$, em que $a = -5$ e $b = 0$.

d) $y = \dfrac{x-1}{2}$. Essa lei pode também ser escrita assim: $y = \dfrac{1}{2}x - \dfrac{1}{2}$, com $a = \dfrac{1}{2}$ e $b = -\dfrac{1}{2}$.

e) $y = -7 + x$. Essa lei pode ser escrita assim: $y = x - 7$, com $a = 1$ e $b = -7$.

f) $y = -10$, em que $a = 0$ e $b = -10$. Em casos como esse, em que $a = 0$, chamamos a função afim de **função constante**.

ATIVIDADES

PRATIQUE

1. Para cada lei da função, considere que x pode ser qualquer número real e identifique os coeficientes a e b.

a) $y = 5x + 2$
b) $y = -x$
c) $y = 90$
d) $y = -\dfrac{x}{2}$
e) $y = \dfrac{-4 + 3x}{5}$
f) $y = \sqrt[3]{2}\,x - 1$

APLIQUE

2. O lucro de vendas (L) da sorveteria é dado por uma função cuja lei é $L(x) = 6x - 300$, em que x pode ser qualquer número natural e indica a quantidade de sorvetes vendidos.

- Qual é a quantidade de sorvete que Beatriz precisa vender para obter lucro de 90 reais?

3. Considerando que x pode ser qualquer número real, simplifique, quando necessário, cada lei de função e descubra quais delas representam função afim. (Identifique os coeficientes a e b.)

a) $y = 5x - 8$
b) $y = \sqrt{2}$
c) $y = (x + 2)^2 + (x - 1)^2$
d) $y = (x + 2)^2 - (x - 1)^2$
e) $y = (x + 2) \cdot (x + 5) - (x + 3) \cdot (x + 4)$

R1. Camila é bailarina e recebe um salário mensal composto de um valor fixo de R$ 500,00, acrescido de R$ 200,00 por espetáculo.

a) Se no mês passado Camila participou de 4 espetáculos, qual foi seu salário?

b) Escreva uma sentença que relacione o salário de Camila com a quantidade de espetáculos a que ela participa em um mês.

c) Se em certo mês Camila recebeu R$ 2.100,00, em quantos espetáculos ela se apresentou?

Resolução

a) Valor recebido pelos 4 espetáculos:

$200{,}00 \cdot 4 = 800{,}00$

Valor fixo: $500{,}00$

$800{,}00 + 500{,}00 = 1.300{,}00$

Logo, Camila recebeu R$ 1.300,00.

b) Sendo V o valor recebido e x a quantidade de espetáculos no mês, temos:

$V = 200x + 500$

c) Substituímos V por 2.100 na sentença encontrada no item **b**:

$2.100 = 200x + 500$

$2.100 - 500 = 200x$

$1.600 = 200x$

$x = \dfrac{1.600}{200} = 8$

Logo, nesse mês Camila se apresentou em 8 espetáculos.

4. Uma empresa de telefonia fixa anuncia ligações interestaduais a R$ 0,20 o minuto.

a) Quanto custa uma ligação com duração de 10 minutos? E de meia hora?

b) Se determinada ligação custou R$ 14,00, qual foi sua duração?

c) Escreva uma sentença que relacione o custo de uma ligação com sua duração.

5. Duas amigas saem de férias no mesmo período e decidem alugar um carro para fazer uma viagem.

O aluguel corresponde a um valor fixo de R$ 20,00, mais R$ 80,00 por dia.

Responda:

a) Qual é a lei da função que relaciona o preço a ser pago pelo aluguel com os dias alugados?

b) Qual será o valor a pagar se elas alugarem o carro por uma semana?

c) Se elas reservaram R$ 340,00 para esse gasto, poderão alugar o carro por quantos dias?

6. Uma piscina com 1.500 litros de água será esvaziada, para limpeza, na vazão de 20 litros por minuto.

a) Após 30 minutos do início do esvaziamento, quantos litros de água ainda haverá na piscina?

b) Qual é a sentença que relaciona a quantidade de água na piscina com o tempo de esvaziamento?

c) Quanto tempo levará para a piscina ser esvaziada completamente?

7. Fábio comprou um celular pós-pago. Ele paga R$ 50,00 por um plano mensal com direito a 100 minutos de conversação, mais uma taxa de R$ 0,60 por minuto excedente.

a) Qual será o valor de sua conta mensal se o tempo de conversação acumulado for de 115 minutos?

b) Sabendo que Fábio pagou R$ 110,00 em determinado mês, qual foi o tempo de conversação acumulado nesse mês?

8. Joice tinha alguns quadrados feitos de cartolina, com lado medindo 10 cm. Ela recortou os cantos das cartolinas, retirando quatro quadradinhos congruentes de cada uma. Observe os dois exemplos abaixo.

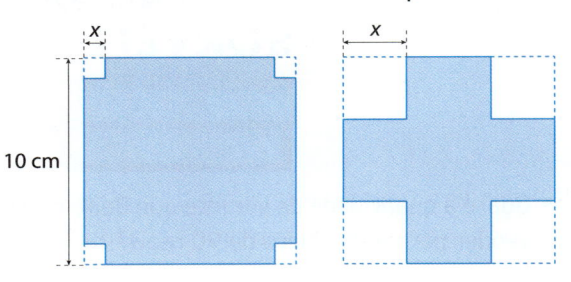

a) Qual é o perímetro da figura se $x = 1$ cm? E se $x = 3$ cm?

b) O perímetro y de cada figura depende de x? Justifique sua resposta.

9. Uma função f é tal que:

$$f(2) = 3, f(3) = 5 \text{ e } f(5) = 10$$

A função f é função afim? Justifique sua resposta.

GRÁFICO DA FUNÇÃO AFIM

Veja agora os gráficos das funções afins abaixo, lembrando que x pode assumir qualquer valor real.

$f(x) = -x + 2$	
x	f(x)
−1	3
0	2
1	1
2	0
3	−1

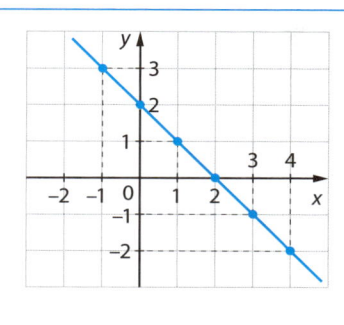

$g(x) = 2x - 1$	
x	g(x)
−1	−3
0	−1
1	1
2	3

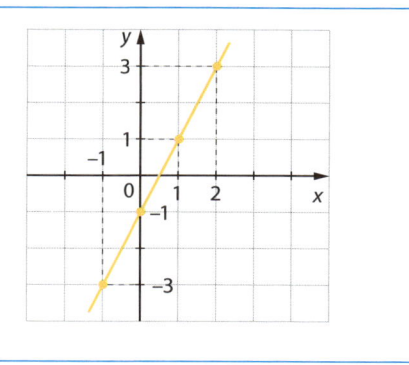

> O gráfico de uma função afim sempre é uma reta não perpendicular ao eixo x.

É possível traçar o gráfico de uma função afim, conhecendo apenas dois pontos.

GRÁFICOS DE FUNÇÕES CRESCENTE, DECRESCENTE OU CONSTANTE

Observe os gráficos das funções abaixo.

$f(x) = 2x + 1$	
x	f(x)
0	1
1	3

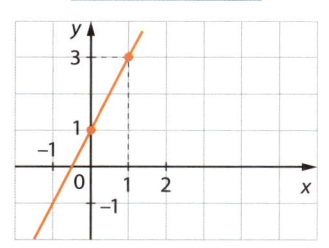

$g(x) = -2x + 1$	
x	g(x)
−1	3
0	1

$h(x) = 2$	
x	h(x)
−3	2
2	2

Aumentando o valor de x, o valor de f(x) aumenta; por isso, dizemos que a função é **crescente**. Note que, na lei $f(x) = 2x + 1$, temos $a = 2$.

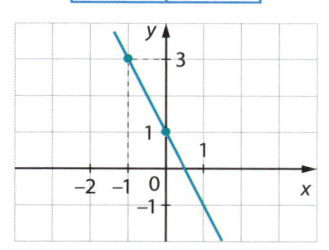

Aumentando o valor de x, o valor de g(x) diminui; por isso, dizemos que a função é **decrescente**. Note que, na lei $g(x) = -2x + 1$, temos $a = -2$.

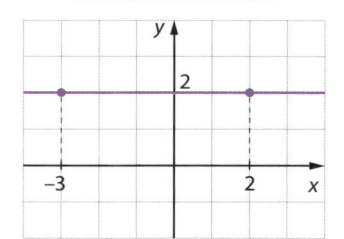

Aumentando o valor de x, o valor de h(x) não se altera; por isso, dizemos que a função é **constante**. Nesse caso, o gráfico coincide com o eixo x ou é paralelo a ele. Note que, na lei $h(x) = 2$, temos $a = 0$ e $b = 2$.

Para toda função com lei do tipo $y = ax + b$:

> Quando a é positivo ($a > 0$), a função é **crescente**.
> Quando a é negativo ($a < 0$), a função é **decrescente**.
> Quando a é igual a zero ($a = 0$), a função é **constante**.

EXEMPLOS

a) $f(x) = -\dfrac{x}{2}$: é decrescente, pois $a < 0$

b) $g(x) = \sqrt{2}x$: é crescente, pois $a > 0$

c) $h(x) = -12$: é constante, pois $a = 0$

INFORMÁTICA E MATEMÁTICA

Gráfico da função afim

Nesta seção você vai utilizar um *software* de construção de gráficos para investigar o que ocorre com o gráfico de uma função afim do tipo $y = ax + b$ conforme variamos os valores de a e b.

CONSTRUA

Já vimos que o gráfico de uma função afim é uma reta não perpendicular ao eixo x. No *software* a construção do gráfico de uma função afim pode ser feita de duas maneiras:

1ª maneira. Descobrimos as coordenadas de dois pontos que pertencem ao gráfico da função e marcamos esses pontos no plano cartesiano. Depois, traçamos a reta que passa por esses pontos.

2ª maneira. Digitamos a lei da função no campo apropriado e teclamos *Enter*.

Agora, construa o gráfico de uma função afim:

a) crescente qualquer;

b) decrescente qualquer.

INVESTIGUE

Vamos começar investigando o que ocorre com o gráfico de uma função afim do tipo $y = x + b$ conforme variamos o valor de b.

a) Em um mesmo plano cartesiano construa o gráfico das funções $y = x$ e $y = x + 1$. O que você pode observar?

b) No mesmo plano cartesiano do item **a**, construa o gráfico das funções $y = x - 1$, $y = x + 2$ e $y = x + 3$. Depois, compare o gráfico dessas funções com o gráfico de $y = x$. O que você pode observar?

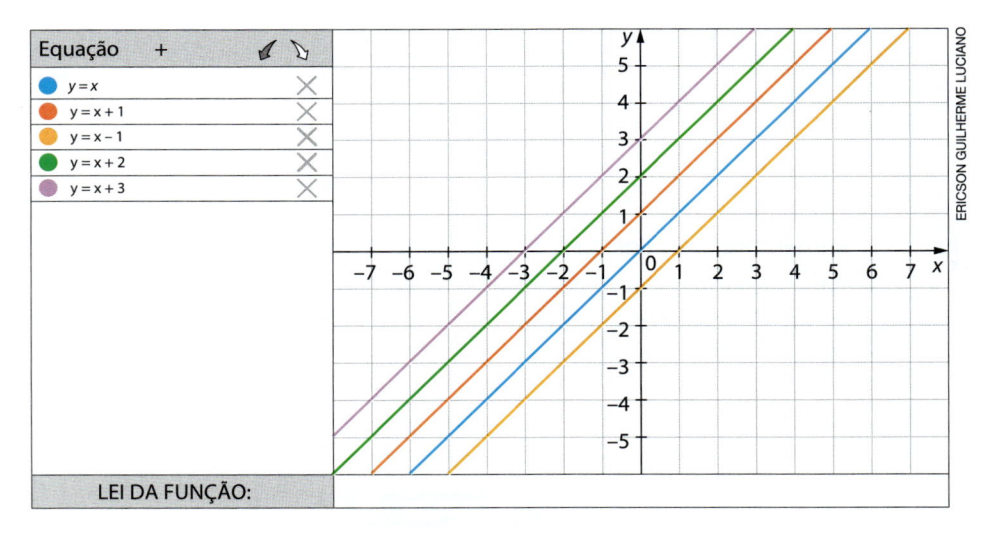

c) O que a investigação anterior sugere em relação à posição da reta que é gráfico de uma função afim do tipo $y = x + b$ em que b é qualquer número real e a reta que é gráfico de $y = x$?

Vamos agora investigar o que ocorre com o gráfico de uma função afim do tipo $y = ax$ conforme variamos o valor de a.

d) Em um mesmo plano cartesiano, construa o gráfico das funções $y = x$ e $y = 2x$. O que você pode observar?

e) No mesmo plano cartesiano do item **d**, construa o gráfico das funções $y = \frac{1}{3}x$, $y = \frac{1}{2}x$ e $y = 3x$. Depois, compare o gráfico dessas funções com o gráfico de $y = x$. O que você pode observar?

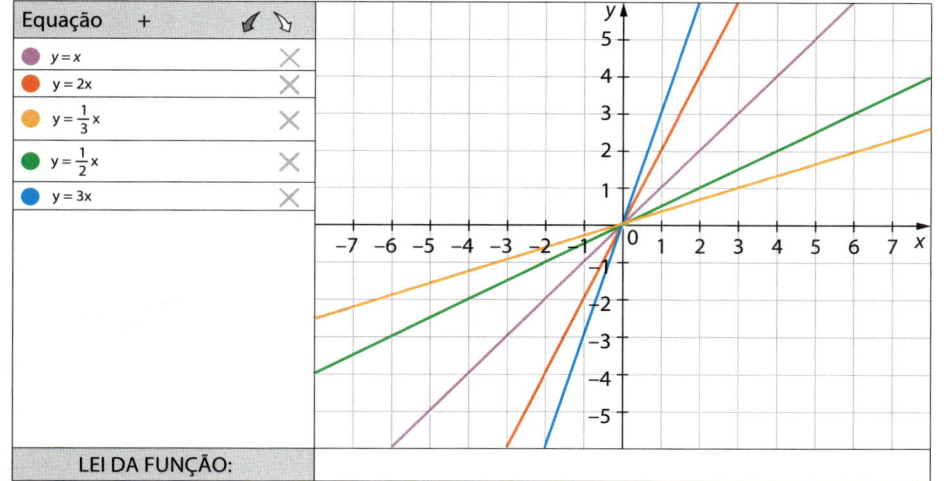

f) Em um mesmo plano cartesiano construa os gráficos de $y = x$ e $y = -x$. O que você pode observar?

g) Dê três exemplos de pares de funções afins cujos gráficos sejam simétricos em relação ao eixo y.

h) Veja abaixo como Luana fez para construir o gráfico de $y = 2x + 1$ a partir do gráfico de $y = x$.

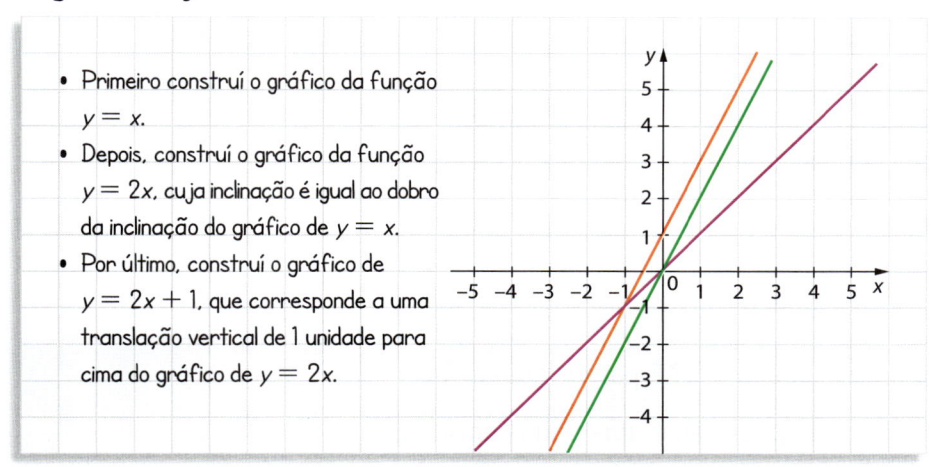

- Primeiro construí o gráfico da função $y = x$.
- Depois, construí o gráfico da função $y = 2x$, cuja inclinação é igual ao dobro da inclinação do gráfico de $y = x$.
- Por último, construí o gráfico de $y = 2x + 1$, que corresponde a uma translação vertical de 1 unidade para cima do gráfico de $y = 2x$.

• Agora, faça como Luana e construa os gráficos de $y = \frac{1}{2}x + 2$ e $y = 3x - 2$ a partir do gráfico de $y = x$.

COMPARE ESTRATÉGIAS

Gráfico de funções

Acompanhe a situação.

Laís: As funções f e g têm o mesmo gráfico porque possuem a mesma lei de formação.

Quadro: Representar os gráficos das funções
$f(x) = 2x + 4$, com $x \in \mathbb{N}$ e
$g(x) = 2x + 4$, com $x \in \mathbb{R}$

Mayara: As funções f e g têm gráficos diferentes porque os valores que x pode assumir em f e g são diferentes.

REFLITA

- O que há de diferente nas conclusões de Laís e Mayara?
- Com qual delas você concorda? Por quê?

DISCUTA E CONCLUA

- Qual é o valor de f para x igual a -1? E para x igual a $\frac{1}{2}$?
- Qual é o valor de g para x igual a -1? E para x igual a $\frac{1}{2}$?
- O gráfico de qual dessas funções não é uma linha contínua?
- Usando um *software* de geometria, construa os gráficos das funções f e g.
- Antes de construir o gráfico de uma função, o que devemos observar?
- Volte ao *Reflita* e veja se você mudaria a resposta dada.

ATIVIDADES

PRATIQUE

1. Associe a lei da função ao respectivo gráfico.

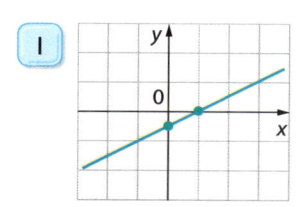

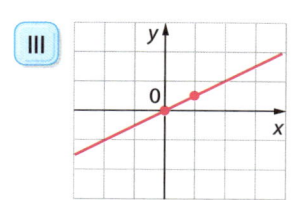

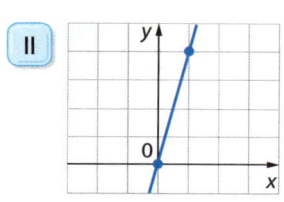

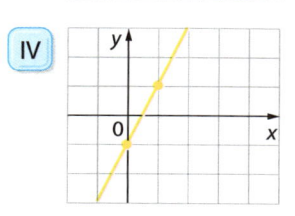

- **A** $y = 2x - 1$
- **B** $y = \dfrac{1}{2}x$
- **C** $y = 4x$
- **D** $y = \dfrac{x-1}{2}$

I, II, III, IV (gráficos)

2. Construa o gráfico de cada função.
- **a)** $y = x + 2$
- **b)** $y = -1 - 2x$
- **c)** $y = 2x$
- **d)** $y = x + 1$

3. Observe os gráficos e classifique as funções correspondentes a eles em crescente, decrescente ou constante.

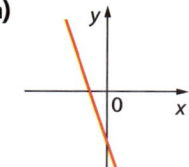

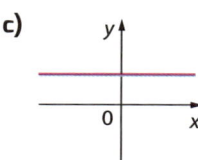

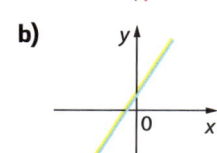

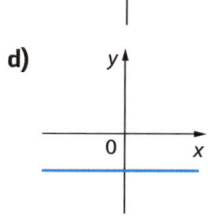

a) b) c) d)

4. Classifique cada função em crescente, decrescente ou constante.
- **a)** $f(x) = -4x + 11$
- **b)** $g(x) = 8x + 1$
- **c)** $h(x) = -x - 4$
- **d)** $m(x) = -\dfrac{1}{4}$
- **e)** $f(x) = -3x$
- **f)** $g(x) = 8$
- **g)** $h(x) = 7x$
- **h)** $f(x) = \dfrac{x}{2}$

APLIQUE

5. Responda.
- **a)** A reta que passa pelos pontos (2, 7) e (−1, −1) é gráfico de uma função crescente ou decrescente?
- **b)** A reta que passa pelos pontos (1, 1) e (2, −3) é gráfico de uma função crescente ou decrescente?

6. Construa em um mesmo sistema cartesiano o gráfico das funções $f(x) = 2x$, $g(x) = 2x + 3$ e $h(x) = 2x - 3$. O que se pode concluir sobre os gráficos de f, g e h?

7. Observe os gráficos construídos anteriormente e responda às questões.
- **a)** O gráfico de uma função afim corta o eixo y em quantos pontos?
- **b)** Se uma função é dada por $f(x) = -x + 5$, em qual ponto o gráfico corta o eixo y? E se a função fosse $g(x) = 2x - 3$?
- **c)** Dada uma função afim $y = ax + b$, qual é o ponto de intersecção do gráfico com o eixo y?

8. Roberto abasteceu sua moto em um posto de gasolina, completando o tanque até a sua capacidade máxima, que é 13 litros. A moto dele gasta 1 litro de gasolina a cada 30 quilômetros percorridos. Considerando que ele não abastecerá novamente, responda às questões.
- **a)** Após ter percorrido 75 quilômetros, quantos litros de gasolina ainda haverá no tanque?
- **b)** Construa um gráfico para essa situação, com a quantidade de gasolina no tanque (L) no eixo vertical e os quilômetros percorridos (x) no eixo horizontal. Esse gráfico lembra o de uma função crescente ou decrescente?
- **c)** Para zerar a quantidade de gasolina no tanque, quantos quilômetros deverão ser percorridos?

9. O anúncio de uma loja de instrumentos musicais informa que o preço de qualquer instrumento terá 10% de desconto no pagamento à vista.
- **a)** Faça um quadro com alguns valores x (que você vai supor) dos instrumentos e o preço y pago com desconto.
- **b)** Qual é a lei da função que relaciona x com y?
- **c)** Quanto uma pessoa gastará se comprar um instrumento que custa R$ 700,00 e pagar à vista?

ZERO DA FUNÇÃO AFIM

> Em toda função f, cada valor de x em que $f(x) = 0$ é chamado de **zero da função**.

O zero de uma função afim de lei $y = ax + b$, com $a \neq 0$, é único e pode ser determinado resolvendo a equação $ax + b = 0$ em que a letra x é a incógnita. Resolvendo essa equação, obtemos $x = -\dfrac{b}{a}$.

Vamos determinar o zero da função $f(x) = 2x - 1$.

Quando $f(x) = 0$, temos:

$2x - 1 = 0$

$2x = 1$

$x = \dfrac{1}{2}$

Portanto, o zero dessa função é $\dfrac{1}{2}$.

Graficamente, o zero de uma função afim $f(x) = ax + b$, $a \neq 0$, é a **abscissa** do ponto de intersecção do gráfico da função com o eixo x.

Observe o gráfico da função $f(x) = 2x - 1$:

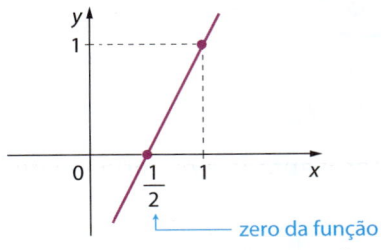

x	$f(x)$
1	1
$\dfrac{1}{2}$	0

Observe que o zero da função é a abscissa $\dfrac{1}{2}$ do ponto $\left(\dfrac{1}{2}, 0\right)$ em que o gráfico intercepta o eixo x.

> Será que uma função afim apresenta sempre um zero ou existe alguma função afim que não apresenta zero?

ATIVIDADES

PRATIQUE

1. Determine o zero das funções considerando que x pode assumir qualquer valor real.
   a) $y = -7x - 3$
   b) $y = x + \dfrac{5}{3}$
   c) $y = 6x - 1$
   d) $y = \dfrac{1 - x}{3}$

2. Construa o gráfico da função $f(x) = -4x + \dfrac{1}{4}$ e, com base nele, determine o zero dessa função.

3. O quadro abaixo foi usado na construção do gráfico de uma função. Descubra o zero dessa função e o ponto em que o gráfico intercepta o eixo y.

x	-2	-1	0	1	2
y	6	4	2	0	-2

4. Identifique as duas funções que determinam gráficos que se cruzam em um mesmo ponto no eixo x.
   a) $y = 2x + 2$
   b) $y = 2x - 2$
   c) $y = x + 1$
   d) $y = 3x + 6$

5. Corrija a afirmação.
   • O zero da função f, em que $f(x) = 4x - 12$, é 6.

APLIQUE

6. Descubra o valor de m de modo que o gráfico da função $f(x) = 3x + m - 2$ corte o eixo y no ponto $(0, 4)$.

7. Determine, sem construir gráficos, os pontos em que as funções abaixo cruzam os eixos x e y.
   a) $f(x) = 2 - \dfrac{x}{2}$
   b) $f(x) = 2 - x$

ANÁLISE DO GRÁFICO DE UMA FUNÇÃO AFIM

Em determinadas situações, é interessante analisar o gráfico de uma função. Veja, por exemplo, o gráfico abaixo. Ele indica o faturamento de um agricultor de acordo com a quantidade de feijão que ele vende. No eixo y, é representado o faturamento (prejuízo ou lucro); no eixo x, é representada a quantidade de feijão vendida, em quilograma.

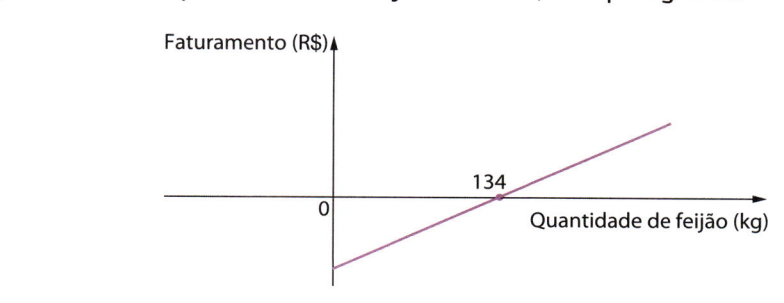

De acordo com o gráfico, quais são as condições para que o agricultor tenha prejuízo ou lucro?

Pela análise do gráfico de uma função afim, de lei $f(x) = ax + b$ em que a e b são números reais e x pode ser qualquer número real, podemos estudar seu sinal, ou seja, verificar para quais valores de x a função f é positiva, para quais valores é negativa e para qual valor é nula.

Vamos separar esse estudo em dois casos, considerando se a função é crescente ou decrescente.

Gráfico da função afim

Utilize o simulador para investigar a influência dos números reais a e b no gráfico da função afim, dada pela lei $f(x) = ax + b$. Disponível em <http://mod.lk/1jfuk>.

FUNÇÃO CRESCENTE

Para fazer o estudo de sinais, não precisamos construir o gráfico da função. Basta fazer um esboço indicando o zero da função e se ela é crescente ou decrescente.

Assim, para uma função $f(x) = ax + b$ com $a > 0$, temos:

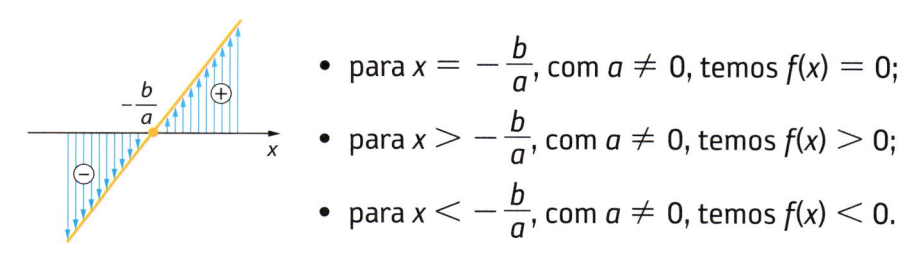

- para $x = -\dfrac{b}{a}$, com $a \neq 0$, temos $f(x) = 0$;
- para $x > -\dfrac{b}{a}$, com $a \neq 0$, temos $f(x) > 0$;
- para $x < -\dfrac{b}{a}$, com $a \neq 0$, temos $f(x) < 0$.

Vamos, por exemplo, analisar o gráfico da função $f(x) = 2x + 2$.

A função é crescente. Pelo esboço, verificamos que:

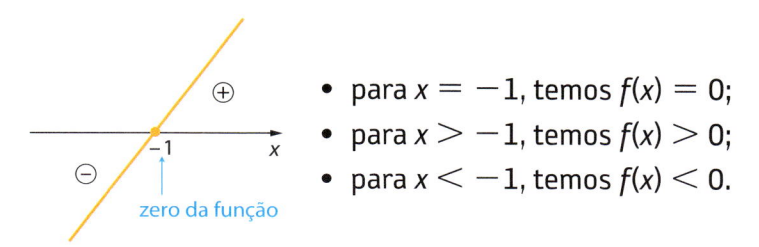

- para $x = -1$, temos $f(x) = 0$;
- para $x > -1$, temos $f(x) > 0$;
- para $x < -1$, temos $f(x) < 0$.

zero da função

Portanto, a função é nula para $x = -1$, positiva para $x > -1$ e negativa para $x < -1$.

*Note que os pontos do gráfico que estão **acima** do eixo x são aqueles em que $y > 0$, ou seja, nesses pontos a função é **positiva**.*

2 FUNÇÃO LINEAR E PROPORCIONALIDADE

Analise as situações abaixo.

Situação 1

A distância d, em quilômetro, que um automóvel percorre é dada em função do tempo t, em hora. Veja no quadro abaixo como a distância (d) varia com o tempo (t).

t (em hora)	1	2	3	4	5
d (em quilômetro)	60	120	180	240	300

Os valores de d são **diretamente proporcionais** aos valores de t, porque, dobrando o valor de t, o valor de d também dobra; triplicando o valor de t, o valor de d também triplica; e assim por diante.

A lei da função que mostra a correspondência entre a distância d percorrida pelo automóvel, em quilômetro, pelo tempo t, em hora, é $d = 60t$, em que t pode ser qualquer número real maior ou igual a zero. Essa função apresenta **proporcionalidade direta** entre os valores de d e t.

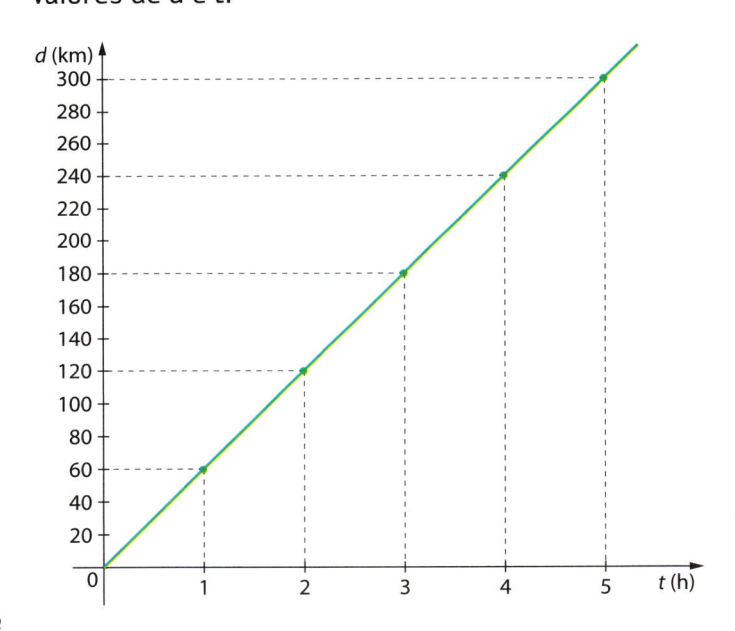

Note que a razão entre os valores de d pelos correspondentes valores de t, é sempre igual a 60:

$$\frac{60}{1} = \frac{120}{2} = \frac{180}{3} = \frac{240}{4} = \frac{300}{5} = 60$$

Como já vimos em anos anteriores, a razão entre a distância percorrida por um corpo móvel e o tempo que esse corpo gasta para percorrê-la é definida como **velocidade média**. Na situação 1, a velocidade média do automóvel foi de 60 km/h. Isso significa que, a cada hora, o automóvel percorreu em média 60 km.

Trem francês de alta velocidade (TGV) que bateu o recorde mundial, em 3 de abril de 2007, ao alcançar a velocidade de 574,8 km/h.

Situação 2

Os mapas e as plantas baixas são representações gráficas reduzidas de superfícies territoriais e de construções. Para elaborar esse tipo de representação, devemos usar uma escala.

Escala é a razão entre a medida do comprimento que está na representação gráfica e a medida do comprimento correspondente ao objeto real, empregando-se, para isso, a mesma unidade.

Paula comprou um apartamento que ficará pronto no final do ano. A planta baixa reproduzida a seguir indica as dimensões que esse apartamento terá.

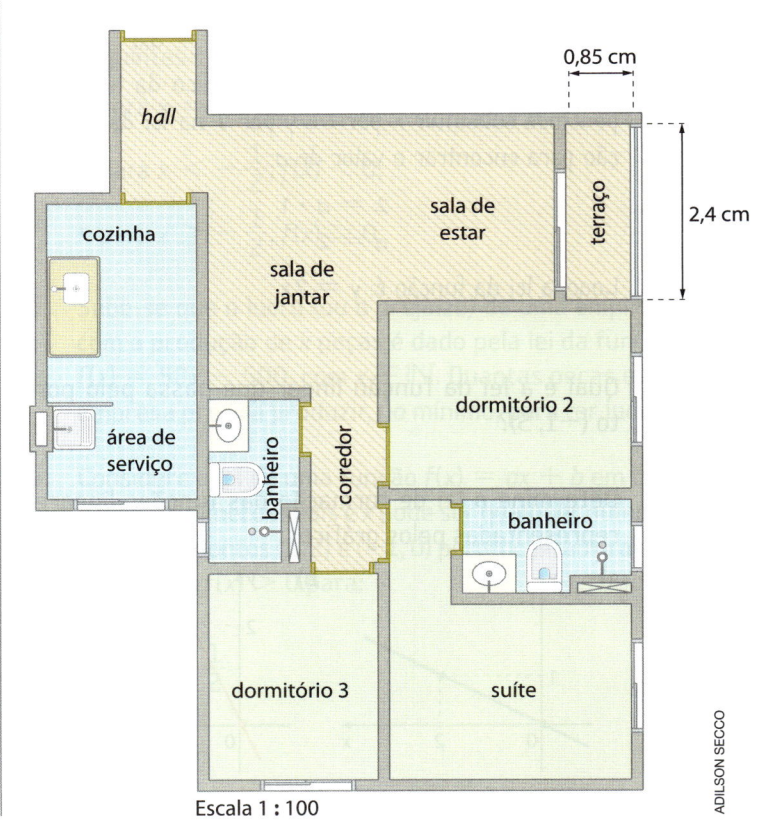

Escala 1 : 100

A escala da planta é de 1 : 100 ou $\frac{1}{100}$ (lemos: "um para cem"). Isso significa que cada centímetro medido na planta corresponde a 100 centímetros no local real, ou seja, corresponde a 1 metro na realidade.

O comprimento real r, em centímetro, é dado em função do comprimento da representação gráfica x, em centímetro. Veja no quadro abaixo a correspondência entre os valores de r e x.

x (em centímetro)	1	2	3	4	5
r (em centímetro)	100	200	300	400	500

Note que os valores de r são diretamente proporcionais aos valores de x. A lei da função que mostra a correspondência entre r e x é $r = 100x$, com $x \geq 0$. Essa função também apresenta proporcionalidade direta entre os valores de r e x.

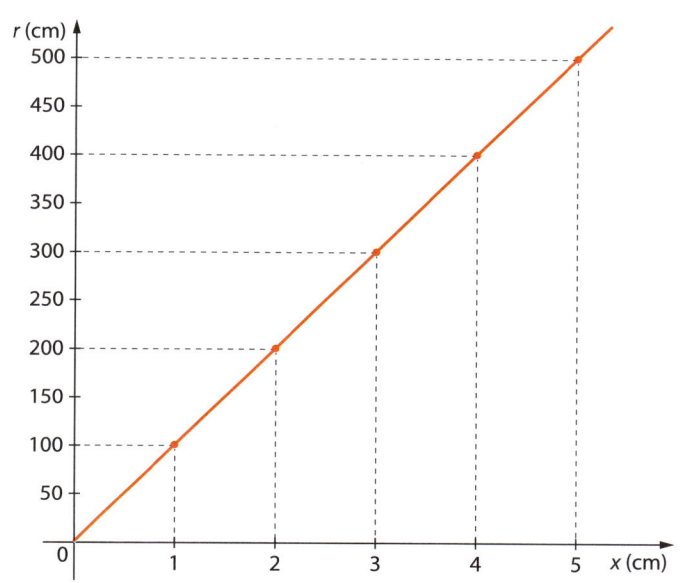

PARA PENSAR

As medidas do terraço nessa planta são 2,4 cm e 0,85 cm. Quais são as medidas reais desse terraço?

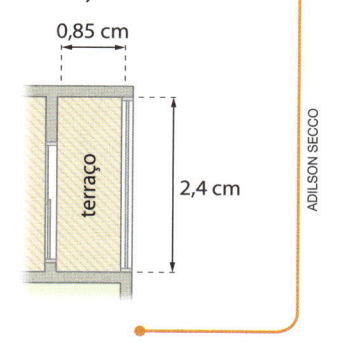

> Se há **proporcionalidade direta** entre os valores reais x e y, existe uma função linear que relaciona as variáveis x e y, ou seja, uma função cuja lei pode ser escrita na forma $y = ax$, com a real, $a \neq 0$, x e y reais.

OBSERVAÇÃO

As funções lineares decrescentes também apresentam proporcionalidade direta. Veja a função linear de lei $y = -x$:

x	y
0	0
1	-1
2	-2

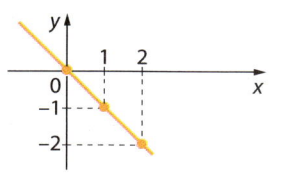

Os valores de y também são diretamente proporcionais aos valores de x, porque, dobrando o valor de x, o valor de y também dobra.

Trilha de estudo

Vai estudar? Nosso assistente virtual no *app* pode ajudar!
<http://mod.lk/trilhas>

ATIVIDADES

PRATIQUE

1. Observe o gráfico que mostra como duas grandezas x e y se relacionam.

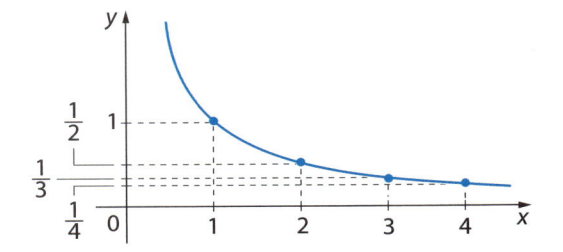

a) Complete o quadro abaixo.

x	1	2	3	4
y				

b) Qual é a lei da função que relaciona x e y?

c) Podemos afirmar que as grandezas são diretamente proporcionais? Por quê?

2. Um motorista de táxi cobra um valor fixo de R$ 4,10, mais R$ 2,50 por quilômetro rodado. O preço da viagem (y) é função do número (x) de quilômetros rodados.

a) Qual é a lei da função que relaciona x e y?

b) O preço da viagem é diretamente proporcional ao número de quilômetros rodados? É inversamente proporcional? Justifique suas respostas.

APLIQUE

3. Um carro de Fórmula 1 percorre cerca de 380 km em 2 horas de corrida. Qual é a velocidade média do carro, em km/h, durante a corrida?

4. Um automóvel percorre certa distância com velocidade constante de 50 km/h. Podemos afirmar que nesse caso a distância percorrida é diretamente proporcional ao tempo? Justifique sua resposta.

5. Nos mapas abaixo, que estão em escalas diferentes, A e B representam a casa de Ana e de Beto, respectivamente. Com uma régua, meça as distâncias entre os pontos A e B nos mapas. Depois, calcule a escala de cada mapa sabendo que a distância real entre a casa de Ana e Beto é de 400 m.

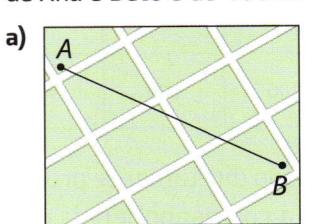

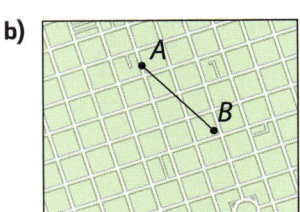

a)

b)

- Determine a lei da função que relaciona o comprimento real r, em centímetro, e o comprimento da representação gráfica x, em centímetro, em cada caso.

6. Podemos verificar se uma região é muito ou pouco povoada comparando a área (medida da superfície) dessa região com o número de pessoas que nela vivem. A razão entre o número de habitantes e a área da região ocupada por eles é definida como **densidade demográfica**.

Veja no mapa abaixo a população estimada de alguns estados brasileiros em 2017 e sua área territorial.

AMAZONAS
População estimada em 2017 - 4.063.614
Área territorial aproximada em km² - 1.559.147

MATO GROSSO
População estimada em 2017 - 3.344.544
Área territorial aproximada em km² - 903.202

SERGIPE
População estimada em 2017 - 2.288.116
Área territorial aproximada em km² - 21.918

RIO DE JANEIRO
População estimada em 2017 - 16.718.956
Área territorial aproximada em km² - 43.782

Dados disponíveis em: <https://cidades.ibge.gov.br/brasil/panorama>. Acesso em: 1º ago. 2018.

a) Determine, usando uma calculadora, a densidade demográfica aproximada de cada um desses estados em 2017.

b) Com base nos dados da página anterior, podemos dizer que existe uma função linear que relaciona o número de habitantes desses estados e a área da região ocupada? Por quê?

7. Para fazer sabão caseiro, Iara acrescenta 1 litro de água a cada 2 litros de óleo de cozinha já usado.

Quantidade de litros de água	Quantidade de litros de óleo
	4
	6
	9
	x

a) Complete o quadro ao lado com a quantidade de litros de água que devem ser acrescentados a cada quantidade de litros de óleo.

b) Escreva a lei da função que relaciona a quantidade de litros de água L com a quantidade de litros de óleo x.

c) As grandezas L e x são diretamente proporcionais? Justifique.

d) Qual é a importância de Iara fazer sabão caseiro com óleo usado? Converse com os colegas.

8. O gráfico abaixo apresenta o volume (V) de álcool, em centímetro cúbico (cm^3), em função de sua massa (m), em grama (g), a uma temperatura fixa de 0 °C.

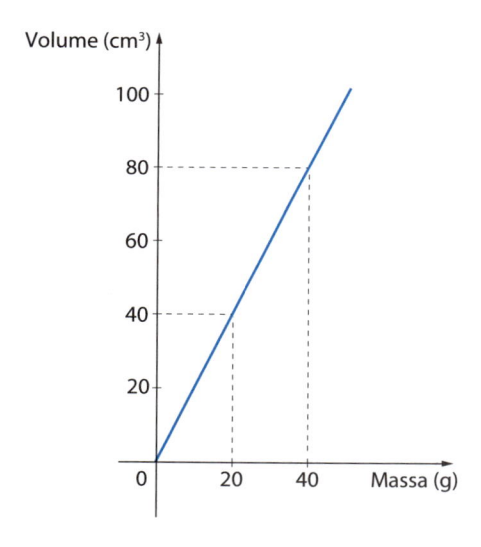

a) Observando o gráfico, é possível afirmar que as grandezas volume e massa são diretamente proporcionais? Justifique sua resposta.

b) Qual é o volume de 50 g de álcool?

c) Qual é a massa de 60 cm^3 de álcool?

d) Escreva a lei da função que relaciona V e m.

Escutar os outros com atenção e empatia

ESTATÍSTICA E PROBABILIDADE
ANALISAR OS DADOS DE GRÁFICOS FAZENDO INFERÊNCIAS

Vítor e Mariana estavam pesquisando sobre a saúde das crianças do município de Matópolis. No *site* da prefeitura, encontraram o seguinte gráfico:

SAÚDE DAS CRIANÇAS NA CIDADE DE MATÓPOLIS ENTRE 2009 E 2018

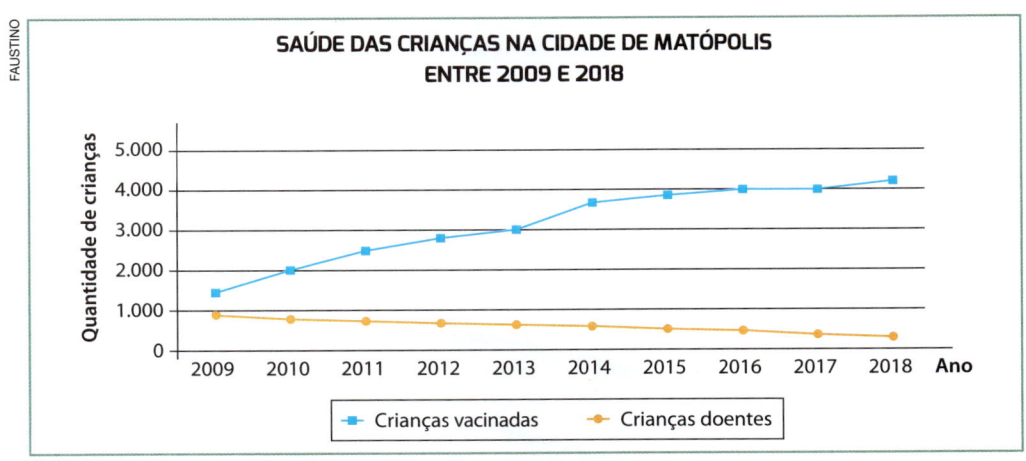

Dados obtidos pela Prefeitura de Matópolis no período entre 2009 e 2018.

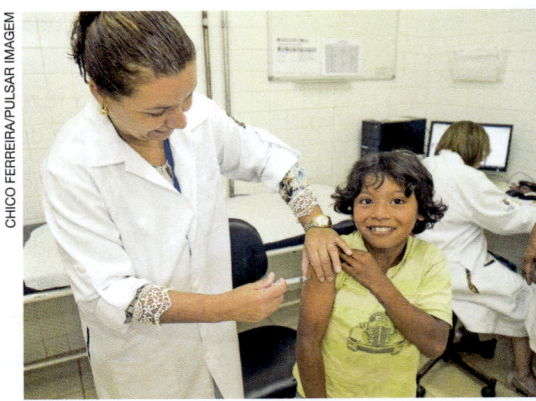

É muito importante que crianças e adultos tomem as vacinas recomendadas pelos serviços de saúde. Na foto, vacinação contra a gripe H1N1 em São Paulo (SP), 2016.

Fazer inferências (ou tirar conclusões) com base nos dados apresentados em um gráfico implica, antes de tudo, reconhecer seus elementos e o que cada um deles significa no contexto do assunto que o gráfico apresenta. Vítor e Mariana fizeram inferências com base nos dados do gráfico acima. Veja os comentários deles:

Mariana: "No decorrer dos anos, aumentou a quantidade de crianças vacinadas e diminuiu a quantidade de crianças doentes".

Vítor: "O que pode ter acontecido nesses anos é que, com o aumento da vacinação, diminuiu a quantidade de crianças doentes".

▶ Qual deles está com a razão? Justifique.

Vamos identificar o significado de cada um dos elementos apresentados no gráfico, para depois compará-los, analisá-los e tirar conclusões. Em seguida, vamos verificar se Mariana e Vítor estão certos em suas afirmações.

- No gráfico, é possível identificar duas linhas; de acordo com a legenda, cada uma representa uma informação. A linha azul representa a quantidade de crianças vacinadas, e a laranja, a quantidade de crianças doentes.
- É possível, também, observar que no decorrer dos anos o número de crianças vacinadas aumentou, enquanto o número de crianças doentes diminuiu.

Portanto, a afirmação de Mariana está correta.

Relendo a afirmação de Vítor, verificamos que ele também tem razão.

OBSERVAÇÃO

Vítor **não** afirmou que a causa direta da queda do número de crianças doentes foi o aumento do número de crianças vacinadas. Com base nos dados do gráfico não é possível tirar essa conclusão, já que outros fatores podem ter influenciado a queda do número de crianças doentes, como alimentação mais nutritiva e outros.

278

ATIVIDADES

1. O gráfico abaixo apresenta o número de brasileiros que viviam no Japão entre 2011 e 2017.

NÚMERO DE BRASILEIROS QUE VIVIAM NO JAPÃO ENTRE 2011 E 2017

Ano	Número de brasileiros (em milhares)
2011	209,2
2012	190,6
2013	181,3
2014	175,4
2015	173,4
2016	180,9
2017	191,3

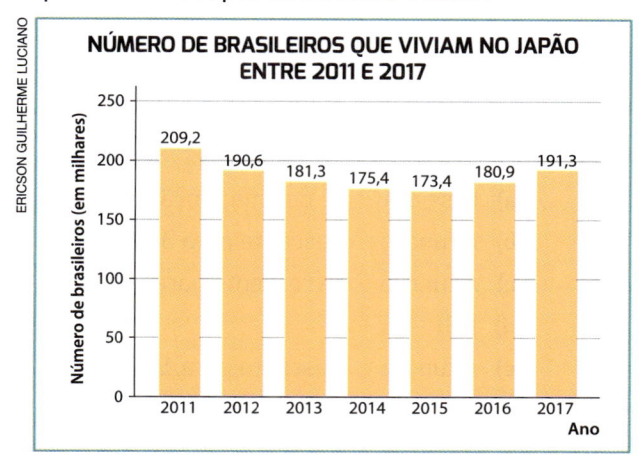

Dados disponíveis no jornal o *Estado de S. Paulo* de 21 de maio de 2018.

Com base nos dados do gráfico, responda: O que ocorreu com o número de brasileiros no Japão nesse período?

2. José trabalha na estação meteorológica da cidade de Vista Bela e, entre 20/02/2018 e 25/02/2018, construiu os gráficos abaixo, com dados sobre a precipitação pluviométrica e a umidade relativa do ar na cidade.

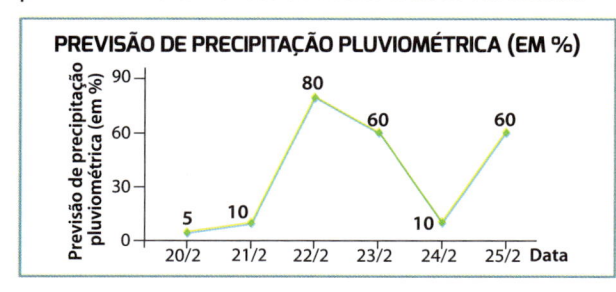

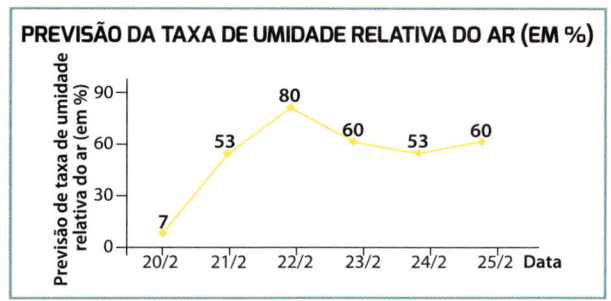

PREVISÃO DE PRECIPITAÇÃO PLUVIOMÉTRICA (EM %)

Data	20/2	21/2	22/2	23/2	24/2	25/2
%	5	10	80	60	10	60

PREVISÃO DA TAXA DE UMIDADE RELATIVA DO AR (EM %)

Data	20/2	21/2	22/2	23/2	24/2	25/2
%	7	53	80	60	53	60

Dados obtidos por José entre 20/02/2018 e 25/02/2018.

Considerando os dados dos gráficos responda às questões:

a) Quais foram os períodos em que a precipitação pluviométrica aumentou? E em quais ela diminuiu?

b) Quais foram os períodos em que a umidade do ar aumentou? E em quais ela diminuiu?

c) Os períodos de aumento e diminuição da umidade do ar acompanharam os períodos de precipitação pluviométrica?

3. (Enem) Em um estudo feito pelo Instituto Florestal, foi possível acompanhar a evolução de ecossistemas paulistas desde 1962. Desse estudo publicou-se o Inventário Florestal de São Paulo, que mostrou resultados de décadas de transformações da Mata Atlântica.

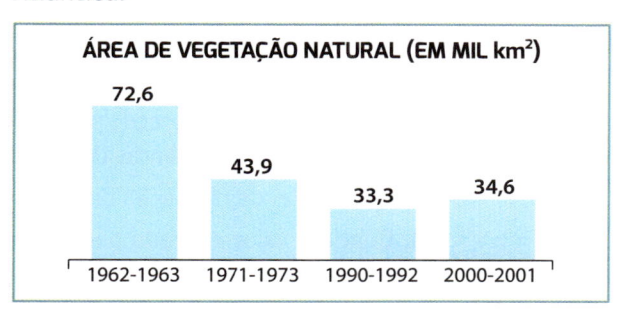

ÁREA DE VEGETAÇÃO NATURAL (EM MIL km²)

Período	Área
1962-1963	72,6
1971-1973	43,9
1990-1992	33,3
2000-2001	34,6

Pesquisa, 91. São Paulo: Fapesp, set. 2003. p. 48.

Examinando o gráfico da área de vegetação natural remanescente (em mil km²), pode-se inferir que:

a) a Mata Atlântica teve sua área devastada em 50% entre 1963 e 1973.

b) a vegetação natural da Mata Atlântica aumentou antes da década de 1960, mas reduziu nas décadas posteriores.

c) a devastação da Mata Atlântica remanescente vem sendo contida desde a década de 1960.

d) em 2000-2001, a área de Mata Atlântica preservada em relação ao período de 1990-1992 foi de 34,6%.

e) a área preservada da Mata Atlântica nos anos 2000 e 2001 é maior do que a registrada no período de 1990-1992.

279

ATIVIDADES COMPLEMENTARES

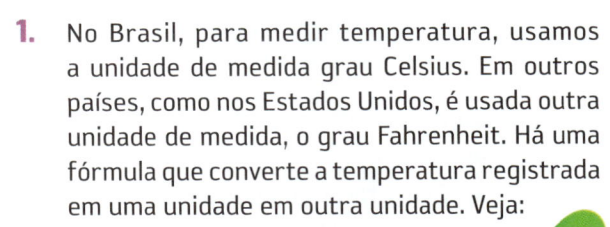

1. No Brasil, para medir temperatura, usamos a unidade de medida grau Celsius. Em outros países, como nos Estados Unidos, é usada outra unidade de medida, o grau Fahrenheit. Há uma fórmula que converte a temperatura registrada em uma unidade em outra unidade. Veja:

   $$F = 1,8C + 32$$

   em que F é a temperatura em grau Fahrenheit e C é a temperatura em grau Celsius.

   Converta para o grau Fahrenheit a temperatura em grau Celsius indicada na foto ao lado.

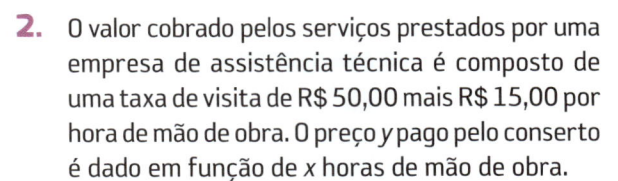

2. O valor cobrado pelos serviços prestados por uma empresa de assistência técnica é composto de uma taxa de visita de R$ 50,00 mais R$ 15,00 por hora de mão de obra. O preço y pago pelo conserto é dado em função de x horas de mão de obra.

   a) Qual é a lei de formação dessa função?
   b) Qual é o valor cobrado por um serviço que empregou 3 horas de mão de obra?

3. Classifique cada função a seguir em crescente ou decrescente.

   a) $y = -2x + 8$
   b) $y = -2x - 8$
   c) $y = 2x + 8$
   d) $y = 2x - 8$

4. Analise o gráfico abaixo e classifique em V (verdadeira) ou F (falsa) cada afirmação.

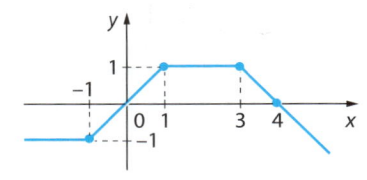

   a) Para $x \leq -1$, a função é linear.
   b) A função é crescente para $-1 \leq x \leq 1$.
   c) Em $-1 \leq x \leq 1$, temos $f(x) = x$.
   d) A função é constante em $1 \leq x \leq 3$.
   e) Para $x \geq 3$, temos $f(x) = x - 6$.

5. Classifique cada afirmação abaixo em V (verdadeira) ou F (falsa).

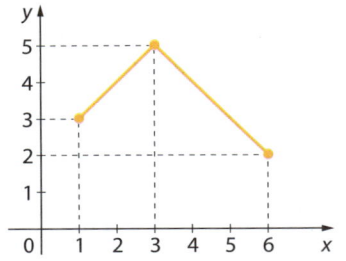

   a) Esse gráfico é de uma função.
   b) A função é crescente para $3 \leq x \leq 5$.
   c) A função é decrescente para $x > 2$.
   d) $f(3) = 5$
   e) A função é crescente para $1 < x < 3$.

6. Sejam x a medida do lado de um triângulo equilátero e y o perímetro desse triângulo.

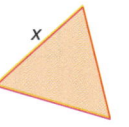

   a) Escreva a lei da função que relaciona y e x.
   b) Construa o gráfico dessa função.

7. O valor correspondente à soma dos zeros das funções $y = -x + 1$ e $y = 2x + 6$ é:

   a) 4.
   b) 2.
   c) -2.
   d) -4.

8. Determine para que valores de a a função de lei $f(x) = (3 - 2a)x$ é decrescente.

   a) $a > 0$
   b) $a < \frac{3}{2}$
   c) $a = \frac{3}{2}$
   d) $a > \frac{3}{2}$

9. A fórmula $S = (n - 2) \cdot 180°$ fornece a soma das medidas dos ângulos internos de um polígono convexo em função do número n de lados. Construindo o gráfico dessa função, obtemos um gráfico que:

   a) intercepta o eixo x.
   b) intercepta o eixo y.
   c) é formado por pontos alinhados.
   d) é formado por uma reta paralela ao eixo x.

10. Em certa região, por causa das fortes geadas, o preço dos produtos agrícolas subiu 15%. A sentença que relaciona os preços anteriores x e os preços posteriores y a esse aumento é:

    a) $y = 0,15x$.
    b) $y = 0,75x$.
    c) $y = 15x$.
    d) $y = 1,15x$.

11. (Enem) Um experimento consiste em colocar certa quantidade de bolas de vidro idênticas em um copo com água até certo nível e medir o nível da água, conforme ilustrado na figura ao lado. Como resultado do experimento, concluiu-se que o nível da água é função do número de bolas de vidro que são colocadas dentro do copo.

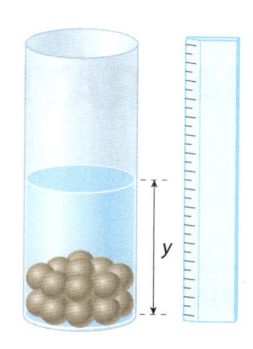

O quadro a seguir mostra alguns resultados do experimento realizado.

Número de bolas (x)	Nível de água (y)
5	6,35 cm
10	6,70 cm
15	7,05 cm

Disponível em: <www.penta.ufrgs.br>. Acesso em: 13 jan. 2009. (adaptado)

Qual é a expressão algébrica que permite calcular o nível da água (y) em função do número de bolas (x)?

a) $y = 30x$
b) $y = 25x + 20,2$
c) $y = 1,27x$
d) $y = 0,7x$
e) $y = 0,07x + 6$

12. Depois de intensa campanha salarial, uma empresa corrigiu o salário de seus funcionários multiplicando-o por 1,32.

a) Qual é a expressão que relaciona o novo salário y em função do antigo salário x?
b) Qual foi a porcentagem de aumento?
c) Construa o gráfico dessa função.

13. Determine para que valores de x as funções a seguir têm $f(x) > 0$.

a) $y = x - 5$
b) $y = -3x + 6$
c) $y = 2x + 4$
d) $y = -5x - 20$

14. Determine o zero da função afim sabendo que $f(2) = 5$ e $f(3) = -10$.

15. Seja a função f definida por $f(x) = mx + t$, em que m, x e t são números reais, e representada pelo gráfico abaixo.

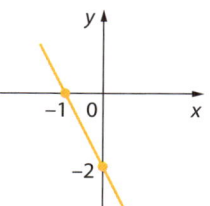

Nessas condições:

a) $m = 2t$.
b) $t = 2m$.
c) $m = t$.
d) $m + t = 0$.
e) $m - t = 4$.

16. (Cescem-SP) A figura representa a função $y = ax + b$.

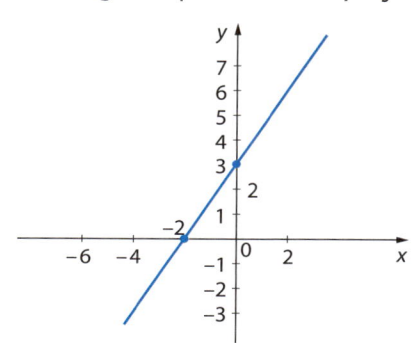

O valor da função no ponto $x = -\frac{1}{3}$ é:

a) 2,8.
b) 2,6.
c) 2,5.
d) 1,8.
e) 1,7.

17. No mês retrasado, uma empresa investiu R$ 10.000,00 em propaganda, e sua receita foi de R$ 80.000,00. A receita mensal y dessa empresa relaciona-se com o valor x investido em propaganda por meio de uma função do tipo $f(x) = ax + b$, com a e b reais.

No mês passado, a empresa investiu R$ 20.000,00 em propaganda, e sua receita aumentou 50% em relação à receita do mês anterior.

a) Determine a receita do mês quando a verba para propaganda for R$ 30.000,00.
b) Obtenha a lei dessa função.

Mais questões no livro digital

UNIDADE 11

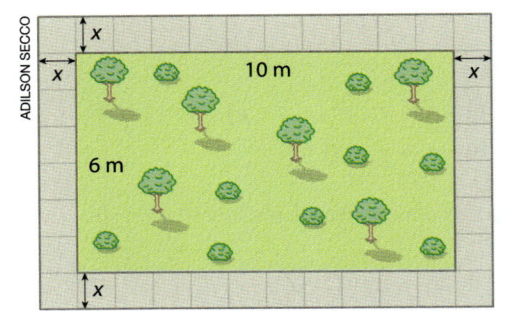

FUNÇÃO QUADRÁTICA

1 CONCEITO INICIAL

Acompanhe a situação a seguir.

Um jardim retangular foi planejado conforme a figura ao lado.

A área reservada à colocação de piso em volta do jardim dependerá da medida x escolhida.

Podemos determinar a lei de formação da função que expressa essa área em função de x.

- Área destinada ao jardim:
  $(10 \cdot 6)\ m^2 = 60\ m^2$
- Área total reservada ao jardim com a moldura de piso:
  $(10 + 2x) \cdot (6 + 2x) = 60 + 20x + 12x + 4x^2 = 4x^2 + 32x + 60$

A área reservada para o piso pode ser obtida pela diferença entre a área total e a área do jardim:

$$(4x^2 + 32x + 60) - 60 = 4x^2 + 32x$$

Portanto, $A(x) = 4x^2 + 32x$ é a lei da função que expressa a área reservada para o piso ao redor do jardim em função de x. Note que a lei $A(x) = 4x^2 + 32x$ é do tipo $y = ax^2 + bx + c$, com $a = 4$, $b = 32$ e $c = 0$.

Essa situação dá a ideia de **função quadrática**.

> **Função quadrática** é toda função cuja lei pode ser escrita na forma $f(x) = ax^2 + bx + c$, em que a, b e c são números reais, sendo $a \neq 0$ e x pode ser qualquer número real.

Vimos que $A(x) = 4x^2 + 32x$ é a lei da função que expressa a área reservada para o piso em função de x. Nesse caso, x só pode assumir valores maiores que zero, pois x representa uma medida.

Observe os exemplos a seguir.

a) $f(x) = -x^2 - 5x - 4$, em que $a = -1$, $b = -5$ e $c = -4$

b) $f(x) = -\dfrac{x^2}{6} + 9$, em que $a = -\dfrac{1}{6}$, $b = 0$ e $c = 9$

c) $f(x) = -2x + \sqrt{3}\,x^2$, em que $a = \sqrt{3}$, $b = -2$ e $c = 0$

Função quadrática
Assista ao vídeo e veja uma aplicação prática da função quadrática.

OBSERVAÇÃO

Veja abaixo algumas leis que **não** representam funções quadráticas:
- $f(x) = x^3 + x^2 + x$
- $f(x) = \sqrt{x^2 + 2x - 5}$
- $f(x) = 2^x$

ATIVIDADES

PRATIQUE

1. Verifique quais funções são quadráticas. (Considere que x pode assumir qualquer valor real.)
a) $f(x) = x - 5$
b) $y = x + x^2$
c) $y = x + 3 - x^2$
d) $f(x) = \sqrt{x} - x$
e) $f(x) = 3 - x^2$
f) $y = x + 2x^2$

2. Identifique as funções quadráticas e determine a, b e c. (Considere que x pode assumir qualquer valor real.)
a) $f(x) = (x + 2)^2 - (2x - 1)^2$
b) $f(x) = (x + 1)^2 - (x + 5)^2$
c) $f(x) = (x - 1)^2 + 2x$
d) $f(x) = (x + 3)^2 - 6x - 9$

3. Dada a função definida por $f(x) = 2x^2 + 6x - 4$, calcule:
a) $f(10)$
b) $f(20)$
c) $f(-6)$
d) $f(-9)$
e) $f(-100)$
f) $f(36)$

R1. Dada a função quadrática $g(x) = 2x^2 + x - 4$, determine o número real x tal que $g(x) = 6$.

Resolução

Substituindo $g(x)$ por 6 na lei de formação da função, temos:

$g(x) = 2x^2 + x - 4$

$6 = 2x^2 + x - 4$

$2x^2 + x - 10 = 0$

$\Delta = b^2 - 4ac = 1^2 - 4 \cdot 2 \cdot (-10) = 1 + 80 = 81$

$x = \dfrac{-b \pm \sqrt{\Delta}}{2a} = \dfrac{-1 \pm \sqrt{81}}{2 \cdot 2} = \dfrac{-1 \pm 9}{4}$

$x_1 = \dfrac{-1 - 9}{4} = \dfrac{-10}{4} = -2,5$

$x_2 = \dfrac{-1 + 9}{4} = \dfrac{8}{4} = 2$

Logo, $x = -2,5$ ou $x = 2$, para $g(x) = 6$.

4. Dada a função $f(x) = -x^2 - 2x - 1$, calcule x real para que:
a) $f(x) = 0$
b) $f(x) = -1$
c) $f(x) = 4$
d) $f(x) = -4$

APLIQUE

5. Em determinadas condições, uma pedra é abandonada de certa altura h e atinge o solo após um tempo t. A relação entre a altura h, em metro, e o tempo t, em segundo, que essa pedra leva para chegar ao solo é dada por $h(t) = 4,9t^2$.
a) De que altura é abandonada uma pedra que leva 5 s para atingir o solo?
b) Qual será o tempo de queda se a pedra for abandonada de uma altura de 19,6 metros?

6. Observe as figuras abaixo.

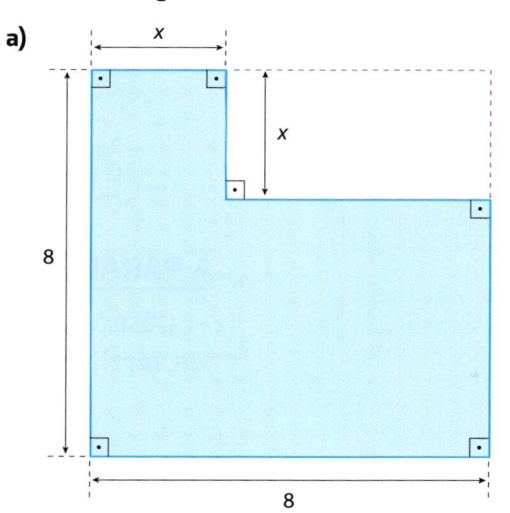

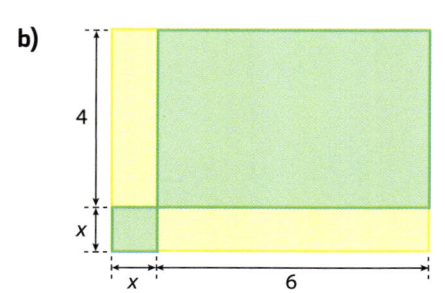

a)

b)

- Agora, responda: A área y das figuras acima é dada em função do comprimento x indicado. Qual é a lei de formação de cada função?

2 GRÁFICO DA FUNÇÃO QUADRÁTICA

Para traçar o gráfico da função quadrática $f(x) = x^2$, Ana fez uma tabela, atribuindo alguns valores a x e calculando os valores $y = f(x)$ correspondentes. Depois, localizou os pares ordenados (x, y) em um plano cartesiano e uniu os pontos com uma linha contínua. Veja:

x	y
−3	$(-3)^2 = 9$
−2,5	$(-2,5)^2 = 6,25$
−2	$(-2)^2 = 4$
−1,5	$(-1,5)^2 = 2,25$
−1	$(-1)^2 = 1$
−0,5	$(-0,5)^2 = 0,25$
0	$0^2 = 0$
0,5	$0,5^2 = 0,25$
1	$1^2 = 1$
1,5	$1,5^2 = 2,25$
2	$2^2 = 4$
2,5	$2,5^2 = 6,25$
3	$3^2 = 9$

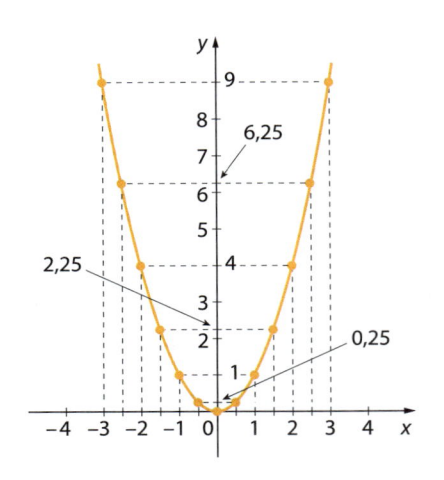

O Gateway Arch é o maior arco do mundo e está localizado na cidade de Saint Louis, Missouri, Estados Unidos. O arco em forma de parábola tem 192 metros de altura. Foto de 2018.

> O gráfico de toda função quadrática é uma curva chamada **parábola**.

A PARÁBOLA E SEU VÉRTICE

Observe nos exemplos abaixo que toda parábola tem um eixo de simetria e um **vértice** (V).

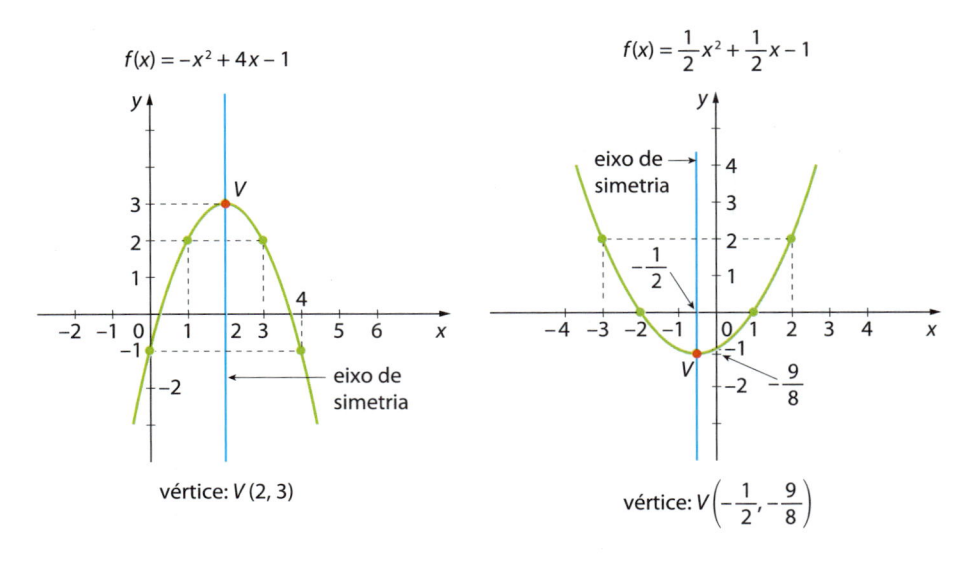

$f(x) = -x^2 + 4x - 1$

vértice: $V(2, 3)$

$f(x) = \frac{1}{2}x^2 + \frac{1}{2}x - 1$

vértice: $V\left(-\frac{1}{2}, -\frac{9}{8}\right)$

O vértice é a intersecção da parábola com o eixo de simetria.

CÁLCULO DAS COORDENADAS DO VÉRTICE DA PARÁBOLA

Dada a função quadrática $f(x) = ax^2 + bx + c$ e sabendo que (x_v, y_v) é o par ordenado do vértice da parábola correspondente a essa função, é possível demonstrar que a abscissa do vértice é dada por:

$$x_v = \frac{-b}{2a}$$

Assim, conhecendo a coordenada x_v, podemos calcular a coordenada y_v substituindo o valor de x_v na lei da função, ou seja, fazendo $y_v = f(x_v)$.

Vamos determinar, por exemplo, as coordenadas do vértice da parábola que representa a função quadrática $f(x) = 3x^2 - 6x + 7$.

$$x_v = \frac{-b}{2a} = \frac{-(-6)}{2 \cdot 3} = \frac{6}{6} = 1$$

$$y_v = f(x_v) = f(1) = 3 \cdot 1^2 - 6 \cdot 1 + 7 = 3 - 6 + 7 = 4$$

Portanto, as coordenadas do vértice da parábola que representa essa função são $x_v = 1$ e $y_v = 4$, e podemos indicá-lo por $V(1, 4)$.

ATIVIDADES

PRATIQUE

1. Determine o vértice da parábola que representa cada função quadrática.

a) $f(x) = x^2 - 5x + 6$
b) $f(x) = -x^2 + 4x + 5$
c) $f(x) = -x^2 - 6x - 10$
d) $f(x) = x^2 + 5x + 4$
e) $f(x) = x^2 - 3x + 4$
f) $f(x) = -\frac{1}{4}x^2 + 8x + 3$

2. Classifique cada afirmação em V (verdadeira) ou F (falsa).

a) O ponto $(0, 0)$ é o vértice da parábola que corresponde à função quadrática de lei $y = -5x^2$.

b) O vértice da parábola que representa a função quadrática cuja lei é $g(x) = \frac{1}{3}x^2 - \frac{4}{5} = 0$ é $V(1, 1)$.

3. Escreva a lei de uma função quadrática:

a) cuja abscissa do vértice da parábola correspondente seja -2.

b) cuja ordenada do vértice da parábola correspondente seja 3.

APLIQUE

4. Identifique o gráfico da função quadrática cuja lei é $y = -2x^2 + 5x + 3$.

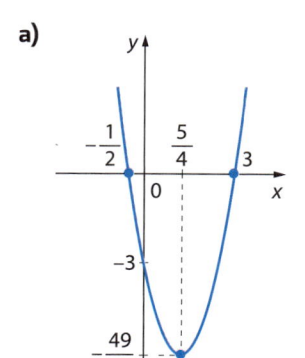

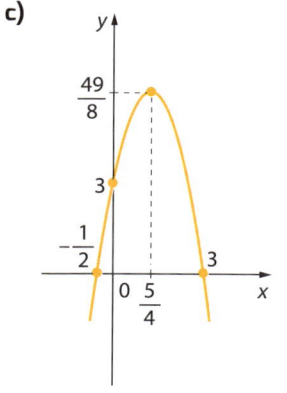

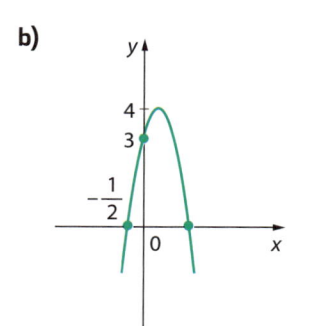

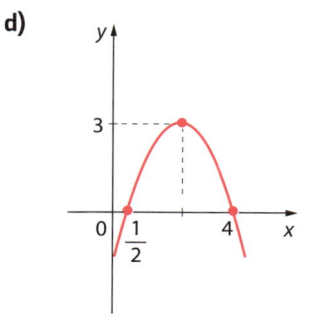

R1. Determine os valores de m e n para que o gráfico da função:

a) $f(x) = -2x^2 + mx - n$ tenha vértice (5, 10);

b) $g(x) = mx^2 - nx + 20$ tenha vértice $V(3, 2)$.

Resolução

a) A abscissa do vértice é dada por: $x_v = -\dfrac{b}{2a}$

Então, para que x_v seja 5, devemos ter:

$-\dfrac{m}{2 \cdot (-2)} = 5$

$m = 20$

Assim, a lei da função é da forma:

$f(x) = -2x^2 + 20x - n$

Sabendo que o vértice é (5, 10), podemos substituir x por 5 e $f(x)$ por 10 nessa lei para encontrar o valor de n:

$10 = -2 \cdot 5^2 + 20 \cdot 5 - n$

$10 = -50 + 100 - n$

$n = 40$

Logo, $m = 20$ e $n = 40$.

b) A abscissa do vértice é dada por: $x_v = -\dfrac{b}{2a}$

Então, para que x_v seja 3, devemos ter:

$-\dfrac{(-n)}{2m} = 3$

$n = 6m$

Dessa forma, substituindo n por 6m na lei da função, temos:

$g(x) = mx^2 - 6mx + 20$

Sabendo que o vértice é (3, 2), vamos substituir x por 3 e $g(x)$ por 2 na lei da função:

$2 = m \cdot 3^2 - 6m \cdot 3 + 20$

$2 = 9m - 18m + 20$

$9m = 18$

$m = 2$

Assim: $n = 6m = 6 \cdot 2 = 12$

5. Determine os valores de m e n para que o gráfico da função $f(x) = 5x^2 + mx + n$ tenha vértice (3, 0).

6. Determine os valores de a e b para que a função de lei $y = ax^2 + bx - 5$ tenha vértice $V(2, -1)$.

CONSTRUÇÃO DO GRÁFICO DE UMA FUNÇÃO QUADRÁTICA

Podemos construir o gráfico de uma função quadrática determinando alguns pontos por meio da lei de formação da função.

Acompanhe, por exemplo, a construção do gráfico da função quadrática $f(x) = x^2 + 2x + 3$.

1º) Determinamos as coordenadas do vértice.

$x_v = \dfrac{-b}{2a} = \dfrac{-2}{2 \cdot 1} = \dfrac{-2}{2} = -1$

$y_v = f(x_v) = f(-1) = (-1)^2 + 2 \cdot (-1) + 3 = 1 - 2 + 3 = 2$

Portanto, o vértice é o ponto $V(-1, 2)$.

2º) Escolhemos valores de x simétricos em relação à abscissa x_v e montamos uma tabela com os valores de x e os valores correspondentes de y.

Nesse caso, vamos escolher valores para x simétricos em relação a -1.

x	$y = f(x) = x^2 + 2x + 3$	(x, y)
-3	$f(-3) = (-3)^2 + 2 \cdot (-3) + 3 = 9 - 6 + 3 = 6$	$(-3, 6)$
-2	$f(-2) = (-2)^2 + 2 \cdot (-2) + 3 = 4 - 4 + 3 = 3$	$(-2, 3)$
-1	2	$V(-1, 2)$
0	$f(0) = 0^2 + 2 \cdot 0 + 3 = 0 + 0 + 3 = 3$	$(0, 3)$
1	$f(1) = 1^2 + 2 \cdot 1 + 3 = 1 + 2 + 3 = 6$	$(1, 6)$

pontos simétricos   pontos simétricos

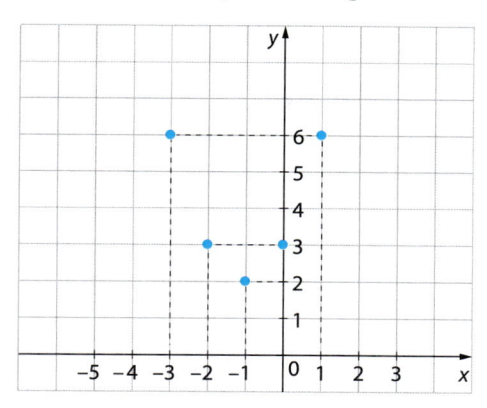

3º) Marcamos no plano cartesiano os pontos registrados na tabela.

4º) Traçamos a parábola que passa pelos pontos obtidos.

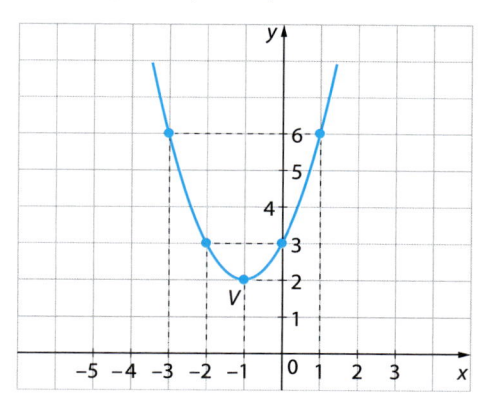

> **OBSERVAÇÃO**
>
> Não podemos usar a régua para unir os pontos, uma vez que a parábola não é formada por segmentos de reta.

ATIVIDADES

PRATIQUE

1. Construa o gráfico de cada função quadrática.

a) $f(x) = -x^2$
b) $g(x) = 4x^2$
c) $h(x) = x^2 + 1$
d) $i(x) = -x^2 - 3$
e) $j(x) = 3x^2 - 2$
f) $k(x) = x^2 - 3x + 4$
g) $l(x) = -x^2 + x - 3$
h) $m(x) = 6x^2 + x$

APLIQUE

2. Verifique qual lei corresponde a cada gráfico.

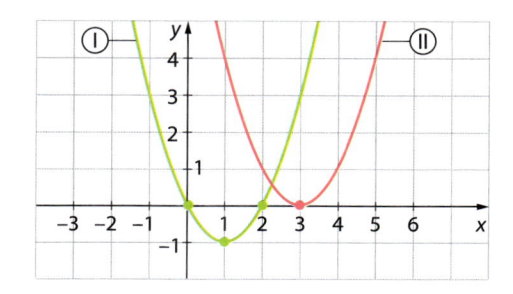

A) $y = (x - 3)^2$
B) $y = (x - 1)^2 - 1$

3. Construa o gráfico de cada uma das funções abaixo em um mesmo sistema de eixos.

$f(x) = -x^2 + 2$
$g(x) = -x^2 - 2$
$h(x) = -x^2 + 1$
$l(x) = -x^2 - 1$
$m(x) = -x^2$

- Como o valor de c influencia no gráfico da função $y = ax^2 + bx + c$?

4. Observe que algumas parábolas têm concavidade (abertura) voltada para cima e outras para baixo. Analise todos os gráficos construídos nas atividades anteriores e as leis de formação ($y = ax^2 + bx + c$) das respectivas funções.

Existe alguma relação de a, b ou c com a concavidade da parábola?

Persistir

INFORMÁTICA E MATEMÁTICA

Gráfico da função quadrática

Nesta seção, você vai utilizar o objeto educacional digital (OED) "Gráfico da função quadrática" para construir, em um mesmo plano cartesiano, alguns gráficos de funções do tipo $y = a \cdot (x + m)^2 + k$. Essa função é uma forma diferente de chamar a função quadrática; por isso, é conhecida como forma canônica. Essa função é obtida por meio da manipulação algébrica da forma geral da função quadrática $y = ax^2 + bx + c$. O botão de ajuda do OED mostra como chegar na forma canônica a partir da forma geral da função quadrática.

Quando usamos a forma canônica, trabalhamos com dois novos parâmetros, o m e o k. O valor de m corresponde ao oposto da abscissa do vértice da parábola (x_v) e o valor de k corresponde a ordenada do vértice da parábola (y_v). Lembrando que $x_v = -\dfrac{b}{2a}$ e $y_v = f(x_v)$

CONSTRUA

Para construir gráficos nesse simulador, é preciso atribuir valores para a, m e k e analisar como o gráfico da função quadrática se comporta com estas variações. Atribua os valores aleatoriamente e construa os gráficos, observando o comportamento deles em função dos valores atribuídos.

INVESTIGUE

Inicialmente, vamos atribuindo valores para m e k, deixá-los fixos e variar os valores de a.

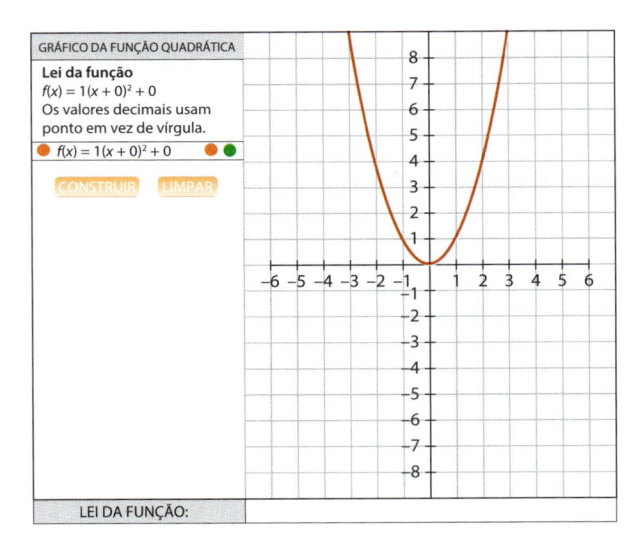

- Atribua 0 para m e k e 1 para o coeficiente a e construa o gráfico da função quadrática. Com esses valores, quais são as coordenadas do vértice dessa parábola?
- Mantenha o gráfico e vá modificando o coeficiente a para 5, depois para 10 e para 20. O que aconteceu com a parábola ao aumentar os valores de a?
- Elimine os gráficos construídos e atribua -1 ao coeficiente a. Depois, mantenha esse gráfico e dê outros valores para o coeficiente: -5, -10 e -20. O que aconteceu com a parábola nesses novos parâmetros?

Elimine os gráficos e, agora, vamos fixar valores para a e m e variar os valores de k.

- Inicie atribuindo 1 para a e 0 para m e k e construa o gráfico que representa essa função. Mantenha o gráfico construído e vá modificando o valor de k para 1, depois para 2, depois para -2 e para -3. O que aconteceu com a parábola ao modificar os valores de k?

Elimine novamente os gráficos construídos. Vamos, então, fixar valores para a e k e variar os valores de m.

- Comece atribuindo 1 para a, 0 para m e k e construa o gráfico que representa essa função. Mantenha-o construído e vá modificando o valor de m para 1, depois para 2, depois para -1 e para -2. O que aconteceu com a parábola ao modificar os valores de m?
- Sem construir o gráfico, é possível saber quais são as coordenadas do vértice da função $y = 2 \cdot (x + 5)^2 + 3$? Construa o gráfico depois e verifique se sua resposta está correta.
- Na forma canônica, quais são os valores de m e k para a representação da função quadrática ao lado? O coeficiente a é positivo ou negativo?

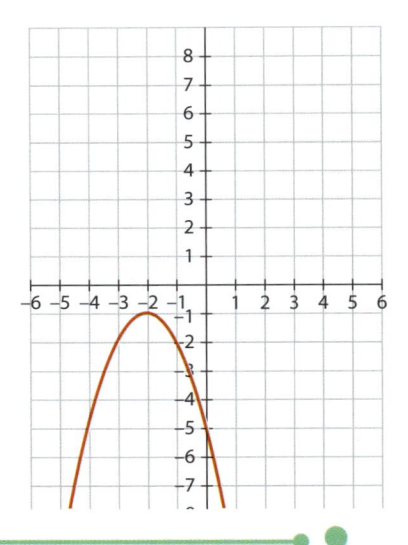

288

ZEROS DE UMA FUNÇÃO QUADRÁTICA

Os **zeros** de uma função quadrática f são os valores reais de x tais que $f(x) = 0$, ou seja, os zeros da função quadrática $f(x) = ax^2 + bx + c$ são as **raízes reais** da equação do 2º grau $ax^2 + bx + c = 0$.

No gráfico, os zeros da função quadrática são as abscissas dos pontos em que a parábola corta o eixo x.

Veja os exemplos a seguir.

a) Vamos determinar os zeros da função quadrática $f(x) = x^2 - 7x + 6$ e os pontos em que a parábola corta o eixo x.

Resolvendo a equação do 2º grau $x^2 - 7x + 6 = 0$, temos:

$\Delta = b^2 - 4ac = (-7)^2 - 4 \cdot 1 \cdot 6 = 49 - 24 = 25$

$x = \dfrac{-b \pm \sqrt{\Delta}}{2a} = \dfrac{-(-7) \pm \sqrt{25}}{2 \cdot 1} = \dfrac{7 \pm 5}{2}$

$x_1 = \dfrac{7 - 5}{2} = \dfrac{2}{2} = 1$

$x_2 = \dfrac{7 + 5}{2} = \dfrac{12}{2} = 6$

A equação $x^2 - 7x + 6 = 0$ tem duas raízes reais diferentes: $x_1 = 1$ e $x_2 = 6$.

Assim, os zeros da função $f(x) = x^2 - 7x + 6$ são 1 e 6.

Isso significa que o gráfico da função f intercepta o eixo x em dois pontos: $(1, 0)$ e $(6, 0)$.

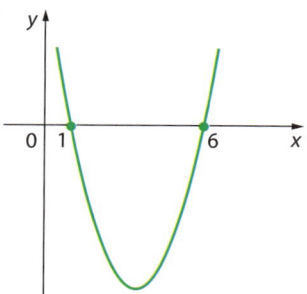

b) Vamos encontrar os zeros da função quadrática $g(x) = -4x^2 - 16x - 16$.

Resolvendo a equação do 2º grau $-4x^2 - 16x - 16 = 0$, temos:

$\Delta = b^2 - 4ac = (-16)^2 - 4 \cdot (-4) \cdot (-16) = 256 - 256 = 0$

$x = \dfrac{-b \pm \sqrt{\Delta}}{2a} = \dfrac{-(-16) \pm \sqrt{0}}{2 \cdot (-4)} = \dfrac{16 \pm 0}{-8} = \dfrac{16}{-8} = -2$

A equação tem duas raízes reais iguais: $x_1 = x_2 = -2$.

Assim, a função g tem um único zero: -2. Isso significa que o gráfico da função g intercepta o eixo x em um único ponto: $(-2, 0)$.

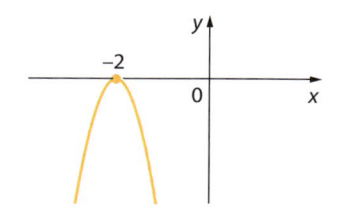

OBSERVAÇÃO

Quando a parábola intercepta o eixo x em um único ponto, dizemos que a parábola tangencia o eixo x.

c) Vamos verificar se a função quadrática $h(x) = \frac{1}{3}x^2 - 2x + 4$ tem zeros reais e se a parábola correspondente intercepta o eixo x.

Resolvendo a equação do 2º grau $\frac{1}{3}x^2 - 2x + 4 = 0$, temos:

$$\Delta = b^2 - 4ac = (-2)^2 - 4 \cdot \frac{1}{3} \cdot 4 = 4 - \frac{16}{3} = -\frac{4}{3}$$

Como $\Delta < 0$, a equação $\frac{1}{3}x^2 - 2x + 4 = 0$ não tem raízes reais.

Assim, a função $h(x) = \frac{1}{3}x^2 - 2x + 4$ não tem zeros reais.

Isso significa que o gráfico da função h não corta o eixo x.

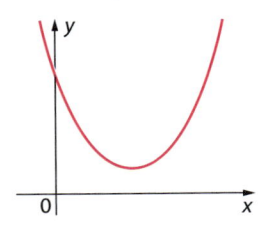

DESAFIO

- Para qual valor de x o gráfico da função $f(x) = (x - 1)^2 + 2$ intercepta o eixo y?
- Qual é o ponto de intersecção do gráfico de f com o eixo y?

QUADRO-RESUMO DA RELAÇÃO ENTRE OS ZEROS DA FUNÇÃO QUADRÁTICA E SEU GRÁFICO

Se $\Delta > 0$, a função tem dois zeros reais.	Se $\Delta = 0$, a função tem um único zero real.	Se $\Delta < 0$, a função não tem zeros reais.
A parábola intercepta o eixo x em dois pontos.	A parábola intercepta o eixo x em um único ponto.	A parábola não intercepta o eixo x.

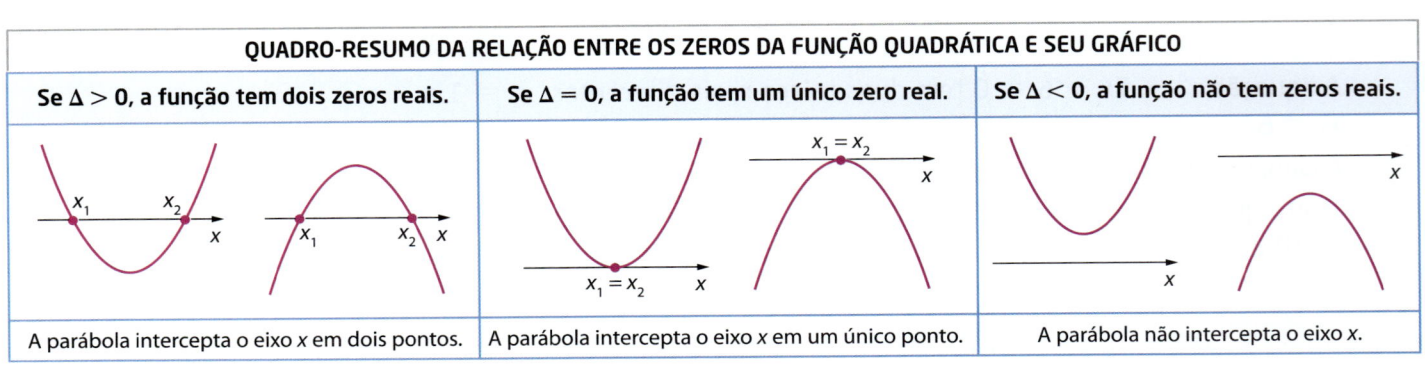

ATIVIDADES

PRATIQUE

1. Determine os zeros das funções quadráticas.

a) $y = x^2 + 7x + 12$

b) $y = \frac{2}{5}x^2 + 6$

c) $y = -7x^2 - 1$

d) $y = -\sqrt{3}x^2$

2. Verifique se o gráfico de cada função quadrática intercepta o eixo x. Em caso afirmativo, determine os pontos de intersecção.

a) $f(x) = x^2 + 14x + 49$

b) $g(x) = -x^2 - 3x$

c) $h(x) = x^2 - x + 0{,}25$

d) $i(x) = -8x^2 - 10$

APLIQUE

3. Observe os gráficos das funções quadráticas f e g e responda à questão.

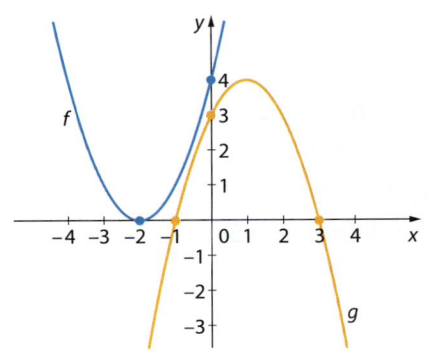

- Quais são os zeros da função f? E da função g?

4. Escreva a lei de uma função quadrática cujo gráfico corta o eixo x nos pontos $(0, 0)$ e $(1, 0)$.

3 ESTUDO DO GRÁFICO DE UMA FUNÇÃO QUADRÁTICA

CONCAVIDADE DA PARÁBOLA

Você deve ter observado que uma parábola pode ter **concavidade** (abertura) voltada para cima ou para baixo. A concavidade está relacionada ao coeficiente a da função quadrática $f(x) = ax^2 + bx + c$. É possível demonstrar que, quando:

- $a > 0$, a concavidade da parábola é voltada para cima;
- $a < 0$, a concavidade da parábola é voltada para baixo.

Observe os exemplos a seguir.

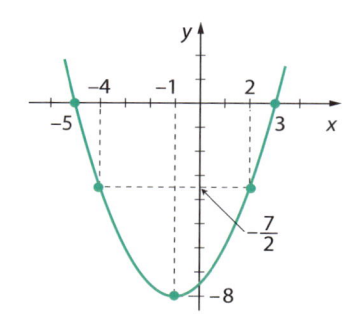

a) $f(x) = \dfrac{1}{2}x^2 + x - \dfrac{15}{2}$

Como $\dfrac{1}{2} > 0$, a concavidade é voltada para cima.

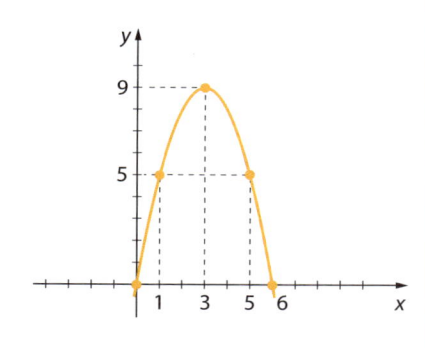

b) $g(x) = -x^2 + 6x$

Como $-1 < 0$, a concavidade é voltada para baixo.

Gráfico da função quadrática

Utilize o simulador para investigar a influência dos números reais a, m e k no gráfico da função quadrática, dada pela forma canônica $f(x) = a(x + m)^2 + k$. Disponível em <http://mod.lk/flwsp>.

ATIVIDADES

PRATIQUE

1. Para cada função quadrática abaixo, verifique se a concavidade da parábola correspondente é voltada para cima ou para baixo.

a) $f(x) = x^2 - 8x + 15$
b) $f(x) = -x^2 + 10x - 24$
c) $f(x) = 7x^2 - 28x$
d) $f(x) = -2x^2 + 8$

2. Considerando o gráfico da função quadrática $f(x) = -x^2 + 5x - 3$, classifique as afirmações a seguir em V (verdadeira) ou F (falsa).

a) A concavidade da parábola é para cima, pois $b > 0$.
b) A concavidade da parábola é para baixo, pois $c < 0$.
c) Um par ordenado do gráfico da função é (0, 0).
d) Um par ordenado do gráfico da função é (0, −3).

APLIQUE

3. Calcule os valores reais de m para que a parábola que representa a função quadrática:

a) $f(x) = (m - 1)x^2 - 2x - 4$ tenha concavidade para baixo.
b) $g(x) = 5x^2 + mx - 8$ tenha concavidade para cima.
c) $h(x) = 3x^2 + mx + 20$ tenha concavidade para baixo.
d) $f(x) = (m - 2)x^2 - 2mx + m + 3$ tenha concavidade para cima.
e) $t(x) = -mx^2 + 5mx - m$ tenha concavidade para cima.

PONTO DE MÁXIMO OU PONTO DE MÍNIMO

Como o gráfico de uma função quadrática é uma parábola, esse tipo de função sempre tem um **valor máximo** ou um **valor mínimo**, que é a **ordenada** do vértice da parábola.

Considere uma função quadrática
$f(x) = ax^2 + bx + c$.

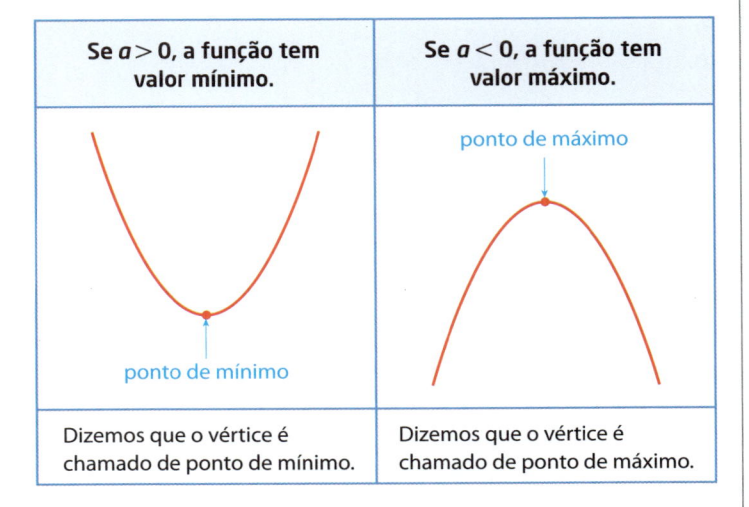

Se $a > 0$, a função tem valor mínimo.	Se $a < 0$, a função tem valor máximo.
ponto de mínimo	ponto de máximo
Dizemos que o vértice é chamado de ponto de mínimo.	Dizemos que o vértice é chamado de ponto de máximo.

Veja os exemplos a seguir.

a) Analise o gráfico da função quadrática
$f(x) = 3x^2 - 12x + 9$.

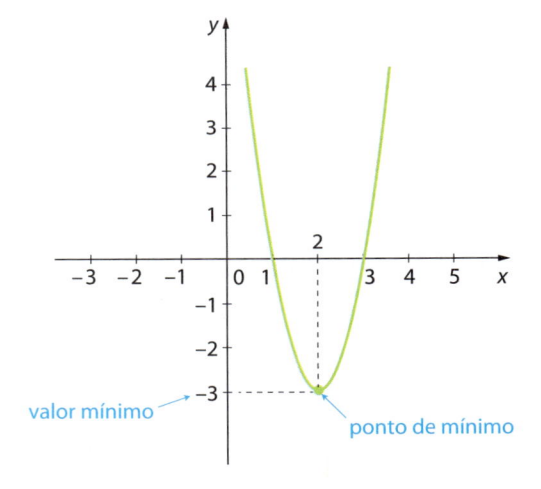

Como $a > 0$, a parábola tem concavidade voltada para cima. Assim, $V(2, -3)$ é o ponto de mínimo do gráfico e -3 é o valor mínimo que a função pode assumir. Observe que, se essa função tem valor mínimo, ela não tem o valor máximo.

Note, ainda, que o ponto de mínimo é o próprio vértice da parábola. Já o valor mínimo é o valor y da função nesse ponto.

> **OBSERVAÇÃO**
>
> Seguindo a parábola da esquerda para a direita, percebemos que, quanto maior o valor de x, menor será o valor correspondente de y até a abscissa do vértice, cujo valor correspondente é o valor mínimo da função. A partir daí, aumentando o valor de x, o valor correspondente de y também aumenta.

b) Analise o gráfico da função quadrática
$g(x) = -2x^2 - 4x + 2$.

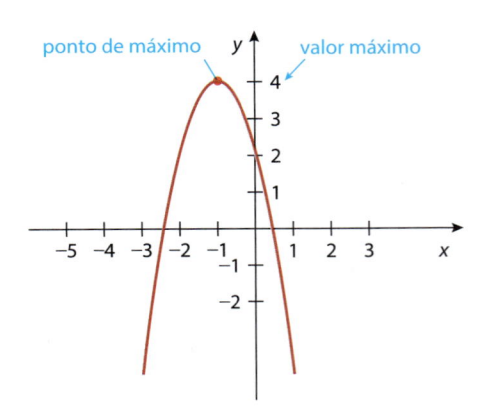

Como $a < 0$, a parábola tem concavidade voltada para baixo. Assim, $V(-1, 4)$ é o ponto de máximo do gráfico e 4 é o valor máximo que a função pode assumir. Observe que, se essa função tem o valor máximo, ela não tem o valor mínimo.

Note, ainda, que o ponto de máximo é o próprio vértice da parábola. Já o valor máximo é o valor y da função nesse ponto.

> **OBSERVAÇÃO**
>
> Seguindo a parábola da esquerda para a direita, percebemos que, quanto maior o valor de x, maior será o valor correspondente de y até a abscissa do vértice, cujo valor correspondente é o valor máximo da função. A partir daí, aumentando o valor de x, o valor correspondente de y diminui.

Organize o que você aprendeu fazendo a atividade 2 da página 328.

ATIVIDADES

PRATIQUE

1. Observe os gráficos das funções quadráticas e determine o ponto de máximo ou o ponto de mínimo de cada um deles.

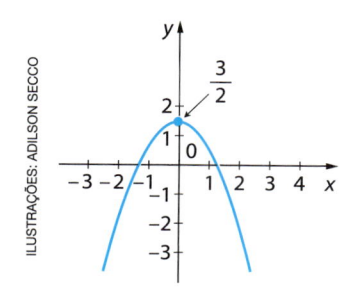

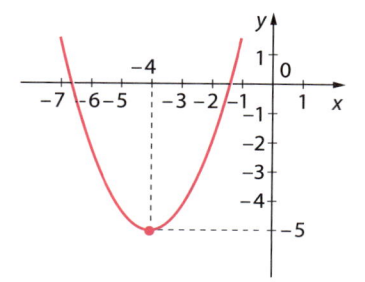

R1. Determine o ponto de máximo ou o ponto de mínimo do gráfico da função quadrática
$f(x) = -4x^2 + 24x - 31$.

Resolução

Como $a = -4$ e, portanto, é menor que zero, a parábola tem concavidade voltada para baixo. Assim, a função tem valor máximo, e seu gráfico tem ponto de máximo.

$x_v = \dfrac{-b}{2a} = \dfrac{-24}{2 \cdot (-4)} = \dfrac{-24}{-8} = 3$

$f(x_v) = f(3) = -4 \cdot (3)^2 + 24 \cdot 3 - 31 =$
$= -36 + 72 - 31 = 5$

Portanto, 5 é o valor máximo da função e (3, 5) é o ponto de máximo do gráfico.

2. Verifique se as funções quadráticas admitem valor máximo ou valor mínimo e calcule esse valor.

a) $f(x) = -x^2 + 2x - 2$

b) $f(x) = x^2 - 2x - 3$

c) $f(x) = -x^2 + 4x - 4$

d) $f(x) = x^2 + 2x$

3. Qual das funções quadráticas abaixo admite valor mínimo? Justifique.

a) $y = 2x^2 + 5$

b) $y = -3x^2 - 2x + 5$

4. Determine m para que a função quadrática $f(x) = (m - 4)x^2 - 5x - 1$ tenha valor máximo.

APLIQUE

5. O custo para a produção de x unidades de certo produto é dado por $C(x) = x^2 - 50x + 2.500$. O valor do custo mínimo é:

a) 2.500.   b) 2.000.   c) 1.875.   d) 1.500.

6. Um carrinho de montanha-russa atinge o começo de uma subida, que tem forma de uma parábola, com velocidade de 40 km/h.

A altura h, em metro, que o carrinho atinge em relação ao solo, em função do tempo t, em segundo, é dada por: $h(t) = -5t^2 + 40t + 100$.

a) Em que instante t o carrinho atinge a altura máxima?

b) Qual é a altura máxima atingida pelo carrinho?

7. O montante de vendas de um supermercado ao longo de determinado mês poderia ser expresso por uma função cuja lei é $f(x) = \dfrac{1}{4}x^2 - \dfrac{15}{2}x + \dfrac{229}{4}$, em que $f(x)$ representa quantos mil reais o supermercado vendeu por dia e x, o dia do mês.

a) Quantos mil reais esse supermercado vendeu no dia 1º? E no dia 30?

b) Qual foi o menor valor vendido ao longo do mês? Em que dia do mês isso aconteceu?

293

4 ANÁLISE DO GRÁFICO DE UMA FUNÇÃO QUADRÁTICA

Conhecendo os zeros e o esboço do gráfico da função quadrática, podemos estudar seu sinal, ou seja, verificar para quais valores de x a função é positiva, negativa ou nula.

O sinal da função depende de como a parábola intercepta o eixo x.

Assim, temos três casos:

1º) Quando a parábola intercepta o eixo x em dois pontos.

2º) Quando a parábola intercepta o eixo x em um único ponto.

3º) Quando a parábola não intercepta o eixo x.

A seguir, veremos exemplos de cada um desses casos.

QUANDO A PARÁBOLA INTERCEPTA O EIXO x EM DOIS PONTOS

Veja os exemplos a seguir.

a) Vamos estudar o sinal da função quadrática $f(x) = 4x^2 - 2x - 2$.

Primeiro, determinamos os zeros da função:

$4x^2 - 2x - 2 = 0$

$\Delta = b^2 - 4ac = (-2)^2 - 4 \cdot 4 \cdot (-2) = 4 + 32 = 36$

$x = \dfrac{-b \pm \sqrt{\Delta}}{2a} = \dfrac{-(-2) \pm \sqrt{36}}{2 \cdot 4} = \dfrac{2 \pm 6}{8}$

Então:

$x_1 = \dfrac{2 - 6}{8} = \dfrac{-4}{8} = -\dfrac{1}{2}$

$x_2 = \dfrac{2 + 6}{8} = \dfrac{8}{8} = 1$

Portanto, os zeros da função f são $-\dfrac{1}{2}$ e 1.

Como o coeficiente de x^2 é positivo $(4 > 0)$ e a função tem dois zeros reais, obtemos o seguinte esboço do gráfico:

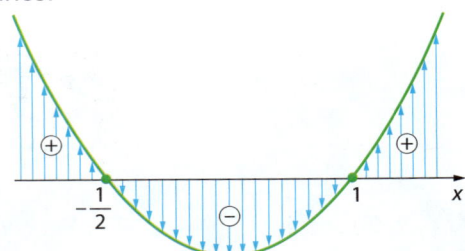

Agora, observando esse esboço, podemos determinar para quais valores de x a função é positiva, negativa ou nula. Concluímos que:

- $f(x) > 0$ para $x < -\dfrac{1}{2}$ ou $x > 1$
- $f(x) = 0$ para $x = -\dfrac{1}{2}$ ou $x = 1$
- $f(x) < 0$ para $-\dfrac{1}{2} < x < 1$

b) Vamos estudar o sinal da função quadrática $g(x) = -x^2 - x + 6$.

Determinamos os zeros da função:

$-x^2 - x + 6 = 0$

$\Delta = b^2 - 4ac = (-1)^2 - 4 \cdot (-1) \cdot 6 = 1 + 24 = 25$

$x = \dfrac{-b \pm \sqrt{\Delta}}{2a} = \dfrac{-(-1) \pm \sqrt{25}}{2 \cdot (-1)} = \dfrac{1 \pm 5}{-2}$

Então:

$x_1 = \dfrac{1 - 5}{-2} = \dfrac{-4}{-2} = 2$

$x_2 = \dfrac{1 + 5}{-2} = \dfrac{6}{-2} = -3$

Portanto, os zeros da função g são 2 e -3.

Como o coeficiente de x^2 é negativo $(-1 < 0)$ e a função tem dois zeros reais, obtemos o seguinte esboço do gráfico:

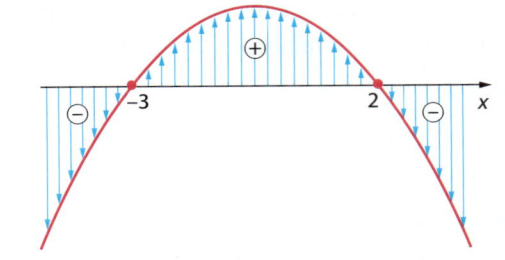

Agora, observando esse esboço, podemos determinar para quais valores de x a função é positiva, negativa ou nula.

Concluímos que:

- $g(x) > 0$ para $-3 < x < 2$
- $g(x) = 0$ para $x = -3$ ou $x = 2$
- $g(x) < 0$ para $x < -3$ ou $x > 2$

QUANDO A PARÁBOLA INTERCEPTA O EIXO x EM UM ÚNICO PONTO

Veja os exemplos abaixo.

a) Vamos estudar o sinal da função quadrática $y = x^2 - 12x + 36$.

Determinamos os zeros da função:

$x^2 - 12x + 36 = 0$

$\Delta = b^2 - 4ac = (-12)^2 - 4 \cdot 1 \cdot 36 = 144 - 144 = 0$

$x = \dfrac{-b \pm \sqrt{\Delta}}{2a} = \dfrac{-(-12) \pm \sqrt{0}}{2 \cdot 1} = \dfrac{12 \pm 0}{2} = 6$

Portanto, o zero da função é 6.

Como o coeficiente de x^2 é positivo ($1 > 0$) e a função tem um único zero real, obtemos o seguinte esboço do gráfico:

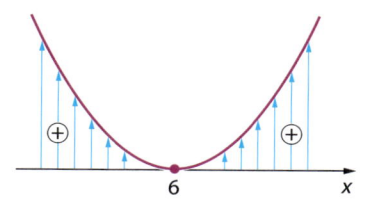

Concluímos que:
- $y = 0$ para $x = 6$
- $y > 0$ para $x \neq 6$

Nesse caso, não existe valor real de x que torne a função negativa.

b) Vamos estudar o sinal da função quadrática $y = -x^2 - 16x - 64$.

Determinamos os zeros da função:

$-x^2 - 16x - 64 = 0$

$\Delta = b^2 - 4ac = (-16)^2 - 4 \cdot (-1) \cdot (-64) =$
$= 256 - 256 = 0$

$x = \dfrac{-b \pm \sqrt{\Delta}}{2a} = \dfrac{-(-16) \pm \sqrt{0}}{2 \cdot (-1)} = \dfrac{16 \pm 0}{-2} = -8$

Portanto, o zero da função é -8.

Como o coeficiente de x^2 é negativo ($-1 < 0$) e a função tem um único zero real, obtemos o seguinte esboço do gráfico:

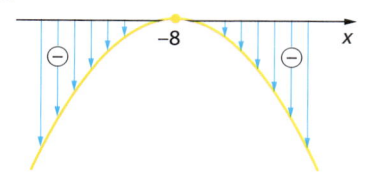

Concluímos que:
- $y = 0$ para $x = -8$
- $y < 0$ para $x \neq -8$

Nesse caso, não existe valor real de x que torne a função positiva.

QUANDO A PARÁBOLA NÃO INTERCEPTA O EIXO x

Veja os exemplos a seguir.

a) Vamos estudar o sinal da função quadrática $y = x^2 + 10x + 26$.

Determinamos os zeros da função:

$x^2 + 10x + 26 = 0$

$\Delta = b^2 - 4ac = 10^2 - 4 \cdot 1 \cdot 26 = 100 - 104 = -4$

Como $\Delta < 0$, a equação $x^2 + 10x + 26 = 0$ não tem raízes reais. Portanto, a função $y = x^2 + 10x + 26$ não tem zeros reais.

Como o coeficiente de x^2 é positivo ($1 > 0$) e a função não tem zeros reais, obtemos o seguinte esboço do gráfico:

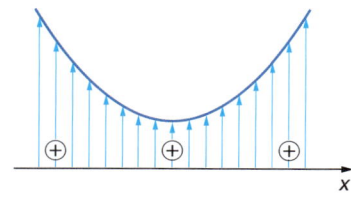

Concluímos que $y > 0$ para todo x real.

b) Vamos estudar o sinal da função quadrática $y = -2x^2 + 4x - 5$.

Determinamos os zeros da função:

$-2x^2 + 4x - 5 = 0$

$\Delta = b^2 - 4ac = 4^2 - 4 \cdot (-2) \cdot (-5) = 16 - 40 = -24$

Como $\Delta < 0$, a equação $-2x^2 + 4x - 5 = 0$ não tem raízes reais. Portanto, a função $y = -2x^2 + 4x - 5$ não tem zeros reais.

Como o coeficiente de x^2 é negativo ($-2 < 0$) e a função não tem zeros reais, obtemos o seguinte esboço do gráfico:

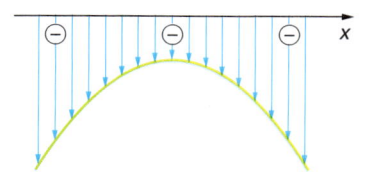

Concluímos que $y < 0$ para todo x real.

ATIVIDADES

PRATIQUE

1. Observe os gráficos das funções quadráticas e estude o sinal de cada uma.

   a) 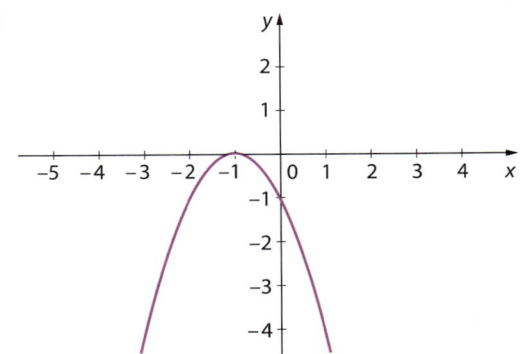

   b) 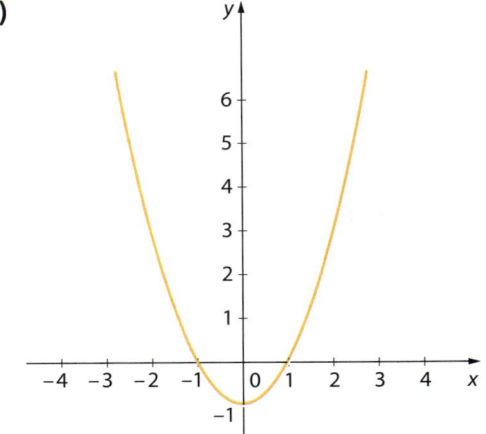

   c)

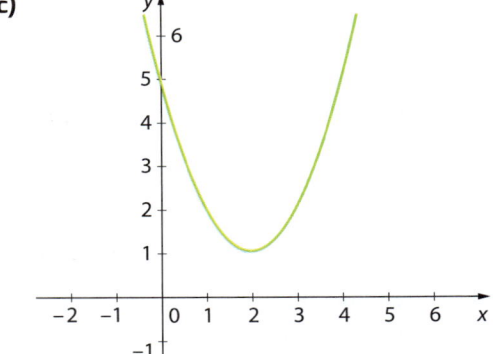

2. Estude o sinal das funções quadráticas.
   a) $f(x) = x^2 + 4x + 3$
   b) $f(x) = -x^2 + 4x - 4$
   c) $f(x) = x^2 + 14x - 15$
   d) $f(x) = x^2 + 12x + 36$
   e) $f(x) = x^2 - x + 123$
   f) $f(x) = -x^2 - 3x - 2$

3. Observe o gráfico da função quadrática $f(x) = -3x^2 - 6x$.

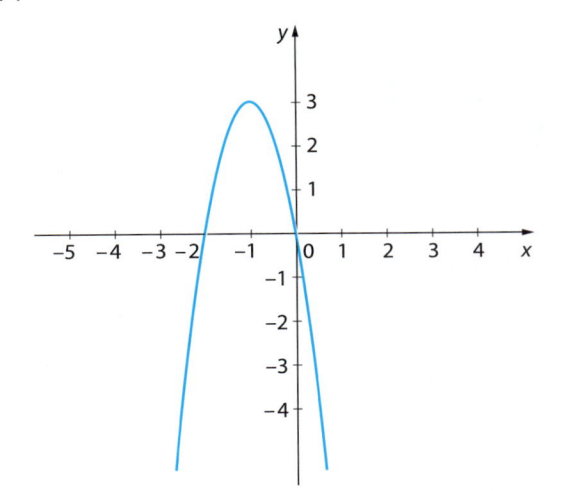

   Classifique cada afirmação em V (verdadeira) ou F (falsa).
   a) A função é positiva para $x < -2$ ou $x > 0$.
   b) Para $-2 < x < 0$, a função é nula.
   c) A função é negativa para $x < -2$ ou $x > 0$.
   d) Para $-2 < x < 0$, a função é negativa.
   e) A função é nula para $x = -2$ ou $x = 0$.
   f) Para $-2 < x < 0$, a função é positiva.

4. Responda às questões.
   a) Para quais valores de x a função quadrática $y = \left(x + \dfrac{1}{4}\right)^2 + 1$ é positiva?
   b) Para quais valores de x a função quadrática $y = -4(x - 6)^2 + 4$ é nula?
   c) Para quais valores de x a função quadrática $y = \dfrac{1}{5}\left(x - \dfrac{1}{2}\right)^2 + 2$ é negativa?

5. Leia as afirmações, classifique-as em V (verdadeira) ou F (falsa) e corrija as falsas.
   Se $f(x) = 2x^2 + 7x - 15$, podemos afirmar que:
   a) $f(x) < 0$ para $x = -1$.
   b) para $x = 0$, temos $f(0) = -15$.
   c) $f(x) > 0$ para $x = 5$.
   d) para $x = \dfrac{-3}{2}$, temos $f\left(\dfrac{-3}{2}\right) = 0$.
   e) o ponto $(3, 24)$ pertence ao gráfico de f
   f) $f(x) < 0$ para $x = -6$.

5 INEQUAÇÕES DO 2º GRAU

Você já estudou inequações do 1º grau. Agora, aprenderá a resolver inequações do 2º grau.

> **Inequações do 2º grau** na incógnita x são aquelas que podem ser reduzidas a uma desigualdade em que o primeiro membro é do tipo $ax^2 + bx + c$ (com $a \neq 0$) e o segundo membro é zero.

As inequações a seguir são do 2º grau:

- $x^2 + 12x - 7 > 0$
- $8x^2 + \sqrt{3}\,x \geq 0$
- $-3x^2 + \dfrac{1}{6} < 0$
- $-\dfrac{1}{3}x^2 - x + 1 \leq 0$

Podemos resolver essas inequações por meio do estudo do sinal da função quadrática associada à inequação.

Como exemplo, vamos resolver a inequação do 2º grau $x^2 - 9 \leq 0$, em $\mathbb{R}$.

Nesse caso, devemos descobrir os valores reais de x para os quais a função $f(x) = x^2 - 9$ é negativa ou nula.

Estudando o sinal da função f, temos:

- os zeros da função são -3 e 3;
- a parábola tem concavidade voltada para cima, pois $a > 0$;
- o esboço do gráfico de f está representado abaixo.

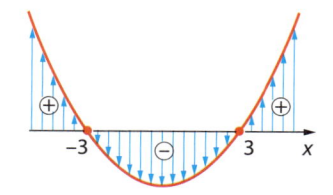

Observando esse esboço, concluímos que a função é negativa para $-3 < x < 3$. Além disso, a função é nula para $x = -3$ ou $x = 3$.

Portanto, a solução da inequação é o conjunto dos números reais tais que $-3 \leq x \leq 3$. Podemos escrever a solução agrupando em um conjunto S:

$$S = \{x \in \mathbb{R} \mid -3 \leq x \leq 3\}$$

RECORDE

- Quando a solução da inequação são todos os números reais, escrevemos: $S = \mathbb{R}$
- Quando não existe x real que satisfaz a inequação, escrevemos: $S = \varnothing$

OBSERVAÇÃO

Algumas vezes é preciso escrever a inequação de outra forma antes de resolvê-la. Por exemplo, para resolver a inequação $-2x^2 + x > 18$, primeiro devemos encontrar uma inequação equivalente que tenha o segundo membro igual a zero:

$$-2x^2 + x > 18$$
$$-2x^2 + x - 18 > 18 - 18$$
$$-2x^2 + x - 18 > 0$$

Agora, procedemos como no exemplo anterior: estudamos o sinal da função para encontrar os valores de x para os quais a função é positiva.

Trilha de estudo

Vai estudar? Nosso assistente virtual no *app* pode ajudar!
<http://mod.lk/trilhas>

ATIVIDADES

PRATIQUE

1. Resolva as inequações em $\mathbb{R}$.
   a) $-3x^2 + 7x + 6 > 0$
   b) $5x^2 - 4x + 1 > 0$
   c) $x^2 - 6x + 9 \leq 0$
   d) $-4x^2 + 7x > 22$

APLIQUE

2. O lucro mensal de uma empresa, em real, é dado por $L = x^2 + 5x - 250$, em que x é a quantidade mensal de mercadorias vendidas. Determine a quantidade mínima de mercadorias vendidas em um mês para que o lucro seja maior que R$ 200.000,00.

ESTATÍSTICA E PROBABILIDADE
PROBABILIDADE DE EVENTOS INDEPENDENTES E DE EVENTOS DEPENDENTES

Elisa vai caminhando todos os dias para a escola. Da sua casa até a escola ela pode fazer diferentes caminhos. Considerando que Elisa faça um caminho diferente cada dia, veja na ilustração a seguir os caminhos possíveis.

Priscila, sua amiga de escola, vai visitá-la depois da aula. Qual é a probabilidade de Priscila sair da escola e chegar à casa de Elisa passando pela Rua Joia e pela Rua Flórida?

Esse tipo de situação envolve **eventos independentes**, pois existem dois trechos para chegar até o destino final e a escolha de um não depende da escolha do outro. Para calcular essa probabilidade, podemos desenhar a árvore de probabilidades. Veja abaixo.

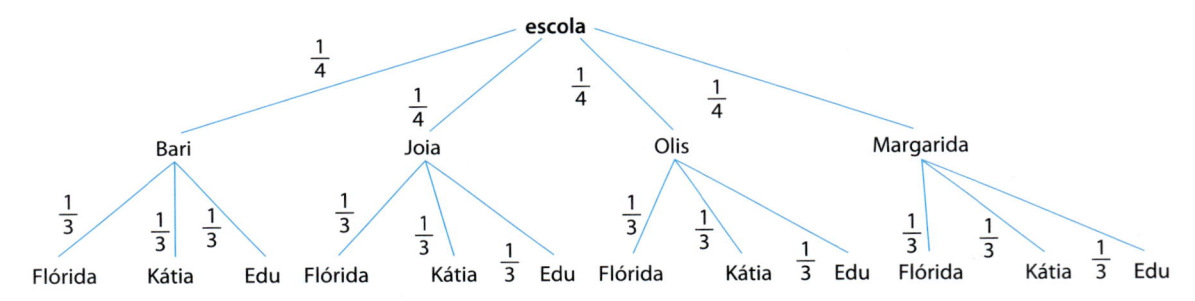

A probabilidade de eventos independentes será calculada multiplicando as probabilidades de cada evento ocorrer. Nesse caso, a probabilidade de Priscila escolher a Rua Joia é $\frac{1}{4}$ e a probabilidade de escolher a Rua Flórida é $\frac{1}{3}$. Portanto, a probabilidade final será $\frac{1}{4} \cdot \frac{1}{3} = \frac{1}{12}$.

Caso quiséssemos saber a probabilidade de Priscila escolher esse caminho ou escolher a Rua Olis com a Rua Kátia, bastaria somar as duas probabilidades. Assim: $\frac{1}{12} + \frac{1}{12} = \frac{2}{12} = \frac{1}{6}$.

Ao chegar à casa de Elisa, Priscila ofereceu um pacote com balas para sua amiga e pediu que ela pegasse duas balas, uma após a outra. Nesse pacote havia 3 balas de morango, 2 de pêssego e 4 de hortelã. Qual é a probabilidade de Elisa pegar a primeira bala de pêssego e depois uma bala de hortelã?

Esse tipo de situação envolve **eventos dependentes**, pois após retirar uma bala do pacote, o número de balas será diferente do número inicial, portanto, a segunda escolha dependerá da primeira.

No pacote existe um total de 9 balas. A probabilidade de escolher uma bala de pêssego é $\frac{2}{9}$. Após retirar essa bala, ficarão 8 balas no pacote, sendo 4 de hortelã. Portanto, a probabilidade de retirar uma bala de hortelã, nesse caso, será $\frac{4}{8}$. Agora, para calcular a probabilidade final, basta multiplicar esses valores. Assim: $\frac{2}{9} \cdot \frac{4}{8} = \frac{1}{9}$.

ATIVIDADES

1. Leia cada situação descrita a seguir e classifique os eventos citados em dependentes ou independentes.

   a) Um sorteio será realizado em uma sala de aula com 30 alunos. Após cada aluno ser sorteado, ele deve ir à frente da sala. Deseja-se saber a probabilidade de ser sorteado um menino e depois uma menina.

   b) Serão lançados dois dados com a mesma numeração e deseja-se saber a probabilidade de obter um número par e um número primo.

   c) No prédio em que Paulo mora há duas escadas de emergência, uma azul e uma vermelha, e no térreo há 3 portas que podem ser usadas nesses casos. Deseja-se saber a probabilidade de escolher a escada vermelha e a porta central para sair do prédio.

2. Paulo lançará uma moeda honesta duas vezes.

   a) Qual é a probabilidade de sair cara no primeiro lançamento?

   b) Qual é a probabilidade de sair coroa no segundo lançamento sabendo que no primeiro saiu cara?

   c) Os lançamentos das moedas são eventos dependentes ou independentes? Por quê?

3. Mateus trabalha em uma indústria verificando a qualidade das peças que são produzidas em determinadas horas do dia. Em um conjunto de 40 peças produzidas, 3 delas saem com algum defeito.

   a) Qual é a probabilidade de Mateus retirar uma peça sem defeito e depois uma peça com defeito?

   b) Qual é a probabilidade de Mateus escolher, uma após a outra, 3 peças sem defeitos?

4. Em uma caixa fechada há caixinhas de suco natural: 3 de maçã, 4 de laranja, 6 de limão e 2 de mamão. Lúcia, toda manhã, escolhe aleatoriamente algumas caixinhas para levar de lanche para o trabalho.

   a) Qual é a probabilidade de ela retirar, primeiro, uma caixinha de suco de laranja?

   b) Qual é a probabilidade de ela retirar uma caixinha de suco de limão e depois uma de suco de mamão?

ATIVIDADES COMPLEMENTARES

1. Complete a tabela.

Lei de formação da função quadrática	a	b	c
$f(x) = x^2 + 1$			
	3	45	0
$f(x) = x^2 - 21x - 4$			
	5	-23	-1
$f(x) = mx^2 - x + n$			
	k + 1	0	0

2. Calcule $f(6)$ nas funções definidas por:
  a) $f(x) = x^2 - 3$
  b) $f(x) = -x^2 + x$
  c) $f(x) = -2x^2 + 70$
  d) $f(x) = 3 + 2x - x^2$

3. Responda às questões.
  a) Dada $f(x) = x^2 - 8x + 14$, encontre o valor de x para o qual $f(x) = -1$.
  b) Dada $g(x) = x^2 - x - 6$, qual é o valor de x para que $g(x) = 0$?

4. O número de diagonais de um polígono convexo em função de seus n lados é dado por $d(n) = \dfrac{n^2 - 3n}{2}$. Qual é o polígono que tem 20 diagonais?

5. Determine o vértice da parábola que representa a função quadrática $f(x) = 2x^2 - 3x + 8$.

6. Com base no gráfico, classifique cada afirmação em V (verdadeira) ou F (falsa).

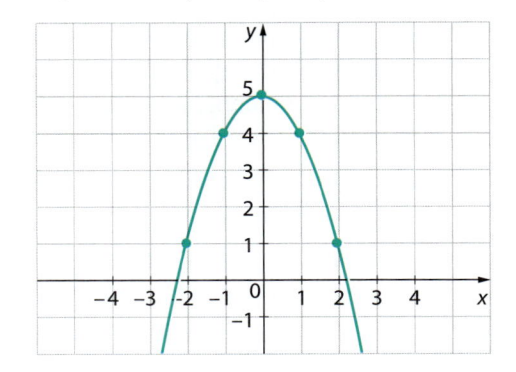

  a) A parábola é simétrica em relação ao eixo x.
  b) O vértice da parábola é $V(0, 5)$.
  c) A lei da função correspondente ao gráfico é $y = x^2 + 5$.
  d) O gráfico intercepta o eixo x no ponto $(0, 5)$.
  e) A parábola é o gráfico da função $y = -x^2 + 5$.

7. Construa o gráfico das funções quadráticas.
  a) $y = x^2 + x - \dfrac{15}{4}$
  b) $y = -x^2 + \dfrac{1}{3}$

8. Determine os zeros das funções quadráticas.
  a) $f(x) = x^2 - 3x$
  b) $f(x) = x^2 - 4x + 3$
  c) $f(x) = 2x^2$
  d) $f(x) = x^2 - 2x + 6$

9. Durante o lançamento de um projétil, Renato anotou algumas informações e montou o gráfico abaixo.

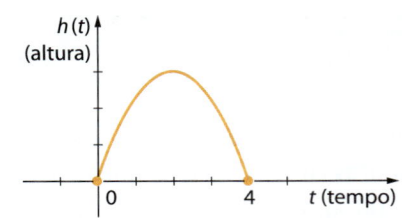

Qual das leis de formação abaixo pode descrever a altura atingida pelo projétil em função do tempo?
  a) $h(t) = -3t + 5$
  b) $h(t) = -\dfrac{3}{4}t^2 + 3t$
  c) $h(t) = -t^2 + 4$
  d) $h(t) = \dfrac{3}{4}t^2 + 3t$

10. Calcule o valor de m e n para que o vértice da parábola que representa a função $f(x) = x^2 - mx + n$ seja $(2, -1)$.

11. (Mackenzie-SP) Na figura, temos o gráfico da função real definida por $y = x^2 + mx + (15 - m)$. Então, k vale:
  a) 25.
  b) 18.
  c) 12.
  d) 9.
  e) 6.

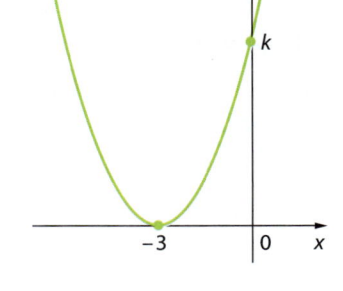

12. Observe as leis das funções quadráticas e responda às questões.

$f(x) = -\frac{1}{3}x^2$

$g(x) = 6x^2$

$h(x) = -3x^2$

$p(x) = \frac{3}{4}x^2$

a) Quais das funções são representadas graficamente por uma parábola com concavidade para cima? E para baixo?

b) Quais das funções têm ponto de mínimo? E de máximo?

13. Calcule os valores reais que p pode assumir na função quadrática $y = (2p - 5)x^2 - x + 2$ para que a parábola tenha concavidade voltada para cima.

14. Considere a função quadrática definida por:

$$f(x) = ax^2 + x + a,$$

em que a é um número inteiro maior que 2. Qual parábola poderia ser o gráfico dessa função?

a)

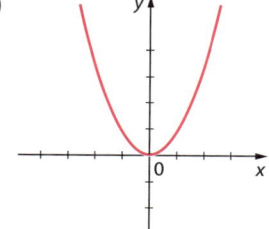

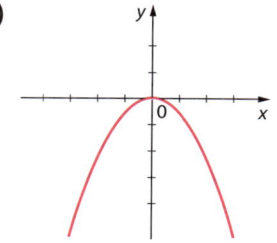

b)

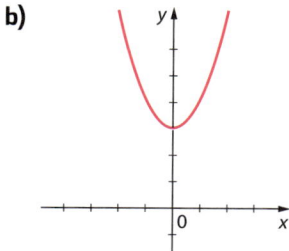

c)

d)

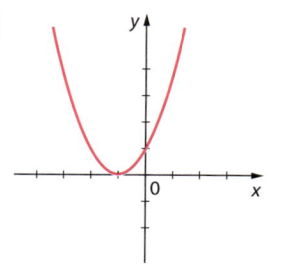

15. Uma câmara frigorífica usada para armazenar certos tipos de alimento precisa ter sua temperatura variando entre graus negativos e positivos para que o alimento não perca suas propriedades. A temperatura, em certo intervalo de tempo, é dada pela função $h(t) = t^2 - 4t + 3$, em que $h(t)$ representa a temperatura na câmara, medida em grau Celsius (°C), ao longo do tempo t, medido em hora.

a) Qual é a temperatura da câmara no instante $t = 0$, ou seja, quando a câmara acabou de ser ligada?

b) Em quais momentos a temperatura é 0 °C?

c) Qual é a temperatura mínima atingida?

16. Em um campeonato de atletismo, Mário lançou um disco cuja altura atingida, em metro, a cada instante, em segundo, pode ser descrita pela função:

$h(t) = -\frac{1}{10}t^2 + t$, com $t \geq 0$

Faça o que se pede.

a) Encontre a altura atingida pelo disco aos 3 s.

b) Faça o esboço do gráfico que descreve a altura atingida pelo disco a cada segundo.

c) Determine o tempo que o disco demora para percorrer toda a trajetória.

d) Descubra em quantos segundos o disco atinge a altura máxima.

e) Determine a altura máxima atingida pelo disco.

17. Durante uma partida de futebol, a bola chutada pelo goleiro na cobrança de um tiro de meta, percorreu uma trajetória na forma de uma parábola expressa pela lei $f(x) = -\frac{x^2}{40} + x$, em que $f(x)$ indica a altura que a bola alcançou e x representa a distância, em metro, que ela percorreu na direção horizontal.

a) Faça um esboço do gráfico para $0 \leq x \leq 40$.

b) Qual foi a altura máxima atingida pela bola?

c) Quantos metros na direção horizontal essa bola já havia percorrido quando tocou novamente o solo?

ATIVIDADES COMPLEMENTARES

18. Estude o sinal da função quadrática $y = 50x^2 + 30$.

19. Para quais valores reais de x a função quadrática $y = -x^2 - \sqrt{3}$ é positiva?

20. Resolva, em $\mathbb{R}$, as inequações.

a) $-2x^2 + x - 1 \geq 0$ b) $-x^2 + 4x - 4 \geq 0$ c) $x^2 + 2x - 3 < 0$ d) $x^2 - 2x + 1 < 0$

21. Para que valores de x a área do quadrado é maior que a área do retângulo?

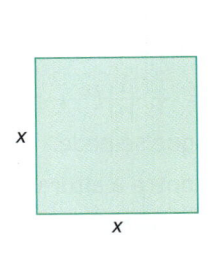

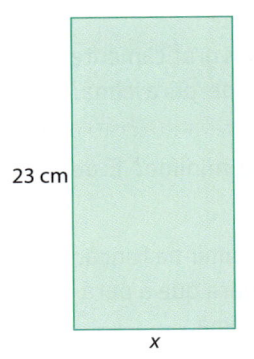

22. Carlos quer fazer um pomar em um terreno retangular, mas está em dúvida quanto às dimensões. Um agrônomo aconselhou-o que esse terreno fosse maior que 14 m² e que o comprimento fosse 5 m maior que a largura.

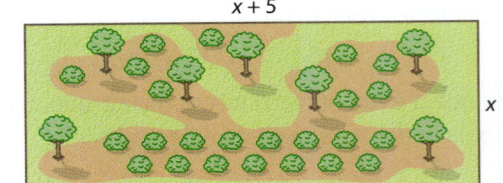

a) Escreva a inequação que representa essa situação.

b) Quais seriam as menores dimensões do pomar, considerando que são expressas por números inteiros? Qual seria a área do pomar nesse caso?

23. Marcelo tem uma dívida cujos pagamentos deverão ser descontados mensalmente de sua conta bancária. O valor a ser descontado será calculado por $10t^2$, em que t representa o número de meses. Ele fez uma aplicação bancária que lhe renderá mensalmente uma quantia calculada por $100t$, em que t também representa o número de meses. Considere que Marcelo tem um saldo bancário de R$ 2.000,00 e que essa conta não será utilizada para nenhuma outra transação.

a) Qual é a lei da função que relaciona o número de meses e o saldo de Marcelo?

b) Em quantos meses o saldo de Marcelo atingirá o maior valor?

c) Em quantos meses o saldo de Marcelo será igual a zero?

d) Após quantos meses o saldo de Marcelo será negativo?

24. (Unifor-CE) Num certo instante, uma pedra é lançada de uma altura de 16 m em relação ao solo e atinge o chão após 8 segundos. A altura da pedra em relação ao solo, em função do tempo, pode ser representada por uma função do segundo grau, cujo gráfico está representado ao lado.

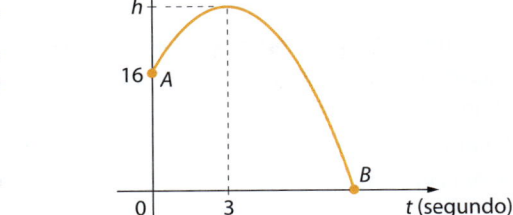

A altura máxima h atingida pela pedra é:

a) 20 m. b) 21 m. c) 23 m. d) 25 m. e) 27 m.

Mais questões no livro digital

UNIDADE 12
FIGURAS GEOMÉTRICAS NÃO PLANAS E VOLUMES

1 FIGURAS GEOMÉTRICAS NÃO PLANAS

Observe o ambiente onde você está. Já reparou que, entre os objetos que nos rodeiam, é muito comum encontrar representações de sólidos geométricos e de outras figuras geométricas não planas?

Alguns tipos de sólidos geométricos são classificados em corpos redondos, prismas ou pirâmides.

Os sólidos apresentados no quadro abaixo são exemplos de **corpos redondos**.

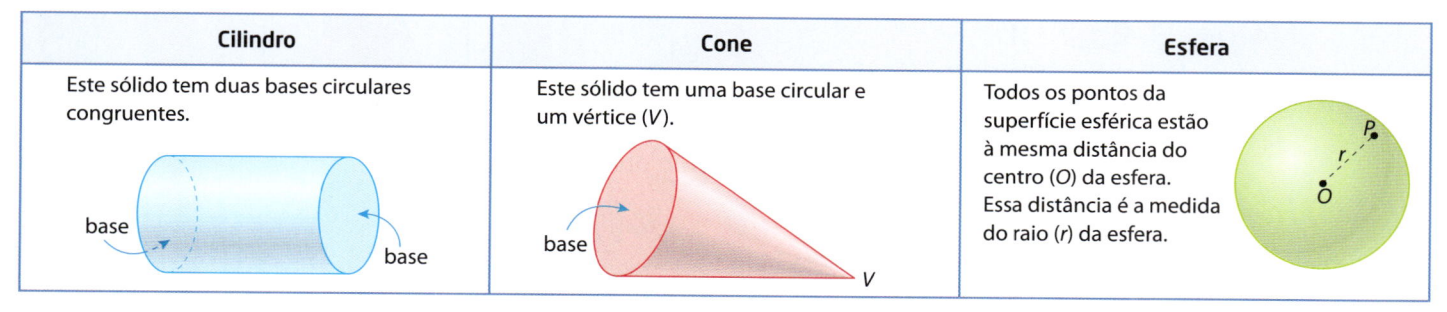

Cilindro	Cone	Esfera
Este sólido tem duas bases circulares congruentes.	Este sólido tem uma base circular e um vértice (V).	Todos os pontos da superfície esférica estão à mesma distância do centro (O) da esfera. Essa distância é a medida do raio (r) da esfera.

A seguir, destacamos os prismas e as pirâmides. Que figuras do dia a dia têm essas formas?

Os **prismas** têm duas bases paralelas, que são polígonos congruentes; as demais faces são paralelogramos.

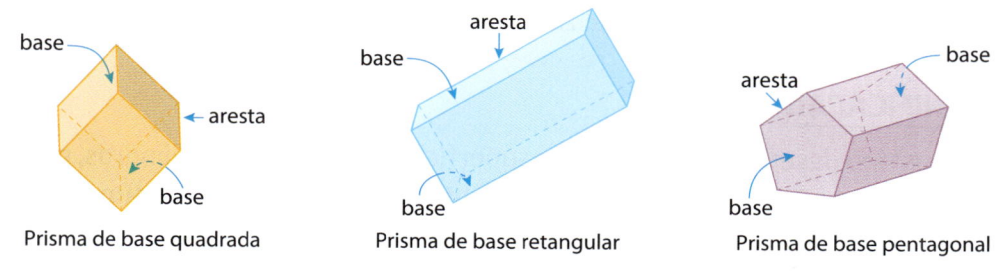

Prisma de base quadrada   Prisma de base retangular   Prisma de base pentagonal

As **pirâmides** têm uma base poligonal, apenas um vértice (V) fora de sua base e as demais faces triangulares.

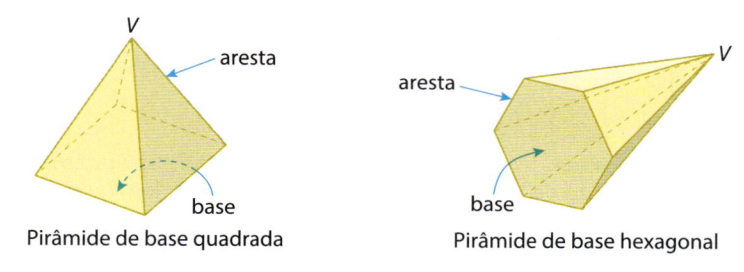

Pirâmide de base quadrada   Pirâmide de base hexagonal

SECÇÕES DE FIGURAS NÃO PLANAS

Podemos "cortar" com um plano as figuras geométricas não planas. Desse modo, obtemos uma figura geométrica plana que é definida pela superfície do corte. Esses cortes são chamados de **secções por um plano**. Veja alguns exemplos.

CILINDRO

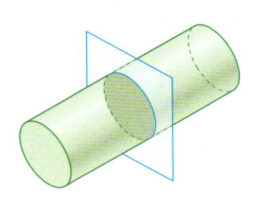

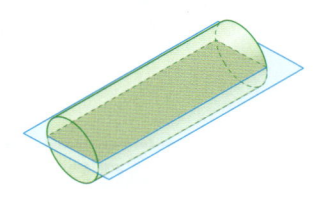

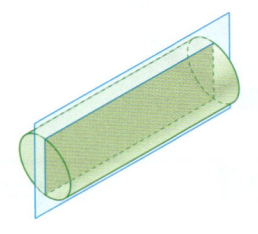

Note que, de acordo com a secção, obtemos figuras diferentes: nos casos acima, círculo ou retângulo.

CONE

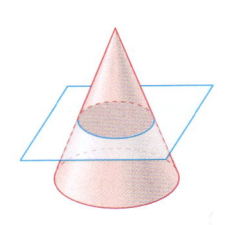

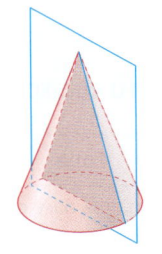

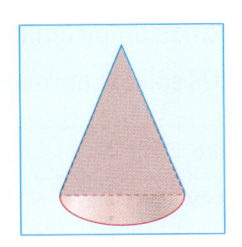

Com essas secções, obtivemos um círculo ou um triângulo.

PRISMA

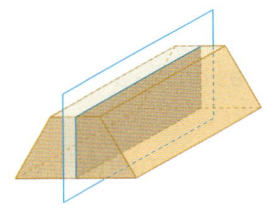

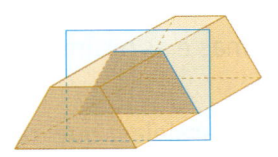

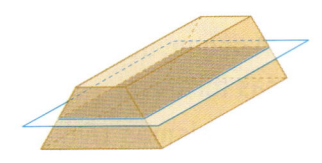

Nesse caso, com as secções realizadas, obtivemos um trapézio ou um retângulo.

PLANIFICAÇÃO

É possível desenhar em um plano a superfície de figuras como cilindros, pirâmides, prismas ou cones. Desenhando-as, obtemos a **planificação da superfície** dessas figuras não planas. Veja alguns exemplos.

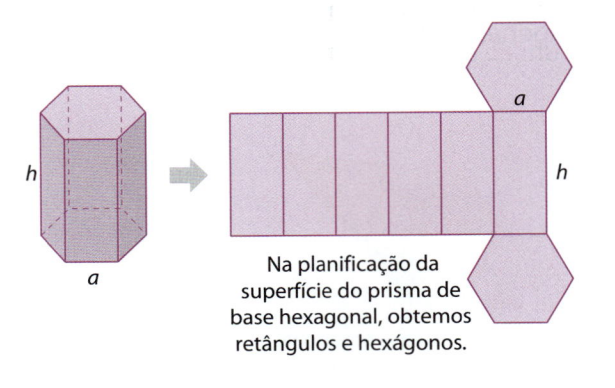

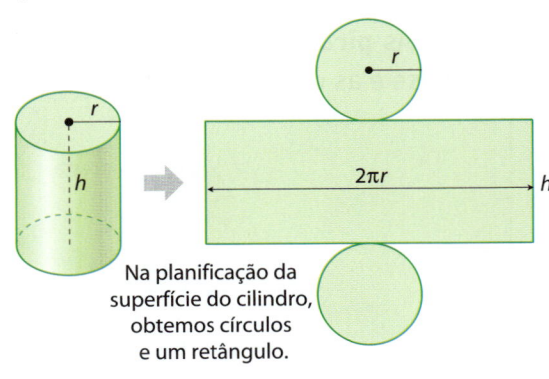

Na planificação da superfície do prisma de base hexagonal, obtemos retângulos e hexágonos.

Na planificação da superfície do cilindro, obtemos círculos e um retângulo.

ATIVIDADES

PRATIQUE

1. Entre as figuras geométricas não planas representadas abaixo, quais são prismas?

   a) 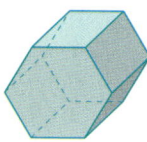   b) 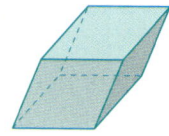   c) 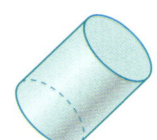   d)

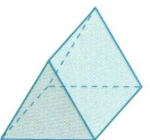

2. Observe as secções que foram feitas por um plano nas figuras geométricas não planas representadas ao lado. Depois, responda à questão.
   - Que figuras geométricas planas foram obtidas com as secções em cada caso?

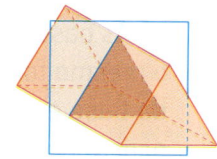

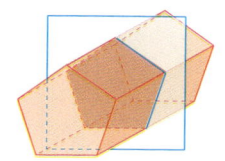

3. Desenhe no caderno cada sólido geométrico representado pelas planificações da superfície.

   a) 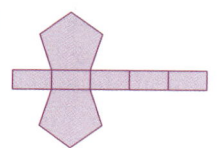   b)

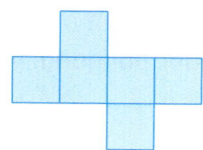

2 POLIEDROS

Você já estudou um pouco sobre poliedros, seus elementos e algumas classificações. Agora, vamos relembrar alguns desses conceitos e aprofundar o estudo.

Observe o poliedro ao lado.

- O ponto V é um dos vértices do poliedro.
- O segmento $\overline{AV}$ é uma das arestas do poliedro.
- O polígono ABV é uma das faces do poliedro.

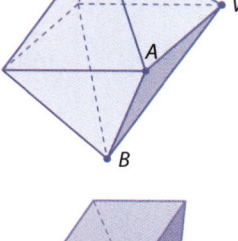

Veja alguns exemplos de poliedros.

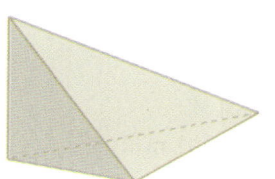

Tetraedro
Tem 4 vértices, 4 faces e 6 arestas.

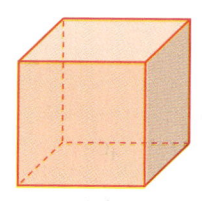

Cubo
Tem 8 vértices, 6 faces e 12 arestas.

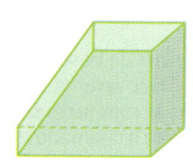

Hexaedro
Tem 8 vértices, 6 faces e 12 arestas.

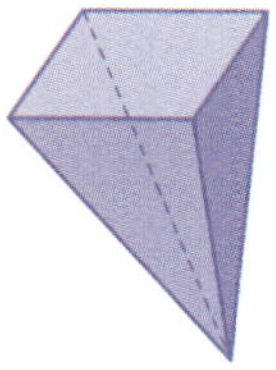

Pentaedro
Tem 5 vértices, 5 faces e 8 arestas.

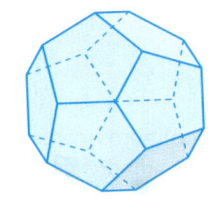

Dodecaedro
Tem 20 vértices, 12 faces e 30 arestas.

PARA PENSAR

Para cada poliedro, adicione o número de vértices (V) ao número de faces (F). Estabeleça uma relação entre essa soma e o número de arestas (A). Escreva uma expressão matemática para essa relação.

Alguns poliedros são chamados de **prismas**. As faces laterais dos prismas têm o formato de um paralelogramo e duas bases.

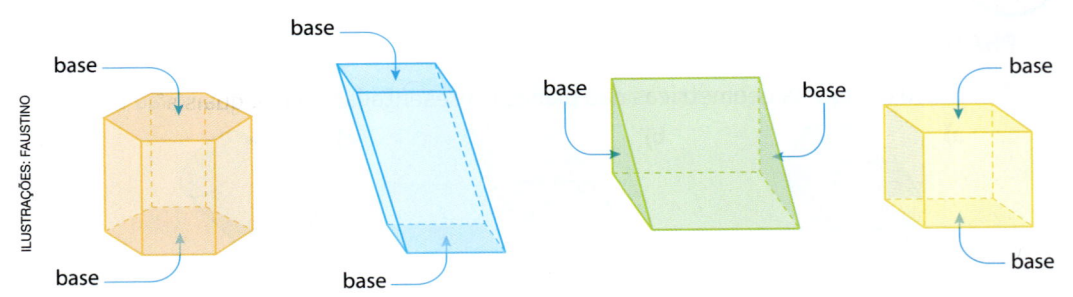

As bases de um prisma são paralelas. Além disso, elas são polígonos que têm o mesmo formato e as mesmas medidas. Se pudéssemos recortar os polígonos da base e colocá-los um sobre o outro, os polígonos coincidiriam. Quando isso ocorre com dois polígonos, dizemos que eles são congruentes. Então, podemos dizer que cada prisma tem duas bases congruentes e paralelas.

Há também poliedros que são chamados de **pirâmides**. As faces laterais das pirâmides têm o formato de triângulo e uma base, que pode ter o formato de qualquer polígono. Veja alguns exemplos.

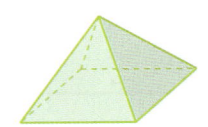

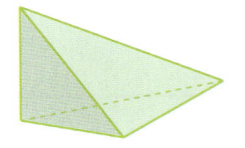

Os prismas e as pirâmides podem ser identificados pelo polígono representado em sua base e às vezes recebem um nome especial. Veja alguns exemplos.

- Alguns prismas

Prisma de base triangular

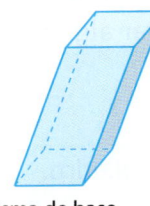

Prisma de base quadrangular

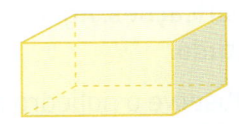

Prisma de base quadrangular, mas como suas faces laterais são retângulos, ele geralmente é chamado de bloco retangular ou paralelepípedo.

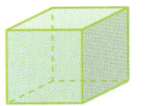

Prisma de base quadrangular, ou bloco retangular, mas, como todas as suas faces são quadrados, ele é chamado de cubo.

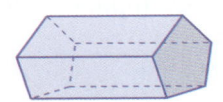

Prisma de base pentagonal

- Algumas pirâmides

Pirâmide de base triangular

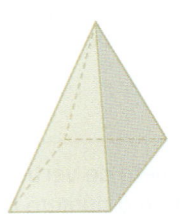

Pirâmide de base quadrangular

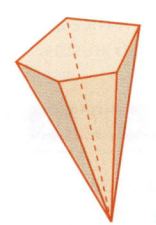

Pirâmide de base pentagonal

OBSERVAÇÃO

Como você já viu, os prismas e as pirâmides são poliedros e podem ser designados de acordo com o número de faces. Os poliedros com quatro faces são chamados de tetraedros.

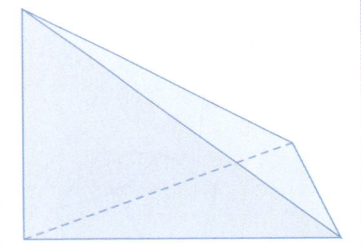

Os poliedros com sete faces são chamados de heptaedros.

ATIVIDADES

PRATIQUE

1. Desenhe no caderno a forma geométrica que a imagem de cada foto abaixo lembra.

   a)  Placa de sinalização de trânsito.

   b)  Cone de trânsito.

   c)  Bolinhas de gude.

   d)  Faixa de pedestres na avenida Paulista, São Paulo (SP). Foto de 2011.

   e)  Esplanada dos Ministérios, Brasília (DF). Foto de 2008.

2. Desenhe dois prismas e duas pirâmides diferentes.

3. Observe, em cada item, as faces de um poliedro. Escreva no caderno o nome dele.

   a) 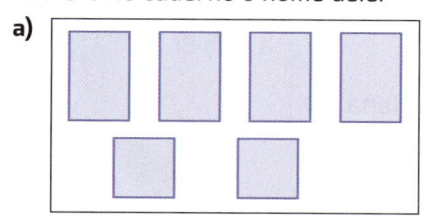
   b) 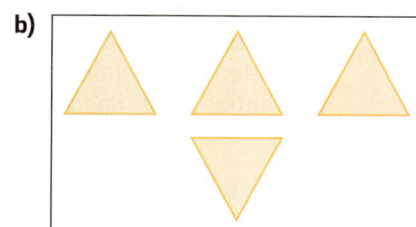
   c)

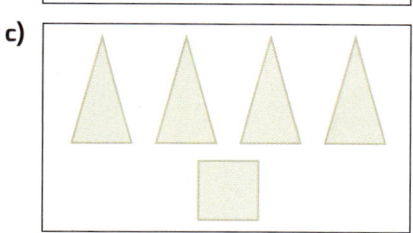

4. Veja como Joana conta os vértices dos prismas. Depois, faça o que se pede.

   > Os prismas têm duas bases. Se eu apoiar umas dessas bases sobre a mesa, eu conto: 6 vértices que estão em contato com a mesa mais 6 vértices que não estão; portanto, esse prisma tem 12 vértices.

   a) Agora, elabore por escrito uma forma de contar as arestas e as faces de um prisma sem se perder na conta.

   b) Que dica você daria a Joana para facilitar a contagem de vértices, arestas e faces de pirâmides?

5. Conte a quantidade de vértices (V), arestas (A) e faces (F) dos sólidos representados abaixo. Diga para qual deles vale a relação: $V + F = A + 2$. Essa relação é conhecida como relação de Euler.

   a) 
   b) 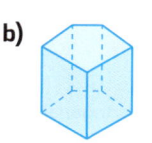
   c) 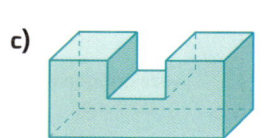
   d) 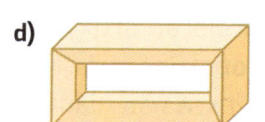
   e) 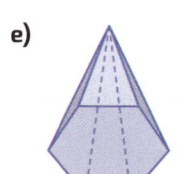
   f)

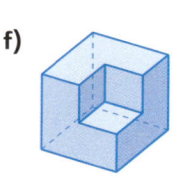

307

3 PROJEÇÃO ORTOGONAL

PROJEÇÃO ORTOGONAL DE UM PONTO SOBRE UM PLANO

A projeção ortogonal de um ponto P sobre um plano α é o ponto P', que é a intersecção, com esse plano, da reta que passa por P e é perpendicular a α.

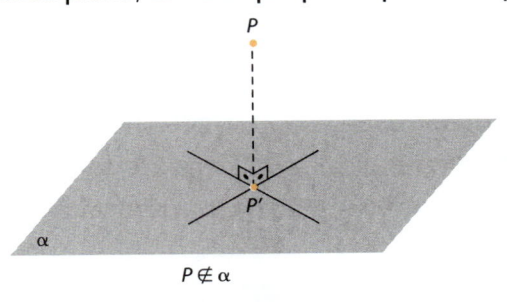

PARA PENSAR

Qual é a projeção ortogonal de A sobre um plano α, sabendo que $A \in \alpha$?

PROJEÇÃO ORTOGONAL DE FIGURAS SOBRE UM PLANO

A projeção ortogonal de uma figura geométrica sobre um plano é o conjunto das projeções ortogonais de todos os pontos da figura sobre esse plano. Veja, abaixo, a projeção ortogonal de um paralelepípedo sobre um plano α.

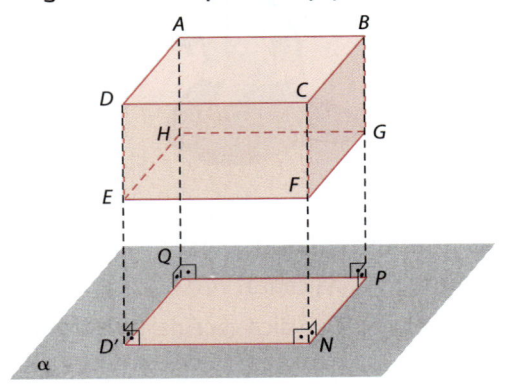

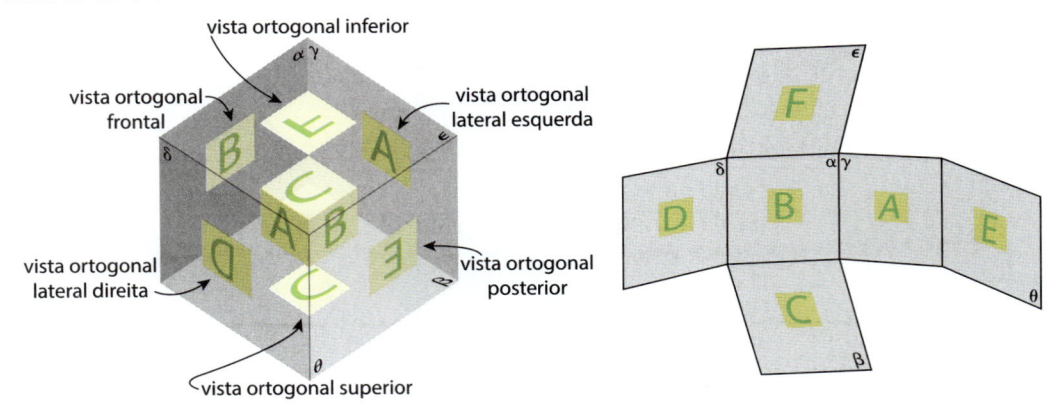

Observação

Não existe uma regra para determinar a **frente** de uma figura e consequentemente sua **vista frontal**. No exemplo abaixo, estabelecemos que a frente da figura é a face com a letra B:

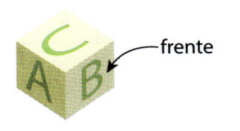

— frente

Note que, uma vez escolhida a frente, esta é tomada como referência para obtermos as outras vistas da figura.

VISTAS ORTOGONAIS DE FIGURAS

Veja, agora, as projeções ortogonais de uma figura geométrica não plana sobre seis planos diferentes paralelos dois a dois.

A projeção ortogonal da figura sobre cada um desses planos é uma **vista ortogonal** da figura. Na ilustração, abaixo, temos seis vistas ortogonais da figura geométrica não plana: frontal, posterior, superior, inferior, lateral esquerda e lateral direita.

308

Obseve as vistas ortogonais de outra figura.

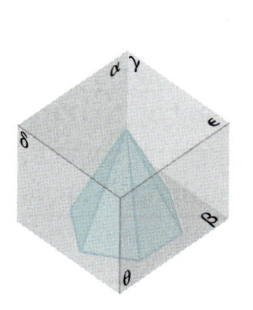

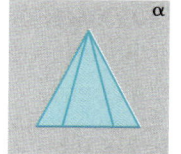

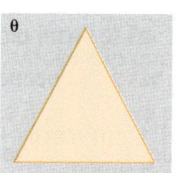

α	β	δ
Vista ortogonal frontal	Vista ortogonal superior	Vista ortogonal lateral direita
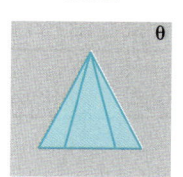 θ	ε	γ
Vista ortogonal posterior	Vista ortogonal inferior	Vista ortogonal lateral esquerda

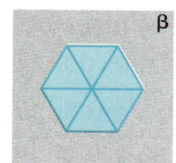

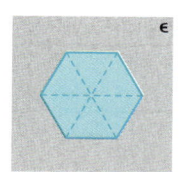

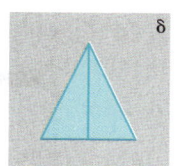

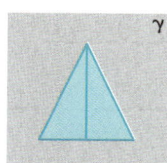

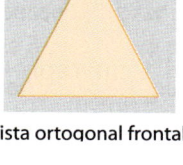

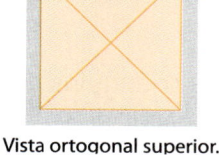

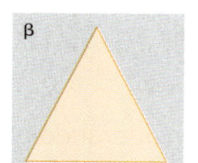

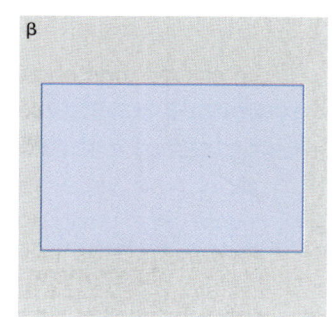

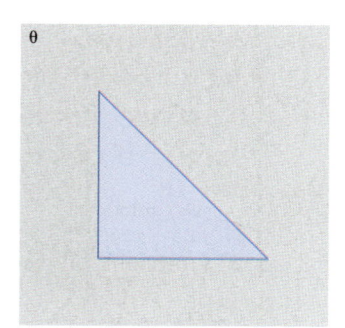

ATIVIDADES

PRATIQUE

1. Em seu caderno desenhe as seis vistas ortogonais de um cone qualquer.

2. As vistas ortogonais abaixo são de qual figura geométrica não plana?

θ	α	β
Vista ortogonal frontal.	Vista ortogonal superior.	Vista ortogonal lateral direita.
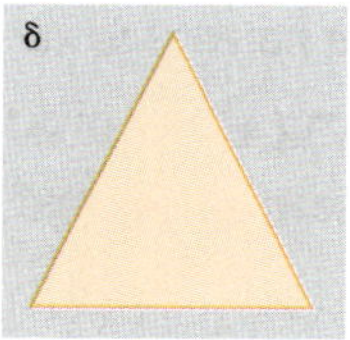 δ	ε	γ
Vista ortogonal posterior.	Vista ortogonal inferior.	Vista ortogonal lateral esquerda.

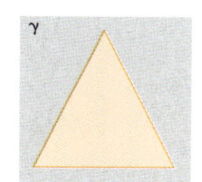

3. Observe as vistas ortogonais abaixo.

 α	β	θ
Vista ortogonal frontal.	Vista ortogonal superior.	Vista ortogonal lateral direita.

a) A qual figura geométrica não plana corresponde essas vistas ortogonais?

b) A resposta que você deu no **item a** mudaria se fosse apresentada mais uma vista de figura? E se fossem apresentadas apenas duas vistas? Converse com os colegas.

309

DESENHANDO OBJETOS

É possível desenhar objetos no plano do papel a partir das vistas ortogonais de figuras não planas. É o que fazem, por exemplo, os arquitetos ao projetar um edifício ou os engenheiros mecânicos antes de fazer uma peça.

Veja como desenhar, com o auxílio de uma malha triangular, o objeto cujas vistas ortogonais estão representadas abaixo.

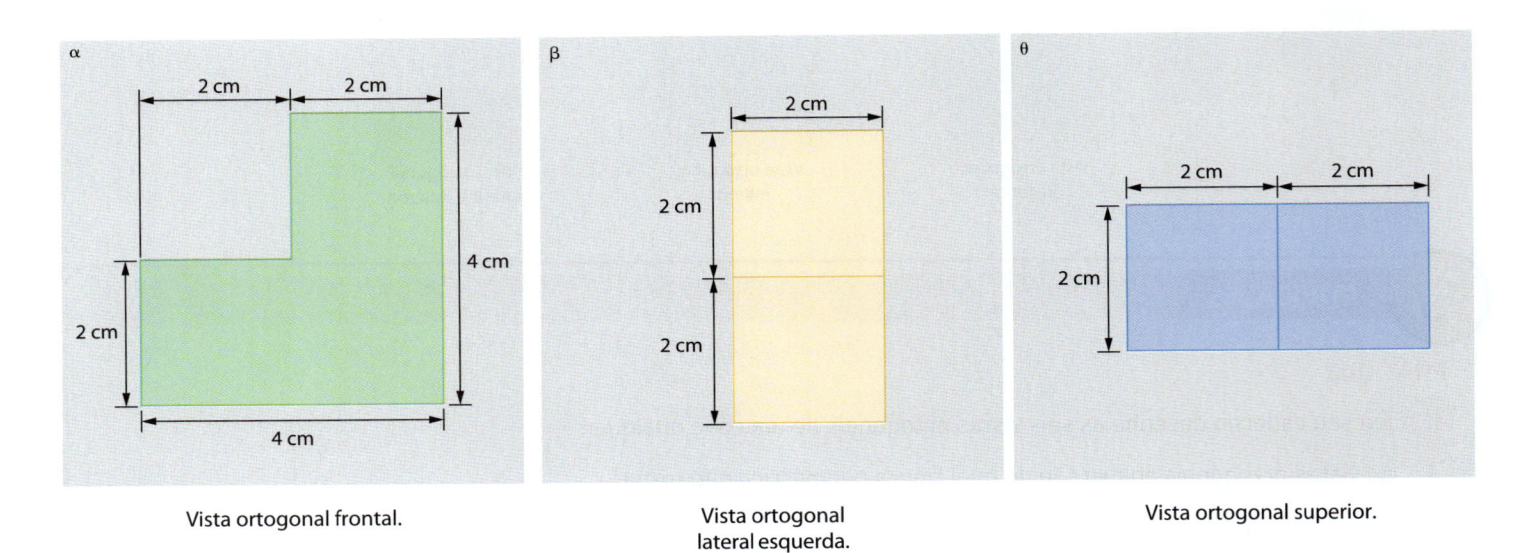

Vista ortogonal frontal.

Vista ortogonal lateral esquerda.

Vista ortogonal superior.

1º) Considerando que os lados dos triângulos da malha medem 1 cm, representamos a frente do objeto a partir de sua vista ortogonal frontal.

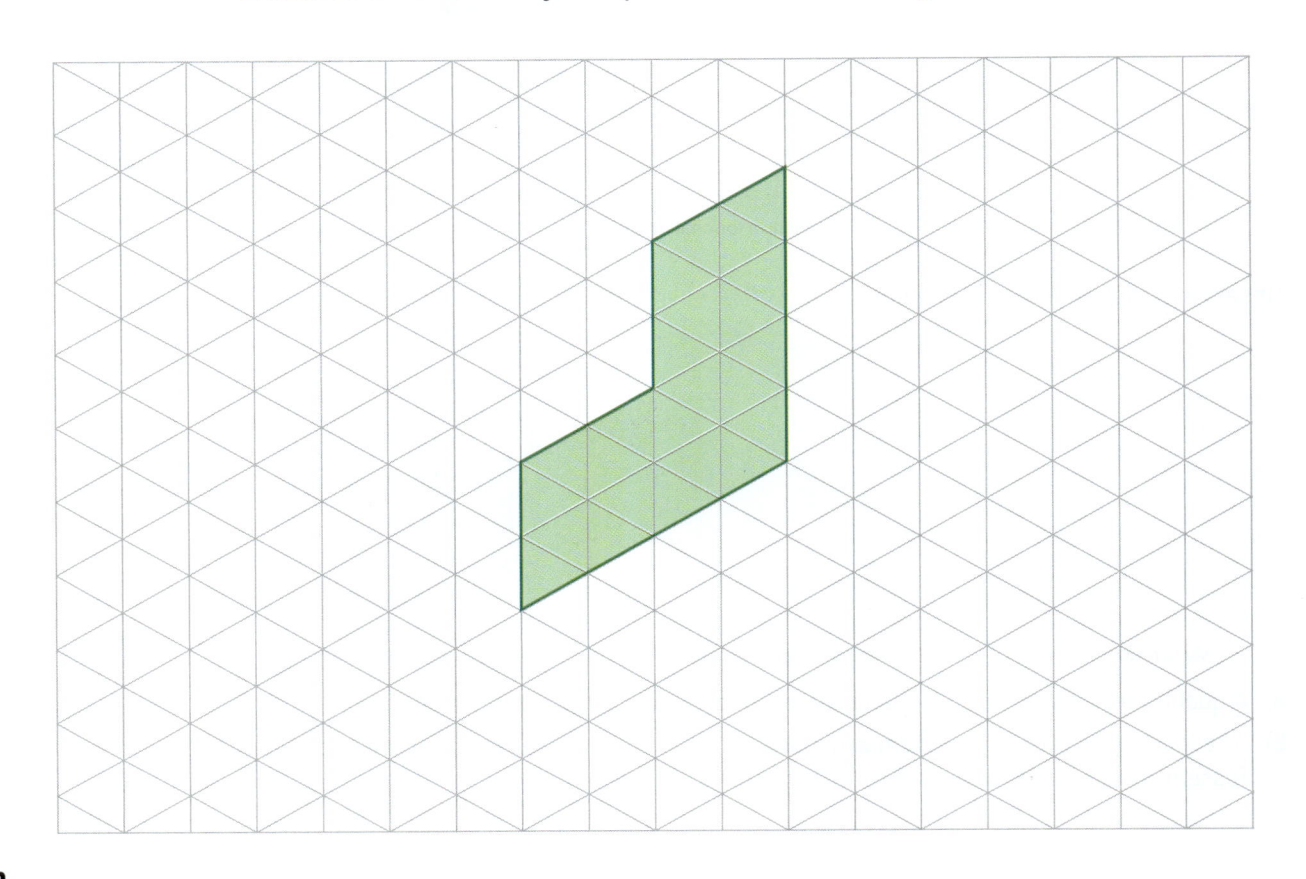

2º) Representamos a lateral esquerda do objeto, a partir de sua vista ortogonal lateral esquerda.

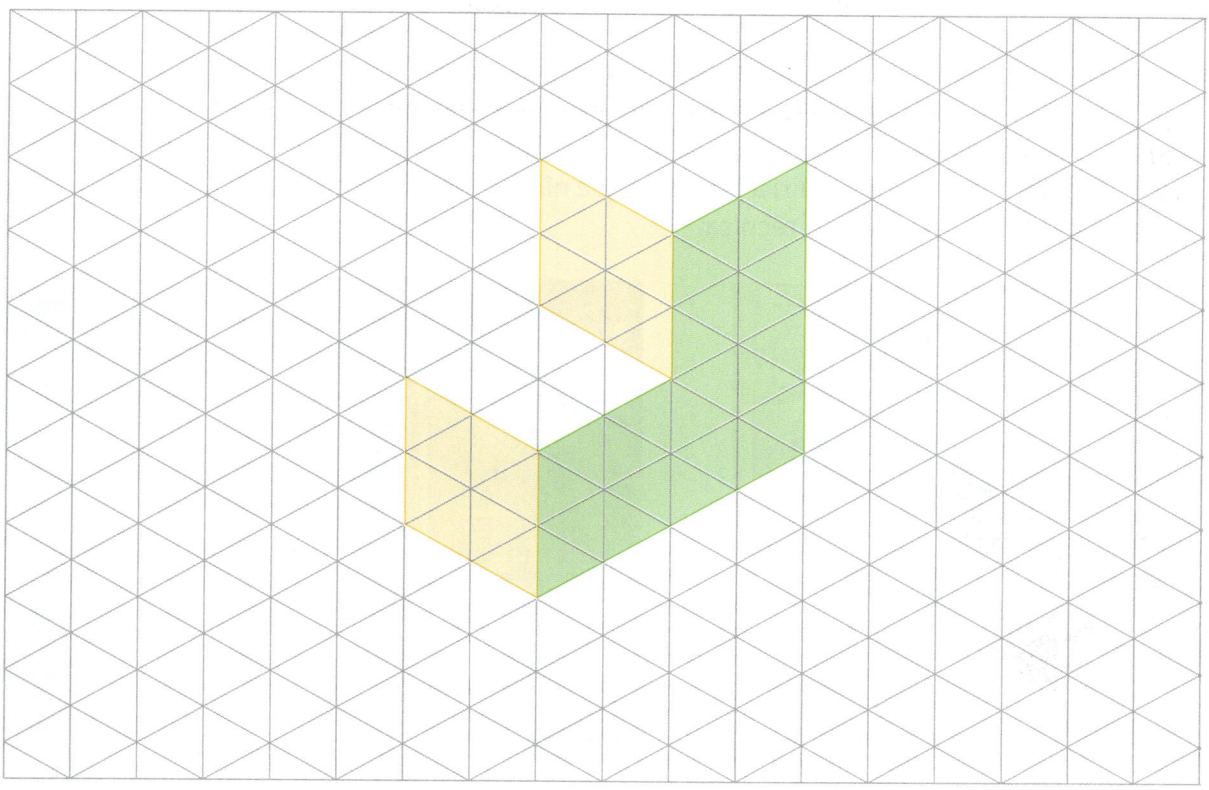

3º) Por fim, representamos a parte superior do objeto, a partir de sua vista ortogonal superior.

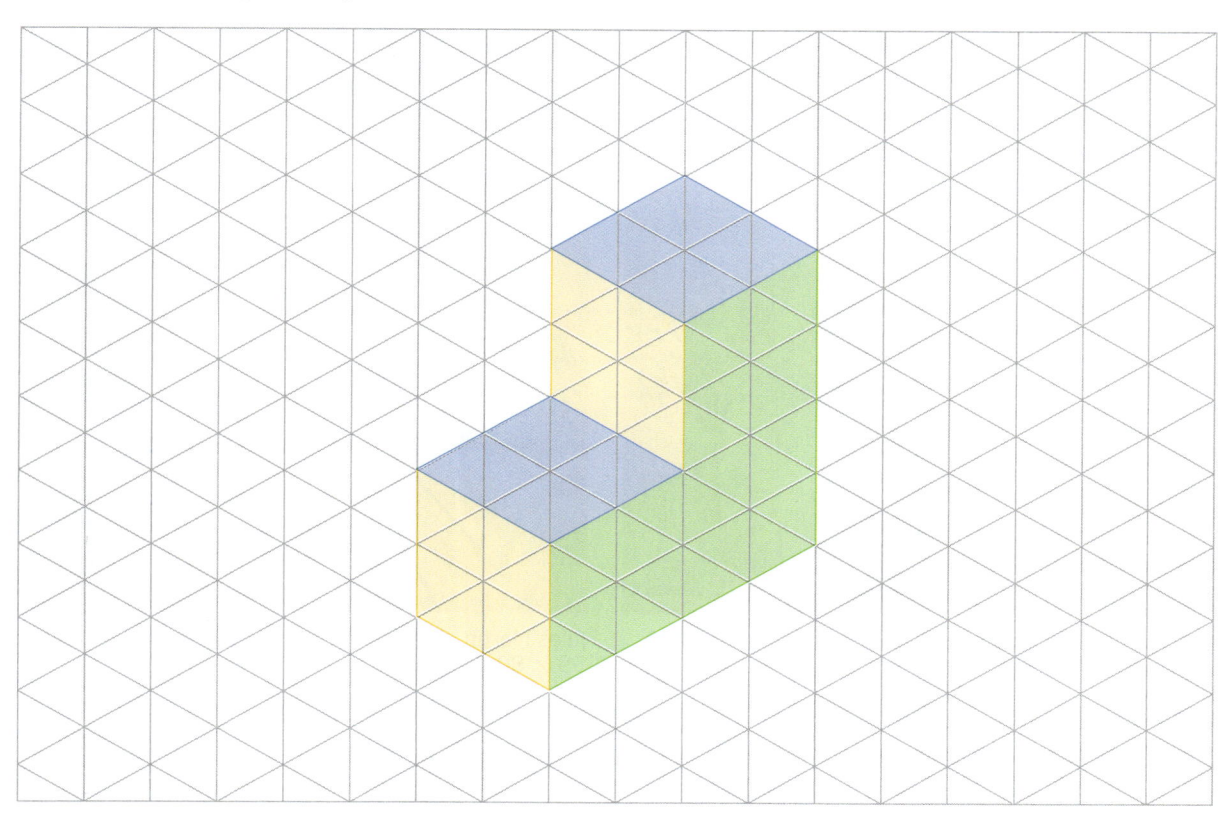

A PERSPECTIVA NAS ARTES VISUAIS

Como você já viu, grande parte dos objetos que observamos no nosso dia a dia são não planos.

Os artistas, quando representam uma cena em um plano (uma tela, por exemplo), podem usar diversos recursos para dar a ideia de profundidade. Um desses recursos é chamado de perspectiva. Observe esse efeito comparando as reproduções das obras de arte a seguir: a primeira, que não faz uso da perspectiva, e a segunda, que emprega essa técnica.

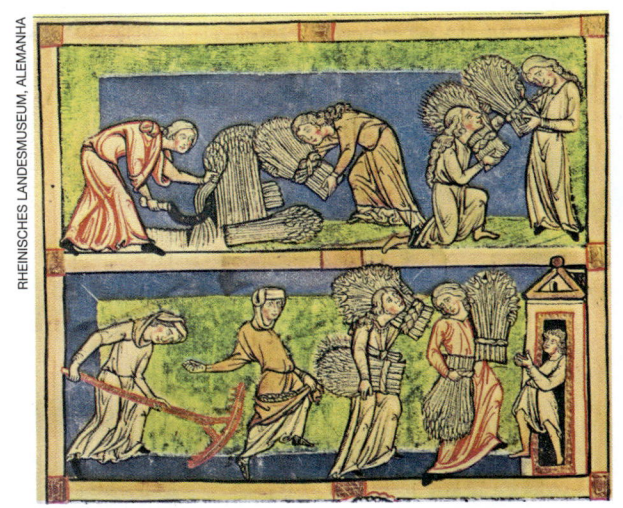

Detalhe de uma imagem medieval do século XIII, que representa uma colheita.

Rafael. *A escola de Atenas*, 1509, afresco do Palácio do Vaticano, Roma, Itália.
A técnica da perspectiva foi criada entre os séculos XIV e XVI pelos artistas do Renascimento. Nesse afresco, Rafael retratou diversos filósofos de diferentes épocas, como Pitágoras, Euclides e Platão.

A criação da perspectiva, técnica adotada por artistas de diferentes épocas e escolas, trouxe grandes transformações à pintura. Observe, a seguir, na representação de uma pintura o uso da perspectiva. Veja, ao lado, como as linhas retas nos ajudam a perceber a perspectiva nessa obra.

Jules Martin. *Avenida Paulista no dia de sua inauguração*, 1891, 59 × 80 cm.

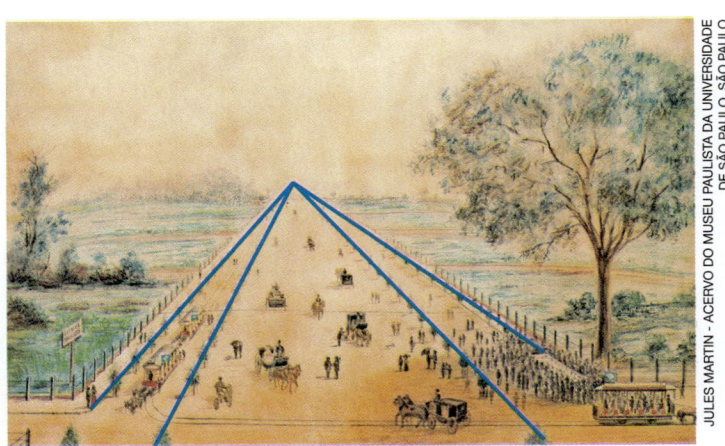

Jules Martin. *Avenida Paulista no dia de sua inauguração*, 1891, 59 × 80 cm.

Por meio da perspectiva planejada pelo artista, nosso olhar é direcionado para o ponto em que as retas se encontram. Esse ponto é chamado de **ponto de fuga**.

312

ATIVIDADES

PRATIQUE

1. Associe as vistas ortogonais ao respectivo desenho do objeto ao qual elas correspondem.

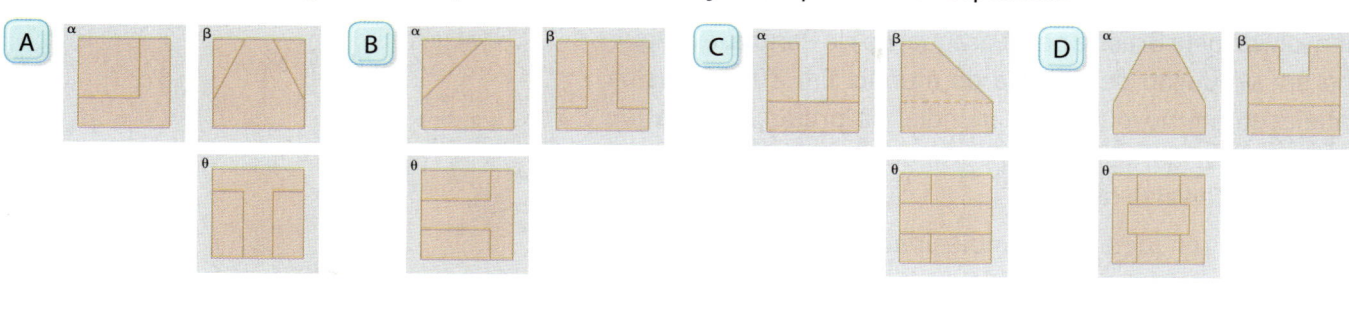

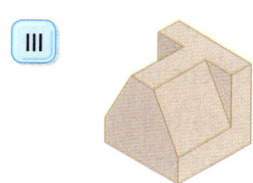

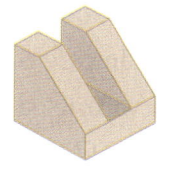

2. Desenhe, com o auxílio de uma malha triangular, o objeto cujas vistas ortogonais estão representadas em cada caso.

Esforçar-se por exatidão e precisão

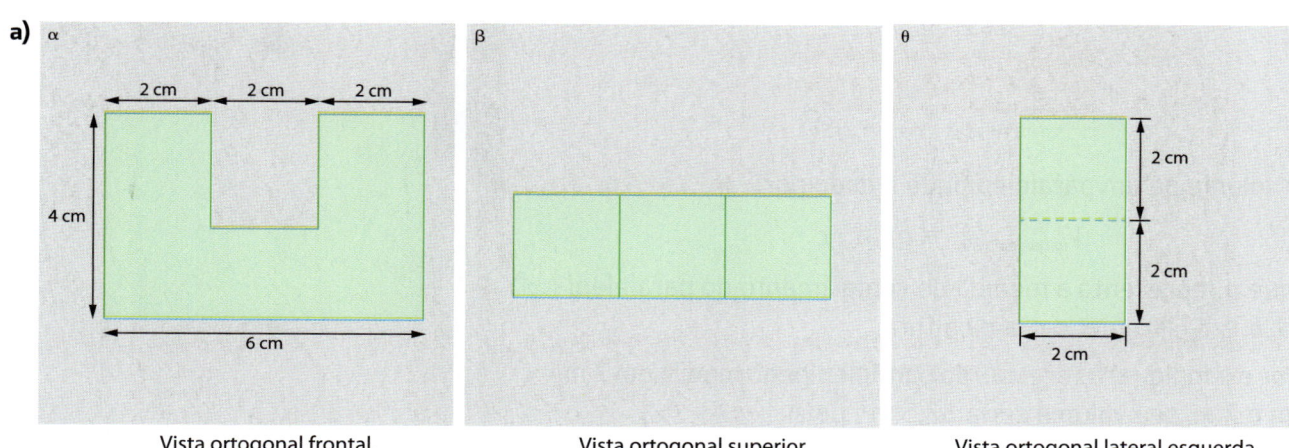

a)

Vista ortogonal frontal.

Vista ortogonal superior.

Vista ortogonal lateral esquerda.

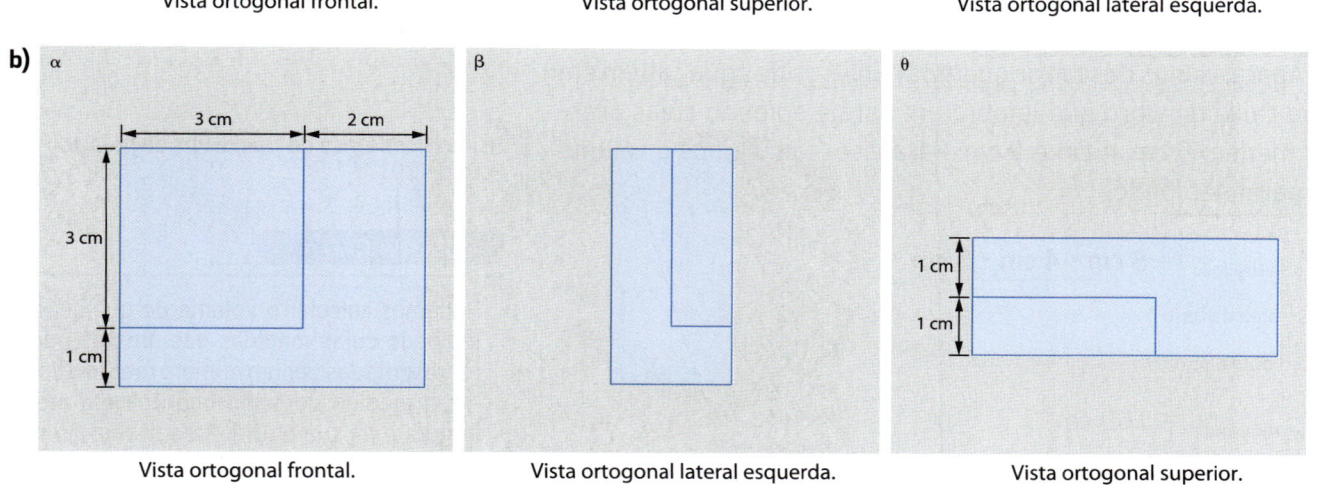

b)

Vista ortogonal frontal.

Vista ortogonal lateral esquerda.

Vista ortogonal superior.

4 VOLUME DE UM PRISMA

Você já ouviu falar da Usina Hidrelétrica de Itaipu? Já imaginou o volume de água de seu reservatório?

A Usina Hidrelétrica de Itaipu, empreendimento binacional desenvolvido pelo Brasil e pelo Paraguai no rio Paraná, é a maior usina em produção de energia do mundo. Em 2016, a usina estabeleceu um novo recorde mundial de produção anual de energia com a geração de aproximadamente 103 milhões de MWh (megawatts-hora).

Para você ter ideia da grandiosidade dessa hidrelétrica, o volume de concreto utilizado em sua construção, cerca de 12,7 milhões de metros cúbicos, seria suficiente para construir, aproximadamente, 210 estádios de futebol.

Sua vazão é de 62,2 mil metros cúbicos por segundo.

O reservatório da Usina Hidrelétrica de Itaipu tem volume no nível máximo normal de 29 bilhões de metros cúbicos de água e volume útil de 19 bilhões de metros cúbicos.

VOLUME DE UM PARALELEPÍPEDO

Para estudar o volume de algumas figuras não planas, vamos retomar o cálculo do volume de um paralelepípedo.

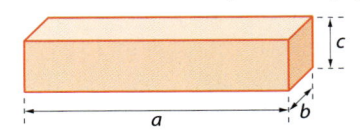

O volume de um paralelepípedo é dado por:

$$V_{paralelepípedo} = a \cdot b \cdot c$$

em que a representa a medida do comprimento do paralelepípedo, b, a da largura, e c, a da altura.

Por exemplo, se as arestas do paralelepípedo medissem 3 m, 2,5 m e 7 m, seu volume seria 52,5 m³, pois:

$$3 \text{ m} \cdot 2,5 \text{ m} \cdot 7 \text{ m} = 52,5 \text{ m}^3$$

Agora, vamos descobrir quantos mililitros de água cabem em uma caixa de vidro que lembra um paralelepípedo cujas arestas medem 8 cm, 4 cm e 5 cm. Para isso, calculamos o volume do paralelepípedo.

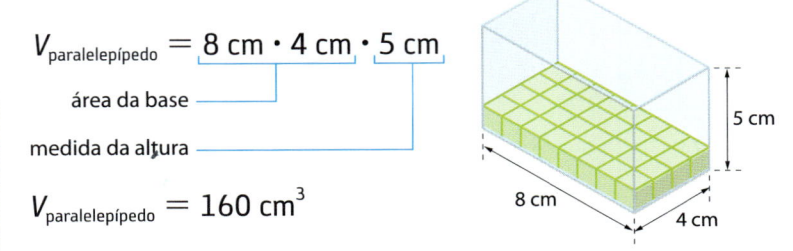

$V_{paralelepípedo} = \underbrace{8 \text{ cm} \cdot 4 \text{ cm}}_{\text{área da base}} \cdot \underbrace{5 \text{ cm}}_{\text{medida da altura}}$

$V_{paralelepípedo} = 160 \text{ cm}^3$

O volume do paralelepípedo é 160 cm³.

RESERVATÓRIO DE ITAIPU

Elaborado com base em: *Atlas geográfico escolar*, de IBGE. 7 ed. Rio de Janeiro: IBGE, 2016. p. 175.

Usina Hidrelétrica de Itaipu. Foz do Iguaçu (PR). Foto de 2017.

OBSERVAÇÃO

Podemos calcular o volume de qualquer paralelepípedo cujas medidas das arestas podem ser representadas por um número real, multiplicando-se a medida do comprimento pela medida da largura e da sua altura. Essa afirmação não será demonstrada nesse material.

Para escrever esse volume em mililitro (mL), temos de lembrar que 1 dm³ equivale a 1 L e que 1 cm³ equivale a 1 mL. Dessa forma, 160 cm³ equivalem a 160 mL.

Portanto, o volume do paralelepípedo é 160 mL. Como a capacidade da caixa de vidro equivale ao volume do paralelepípedo, podemos dizer que nessa caixa cabem 160 mL de água.

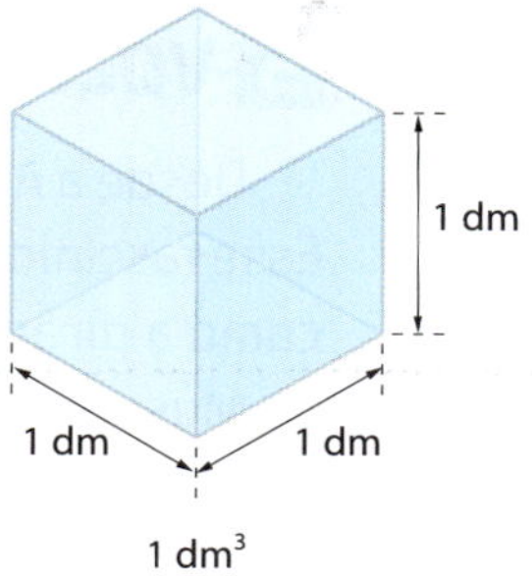

PARA PENSAR

O reservatório da Usina Hidrelétrica de Itaipu tem volume útil de 19 bilhões de metros cúbicos de água.

a) Se fosse possível construir um reservatório que lembre um paralelepípedo, quais seriam as medidas de suas arestas para armazenar toda essa água?

b) Sabendo que 1 m³ equivale a 1.000 L, a quantos litros de água correspondem 19 bilhões de m³ de água?

VOLUME DE UM PRISMA QUALQUER

Pode-se comprovar que o volume de qualquer prisma é igual ao produto da área da base pela medida da altura:

$$V_{prisma} = A_{base} \cdot h$$

Veja como Paula calculou o volume do prisma de base triangular abaixo.

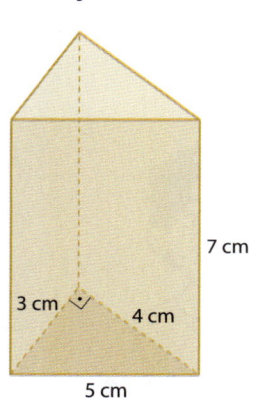

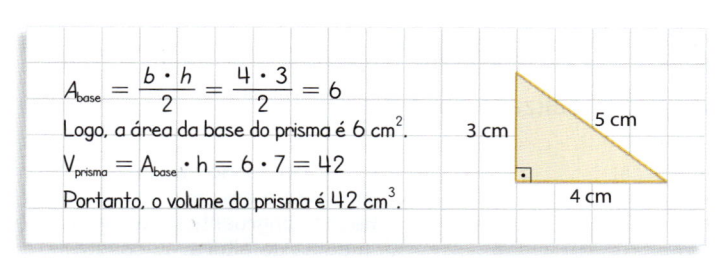

$A_{base} = \dfrac{b \cdot h}{2} = \dfrac{4 \cdot 3}{2} = 6$

Logo, a área da base do prisma é 6 cm².

$V_{prisma} = A_{base} \cdot h = 6 \cdot 7 = 42$

Portanto, o volume do prisma é 42 cm³.

OBSERVAÇÃO

Podemos calcular o volume de qualquer prisma cujas medidas das arestas podem ser representadas por um número real, multiplicando-se a área da base pela medida da altura. Essa afirmação não será demonstrada nesse material.

Como a base do prisma é um triângulo retângulo, para determinar o volume do prisma, calculei a área do triângulo e depois multipliquei a área obtida pela medida da altura do prisma.

PARA ANALISAR

Observe a planificação da superfície de um prisma de base triangular e respondam às questões.

a) Qual é a área da base do prisma que corresponde a essa planificação?

b) Qual é o volume do prisma que corresponde a essa planificação?

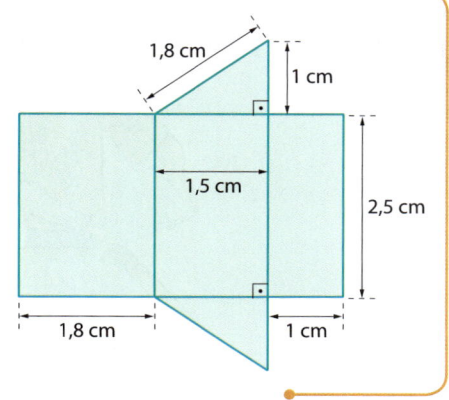

5 VOLUME DE UMA PIRÂMIDE

Desde a Antiguidade, as pirâmides exercem fascínio sobre os seres humanos. Esse fascínio pode ser percebido na forma piramidal de edifícios e monumentos, como a pirâmide do Sol, no México, ou a que foi projetada para ficar em frente ao Museu do Louvre, na França.

Quais desses monumentos você já conhecia? Você conhece outros edifícios que lembram uma pirâmide?

A pirâmide do Sol foi construída pelos teotihuacanos, uma civilização bastante avançada para a época que desapareceu por volta do ano 650. México. Foto de 2016.

A pirâmide do Louvre, localizada na praça central do museu, é uma arrojada construção em aço e vidro que integra o antigo e o novo. Foi inaugurada em 1989. França. Foto de 2016.

Você já pensou como poderia calcular o volume de uma pirâmide?

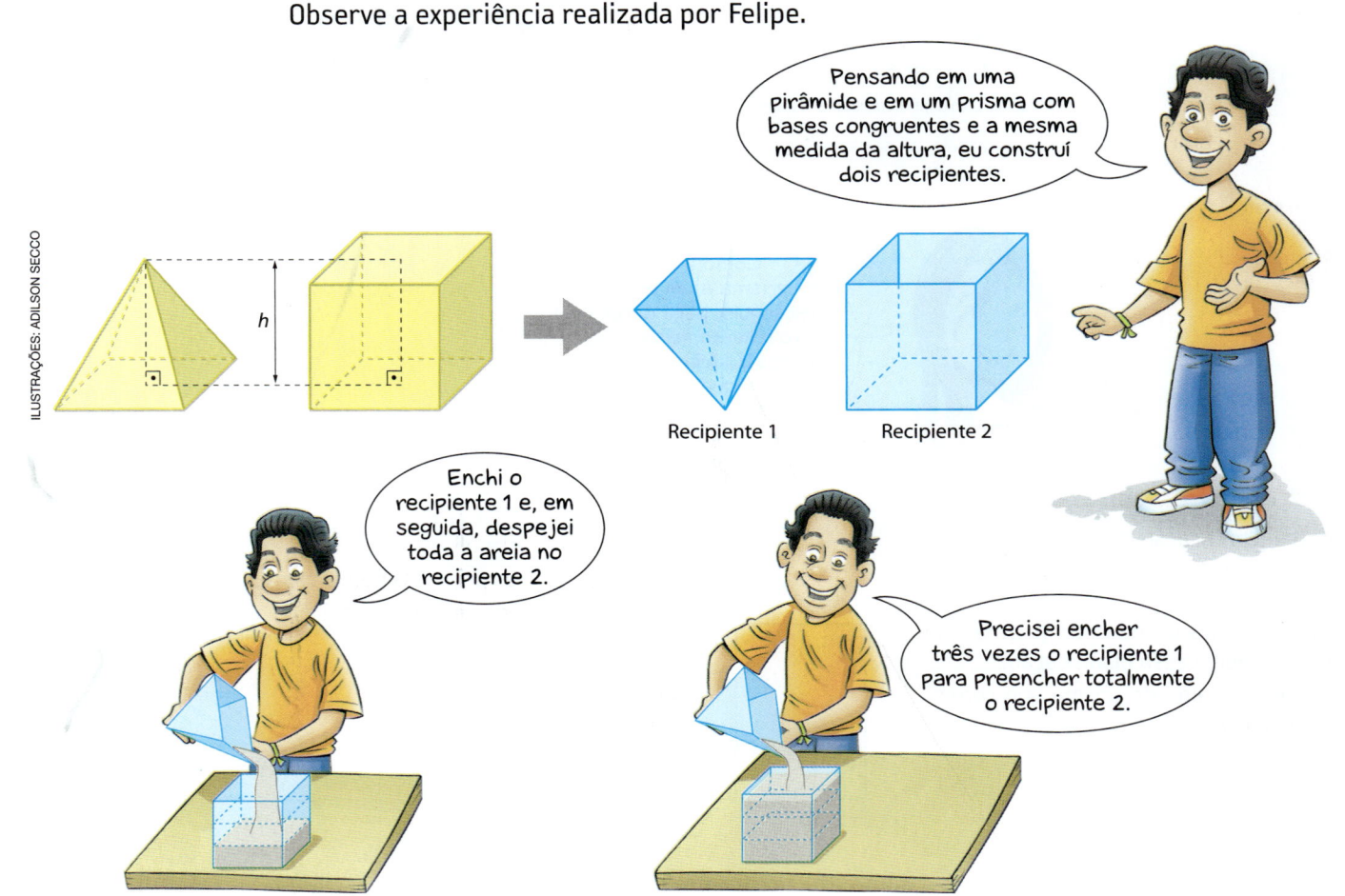

Observe a experiência realizada por Felipe.

Pensando em uma pirâmide e em um prisma com bases congruentes e a mesma medida da altura, eu construí dois recipientes.

Recipiente 1   Recipiente 2

Enchi o recipiente 1 e, em seguida, despejei toda a areia no recipiente 2.

Precisei encher três vezes o recipiente 1 para preencher totalmente o recipiente 2.

A experiência mostrou que o conteúdo do recipiente que lembra uma pirâmide cabe 3 vezes no recipiente que lembra um prisma. Essa experiência sugere que o volume da pirâmide é igual a $\frac{1}{3}$ do volume do prisma cuja base é congruente à base da pirâmide e que tem a mesma medida da altura.

É possível demonstrar que essa relação entre os volumes vale para qualquer prisma e qualquer pirâmide com bases congruentes e alturas de mesma medida.

Assim, o volume de uma pirâmide qualquer é calculado desta forma:

$$V_{\text{pirâmide}} = \frac{1}{3} \cdot A_{\text{base}} \cdot h$$

Por exemplo, o volume da pirâmide abaixo, de base hexagonal, é 37,5 cm³, pois:

$$\frac{1}{3} \cdot 25 \text{ cm}^2 \cdot 4,5 \text{ cm} = 37,5 \text{ cm}^3$$

$A_{\text{base}} = 25 \text{ cm}^2$

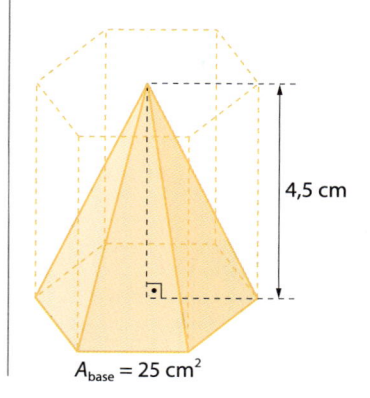

OBSERVAÇÃO

Podemos calcular o volume de qualquer pirâmide cujas medidas das arestas podem ser representadas por um número real, multiplicando-se um terço da área da base pela medida da altura. Essa afirmação não será demonstrada nesse material.

ATIVIDADES

PRATIQUE

1. Observe a planificação da superfície de dois prismas e determine o volume de cada um deles, sabendo que suas bases são formadas por polígonos regulares.

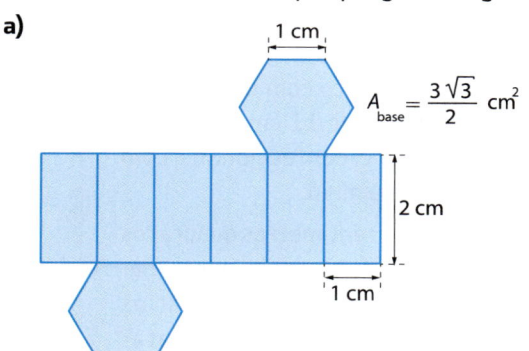

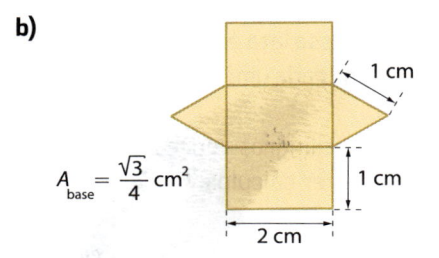

a) $A_{\text{base}} = \frac{3\sqrt{3}}{2} \text{ cm}^2$

b) $A_{\text{base}} = \frac{\sqrt{3}}{4} \text{ cm}^2$

2. Calcule o volume da pirâmide de base quadrada.

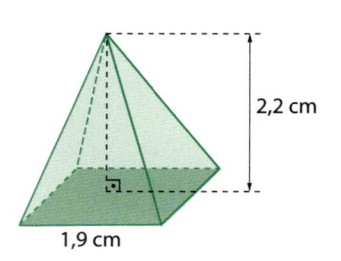

APLIQUE

3. Leia e responda à questão.

A pirâmide do Louvre é uma grande estrutura de vidro e metal que tem 22 metros de altura e uma base quadrada com lados de 30 metros cada um.

Com essas informações, você consegue calcular o volume de uma pirâmide com as mesmas dimensões da pirâmide do Louvre? De que maneira?

4. Observe os recipientes que lembram um prisma e uma pirâmide e responda às questões.

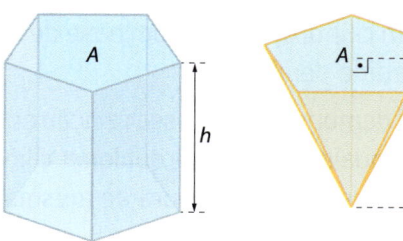

a) Se no prisma cabe 1,5 L de água, quanto de água cabe na pirâmide?

b) Dois desses prismas cheios de água enchem quantas pirâmides iguais a essa?

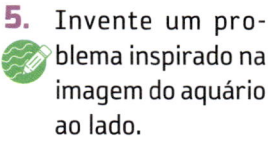

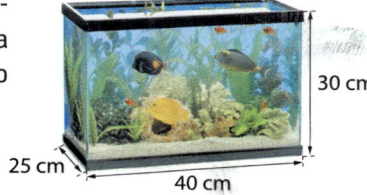

5. Invente um problema inspirado na imagem do aquário ao lado.

317

6 VOLUME DO CILINDRO

Veja o experimento feito pela professora Simone para calcular o volume de um cilindro.

Ela levou para a classe dois recipientes, um que lembra um prisma (recipiente 1), e outro que lembra um cilindro (recipiente 2), ambos com base de mesma área e mesma medida de altura.

O recipiente 1 estava cheio de areia.

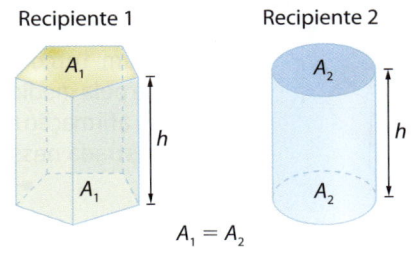

$A_1 = A_2$

Simone despejou toda a areia do recipiente 1 no recipiente 2, que ficou totalmente preenchido.

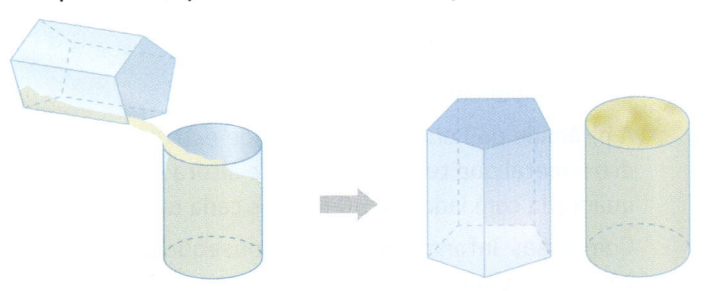

Note que o volume de areia que cabe no recipiente que lembra um prisma é igual ao volume de areia que cabe no recipiente que lembra um cilindro. Esse experimento sugere que o volume de um prisma é igual ao volume de um cilindro, ambos com base de mesma área e mesma medida de altura.

É possível demonstrar que essa relação entre os volumes vale para qualquer prisma e qualquer cilindro, ambos com base de mesma área e altura de mesma medida.

Assim, o volume de um cilindro é igual ao produto da área da base pela medida da altura:

$$V_{cilindro} = A_{base} \cdot h$$

Esse assunto será retomado e aprofundado no Ensino Médio.

OBSERVAÇÃO

Podemos calcular o volume de qualquer cilindro cujas medidas podem ser representadas por um número real, multiplicando-se a área da base pela medida da altura. Essa afirmação não será demonstrada nesse material.

EXEMPLO

Vamos calcular o volume do cilindro representado abaixo.

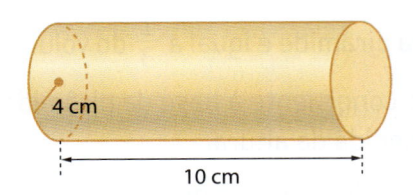

A área da base desse cilindro é 16π cm², pois
$\pi \cdot (4 \text{ cm})^2 = 16\pi \text{ cm}^2$

Como a medida da altura é 10 cm, então o volume do cilindro é:

$V_{cilindro} = A_{base} \cdot h = 16\pi \text{ cm}^2 \cdot 10 \text{ cm} = 160\pi \text{ cm}^3$

Portanto, o volume do cilindro é 160π cm³.

ATIVIDADES

PRATIQUE

1. Qual sólido tem volume maior: um paralelepípedo de dimensões 2 m; 3,5 m e 4 m, ou um cilindro cuja altura mede 3 m e cujo raio da base mede 1,6 m?

APLIQUE

2. Uma lata de suco com diâmetro de 6 cm e altura de 11 cm tem forma cilíndrica e é confeccionada com folhas de alumínio.

   a) Quantos centímetros quadrados de folha de alumínio, aproximadamente, foram necessários para confeccionar uma lata? (Considere $\pi = 3,14$.)

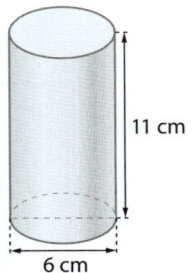

   b) Com o suco dessa lata é possível encher dois copos de 200 mL cada um? Justifique sua resposta.

3. Observe os dois cilindros representados abaixo e responda sem fazer cálculos. Qual destes cilindros tem maior volume?

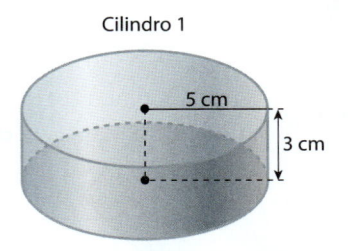

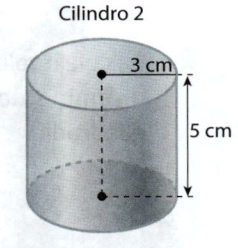

   Cilindro 1: 5 cm (raio), 3 cm (altura)
   Cilindro 2: 3 cm (raio), 5 cm (altura)

   • Agora, calcule o volume de cada cilindro e compare com sua resposta anterior.

4. Complete o enunciado do problema abaixo e depois resolva-o.

> João fez um bolo cilíndrico com medida da altura igual a _____ cm e medida do diâmetro igual a _____ cm.
> Em seguida, dividiu o bolo em oito pedaços iguais.
> Qual é o volume de cada pedaço do bolo?

5. Observe o cilindro que Regina desenhou e resolva o problema.

Mariana desenhou outro cilindro com a mesma medida do raio do que foi desenhado por Regina, mas com o dobro da área da superfície externa. Quais são as dimensões do cilindro que Mariana desenhou?

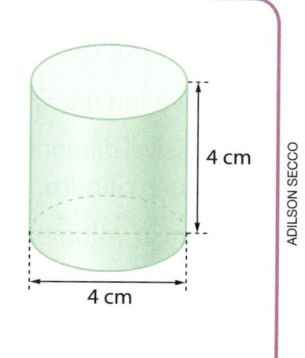

4 cm
4 cm

7 VOLUME DO CONE

Vimos que o volume de uma pirâmide é igual a $\frac{1}{3}$ do volume de um prisma, ambos com base de mesma área e altura de mesma medida. Será que o volume de um cone é igual a $\frac{1}{3}$ do volume de um cilindro, ambos com base de mesma área e altura de mesma medida?

Acompanhe outro experimento feito pela professora Simone em sala de aula.

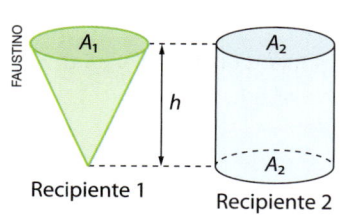

Recipiente 1 — A_1
Recipiente 2 — A_2
$A_1 = A_2$

Construí dois recipientes, um que lembra um cone, e outro que lembra um cilindro, com base de mesma área e a mesma medida da altura.

Para encher de areia o recipiente 2, primeiro enchi o recipiente 1. Em seguida, despejei toda a areia do recipiente 1 no recipiente 2.

Precisei encher o recipiente 1 três vezes para preencher totalmente de areia o recipiente na forma de cilindro.

Organize o que você aprendeu fazendo a atividade 3 da página 328.

Observe que o conteúdo do recipiente que lembra um cone cabe três vezes no recipiente que lembra um cilindro. Esse experimento sugere que o volume do cone é igual a $\frac{1}{3}$ do volume do cilindro.

É possível demonstrar que essa relação entre os volumes vale para qualquer cone e qualquer cilindro, ambos com base de mesma área e altura de mesma medida.

Assim, o volume de um cone qualquer é calculado deste modo:

$$V_{cone} = \frac{1}{3} \cdot A_{base} \cdot h$$

OBSERVAÇÃO

Podemos calcular o volume de qualquer cone cujas medidas podem ser representadas por um número real, multiplicando-se um terço da área da base pela medida da altura. Essa afirmação não será demonstrada nesse material.

EXEMPLO

Vamos calcular o volume do cone representado ao lado. A área da base desse cone é:

$A_{base} = \pi r^2 = \pi \cdot (1,5 \text{ cm})^2 = 2,25\pi \text{ cm}^2$

Como a medida da altura do cone é igual a 2,5 cm, então o volume do cone é:

$V_{cone} = \frac{1}{3} \cdot A_{base} \cdot h = \frac{1}{3} \cdot 2,25\pi \text{ cm}^2 \cdot 2,5 \text{ cm} = 1,875\pi \text{ cm}^3$

Portanto, o volume do cone é $1,875\pi \text{ cm}^3$.

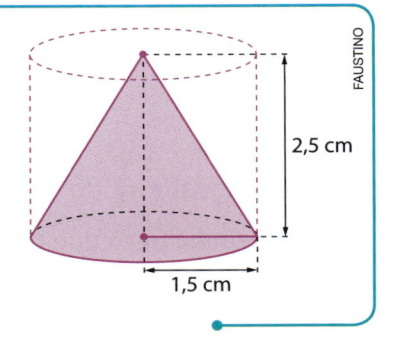

Trilha de estudo

Vai estudar? Nosso assistente virtual no *app* pode ajudar! <http://mod.lk/trilhas>

ATIVIDADES

PRATIQUE

1. Observe a figura ao lado e responda à questão no caderno.
   - Qual é o volume desse sólido?

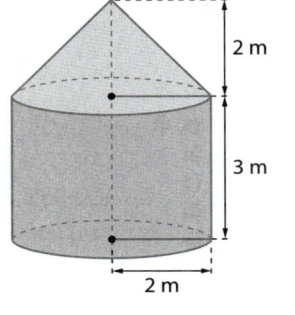

APLIQUE

2. Observe um tanque cilíndrico de aço e fundo cônico, usado em diversas fábricas para armazenar água. Depois, responda às questões.

   a) Qual é aproximadamente o volume de água que cabe nesse tanque?

   b) Quantos litros de água cabem aproximadamente nesse tanque? (Lembre-se de que 1 L equivale a 0,001 m³.)

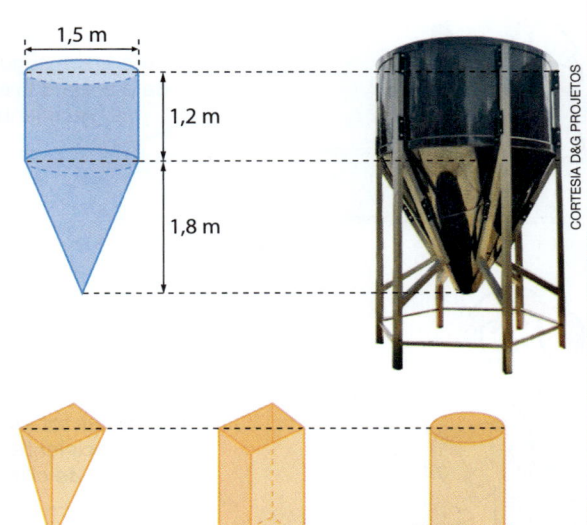

3. Para preencher o recipiente 2 com areia, são necessários três recipientes 1 cheios. Sabendo que os recipientes 2 e 3 têm base de mesma área e altura de mesma medida, determine quantos recipientes 1 cheios são necessários para preencher três recipientes 3.

Recipiente 1   Recipiente 2   Recipiente 3

ESTATÍSTICA E PROBABILIDADE
PESQUISA AMOSTRAL

> Vimos no livro do 8º ano que a seleção da amostra pode ser feita de diferentes maneiras. Recorde-as.

Vimos que uma pesquisa estatística pode ser feita acessando toda a população (**pesquisa censitária**) ou uma parte dela (**pesquisa amostral**). Em geral, opta-se pelas pesquisas amostrais por razões econômicas e/ou pela impossibilidade de acessar toda a população.

Ao fazer uma pesquisa amostral é importante que a amostra escolhida seja representativa da população que lhe dá origem. Veja algumas situações.

- Uma fábrica deseja saber a qualidade das peças que produz. Para isso, é preciso escolher uma amostra de algumas peças da produção diária ou semanal com o cuidado de alternar horários e as máquinas que as produzem.
- Um grupo de crianças será escolhido para que seja testada a eficácia de uma nova vacina. Características como idade e sexo podem influenciar o resultado, por esse motivo é preciso garantir que a amostra contenha meninos e meninas de diferentes idades.

ATIVIDADES

1. Uma pesquisa para avaliar a intenção de voto para presidente dos brasileiros foi realizada entrevistando 150 pessoas na cidade de Goiânia.
   a) Qual é a população?
   b) Em sua opinião, a amostra selecionada é representativa dessa população? Por quê?

2. Reúna-se com os colegas para planejar e executar uma pesquisa amostral. Durante a pesquisa, façam um relatório escrito procurando responder às questões a seguir.
   - Qual é o tema da pesquisa? Qual é a importância desse tema?
   - Qual é o público-alvo?
   - Quais cuidados vocês terão ao selecionar a amostra?
   - Como será feita a seleção da amostra?
   - Os dados serão coletados por meio de entrevista ou questionário?
   - Que perguntas serão feitas?
   - Que tipos de gráfico vocês vão construir para organizar os dados obtidos? Por que escolheram esses tipos de gráfico?
   - O que é possível concluir com base nos gráficos construídos?
   - Qual é a média aritmética, a moda, a mediana e a amplitude do conjunto de dados que vocês obtiveram? O que é possível concluir com essas medidas?
   - As questões propostas inicialmente foram respondidas?
   - Como vocês vão apresentar as conclusões da pesquisa para a turma?

ATIVIDADES COMPLEMENTARES

1. Escreva o nome de cada um dos poliedros abaixo.

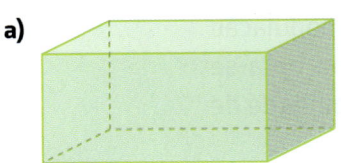

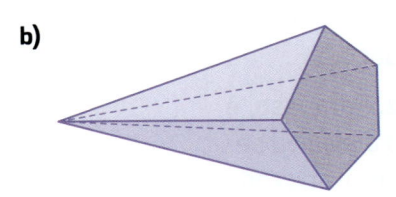

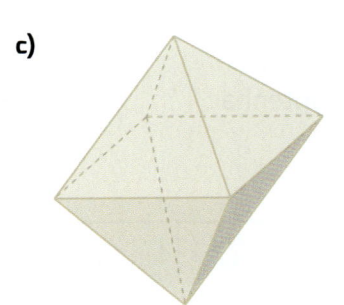

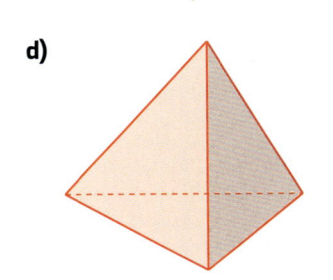

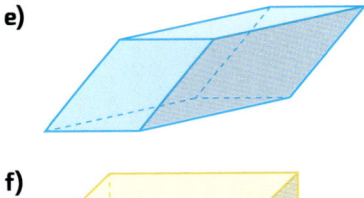

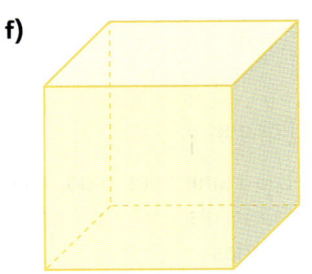

   a)

   b)

   c)

   d)

   e)

   f)

2. Escreva os nomes de dois objetos ou construções que lembram um prisma e dois objetos ou construções que lembram uma pirâmide.

3. Observe o quadro abaixo.

   Luiz Sacilotto. *Concreção 9767*, 1997, 90 × 90 cm.

   a) Ao escolher essa composição, o pintor quis dar a ideia de uma figura plana ou não plana? Explique sua resposta.

   b) Inspire-se na obra acima e crie uma composição que transmita a mesma ideia pretendida pelo artista.

4. Pesquise em jornais e revistas se os anúncios publicitários usam a perspectiva e como a empregam. Em grupo, construam um cartaz com esses anúncios e o apresentem para a classe.

5. Com dois pedaços de cartolina no formato de triângulos congruentes e três pedaços retangulares, podemos construir um modelo da superfície externa de um prisma.

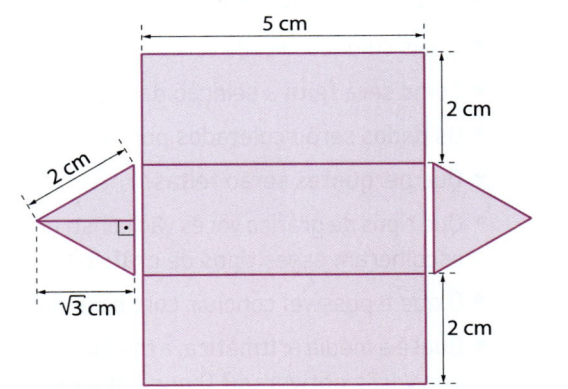

   a) Qual é a altura desse prisma?

   b) Qual é a área da base desse prisma?

   c) Qual é o volume desse prisma?

6. Uma embalagem que lembra um cubo foi revestida com 726 cm² de uma camada de papel adesivo.

 a) Quais são as dimensões dessa embalagem? (*Dica*: pense na planificação do cubo.)

 b) Quantos centímetros cúbicos de areia cabem nessa embalagem?

7. Marta vai recobrir com plástico a parte externa de um cesto sem tampa com o formato da figura abaixo.

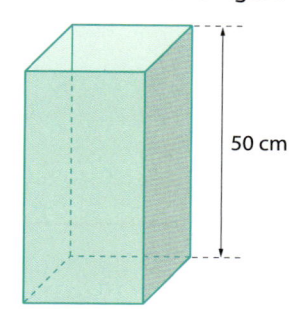

50 cm

As laterais do cesto têm formato retangular, e a base tem o formato de um quadrado de 25 cm de lado.

Calcule o comprimento mínimo do plástico que Marta deverá comprar, sabendo que ele é vendido com 25 cm de largura.

8. Um artesão recortou placas de vidro para montar uma pirâmide de base quadrada de lado 30 cm e altura 48 cm. Essa pirâmide será totalmente preenchida com líquido colorido.

Calcule o número de litros de água necessários para encher totalmente essa pirâmide.

9. Um reservatório de óleo diesel de formato cilíndrico tem 3 metros de raio e 2 metros de altura. Quantos litros de óleo esse reservatório comporta? (Considere $\pi = 3{,}14$.)

10. Junte-se a um colega, analisem a situação e respondam.

Nos supermercados, muitas vezes, latas ou vidros são vendidos empacotados. O tipo de empacotamento é avaliado de acordo com sua eficiência. Para avaliá-lo, calculamos o quociente entre o volume do pacote e o volume total das latas; quanto mais próximo de 1, mais eficiente será o pacote.

Suponha que uma lata de refrigerante tenha 5 cm de medida de raio, 12 cm de medida de altura e volume de 942 cm³.

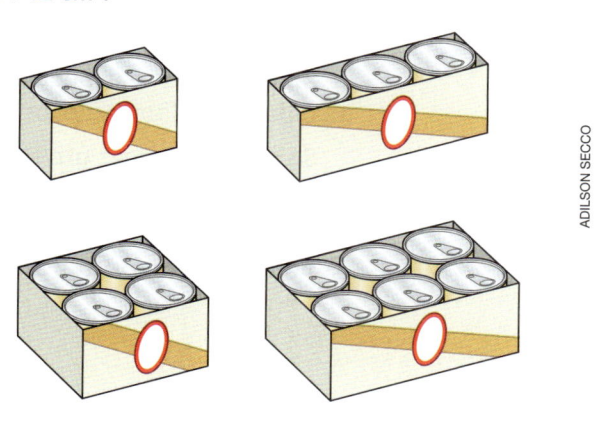

 a) Calculem a eficiência de cada um dos pacotes acima.

 b) Qual desses pacotes seria mais econômico, poupando danos ao meio ambiente?

11. Reúna-se em grupo, e resolvam o problema.

(Fuvest-SP) Um castelo está cercado por uma vala cujas bordas são dois círculos concêntricos de raios 41 m e 45 m. A profundidade da vala é **constante** e igual a 3 m.

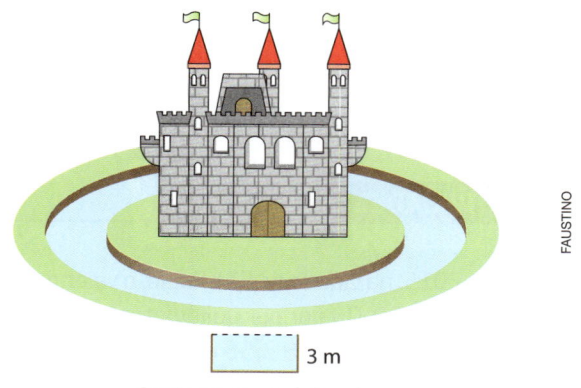

3 m

Seção transversal da vala

O proprietário decidiu enchê-la com água e, para este fim, contratou caminhões-pipa, cujos reservatórios são cilindros circulares retos com raio da base de 1,5 m e altura igual a 8 m.

Determine o número mínimo de caminhões-pipa necessários para encher completamente a vala.

Mais questões no livro digital

323

COMPREENDER UM TEXTO

Serviço de táxi: como usar

A sua cidade conta com serviço de táxi? Você sabe como esse serviço é cobrado? As tarifas de táxi são determinadas pelas prefeituras municipais. Algumas autorizam mais de um tipo de serviço, permitindo a circulação de táxis comuns e especiais, estes com tarifas diferenciadas, como ocorre na cidade de São Paulo, onde existem as categorias luxo e especial.

Se você for tomar um táxi, verifique se a placa é de seu município, pois táxis de outras localidades podem ter tarifas mais caras, e só aceite pagar o que marca o taxímetro, não concorde em combinar preços com o taxista.

Veja, a seguir, outras dicas para usar esse serviço.

O taxímetro deve ser ligado na sua presença e o valor que aparece é o da bandeirada, valor fixo para o início da corrida. Em seguida, o taxímetro passa a marcar o valor correspondente à quilometragem percorrida e ao tempo parado no trânsito durante o percurso.

ATIVIDADES

1. Em 2015, na cidade de São Paulo, o valor da bandeirada era R$ 4,50. O valor por quilômetro rodado era R$ 2,75 em bandeira 1 e R$ 3,58 em bandeira 2. E o valor por hora em que o táxi fica parado, durante o percurso, era R$ 33,00.

   Você sabe quanto custa esse serviço atualmente em sua cidade?

   Se não souber, pesquise e escreva o que descobriu.

2. Responda às questões no caderno.
   a) Qual é a finalidade do taxímetro?
   b) Os preços das tarifas de táxi são regulamentados por alguma instituição? Explique.

3. Quanto o passageiro deve pagar por minuto que o táxi ficar parado?

4. Com os dados da atividade **1**, sobre a cidade de São Paulo em 2015, e sabendo que, em média, o táxi fica parado por 20 minutos, qual é a lei da função que relaciona o preço de uma corrida de táxi (p) em função da quilometragem rodada (x) na bandeira 1? E na bandeira 2?

5. Na atividade **4**, para que valor de x o preço de uma corrida de táxi na bandeira 1 é igual ao de uma corrida na bandeira 2? O que isso significa? Converse com os colegas.

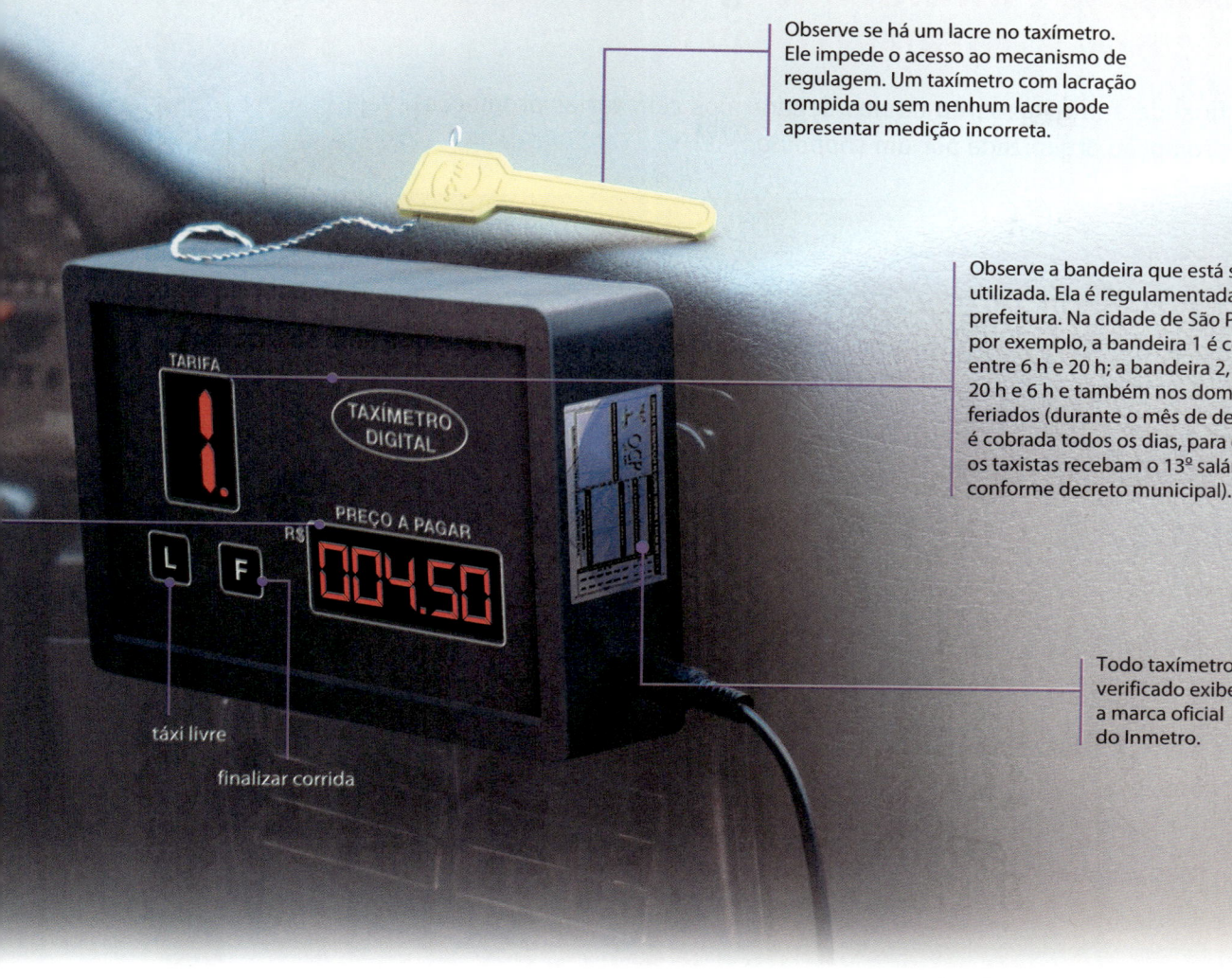

Observe se há um lacre no taxímetro. Ele impede o acesso ao mecanismo de regulagem. Um taxímetro com lacração rompida ou sem nenhum lacre pode apresentar medição incorreta.

Observe a bandeira que está sendo utilizada. Ela é regulamentada pela prefeitura. Na cidade de São Paulo, por exemplo, a bandeira 1 é cobrada entre 6 h e 20 h; a bandeira 2, entre 20 h e 6 h e também nos domingos e feriados (durante o mês de dezembro é cobrada todos os dias, para que os taxistas recebam o 13º salário, conforme decreto municipal).

Todo taxímetro verificado exibe a marca oficial do Inmetro.

Dados obtidos em: <http://www.ipem.sp.gov.br/index.php?option=com_content&view=article&id=34&Itemid=198>. Acesso em: 12 jun. 2018.

6. Em uma terça-feira, às 9 h 30 min da manhã, o paulistano Luís tomou um táxi para ir à rodoviária, que fica a 16 km de sua casa.

Infelizmente, o trânsito estava congestionado, e o táxi ficou parado por cerca de 20 minutos, contando todo o trajeto. Com base nos valores expressos na atividade **1**, calcule quanto Luís pagou pela corrida.

7. No dia 5 de abril de 2015, um domingo, Ana, moradora da cidade de São Paulo, tomou um táxi, que percorreu 4 km.

Sabendo que a corrida custou R$ 20,85, determine quanto tempo o táxi ficou parado por causa de uma obra em uma avenida.

EDUCAÇÃO FINANCEIRA
VOCÊ GOSTA DE OSTENTAR? CUIDADO!

É final de ano e momento de nos depararmos com várias promoções. Veja esta promoção organizada por um *shopping*.

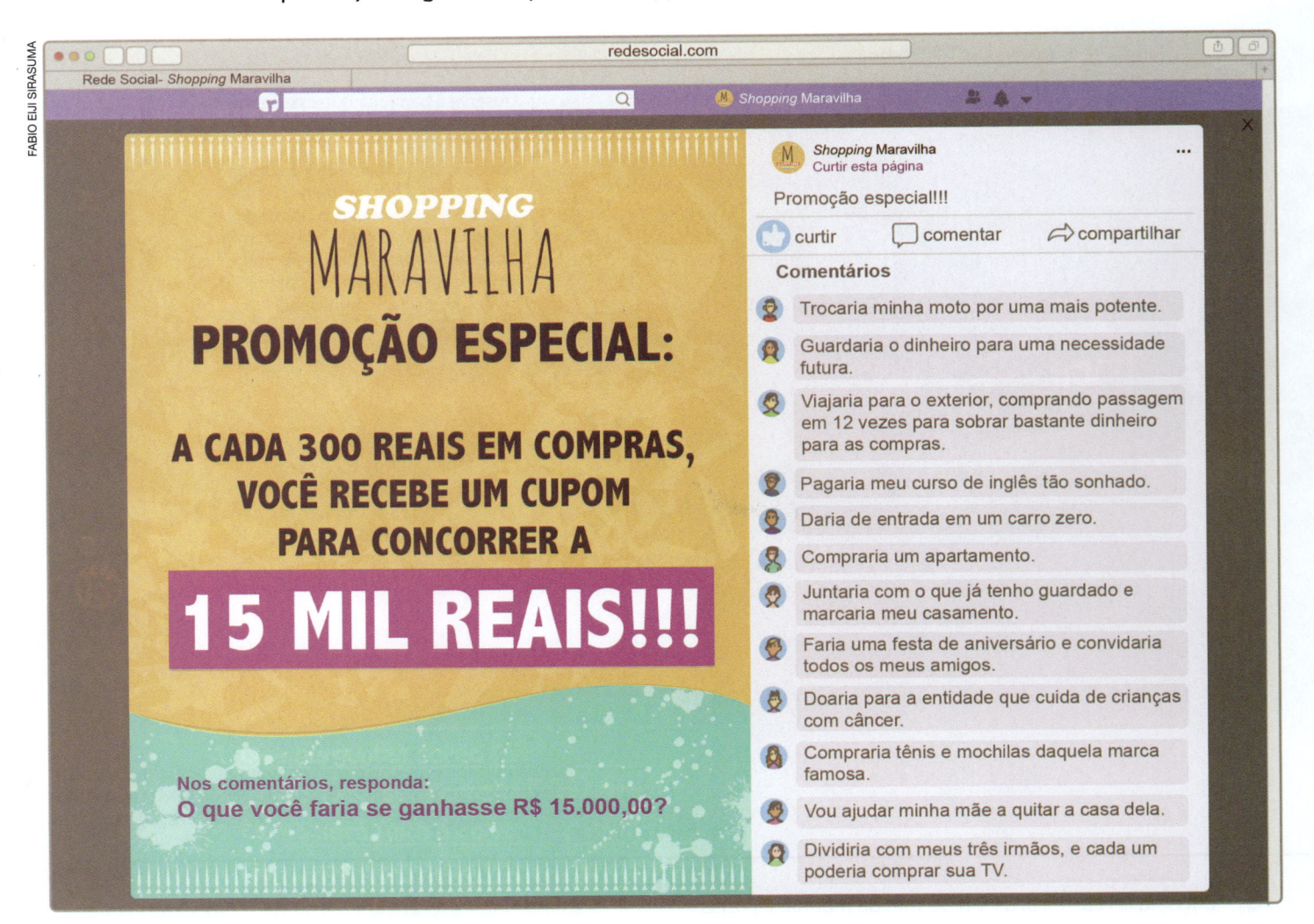

SHOPPING MARAVILHA

PROMOÇÃO ESPECIAL:

A CADA 300 REAIS EM COMPRAS, VOCÊ RECEBE UM CUPOM PARA CONCORRER A

15 MIL REAIS!!!

Nos comentários, responda:
O que você faria se ganhasse R$ 15.000,00?

Comentários
- Trocaria minha moto por uma mais potente.
- Guardaria o dinheiro para uma necessidade futura.
- Viajaria para o exterior, comprando passagem em 12 vezes para sobrar bastante dinheiro para as compras.
- Pagaria meu curso de inglês tão sonhado.
- Daria de entrada em um carro zero.
- Compraria um apartamento.
- Juntaria com o que já tenho guardado e marcaria meu casamento.
- Faria uma festa de aniversário e convidaria todos os meus amigos.
- Doaria para a entidade que cuida de crianças com câncer.
- Compraria tênis e mochilas daquela marca famosa.
- Vou ajudar minha mãe a quitar a casa dela.
- Dividiria com meus três irmãos, e cada um poderia comprar sua TV.

O que você faria?

- O que faria se ganhasse o prêmio?
- Dentre as respostas acima, quais você escolheria? Por quê?

CALCULE

Luís foi o grande sortudo e ganhou o prêmio de 15 mil reais na promoção realizada pelo *shopping*. Ficou empolgado, vendeu o carro que tinha por R$ 35.000,00 e comprou um carro novo e mais potente no valor de R$ 50.000,00, pagando a diferença com o valor recebido do prêmio.

No momento em que foi buscar o carro, começou a pensar nas despesas extras que o carro novo o faria ter. Depois, ele registrou essas despesas em um caderninho.

Regularização do carro novo: R$ 1000,00
Impostos: R$ 1500,00
Seguro: R$ 2500,00

a) Qual o valor total das despesas extras que Luís vai ter? O dinheiro que Luís recebeu do prêmio foi suficiente para cobrir essas despesas?

b) Em sua opinião, Luís fez um bom negócio? Por quê?

REFLITA

Reúna-se com os colegas e pensem nas consequências de cada atitude descrita abaixo.

a) Amanda pagou R$ 200,00 em uma blusinha de marca mesmo sabendo que, em outra loja, uma blusinha similar, que não era de marca, custava R$ 40,00.

b) Gustavo comprou o celular mais caro da loja por estar na moda.

c) Para impressionar os amigos que vão à sua casa, Túlio assinou o pacote mais caro de internet e TV a cabo.

ORGANIZAR O CONHECIMENTO

1. Complete o esquema.

   $f(x) = ax + b$

   - Se $b > 0$, o gráfico da função corta a parte positiva do eixo y.
   - Se $b < 0$, o gráfico da função corta a parte _____ do eixo y.

   Se $a > 0$, a função é _____.
   Se $x = -\dfrac{b}{a}$, temos _____.
   Se $x > -\dfrac{b}{a}$, temos _____.
   Se $x < -\dfrac{b}{a}$, temos _____.

   Se $a < 0$, a função é _____.
   Se $x = -\dfrac{b}{a}$, temos _____.
   Se $x > -\dfrac{b}{a}$, temos _____.
   Se $x < -\dfrac{b}{a}$, temos _____.

2. Complete o quadro com as informações de cada função.

   $f(x) = x^2 - 2x - 3$ ▶
   - O gráfico tem concavidade voltada para _____.
   - O ponto de _____ é _____.
   - Os zeros são _____ e _____.

   $f(x) = -4x^2 + 1$ ▶
   - O gráfico tem concavidade voltada para _____.
   - O ponto de _____ é _____.
   - Os zeros são _____ e _____.

3. Complete o quadro com as respectivas fórmulas para o cálculo do volume.

Volume de um prisma qualquer	Volume de uma pirâmide	Volume de um cilindro	Volume de um cone

TESTES

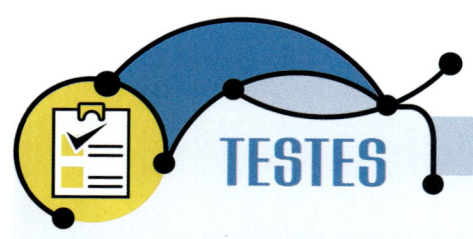

1. (Enem) Os alunos de uma escola utilizaram cadeiras iguais às da figura para uma aula ao ar livre. A professora, ao final da aula, solicitou que os alunos fechassem as cadeiras para guardá-las. Depois de guardadas, os alunos fizeram um esboço da vista lateral da cadeira fechada.

Qual é o esboço obtido pelos alunos?

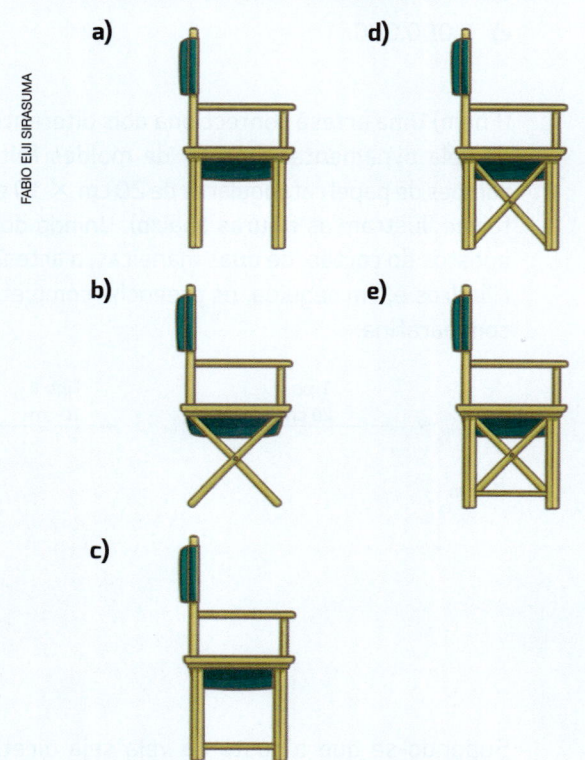

a)
b)
c)
d)
e)

2. (Enem) Para o modelo de um troféu foi escolhido um poliedro P, obtido a partir de cortes nos vértices de um cubo. Com um corte plano em cada um dos cantos do cubo, retira-se o canto, que é um tetraedro de arestas menores do que metade da aresta do cubo. Cada face do poliedro P, então, é pintada usando uma cor distinta das demais faces.

Com base nas informações, qual é a quantidade de cores que serão utilizadas na pintura das faces do troféu?

a) 6
b) 8
c) 14
d) 24
e) 30

3. (Enem) Um estudante está pesquisando o desenvolvimento de certo tipo de bactéria. Para essa pesquisa, ele utiliza uma estufa para armazenar as bactérias. A temperatura no interior dessa estufa, em graus Celsius, é dada pela expressão $T(h) = -h^2 + 22h - 85$, em que h representa as horas do dia. Sabe-se que o número de bactérias é o maior possível quando a estufa atinge sua temperatura máxima e, nesse momento, ele deve retirá-las da estufa. A tabela associa intervalos de temperatura, em graus Celsius, com as classificações: muito baixa, baixa, média, alta e muito alta.

Intervalos de temperatura (°C)	Classificação
$T < 0$	Muito baixa
$0 \leq T \leq 17$	Baixa
$17 < T < 30$	Média
$30 \leq T \leq 43$	Alta
$T > 43$	Muita alta

Quando o estudante obtém o maior número possível de bactérias, a temperatura no interior da estufa está classificada como:

a) muito baixa.
b) baixa.
c) média.
d) alta.
e) muito alta.

TESTES

4. (Enem) Para resolver o problema de abastecimento de água foi decidida, numa reunião do condomínio, a construção de uma nova cisterna. A cisterna atual tem formato cilíndrico, com 3 m de altura e 2 m de diâmetro, e estimou-se que a nova cisterna deverá comportar 81 m³ de água, mantendo o formato cilíndrico e a altura da atual. Após a inauguração da nova cisterna, a antiga será desativada. Utilize 3,0 como aproximação para π.

Qual deve ser o aumento, em metros, no raio da cisterna para atingir o volume desejado?

a) 0,5
b) 1,0
c) 2,0
d) 3,5
e) 8,0

5. (Enem) No Brasil há várias operadoras e planos de telefonia celular. Uma pessoa recebeu 5 propostas (A, B, C, D e E) de planos telefônicos. O valor mensal de cada plano está em função do tempo mensal das chamadas, conforme o gráfico.

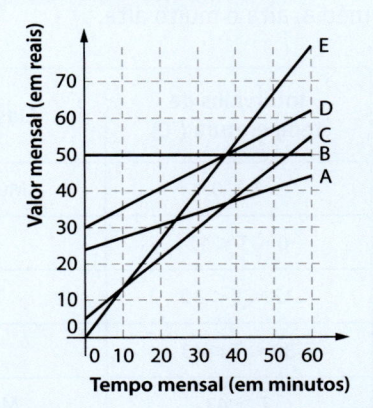

Essa pessoa pretende gastar exatamente R$ 30,00 por mês com telefone.

Dos planos telefônicos apresentados, qual é o mais vantajoso, em tempo de chamada, para o gasto previsto para essa pessoa?

a) A
b) B
c) C
d) D
e) E

6. (Enem) O condomínio de um edifício permite que cada proprietário de apartamento construa um armário em sua vaga de garagem. O projeto da garagem, na escala 1 : 100, foi disponibilizado aos interessados já com as especificações das dimensões do armário, que deveria ter o formato de um paralelepípedo retângulo reto, com dimensões, no projeto, iguais a 3 cm, 1 cm e 2 cm.

O volume real do armário, em centímetros cúbicos, será:

a) 6.
b) 600.
c) 6.000.
d) 60.000.
e) 6.000.000.

7. (Enem) Uma artesã confecciona dois diferentes tipos de vela ornamental a partir de moldes feitos com cartões de papel retangulares de 20 cm × 10 cm (conforme ilustram as figuras abaixo). Unindo dois lados opostos do cartão, de duas maneiras, a artesã forma cilindros e, em seguida, os preenche completamente com parafina.

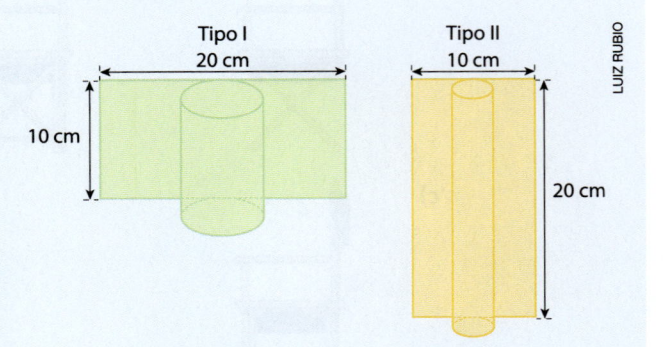

Supondo-se que o custo da vela seja diretamente proporcional ao volume de parafina empregado, o custo da vela do tipo I, em relação ao custo da vela do tipo II, será:

a) o triplo.
b) o dobro.
c) igual.
d) a metade.
e) a terça parte.

330

ATITUDES PARA A VIDA

No decorrer do Ensino Fundamental você teve a oportunidade de desenvolver várias atitudes. Agora é o momento de se autoavaliar. Marque no quadro abaixo um **X** nas atitudes que você desenvolveu, desenvolveu parcialmente ou não desenvolveu.

	Desenvolvi	Desenvolvi parcialmente	Não desenvolvi
Persistir			
Controlar a impulsividade			
Escutar os outros com atenção e empatia			
Pensar com flexibilidade			
Esforçar-se por exatidão e precisão			
Questionar e levantar problemas			
Aplicar conhecimentos prévios a novas situações			
Pensar e comunicar-se com clareza			
Imaginar, criar e inovar			
Assumir riscos com responsabilidade			
Pensar de maneira interdependente			

Agora, em seu caderno, escreva o que você acha que precisa fazer para desenvolver melhor as atitudes em que não evoluiu o desejado.

RESPOSTAS

PARTE 1

UNIDADE 1

▶ Página 23

1. $\mathbb{N}$: 0; $\sqrt{25}$; $2\frac{12}{4}$

   $\mathbb{Z}$: 0; -10; $\sqrt{25}$; $2\frac{12}{4}$

   $\mathbb{Q}$: 0; -10; 3,258; $\frac{4}{3}$; $0,\overline{3}$; $\sqrt{25}$; $2\frac{12}{4}$; $1,34\overline{75}$

3. a) $0,1\overline{3}$
   b) 0,16
   c) 6,6
   d) 3,75
   e) $16,\overline{6}$
   f) $8,\overline{18}$

4. a) $\frac{2}{9}$ b) $\frac{7}{6}$ c) $\frac{124}{990}$

5. Bernardo: 29 anos, Rafaela: 30 anos, Sérgio: 31 anos

6. Exemplo de resposta: Todos os números do texto pertencem ao conjunto dos números racionais.

7. a) 3,565; 3,612; 17,017; 159.533,328
   b) 159.529,763 km²
   c) Altamira: aproximadamente 0,7 hab./km²; Santa Cruz de Minas: aproximadamente 2.397,5 hab./km²
   d) Exemplo de resposta: A densidade demográfica do município de Santa Cruz de Minas é bem grande, enquanto Altamira tem poucos habitantes por quilômetro quadrado.

▶ Página 27

1. alternativas **c** e **f**

2. a) 14,444 cm
   b) 23,55 m
   c) 10 m

3. Murilo **não** está correto, pois o número que ele obteve é parte da representação decimal de $\frac{2}{29}$, e $\frac{2}{29}$ é um número racional.

4. a) $\frac{1}{2}$
   b) $\frac{2}{9}$
   c) $\sqrt{2}$ cm
   d) $\frac{1}{2} = 0,5$; $\frac{2}{9} = 0,\overline{2}$; $\sqrt{2} \simeq 1,4142135$

5. 1.256 m

6. a) 188,4 cm
   b) aproximadamente 530 voltas

▶ Página 32

1. a) 1,25
   b) $-0,6$
   c) $-3\frac{1}{3}$
   d) 5,75

2. A – III; B – II; C – IV; D – I

3. a) 1,7
   b) entre 1 e 2
   c) $-2,8$
   d) entre -3 e -2

5. a) 0,65   b) 1,37   c) 2,56

▶ Página 33

3. a) quinta-feira: 6 ícones; sexta-feira: 9 ícones; sábado: 11 ícones; domingo: 10 ícones
   b) quinta-feira: 3 ícones; sexta-feira: 4,5 ícones; sábado: 5,5 ícones; domingo: 5 ícones

4. a) São Paulo: 12.000.000; Brasília: 3.000.000; Salvador: 3.000.000; Manaus: 2.000.000; Curitiba: 2.000.000

▶ Página 35

1. Exemplo de resposta: Não, pois 7 anos em 4,5 bilhões de anos são desprezíveis.

3. a) $\frac{43}{10}$
   b) $\frac{1}{3}$
   c) $\frac{3}{10}$
   d) $\frac{7}{6}$

4. aproximadamente 62,8 mm

5. alternativa **e**

6. aproximadamente 714 m

7. a) 180,55 m
   b) 410,55 m

UNIDADE 2

▶ Página 40

1. a) 64
   b) 9
   c) 1
   d) $\frac{64}{125}$
   e) 0,0016
   f) $\sqrt{3}$

2. a) 10^{18}
   b) 10^{-30}
   c) 10^{30}

3. a) $2,25 \cdot 10^{-4}$
   b) $5,0625 \cdot 10^{-20}$
   c) $3,375 \cdot 10^{6}$
   d) $5,0625 \cdot 10^{20}$

4. 3^{-14}

5. 54 diagonais

6. $2 \cdot 10^{11}$; $4 \cdot 10^{11}$; $1 \cdot 10^{22}$

7. a) 10^{-6} m
   b) 0,0000023 m; $2,3 \cdot 10^{-6}$ m

8. a) $1 \cdot 10^{100}$

9. alternativa **b**

10. a) $3 \cdot 2^{40}$ caracteres

▶ Página 43

1. a) 0
   b) -10
   c) -11
   d) 4
   e) 9
   f) 3
   g) $\frac{1}{3}$
   h) $\frac{1}{2}$

2. a) 2,23 e 2,24
   b) 2,64 e 2,65
   c) 3,16 e 3,17
   d) 4,47 e 4,48

3. a) entre 8 e 9
   b) entre 30 e 31

4. a) 18,7 m
   b) 31,6 cm

5. a) 9 cm
   b) 0,3 m

▶ Página 46

1. a) 6
   b) $\frac{2}{3}$
   c) 6
   d) $\frac{2}{3}$

2. a) 12
   b) 4
   c) $\frac{1}{2}$
   d) 10
   e) $\sqrt[3]{2^2}$
   f) $\sqrt[4]{\left(\frac{5}{7}\right)^3}$
   g) $\sqrt{0,1}$
   h) $\sqrt{60} = 2\sqrt{15}$

3. Exemplo de respostas:
   a) $\sqrt{3} \cdot \sqrt{2}$
   b) $\sqrt[3]{2^2} \cdot \sqrt[3]{5}$
   c) $\sqrt[10]{2} \cdot \sqrt[10]{3} \cdot \sqrt[10]{5}$
   d) $\frac{\sqrt[3]{7}}{\sqrt[3]{4}}$
   e) $\frac{\sqrt[5]{1}}{\sqrt[5]{10}}$
   f) $\frac{\sqrt{5^3}}{\sqrt{4}}$

4. a) 2
   b) 7
   c) $\frac{9}{4}$
   d) 11
   e) $\frac{5}{4}$
   f) $\frac{1}{4}$

5. a) $\sqrt[3]{2^2}$ c) $3\sqrt[4]{3}$ e) $3\sqrt[3]{2^2}$
   b) $\sqrt[3]{2^2}$ d) $2\sqrt[3]{5}$ f) $7\sqrt[4]{7}$

6. a) 11,2
b) 4,48
c) 22,4
d) 0,45
e) 24,6
f) 3,36
g) 1
h) 1,28

7. a) 8
b) 7
c) 11
d) 14
e) 20
f) $\dfrac{20}{3}$

8. a) 3
b) 2
c) 1
d) 2
e) 2
f) 2

9. alternativa d

10. A propriedade $\sqrt{a \cdot b} = \sqrt{a} \cdot \sqrt{b}$ é válida somente para a e b números reais não negativos.

Como o índice do radical é par, a propriedade $\sqrt{a^2} = a$ também é válida somente para a real não negativo. Portanto, as duas duplas cometeram erros.

▶ Página 49

1. a) 7
b) 2
c) 10
d) 6
e) 3
f) 0
g) −2
h) 12
i) 0,3
j) $\dfrac{5}{12}$

2. Exemplo de resposta:
$\sqrt{\dfrac{1}{100}} + \sqrt{\dfrac{1}{100}}$

3. a) 1,41 + 2,24 = 3,65
b) 3,16 + 3 = 6,16
c) 1,73 + 3,46 = 5,19

4. a) $-2\sqrt{10}$
b) $11\sqrt{2}$
c) $-8\sqrt[3]{3}$
d) $\sqrt{3} - 2\sqrt{2}$
e) $9\sqrt{2}$
f) $-xy\sqrt{xy}$
g) $3a\sqrt{a}$

5. a) 9,48
b) 6,64
c) 38,5

6. $y = x$

7. 29,04 dm

8. a) $6\sqrt{2}$ cm **b)** $9\sqrt{2}$ cm **c)** $22\sqrt{3}$ cm

9. $\sqrt[3]{3}$ unidades

▶ Página 50

1. a) 8
b) 5
c) $3\sqrt[3]{4}$
d) $10\sqrt{3}$
e) $\sqrt{2}$
f) 2
g) $\sqrt[3]{5}$
h) $2\sqrt{10}$

2. a) $9\sqrt{10}$
b) $6\sqrt{2}$
c) 2
d) 2

3. a) 19,8
b) 275
c) −1,6
d) 0,44
e) 0
f) 12,2

4. a) $\sqrt[6]{2}$
b) $9\sqrt[4]{3^3}$
c) $\sqrt[6]{\dfrac{9}{8}}$
d) $\sqrt[12]{\dfrac{16}{1.125}}$

5. a) perímetro: $2(2 + 3\sqrt{2})$ m
área: $4(\sqrt{2} + 1)$ m²
b) perímetro: $4\sqrt{5}$ cm
área: 4 cm²

▶ Página 51

1. a) $7\sqrt{7}$
b) 45
c) $\dfrac{3\sqrt{3}}{8}$
d) 3
e) $144\sqrt[5]{9}$
f) $18a + 9$ com $a > -\dfrac{1}{2}$

2. a) $\sqrt[6]{64}$ **c)** $\sqrt[4]{36}$
b) $\sqrt[40]{6}$ **d)** $\sqrt[4]{128}$

3. a) 10
b) $2\sqrt{3}$
c) $28 + 10\sqrt{3}$
d) $28 - 10\sqrt{3}$
e) 22
f) $-2\sqrt{3}$

4. a) Falsa
b) Verdadeira
c) Verdadeira
d) Verdadeira

6. $(140\sqrt{2} - 80\sqrt{5})$ cm³

▶ Página 54

1. a) $\dfrac{\sqrt{3}}{3}$
b) $\dfrac{3\sqrt{5}}{10}$
c) $\dfrac{\sqrt{8}}{4}$
d) $\dfrac{\sqrt{15} - 3}{3}$
e) $\sqrt{3} + 1$
f) $5(\sqrt{2} + 2)$
g) $\dfrac{3(\sqrt{5} - \sqrt{3})}{2}$
h) $\dfrac{\sqrt{6} + \sqrt{2}}{2}$
i) $\dfrac{6 + \sqrt{11}}{5}$
j) $-14 + 7\sqrt{5}$

2. a) 3,23
b) 4,57

3. a) $2\sqrt{10}$
b) a^2
c) $3x$
d) 2

4. $-\dfrac{3}{28}$

▶ Página 55

1. a) $\sqrt[9]{43}$
b) $\sqrt[3]{\dfrac{1}{7^2}}$
c) $\sqrt[4]{\dfrac{1}{4}}$ ou $\sqrt{\dfrac{1}{2}}$
d) $\sqrt[12]{0,25^5}$ ou $\sqrt[6]{0,5^5}$

2. a) $\dfrac{4}{3}$
b) 50
c) 343
d) 212

3. a) $5^{\frac{1}{2}}$
b) $\sqrt[3]{3^2}$
c) $3^{\frac{1}{10}} \cdot 2^{\frac{1}{20}}$
d) $3 \cdot 2^{\frac{1}{2}}$
e) $18^{\frac{1}{6}}$
f) $\sqrt[15]{2^2}$
g) $30^{\frac{1}{8}}$
h) $2^{\frac{7}{8}}$

4. $-\dfrac{7}{2}$

▶ Página 58

1. a) 19,5
b) R$ 69,00
c) 500 pessoas
d) 4
e) R$ 385,00

2. R$ 874,65

3. 7% de desconto

4. aproximadamente 8,86%

5. aproximadamente 12.487,74

6. R$ 13.756,00

▶ Página 60

1. a) setembro
b) agosto e novembro
c) julho: 7; agosto: 6; setembro: 11; outubro: 5; novembro: 6; dezembro: 8
d) 43 vítimas fatais

2. a) O número de casamentos civis realizados em alguns municípios do Acre em 2016.
b) Plácido de Castro, pois tem mais ícones que os outros municípios.
c) Manoel Urbano: 56; Capixaba: 40; Tarauacá: 80; Plácido de Castro: 96
d) 272 casamentos

RESPOSTAS

3. a) 19 incidentes; 4 incidentes
   b) Recife; ocorreram 23 incidentes em Jaboatão dos Guararapes e 27 incidentes em Recife.
   c) aproximadamente 37%
4. alternativa **c**

Página 62

1. alternativas **b** e **d**
2. 30 cm
3. $7,4 \cdot 10^{-5}$ m
4. a) $3,30 \cdot 10^{23}$, $5,69 \cdot 10^{26}$, $1,90 \cdot 10^{27}$
   b) $5,79 \cdot 10^7$; $7,784 \cdot 10^8$; $1,4236 \cdot 10^9$
5. aproximadamente R$ 47,75
6. a) 6
   b) 1
   c) 10
   d) 3
   e) $\sqrt{2}$
   f) 6
   g) 2
   h) $\sqrt{3}$
7. a) 300 cm²
   b) Calcular o volume da lata.
   c) que não vai caber (o volume é aproximadamente 650 cm³)
8. a) $\frac{3\sqrt{2}}{2}$
   b) $\frac{2\sqrt{5}}{3}$
   c) $\frac{3\sqrt[4]{8}}{2}$
   d) $2 - \sqrt{3}$
   e) $\sqrt{3} + \sqrt{2}$
   f) $\sqrt{2}$
9. a) -10
   b) 4
10. $\frac{2}{5}$
11. a) $(6\sqrt{2} + 16)$ cm, aproximadamente 24,5 cm
   b) 360 cm²

UNIDADE 3

Página 64

1. a) raio
   b) diâmetro e corda
   c) corda
   d) corda
3. a) 34,4 cm
   b) 1,30 cm
4. a) 15 centímetros
   b) diâmetro: 40; raio: 20
5. a) Falsa
   b) Verdadeira
   c) Falsa
   d) Falsa

Página 68

2. a) interno
   b) pertence à circunferência
   c) externo
   d) tangente
   e) externa
   f) secante
3. a) tangente
   b) exterior
   c) secante
   d) exterior
4. a) 9   **b)** 4
5. a) Verdadeira   **c)** Falsa
   b) Falsa   **d)** Falsa
6. a) 8   **b)** 9
7. $x = 12$; $y = 1$
8. a) $P = 8 \cdot r$
   b) $P = 2 \cdot 8 \cdot r$
   c) $P = n \cdot 8 \cdot r$
9. a) 2,5 cm   **b)** 60°

Página 70

1. a) tangentes interiores
   b) externas
   c) concêntricas
   d) tangentes exteriores
2. a) As circunferências podem ser externas, internas uma à outra ou internas concêntricas.
   b) As circunferências podem ser tangentes interiores ou tangentes exteriores.
3. a) 3,5 cm   **c)** 2 cm
   b) 2 cm   **d)** 2 cm
4. a) 4 cm   **c)** 5 cm
   b) 1 cm   **d)** 9 cm
5. a) 10 cm e 5 cm
   b) 3 cm e 2 cm
   c) 22 cm e 33 cm
6. a) $x > 10$ e $y > 5$
   b) $y > 5$ e $x > 10$
   c) $0 \leq x < 10$ e $0 \leq y < 15$
   d) $0 \leq y < 5$ e $0 \leq x < 10$

Página 72

1. 180°
2. a) med($\widehat{AB}$) = 70°
       med($\widehat{BC}$) = 110°
       med($\widehat{CD}$) = 70°
   b) med($\widehat{AB}$) = 95°
       med($\widehat{BC}$) = 85°
       med($\widehat{CD}$) = 95°
3. a) 185°   **b)** 195°
4. a) a mesma medida do raio da circunferência
   b) triângulos equiláteros, losangos e trapézios
   c) 60°
   d) 45°

Página 77

1. a) 45°
   b) 100°
   c) 60°
   d) 180°
2. a) $x = 90°$; $y = 90°$; $z = 90°$
   b) $x = 90°$; $y = 90°$; $z = 90°$
3. a) 92°
   b) 12,5°
4. 46°
5. med($A\widehat{O}B$) = 120°; med($A\widehat{V}B$) = 60°

Página 79

2. b) Exemplo de resposta: As pessoas entre 15 e 20 anos foram as que mais gostaram do jogo.

Página 80

1. Sim, pois $\overline{AO} \cong \overline{CO}$ (lado), $A\widehat{O}B \cong C\widehat{O}D$ (ângulo) e $\overline{DO} \cong \overline{BO}$ (lado)
2. 8 cm
3. secantes, pois: 10 cm < 7 cm + 4 cm
4. 6 cm
5. a) $x = 140°$; $y = 120°$
   b) $x = 65°$; $y = 75°$
   c) $x = 140°$; $y = 20°$
   d) $x = 83°$; $y = 67°$
6. 38 cm
7. $x = 3$; $y = 8$
8. alternativa **d**
9. a) 80°
   b) 95°
   c) 110°
10. 90°
11. med($\widehat{A}$) = 80°
    med($\widehat{B}$) = 40°
12. a) $x = 80°$; $y = 105°$
    b) $x = 90°$; $y = 45°$
13. a) $x = 46°$ e $y = 54°$
    b) $x = 37°$ e $y = 30°$

Página 87

1. alternativa **e**
2. alternativa **a**
3. alternativa **b**
4. alternativa **e**
5. alternativa **d**
6. alternativa **e**
7. alternativa **a**
8. alternativa **c**
9. alternativa **e**
10. alternativa **c**

PARTE 2

UNIDADE 4

Página 95

1. Exemplo de resposta:
$(1 + 2)^2 = 1^2 + 2 \cdot 1 \cdot 2 + 2^2$
$3^2 = 1 + 4 + 4$
$9 = 9$

2. a) $x^2 + 10x + 25$
   b) $49a^2 + 14a + 1$
   c) $x^2 + 4xy + 4y^2$
   d) $x^4 + 2x^2 + 1$

3. a) $x + 9$
   b) $z + w$

4. a) $x^2 + 10x + 25 = (x + 5)^2$
   b) $4a^2 + 12ab + 9b^2 = (2a + 3b)^2$

5. alternativas **c** e **f**

7. a) $9x^2 - 2x + 1$
   b) $-5x^2 + 5y^2$
   c) $-24a^2 - 14ab + b^2$
   d) $-y^2 + 2y + 21$

8. a) $(x + 2)^2 = x^2 + 4x + 4$
   b) $4x + 4$

9. a) $a = 13$ cm; $b = 10$ cm
   b) 130 cm²

10. $m = 8$ e $n = 4$

Página 97

1. Exemplo de resposta:
$(-1 - 5)^2 = (-1)^2 - 2 \cdot (-1) \cdot 5 + 5^2$
$(-6)^2 = 1 + 10 + 25$
$36 = 36$

2. a) $x^2 - 10x + 25$
   b) $1 - 6y + 9y^2$
   c) $\frac{1}{4} - x + x^2$
   d) $4x^2 - 12xy + 9y^2$

3. $2 - x$ ou $x - 2$

4. b) $x^2 - 2xm + m^2$
   c) $a^2 - 8a + 16$

6. a) $x^2 - 4x + 6$
   b) $5a^2x^2 - 18a^2x - 8a^2$
   c) $y^4 + 2y^2 - 17$
   d) $7m^2 - 60m + 72$

9. a) 2 m
   b) $3,61$ m²
   c) $0,39$ m²

10. a) 5 m
    b) 49 m²

11. a) $10x$
    b) $14x$

12. $(a - b)^2 = (a^2 + b^2) - (2ab) = a^2 - 2ab + b^2$

13. 35

14. a) $x = 4$ e $y = 7$ ou $x = 7$ e $y = 4$
    b) $x = 3$ e $y = 9$ ou $x = 9$ e $y = 3$

Página 99

1. Exemplo de resposta:
$[(-1) + 5] \cdot [(-1) - 5] = (-1)^2 - 5^2$
$(+4) \cdot (-6) = 1 - 25$
$-24 = -24$

2. a) $a^2 - b^2$
   b) $(a - b)^2$
   c) $(x + y)^2$
   d) $(x + y) \cdot (x - y)$

3. 40 m

4. a) $-x^2 - 8x + 12$
   b) $-5x^2 - 13y^2 + 12xy$
   c) $m^2 - 6m + 5$
   d) $6y^2 - 18y - 27$

5. a) 70 m²
   b) 15 m²
   c) $17,25$ m²

6. a) $2x - 6y$ e $2x + 6y$
   b) $9x - 6y$ e $9x + 6y$

7. a) $(a + b) \cdot (a - b)$
   b) $4 \cdot (a + b) \cdot (a - b)$

8. a) 6
   b) 9
   c) 11
   d) 8

9. 14 m

10. a) 16.875 cm²
    b) produto da soma pela diferença de dois termos

Página 102

1. a) $w^3 + 3w^2 + 3w + 1$
   b) $m^3 + m^2 + \frac{1}{3}m + \frac{1}{27}$
   c) $125b^3 + 75b^2a + 15ba^2 + a^3$
   d) $8k^3 + 48k^2w + 96kw^2 + 64w^3$

2. a) $125 - 75a + 15a^2 - a^3$
   b) $k^3 - 12k^2w + 48kw^2 - 64w^3$
   c) $\frac{m^3}{27} - \frac{m^2}{3} + m - 1$
   d) $w^3 - 6w^2 + 12w - 8$

3. 512

4. $(x + 7)^3 = x^3 + 21x^2 + 147x + 343$

5. A – II; B – I; C – IV; D – III

6. a) $\frac{27}{64}$
   b) $\frac{27}{64}$

7. Os valores obtidos em **a** e **b** são iguais.

8. a) $2x^3 + 6xy^2$
   b) 8
   c) -8
   d) 8
   e) -8

9. $8a^3$

10. Não, pois $8x^3$ é oito vezes o volume x^3.

Página 105

2. a) $x \cdot (a + b)$ b) $6y^2$

3. a) $8xy$ b) 6 c) $\frac{y^2}{2}$

4. A – IV; B – V; C – II; D – I; E – III

5. Ela pensou que, se os três pedissem os mesmos itens do cardápio, o valor total seria $3x + 3y + 3z$, que é igual a $3 \cdot (x + y + z)$.

6. Errado, pois $4x \cdot (2x + x) = 8x^2 + 4x^2 = 12x^2$ não é uma forma fatorada do polinômio $8x^2 - 4x$.

7. 3.780

8. a) $14 \cdot (a + b)$ c) $11 \cdot (y + b^2)$
   b) $47 \cdot (x^5 + x)$ d) $54 \cdot (x^4 + a)$

Página 107

1. a) $(a + b)$ d) $(-y)$
   b) $(x + 3y - 1)$ e) (ab)
   c) $(m + 2ny - 4)$

2. A – IV; B – III; C – II; D – I

3. a) $(7b + 1) \cdot (x - y)$
   b) $\sqrt{7}x \cdot (1 + 2x)$
   c) $(a + 1) \cdot (x + 1)$
   d) $b \cdot (8x - 7 - y)$

• itens **a** e **c**

4. a) $(8 + m) \cdot (x^2 - y)$
   b) $(7 + b) \cdot (a - 3y^2)$
   c) $(3a - b) \cdot (x + y)$
   d) $(x^2 - 1) \cdot (x + 1)$

5. a) $(m + n) \cdot (x + y)$
   b) $5y \cdot (x + 1)$

7. A partir da 3ª linha:
$= 3^3 \cdot (3b - 1) + b \cdot (-1 + 3b) =$
$= (3b - 1) \cdot (3^3 + b)$

8. Exemplo de resposta:
   a) $(2z + 9) \cdot 4x$
      $(2z + 9) \cdot (m + 1)$
   b) $(3 - z^2) \cdot (z^2 - 3) \cdot a$
      $(3 - z^2) \cdot (z^2 - 3) \cdot (z + 1)$

10. a) at
    b) bt
    c) $(a + b)t$
    d) ae
    e) be
    f) $(a + b)e$
    g) $(a + b)(t + e)$

• R$ 1.000,00

Página 110

1. a) $(9x + 1) \cdot (9x - 1)$
   b) $(a^2 + 11b) \cdot (a^2 - 11b)$
   c) $\left(\frac{1}{2} + \frac{2}{3}y\right) \cdot \left(\frac{1}{2} - \frac{2}{3}y\right)$
   d) $(d^2 + 5) \cdot (d^2 - 5)$
   e) $\left(\frac{5}{4}x^2y^4 + \frac{1}{3}xy^3\right) \cdot \left(\frac{5}{4}x^2y^4 - \frac{1}{3}xy^3\right)$
   f) $\left(7zy + \frac{1}{8}\right) \cdot \left(7zy - \frac{1}{8}\right)$

RESPOSTAS

2. Luana

3. a) $169a^2 - 64b^2 = (13a + 8b) \cdot (13a - 8b)$
b) $10.000x^2 - 625y^4 =$
$= (100x + 25y^2) \cdot (100x - 25y^2)$

4. a) 2.491
b) 4.884
c) 999.999
d) 3.596

6. $(y - 2x) \cdot (y + 2x)$

▶ **Página 112**

1. a) $\frac{9}{25} + \frac{6}{5}x + x^2$
b) $y^2 + 2\sqrt{11}y + 11$
c) $\frac{1}{4}x^6 - \frac{1}{3}x^3y^2 + \frac{1}{9}y^4$
d) $a^2x^4 - 2ax^2b + b^2$

2. a) $(x + 14)^2$ ou $(-x - 14)^2$
b) $(11x - 7)^2$ ou $(7 - 11x)^2$
c) $(x - 200)^2$ ou $(200 - x)^2$
d) $(-x + 20)^2$ ou $(x - 20)^2$
e) $(15x^4 - 11)^2$ ou $(11 - 15x^4)^2$
f) $\left(x - \frac{1}{2}\right)^2$ ou $\left(\frac{1}{2} - x\right)^2$
g) $(x^3 + 8)^2$ ou $(-x^3 - 8)^2$

3. a) y^2 **b)** $2z + y$

4. a) $2(x + 2)^2$ ou $2(-x - 2)^2$
b) $\frac{1}{3}(x - 3)^2$ ou $\frac{1}{3}(3 - x)^2$

5. 980

6. $100 \cdot (a + b) \cdot (a - b)$

7. alternativas **a** e **c**

8. Exemplo de resposta:
$-4x^2 + 8; y^3 - 3x^2$ ou $3x^2 - y^3$

9. $\frac{11}{6}$ ou $-\frac{3}{2}$

▶ **Página 113**

1. a) $(4 + m) \cdot (16 - 4m + m^2)$
b) $(t^2 + 4) \cdot (t^4 - 4t^2 + 16)$
c) $\left(10c + \frac{1}{3}\right) \cdot \left(100c^2 - \frac{10c}{3} + \frac{1}{9}\right)$
d) $(0,5k + mk) \cdot (0,25k^2 - 0,5mk^2 + m^2k^2)$

2. a) $(4 - m) \cdot (16 + 4m + m^2)$
b) $\left(mk - \frac{5}{10}\right) \cdot \left(m^2k^2 + \frac{5mk}{10} + \frac{25}{100}\right)$
c) $(t^2 - 3) \cdot (t^4 + 3t^2 + 9)$
d) $\left(-10c + \frac{4}{3}\right) \cdot \left(100c^2 + \frac{40c}{3} + \frac{16}{9}\right)$

3. a) Falsa **d)** Falsa
b) Verdadeira **e)** Verdadeira
c) Falsa

4. A – II; B – V; C – I; D – III; E – VI; F – IV

▶ **Página 114**

1. a) 52%
b) 4%

2. a) 5
b) 13,50%
c) Sim, pois 26,72% + 31,18% = 57,90%, mais que metade da população.

3. a) 279 funcionários
b) 40 funcionários
c) sim; $90 + 75 > \frac{279}{2}$
d) 75 funcionários

4. a) 51,5%
c) Não, pois apenas 27,5% cometeram seis infrações ou mais.

▶ **Página 116**

1. a) $4x^2 + 4x + 1$
b) $4x^2 - 4x + 1$
c) $4x^2 - 1$
d) $8x^3 + 12x^2 + 6x + 1$
e) $8x^3 - 12x^2 + 6x - 1$
f) $4x^2 - 8x + 4$
g) $4x^2 + 2x + \frac{1}{4}$
h) $100 - 20x + x^2$
i) $-x^2 + 14x - 49$
j) $x^3 - 3x^2 + 3x - 1$
k) $\frac{x^3}{8} + \frac{3}{2}x^2 + 6x + 8$
l) $25x^2 - x + \frac{1}{100}$
m) $\frac{1}{9} - \frac{4}{9}x^2$
n) $x^3 - 30x^2 + 300x - 1.000$

2. a) $13a^2 - 24a + 13$
b) $-5a^2 + 5$
c) $a^2 + 2a + 1$
d) $25a^2 - 50a + 25$
e) $9a^2 - 16a + 7$
f) $16a^2 - 48a + 36$

3. a) 8
b) -6 ou 6
c) 25
d) 5

4. a) $x^6 - \frac{1}{x^6}$
b) $3x^2 - 6x - 10$
c) $m^2 + 24m - 36$

5. a) b^2
b) $(a + b)^2 - b^2 = a^2 + 2ab$

6. a) $x = 7$ e $y = 8$ ou $x = 8$ e $y = 7$
b) $x = 10$ e $y = 2$ ou $x = 2$ e $y = 10$

7. a) 40
b) 154

8. a) $\frac{x^2}{4} + 3x + 9$
b) $4a^2 + 4ab + b^2$

9. a) $3x^2 + 2$
b) 9

10. a) O número de quadradinhos da figura n é $(n + 2)^2$, em que $4n$ são quadradinhos brancos e $(n^2 + 4)$ são quadradinhos azuis.
b) 20 quadradinhos brancos

11. a) $a \cdot (b + c)$ e $3x \cdot (x + y)$
b) a figura da direita

13. $ab \cdot (2c + b)$

14. a) $6x^2 + 12x$ e $22x^2 - 10x$
b) $x^2 \cdot (x + 3)$ e $6x^2 \cdot (x - 1)$
c) o sólido da direita; o sólido da esquerda

15. alternativa **b**

16. $m = 7$ e $n = 5$

UNIDADE 5

▶ **Página 121**

1. b) sim

2. alternos externos: $\hat{a}$ e $\hat{g}$; $\hat{b}$ e $\hat{h}$; alternos internos: $\hat{c}$ e $\hat{e}$; $\hat{d}$ e $\hat{f}$; Não, porque r e s não são retas paralelas.

3. a) São colaterais externos e suplementares. São correspondentes e, portanto, congruentes.
b) Não, são colaterais internos; portanto, são suplementares.
c) Sim, são correspondentes; portanto, são congruentes.

4. a) $x = 102°; y = 78°$
b) $x = 85°; y = 85°$
c) $x = 45°; y = 135°$
d) $x = 35°; y = 45°$

5. a) 50°
b) 40°

6. 120° e 60°

7. $a = 70°; b = 70°; c = 40°; d = 140°$

8. a) $x = 45°; y = 40°$
b) $x = 125°; y = 125°$
c) $x = 130°; y = 88°$
d) $x = 55°; y = 55°$

9. a) $x = 138°; y = 42°; z = 36°$
b) $x = 132°; y = 67°; z = 65°$

▶ **Página 125**

1. a) 2
b) 2
c) 4
d) 0,5
e) 0,5
f) 0,25

2. a) 12
b) 150 mm

3. a) exemplo de resposta: 90 cm
b) exemplo de resposta: 80 cm

4. aproximadamente 75,9 m

5. a) 20 e 28
b) 500 e 300

▶ **Página 130**

1. a) Flávia e Alexandre
b) Alexandre

3. a) Eles são congruentes.
b) Eles são proporcionais.

4. 5,12

336

5. a) 36,4; 18,2
   b) 22,8; 15,2
6. a) razão: 2
   b) razão: 1,5
   Nos dois casos a razão se mantém.
7. a) Não, pois os dados são insuficientes para concluir que as figuras são semelhantes.
   b) Resposta possível: Dois quadrados, um com 3 cm de lado e outro com 5 cm de lado.
   c) Resposta possível: Um quadrado com 3 cm de lado e um retângulo com 4 cm de altura e 6 cm de comprimento.
   d) Os lados correspondentes dos polígonos têm de ser proporcionais.
8. a) 2,5 m   **b)** 3,2 cm   **c)** 0,016
9. a) sim   **b)** 6

▶**Página 132**

1. razão entre os perímetros: $\frac{1}{2}$; razão entre as áreas: $\frac{1}{4}$
2. $\frac{9}{16}$
3. $\frac{4}{9}$
4. $\frac{5}{4}$
5. $EG = 8$; $EF = 15$; $FG = 17$ e $AI = 7,5$
6. a) 1 cm³ e 8 cm³
   b) $\frac{1}{2}$
   c) $\frac{1}{4}$
   d) $\frac{1}{8}$
   $\frac{1}{4} = \left(\frac{1}{2}\right)^2$ e $\frac{1}{8} = \left(\frac{1}{2}\right)^3$

▶**Página 134**

1. a) $\frac{2}{3}$
   b) $\frac{2}{3}$
   c) $\frac{2}{3}$
   d) Não é maior nem menor, é igual.
2. a) Dois triângulos retângulos quaisquer nem sempre são semelhantes.
   b) Dois triângulos equiláteros quaisquer sempre são semelhantes.
3. $x = 15$; $y = 10$
4. a) $x = 1,2$ cm; $y = 1$ cm
   b) $x = 8$; $y = 4$

▶**Página 138**

1. São semelhantes, e a razão de semelhança é $\frac{2}{3}$.
   b) LAL
2. 6 dm, 9 dm e 12 dm; perímetro $= 27$ dm
3. a) Falsa
   b) Verdadeira
   c) Falsa
4. a) $x = 8$
   b) $x = 9$; $y = \frac{32}{3}$
5. 1 m
6. aproximadamente 2,70 m
7. aproximadamente 3,8
8. 12,5 m

▶**Página 143**

1. a) 11,25
   b) 11
   c) 8
2. a) 6
   b) 15
3. $x = 24$, $y = 20$ e $z = 40$
4. 42 cm
5. 39
6. 40,5 cm

▶**Página 146**

1. a) média aritmética: 319,2; mediana: 305
   b) Média aritmética, pois não há valores nesse conjunto de dados que destoam dos demais.
2. a) 2,13
   b) 0,985
3. a) 1,350
   b) 6,96; 7,88
   c) 10
   d) 7
   e) média aritmética: 7,5; modas: 5 e 10; mediana: 8
4. a) Massa: 8,1 quilos; altura: 0,16 metro.
   b) Massa: 48,7 quilos; altura: 1,60 metro.
   c) Massa abaixo da média: Bruna, Diana, Manuel, Nilce, Renato, Silmara; altura acima da média: Alício, Elisângela, Nilce, Renan, Sueli, Tomás.
   d) 45,6 quilos; 1,54; 1,62 e 1,67 metro.

▶**Página 148**

1. a) 4
   b) $\frac{1}{3}$
2. a) sim
3. a) $x = 80°$; $y = 100°$; $z = 50°$
   b) $x = 30°$; $y = 110°$; $z = 90°$
   c) $x = 42°30'$; $y = 105°$; $z = 135°$
   d) $x = 43°20'$; $y = 50°$; $z = 26°$
4. a) quatro deles medem 130° e os outros quatro medem 50°
   b) 13°20'
   c) 130°
5. $AB' = 2,6$ cm; $B'C' = 3,9$ cm; $C'D' = 6,5$ cm
6. alternativa **a**
7. 250 m²
8. 18 cm e 22,5 cm
9. alternativa **b**

10. $x = 30°$; $y = 45°$
11. alternativa **b**
12. alternativa **c**
13. 15 m
14. a) 3 m   **b)** 1,5 m
15. 1,2 cm
16. a) 6 km   **b)** 12,5 km
17. a) Não é possível; 63%; 214%
   b) 127%; Não é possível; 23%
18. $\frac{10}{3}$

UNIDADE 6

▶**Página 154**

1. a) $\sqrt{13}$ **b)** $2\sqrt{13}$
2. $5\sqrt{2}$
3. $x = \sqrt{2}$, $y = \sqrt{3}$, $z = 2$, $w = \sqrt{5}$
4. 40 passos
5. $\sqrt{37}$ m
6. 9
7. aproximadamente 2,15 m
8. a) 5
   b) $4(4 + \sqrt{6})$
   c) $10\sqrt{6}$
9. alternativa **a**

▶**Página 160**

1. a) T, U e U **b)** $\overline{SX}$ e $\overline{TU}$
2. A – III; B – I; C – II
3. $\frac{225}{a}$
4. a) 3,6
   b) 18
   c) 9,6
   d) $4\sqrt{3}$
   e) $4\sqrt{5}$
   f) $5\sqrt{3}$
5. a) aproximadamente 4,62
   b) 4
6. a) Falsa
   b) Falsa
   c) Verdadeira
7. a) 4
   b) medida da hipotenusa $= 5$; altura $= \frac{12}{5}$
   c) 16 cm
8. a) $x = 4,8$ e $y = 10$
   b) $x = 12$, $y = 20$ e $z = 15$
   c) $x = 8$, $y = 7,5$ e $z = 6$
   d) $x = 3$ e $y = 2\sqrt{10}$
   e) $x = \frac{32}{3}$ e $y = \frac{8\sqrt{7}}{3}$
   f) $x = 10,8$ e $z = 19,2$

RESPOSTAS

Página 162

1. a) 2
   b) $\frac{5\sqrt{3}}{2}$
2. a) 13
   b) $\frac{13}{2}$
3. a) 6 b) 2
4. 60.000 m
5. a) $4\sqrt{2}$ cm
   b) $4\sqrt{3}$ cm
   c) 12 cm
   d) 42 cm
6. 32
7. a) 13 b) 4
8. a) $5\sqrt{2}$ b) 32 cm²
9. $\frac{5\sqrt{2}}{2}$
10. a) $2\sqrt{3}$ cm b) $(18 + 6\sqrt{3})$ cm
11. alternativa d
12. a) 10 degraus
    b) $\sqrt{10{,}25}$ m
13. a) $\sqrt{37}$
    b) $3\sqrt{3}$

Página 167

1. a) $2\sqrt{5}$ b) $\sqrt{65}$
2. a) 5
   b) 4
   c) 3
3. M(3, 2)
4. a) M(3, 3)
   b) M(−1, 0)
5. A(1, 5)
7. a) 6 m²
   b) 12 m²
   c) 6 m²
8. a) A(1, 2) e B(6, 4)
   b) M(3,5; 3)

Página 168

1. a) América Latina e Caribe, América do Norte, Europa e Oceania
   b) África: 16%; Ásia: 16%; Europa: 9%; América Latina e Caribe: 6%; América do Norte: 6%; Oceania: 3%
2. a) Frotas de alguns veículos no Brasil; as barras de mesma cor representam as quantidades de cada tipo de veículo (nos anos de 2014 a 2016) no Brasil.
   b) Em 2014: 70.352.689 veículos; em 2015: 73.275.550 veículos; em 2016: 75.525.363 veículos
   c) o automóvel
3. alternativa d

Página 170

1. a) 56
   b) $10 + 6\sqrt{5}$
2. $2\sqrt{7}$ cm
3. $3\sqrt{3}$ cm
4. $\frac{\sqrt{5}}{6}$
5. a) 10 cm
   b) 3,6 cm e 6,4 cm
   c) 4,8 cm
6. $(8 + 8\sqrt{2})$ cm
7. $\sqrt{10}$
8. alternativa a
9. alternativa d
10. alternativa c
11. a) 24 cm
    b) 30 cm
12. 1; 4
13. $3\sqrt{5}$ cm
14. 15 cm
15. $c = 5$ cm; $h \simeq 4{,}62$ cm
    $m \simeq 1{,}92$ cm
    $n \simeq 11{,}08$ cm
16. a) 20 cm
    b) $x\sqrt{3}$
    c) $\sqrt{58}$ cm
17. $P\left(0, \frac{71}{6}\right)$
18. a) 36 unidades de área
    b) 24 unidades de comprimento
    c) $6\sqrt{2}$ unidades de comprimento
19. $5\sqrt{2}$ m
20. $10\sqrt{5}$ cm

Página 178

1. alternativa d
2. alternativa a
3. alternativa a
4. alternativa a
5. alternativa d
6. alternativa b
7. alternativa b
8. alternativa a
9. alternativa d

PARTE 3

UNIDADE 7

Página 184

1. a) $AB = 5{,}4$ cm; $CA = 5$ cm; $BC = 2$ cm
   b) sen $a = 0{,}370$; sen $b = 0{,}926$
   c) cos $a = 0{,}926$; cos $b = 0{,}370$
   d) tg $a = 0{,}400$; tg $b = 2{,}500$
2. a) sen $a = \frac{2\sqrt{13}}{13}$; cos $a = \frac{3\sqrt{13}}{13}$; tg $a = \frac{2}{3}$;
      sen $b = \frac{3\sqrt{13}}{13}$; cos $b = \frac{2\sqrt{13}}{13}$; tg $b = \frac{3}{2}$
   b) sen $a = \frac{7\sqrt{2}}{10}$; cos $a = \frac{\sqrt{2}}{10}$; tg $a = 7$;
      sen $b = \frac{\sqrt{2}}{10}$; cos $b = \frac{7\sqrt{2}}{10}$; tg $b = \frac{1}{7}$
3. a) $x = 5$; $y = 4$
   b) $x = \frac{7}{6}$, $y = \frac{\sqrt{85}}{6}$
   c) $x = \frac{6}{5}$; $y = \frac{8}{5}$
   d) $x = 3\sqrt{3}$; $y = 6$
4. $x = 6$
   a) $\frac{4}{5}$
   b) $\frac{3}{5}$
   c) $\frac{3}{5}$
   d) $\frac{4}{5}$
5. sen $c = \frac{4}{5}$ e sen $a = \frac{3}{5}$; ou sen $a = \frac{4}{5}$ e sen $c = \frac{3}{5}$
6. sen $a = \frac{\sqrt{10}}{10}$; cos $a = \frac{3\sqrt{10}}{10}$
7. Não, porque basta a informação "um de seus lados tem a medida igual ao triplo da medida do outro"; tg $\alpha = \frac{1}{3}$
8. aproximadamente 69,28 m
9. 11,2 m

Página 190

1. a) 0,574
   b) 0,891
   c) 3,271
   d) 0,532
   e) 0,829
   f) 0,391
2. a) 0,799 e 0,799
   b) 0,500 e 0,500
   c) 0,695 e 0,695
   d) 0,391 e 0,391
   • 58°
3. a) $x = 4{,}20$; $y \simeq 6{,}49$
   b) $x = 4{,}69$; $y = 5{,}18$
4. a) 45°
   b) 60°

338

5. a) aproximadamente 38,61
   b) aproximadamente 37,31

6. 40 m

7. aproximadamente 24,46

8. 10 e $10\sqrt{3}$

9. 13,6 m

10. $2\sqrt{2}$

11. 12,405 m

12. a) 30 m
    b) $10\sqrt{3}$

▶ **Página 194**

1. a) Falsa
   b) Falsa
   c) Verdadeira
   d) Falsa

3. a) aproximadamente 6,97
   b) aproximadamente 18,76
   c) 12
   d) $\sqrt{6}$

4. a) $x \simeq 3{,}92; y \simeq 2{,}57$
   b) $x \simeq 13{,}23; y \simeq 10{,}02$
   c) $x = 5; y \simeq 13{,}09$
   d) $x \simeq 7{,}03; y \simeq 8{,}04$

5. a) 0,53
   b) 0,75

6. a) $\frac{4\sqrt{2}}{7}$ **b)** $\frac{\sqrt{5}}{12}$

7. a) aproximadamente 41°
   b) 60°
   c) 45°
   d) 30°

8. 4,9 cm

9. a) aproximadamente 10,4
   b) aproximadamente 9,3

10. aproximadamente 9,57 m

▶ **Página 197**

1. a) Prevenção   **b)** Geofísico

2. a) de 15 a 20 anos
   b) 2ª semana; 20 horas

3. a) 1º gráfico: distribuição de água na Terra;
   2º gráfico: distribuição de água doce na Terra;
   3º gráfico: distribuição de água doce de rios e lagos na Terra
   b) 2,7%
   c) águas subterrâneas e outros reservatórios: 22,4%; água doce de rios e lagos: 0,4%; geleiras e calotas polares: 77,2%
   d) Ásia
   e) Oceania e Antártida

4. a) 2%
   b) Sim, pois 32% das solicitações eram do gênero feminino.
   c) Adultos de 30 a 59 anos.

5. alternativa **b**

▶ **Página 200**

1. a) $\frac{2\sqrt{5}}{5}$
   b) $\frac{\sqrt{5}}{5}$
   c) $\frac{\sqrt{5}}{5}$
   d) $\frac{2\sqrt{5}}{5}$
   e) 2
   f) $\frac{1}{2}$

2. a) sen $\beta = \frac{2\sqrt{5}}{5}$; cos $\beta = \frac{\sqrt{5}}{5}$; tg $\beta = 2$
   b) sen $\beta = \frac{2\sqrt{13}}{13}$; cos $\beta = \frac{3\sqrt{13}}{13}$; tg $\beta = \frac{2}{3}$

3. a) $x = \sqrt{17}; y = 4$
   b) $x = \sqrt{3}; y = 2$

4. 6

5. 600 m

7. a) Falsa
   b) Verdadeira
   c) Falsa
   d) Verdadeira
   e) Falsa

8. $(9 + \sqrt{13})$ cm

9. 0,5

10. a) $21 + 7\sqrt{3}$
    b) $3x + x\sqrt{3}$

11. alternativa **c**

12. $40\sqrt{3}$

13. 22,56 m

14. aproximadamente 17°

15. $BD = 3, AC = 3\sqrt{3}$

16. 11 km

17. a) aproximadamente 263 m
    b) aproximadamente 514 m

18. 3,9 cm

19. alternativa **c**

UNIDADE 8

▶ **Página 204**

1. alternativas **a**, **d**, **e** e **f**

2. a) $3x^2 - 2x + 1 = 0$
   b) $-x^2 + 7 = 0$
   c) $\frac{x^2}{3} + 6x = 0$
   d) $2{,}3x^2 - 0{,}8x - \frac{1}{2} = 0$
   e) $-3x^2 + x - \frac{1}{2} = 0$

3. a) $-11x^2 + 8x + 5 = 0$
   b) $x^2 + 3x + 2 = 0$
   c) $9x^2 - 24x - 48 = 0$
   d) $2x^2 - 12x - 32 = 0$

4. a) equação incompleta
   b) equação completa
   c) equação incompleta
   d) equação completa

5. a) não
   b) não
   c) não
   d) sim
   e) sim
   f) sim

6. a) não
   b) não
   c) não
   d) não
   e) sim
   f) sim

7. a) Falsa
   b) Verdadeira
   c) Falsa
   d) Verdadeira
   e) Falsa
   f) Falsa

8. a) $m = \frac{1}{2}$
   b) $m = \frac{1}{3}$
   c) $m = 1$

9. a) sim; -3 e 3
   b) sim; -2 e 2
   c) não
   d) sim; -7 e 7
   e) não
   f) sim; -6 e 6

10. $p = \frac{3}{2}$

▶ **Página 207**

1. a) 0 e 5
   b) 0 e 12
   c) 0 e $-\frac{1}{5}$
   d) 0 e -7
   e) 0 e -2
   f) Não existe solução em $\mathbb{R}$
   g) 0
   h) -5 e 5

2. a) $x = -4$ ou $x = 4$
   b) $x = -2$ ou $x = 2$
   c) Não existe solução em $\mathbb{R}$
   d) $x = 0$ ou $x = 3$
   e) $x = -3$ ou $x = 3$

3. alternativa **a**

4. a) A: $x^2 = 625$
       B: $x^2 = 1.000$
       C: $(x + 1)^2 = 400$
       D: $(x + 2)^2 = 900$
   b) A: $x = 25$ cm
       B: $x = 10\sqrt{10}$ cm
       C: $x = 19$ cm
       D: $x = 28$ cm

339

RESPOSTAS

5. 17 m

6. 11 m

7. 2

8. 30 cm de lado

Página 211

1. a) As duas raízes reais são iguais a 13.
   b) As duas raízes reais são iguais a $\frac{1}{2}$.
   c) As duas raízes reais são iguais a $\frac{1}{3}$.
   d) As duas raízes reais são iguais a $-\sqrt{2}$.

2. 3

3. 1

4. a) raízes: $-\frac{1}{2}$ e $-\frac{3}{2}$
   b) raízes: -1 e 3
   c) raízes: -5 e -1
   d) raízes: $\frac{1}{18}$ e $\frac{5}{18}$

5. 2

Página 214

1. a) $a = 2; b = -11; c = 5; \Delta = 81$
   b) $a = 2; b = 4; c = 4; \Delta = -16$
   c) $a = 4; b = -3; c = -1; \Delta = 25$
   d) $a = 1; b = -20; c = 100; \Delta = 0$
   e) $a = 10; b = 8; c = 2; \Delta = -16$
   f) $a = 9; b = -6; c = 1; \Delta = 0$

2. a) $a = 1, b = 12$ e $c = -189$;
   $a = 1, b = -3$ e $c = -\frac{3}{2}$;
   $a = \frac{1}{2}, b = -6$ e $c = 3$;
   $a = 5, b = 3$ e $c = -14$
   b) $\Delta = 900; \Delta = 15; \Delta = 30; \Delta = 289$
   c) $x_1 = -21; x_1 = \frac{3 - \sqrt{15}}{2};$
   $x_1 = 6 - \sqrt{30}; x_1 = -2$
   d) $x_2 = 9; x_2 = \frac{3 + \sqrt{15}}{2};$
   $x_2 = 6 + \sqrt{30}; x_2 = 1,4$

3. a) $x_1 = -25$ e $x_2 = 25$
   b) $x_1 = 0$ e $x_2 = \frac{2}{5}$;
   c) x_1 e $x_2 = 0$

4. a) $x^2 - 4x - 12 = 0; x_1 = -2$ e $x_2 = 6$
   b) $2x^2 + 6x - 3 = 0; x_1 = \frac{-3 - \sqrt{15}}{2}$
   e $x_2 = \frac{-3 + \sqrt{15}}{2}$
   c) $2x^2 - 5x + 2 = 0; x_1 = \frac{1}{2};$ e $x_2 = 2$
   d) $2x^2 + 7x + 10 = 0;$ não tem raízes reais.
   e) $x^2 + 7x + 6 = 0; x_1 = -6$ e $x_2 = -1$

5. a) Verdadeira   **d)** Falsa
   b) Falsa   **e)** Verdadeira
   c) Verdadeira

6. $\sqrt{-16}$ não é igual a 4; $\sqrt{-16}$ não é número real; portanto, a equação não tem raízes reais.

7. $x_1 =$ amo $-$ te; $x_2 =$ amo $+$ te

Página 216

2. $k > 2$

3. $m = 0$

4. $p < \frac{1}{8}$

5. $k = -2\sqrt{3}$ ou $k = 2\sqrt{3}$

6. a) $c \geq 0$
   b) $-\frac{b}{a}$

Página 218

1. a) 1 e 1
   b) -3 e -4
   c) -3 e 5

2. a) $S = 5$ e $P = -2$
   b) $S = -16$ e $P = 64$
   c) $S = 3$ e $P = -4$
   d) $S = -1$ e $P = \frac{1}{4}$
   e) $S = 4$ e $P = 3$

3. a) -2
   b) $-\frac{8}{3}$
   c) $-1,3$

4. a) 3
   b) -8
   c) -5
   d) 1

5. $x_1 = -4$ e $x_2 = 1$

6. $-\frac{b}{c}$

Página 220

1. Exemplos de respostas:
   a) $x^2 - x - 20 = 0$
   b) $x^2 - 6x = 0$
   c) $x^2 + \frac{1}{2}x - \frac{1}{2} = 0$
   d) $x^2 - 9 = 0$

2. a) 2 e 3
   b) 1 e $\frac{1}{6}$
   c) 2
   d) -4 e 5
   e) -1

3. a) $(x - 5)(x + 7) = 0$
   b) $(x + 5)(x - 5) = 0$
   c) $x(3x - 8) = 0$
   d) Não é possível fatorar.
   e) $(x - 5)^2 = 0$
   f) $(x - 1)^2$

4. exemplos de respostas:
   a) $x^2 + 2x - 15 = 0$
   b) $x^2 - 17x + 70 = 0$
   c) $x^2 - 6x + 9 = 0$
   d) $x^2 + 2x + 10 = 0$
   e) para $a = 1, x^2 - 2x - 8 = 0$

Página 223

1. a) octógono
   b) dodecágono
   c) 170 diagonais

2. 16 m

3. a) 8 cm e 4 cm
   b) 22 cm

4. a) 8
   b) 16
   c) 64

5. a) $A = 3x^2$, em que x é a largura da toalha.
   b) largura: 1 m; comprimento: 3 m

6. 24 m

7. a) largura: 14 m; comprimento: 16 m
   b) 60 m

8. largura: 20 cm; comprimento: 60 cm

9. espaço maior: 36 m²; espaço menor: 16 m²

10. 1 m

11. 5 cm

12. a) 11 e 12 ou -12 e -11
   b) 10 e 11
   c) 16 e 18

14. 32 m²

15. 21 cm

Página 227

1. a) $x \neq 0$
   b) $x \neq 0$ e $x \neq 2$
   c) $x \neq -1$ e $x \neq 8$

2. a) $x = 1$ ou $x = 5$
   b) $x = 1$ ou $x = 3$
   c) $x = 0$ ou $x = \frac{1}{2}$

3. 0 e -1

4. a) $x \neq 0$ e $x \neq -2; x = -4$ ou $x = -1$
   b) $x \neq -1$ e $x \neq 1; x = 2$
   c) $x \neq 0$ e $x \neq 4; x = 1$ ou $x = -\frac{1}{2}$

5. 16 alunos; R$ 20,00

6. 32 atletas

Página 229

1. a) $-5; 5; -4$ e 4
   b) Não possui raízes reais.
   c) $+3$ e -3
   d) $-\sqrt{3}; \sqrt{3} + 1$ e -1
   e) Não possui raízes reais.
   f) $-6; -3; 3$ e 6
   g) -9 e 9

2. a) 85 cm e 5 cm
   b) 425 cm²

Página 232

1. A – III; B – I; C – II
2. **a)** 5.839   **c)** 2
   b) 1 e 2   **d)** 4
3. 8
4. **c)** A equação $3\sqrt{x-1} = 2x - 11$ tem como solução um número positivo par.

Página 233

1. A – III; B – I; C – II; D – IV
2. **a)** $x = -10$ e $y = \frac{3}{2}$ ou $x = 3$ e $y = -5$
   b) $x = -1$ e $y = 3$ ou $x = 3$ e $y = -1$
   c) $x = 9$ e $y = -2$ ou $x = 14$ e $y = 3$
   d) $x = 3$ e $y = 4$ ou $x = 4$ e $y = 3$
3. Exemplo de respostas:
   a) $\begin{cases} x + y = 28 \\ x^2 - y^2 = 56 \end{cases}$
   b) $b =$ base
   $h =$ altura
   $\begin{cases} \frac{b}{h} = 3,5 \\ \frac{b \cdot h}{2} = 56 \end{cases}$
4. **a)** $3 + \sqrt{15}$ e $-3 + \sqrt{15}$ ou $3 - \sqrt{15}$ e $-3 - \sqrt{15}$
   b) -1 e 2
5. 68 m e 105 m
6. **a)** 32 m e 13 m; 40 m e 21 m
   b) 840 m²
   c) 424 m²
7. comprimento: 8 m; largura: 6 m
8. Exemplo de resposta:
   a) sim; $\begin{cases} x + y = 10 \\ x \cdot y = 25 \end{cases}$ **b)** sim; $\begin{cases} x + y = 6 \\ x \cdot y = 16 \end{cases}$

Página 235

1. **a)** R$ 542,00
   c) Acima; abaixo
2. **a)** gráfico de barras

Página 236

1. **a)** -2 e 4
   b) $-\frac{1}{2}$ e 4
   c) 6 e 7
   d) -2 e 5
2. **a)** duas raízes reais diferentes
   b) nenhuma raiz real
   c) nenhuma raiz real
   d) duas raízes reais iguais
3. **a)** Não, pois a soma de números positivos nunca será igual a zero.
   b) -6 ou 6
4. **a)** $m > 16$ **b)** 5   **c)** 9

5. alternativa **e**
6. -7 ou 6
7. 4
8. A base mede 4 e altura mede 3.
9. 32 cm; 40 cm
10. 2.040 m
11. alternativa **c**
12. A igualdade é verdadeira.
13. A afirmação é verdadeira.
14. **a)** $x = \frac{1}{2}$
    b) $x = -3$ ou $x = 3$
15. **a)** $x \neq -2; x = \frac{1}{3}$
    b) $x \neq \pm 5, x = \frac{1}{4}$
    c) $x \neq -1; x = 1$ ou $x = 4$
16. alternativa **b**
17. $-\frac{285}{32}$
18. **a)** $\frac{1}{x} + \frac{1}{x+1} = 2(x+1)$
    b) $x^2 = \frac{1}{x^2}$
    c) $\frac{1}{x} - \frac{1}{y} = x \cdot y$
    d) $x + \frac{1}{x} = x^2 + \frac{1}{x^2}$
19. -5 ou $+5$
20. alternativa **a**
21. 20 turistas
22. 2 m e 6 m
23. comprimento: 8 m; largura: 5 m
24. **a)** 30 cm e 60 cm   **b)** 2,2 m

UNIDADE 9

Página 240

1. **a)** 18 panfletos
   b) sim
   c) $n = 18 \cdot t$, em que t é um número real positivo.
2. **a)** 58 m²
   b) $v = 30q$, em que q é um número real positivo.
3. **a)** $p = 2 \cdot n$, em que n é um número natural maior ou igual a 3 e menor ou igual a 6.
   b) Variável dependente: perímetro (p)
   Variável independente: número de lados (n)
4. $S = (n - 2) \cdot 180°$, em que n é um número natural maior ou igual a 3.
5. **a)** 120°
   b) 90°
   c) 72°
   d) 60°
   e) 36°
   f) $\frac{360°}{n}$, com $n > 2$

Página 242

1. **a)** $f(x) = 2x$, em que x é um número real.
   b) -5
   c) $\frac{1.001}{2}$
2. **a)** $f(x) = -x$, em que x é um número real.
   b) -10
   c) -13
3. **a)** 0   **c)** 1,5
   b) 2
5. **a)** $g(-1) = -5; h(-1) = 7$
   b) $x = 2$
6. **a)** sim
   b) $y = 5x$ em que x é um número natural.
   c) R$ 100,00
   d) 10 locações

Página 248

1. **a)** Exemplo de resposta: $(-1, 3), (0, 2), (1, 1)$ e $(2, 0)$
   b) $f(x) = -x + 2$
2. **a)** $f(x) = 3x - 1$
3. alternativas **a**, **c**, **d**
4. Sim, pois a grandeza tempo pode assumir qualquer valor real.
5. **a)** 20 minutos
   b) 16 quilômetros
   c) Ricardo, pois ele terminou a prova antes de 26 minutos, já Pietro ultrapassou os 26 minutos.

Página 250

1. **a)** Os gráficos possuem escalas diferentes e um começa no zero e outro não.
   b) 70 motoristas
   c) O gráfico divulgado pela Revista da Cidade.
2. **a)** Não tem título, não tem fonte e os setores do gráfico estão fora de proporção. Cada setor deveria corresponder a, aproximadamente, metade do círculo todo.

Página 251

1. **b)** sim; $c = 15t$, em que t é um número real positivo.
   c) 2 horas
2. **a)** $y = 32 - 8x$, em que x é um número real entre 0 e 4.
   b) 24
3. gráfico I
4. **a)** bilhete especial: $f(x) = 144$, em que x é um número natural. bilhete normal: $g(x) = 12x$, em que x é um número natural.
   b) Será mais econômico o bilhete especial se a pessoa assistir a mais de 12 filmes; o bilhete normal será mais econômico se ela assistir a menos de 12 filmes.
5. $f(n) = 12 + (n - 1) \cdot 8$, em que n é um número natural.

RESPOSTAS

▶ **Página 259**

1. alternativa **c**
2. alternativa **d**
3. alternativa **c**
4. alternativa **a**
5. alternativa **c**
6. alternativa **b**
7. alternativa **e**
8. alternativa **c**

PARTE 4

UNIDADE 10

▶ **Página 263**

1. a) $a = 5$ e $b = 2$
   b) $a = -1$ e $b = 0$
   c) $a = 0$ e $b = 90$
   d) $a = -\frac{1}{2}$ e $b = 0$
   e) $a = \frac{3}{5}$ e $b = -\frac{4}{5}$
   f) $a = \sqrt[3]{2}$ e $b = -1$

2. 65 sorvetes

3. a) $a = 5$ e $b = -8$ d) $a = 6$ e $b = 3$
   b) $a = 0$ e $b = \sqrt{2}$ e) $a = 0$ e $b = -2$

4. a) R$ 2,00; R$ 6,00
   b) 1 h 10 min
   c) Se y é o custo da ligação e x a duração, a sentença é: $y = 0{,}20x$

5. a) Sendo y o valor do aluguel e x a quantidade de dias, a lei é: $y = 80x + 20$
   b) R$ 580,00
   c) 4 dias

6. a) 900 litros
   b) Sendo y a quantidade de água e x o tempo de esvaziamento, em minuto, a sentença é: $y = 1.500 - 20x$
   c) 75 minutos

7. a) R$ 59,00   b) 200 minutos

8. a) 40 cm; 40 cm
   b) Não, pois o perímetro é 40 cm para qualquer valor de x.

9. Não, pois os valores de x e y não variam na mesma proporção.

▶ **Página 269**

1. A – IV; B – III; C – II; D – I

3. a) função decrescente   c) função constante
   b) função crescente   d) função constante

4. a) decrescente   e) decrescente
   b) crescente   f) constante
   c) decrescente   g) crescente
   d) constante   h) crescente

5. a) crescente
   b) decrescente

6. Conclui-se que são retas paralelas entre si.

7. a) em um único ponto   c) $(0, b)$
   b) $(0, 5); (0, -3)$

8. a) 10,5 litros   c) 390 quilômetros
   b) função decrescente

9. b) $y = 0{,}9x$, com $x > 0$
   c) R$ 630,00

▶ **Página 270**

1. a) $-\frac{3}{7}$ b) $-\frac{5}{3}$ c) $\frac{1}{6}$ d) 1

2. $\frac{1}{6}$

3. zero da função: 1
   ponto que intercepta o eixo y: $(0, 2)$

4. alternativas **a** e **c**

5. Exemplo de resposta: o zero da função f, em que $f(x) = 4x - 12$, é 3.

6. $m = 6$

7. a) eixo x: $(4, 0)$; eixo y: $(0, 2)$
   b) eixo x: $(2, 0)$; eixo y: $(0, 2)$

▶ **Página 272**

1. a) $x = 3$ b) $x < 3$ c) $x > 3$

2. a) Para $x = \frac{3}{7}, f(x) = 0$; para $x > \frac{3}{7}, f(x) > 0$;
   para $x < \frac{3}{7}, f(x) < 0$.
   b) Para $x = 8, f(x) = 0$, para $x > 8, f(x) < 0$;
   para $x < 8, f(x) > 0$.
   c) Para $x = -\frac{1}{5}, f(x) = 0$; para $x > -\frac{1}{5}$,
   $f(x) > 0$; para $x < -\frac{1}{5}, f(x) < 0$.
   d) Para $x = 0, f(x) = 0$, para $x > 0, f(x) < 0$;
   para $x < 0, f(x) > 0$.

3. Se $b > 0$, para todo valor real de x, $f(x)$ é maior que 0.
   Se $b < 0$, para todo valor real de x, $f(x)$ é menor que 0.

4. Exemplos de resposta:
   $y = x + \frac{1}{2}$
   $y = 2x + 1$
   $y = 4x + 2$

5. 11 peças

6. alternativa **d**

▶ **Página 273**

2. $f(x) = -5x$

3. a) $y = \frac{x}{2}$ b) $y = 2x$

4. a) $y = 6x$, com $x > 0$
   b) sim

5. a) $y = 25x$, em que x é um número real maior ou igual a zero.
   b) R$ 15,00

7. a) $b = 0{,}15L$, em que L é um número real maior ou igual a zero.
   b) R$ 82.500,00

8. $d = \ell\sqrt{2}$, em que ℓ é um número real positivo.

▶ **Página 276**

1. b) $y = \frac{1}{x}$
   c) Não, porque o gráfico não é de uma função cuja lei pode ser expressa por $y = ax$, com a real diferente de zero.

2. a) $y = 4{,}10 + 2{,}50x$, em que x é um número real maior ou igual a zero.
   b) Exemplo de resposta: Não são diretamente proporcionais, porque x e y não estão relacionados por uma função linear e não são inversamente proporcionais porque uma não varia na razão inversa da outra.

3. 190 km/h

4. Exemplos de resposta:
   - Sim, porque, ao dobrar a distância, o tempo também é dobrado; se triplicarmos a distância, o tempo também será triplicado, e assim sucessivamente.
   - Sim, pois a lei da função que relaciona a distância percorrida y, em quilômetro, e o tempo x, em hora, é $y = 50x$ (lei da função linear).

5. a) 1 : 16.000
   b) 1 : 40.000

6. a) Amazonas: 2,61 hab./km^2;
   Rio de Janeiro: 381,87 hab./km^2;
   Mato Grosso: 3,7 hab./km^2;
   Sergipe: 104,4 hab./km^2
   b) Não, pois o número de habitantes não é diretamente proporcional à área ocupada.

7. b) $L = (x) = \frac{x}{2}$
   c) Sim, pois, quando dobramos o número de litros de água, o número de litros de óleo também dobra; se reduzimos pela metade o número de litros de água, o de óleo também reduz pela metade, e assim sucessivamente.

8. a) Sim, pois o gráfico é uma semirreta que passa pela origem do sistema cartesiano, ou seja, é parte de um gráfico de uma função linear.
   b) 100 cm^3
   c) 30 g
   d) $V = 2$ m

▶ **Página 279**

1. Entre 2011 e 2015 houve uma queda no número de brasileiros que viviam no Japão, voltando a crescer em 2016 e 2017.

2. a) Aumentou: do dia 20/2 a 22/2 e 24/2 a 25/2.
   Diminuiu: do dia 22/2 a 24/2.
   b) Aumentou: do dia 20/2 a 22/2 e 24/2 a 25/2.
   Diminuiu: do dia 22/2 a 24/2.
   c) sim

3. alternativa **e**

Página 280

1. 96,8 °F
2. a) $y = 50 + 15x$
   b) R$ 95,00
3. a) decrescente
   b) decrescente
   c) crescente
   d) crescente
4. a) Falsa
   b) Verdadeira
   c) Verdadeira
   d) Verdadeira
   e) Falsa
5. a) Verdadeira
   b) Falsa
   c) Falsa
   d) Verdadeira
   e) Verdadeira
6. a) $y = 3x$, com $x > 0$
7. alternativa **c**
8. alternativa **d**
9. alternativa **c**
10. alternativa **d**
11. alternativa **e**
12. a) $y = 1,32x$
    b) 32%
13. a) $x > 5$
    b) $x < 2$
    c) $x > -2$
    d) $x < -4$
14. $\dfrac{7}{3}$
15. alternativa **c**
16. alternativa **c**
17. a) R$ 160.000,00
    b) $y = 4x + 40.000$

UNIDADE 11

Página 283

1. alternativas **b**, **c**, **e** e **f**
2. a) $a = -3, b = 8$ e $c = 3$
   b) Não é função quadrática.
   c) $a = 1, b = 0$ e $c = 1$
   d) $a = 1, b = 0$ e $c = 0$
3. a) 256
   b) 916
   c) 32
   d) 104
   e) 19.396
   f) 2.804
4. a) $x = -1$
   b) $x = 0$ ou $x = -2$
   c) Não existe x real.
   d) $x = -3$ ou $x = 1$

5. a) 122,5 m
   b) 2 s
6. a) $y = x^2 - 8x + 64$
   b) $y = x^2 + 10x + 24$

Página 285

1. a) $V\left(\dfrac{5}{2}, -\dfrac{1}{4}\right)$
   b) $V(2, 9)$
   c) $V(-3, -1)$
   d) $V\left(-\dfrac{5}{2}, -\dfrac{9}{4}\right)$
   e) $V\left(\dfrac{3}{2}, \dfrac{7}{4}\right)$
   f) $V(16, 67)$
2. a) Verdadeira
   b) Falsa
3. Exemplo de resposta:
   a) $y = x^2 + 4x$
   b) $y = x^2 + 3$
4. alternativa **c**
5. $m = -30; n = 45$
6. $a = -1$ e $b = 4$

Página 287

2. A – II; B – I
4. Se $a > 0$, a concavidade é para cima; e, se $a < 0$, a concavidade é para baixo.

Página 290

1. a) -4 e -3
   b) Não tem zero real.
   c) Não tem zero real.
   d) 0
2. a) $(-7, 0)$
   b) $(-3, 0)$ e $(0, 0)$
   c) $(0,5; 0)$
   d) Não intercepta o eixo x.
3. zero de f: -2; zeros de g: -1 e 3
4. Exemplo de resposta: $y = x^2 - x$

Página 291

1. a) para cima
   b) para baixo
   c) para cima
   d) para baixo
2. a) Falsa
   b) Falsa
   c) Falsa
   d) Verdadeira
3. a) $m < 1$
   b) qualquer m real
   c) Não existe m real
   d) $m > 2$
   e) $m < 0$

Página 293

1. ponto de máximo $\left(0, \dfrac{3}{2}\right)$
   Ponto de mínimo: $(-4, -5)$
2. a) valor máximo: -1
   b) valor mínimo: -4
   c) valor máximo: 0
   d) valor mínimo: -1
3. $y = 2x^2 + 5$, pois o coeficiente a da lei da função é positivo e, consequentemente, a parábola tem concavidade voltada para cima.
4. $m < 4$
5. alternativa **c**
6. a) 4 s
   b) 180 m
7. a) dia 1º: R$ 50.000,00
      Dia 30: R$ 57.250,00
   b) menor valor: R$ 1.000,00; dia do mês: 15

Página 296

1. a) $y = 0$ para $x = -1$
      $y < 0$ para $x \neq -1$
   b) $y > 0$ para $x < -1$ ou $x > 1$
      $y = 0$ para $x = -1$ ou $x = 1$
      $y < 0$ para $-1 < x < 1$
   c) $y > 0$ para todo x real
2. a) $f(x) = 0$ para $x = -3$ ou $x = -1$
      $f(x) < 0$ para $-3 < x < -1$
      $f(x) > 0$ para $x < -3$ ou $x > -1$
   b) $f(x) = 0$ para $x = 2$
      $f(x) < 0$ para $x \neq 2$
   c) $f(x) = 0$ para $x = -15$ ou $x = 1$
      $f(x) > 0$ para $x < -15$ ou $x > 1$
      $f(x) < 0$ para $-15 < x < 1$
   d) $f(x) = 0$ para $x = -6$
      $f(x) > 0$ para $x \neq -6$
   e) $f(x) > 0$ para todo x real
   f) $f(x) = 0$ para $x = -1$ ou $x = -2$
      $f(x) < 0$ para $x > -1$ ou $x < -2$
      $f(x) > 0$ para $-2 < x < -1$
3. a) Falsa
   b) Falsa
   c) Verdadeira
   d) Falsa
   e) Verdadeira
   f) Verdadeira
4. a) para todo x real
   b) para $x = 5$ e $x = 7$
   c) Não existe x real que torne a função negativa.
5. a) Verdadeira
   b) Verdadeira
   c) Verdadeira
   d) Falsa; correção: $f\left(-\dfrac{3}{2}\right) = -21$
   e) Verdadeira
   f) Falsa; correção: $f(x) > 0$ para $x = -6$

RESPOSTAS

Página 297

1. a) $S = \left\{ x \in \mathbb{R} \mid -\frac{2}{3} < x < 3 \right\}$
   b) $S = \mathbb{R}$
   c) $S = \{3\}$
   d) $S = \varnothing$

2. 446 mercadorias

Página 299

1. a) eventos dependentes
   b) eventos independentes
   c) eventos independentes

2. a) $\frac{37}{520}$ b) $\frac{77}{988}$

3. a) $\frac{1}{8}$ b) $\frac{3}{8}$ c) $\frac{1}{2}$

4. a) $\frac{4}{15}$
   b) $\frac{2}{35}$

Página 300

2. a) 33
   b) -30
   c) -2
   d) -21

3. a) 3 ou 5
   b) -2 ou 3

4. octógono

5. $V\left(\frac{3}{4}, \frac{55}{8}\right)$

6. a) Falsa
   b) Verdadeira
   c) Falsa
   d) Falsa
   e) Verdadeira

8. a) 0 e 3
   b) 1 e 3
   c) 0
   d) Não tem zeros reais.

9. alternativa **b**

10. $m = 4$ e $n = 3$

11. alternativa **d**

12. a) para cima: $g(x) = 6x^2$ e $p(x) = \frac{3}{4}x^2$; para baixo: $f(x) = -\frac{1}{3}x^2$ e $h(x) = -3x^2$
    b) ponto de mínimo: $g(x) = 6x^2$ e $p(x) = \frac{3}{4}x^2$; ponto de máximo: $f(x) = -\frac{1}{3}x^2$ e $h(x) = -3x^2$

13. $p > \frac{5}{2}$

14. alternativa **b**

15. a) 3 °C
    b) 1 hora e 3 horas depois que a câmera é ligada.
    c) -1 °C

16. a) 2,1 m d) 5 s
    c) 10 s e) 2,5 m

17. b) 10 m c) 40 m

18. $y > 0$ para todo x real

19. Não existe x real que torne a função positiva.

20. a) $S = \varnothing$
    b) $S = \{2\}$
    c) $S = \left\{ x \in \mathbb{R} \mid -3 < x < 1 \right\}$
    d) $S = \varnothing$

21. $x > 23$ cm

22. a) $x(x + 5) > 14$
    b) largura: 3 m; comprimento: 8 m; área: 24 m²

23. a) $S(t) = -10t^2 + 100t + 2.000$
    b) em 5 meses
    c) em 20 meses
    d) após 20 meses

24. alternativa **d**

UNIDADE 12

Página 305

1. alternativas **a**, **b** e **d**

2. triângulo, pentágono

Página 307

3. a) prisma de base quadrada ou bloco retangular ou hexaedro ou paralelepípedo
   b) pirâmide de base triangular ou tetraedro
   c) pirâmide de base quadrada ou pentaedro

5. a) $V = 8$ d) $V = 16$
      $A = 12$ $A = 32$
      $F = 6$ $F = 16$
   b) $V = 10$ e) $V = 7$
      $A = 15$ $A = 12$
      $F = 7$ $F = 7$
   c) $V = 16$ f) $V = 14$
      $A = 24$ $A = 21$
      $F = 10$ $F = 9$

Página 309

2. pirâmide de base quadrada

3. a) prisma de base triangular

Página 313

1. A – III; B – I; C – IV; D – II

Página 317

1. a) $3\sqrt{3}$ cm³ b) $\frac{\sqrt{3}}{2}$ cm³

2. aproximadamente 2,65 cm³

3. Sim.
   $V = \frac{1}{3} \cdot 30^2 \cdot 22 = 6.600$
   Portanto, o volume de uma pirâmide com as mesmas dimensões da pirâmide do Louvre é 6.600 m³.

4. a) 0,5 L
   b) 6 pirâmides

5. 30 L

Página 318

1. o paralelepípedo

2. a) 263,76 cm²
   b) $V_{cilindro} = A_{base} \cdot h = 28,26$ cm² $\cdot$ 11 cm
      $V_{cilindro} = 310,86$ cm³ $= 310,86$ mL
      Como os dois copos juntos têm 400 mL, não é possível enchê-los com o suco dessa lata.

3. Cilindro 1: 75π cm³; Cilindro 2: 45π cm³

5. medida do raio: 2 cm; medida da altura: 10 cm

Página 320

1. aproximadamente 46,05 m³

2. a) 3,18 m²
   b) 3.180 L

3. 9 recipientes

Página 321

1. a) Conjunto dos eleitores brasileiros.

Página 322

1. a) bloco retangular ou prisma de base quadrangular ou hexaedro ou paralelepípedo
   b) pirâmide de base pentagonal ou hexaedro
   c) octaedro
   d) pirâmide de base triangular ou tetraedro
   e) prisma de base quadrangular ou hexaedro
   f) prisma de base quadrangular ou bloco retangular ou hexaedro ou cubo

5. a) 5 cm
   b) $\sqrt{3}$ cm²
   c) $5\sqrt{3}$ cm³

6. a) 11 cm, 11 cm e 11 cm
   b) 1.331 cm³

7. 225 cm

8. 14,4 L

9. 56.520 litros

10. a) Para todos os pacotes, a eficiência é a mesma: 1,274.
    b) o pacote maior

11. 58 caminhões

Página 329

1. alternativa **c**
2. alternativa **c**
3. alternativa **d**
4. alternativa **c**
5. alternativa **c**
6. alternativa **e**
7. alternativa **b**

SIGLAS

- **Cescem-SP:** Centro de Seleção de Candidatos às Escolas Médicas e Biológicas
- **Cesgranrio-RJ:** Fundação Cesgranrio
- **Etec-SP:** Escolas Técnicas Estaduais do Centro Paula Souza
- **Enem:** Exame Nacional do Ensino Médio
- **FCC-SP:** Fundação Carlos Chagas
- **FGV-SP:** Fundação Getulio Vargas
- **Fuvest-SP:** Fundação Universitária para o Vestibular
- **Ifes:** Instituto Federal do Espírito Santo
- **Mackenzie-SP:** Universidade Presbiteriana Mackenzie
- **Obmep:** Olimpíada Brasileira de Matemática das Escolas Públicas
- **Pasusp:** Programa de Avaliação Seriada da Universidade de São Paulo
- **PUC-SP:** Pontifícia Universidade Católica de São Paulo
- **Saresp:** Sistema de Avaliação de Rendimento Escolar do Estado de São Paulo
- **UFMG:** Universidade Federal de Minas Gerais
- **Unaerp:** Universidade de Ribeirão Preto
- **Unicamp-SP:** Universidade Estadual de Campinas
- **Unifor-CE:** Universidade de Fortaleza
- **UFRGS:** Universidade Federal do Rio Grande do Sul
- **UFTM-MG:** Universidade Federal do Triângulo Mineiro
- **Unesp:** Universidade Estadual Paulista
- **Unimep-SP:** Universidade Metodista de Piracicaba
- **USJT-SP:** Universidade São Judas Tadeu
- **Vunesp:** Fundação para o Vestibular da Universidade Estadual Paulista

BIBLIOGRAFIA

ALVES, Sérgio; GALVÃO, Maria Elisa E. L. *Um estudo geométrico das transformações elementares*. São Paulo: IME/USP, 1996.

ÁVILA, Geraldo. A distribuição dos números primos. *Revista do Professor de Matemática*, São Paulo, n. 19, p. 19-26, 2º sem. 1991.

BAMBERGER, Honi J.; OBERDORF, Christine; SCHULTZ-FERREL, Karren. *Math misconceptions*: from misunderstanding to deep understanding. Portsmouth: Heinemann, 2010.

BARBOSA, Ruy Madsen. *Descobrindo padrões em mosaicos*. 4. ed. São Paulo: Atual, 1993.

_____. *Descobrindo padrões pitagóricos*. 3. ed. São Paulo: Atual, 1993.

BERLOQUIN, Pierre. *100 jogos geométricos*. Trad. Luis Filipe Coelho e Maria do Rosário Pedreira. Lisboa: Gradiva, 1999.

_____. *100 jogos lógicos*. Trad. Luis Filipe Coelho e Maria do Rosário Pedreira. Lisboa: Gradiva, 1991.

_____. *100 jogos numéricos*. Trad. Luis Filipe Coelho e Maria do Rosário Pedreira. Lisboa: Gradiva, 1991.

BOLTIANSKI, V. G. *Figuras equivalentes e equicompostas*. São Paulo: Atual, 1996.

BOYER, Carl B. *História da Matemática*. São Paulo: Edgard Blücher, 2010.

BRASIL. Ministério da Educação. *Base Nacional Comum Curricular* – versão final 19 mar. 2018. Brasília: MEC, 2018.

_____. *Parâmetros curriculares nacionais*: Matemática. Brasília: MEC/SEF, 1997.

_____. *Parâmetros curriculares nacionais*: Matemática. Brasília: MEC/SEF, 1998.

CASTRO, E. M. de Melo e. *Antologia efémera*: poemas 1950-2000. Rio de Janeiro: Lacerda, 2000.

CENTURION, Marília. *Conteúdo e metodologia da Matemática*: números e operações. São Paulo: Scipione, 1994.

DANTE, Luiz Roberto. Algoritmos e suas implicações educativas. *Revista do Ensino de Ciências*, Funbec, São Paulo, p. 29-34, 1985.

_____. *Didática da resolução de problemas de Matemática*. São Paulo: Ática, 1989.

DAVID, Maria Manuela M. S.; FONSECA, Maria da Conceição F. R. Sobre o conceito de número racional e a representação fracionária. *Presença Pedagógica*, Belo Horizonte, v. 3, n. 14, mar./abr. 1997.

EVES, Howard. *Introdução à história da Matemática*. Trad. Hygino H. Domingues. Campinas: Unicamp, 2004.

HEUVEL-PANHUIZEN, Marja van den (Ed. e Coord.). *Children learn Mathematics*: a learning teaching trajectory with intermediate attainment targets for calculation with whole numbers in primary school. Freudenthal Institut Utrecht University. Netherlands: Sense Publisher, 2001.

IBGE. *Anuário estatístico 2005*. Rio de Janeiro: IBGE, 2006.

IFRAH, Georges. *História universal dos algarismos*. Rio de Janeiro: Nova Fronteira, 1995.

INMETRO. *Padrões e unidades de medida*: referências metrológicas da França e do Brasil. Rio de Janeiro: Qualitymark, 1999.

LIMA, E. Lages. Conceitos e controvérsias. *Revista do Professor de Matemática*, São Paulo, n. 2, p. 6-12, 1983.

LIMA, J. M. de F. Iniciação ao conceito de fração e o desenvolvimento da conservação de quantidade. In: CARRAHER, T. N. (Org.). *Aprender pensando*. Petrópolis: Vozes, 2008.

LINDQUIST, Mary Montgomery; SHULTE, Albert (Org.). *Aprendendo e ensinando geometria*. São Paulo: Atual, 2005.

LINS, R. C.; GIMENEZ, J. *Perspectiva em aritmética e álgebra para o século XXI*. Campinas: Papirus, 1997.

MAGALHÃES, Marcos Nascimento; LIMA, Antonio C. P. *Noções de probabilidade e estatística*. São Paulo: Edusp, 2010.

MIGUEL, Antonio; MIORIM, Maria Ângela. *O ensino de Matemática no primeiro grau*. São Paulo: Atual, 1986.

MORGADO, Augusto César et al. *Análise combinatória e probabilidade*. São Paulo: SBM, 2016.

NUNES, T.; BRYANT, P. Compreendendo números racionais. In: _____. *Crianças fazendo Matemática*. Porto Alegre: Artmed, 1997. p. 191-217.

OCDE – Organização para a Cooperação e Desenvolvimento Econômico. *Estrutura de avaliação do Pisa 2003*: conhecimentos e habilidades em matemática, leitura, ciências e resolução de problemas. Trad. B & C Revisão de Textos. São Paulo: Moderna, 2004.

OZAMIZ, Miguel de Guzmán. *Aventuras matemáticas*. Trad. João Filipe Queiró. Lisboa: Gradiva, 1991.

POLYA, George. *A arte de resolver problemas*. Rio de Janeiro: Interciência, 2006.

PÜIG, Irene de; SÁTIRO, Angélica. *Brincando de pensar com histórias*. São Paulo: Callis, 2000.

ROBINS, Gay; SHUTE, Charles. *The Rhind matematical papyrus*: an ancient Egyptian text. Nova York: Dover, 1987.

SMITH, David Eugene. *History of Mathematics*. Boston: Ginn, s.d.

TOLEDO, Marília; TOLEDO, Mauro. *Didática de Matemática*: como dois e dois – a construção da Matemática. São Paulo: FTD, 1998.

TREFFERS, A. *Three dimensions*: a model of goal and theory descriptions in mathematics instruction. The Wiskobas Project. Dordrecht, Netherlands: Reidel Publishing Company, 1987.

VERISSIMO, Luis Fernando. *Matemática*. São Paulo: Ática, 1981. (Coleção Para gostar de ler).

ATIVIDADES EXTRAS

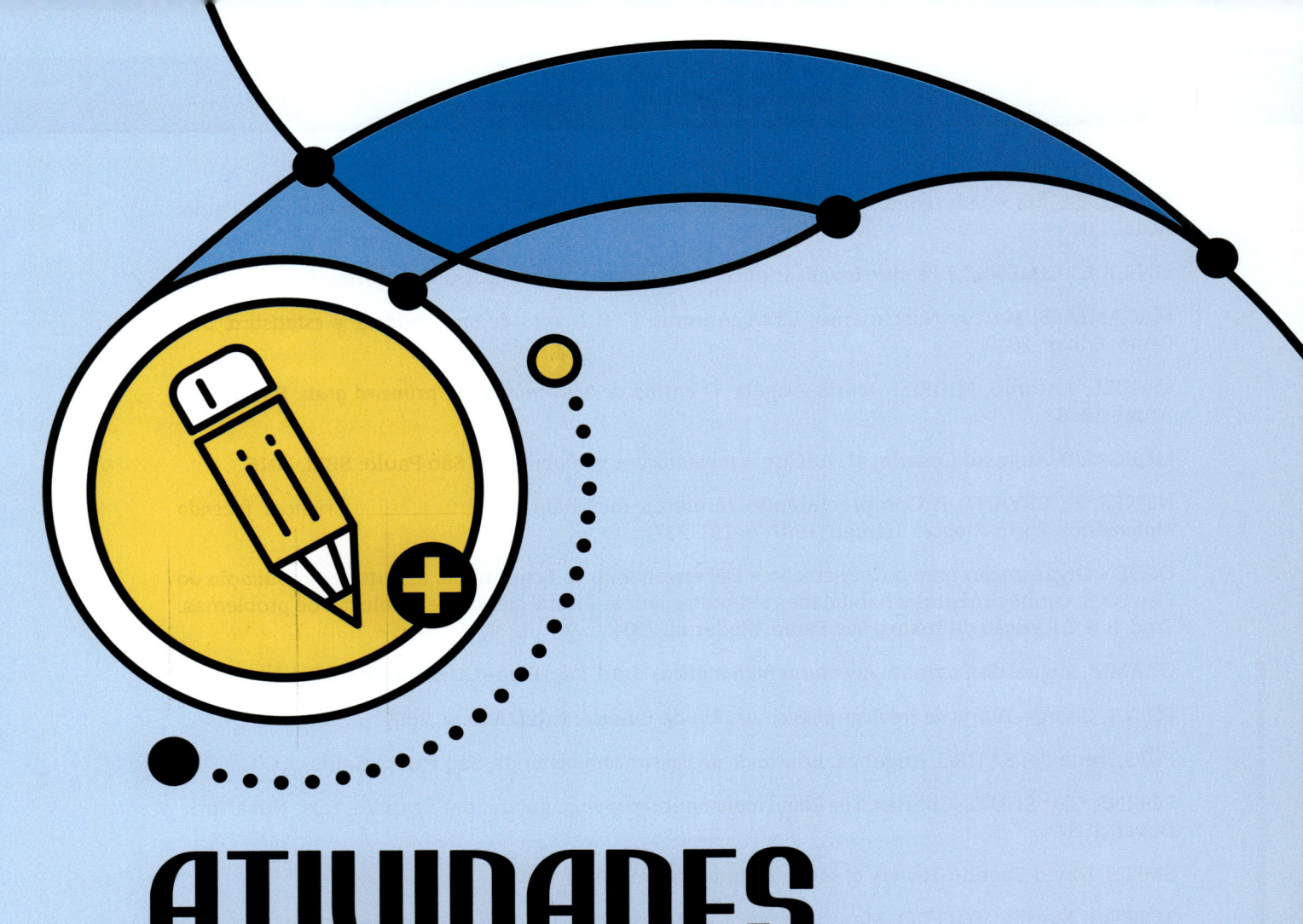

- DESENVOLVEM HABILIDADES DE CÁLCULO MENTAL
- MOSTRAM ESTRATÉGIAS DE RESOLUÇÃO DE PROBLEMAS
- APROFUNDAM A COMPREENSÃO DE CONCEITOS

ATIVIDADES EXTRAS
PRÁTICA 1

1. Observe a reta numérica com números inteiros.

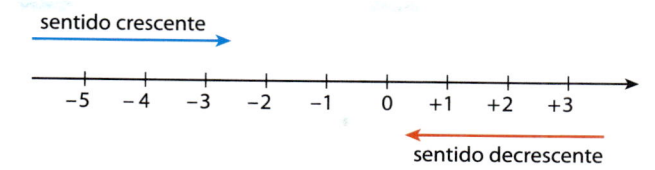

- ..., −5, −4, −3, −2, −1, 0, +1, +2, +3, ... formam uma sequência crescente com a regularidade *sempre adicionar 1* ou "saltos" de +1.
- ..., +3, +2, +1, 0, −1, −2, −3, −4, −5, ... formam uma sequência decrescente com a regularidade *sempre adicionar* −1, ou "saltos" de + (−1), que equivale a *sempre subtrair 1*, ou "saltos" de −1.

Agora, identifique a regularidade nas sequências a seguir e encontre os três próximos números de cada uma. Depois, classifique-as em sequência crescente ou decrescente.

a) −11, −8, −5, ...
b) −10, −8, −6, ...
c) +7, +3, −1, ...
d) +10, +5, 0, ...
e) −13, −8, −3, ...
f) +2, 0, −2, ...

2. Lúcia precisava somar −3 com +4. Ela usou a reta numérica para encontrar o resultado. Veja como ela fez.

> Eu localizei o número −3 na reta e em seguida dei 4 "saltos" de 1 unidade no sentido crescente até chegar ao resultado +1.

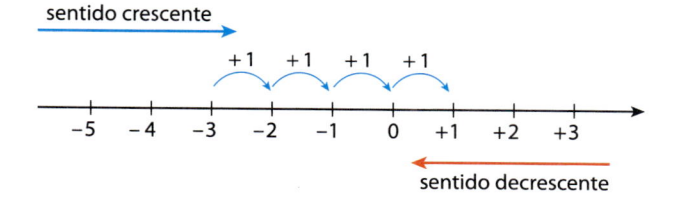

Usando a reta numérica como recurso, descubra o número desconhecido **?** em cada operação com números inteiros.

a) −5 + 3 = **?**
b) −4 − 6 = **?**
c) **?** + 7 = −1
d) 8 + **?** = −6
e) −6 + **?** = +5
f) +3 + 5 = **?**
g) −6 + 6 = **?**
h) **?** − 4 = +3

3. Em cada linha dos quadros a seguir, o número desconhecido **?**, adicionado ao que está ao seu lado, resulta no número que está no topo do quadro. Descubra o número desconhecido em cada linha.

a)

−7	
+4	?
?	+3
+5	?
−1	?
?	11

b)

−1	
+6	?
−2	?
?	−5
?	−4
0	?

c)

−5	
+4	?
−10	?
?	+3
−6	?
?	8

Você vai estudar:
- Sequências de números inteiros com regularidade.
- Adição e subtração com números inteiros tendo como recurso a reta numérica.

ATIVIDADES EXTRAS — PRÁTICA 2

R1. Calcule $-\dfrac{1}{3} + \dfrac{2}{3}$ usando a reta numérica.

Resolução

Inicialmente, temos de localizar $-\dfrac{1}{3}$ (menos um terço ou um terço negativo) na reta. Trata-se de um número negativo na forma de fração que está no intervalo entre zero e -1. Como o denominador dessa fração é 3, temos de dividir esse intervalo em terços, ou seja, em 3 partes iguais e localizar $-\dfrac{1}{3}$ na primeira marca à esquerda do zero. Depois, temos de dar um "salto" crescente de $\dfrac{2}{3}$ (dois terços) na reta para atingir o resultado da operação. Como a fração correspondente ao "salto" também tem denominador 3, temos de dividir o intervalo de 0 a 1 também em três partes iguais.

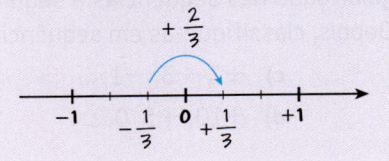

Portanto: $-\dfrac{1}{3} + \dfrac{2}{3} = +\dfrac{1}{3}$

1. Com "saltos" na reta numérica, encontre o resultado das operações.

a) $-\dfrac{1}{4} + \dfrac{3}{4}$ b) $\dfrac{3}{5} + \dfrac{1}{5}$ c) $-\dfrac{4}{5} - \dfrac{1}{5}$ d) $+\dfrac{1}{4} - \dfrac{3}{4}$

2. Calcule o número desconhecido **?** em cada operação. Você pode imaginar a reta numérica para facilitar o cálculo.

a) $? + \dfrac{5}{7} = \dfrac{4}{7}$ b) $-\dfrac{4}{9} + ? = \dfrac{7}{9}$ c) $-\dfrac{3}{8} + ? = -\dfrac{7}{8}$ d) $+\dfrac{3}{5} + ? = -\dfrac{1}{5}$

3. Localize cada número misto a seguir em uma reta numérica.

a) $+1\dfrac{3}{5}$ b) $-2\dfrac{1}{5}$ c) $-2\dfrac{1}{2}$ d) $+2\dfrac{1}{4}$ e) $-3\dfrac{3}{5}$

4. Veja como Enrico calculou $-2\dfrac{1}{3} + \dfrac{2}{3}$ usando a reta numérica.

> Eu parti de $-2\dfrac{1}{3}$ e dei dois saltos crescentes de $\dfrac{1}{3}$ cada um, ou um salto crescente de $\dfrac{2}{3}$.

Portanto: $-2\dfrac{1}{3} + \dfrac{2}{3} = -1\dfrac{2}{3}$

Agora, dando "saltos" na reta numérica, encontre os resultados das seguintes operações.

a) $-1\dfrac{2}{3} + \dfrac{1}{3}$
b) $+2\dfrac{1}{5} - \dfrac{2}{5}$
c) $-3\dfrac{1}{4} - \dfrac{2}{4}$
d) $-2\dfrac{3}{5} + \dfrac{4}{5}$
e) $-1\dfrac{1}{8} - \dfrac{7}{8}$
f) $1\dfrac{1}{4} - \dfrac{2}{4}$

Você vai estudar:
- Localização de números racionais na forma de fração na reta numérica.
- Adição e subtração de números racionais na forma de fração usando a reta numérica.

ATIVIDADES EXTRAS
PRÁTICA 3

1. Veja o cálculo de $-2\frac{1}{3} + 3$ usando a reta numérica.

Localizamos $-2\frac{1}{3}$ na reta e damos 3 "saltos" de 1 unidade no sentido crescente da reta.

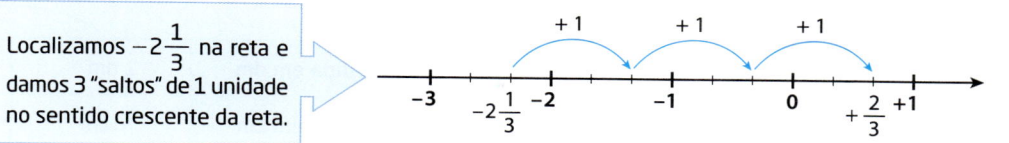

Portanto: $-2\frac{1}{3} + 3 = \frac{2}{3}$

Agora, calcule as operações com a ajuda da reta numérica.

a) $-1\frac{1}{4} + 2$
b) $-4\frac{2}{3} - 2$
c) $+1\frac{2}{3} - 3$
d) $+2\frac{2}{5} - 2$
e) $-3\frac{2}{3} - 3$
f) $3\frac{1}{5} - 4$

2. Observe o cálculo de $+2\frac{1}{3} - 3\frac{2}{3}$ usando a reta numérica.

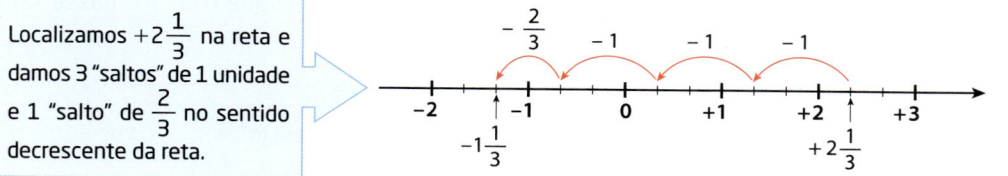

Localizamos $+2\frac{1}{3}$ na reta e damos 3 "saltos" de 1 unidade e 1 "salto" de $\frac{2}{3}$ no sentido decrescente da reta.

Portanto: $+2\frac{1}{3} - 3\frac{2}{3} = -1\frac{1}{3}$

Agora, calcule:

a) $+2\frac{1}{3} - 3\frac{2}{3}$
b) $-4\frac{2}{5} - 2\frac{1}{5}$
c) $+1\frac{1}{4} - 3\frac{3}{4}$
d) $-3\frac{3}{5} + 1\frac{4}{5}$
e) $-1\frac{3}{10} + 3\frac{9}{10}$
f) $3\frac{1}{4} - 2\frac{1}{4}$

3. Vamos calcular $-2\frac{1}{3} + 3\frac{1}{2}$ e depois representar essa operação na reta numérica.

$$-2\frac{1}{3} + 3\frac{1}{2} = -2\frac{2}{6} + 3\frac{3}{6} = (-2 + 3) + \left(-\frac{2}{6} + \frac{3}{6}\right) = 1\frac{1}{6}$$

Localizamos $-2\frac{1}{3}$, que é o mesmo que $-2\frac{2}{6}$, na reta e damos 3 "saltos" de 1 unidade e 1 "salto" de $\frac{1}{2}$, que é o mesmo que $\frac{3}{6}$, no sentido crescente da reta.

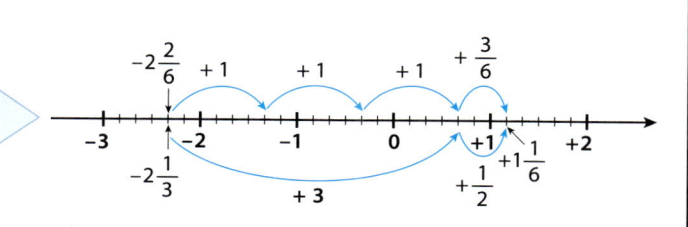

Você vai estudar:
- Adição de números racionais na forma de fração usando a reta numérica.

Agora, calcule as operações.

a) $-2\frac{1}{4} - 1\frac{1}{2}$
b) $-3\frac{2}{3} + 2\frac{1}{2}$
c) $-3\frac{2}{3} - 2\frac{1}{4}$
d) $+3\frac{2}{5} - 2\frac{3}{4}$
e) $-5\frac{2}{5} + 3\frac{2}{3}$
f) $2\frac{3}{5} - 1\frac{1}{2}$

ATIVIDADES EXTRAS
PRÁTICA 4

RECORDE
- 1 dm = 10 cm

1. Roberto precisava escrever 3,5 dm em cm. Ele fez uma tabela para organizar seu raciocínio.

× 3,5

Medida em dm	1 dm	3,5 dm
Medida em cm	10 cm	**35 cm**

× 3,5

Então: 3,5 dm = 35 cm

Faça como Roberto e escreva o que se pede.

a) 0,5 m em dm
b) 9,2 m em dm
c) 0,4 dm em cm
d) 1,65 m em cm
e) 36 cm em dm
f) 750 m em km

2. A professora de Ana pediu a ela que transformasse 7,5 m² em dm². Veja como ela fez.

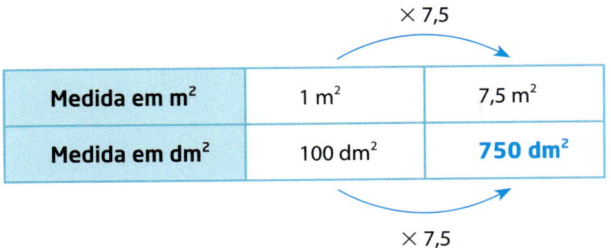

× 7,5

Medida em m²	1 m²	7,5 m²
Medida em dm²	100 dm²	**750 dm²**

× 7,5

RECORDE
- 1 m² = 100 dm²

Então: 7,5 m² = 750 dm²

Agora, faça o mesmo nos itens abaixo.

a) 0,75 m² em dm²
b) 3,5 dm² em cm²
c) 0,5 m² em cm²
d) 2 dm² em m²
e) 4 cm² em dm²
f) 8,5 m² em cm²

3. Daniel mediu a capacidade de um aquário, que era de 4,5 dm³, e precisava escrever essa medida em cm³. Veja como ele organizou seu raciocínio para fazer esse cálculo.

× 4,5

Medida em dm³	1 dm³	4,5 dm³
Medida em cm³	1.000 cm³	**4.500 cm³**

× 4,5

RECORDE
- 1 dm³ = 1.000 cm³

Então: 4,5 dm³ = 4.500 cm³

Faça do mesmo modo que Daniel e escreva o que se pede.

a) 7 m³ em dm³
b) 1,4 dm³ em cm³
c) 2,35 m³ em cm³
d) 6.500 cm³ em dm³
e) 12,5 dm³ em m³
f) 2,5 m³ em dm³

Você vai estudar:
- Ideia de proporcionalidade em tabelas com medidas de comprimento, de superfície (área) e de espaço (volume).

ATIVIDADES EXTRAS
PRÁTICA 5

RECORDE

Se em um desenho na escala 1 : 50 a largura de uma janela estiver representada por 1 cm, essa largura tem 50 cm na realidade.

Você vai estudar:
- Escala em plantas e mapas.

R1. Uma casa de 3,50 m de altura foi desenhada na escala 1 : 50. Calcule a altura dessa casa no desenho.

Resolução

Representando em um esquema:

Escala 1 : 50

: 50 ↷	1 (1 cm no desenho)	**7 cm** (no desenho)	↶ : 50
	50 (50 cm no real)	350 cm (no real)	

Portanto, a altura da casa tem 7 cm no desenho.

1. A porta de uma casa tem 2 m de altura por 1 m de largura. A janela tem 3 m de comprimento por 1,50 m de largura. A planta da casa foi feita na escala 1 : 200. Quais são as medidas, em centímetro, usadas para representar na planta a porta e a janela dessa casa?

2. Observe abaixo a planta de um quarto. Depois, meça suas dimensões com uma régua e responda às questões.

escrivaninha

guarda-roupa   cama

a) Qual é a escala da planta do quarto, sabendo que na realidade a parede maior mede 3 metros de comprimento?

b) Quais são as dimensões reais da cama? E as do guarda-roupa? E as da escrivaninha?

3. Observe o mapa de um jardim zoológico feito na escala 1 : 5.000.

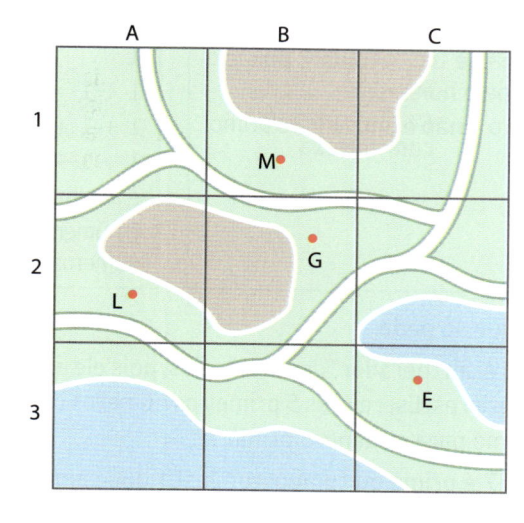

a) Meça, em centímetro, os lados de cada região quadrada do zoológico e depois calcule, em metro, essas medidas na realidade.

b) Meça no mapa a distância, em centímetro, entre o recinto do leão em A2 e o das girafas em B2. Depois, escreva qual é essa medida, em metro, na realidade.

c) Agora, calcule a distância real, em metro, entre os recintos dos elefantes em C3 e o dos macacos em B1.

ATIVIDADES EXTRAS
PRÁTICA 6

1. Observe, ao lado, os retângulos com 12 quadradinhos que Renata desenhou. Ela descobriu que as multiplicações de dois fatores 1 · 12, 2 · 6 e 3 · 4, que resultam no total de quadradinhos, mostram os divisores naturais de 12, que são 1, 2, 3, 4, 6 e 12.

Agora, faça como Renata e descubra os divisores naturais dos números a seguir.

a) 8
b) 16
c) 20
d) 27
e) 25
f) 9
g) 7
h) 5
i) 15
j) 28
k) 18

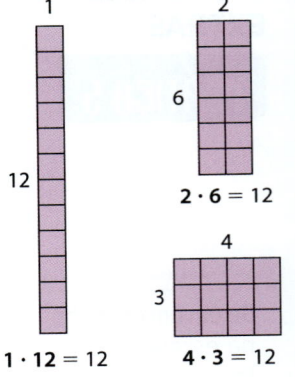

2. Alguns números, quando escritos como um produto de dois fatores, podem ser associados a um quadrado. Esses números são chamados **quadrados perfeitos**. O número 4 é um desses casos.

Encontre todos os números do intervalo de 1 a 100 que são quadrados perfeitos. Depois, para cada um desses números, desenhe em papel quadriculado os quadrados correspondentes.

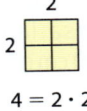

3. Alguns números são "geradores" de sequências numéricas. Pitágoras, filósofo e matemático, chamava esses números de **números primos**.

Veja nos quadros abaixo algumas afirmações que Pitágoras fez sobre esse assunto.

O número **2** é um "gerador" de sequência.
2
2 + 2 = **4**
2 + 2 + 2 = **6**
2 + 2 + 2 + 2 = **8**
e assim por diante.
O número 2 "gera" a sequência:
2, **4**, **6**, **8**, **10**, ...
Logo, o número 2 é um número primo.

O número **3** é um "gerador" de sequência.
3
3 + 3 = **6**
3 + 3 + 3 = **9**
3 + 3 + 3 + 3 = **12**
e assim por diante.
O número 3 "gera" a sequência:
3, **6**, **9**, **12**, **15**, ...
Logo, o número 3 é um número primo.

Ele dizia também...

sobre o número **4**:
O número 4 não é um "gerador", pois ele já foi gerado pelo número 2.
Logo, o número 4 **não** é um número primo.

sobre o número **1**:
1
1 + 1 = **2**
1 + 1 + 1 = **3**
1 + 1 + 1 + 1 = **4**
e assim por diante.
O número 1 é o grande "gerador" **de todos** os números (naturais). Por isso ele **não** é primo.

Agora, faça o que se pede.

a) O número 5 é um "gerador" de sequências, pois ele ainda não foi gerado pelos números primos anteriores. Escreva os 5 primeiros números da sequência gerada pelo número 5. Faça o mesmo para o número primo 7.

b) O número 27 é primo ou composto? Justifique com base no que Pitágoras afirmou.

RECORDE

- Os números naturais que têm apenas dois divisores naturais distintos, o número 1 e o próprio número, são chamados **números primos**.

- Os números naturais maiores que 1 que não são primos são chamados **números compostos**.

- Um número composto sempre pode ser escrito como um produto de números primos.

Você vai estudar:
- Divisores naturais de um número natural.
- Números quadrados perfeitos.
- Números primos e números compostos.

ATIVIDADES EXTRAS
PRÁTICA 7

1. Veja os esquemas que Everton fez para decompor o número 20 em fatores primos.

> Escrevi 20 como um produto de dois fatores. Depois, vi qual fator ainda poderia ser escrito como um produto de dois fatores. Fiz isso de duas formas para encontrar os fatores primos.

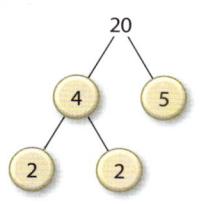

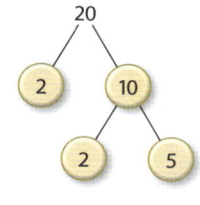

$20 = 4 \cdot 5$ $\qquad$ $20 = 2 \cdot 10$

$20 = 2 \cdot 2 \cdot 5$ $\qquad$ $20 = 2 \cdot 2 \cdot 5$

Agora, faça como Everton para decompor os números a seguir como um produto de fatores primos.

a) 15 c) 35 e) 24 g) 18
b) 8   d) 16 f) 42 h) 100

R1. Escreva $\dfrac{8}{15}$ como um produto de dois fatores.

Resolução

Decompomos o numerador e o denominador.

$8 = 2 \cdot 4 \qquad 15 = 3 \cdot 5$

Depois, escrevemos: $\dfrac{8}{15} = \dfrac{2}{3} \cdot \dfrac{4}{5}$

2. Escreva as frações como um produto de dois fatores.

a) $\dfrac{16}{25}$ b) $\dfrac{9}{20}$ c) $\dfrac{18}{32}$ d) $\dfrac{7}{27}$ e) $\dfrac{13}{28}$

3. Agora, escreva as frações abaixo como um produto de dois fatores de forma que um deles seja um quadrado perfeito.

a) $\dfrac{24}{45}$ b) $\dfrac{27}{50}$ c) $\dfrac{12}{63}$ d) $\dfrac{18}{125}$ e) $\dfrac{40}{72}$

4. Podemos representar números na forma decimal como número misto. Veja como Izabel pensou.

> Em 2,5 temos 2 inteiros e 5 décimos. Logo:
> $2,5 = 2\dfrac{5}{10} = 2\dfrac{1}{2}$

Agora, represente como número misto os números na forma decimal a seguir.

a) 3,5   d) 1,16
b) 4,25 e) 2,75
c) 5,35 f) 8,04

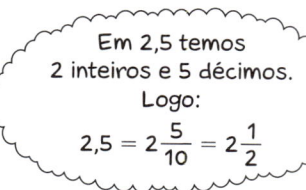

Você vai estudar:
- Decomposição de números naturais em fatores primos.
- Decomposição de números racionais na forma de fração.
- Representação de números na forma decimal como número misto.

ATIVIDADES EXTRAS

PRÁTICA 8

Você vai estudar:
- Cálculo de raízes quadradas não exatas de um número inteiro por meio da decomposição desse número em um produto de dois fatores.
- Cálculo de raízes não exatas de uma fração por meio da decomposição do numerador e do denominador.

1. Veja como Marcos calculou a raiz quadrada de 80.

> Escrevi 80 como um produto de dois fatores. Escolhi um produto em que um dos fatores é um quadrado perfeito.

$$\sqrt{80} = \sqrt{5 \cdot 16} = \sqrt{5} \cdot \sqrt{16} = \sqrt{5} \cdot 4 = 4\sqrt{5}$$

Então: $\sqrt{80} = 4\sqrt{5}$

Agora, calcule as raízes quadradas como Marcos.

a) $\sqrt{12}$ b) $\sqrt{20}$ c) $\sqrt{28}$ d) $\sqrt{18}$ e) $\sqrt{50}$ f) $\sqrt{27}$ g) $\sqrt{45}$ h) $\sqrt{128}$

2. Ana calculou a raiz quadrada de 24. Veja como ela fez.

> No lugar de 24, escrevi 3 · 8 e depois, no lugar de 8, escrevi 2 · 4, porque 4 é um quadrado perfeito.

$$\sqrt{24} = \sqrt{3 \cdot 8} = \sqrt{3} \cdot \sqrt{8} = \sqrt{3} \cdot \sqrt{2 \cdot 4} = \sqrt{3} \cdot \sqrt{2} \cdot \sqrt{4} = \sqrt{6} \cdot 2$$

Então: $\sqrt{24} = 2\sqrt{6}$

Agora, calcule do modo que preferir as raízes quadradas.

a) $\sqrt{40}$ b) $\sqrt{72}$ c) $\sqrt{32}$ d) $\sqrt{48}$ e) $\sqrt{12}$ f) $\sqrt{75}$ g) $\sqrt{68}$ h) $\sqrt{162}$

3. A professora de Adriano pediu a ele que calculasse a raiz quadrada de $\frac{8}{27}$. Veja como ele fez.

> Eu escrevi o numerador e o denominador da fração como um produto de dois fatores.

$$\sqrt{\frac{8}{27}} = \sqrt{\frac{2 \cdot 4}{3 \cdot 9}} = \frac{\sqrt{2} \cdot \sqrt{4}}{\sqrt{3} \cdot \sqrt{9}} = \frac{\sqrt{2} \cdot 2}{\sqrt{3} \cdot 3} = \frac{2}{3}\sqrt{\frac{2}{3}}$$

Calcule a raiz quadrada dos números racionais que estão na forma de fração. Para isso, escreva o numerador e o denominador das frações como um produto de dois fatores e escolha um produto em que um dos fatores seja um quadrado perfeito.

a) $\sqrt{\frac{12}{20}}$ b) $\sqrt{\frac{28}{50}}$ c) $\sqrt{\frac{27}{45}}$ d) $\sqrt{\frac{40}{128}}$ e) $\sqrt{\frac{32}{72}}$ f) $\sqrt{\frac{48}{75}}$ g) $\sqrt{\frac{68}{128}}$

ATIVIDADES EXTRAS
PRÁTICA 9

1. Veja como Luana calculou $\sqrt{3\frac{5}{9}}$.

Primeiro, eu escrevi o número misto $3\frac{5}{9}$ como uma fração imprópria. Em seguida, calculei a raiz quadrada do numerador e do denominador da fração, escrevendo-os, quando necessário, como um produto de dois fatores.

$$3\frac{5}{9} = \frac{27}{9} + \frac{5}{9} = \frac{32}{9}$$

$$\sqrt{3\frac{5}{9}} = \sqrt{\frac{32}{9}} = \sqrt{\frac{2 \cdot 16}{9}} = \frac{\sqrt{2} \cdot \sqrt{16}}{\sqrt{9}} = \frac{4}{3}\sqrt{2}$$

Agora, calcule as raízes quadradas a seguir.

a) $\sqrt{5\frac{5}{9}}$ c) $\sqrt{6\frac{3}{4}}$ e) $\sqrt{2\frac{4}{25}}$

b) $\sqrt{6\frac{18}{25}}$ d) $\sqrt{3\frac{1}{16}}$ f) $\sqrt{1\frac{24}{25}}$

2. A professora de Pedro pediu a ele que calculasse $\sqrt{1{,}25}$. Veja como ele fez o cálculo.

Eu escrevi 1,25 como uma fração. Depois, calculei a raiz quadrada do numerador e do denominador, escrevendo-os, quando necessário, como um produto de dois fatores.

$$1{,}25 = 1\frac{25}{100} = \frac{100}{100} + \frac{25}{100} = \frac{125}{100}$$

$$\sqrt{1{,}25} = \sqrt{1\frac{25}{100}} = \frac{\sqrt{125}}{\sqrt{100}} = \frac{\sqrt{5 \cdot 25}}{10} = \frac{\sqrt{5} \cdot \sqrt{25}}{10} = \frac{5}{10}\sqrt{5} = \frac{1}{2}\sqrt{5}$$

Agora, faça como Pedro para calcular as raízes quadradas a seguir.

a) $\sqrt{0{,}81}$ c) $\sqrt{1{,}28}$ e) $\sqrt{1{,}26}$

b) $\sqrt{0{,}48}$ d) $\sqrt{0{,}25}$ f) $\sqrt{0{,}72}$

Você vai estudar:
- Cálculo da raiz quadrada de um número racional na forma mista e na forma decimal.

3. Calcule as raízes quadradas e, em seguida, o resultado das expressões.

a) $\sqrt{50} + \sqrt{18}$ c) $2\sqrt{27} - \sqrt{75}$ e) $\sqrt{125} + \sqrt{80}$

b) $\sqrt{200} - 9\sqrt{2}$ d) $3\sqrt{50} + 2\sqrt{18}$ f) $8\sqrt{32} - \sqrt{162}$

ATIVIDADES EXTRAS

PRÁTICA 10

1. Veja como os "saltos" na reta numérica também podem ajudar nos cálculos algébricos.

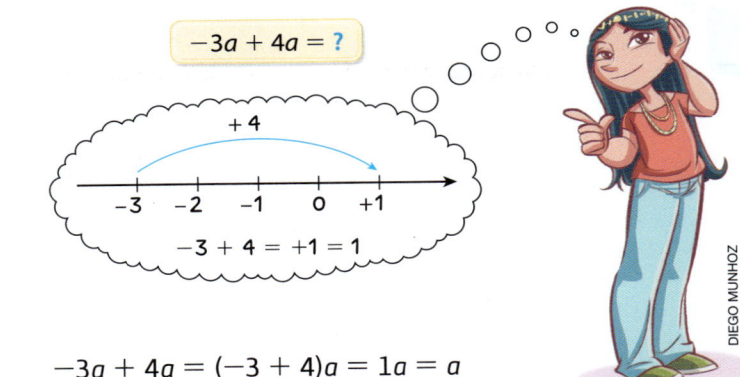

$$-3a + 4a = ?$$

$$-3 + 4 = +1 = 1$$

$$-3a + 4a = (-3 + 4)a = 1a = a$$

RECORDE

Monômios semelhantes são aqueles que têm a mesma parte literal.

Agora, imagine as retas e calcule as adições e subtrações com monômios semelhantes.

a) $4a - 7a$
b) $-5b - 8b$
c) $+8ab - 9ab$
d) $54mn + 12mn$
e) $2,5p - 0,8p$
f) $-0,5r + 3,8r$
g) $-12,7q - 25,3q$
h) $45,2s + 34,5s$

2. Observe a operação com os monômios $-\frac{2}{3}x + 1\frac{1}{3}x$ que Denise fez.

$$-\frac{2}{3}x + 1\frac{1}{3}x = \left(-\frac{2}{3} + 1\frac{1}{3}\right)x = \left(-\frac{2}{3} + \frac{3}{3} + \frac{1}{3}\right)x = \frac{2}{3}x$$

Agora, calcule as operações com monômios.

a) $\frac{3}{4}x + 1\frac{1}{4}x$
b) $-\frac{5}{7}x - \frac{6}{7}x$
c) $3\frac{2}{7}x - 2\frac{1}{7}x$
d) $4\frac{2}{5}a + 2\frac{3}{5}a$
e) $\frac{2}{3}b + 2\frac{2}{3}b$
f) $3\frac{3}{4}x - 1\frac{1}{4}x$
g) $-\frac{1}{5}ab - 2\frac{2}{5}ab$
h) $3\frac{2}{3}xy + 1\frac{1}{3}xy$

3. Observe o cálculo abaixo; depois, faça os outros cálculos que foram propostos a seguir. Atenção! Uma fração foi substituída por uma equivalente.

$$4\frac{2}{3}y + 1\frac{1}{6}y = \left(4\frac{2}{3} + 1\frac{1}{6}\right)y = \left(4\frac{4}{6} + 1\frac{1}{6}\right)y = \left(4 + 1 + \frac{4}{6} + \frac{1}{6}\right)y = 5\frac{5}{6}y$$

RECORDE

- $\frac{1}{3} \cdot \frac{5}{2} =$
  $= \frac{1 \cdot 5}{3 \cdot 2} = \frac{5}{6}$
- $\frac{3}{4} : \frac{5}{2} =$
  $= \frac{3}{4} \cdot \frac{2}{5} =$
  $= \frac{3 \cdot 2}{4 \cdot 5} = \frac{6}{20}$
- $x \cdot x =$
  $= x^{1+1} = x^2$
- $x^4 : x^2 =$
  $= x^{4-2} = x^2$

a) $5\frac{2}{3}y + 3\frac{2}{6}y$
b) $-4\frac{3}{4}x + 1\frac{1}{6}x$
c) $-2\frac{1}{2}ab - 1\frac{1}{3}ab$
d) $3\frac{4}{5}by - 1\frac{1}{3}by$
e) $-\frac{2}{3}abc + \frac{2}{5}abc$
f) $-2\frac{1}{4}y - \frac{1}{2}y$
g) $3\frac{1}{3}xy + 3\frac{2}{5}xy$
h) $2\frac{1}{4}p - 2\frac{1}{8}p$

4. Calcule o produto de monômios.

a) $-\frac{3}{2}x \cdot \frac{3}{4}x$
b) $3\frac{1}{3}y \cdot 2\frac{5}{6}y$
c) $(+2,5xy) \cdot (-4xy)$
d) $(-8a) \cdot (-4,5b)$

5. Calcule o quociente de monômios.

a) $-\frac{3}{2}x : \frac{3}{4}x$
b) $-\frac{3}{5}y^4 : (+3y)$
c) $\frac{5}{7}ab : 4b$
d) $\frac{2}{3}y^4 : (-5)y^2$
e) $\frac{2}{5}ab : \frac{1}{5}b$
f) $-4\frac{3}{2}x^2 : (-5x)$

Você vai estudar:
- Operações com monômios.

ATIVIDADES EXTRAS
PRÁTICA 11

RECORDE

- **Fração algébrica** é o quociente de dois polinômios, escrito na forma fracionária, em que aparecem uma ou mais variáveis (letras) no denominador.
- As variáveis **nunca** podem assumir valores que tornam nulo o denominador de uma fração algébrica.

Você vai estudar:
- Frações algébricas equivalentes.
- Adições e subtrações com frações algébricas.

---

1. Você já sabe que para encontrar uma fração equivalente a uma fração numérica dada basta multiplicar ou dividir o numerador e o denominador dessa fração por um mesmo número, diferente de zero. E, no caso das frações algébricas, como encontrar frações equivalentes? Veja alguns exemplos e depois faça o que se pede.

$\dfrac{2a}{b}$ é equivalente a $\dfrac{2a \cdot x}{b \cdot x} = \dfrac{2ax}{bx}$ (multiplicamos numerador e denominador pela variável $x \neq 0$)

$\dfrac{7a}{3a}$ é equivalente a $\dfrac{7a : a}{3a : a} = \dfrac{7}{3}$ (dividimos numerador e denominador pela variável $a \neq 0$)

Agora, escreva a fração algébrica equivalente a cada fração a seguir, multiplicando numerador e denominador por x.

a) $\dfrac{2}{3}$ b) $\dfrac{5}{6}$ c) $\dfrac{3}{8}$ d) $\dfrac{3y}{4}$ e) $\dfrac{4a}{5b}$ f) $\dfrac{2x}{3x^2}$

2. Escreva as frações algébricas equivalentes às frações abaixo, dividindo numerador e denominador por y.

a) $\dfrac{2xy}{3ay}$ b) $\dfrac{5xy}{3y}$ c) $\dfrac{2ay}{3py}$ d) $\dfrac{5y^2}{6y}$ e) $\dfrac{2ya}{3yb}$ f) $\dfrac{4xy^2}{5y^3}$

R1. Calcule $\dfrac{3}{x} + \dfrac{1}{x}$ (com $x \neq 0$).

Resolução

Como os denominadores são iguais, conservamos o denominador e somamos os numeradores, que é o mesmo procedimento que realizamos com frações numéricas.

$$\dfrac{3}{x} + \dfrac{1}{x} = \dfrac{3+1}{x} = \dfrac{4}{x} \text{ (com } x \neq 0\text{)}$$

3. Calcule as operações indicadas (com $a \neq 0$, $b \neq 0$, $x \neq 0$ e $y \neq 0$).

a) $\dfrac{3}{a} + \dfrac{8}{a}$ c) $-\dfrac{5a}{ab} + \dfrac{a}{ab}$ e) $+\dfrac{10a}{xy} - \dfrac{15a}{xy}$

b) $-\dfrac{2}{b} - \dfrac{3}{b}$ d) $+\dfrac{7a}{x} + \dfrac{3b}{x}$ f) $\dfrac{7x}{y} + \dfrac{3}{2y}$

R2. Calcule $\dfrac{3}{x} - \dfrac{1}{y}$ (com $x \neq 0$ e $y \neq 0$).

Resolução

Como os denominadores são diferentes, precisamos encontrar frações equivalentes que permitam operar com os numeradores, conservando o denominador das frações, que é o mesmo procedimento que realizamos com as frações numéricas.

$$\dfrac{3}{x} - \dfrac{1}{y} = \dfrac{3 \cdot y}{x \cdot y} + \dfrac{1 \cdot x}{y \cdot x} = \dfrac{3y}{xy} - \dfrac{x}{yx} = \dfrac{3y - x}{xy} \text{ (com } x \neq 0 \text{ e } y \neq 0\text{)}$$

4. Calcule as operações indicadas ($a \neq 0$, $b \neq 0$, $x \neq 0$ e $y \neq 0$).

a) $\dfrac{2}{x} + \dfrac{3}{y}$ c) $\dfrac{2}{5a} - \dfrac{3}{2b}$ e) $3 - \dfrac{2}{y}$ g) $\dfrac{x+y}{x} - \dfrac{x-y}{y}$

b) $-\dfrac{3}{a} - \dfrac{1}{b}$ d) $-\dfrac{2y}{3x} + \dfrac{x}{2y}$ f) $\dfrac{2a-3}{a} + \dfrac{8}{3}$ h) $\dfrac{x+3}{x} - \dfrac{5}{3}$

ATIVIDADES EXTRAS

PRÁTICA 12

1. Veja como Juliana faz multiplicações que envolvem frações algébricas.

> Preciso calcular $4 \cdot \dfrac{2}{3a}$. Os procedimentos são os mesmos realizados com as frações numéricas. Devo multiplicar numerador por numerador e denominador por denominador.

$$4 \cdot \dfrac{2}{3a} = \dfrac{4}{1} \cdot \dfrac{2}{3a} = \dfrac{4 \cdot 2}{1 \cdot 3a} = \dfrac{8}{3a}$$

RECORDE

As variáveis (letras) não podem assumir valores que anulem o denominador.

Agora, calcule as multiplicações a seguir.

a) $4 \cdot \dfrac{5}{6a}$

b) $2 \cdot \dfrac{3}{7x}$

c) $-4 \cdot \dfrac{2}{3a}$

d) $-3 \cdot \dfrac{2}{5y}$

e) $-4 \cdot \left(-\dfrac{3}{5xy}\right)$

f) $5 \cdot \left(-\dfrac{5x}{2y}\right)$

2. Observe duas formas de calcular a divisão $\dfrac{2}{3a} : 3$.

Multiplicando $\dfrac{2}{3a}$ pelo inverso de 3.

$$\dfrac{2}{3a} : 3 = \dfrac{2}{3a} \cdot \dfrac{1}{3} = \dfrac{\mathbf{2}}{\mathbf{9a}}$$

Encontrando uma fração equivalente a $\dfrac{2}{3a}$ de modo que o numerador seja múltiplo de 3.

$$\dfrac{2}{3a} : 3 = \dfrac{6}{9a} : 3 = \dfrac{\mathbf{2}}{\mathbf{9a}}$$

Agora, calcule as divisões a seguir.

a) $\dfrac{3}{4x} : 2$

b) $\dfrac{4}{5y} : (-3)$

c) $\left(-\dfrac{3}{5}\right) : (-a)$

d) $\left(-\dfrac{4}{7}y\right) : y^2$

3. Tudo o que você já aprendeu com frações numéricas pode ser aplicado na resolução de equações com coeficientes fracionários. Veja a resolução de uma equação do 1º grau.

$$\dfrac{1}{4}x - 2 = \dfrac{1}{2}x + 6$$

$$\dfrac{1}{4}x - \dfrac{1}{2}x = 6 + 2$$

$$\dfrac{1}{4}x - \dfrac{2}{4}x = 8 \Rightarrow -\dfrac{1}{4}x = 8 \Rightarrow x = 8 : \left(-\dfrac{1}{4}\right) \Rightarrow x = 8 \cdot (-4) \Rightarrow x = -32$$

Resolva as equações.

a) $\dfrac{1}{4}x - 2 = \dfrac{1}{3}x + 6$

b) $\dfrac{1}{2}x = \dfrac{2}{3}x + 4$

c) $\dfrac{1}{3}x + 3 = 2\dfrac{1}{6}$

d) $\dfrac{1}{2}x - \dfrac{1}{3} = \dfrac{1}{3}(x - 2)$

e) $\dfrac{1}{3}(x - 1) = \dfrac{1}{4}(x - 2)$

f) $2x - \dfrac{1}{3}x = 4$

Você vai estudar:
- Multiplicação e divisão com frações algébricas.
- Equações do 1º grau com coeficientes fracionários.

ATITUDES PARA A VIDA

ATITUDES PARA A VIDA

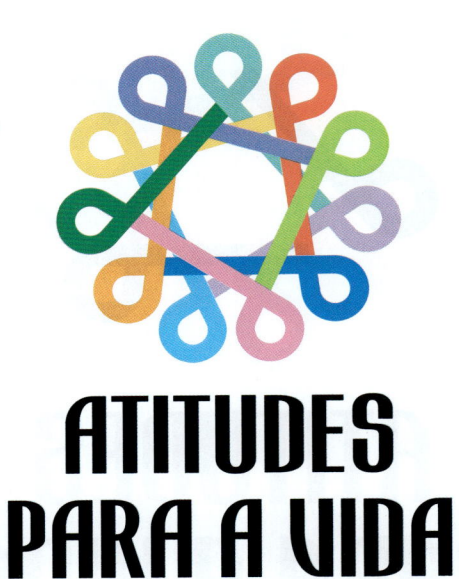

As *Atitudes para a vida* são comportamentos que nos ajudam a resolver as tarefas que surgem todos os dias, desde as mais simples até as mais desafiadoras. São comportamentos de pessoas capazes de resolver problemas, de tomar decisões conscientes, de fazer as perguntas certas, de se relacionar bem com os outros e de pensar de forma criativa e inovadora.

As atividades que apresentamos a seguir vão ajudá-lo a estudar os conteúdos e a resolver as atividades deste livro, incluindo as que parecem difíceis demais em um primeiro momento.

Toda tarefa pode ser uma grande aventura!

PERSISTIR

Muitas pessoas confundem persistência com insistência, que significa ficar tentando e tentando e tentando, sem desistir. Mas persistência não é isso! Persistir significa buscar estratégias diferentes para conquistar um objetivo.

Antes de desistir por achar que não consegue completar uma tarefa, que tal tentar outra alternativa?

Algumas pessoas acham que atletas, estudantes e profissionais bem-sucedidos nasceram com um talento natural ou com a habilidade necessária para vencer. Ora, ninguém nasce um craque no futebol ou fazendo cálculos ou sabendo tomar todas as decisões certas. O sucesso muitas vezes só vem depois de muitos erros e muitas derrotas. A maioria dos casos de sucesso é resultado de foco e esforço.

Se uma forma não funcionar, busque outro caminho. Você vai perceber que desenvolver estratégias diferentes para resolver um desafio vai ajudá-lo a atingir os seus objetivos.

CONTROLAR A IMPULSIVIDADE

Quando nos fazem uma pergunta ou colocam um problema para resolver, é comum darmos a primeira resposta que vem à cabeça. Comum, mas imprudente.

Para diminuir a chance de erros e de frustrações, antes de agir devemos considerar as alternativas e as consequências das diferentes formas de chegar à resposta. Devemos coletar informações, refletir sobre a resposta que queremos dar, entender bem as indicações de uma atividade e ouvir pontos de vista diferentes dos nossos.

Essas atitudes também nos ajudarão a controlar aquele impulso de desistir ou de fazer qualquer outra coisa para não termos que resolver o problema naquele momento. Controlar a impulsividade nos permite formar uma ideia do todo antes de começar, diminuindo os resultados inesperados ao longo do caminho.

Atitudes para a vida

ESCUTAR OS OUTROS COM ATENÇÃO E EMPATIA

Você já percebeu o quanto pode aprender quando presta atenção ao que uma pessoa diz? Às vezes recebemos importantes dicas para resolver alguma questão. Outras vezes, temos grandes ideias quando ouvimos alguém ou notamos uma atitude ou um aspecto do seu comportamento que não teríamos percebido se não estivéssemos atentos.

Escutar os outros com atenção significa manter-nos atentos ao que a pessoa está falando, sem estar apenas esperando que pare de falar para que possamos dar a nossa opinião. E empatia significa perceber o outro, colocar-nos no seu lugar, procurando entender de verdade o que está sentindo ou por que pensa de determinada maneira.

Podemos aprender muito quando realmente escutamos uma pessoa. Além do mais, para nos relacionar bem com os outros — e sabemos o quanto isso é importante —, precisamos prestar atenção aos seus sentimentos e às suas opiniões, como gostamos que façam conosco.

PENSAR COM FLEXIBILIDADE

Você conhece alguém que tem dificuldade de considerar diferentes pontos de vista? Ou alguém que acha que a própria forma de pensar é a melhor ou a única que existe? Essas pessoas têm dificuldade de pensar de maneira flexível, de se adaptar a novas situações e de aprender com os outros.

Quanto maior for a sua capacidade de ajustar o seu pensamento e mudar de opinião à medida que recebe uma nova informação, mais facilidade você terá para lidar com situações inesperadas ou problemas que poderiam ser, de outra forma, difíceis de resolver.

Pensadores flexíveis têm a capacidade de enxergar o todo, ou seja, têm uma visão ampla da situação e, por isso, não precisam ter todas as informações para entender ou solucionar uma questão. Pessoas que pensam com flexibilidade conhecem muitas formas diferentes de resolver problemas.

Atitudes para a vida

ESFORÇAR-SE POR EXATIDÃO E PRECISÃO

Para que o nosso trabalho seja respeitado, é importante demonstrar compromisso com a qualidade do que fazemos. Isso significa conhecer os pontos que devemos seguir, coletar os dados necessários para oferecer a informação correta, revisar o que fazemos e cuidar da aparência do que apresentamos.

Não basta responder corretamente; é preciso comunicar essa resposta de forma que quem vai receber e até avaliar o nosso trabalho não apenas seja capaz de entendê-lo, mas também que se sinta interessado em saber o que temos a dizer.

Quanto mais estudamos um tema e nos dedicamos a superar as nossas capacidades, mais dominamos o assunto e, consequentemente, mais seguros nos sentimos em relação ao que produzimos.

QUESTIONAR E LEVANTAR PROBLEMAS

Não são as respostas que movem o mundo, são as perguntas.

Só podemos inovar ou mudar o rumo da nossa vida quando percebemos os padrões, as incongruências, os fenômenos ao nosso redor e buscamos os seus porquês.

E não precisa ser um gênio para isso, não! As pequenas conquistas que levaram a grandes avanços foram — e continuam sendo — feitas por pessoas de todas as épocas, todos os lugares, todas as crenças, os gêneros, as cores e as culturas. Pessoas como você, que olharam para o lado ou para o céu, ouviram uma história ou prestaram atenção em alguém, perceberam algo diferente, ou sempre igual, na sua vida e fizeram perguntas do tipo "Por que será?" ou "E se fosse diferente?".

Como a vida começou? E se a Terra não fosse o centro do universo? E se houvesse outras terras do outro lado do oceano? Por que as mulheres não podiam votar? E se o petróleo acabasse? E se as pessoas pudessem voar? Como será a Lua?

E se...? (Olhe ao seu redor e termine a pergunta!)

Atitudes para a vida

APLICAR CONHECIMENTOS PRÉVIOS A NOVAS SITUAÇÕES

Esta é a grande função do estudo e da aprendizagem: sermos capazes de aplicar o que sabemos fora da sala de aula. E isso não depende apenas do seu livro, da sua escola ou do seu professor; depende da sua atitude também!

Você deve buscar relacionar o que vê, lê e ouve aos conhecimentos que já tem. Todos nós aprendemos com a experiência, mas nem todos percebem isso com tanta facilidade.

Devemos usar os conhecimentos e as experiências que vamos adquirindo dentro e fora da escola como fontes de dados para apoiar as nossas ideias, para prever, entender e explicar teorias ou etapas para resolver cada novo desafio.

PENSAR E COMUNICAR-SE COM CLAREZA

Pensamento e comunicação são inseparáveis. Quando as ideias estão claras em nossa mente, podemos nos comunicar com clareza, ou seja, as pessoas nos entendem melhor.

Por isso, é importante empregar os termos corretos e mais adequados sobre um assunto, evitando generalizações, omissões ou distorções de informação. Também devemos reforçar o que afirmamos com explicações, comparações, analogias e dados.

A preocupação com a comunicação clara, que começa na organização do nosso pensamento, aumenta a nossa habilidade de fazer críticas tanto sobre o que lemos, vemos ou ouvimos quanto em relação às falhas na nossa própria compreensão, e poder, assim, corrigi-las. Esse conhecimento é a base para uma ação segura e consciente.

IMAGINAR, CRIAR E INOVAR

Tente de outra maneira! Construa ideias com fluência e originalidade!

Todos nós temos a capacidade de criar novas e engenhosas soluções, técnicas e produtos. Basta desenvolver nossa capacidade criativa.

Pessoas criativas procuram soluções de maneiras distintas. Examinam possibilidades alternativas por todos os diferentes ângulos. Usam analogias e metáforas, se colocam em papéis diferentes.

Ser criativo é não ser avesso a assumir riscos. É estar atento a desvios de rota, aberto a ouvir críticas. Mais do que isso, é buscar ativamente a opinião e o ponto de vista do outro. Pessoas criativas não aceitam o *status quo*, estão sempre buscando mais fluência, simplicidade, habilidade, perfeição, harmonia e equilíbrio.

ASSUMIR RISCOS COM RESPONSABILIDADE

Todos nós conhecemos pessoas que têm medo de tentar algo diferente. Às vezes, nós mesmos acabamos escolhendo a opção mais fácil por medo de errar ou de parecer tolos, não é mesmo? Sabe o que nos falta nesses momentos? Informação!

Tentar um caminho diferente pode ser muito enriquecedor. Para isso, é importante pesquisar sobre os resultados possíveis ou os mais prováveis de uma decisão e avaliar as suas consequências, ou seja, os seus impactos na nossa vida e na de outras pessoas.

Informar-nos sobre as possibilidades e as consequências de uma escolha reduz a chance do "inesperado" e nos deixa mais seguros e confiantes para fazer algo novo e, assim, explorar as nossas capacidades.

PENSAR DE MANEIRA INTERDEPENDENTE

Nós somos seres sociais. Formamos grupos e comunidades, gostamos de ouvir e ser ouvidos, buscamos reciprocidade em nossas relações. Pessoas mais abertas a se relacionar com os outros sabem que juntos somos mais fortes e capazes.

Estabelecer conexões com os colegas para debater ideias e resolver problemas em conjunto é muito importante, pois desenvolvemos a capacidade de escutar, empatizar, analisar ideias e chegar a um consenso. Ter compaixão, altruísmo e demonstrar apoio aos esforços do grupo são características de pessoas mais cooperativas e eficazes.

Estes são 11 dos 16 Hábitos da mente descritos pelos autores Arthur L. Costa e Bena Kallick em seu livro *Learning and leading with habits of mind*: 16 characteristics for success.

Acesse http://www.moderna.com.br/araribaplus para conhecer mais sobre as *Atitudes para a vida*.

CHECKLIST PARA MONITORAR O SEU DESEMPENHO

Reproduza para cada mês de estudo o quadro abaixo. Preencha-o ao final de cada mês para avaliar o seu desempenho na aplicação das *Atitudes para a vida*, para cumprir as suas tarefas nesta disciplina. Em *Observações pessoais*, faça anotações e sugestões de atitudes a serem tomadas para melhorar o seu desempenho no mês seguinte.

Classifique o seu desempenho de 1 a 10, sendo 1 o nível mais fraco de desempenho, e 10, o domínio das *Atitudes para a vida*.

Atitudes para a vida	Neste mês eu...	Desempenho	Observações pessoais
Persistir	Não desisti. Busquei alternativas para resolver as questões quando as tentativas anteriores não deram certo.		
Controlar a impulsividade	Pensei antes de dar uma resposta qualquer. Refleti sobre os caminhos a escolher para cumprir minhas tarefas.		
Escutar os outros com atenção e empatia	Levei em conta as opiniões e os sentimentos dos demais para resolver as tarefas.		
Pensar com flexibilidade	Considerei diferentes possibilidades para chegar às respostas.		
Esforçar-se por exatidão e precisão	Conferi os dados, revisei as informações e cuidei da apresentação estética dos meus trabalhos.		
Questionar e levantar problemas	Fiquei atento ao meu redor, de olhos e ouvidos abertos. Questionei o que não entendi e busquei problemas para resolver.		
Aplicar conhecimentos prévios a novas situações	Usei o que já sabia para me ajudar a resolver problemas novos. Associei as novas informações a conhecimentos que eu havia adquirido de situações anteriores.		
Pensar e comunicar-se com clareza	Organizei meus pensamentos e me comuniquei com clareza, usando os termos e os dados adequados. Procurei dar exemplos para facilitar as minhas explicações.		
Imaginar, criar e inovar	Pensei fora da caixa, assumi riscos, ouvi críticas e aprendi com elas. Tentei de outra maneira.		
Assumir riscos com responsabilidade	Quando tive de fazer algo novo, busquei informação sobre possíveis consequências para tomar decisões com mais segurança.		
Pensar de maneira interdependente	Trabalhei junto. Aprendi com ideias diferentes e participei de discussões.		

Atitudes para a vida